Vera Gebhardt, zertifizierte Expertin für Projektmanagement und Qualitätssicherung, begleitet das Thema funktionale Sicherheit seit über zwei Jahrzehnten in der Praxis. Die positive Resonanz auf das erste Fachbuch und zahlreiche Kundenanfragen motivierten sie, ihr praktisches Wissen, erweitert um Cybersecurity, in dieser Auflage zu teilen. Ihr Ziel ist es, ein umfassenderes Verständnis für funktionale Sicherheit, Cybersecurity und KI zu schaffen. Ihr Fokus liegt darauf, das Verstehen von Sicherheitsstandards zu vermitteln und durch praxisnahe Methoden und Techniken deren effektive Umsetzung zur Risikominimierung zu ermöglichen.

Gerhard M. Rieger bringt mehr als drei Jahrzehnte Erfahrung als Auditor und Assessor im Bereich der funktionalen Sicherheit mit. Sein besonderes Interesse gilt der Sicherheit autonomer Straßenfahrzeuge, wobei er sich intensiv mit der Interaktion von funktionaler Sicherheit und Cybersecurity sowie dem Einsatz von künstlicher Intelligenz in sicherheitskritischen Systemen beschäftigt. Er möchte sein fundiertes Wissen und seine umfangreiche Erfahrung nutzen, um Entwicklern praktische Tipps und Lösungsansätze zu bieten und damit einen Beitrag zur Verwirklichung sicherer, autonomer Mobilität zu leisten.

Prof. Dr. Jürgen Mottok widmet sich seit mehr als zwei Jahrzehnten der Verlässlichkeit softwareintensiver Systeme. Sein Ziel ist es, funktionale Sicherheit und Cybersecurity für Studierende und Praktiker zugänglich zu machen, Expertise zielgerichtet zu entwickeln und dabei innovative Forschungs- und Lernmethoden zu fördern. An der OTH Regensburg verankert er die Themen funktionale Sicherheit, Cybersecurity und Einsatz von KI in sicherheitskritischen Systemen in der akademischen Ausbildung. Im gesamten Entwicklungsprozess fordert der aktuelle Stand der Technik eine einheitliche Betrachtung der Wechselwirkung von funktionaler Sicherheit und Cybersecurity sowie dem Einsatz von KI im Entwicklungsprozess. Er nutzt seine zehnjährige Industrieerfahrung und seine Forschungsexpertise, um komplexe Themen verständlich zu erklären und so zum Kompetenzaufbau beizutragen.

Dipl.-Math. Christian Gießelbach, Experte für sichere Architekturen eingebetteter Softwaresysteme, leitet seit über einem Jahrzehnt Integrationstests für sichere Automatisierungstechnik. Er entwickelt Testkonzepte zur umfassenden Prüfung von Software für eingebettete Systeme, um deren Zuverlässigkeit unter Berücksichtigung der Anforderungen der funktionalen Sicherheit, Cybersecurity und der validierten Nutzung von KI-generierten Testartefakten abzusichern. Er erklärt komplexe Themen verständlich und unterstützt Entwicklerteams bei der effektiven Umsetzung sicherheitskritischer Systeme vom Konzept bis zum Test. Mit seiner langjährigen Erfahrung im Embedded Engineering und analytischem Weitblick vermittelt er praxisnahe Lösungen und Einblicke in aktuelle Teststrategien.

Vera Gebhardt · Gerhard M. Rieger · Jürgen Mottok ·
Christian Gießelbach

Funktionale Sicherheit und Cybersecurity nach ISO 26262 und ISO/SAE 21434

inkl. Anwendung bei integrierter KI

2., überarbeitete und aktualisierte Auflage

dpunkt.verlag

Wir hoffen, dass Sie Freude an diesem Buch haben und sich Ihre Erwartungen erfüllen. Falls Sie Anregungen, Wünsche und Kommentare haben, lassen Sie es uns wissen: **service@rheinwerk-verlag.de**.

Informationen zu unserem Verlag und Kontaktmöglichkeiten finden Sie auf unserer Verlagswebsite **www.dpunkt.de**. Dort können Sie sich auch umfassend über unser aktuelles Programm informieren und unsere Bücher und E-Books bestellen.

Autor*innen: Vera Gebhardt, Gerhard M. Rieger, Jürgen Mottok, Christian Gießelbach
Lektorat: Christa Preisendanz, Sandra Bollenbacher
Buchmanagement: Julia Griebel
Copy-Editing: Ursula Zimpfer, Herrenberg
Satz: Gerhard Alfes, mediaService, Siegen, *www.mediaservice.tv*
Herstellung: Stefanie Weidner, Frank Heidt
Covergestaltung: Eva Hepper, Silke Braun
Bildnachweis: Adobe Stock: 860286720 generiert mit KI
Druck: Beltz Grafische Betriebe, Bad Langensalza

FSC
www.fsc.org
MIX
Papier | Fördert gute Waldnutzung
FSC® C089473

Dieses Buch wurde mit mineralölfreien Farben auf FSC®-zertifiziertem Papier aus nachhaltiger Waldwirtschaft gedruckt. Der Umwelt zuliebe verzichten wir zusätzlich auf die Einschweißfolie. Hergestellt in Deutschland.

Bibliografische Information der Deutschen Nationalbibliothek:
Die Deutsche Nationalbibliothek verzeichnet diese Publikation in der Deutschen Nationalbibliografie; detaillierte bibliografische Daten sind im Internet über *http://dnb.dnb.de* abrufbar.

ISBN Print: 978-3-86490-942-9
ISBN PDF: 978-3-98890-256-6
ISBN ePub: 978-3-98890-257-3

2., überarbeitete und aktualisierte Auflage 2026

dpunkt.verlag ist eine Marke des Rheinwerk Verlags.

Rheinwerk Verlag GmbH • Rheinwerkallee 4 • 53227 Bonn
service@rheinwerk-verlag.de

Inhaltsverzeichnis

Vorwort

Schreiben ist einfach. Man muss nur die falschen Wörter weglassen.
(zugeschriebene Aussage von Mark Twain und J. W. von Goethe)

Wir – Vera Gebhardt, Gerhard M. Rieger, Jürgen Mottok und Christian Gießelbach – beschäftigen uns täglich mit funktionaler Sicherheit (FuSi), SOTIF (Safety of the Intended Functionality), Cybersecurity und dem Einsatz von künstlicher Intelligenz (KI) in sicherheitskritischen Systemen. Unsere langjährige Praxis hat uns nicht nur umfassendes Wissen vermittelt, sondern auch gezeigt, wie wichtig es ist, dieses Wissen zu teilen. Mit diesem Buch möchten wir einen praxisnahen Beitrag zur Entwicklung sicherer und intelligenter Systeme leisten.

Unsere Erfahrungen aus Beratung, Inspektion und Projektarbeit im Automotive-Bereich fließen direkt in dieses Buch ein. Wir richten uns an Entwicklerteams, Produktmanager und Stakeholder, die an der Entwicklung sicherer, automatisierter Fahrzeuge mitwirken. Am Beispiel eines fiktiven Projektteams und eines konkreten technischen Szenarios aus dem Bereich der Fahrerassistenzsysteme (ADAS) veranschaulichen wir, wie funktionale Sicherheit, Cybersecurity, SOTIF sowie KI-gestützte und agile Entwicklungsprozesse ineinandergreifen. Wir geben einen Überblick über aktuelle Normen und teilen konkrete Hinweise aus der Praxis. Unser Ziel ist es, den Wissensaustausch zu fördern und so zu einer sicheren Zukunft automatisierter Mobilität beizutragen.

Die Umsetzung sicherheitsbezogener Standards ist in der Praxis oft herausfordernd – das erleben wir regelmäßig. Deshalb vermitteln wir in diesem Buch nicht nur theoretische Grundlagen, sondern geben Einblicke in unsere jahrzehntelange Erfahrung und zeigen, wie sicherheitsrelevante Projekte erfolgreich umgesetzt werden können. Wir sind überzeugt: Je mehr Verständnis für Sicherheitsmechanismen vorhanden ist, desto stärker wächst das Bewusstsein für sicheres Handeln.

Ein besonderer Fokus liegt auf den Chancen und Herausforderungen, die KI in sicherheitskritischen Anwendungen mit sich bringt. Die Integration von KI in hoch automatisierte Systeme erfordert neue Sicherheitskonzepte, angepasste Entwicklungsprozesse und ein erweitertes regulatorisches Verständnis. Wir betrachten die Interaktion zwischen ISO 26262, ISO 21434, ISO 21448 und ISO 8800 und bieten Orientierung für die praktische Umsetzung.

Klare Prozesse, eindeutige Anforderungen und passende Qualifizierungsprüfungen sind aus unserer Sicht unerlässlich, um Fehler in sicherheitskritischen Aktivitäten zu vermeiden oder zu beherrschen. Die konsequente Anwendung von Standards und die Entwicklung spezifischer Regeln reduzieren Restrisiken erheblich. Gleichzeitig sind die individuellen Stärken jedes Teams entscheidend für den Projekterfolg. Unser praxisnahes ADAS-Beispiel soll Ihnen dabei als konkrete Unterstützung dienen.

Unser besonderer Dank gilt unseren Familien und Freunden für ihre Geduld und ihr Verständnis während der intensiven Arbeit an diesem Buch. Ebenso danken wir dem Verlag und unseren engagierten Lektorinnen Christa Preisendanz und Sandra Bollenbacher für die wertvolle Unterstützung.

Wir freuen uns auf konstruktives Feedback, Anregungen und den Austausch von Erfahrungen mit unseren Leserinnen und Lesern. Kontaktieren Sie uns gerne unter *Autoren.Feedback@gmail.com*.

Vera Gebhardt, Gerhard M. Rieger, Jürgen Mottok, Christian Gießelbach

Wiesbaden, Shanghai, Regensburg, im März 2026

1 Was Sie in diesem Buch erwartet – Einleitung und Überblick

Die Zukunft soll man nicht voraussehen wollen, sondern möglich machen.
(Antoine de Saint-Exupéry)

Die Entwicklung moderner, elektrifizierter Smart Cars stellt OEMs, Zulieferer sowie Ingenieur- und IT-Teams vor große Herausforderungen. Funktionale Sicherheit und Cybersecurity müssen von Beginn an integraler Bestandteil der Entwicklung sein, um den steigenden gesellschaftlichen und regulatorischen Erwartungen gerecht zu werden.

Ein Smart Car ist weit mehr als ein klassisches Fahrzeug: Es ist ein intelligentes, vernetztes System, ausgestattet mit Konnektivität, Fahrerassistenzsystemen (ADAS), automatisierten Fahrfunktionen, energieeffizienten Antrieben sowie Sicherheits- und Personalisierungsfunktionen. Zunehmend kommt dabei auch künstliche Intelligenz (KI) zum Einsatz – etwa zur Objekterkennung, für prädiktive Analysen oder zur Optimierung von Energiemanagement und Nutzererfahrung. Diese Funktionen gehen weit über die traditionellen Fähigkeiten eines Autos hinaus und machen Smart Cars zu komplexen, vernetzten Plattformen. Der Anspruch an Komfort, Sicherheit, Effizienz und Vernetzung wächst – gleichzeitig steigen die Komplexität und die Abhängigkeit von Software und Elektronik.

Diese Fahrzeuge und die dazugehörigen elektronischen Plattformen müssen sowohl funktional sicher als auch vor Cyberangriffen geschützt sein. Smart Cars unterliegen einer Vielzahl von Normen, Standards und technischen Regelwerken, die von internationalen, nationalen und industriellen Gremien erarbeitet werden und die Anforderungen für die Automobilindustrie bestimmen (z.B. ISO 26262:2018, ISO/SAE 21434:2021, SAE J3016_202104, ISO 21448:2022, ISO/PAS 8800:2024).

Die fortschreitende Automatisierung bis hin zum vollautonomen Fahren steigert die Ansprüche an Systeme und Entwicklungsprozesse erheblich. Die daraus entstehenden Herausforderungen sowie die Umsetzung geltender Gesetze und Standards in Entwicklung und Produktion haben uns Autoren motiviert, dieses Fachbuch zu schreiben. Unser Ziel ist es, Ihnen dabei zu helfen, diese Anforderungen zu verstehen und in der Praxis erfolgreich umzusetzen.

Was Sie in diesem Buch erwartet

Das Buch vermittelt notwendige Kenntnisse und Best Practices, um effektive und sichere Lösungen für die steigenden Anforderungen an die Sicherheit und Zuverlässigkeit von autonomen Fahrzeugen zu entwickeln. Hierbei bedienen wir uns teilweise eines Projektbeispiels, um die Interaktion zwischen OEM (Hersteller), Tier 1 (Zulieferer) und Chiphersteller (Zulieferer) praktisch darzustellen.

Sie werden durch die verschiedenen Phasen des Lebenszyklus eines »System-on-Chip« (SoC) für ein Advanced Driver Assistance System (ADAS) geführt, beginnend mit der Konzeptphase und der Item-Definition. Dies umfasst die Beschreibung der Funktionalität, der Schnittstellen, Umgebungsbedingungen und rechtlichen Anforderungen im ADAS-Kontext.

Im Bereich der funktionalen Sicherheit kommen wir selbstverständlich nicht an der ASIL-Dekomposition vorbei. Der Automotive Safety Integrity Level (ASIL) ermöglicht die Aufteilung eines Systems mit hoher ASIL-Einstufung (wie in Smart Cars) in Komponenten mit niedrigeren ASIL-Stufen. Dies erleichtert das Design, die Implementierung und die Validierung von Sicherheitsanforderungen, während gleichzeitig die Gesamtsicherheit des Fahrzeugs gewährleistet wird.

Des Weiteren wird auf die Integration verschiedener Sensoren, Kommunikationstechnologien und Sicherheitsmechanismen im Rahmen der funktionalen Sicherheit und Cybersecurity eingegangen.

ADAS-Systeme nutzen eine Kombination aus verschiedenen Technologien, wie z. B. Sensoren, Kameras, Radar und LiDAR (Light Detection and Ranging), um die Umgebung des Fahrzeugs zu überwachen und potenzielle Gefahren frühzeitig zu erkennen. Sie unterstützen den Fahrer in unterschiedlichen Fahrsituationen (Spurhalten, Tempomat, Totwinkelüberwachung, automatische Notbremsung, Verkehrszeichenerkennung, Einparkhilfe) und erhöhen damit die Sicherheit, den Komfort und die Stressreduktion.

Wir bietet einen umfassenden Einblick in die Planung, Entwicklung und Validierung eines SoC für sicherheitskritische Anwendungen in elektrifizierten Smart Cars. Ein SoC trägt in Smart Cars dazu bei, die Anforderungen an Leistung, Effizienz, Sicherheit und Kosteneffektivität zu erfüllen und gleichzeitig den Platzbedarf zu verringern.

Ein weiterer wesentlicher Aspekt bei der Entwicklung eines Smart Cars ist das Operational Design Domain (ODD). ODD wird in Smart Cars benötigt, um den spezifischen Rahmen und die Bedingungen festzulegen, unter denen ein autonomes Fahrsystem sicher betrieben werden kann. Die Sicherheitsdefinitionen enthalten klare Parameter, die dazu beitragen, die Sicherheit der autonomen Fahrfunktionen zu gewährleisten, indem sie sicherstellen, dass das Fahrzeug nur unter Bedingungen betrieben wird, für die es ausgelegt ist. Hinzu kommen Leistungsanforderungen, Unterstützung bei der Risikoidentifizierung in den spezifischen Betriebsbedingungen sowie bei der Einhaltung gesetzlicher und regulatorischer Anforderungen.

Wir informieren Sie umfassend über die Interaktion von funktionaler Sicherheit und Cybersecurity, die in der Entwicklung von Smart Cars von entscheidender Bedeutung ist. Funktionale Sicherheit gewährleistet, dass Systeme auch bei Fehlern sicher arbeiten, während Cybersecurity vor externen Bedrohungen schützt. Beide Aspekte müssen möglichst nahtlos zusammenwirken, um die Zuverlässigkeit und Sicherheit vernetzter Fahrzeuge (Smart Cars) zu gewährleisten.

Hinzu kommt der Einsatz von KI, um fortschrittliche Funktionen wie autonomes Fahren und Unfallvermeidung zu ermöglichen. Der Einsatz von KI erfordert jedoch rigorose Tests und Validierungen, um die Sicherheit und Zuverlässigkeit in allen Fahrsituationen zu gewährleisten. Wir gehen zudem auf die Verifikation und Validation des SoC für das ADAS in diesem Kontext ein.

Natürlich erläutern wir auch die Safety of the Intended Functionality (SOTIF). Diese stellt u.a. sicher, dass unvorhergesehene Risiken minimiert werden, insbesondere bei komplexen Fahraufgaben und wechselnden Umweltbedingungen.

Die Berücksichtigung der Anforderungen aus der funktionalen Sicherheit und der Cybersecurity muss in angemessenen Entwicklungsprozessen und durch anerkannte Methoden erfolgen. Diese erläutern wir ausführlich in mehreren Kapiteln (siehe Tabelle 1.1). Neben den klassischen Entwicklungsvorgehensweisen etablieren sich agile Methoden (z.B. Kanban, Scrum, SAFe®) in der Softwareentwicklungsphase. Wir zeigen, dass sie Flexibilität, kontinuierliche Verbesserung und enge Zusammenarbeit fördern sowie Softwareentwicklungsprojekte – durch die schnelle Reaktion auf Veränderungen, die kontinuierliche Integration und automatisierte Tests – effizienter und effektiver machen.

1.1 Struktur des Buches

Im Einzelnen erwarten Sie die folgenden Inhalte:

Nr.	Kapitel	Inhalt
1	Einleitung	Einführung ins Thema, Vorstellung des Beispielprojekts, zusammenfassender Überblick zur ersten Orientierung zu den einzelnen Kapiteln
2	Grundlagen und Schlüsseltechnologien für autonomes Fahren	Technologischer Kontext des autonomen Fahrens, strukturierende Elemente, Teleoperationen, Vernetzung und Angriffsszenarien, Einsatz von KI-Technologien
3	Zusammenspiel von funktionaler Sicherheit, Cybersecurity und KI	Verbindung der Hauptthemen – »Big Picture«, Integration dieser drei Domänen, Einsatzgebiete von KI, Datenqualitätsmanagement, Schutzeinrichtungen, Cybersecurity Assurance Level (CAL), Verknüpfung mit weiteren Standards, KI-Lebenszyklus, Verifikation & Validation, Testen von Sicherheitsmechanismen
4	Item-Definition und Sicherheitsanalysen	Erste konkrete methodische Grundlage und detaillierte Beschreibung des technischen Items, Erläuterung von HARA und TARA
5	Das Lebenszyklusmodell der ISO 26262	Intensiver Einstieg in die funktionale Sicherheit, FMEA
6	Der Standard ISO/SAE 21434 für Cybersecurity	Überblick und Anwendungsbeispiele zur Cybersecurity im gesamten Lebenszyklus
7	SOTIF – Safety of the Intended Functionality	Ergänzende Sicherheit, Fokus auf Systemverhalten, konkrete Szenarien als Beispiel

→

Nr.	Kapitel	Inhalt
8	Unterstützende Prozesse und Querschnittsthemen der ISO 26262	Vertiefung: Schnittstellen (DIA)- und Anforderungsmanagement, Konfigurations- und Änderungsprozesse, Betriebsbewährtheit, Sicherheitsanalysen, Umgang mit SEooC, Bezüge zu ASPICE und ISO/SAE 21434, Standards im Zusammenspiel
9	Leitlinie für die Anwendung der ISO 26262 bei der Entwicklung eines SoC	Anwendung und Praxisbezug
10	Spezifische Rollen im Sicherheitslebenszyklus	Integratives Kapitel über alle Domänen mit Fokus auf Rollenbezeichnungen und Rollenbeschreibungen
11	Geplante Neuerungen zur ISO 26262 Edition 3	Detaillierter Ausblick auf die kommende Version der ISO 26262
A	Literaturverzeichnis	
B	Normenverzeichnis	
C	Glossar	

Tab. 1.1 *Struktur und Inhaltsübersicht*

Nutzerkreis dieses Buches

Dieses Fachbuch richtet sich an Fach- und Führungskräfte der Automobilindustrie, die sich mit der Entwicklung sicherheitskritischer Systeme befassen – von Systemarchitekten, Software- und Hardwareentwicklern über Test- und Qualitätsverantwortliche bis hin zu Projektleitern. Ebenso bietet es Studierenden technischer Studiengänge sowie Neueinsteigern in der Branche eine fundierte Einführung in die relevanten Normen und Methoden. Auch für Auditoren, Beratern und Verantwortliche in den Bereichen Prozessmanagement, Cybersecurity, Functional Safety und künstliche Intelligenz stellt es eine praxisorientierte Grundlage dar. Darüber hinaus profitieren Fachleute aus Fertigung, Halbleiter- und Chipentwicklung von den dargestellten Schnittstellen und Anforderungen, da diese zunehmend integraler Bestandteil sicherer und vernetzter Fahrzeugplattformen sind.

Die im Buch enthaltenen Checklisten, Rollenbeschreibungen, Mustertabellen und andere Beispieldokumente erheben keinen Anspruch auf Vollständigkeit. Wir möchten Ihnen damit Ideen für die Erarbeitung eigener Vorlagen und Arbeitsmittel geben. Es ist nicht sinnvoll und ausreichend, die Muster und Auszüge unverändert in eigene Projekte zu übernehmen. Die Anpassung und Umsetzung für spezifische Produkte und Projekte nehmen wir Ihnen durch die Bereitstellung dieser Hilfen nicht ab.

Im Anhang des Buches finden sich Literaturhinweise und Webadressen, um spezifische Inhalte zu vertiefen. Das Glossar und das Abkürzungsverzeichnis enthalten Begriffe, die im Buch Anwendung finden.

1.2 Wie können Sie dieses Buch lesen?

Das Buch bietet einen umfassenden Überblick über die vielfältigen Aspekte der funktionalen Sicherheit mit Interaktion von SOTIF, Cybersecurity und KI in automatisierten Fahrzeugen, von der Gefährdungs- und Risikoanalyse (HARA, Hazard Analysis and Risk Assessment), der Bedrohungsanalyse und Risikobewertung (TARA, Threat Analysis and Risk Assessment) über die Anwendung von KI bis hin zur Einhaltung internationaler Standards. Die geschilderten Methoden geben jeder Entwicklerin und jedem Entwickler wichtige Einblicke in die Anwendung der einzelnen Normen und die geforderten Entwicklungsergebnisse. Wir möchten damit unser Wissen mit Ihnen teilen, um die Herausforderungen bei der Entwicklung zukünftiger elektrifizierter Smart Cars gemeinsam zu meistern. Der Schwerpunkt des Buches liegt auf der Sichtweise von Zulieferern und der Zusammenarbeit mit dem OEM. Alle im Buch aufgeführten Rollen und Fachbereiche können hoffentlich ihren Nutzen für die praktische Arbeit daraus ziehen.

Die Planungen und Vorgaben des OEM sind so weit eingebunden, wie es die Erfüllung der Schnittstellen zwischen Auftraggeber und Auftragnehmer erfordert. Es soll vermittelt werden, wie die Anforderungen der einzelnen Standards in den verschiedenen Prozessfeldern von Unternehmen bzw. Organisationen umgesetzt werden können. Betrachtet werden das Funktionale Sicherheitsmanagementsystem (FSMS), das Cybersecurity-Managementsystem (CSMS), das Software Update Management System (SUMS), Safety of the Intended Functionality (SOTIF) sowie die Planungs-, Verifikations- und Validierungsaktivitäten der einzelnen Standards. In Abbildung 1.1 geben wir einen Überblick zu erforderlichen Standards und Managementsystemen, die während der Entwicklung eines Smart Cars u. a. herangezogen werden müssen.

> Wir haben weitgehend versucht, die im Buch beschriebenen Standards zu interpretieren, und so gut wie keine Abbildungen der einzelnen Normen im Original übernommen. Maßgebend für die Anwendung der ISO-Normen ist deren Fassung mit dem neuesten Ausgabedatum. Wir empfehlen dringend, die erforderlichen Normen zu beschaffen, um den Ausführungen im Buch konkret folgen zu können, das Wissen im Umgang mit den Normen zu vertiefen und deren Einsatz in der Projektpraxis zu trainieren.

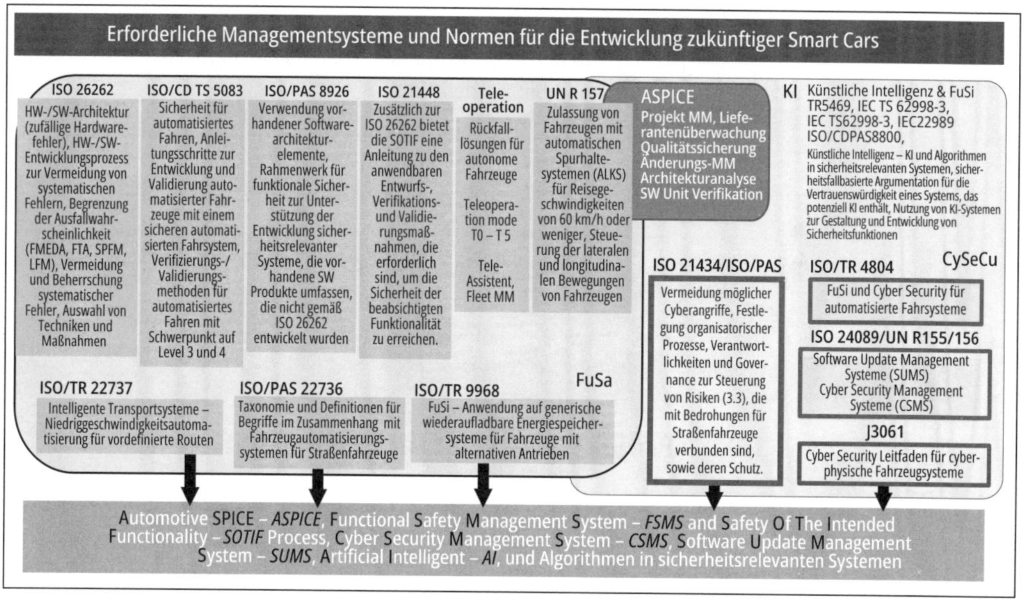

Abb. 1.1 *Überblick der für die Entwicklung eines Smart Cars erforderlichen Standards und Managementsysteme*

Es bleibt Ihrem Bedarf überlassen, in welcher Reihenfolge Sie die beschriebenen Themen lesen oder einfach das gesamte Buch von vorne bis hinten durcharbeiten. Mithilfe des Indexes können Sie jederzeit den für Sie wichtigen Aspekt aufrufen und damit Ihre praktische Arbeit bedarfsgerecht unterstützen.

Die gewählte Gliederung und Symbolik in Tabelle 1.2 bietet die notwendige Orientierung und ermöglicht ein schnelles Nachschlagen zu spezifischen Punkten.

ISO 26262	Referenz zum Standard ISO 26262:2018
ISO 21434	Referenz zum Standard ISO 21434:2021

→

ISO 21448	Referenz zum Standard ISO 21448:2022
ISO 24089	Referenz zum Standard ISO 24089:2023
ISO 8800	Referenz zum Standard ISO 8800:2024
	Projektstory: Ein Kontext, der die Anwendung der normativen Vorgaben verdeutlicht.
!	Wichtige Erklärungen und Inhalte, die teilweise in die Story integriert sind.
Tipp	Hinweis zur Durchführung oder besondere Hilfestellungen

Tab. 1.2 *Bedeutung der Symbole*

1.3 Projektsteckbrief ADAS NextGen

Hersteller von Smart Cars sind gesetzlich dazu verpflichtet, Cybersecurity-Standards wie ISO 21434 und ISO 24089 zu erfüllen und diese auf ihre Fahrzeugflotten anzuwenden. Zulieferer müssen ebenfalls die entsprechenden Anforderungen dieser Standards erfüllen können. Um die Anwendung von funktionaler Sicherheit und Cybersecurity bei integrierter KI (ISO 8800), einschließlich ISO 21448 (SOTIF), aus praktischer Sicht zu veranschaulichen, werden an einem fiktiven ADAS-Beispielprojekt die erforderlichen Standards und die darin beschriebenen Anforderungen dargestellt.

Die vorgestellten Unternehmen und Projektteams sind alle fiktiv und demonstrieren die Planungsschritte zur Entwicklung eines Advanced Driver Assistance System (ADAS) mit KI, das ASIL- und Cybersecurity-Assurance-Level-(CAL-)Anforderungen unterliegt.

Die Projektstory führt die Leserinnen und Leser teilweise durch die Aktivitäten bestimmter Lebenszyklusphasen und liefert praxisnahe Einblicke. Wir haben den Umfang der Projektstory bewusst klein gehalten, um dem fachlichen Inhalt genügend Raum zu geben. Es hätte den Rahmen dieses Buches bei Weitem überschritten, jede im realen Projekt auftretende Problematik sowie alle zu berücksichtigenden Standards und Methoden im Detail zu behandeln. In Kapitel 10 »Spezifische Rollen im Sicherheitslebenszyklus« listen wir fiktive Projektteams auf. Diese dienen als anschauliches Beispiel dafür, welche Rollen in entsprechenden Projekten notwendig sind, ohne dass alle Rollen mit eigenen Aktivitäten vorgestellt werden.

Die Architektur des ADAS haben wir abstrahiert und so einfach wie nur möglich skizziert, damit die durchzuführenden Analysen deutlich und verständlich erläutert werden können. Die technisch versierte Leserschaft mag möglicherweise eine detailliertere Ausführung erwarten, doch die vorhandene Tiefe ist für die zu vermittelnden Inhalte vollkommen ausreichend.

Selbstverständlich sind alle im Buch genannten Personen und Namen frei erfunden. Sollte dennoch eine Ähnlichkeit mit real existierenden Personen vorhanden sein, so ist diese nicht gewollt und wir bitten um Nachsicht. Ebenfalls sind Ähnlichkeiten mit realen Produkten oder Projekten rein zufällig und vom Autorenteam nicht beabsichtigt.

1.4 Projekt ADAS NextGen

Jetzt ist es an der Zeit, Ihnen unser fiktives ADAS-Beispielprojekt mit seinen Beteiligten und dem ADAS-SoC vorzustellen.

Projektzweck: Integration eines ADAS-SoC in die neue Fahrzeuggeneration

Der Automobilhersteller Drivesmart AG ergreift die Initiative zur Integration eines ADAS mit KI in eine neue Fahrzeuggeneration und entwickelt hierzu ein neues Konzept für dieses intelligente E-Fahrzeug. Eine der großen Herausforderungen für dieses Projekt ist die Entwicklung eines leistungsfähigen, ausfallsicheren Advanced Driver Assistance System (ADAS) mit künstlicher Intelligenz, KI als System-on-Chip (SoC), und die Integration dieses SoC in eine neue elektrifizierte Fahrzeuggeneration. Durch die zu implementierenden Funktionen soll die Verkehrssicherheit der neuen Fahrzeuggeneration bei sicherheitskritischen Manövern verbessert werden und Unfälle sowie Kollisionen durch automatische Bremsungen oder korrigierende Lenkmanöver reduziert werden. Der Einsatz von Sensoren wie Kameras, Radarsensoren und Lidarsystemen in Kombination mit fortschrittlichen Algorithmen ist Teil des optimierten ADAS.

Ziel der Konzeptphase ist die Entwicklung eines detaillierten Verständnisses der Anforderungen und Ziele des ADAS: die Festlegung der technischen Spezifikationen und Grenzen des Systems, die Vorbereitung für nachfolgende Teilphasen wie »Gefahrenanalyse und Risikobewertung« und »funktionales Sicherheitskonzept« sowie die Klärung der Schnittstellen und Interaktionen des ADAS mit anderen Fahrzeugsystemen und der Umgebung gemäß dem Smart-Car-Referenzmodell (siehe Abbildung 1.2).

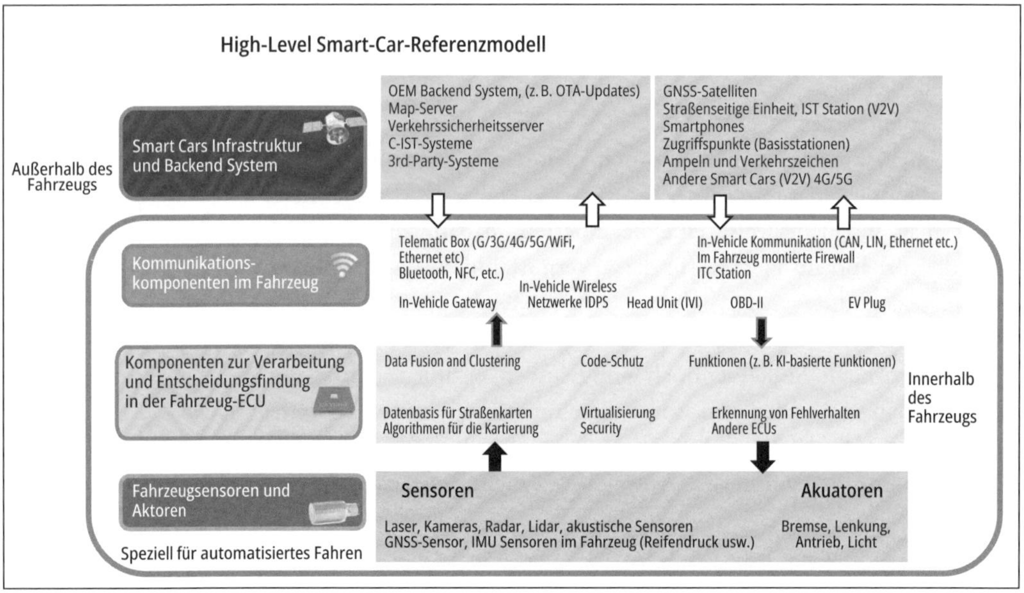

Abb. 1.2 *Umgebung gemäß dem Smart-Car-Referenzmodell*

Das zu entwickelnde System soll potenzielle Gefahren frühzeitig erkennen und entsprechende Warnungen ausgeben.

1.5 Die beteiligten Firmen

Verteilte Entwicklung

Das ADAS-Projekt wird nicht ausschließlich durch den OEM entwickelt. Die für das Projekt benötigten Experten können nur durch eine verteilte Entwicklung bereitgestellt werden. An der Entwicklung dieses ADAS sind die Firmen Safehicle GmbH (Zulieferer), Custom Chip Limited (Zulieferer) und Kasaba Hobli Limited (Chip-Produktion) beteiligt.

OEM Drivesmart AG

- *Geschäftssitz München*
- *Gründung 1950*
- *Vorstandsvorsitzende Dipl.-Ing. Felicitas Marke*
- *Mitarbeiter ca. 6000*

Der Automobilhersteller Drivesmart AG ist einer der deutschen Markenführer im Segment der elektrifizierten Fahrzeuge.

Die zunehmende Automatisierung der Fahrzeuge stellt den Hersteller vor neue Anforderungen, insbesondere im Bereich der funktionalen Sicherheit in Verbindung mit KI und Cybersecurity. Der OEM hat bereits ein eingeführtes funktionales Sicherheitsmanagementsystem (FSMS) und ein Cybersecurity-Managementsystem (CSMS) ist u. a. nach ISO/TS 16949 zertifiziert. Die Entwicklungsprozesse sind nach Automotive SPICE® Capability Level 3 bewertet.

Neben dem OEM Drivesmart AG sind weitere Firmen als Zulieferer an dem Projekt und der Produktentstehung beteiligt.

Zulieferer Safehicle GmbH für eingebettete Entwicklung

- *Geschäftssitz Frankfurt*
- *Gründung 1987*
- *Geschäftsführer Dr. Jürgen Gut*
- *Mitarbeiter ca. 450*
- *Geschäftsbereich: Embedded-Entwicklung, Softwareeentwicklung für Automotive und andere Industrien*

Die Safehicle GmbH ist ein mittelständisches Unternehmen mit Schwerpunkt Elektronikentwicklung für den Automotive-Bereich und für andere Industrien. Das Unternehmen ist nach ISO 26262 und ISO 21434 zertifiziert und hat in den letzten Jahren die Managementprozesse sowie Entwicklungs- und Unterstützungsprozesse erfolgreich mit durchschnittlich ASIL 3 gemäß Automotive SPICE® assessiert bekommen. Es liegt bereits eine mehrjährige Erfahrung im Bereich sicherheitsgerichteter eingebetteter Entwicklung vor.

Für das sicherheitsrelevante Item wurde für die kritischste Funktion vom OEM ASIL D vorgegeben. Das technische Ziel ist die Entwicklung eines ADAS-SoC, das mit festgelegten sicherheitsrelevanten Funktionen mit unterschiedlichen ASILs die notwendige Ausfallsicherheit gewährleistet. ASIL-D

Safehicle erhält hierzu mit den Anforderungen von Drivesmart eine umfassende Spezifikation des ADAS in Bezug auf Funktionalität, Schnittstellen, Umgebungsbedingungen, Operational Design Domain, rechtliche Anforderungen und Gefahren durch äußere Einflüsse (SOTIF). Diese Anforderungen setzt Safehicle in eine detaillierte Funktionsbeschreibung und vorläufige Systemarchitektur um und beginnt nach der Abstimmung dieser Schritte mit Drivesmart als Gesamtverantwortlichen für das Smart Car mit der Entwicklung.

Custom Chip Limited (Chipintegrator)

- *Geschäftssitz Taichung (Taiwan)*
- *Gründung 2004*
- *Geschäftsführer Dr. Kevin Lee*
- *Mitarbeiter ca. 100*
- *Geschäftsbereich: SoC-Entwicklung*

Custom Chip Limited soll ein ADAS-SoC durch die Integration entsprechender ICs und Sicherheitsmechanismen entwickeln.

Fa. Kasaba Hobli Limited (Produktionszulieferer)

- *Geschäftssitz Taipeh (Taiwan)*
- *Gründung 2008*
- *Geschäftsführer Dr. Fi Nish*

- *Mitarbeiter ca. 1000*
- *Geschäftsbereich: Fertigung und Produktion von ICs*

Das Produktionsunternehmen ist ein Tochterunternehmen der Drivesmart AG. Es hat sich auf die Fertigung von ICs spezialisiert und ist ein nach ISO 26262-2, ISO 26262-7, ISO 26262-8 zertifiziertes Unternehmen. Seine Aufgabe ist die Null-Fehler-Produktion des ADAS-Chips.

Und nun geht es los: Wir starten mit den »Grundlagen und Schlüsseltechnologien für autonomes Fahren«. Im Fokus stehen der technologische Kontext – von Sensorik und Datenfusion über Teleoperationen und Vernetzung bis hin zu Angriffsszenarien und dem Einsatz von künstlicher Intelligenz. Danach erläutern wir Ihnen unser technisches Item und lüften die Vorgehensweise bei den Sicherheitsanalysen.

2 Grundlagen und Schlüsseltechnologien für autonomes Fahren

Sicherheit bedeutet im Allgemeinen nicht, dass kein Schaden entstehen kann, sondern, dass das Risiko akzeptabel ist.

(Dr. Rasmus Adler, Fraunhofer IESE, über die Rolle von KI bei der Fahrsicherheit)

Die zunehmende Automatisierung und Vernetzung moderner Straßenfahrzeuge stellen neue und komplexe Anforderungen an ihre Sicherheit. Um autonome und intelligente Fahrzeuge systematisch abzusichern, ist ein tiefgreifendes Verständnis ihrer technischen Die zu

Die zunehmende Automatisierung und softwarebasierte Steuerung sowie umfassende Vernetzung moderner Straßenfahrzeuge führen zu einem Paradigmenwechsel in der Fahrzeugentwicklung – mit neuen, komplexen Anforderungen an die ganzheitliche Sicherheit. Mit wachsender Systemintelligenz verändern sich sowohl technische Schnittstellen als auch Verantwortlichkeiten innerhalb und außerhalb des Fahrzeugs.

Eine sichere Einführung intelligenter und autonomer Fahrzeuge setzt ein präzises Verständnis ihrer Funktionsgrenzen und Einsatzbedingungen voraus. Taxonomie, Operational Design Domain (ODD) und neue Sicherheitskonzepte bilden dafür die Grundlage.

In diesem Kapitel beleuchten wir gezielt die Herausforderungen, die sich aus adaptiven Fahrzeugarchitekturen, Konnektivität und künstlicher Intelligenz ergeben. Wir analysieren, wie Taxonomiestufen und ODDs als strukturierende Elemente die Sicherheitsanforderungen beeinflussen, und zeigen, wie Technologien wie KI oder Fernsteuerung zusätzliche Komplexität sowie neue Lösungsansätze mit sich bringen.

2.1 Grundpfeiler der Absicherung

Taxonomie, ODD und sichere KI als Fundament

Taxonomiestufen für automatisierte Fahrfunktionen – beispielsweise nach SAE oder UNECE – ermöglichen eine systematische Klassifizierung und Abgrenzung der Funktionsumfänge und bieten damit eine erste strukturelle Einordnung. Die Operational Design Domain (ODD) definiert, unter welchen Umwelt-, Verkehrs- und Systembedingungen eine Funktion sicher betrieben werden darf, und ist damit ein zentrales Element für Risikoabschätzung, Funktionstrennung und Zertifizierung.

Ein weiterer Schlüsselfaktor ist der methodisch abgesicherte Einsatz von KI, da viele zentrale Funktionen – insbesondere in der Wahrnehmung und Entscheidungsfindung – ohne KI nicht mehr realisierbar sind. KI-Technologien müssen daher von Beginn an so gestaltet und geprüft werden, dass ihr Verhalten nachvollziehbar und robust ist und sie gezielt für sicherheitskritische Anwendungen eingesetzt werden können.

Fernsteuerung als Rückfallebene

Ein zunehmend diskutiertes Szenario im Kontext automatisierter Mobilität ist die Fernsteuerung (Remote Driving). Sie kann entweder als temporäre Rückfallebene bei Systemausfällen dienen oder als regulärer Betriebsmodus, etwa im Shuttle-, Logistik- oder Parkbereich. Dabei übernimmt ein Mensch außerhalb des Fahrzeugs über eine Kommunikationsschnittstelle die Kontrolle – teilweise unterstützend (Teleassistenz), teilweise vollständig (Fernlenkung).

Die Fernsteuerung wirft neue sicherheitsrelevante Fragestellungen auf, etwa:

- Wie erkennt das Fahrzeug den Übergabepunkt korrekt und gewährleistet eine sichere Übergabe?
- Wie zuverlässig ist die Kommunikationsverbindung (Latenz, Bandbreite, Ausfallsicherheit)?
- Wer trägt die Verantwortung bei sicherheitskritischen Entscheidungen?
- Welche zusätzlichen Maßnahmen zur funktionalen Sicherheit und Cybersecurity sind erforderlich?

Normativer Rahmen und neue Sicherheitskonzepte

Im normativen Kontext bilden ISO 26262 (funktionale Sicherheit), ISO 21448 (SOTIF) und ISO/SAE 21434 (Cybersecurity) die Grundlage – auch für Szenarien der Fernsteuerung und Fernlenkung. Eine besondere Herausforderung liegt dabei in der Absicherung menschlicher Remote-Operatoren, einschließlich Schulung, Ergonomie und Fehlermanagement.

Mit dem Einzug datengetriebener KI-Technologien stoßen klassische Sicherheitsmethoden an ihre Grenzen: Nichtdeterminismus, adaptives Systemverhalten sowie modell- und datenbedingte Unsicherheiten erfordern ergänzende Konzepte. Hier gewinnen ISO/PAS 8800 (AI Safety) und ISO/IEC TR 5469 (risikobasierte KI-Bewertung [ISO/IEC TR 5469:2024]) an

Bedeutung. Sie adressieren u.a. Datenqualität, erklärbares Verhalten sowie die Absicherung und Überwachung von KI-Komponenten im Betrieb – und ergänzen damit den Rahmen, in dem ODDs definiert, Funktionen abgegrenzt und Zulassungsstrategien entwickelt werden.

2.2 Grundlagen und Funktionsweise automatisierter Fahrzeuge

Ein sogenanntes Level-5-Fahrzeug – auch als selbstfahrendes oder fahrerloses Fahrzeug bezeichnet – ist in der Lage, mithilfe eines komplexen Zusammenspiels aus Sensoren, Kameras, Radar und künstlicher Intelligenz sämtliche Fahraufgaben eigenständig zu übernehmen. Um als vollständig autonom zu gelten, muss ein Fahrzeug ohne menschliches Eingreifen zu einem vorgegebenen Ziel navigieren und dabei sämtliche Verkehrssituationen sicher bewältigen können.

Die technische Basis bilden riesige Datenmengen, die aus Sensoren und Systemen zur Umfeldwahrnehmung stammen – insbesondere Bilddaten, Radarsignale und Lidarmessungen. Mithilfe von maschinellem Lernen (ML) und neuronalen Netzen werden daraus hochkomplexe Modelle erzeugt, die es ermöglichen, Fahrfunktionen ohne menschliche Eingriffe umzusetzen. Neuronale Netze erkennen Muster in den Eingangsdaten und leiten diese an ML-Algorithmen weiter, die das Verhalten des Fahrzeugs trainieren.

Sensoren und Datenquellen

Zu den wichtigsten Sensoren gehören Kameras, die Ampeln, Fahrbahnmarkierungen, Bordsteine, Fußgänger, Verkehrszeichen und andere relevante Objekte identifizieren. Lidarsensoren, häufig rotierend und auf dem Fahrzeugdach montiert, erfassen kontinuierlich die Umgebung und erzeugen eine dynamische dreidimensionale Karte. Inertial Measurement Units (IMU) messen Beschleunigungen und Rotationsbewegungen, sodass die Fahrzeugposition auch bei eingeschränktem GPS präzise bestimmt werden kann. Radarsysteme in den Stoßfängern erkennen Abstände zu Hindernissen und bewegten Objekten in Echtzeit.

Die zentrale KI-Software im Fahrzeug fusioniert diese Sensordaten mit weiteren Quellen, etwa Straßenbilddiensten, hochauflösenden Karten und Cloud-basierter Infrastruktur. Auf diese Weise können Informationen zu Verkehrszeichen, Spurverläufen oder temporären Sperrungen bereits in die Routenplanung einfließen, bevor der relevante Streckenabschnitt erreicht ist.

KI-gestützte Entscheidungsfindung und Fahrzeugsteuerung

Mithilfe von Deep-Learning-Algorithmen simuliert die KI menschliche Wahrnehmungs- und Entscheidungsprozesse und überträgt diese auf die Steuerungssysteme des Fahrzeugs – beispielsweise Lenkung, Antrieb und Bremsen. Diese Systeme arbeiten vielfach über redundante Steuergeräte, um eine hohe Ausfallsicherheit zu gewährleisten.

Der Fahrer gibt ein Ziel vor, woraufhin mehrere Subsysteme gemeinsam die optimale Route berechnen. Die KI-Software konsultiert dazu auch externe Datenquellen, sodass Orientierungspunkte, Verkehrszeichen oder Ampeln in die Planung einbezogen werden können.

Sicherheitsaspekte und Übersteuerungsfunktionen

Trotz des hohen Automatisierungsgrades ist eine manuelle Übersteuerungsfunktion unverzichtbar. Sie ermöglicht es Insassen, bei Bedarf jederzeit die Kontrolle über das Fahrzeug zu übernehmen – etwa bei Systemfehlern, Unsicherheiten der KI oder unvorhersehbaren Situationen.

Darüber hinaus müssen bei vernetzten Fahrzeugumgebungen zusätzliche Risiken berücksichtigt werden. Cyberangriffe, begrenzte Rechenressourcen und Anforderungen an den Echtzeitbetrieb stellen neue Herausforderungen dar, die durch robuste Sicherheits- und Absicherungskonzepte adressiert werden müssen.

Die nachfolgende Übersicht in Tabelle 2.1 fasst die wichtigsten Sensoren und Datenquellen eines automatisierten Fahrzeugs zusammen und zeigt, welche Aufgaben sie im Zusammenspiel mit der KI übernehmen.

Sensor/Datenquelle	Primäre Aufgabe	Typische Anwendung
Kamera	Erfassung visueller Informationen (Farben, Formen, Symbole)	Erkennung von Verkehrszeichen, Ampeln, Markierungen, Fußgängern, Fahrzeugen
Lidar	Erstellung einer hochauflösenden 3D-Umgebungskarte	Hinderniserkennung, Abstandsberechnung, präzise Lokalisierung
Radar	Distanz- und Geschwindigkeitsmessung bewegter und statischer Objekte	Kollisionswarnung, Abstandsregeltempomat, Toter-Winkel-Überwachung
Inertialmesseinheit (IMU)	Messung von Beschleunigung und Rotationsbewegung	Positionsbestimmung bei GPS-Ausfall, Unterstützung der Spur- und Kurvenlage
GPS/GNSS mit Korrektursignal	Globale Positionsbestimmung	Routenplanung, exakte Fahrzeuglokalisierung
HD-Karten & Straßenbilddienste	Bereitstellung detaillierter, vorab erfasster Umgebungs- und Infrastrukturdaten	Vorausplanung bei Spurwechseln, Erkennung temporärer Sperrungen

→

Sensor/Datenquelle	Primäre Aufgabe	Typische Anwendung
Cloud- und V2X-Kommunikation	Austausch von Echtzeitinformationen mit anderen Fahrzeugen und der Infrastruktur	Warnungen vor Gefahrenstellen, Verkehrsflussoptimierung, Informationen zu Ampelphasen

Tab. 2.1 *Sensoren und ihre Funktionen im automatisierten Fahren*

2.3 Evolution der vernetzten Fahrzeugarchitektur

Moderne Fahrzeuge bestehen aus mehreren verschiedenen elektronischen Steuereinheiten (ECUs), die jeweils spezifische Funktionen übernehmen. In heutigen Fahrzeugen sind bis zu 100 dieser ECUs verbaut (siehe Abbildung 2.1). So gibt es z. B. jeweils ein Steuergerät für das Öffnen und Schließen der Fenster und des Schiebedachs, ein anderes Steuergerät ist für die Überwachung des Lenkradwinkels zuständig, ein weiteres für die Steuerung des ABS-Systems und so weiter.

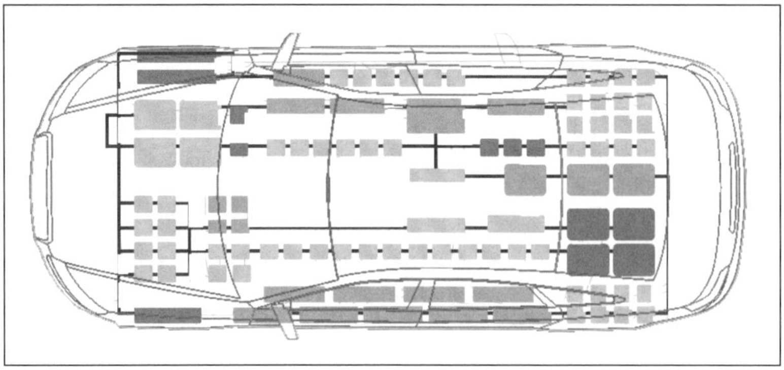

Abb. 2.1 *Vernetzte Fahrzeugarchitektur aus mehreren ECUs*

Diese Steuergeräte müssen sich gegenseitig Daten übermitteln, um Entscheidungen über ihr Verhalten treffen zu können. Diese wachsende Komplexität und Funktionalität moderner Fahrzeuge führte zu einer immer stärker vernetzten Architektur, in der ECUs nicht mehr isoliert arbeiten, sondern über verschiedene Bussysteme (z. B. CAN, LIN, FlexRay, Ethernet) miteinander kommunizieren. Diese Kommunikation ist heute eine zentrale Voraussetzung für Fahrerassistenzsysteme, automatisiertes Fahren und Over-the-Air-Updates.

Ein Steuergerät verhält sich je nach Betriebszustand unterschiedlich, beispielsweise abhängig davon, ob sich das Fahrzeug im Vorwärts- oder Rückwärtsgang befindet oder ob es sich bewegt oder steht. Einige Steuergeräte kommunizieren sowohl mit der Außenwelt als auch mit dem internen Fahrzeugnetzwerk. Die Optionen, die Angreifern zur Verfügung stehen, werden durch die verschiedenen angebotenen Remote-Endpunkte, die Topologie des Fahrzeugnetzwerks und die in den verschiedenen Steuergeräten programmierten Sicherheitsfunktionen beeinflusst.

Zukünftige zentralisierte Steuergeräte, wie in Abbildung 2.2 dargestellt, werden aus wenigen, hochleistungsfähigen Fahrzeugrechnern bestehen, die in einer fahrzeugzentrierten, zonenorientierten Struktur die Datenströme zentralisieren und mit den eingebetteten Steuergeräten, Sensoren und Aktoren vernetzt sind.

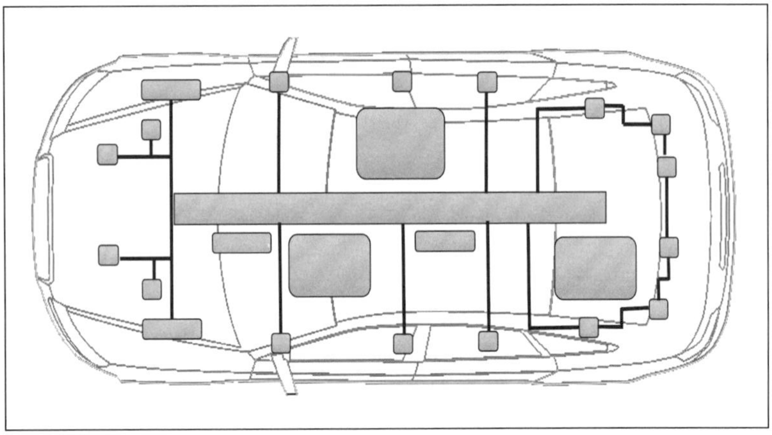

Abb. 2.2 *Zukünftige zentralisierte Steuergerätearchitektur*

Die Zonensteuergeräte senden die Daten über High-Speed-Ethernet (siehe Abbildung 2.3) an die angeschlossenen Fahrzeugsteuergeräte. Diese Art der Verbindung sorgt für eine schnellere, sicherere und leistungsfähigere Datenkommunikation – sowohl innerhalb des Fahrzeugs als auch extern über die Verbindung zur Cloud. Außerdem wird der Kabelbaum im Fahrzeug dadurch kürzer, was wiederum zu Kosten- und Gewichtseinsparungen führt. Mit modernen E/E-Architekturen entwickelt sich das Auto zu einem IoT-Gerät auf Rädern.

In domänen- oder zonenbasierten Architekturen werden verteilte Fahrzeugfunktionen durch zentrale Hochleistungsrechner zusammengeführt, was die Komplexität reduziert und die Effizienz steigert. Diese zentralisierten Architekturen ermöglichen nicht nur effizientere Datenverarbeitung und vereinfachte Diagnosen, sondern sind auch ein wichtiger Baustein für die funktionale Sicherheit und Cybersecurity moderner Fahrzeugplattformen.

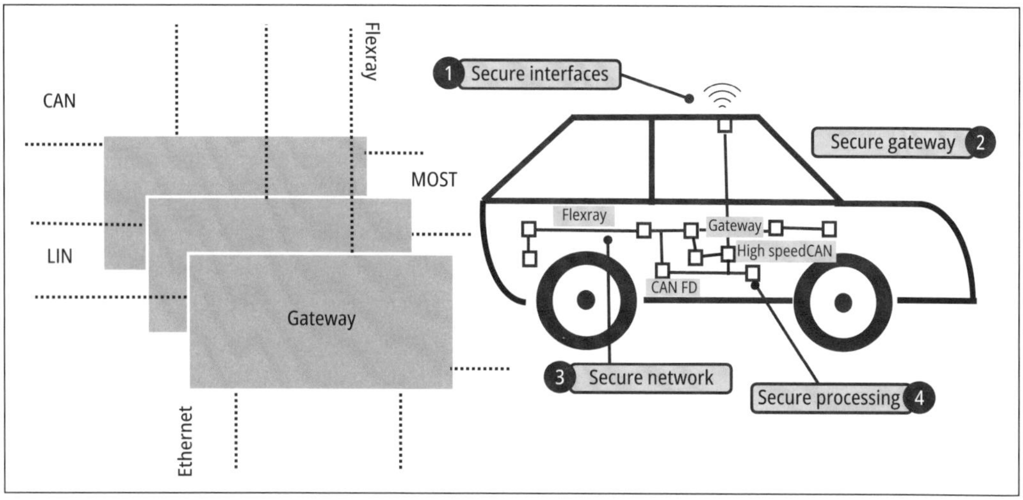

Abb. 2.3 *High-Speed-Ethernet-Controller als Gateway (Bildquelle: Valens Semiconductor)*

2.3.1 Drei Schritte zum erfolgreichen Angriff

Sicherheitskritische Angriffe auf diese Fahrzeuge erfordern in der Regel eine sorgfältige Abfolge von drei Schritten:

2.3.1.1 Schritt 1: Initialer Zugriff auf das Fahrzeugnetzwerk

Im ersten Schritt verschafft sich ein Angreifer aus der Ferne Zugang zu einem internen Fahrzeugnetzwerk, das für Nutzer im Regelbetrieb nicht sichtbar ist. Gelingt der Zugriff, können manipulierte Nachrichten in das System eingeschleust werden. Ziel ist es, ein oder mehrere Steuergeräte (ECUs) zu kompromittieren – entweder direkt oder über verbundene Gateways. Diese Phase erfordert das Ausnutzen von Schwachstellen in extern zugänglichen Schnittstellen wie WLAN, Mobilfunk oder Bluetooth.

Einen solchen Angriff kann man sich folgendermaßen vorstellen: Ein drahtloses Signal wird gesendet, ein fehlfunktionierendes bzw. nicht reagierendes Steuergerät wird infiltriert, und plötzlich fließt manipulierender Code durch die Adern des Fahrzeugs.

2.3.1.2 Schritt 2: Ausweitung des Zugriffs auf sicherheitskritische Funktionen

Im zweiten Schritt erfolgt die Eskalation des Zugriffs innerhalb der Fahrzeugarchitektur. Die Angreifer nutzen die interne Kommunikation – z. B. über das CAN-Bussystem –, um von einem kompromittierten Steuergerät aus auf weitere sicherheitsrelevante ECUs zuzugreifen. Typische

Ziele sind Steuergeräte für Bremssysteme, Lenkung oder Antriebsstrang. Dies setzt die Fähigkeit voraus, Gateway-Steuergeräte zu umgehen oder gezielt zu manipulieren.

Üblicherweise können in der ersten Phase des Angriffs diese kritischen Funktionen nicht direkt beeinflusst werden. Hier kommt die Geschicklichkeit der Angreifer ins Spiel. Sie schaffen es, das Brückensteuergerät im betroffenen Fahrzeug zu überlisten, um z. B. über das CAN-Netzwerk Zugriff auf das Steuergerät für die Bremsen zu erhalten. Mit der drahtlosen Kompromittierung eines Steuergeräts und der Möglichkeit, Nachrichten an ein gewünschtes Zielsteuergerät zu senden, öffnet sich die Tür zur Kommunikation mit den lebenswichtigen Steuergeräten.

2.3.1.3 Schritt 3: Auslösung sicherheitskritischer Funktionen

Im dritten Schritt versuchen die Angreifer, das Zielsteuergerät zu einer sicherheitsrelevanten Aktion zu veranlassen, etwa einem Bremsbefehl oder einem Eingriff in die Lenkung. Dafür müssen sie das Kommunikationsprotokoll des Fahrzeugherstellers verstehen, um gültige Nachrichtenformate generieren zu können. Da diese Datenformate und Signalstrukturen herstellerspezifisch und oft proprietär sind, erfordert dieser Schritt umfassende Reverse-Engineering-Kenntnisse sowie tiefes technisches Verständnis der jeweiligen Fahrzeugarchitektur.

Tipp

> Weitere Inhalte zu Angriffsszenarien und Cybersecurity sind in Kapitel 3, »Zusammenspiel von funktionaler Sicherheit, Cybersecurity und KI«, und Kapitel 6, »Der Standard ISO/SAE 21434 für Cybersecurity«, enthalten.

2.3.2 Projektstory ADAS NextGen: Warum intelligente Fahrzeuge intelligente Sicherheitskonzepte brauchen

Die Drivesmart AG gilt als Vorreiter bei der Entwicklung domänen- und zonenbasierter Fahrzeugplattformen. In der neuesten Generation ihres ADAS NextGen vereinen leistungsstarke Zentralkomponenten die Steuerung komplexer Fahrfunktionen – von Fahrassistenz über Infotainment bis hin zur vorausschauenden Diagnose. Das Ziel: reduzierte Komplexität, höhere Rechenleistung, schnellere Software-Updates – und natürlich mehr Sicherheit.

Robert Flink, Leiter der Produktentwicklung, formulierte früh die Vision einer hochintegrierten Fahrzeugarchitektur mit zentralem Sicherheitskonzept. Gemeinsam mit Anja Bau, Systemarchitektin, und Peter Weiss, Projektleiter und Anforderungsmanager, entstand eine Struktur, in der Sicherheit von Anfang an im Zentrum stand.

Phase 1 – Der erste Puls durch die digitale Ader

Ein Fahrzeug der Drivesmart-Baureihe rollt durch den urbanen Raum – vernetzt, hochautomatisiert, OTA-fähig. Doch aus einem unscheinbaren Café funkt ein Laptop ein Signal – gezielt, drahtlos, unsichtbar. Der Zugriff erfolgt über ein kompromittiertes Bluetooth-Modul, das nicht rechtzeitig gepatcht wurde.

Was folgt, ist keine Explosion, sondern ein Flüstern: Manipulierter Code, eingebettet in ein scheinbar harmloses Datenpaket, bahnt sich seinen Weg in das Gateway-Steuergerät. Noch reagiert das Fahrzeug unauffällig – der Fahrer ahnt nichts.

Isy Kaput, Integrator, erinnert sich später: »Wir hatten alle Security-Mechanismen integriert, aber der Exploit lag genau in einer übersehenen Altkomponente.«

Phase 2 – Die stille Eskalation

Im Inneren des Fahrzeugs beginnt nun ein strategischer Feldzug: Über das interne Kommunikationsnetz – etwa das CAN-Backbone – versucht der Angreifer, die Kommandostrukturen zu kartieren. Die erste Hürde: das zentrale ADAS, das wie ein digitaler Türsteher über Datenflüsse wacht. Doch die Architektur ist komplex – und komplexe Systeme bieten Angriffsmöglichkeiten.

Peter Feinblick, Cybersecurity-Manager, und Dieter Gewiss, funktionaler Sicherheitsmanager, analysieren im Nachgang gemeinsam mit Ulla Wahrlich, Testleiterin, das Verhalten des Systems. Der Angriff nutzt Timing und Datenmuster, um unauffällig privilegierten Zugriff zu erhalten.

Dem Angreifer gelingt es, eine legitime Nachricht so zu verändern, dass sie als systemkonform durchgeht. Mit jedem erfolgreichen Paket wird der Zugriff ausgeweitet: erst das Infotainment-Steuergerät, dann der Bordnetz-Controller, schließlich das Chassis-Modul.

***Das Ziel:** die Bremsen.*

Phase 3 – Die kritische Aktion

Ein Bremsbefehl muss exakt formuliert sein. Die Bitlänge, die Prüfsumme, das Timing – alles muss stimmen. Ein einziger Fehler, und die Nachricht wird verworfen. Doch der Angreifer kennt die Protokolle. Er hat Wochen mit Reverse Engineering verbracht. Jetzt ist der Moment gekommen.

Während der Fahrer auf eine grüne Ampel zufährt, sendet das kompromittierte Steuergerät einen manipulierten Befehl an das Bremsmodul. Ein kurzer Ruck – das Fahrzeug verzögert unerwartet. Der Fahrer denkt an einen Systemfehler. Doch der Angreifer weiß: Die Tür ist offen.

Warum Drivesmart vorausdenkt

Was in diesem Szenario wie Science-Fiction klingt, ist längst Realität in der Automobilindustrie. Moderne Fahrzeugarchitekturen mit zentralisierten Steuergeräten bieten enorme Vorteile – aber auch neue Risiken.

Deshalb setzt Drivesmart auf ein mehrstufiges Sicherheitskonzept, entwickelt von einem Team, das Sicherheit nicht als Zusatz versteht, sondern als Fundament. Lara Vero, technische Projektleiterin, treibt in enger Zusammenarbeit mit Klaus Boden (Konfigurationsmanager) und Dave Rugby (Qualitätsmanager) die kontinuierliche Absicherung aller Softwarestände voran.

Susi Platine, Leiterin des Hardwareteams, und Hans Wolke, Domänenexperte, arbeiten an der Absicherung physischer Schnittstellen und Signalpfade. Tina Mensch, HMI-Designerin, sorgt dafür, dass der Fahrer über plausible Rückmeldungen im Fahrzeugcockpit stets über kritische Zustände informiert ist.

Fernando Haswas, Regulatory Compliance Engineer, koordiniert die Umsetzung regulatorischer Vorgaben – von UNECE bis ISO/SAE – mit der externen Zertifizierungsstelle. Ulrich Richter, unabhängiger externer Assessor, prüft regelmäßig die Integrität der Sicherheitsnachweise und Testdokumente.

Drivesmarts Sicherheitsprinzipien

- *Security by Design in jeder ECU*
- *Hardwaregestützte Vertrauensanker für Gateways und Zonencontroller*
- *Intrusion Detection Systems (IDS) mit CAN-Anomalieerkennung*
- *Segmentierte Netzwerke mit klaren Trust-Zonen*
- *Verifizierte OTA-Update-Mechanismen mit kryptografischer Signaturprüfung*

Zusätzlich werden alle neuen Plattformen der Drivesmart AG gemäß ISO 26262 (funktionale Sicherheit) und ISO/SAE 21434 (Cybersecurity) entwickelt – mit extern zertifizierter Absicherung.

Fazit: Intelligenz braucht Sicherheit

Die Zukunft des Fahrens ist zentralisiert, vernetzt und softwaredefiniert. Doch mit jeder Codezeile wächst auch die Angriffsfläche. Wer – wie das Team der Drivesmart – auf modulare Sicherheitsarchitekturen, proaktive Bedrohungsanalysen und kontinuierliche Systemüberwachung setzt, bleibt nicht nur innovativ, sondern auch vertrauenswürdig. Denn: Ein intelligentes Fahrzeug ist nur dann smart, wenn es auch sicher ist.

2.4 Komplexe Anforderungen für vernetzte E/E-Systeme

Mit dem zunehmenden Softwareanteil und der wachsenden Vernetzung moderner Fahrzeuge wird die Anforderungserstellung für elektrische und elektronische Systeme (E/E-Systeme) immer anspruchsvoller. Diese Systeme müssen nicht nur gegen unbeabsichtigte Fehlfunktionen geschützt werden (funktionale Sicherheit), sondern auch gegen gezielte Angriffe (Cybersecurity). Eine ganzheitliche Analyse beider Aspekte ist unerlässlich – sowohl zur Optimierung von Ressourcen als auch zur Reduzierung von Sicherheitslücken. Die im folgenden Abschnitt aufgeführten Standards enthalten maßgebliche Anforderungen zur Erreichung des erforderlichen Grades an Sicherheit und Verlässlichkeit. Man erkennt schnell, wie eng verzahnt nicht nur die technischen Systeme, sondern auch die Normen und Standards in der vernetzten Fahrzeugarchitektur sind.

2.4.1 ISO 26262

Die Einhaltung der Anforderungen der ISO 26262 stellt einen essenziellen Rahmen zur Gewährleistung der funktionalen Sicherheit in der Automobilindustrie dar. Diese internationale Norm konzentriert sich speziell auf die sicherheitsrelevanten E/E-Systeme in Fahrzeugen. Ihr Ziel ist es, potenzielle Risiken, die durch Fehler in Software und Hardware entstehen können, systematisch zu identifizieren, zu bewerten und zu minimieren.

Durch einen strukturierten und methodischen Ansatz unterstützt ISO 26262 Entwickler und Hersteller dabei, Sicherheitslücken frühzeitig im Entwicklungsprozess zu erkennen und geeignete Maßnahmen zu ergreifen. Dies umfasst die gesamte Produktlebensdauer – von der Konzeptphase über Design, Implementierung, Integration und Verifikation bis hin zum Betrieb und zur Außerbetriebnahme.

Die Norm definiert dabei klare Anforderungen und Prozesse, um sicherzustellen, dass E/E-Systeme und deren Komponenten so gestaltet sind, dass sie bei möglichen Fehlern keine unakzeptablen Gefahren für Insassen, andere Verkehrsteilnehmer oder die Umwelt verursachen. Insbesondere adressiert ISO 26262 systematisch Fehlermöglichkeiten sowie deren Ursachen und Auswirkungen, um eine angemessene Risikominderung sicherzustellen.

Darüber hinaus bildet ISO 26262 die Grundlage für die Klassifizierung der sicherheitsrelevanten Systeme durch sogenannte Automotive Safety Integrity Levels (ASIL), die die notwendige Strenge der Sicherheitsmaßnahmen bestimmen. Auf diese Weise gewährleistet die Norm einen verbindlichen, nachvollziehbaren und überprüfbaren Rahmen, der die funktionale Sicherheit von E/E-Komponenten und -Systemen über den gesamten Lebenszyklus hinweg sicherstellt.

Tipp

In Kapitel 5, »Das Lebenszyklusmodell der ISO 26262«, werden alle Anforderungen des Standards detailliert aufgeführt und erläutert.

In Kapitel 8, »Unterstützende Prozesse und Querschnittsthemen der ISO 26262«, führen wir spezifische Inhalte vertiefend weiter.

Im integrativen Kapitel 10, »Spezifische Rollen im Sicherheitslebenszyklus«, über alle Domänen liegt der Fokus u. a. auf Rollenbezeichnungen und Rollenbeschreibungen.

2.4.2 ISO 21448 (SOTIF – Safety of the Intended Functionality)

Mit dem Fortschreiten der Automatisierung und Vernetzung in modernen Fahrzeugen steigen die Anforderungen an deren Sicherheit erheblich an. Während ISO 26262 vor allem die funktionale Sicherheit adressiert und sich mit Fehlern in Hardware und Software beschäftigt, erweitert ISO 21448 den Fokus auf die Sicherheit der beabsichtigten Funktionalität – die sogenannte SOTIF. Dies ist besonders relevant für automatisierte und autonome Fahrsysteme, deren Funktionalität nicht nur auf deterministischen Steueralgorithmen beruht, sondern zunehmend auf komplexen KI-basierten Wahrnehmungs- und Entscheidungsprozessen.

SOTIF beschäftigt sich mit den Gefahren, die nicht durch Systemfehler, sondern durch unerwartete oder unbeabsichtigte Verhaltensweisen entstehen können – also Situationen, in denen das System korrekt funktioniert, aber dennoch unsicher agiert. Gerade bei vernetzten E/E-Systemen, die Umgebungsdaten aus einer Vielzahl von Sensoren (Kameras, Lidar, Radar) und externen Quellen (V2X-Kommunikation, Cloud-Dienste) aggregieren und interpretieren, können Unsicherheiten in der Wahrnehmung und Interpretation der Umgebung zu Fehlentscheidungen führen.

Die Anforderungen der ISO 21448 umfassen daher Maßnahmen, um solche Risiken zu minimieren:

- Minimierung von Fehlinterpretationen der Umgebung: SOTIF fordert eine umfassende Analyse möglicher Fehlwahrnehmungen durch Sensoren und Algorithmen, wie z. B. das falsche Erkennen von Objekten oder das Übersehen kritischer Hindernisse. Hierzu gehört auch die Identifikation von Grenzfällen, in denen die Sensorik oder KI-Modelle an ihre Grenzen stoßen, z. B. schlechte Wetterbedingungen oder ungewöhnliche Verkehrssituationen.
- Vermeidung unbeabsichtigter Fahrzeugaktionen: Die Norm legt dar, wie Systeme so gestaltet werden können, dass falsche oder unvorhergesehene Reaktionen vermieden werden, z. B. ein plötzlicher Bremsvorgang oder ein riskantes Ausweichmanöver, das durch falsche Umgebungsdaten ausgelöst wird.
- Validierung potenziell unsicherer Szenarien: Ein zentrales Element ist das systematische Testen und Validieren von Szenarien, die als potenziell gefährlich eingestuft wurden. Diese Tests müssen realistische Umgebungsbedingungen und eine Vielzahl von Fahrsituationen abdecken, um sicherzustellen, dass das Fahrzeug auch unter Grenzbedingungen sicher agiert.
- Berücksichtigung komplexer KI-Auswertungen: Bei automatisierten Fahrsystemen, deren Entscheidungen auf maschinellen Lernverfah-

ren und neuronalen Netzen beruhen, fordert SOTIF zudem Transparenz und Robustheit der Algorithmen. Dies umfasst die Überwachung der Vertrauenswürdigkeit von Entscheidungen, das Handling von Unsicherheiten und den Umgang mit unbekannten oder seltenen Situationen (z.B. durch OOD-Detection – Out-of-Distribution Detection).

Insgesamt ergänzt ISO 21448 somit die funktionale Sicherheit durch einen zusätzlichen Sicherheitsansatz, der speziell auf die Herausforderungen vernetzter, komplexer und KI-basierter E/E-Systeme im automatisierten und autonomen Fahren abgestimmt ist. Die Umsetzung der Norm unterstützt Hersteller dabei, das Vertrauen in automatisierte Fahrsysteme zu erhöhen und deren sichere Integration in den realen Straßenverkehr zu ermöglichen.

> In Kapitel 7, »SOTIF – Safety of the Intended Funtionality«, behandeln wir ausführlich die ergänzende Sicherheit mit Fokus auf das Systemverhalten.

Tipp

2.4.3 ISO/SAE 21434

Mit der zunehmenden Vernetzung und Digitalisierung moderner Fahrzeuge gewinnt die Cybersecurity als integraler Bestandteil der Fahrzeugsicherheit immer mehr an Bedeutung. ISO/SAE 21434 definiert einen umfassenden Rahmen für die Identifikation, Bewertung und Minimierung von Cybersecurity-Risiken in allen Phasen des Fahrzeuglebenszyklus, von der Konzeptentwicklung über die Produktion bis hin zur Wartung und Stilllegung.

Diese Norm liefert Anforderungen und ein systematisches Vorgehen, um Bedrohungen und Schwachstellen in vernetzten E/E-Systemen zu identifizieren und zu bewerten. Dabei berücksichtigt ISO/SAE 21434 nicht nur technische Aspekte wie die Absicherung von Steuergeräten, Kommunikationsschnittstellen und Software, sondern auch organisatorische Maßnahmen und das Management von Cybersecurity-Risiken auf Unternehmensebene.

Aufgrund der zunehmenden Komplexität moderner Fahrzeugsysteme und ihrer Vernetzung ist es unerlässlich, verschiedene Analyse- und Bewertungstechniken anzuwenden, um ein umfassendes Bild der Sicherheitslage zu erhalten. Zu den etablierten Methoden gehören:

- FTA (Fault Tree Analysis): Eine systematische Methode zur Identifikation von Ursachen für unerwünschte Ereignisse. FTA unterstützt dabei, kritische Schwachstellen in der Systemarchitektur zu erkennen, die Angriffsvektoren darstellen könnten.

- FMEDA (Failure Modes, Effects and Diagnostic Analysis): Eine detaillierte Analyse von möglichen Fehlerarten sowie deren Ursachen und Auswirkungen auf das System. FMEDA liefert Erkenntnisse über die Fehlerdetektion und -diagnose, was auch für Cybersecurity-relevante Fehlerszenarien wichtig ist.
- TARA (Threat Analysis and Risk Assessment): Ein zentraler Bestandteil der ISO/SAE 21434, der sich auf die Analyse und Bewertung von Bedrohungen und Risiken konzentriert. TARA hilft dabei, potenzielle Angriffsflächen zu identifizieren und deren Auswirkungen auf die Systemsicherheit zu bewerten.

Darüber hinaus kommen auch weitere Methoden wie Zuverlässigkeits-Blockdiagramme oder Markov-Modellierung zum Einsatz, um das Systemverhalten unter Sicherheitsaspekten zu simulieren und vorherzusagen.

Für hochkomplexe und vernetzte Systeme reicht es heute nicht mehr aus, einzelne Komponenten isoliert zu betrachten. Vielmehr erfordert die Cybersecurity-Analyse eine ganzheitliche Perspektive, die Wechselwirkungen zwischen verschiedenen Systemen, den Einfluss menschlichen Verhaltens sowie Umweltfaktoren berücksichtigt. Nur so können ganzheitliche Sicherheitskonzepte entwickelt werden, die auch unbekannte oder neu auftretende Bedrohungen adressieren.

ISO/SAE 21434 schafft somit die Grundlage für ein strukturiertes und nachvollziehbares Cybersecurity-Management im Automobilbereich, das die Integrität, Verfügbarkeit und Vertraulichkeit von Fahrzeugsystemen sichert – und damit einen entscheidenden Beitrag zur Gesamtsicherheit vernetzter und autonomer Fahrzeuge leistet.

Tipp

Kapitel 6, »Der Standard ISO/SAE 21434 für Cybersecurity«, behandelt die definierten Cybersecurity-Anforderungen über den gesamten Fahrzeuglebenszyklus.

2.4.4 Elektromagnetische Verträglichkeit (EMV): Schutz vor Störungen in vernetzten E/E-Systemen

Neben funktionaler Sicherheit und Cybersecurity spielt die elektromagnetische Verträglichkeit (EMV) eine zentrale Rolle für die Zuverlässigkeit und Stabilität moderner elektronischer Systeme in Fahrzeugen. EMV umfasst alle Maßnahmen, die sicherstellen, dass E/E-Systeme innerhalb eines definierten elektromagnetischen Umfelds störungsfrei arbeiten, ohne andere Systeme zu beeinträchtigen oder selbst gestört zu werden.

Vernetzte E/E-Systeme in Fahrzeugen sind zunehmend komplex und umfassen zahlreiche Sensoren, Aktuatoren, Steuergeräte und Kommunikationsschnittstellen, die elektromagnetische Signale aussenden und empfangen. Um Fehlfunktionen und Systemausfälle zu verhindern, müssen diese Systeme umfassend gegen elektromagnetische Störungen geschützt werden.

Die Anforderungen an den EMV-Schutz umfassen sowohl die Emissionen (elektromagnetische Abstrahlungen, die andere Systeme stören können) als auch die Immunität (die Fähigkeit eines Systems, selbst bei Störeinflüssen korrekt zu funktionieren). Dies ist besonders wichtig für sicherheitskritische Funktionen, bei denen elektromagnetische Interferenzen potenziell zu gefährlichen Fehlreaktionen führen können.

Darüber hinaus tragen EMV-Maßnahmen zur elektronischen Stabilität des Fahrzeugs bei. Dies bedeutet, dass trotz elektromagnetischer Einflüsse, wie sie z.B. durch Hochfrequenzquellen oder andere Fahrzeuge verursacht werden, alle E/E-Komponenten zuverlässig und sicher zusammenarbeiten.

Typische EMV-Schutzmaßnahmen umfassen:

- Abschirmungen und Gehäusegestaltung zur Minimierung von elektromagnetischer Strahlung
- Filter und Entstör-Komponenten in Stromversorgungs- und Kommunikationsleitungen
- Robustheitsprüfungen nach entsprechenden Normen (z.B. ISO 11452, CISPR 25)
- Gestaltung der Fahrzeugarchitektur mit Rücksicht auf EMV-Aspekte

Insgesamt ergänzt der EMV-Schutz die Anforderungen an funktionale Sicherheit (ISO 26262), SOTIF (ISO 21448) und Cybersecurity (ISO/SAE 21434) und ist ein unverzichtbarer Bestandteil der Entwicklung zuverlässiger, sicherer und vernetzter Fahrzeugsysteme.

2.4.5 Fail-Operational- und Fail-Safe-Konzepte: Sicherstellung der Zuverlässigkeit autonomer Fahrfunktionen

Mit dem Fortschreiten der Automatisierung und dem Aufkommen autonomer Fahrfunktionen gewinnen Fail-Operational- und Fail-Safe-Konzepte zunehmend an Bedeutung für die Sicherheit und Verlässlichkeit moderner Fahrzeuge. Diese Konzepte beschreiben unterschiedliche Strategien zum Umgang mit Fehlern und Störungen in sicherheitskritischen Systemen.

Fail-Safe bedeutet, dass ein System im Fehlerfall sicher abgeschaltet wird oder in einen sicheren Zustand übergeht, um Gefahren für Insassen und andere Verkehrsteilnehmer zu vermeiden. Klassische Beispiele sind das kontrollierte Abbremsen oder das Aktivieren von Warnsignalen, wenn ein System ausfällt.

Fail-Operational beschreibt dagegen Systeme, die auch bei Fehlern weiterhin eine eingeschränkte, aber sichere Funktionalität aufrechterhalten. Dies ist besonders bei autonomen Fahrzeugen essenziell, da ein vollständiger Ausfall der Funktion z. B. während einer kritischen Verkehrssituation schwerwiegende Folgen haben kann. Fail-Operational-Systeme müssen daher redundante Hardware, intelligente Fehlermanagementstrategien und robuste Softwarearchitekturen aufweisen, um trotz Fehlern weiterhin korrekt zu funktionieren.

Die Umsetzung dieser Konzepte erfordert eine hohe Systemverfügbarkeit und Echtzeitfähigkeit. Autonome Fahrzeuge müssen sicherheitsrelevante Informationen innerhalb von Millisekunden erfassen, verarbeiten und darauf reagieren können. Dies ist eine Grundvoraussetzung, um in komplexen und dynamischen Verkehrssituationen zuverlässig und sicher agieren zu können.

Zusätzlich steigen mit den Fail-Operational-Anforderungen die Herausforderungen an die Systemarchitektur, insbesondere hinsichtlich Redundanz, Fehlerdiagnose und Wiederherstellungsmechanismen. Es gilt, eine Balance zwischen Kosten, Komplexität und Sicherheitsniveau zu finden, die den speziellen Anforderungen autonomer Fahrsysteme gerecht wird.

Insgesamt sind Fail-Safe- und Fail-Operational-Konzepte zentrale Bausteine, um die Funktionalität, Sicherheit und Zuverlässigkeit intelligenter und autonomer Fahrzeuge sicherzustellen.

2.4.6 V2X-Kommunikation: Vernetzung als Schlüssel zur funktionalen Sicherheit und Cybersecurity

Die zunehmende Konnektivität von Fahrzeugen durch Vehicle-to-Everything-(V2X-)Kommunikation erweitert die Möglichkeiten und Anforderungen an die Sicherheit von E/E-Systemen erheblich. V2X ermöglicht die Kommunikation nicht nur zwischen Fahrzeugen (V2V), sondern auch mit Infrastruktur (V2I), Fußgängern (V2P) und weiteren Verkehrsteilnehmern, was eine umfassende Vernetzung im Verkehrsraum schafft.

Durch den erweiterten Informationsaustausch verbessert V2X die Situationsbewertung und unterstützt damit die Fahrentscheidungen autonomer und assistierter Systeme. Dies trägt maßgeblich zur funktionalen Sicherheit bei, da kritische Verkehrssituationen frühzeitig erkannt und vermieden werden können. Ebenso unterstützt V2X die Erfüllung der

Anforderungen aus der ISO/PAS 21448 (SOTIF), indem unsichere Umgebungszustände durch zusätzliche externe Datenquellen besser erkannt und bewertet werden.

Gleichzeitig führt die Öffnung der Kommunikationsschnittstellen zu neuen und erweiterten Angriffsflächen für Cyberbedrohungen. Daher sind umfassende und robuste Cybersecurity-Maßnahmen unverzichtbar, um die Integrität, Vertraulichkeit und Verfügbarkeit der Daten sicherzustellen. Dies umfasst u. a. die Verschlüsselung der Datenübertragung, Authentifizierungsmechanismen zur Verifizierung der Kommunikationspartner sowie Echtzeitschutz vor Manipulationen und Angriffen.

Die Integration von V2X-Kommunikation erfordert daher ein ganzheitliches Sicherheitskonzept, das sowohl funktionale Sicherheit als auch Cybersecurity in den Entwicklungs- und Betriebsprozessen berücksichtigt. Nur so kann die Technologie ihr volles Potenzial entfalten und gleichzeitig den hohen Sicherheitsanforderungen im vernetzten Straßenverkehr gerecht werden.

2.4.7 Datenintegrität und Datenschutz: Grundlage für Vertrauen und Sicherheit im vernetzten Fahrzeug

Die Gewährleistung der Datenintegrität stellt einen essenziellen Baustein für die Sicherheit und Zuverlässigkeit moderner E/E-Systeme in Fahrzeugen dar. Intelligente Fahrzeuge erfassen und verarbeiten heute eine Vielzahl personenbezogener Daten, darunter Standortinformationen, Fahrverhalten, biometrische Daten und weitere sensible Informationen.

Diese umfangreiche Datenerhebung führt zu hohen Anforderungen an die Integrität, Vertrauenswürdigkeit und Vertraulichkeit der Daten. Datenintegrität bedeutet, dass die erfassten Informationen während der Erfassung, Übertragung, Speicherung und Verarbeitung unverfälscht und vollständig bleiben müssen. Eine Verletzung der Datenintegrität kann zu Fehlentscheidungen autonomer Systeme oder zu Sicherheitslücken führen, die das Fahrverhalten oder die Privatsphäre der Nutzer gefährden.

Parallel dazu ist der Datenschutz ein zentrales Anliegen, das durch gesetzliche Vorgaben wie die Datenschutz-Grundverordnung (DSGVO) in Europa konkret geregelt ist. Diese umfasst Maßnahmen zur Anonymisierung und Pseudonymisierung personenbezogener Daten sowie den Schutz vor unautorisiertem Zugriff, Missbrauch und unerlaubter Weitergabe. Die Einhaltung dieser Anforderungen ist nicht nur rechtlich verbindlich, sondern auch grundlegend, um das Vertrauen der Nutzer in vernetzte Fahrzeugtechnologien zu sichern.

Datenintegrität und Datenschutz sind daher integrale Bestandteile des Sicherheitskonzepts moderner Fahrzeuge und müssen im Entwicklungsprozess, bei der Systemarchitektur, bei der Cybersecurity sowie im operativen Betrieb stringent berücksichtigt werden. Nur so kann ein sicherer und vertrauenswürdiger Umgang mit sensiblen Daten gewährleistet werden, der die komplexen Anforderungen des vernetzten Fahrzeugs erfüllt.

2.5 Die Operational Design Domain

Das sichere und zuverlässige Funktionieren automatisierter Fahrfunktionen hängt maßgeblich davon ab, unter welchen Bedingungen sie eingesetzt werden. Genau hier setzt das Konzept der Operational Design Domain (ODD) an: ein zentrales Element für die Entwicklung, Bewertung und Zulassung moderner Fahrerassistenzsysteme.

ODD definiert einfach gesagt den »Einsatzbereich« eines automatisierten Systems bzw. den Bereich, in dem ein autonomes Fahrzeug sicher und zuverlässig funktionieren soll. Dazu gehören beispielsweise Wetterbedingungen, Straßenarten, Verkehrsregeln, Geschwindigkeitsbereiche oder auch spezifische Infrastrukturanforderungen.

Dieser Abschnitt beleuchtet den Zweck und die Bedeutung der ODD im Kontext von ADAS und autonomen Fahrfunktionen. Es wird aufgezeigt, wie ODDs definiert, dokumentiert und in den Entwicklungsprozess integriert werden. Zudem werden verschiedene ODD-Definitionen aus Normen und der Praxis vorgestellt und die Herausforderungen bei der Abgrenzung und Validierung diskutiert. Ziel ist es, ein klares Verständnis dafür zu vermitteln, warum die ODD ein Schlüssel zur sicheren und nachvollziehbaren Automatisierung im Fahrzeug ist.

2.5.1 Zweck und Bedeutung der ODD

Durch die präzise Definition, wo und unter welchen Bedingungen ein Smart Car sicher und zuverlässig betrieben werden kann, erhöht sich die Verkehrssicherheit. Indem die Grenzen der Operational Design Domain klar festgelegt werden, lassen sich Entwicklung, Validierung und der spätere Einsatz autonomer Fahrzeuge gezielt steuern und absichern.

Die ODD beschreibt dabei nicht nur, in welchen geografischen Regionen ein System eingesetzt werden darf, sondern berücksichtigt eine Vielzahl von Einflussfaktoren. Dazu zählen unter anderem:

- Geografische Grenzen: Bestimmt, in welchen Regionen oder auf welchen Straßentypen das System aktiviert werden darf.
- Umgebungsbedingungen: Legt fest, bei welchen Witterungsverhältnissen (z. B. Regen, Schnee, Nebel, starke Sonnenblendung) das System sicher funktioniert. Die geografischen Einschränkungen können

durch die Verfügbarkeit von detaillierten Karten, GPS-Signalstärke oder spezifische Infrastrukturanforderungen bestimmt werden.
- Verkehrsdichte und -teilnehmer: Definiert, welche Verkehrssituationen und Arten von Verkehrsteilnehmern (z. B. Fußgänger, Radfahrer) berücksichtigt werden müssen. Es können auch spezifische Regeln und Vorschriften herangezogen werden, die in verschiedenen Verkehrsumgebungen gelten.
- Infrastruktur: Bezieht sich auf die benötigte Straßenausstattung, Markierungen, Beschilderungen oder digitale Infrastruktur.
- Szenarien verschiedener Situationen: Umfasst typische und außergewöhnliche Verkehrssituationen, die das System erkennen und bewältigen muss.
- Geschwindigkeitsbereiche: ODD legt die zulässige Geschwindigkeit des autonomen Fahrzeugs innerhalb bestimmter Bereiche fest. Dies kann z. B. eine Begrenzung auf Autobahnen oder eine Anpassung der Geschwindigkeit in Wohngebieten umfassen.

Durch die konsequente Berücksichtigung dieser Aspekte ermöglicht die ODD eine realistische Einschätzung der Fähigkeiten und Grenzen automatisierter Fahrfunktionen. Sie schafft Transparenz für Entwickler, Zulassungsbehörden und Anwender und bildet die Grundlage für eine sichere Integration autonomer Systeme in den Straßenverkehr.

Die Definition der ODD ist wichtig, um die Grenzen der Fähigkeiten eines autonomen Fahrzeugs zu klären und sicherzustellen, dass es nur in den Bereichen betrieben wird, in denen es in der Lage ist, sicher zu funktionieren. Die Festlegung der ODD erfolgt in der Regel durch den Fahrzeughersteller oder die Betreiberfirma des autonomen Fahrzeugs und kann je nach technologischer Entwicklung und regulatorischen Vorgaben angepasst werden.

Die ODD wird vom OEM definiert und variiert je nach Fahrzeugtyp und Einsatzzweck. Einige autonome Fahrzeuge können beispielsweise nur auf Autobahnen oder in bestimmten Stadtgebieten fahren, während andere in der Lage sind, in allen Verkehrssituationen zu navigieren. Die ODD wird auch von den Regulierungsbehörden berücksichtigt, um sicherzustellen, dass autonome Fahrzeuge nur in Situationen eingesetzt werden, in denen sie sicher und zuverlässig funktionieren können. Die ODD kann sich im Laufe der Zeit ändern, da neue Technologien entwickelt werden und sich die Verkehrsbedingungen ändern. Die funktionale Sicherheit ist von grundlegender Bedeutung für die Entwicklung von Vertrauen und Akzeptanz von vernetzten und autonomen Fahrzeugen und ihren automatisierten Fahrsystemen, um den Einsatz des autonomen Fahrens zu ermöglichen. Die Sicherheit von autonomen Fahrzeugen hat zwei Aspekte: das sichere Design und die sichere Nutzung des Systems. Um eine sichere Nutzung des Systems zu gewährleisten, ist es wichtig, den Anwendern das Wissen über die wahren Fähigkeiten und Grenzen des automatisierten Fahrsystems zu vermitteln, um einen Missbrauch des Systems zu verhindern.

Zum Beispiel kann die ODD ein automatisches Spurhaltesystem – Automated Lane Keeping System (ALKS) – umfassen. Es können auch Systeme des automatisierten Fahrens mit niedriger Geschwindigkeit (Low-Speed Automated Driving (LSAD) Systems), wie Pods und Shuttles, in städtischen Gebieten mit vordefinierten Routen und Fußgängern bzw. Radfahrern definiert werden. Auf der anderen Seite kann die ODD für ein Autobahn-Chauffeur-System eine vierspurige geteilte Autobahn und nur trockene Witterungsbedingungen umfassen. Die Arten von Szenarien, mit denen ein Fahrzeug konfrontiert werden kann, hängen von seiner definierten ODD ab, was für jede Sicherheitsbewertung und Szenario-Identifikation grundlegend ist.

Eine formale Definition von ODD gemäß SAE J3016 [SAE J3016:2021] lautet: »Betrieblicher Einsatzbereich (ODD) Die Betriebsbedingungen, unter denen ein bestimmtes System zur Fahrautomatisierung oder eine entsprechende Funktion dafür ausgelegt ist zu funktionieren – einschließlich, aber nicht beschränkt auf, Einschränkungen in Bezug auf Umwelt, Geografie, Tageszeit sowie die erforderliche Anwesenheit oder Abwesenheit bestimmter Verkehrs- oder Straßenmerkmale.«

2.5.2 Standards im Kontext von ODD

Um der Automobilindustrie die gemeinsame Nutzung, den Vergleich und die Wiederverwendung von ODD-Definitionen zu ermöglichen, besteht ein deutlicher Bedarf an Standards. Diese sollen Fahrzeugherstellern sowohl eine Anleitung zu den relevanten Attributen für die ODD-Definition als auch ein einheitliches Format zur Beschreibung der ODD bereitstellen.

Der von British Standards Institution (BSI) in Großbritannien entwickelte Standard PAS 1883 [PAS 1883:2020] ist ein richtiger Schritt in diese Richtung, denn er bietet ein Klassifikationsschema für ODD. Ergänzend dazu greift ISO 34503 [ISO 34503:2023] diese Taxonomie auf und stellt ein hochrangiges Definitionsformat für ODD bereit.

Obwohl diese Standardisierungsaktivitäten wichtige Bedürfnisse der Branche ansprechen, besteht in der Automobilbranche noch eine Lücke in Bezug auf ein ODD-Definitionsformat, das speziell für Simulationen geeignet ist. Der britische Leitfaden PAS 1883 richtet sich an die Entwicklung autonomer Fahrzeuge und bietet Empfehlungen für die Entwicklung, Prüfung und Zertifizierung solcher Systeme. Er deckt verschiedene Aspekte ab, darunter die Definition von Betriebsbereichen, Risikobewertung, Sicherheitsanforderungen und Prüfmethoden. Dabei ist PAS 1883 nicht verbindlich, sondern als Orientierungshilfe für Hersteller, Regulierungsbehörden und andere Interessengruppen gedacht, um die Entwicklung autonomer Fahrzeuge sicherer und zuverlässiger zu gestalten.

Die Association for Standardisation Automation and Measuring Systems (ASAM) ist eine noch sehr junge Standardisierungsinitiative (ASAM e. V.) in Deutschland, in der Experten von OEMs, Tier-1, Toolanbietern, Ingenieurdienstleister und Forschungsinstituten zusammenarbeiten, um Entwicklungs- und Testsysteme für die Automobilindustrie gemeinsam zu standardisieren. Ziel der Standardisierungsorganisation ASAM e. V. ist es, ein Format bereitzustellen, das in der Lage ist, eine definierte Operational Design Domain für vernetzte automatisierte Fahrzeuge darzustellen.

Das von der Standardisierungsorganisation ASAM e. V. entwickelte »ASAM OpenODD« ist ein maschineninterpretierbares Format einer abstrakten ODD-Spezifikation in einer klar definierten Syntax und Semantik, mit der es möglich ist, erforderliche Analysen zu interpretieren und durchzuführen [ASAM OpenODD:2024]. Mit diesem Format wird eine ODD-Beschreibung austauschbar, vergleichbar und verarbeitbar. Dieses neue Format ermöglicht z. B. den folgenden Anwendungsfall:

Eine Stadt definiert eine ODD für ihre Innenstadt und verwendet dabei das OpenODD-Format von ASAM. Nun können Automobilhersteller die in ASAM OpenODD definierten Fahrzeug-ODDs mit ihrem Fahrzeug vergleichen, um herauszufinden, ob es in dieser bestimmten Innenstadt fahren darf. Für die Zulassungsstellen ist dies ein riesengroßer Vorteil, weil sie ODDs definieren können, anhand derer sie die ODD des Fahrzeugs überprüfen können.

Ein zweiter Anwendungsfall, der die Entwicklung von ADAS- und AD-Systemen unterstützt, ist die Verwendung der ODD zur Definition der Testfälle, die zur Validierung des Fahrzeugs erforderlich sind. Die Anwendung einer ODD trägt dazu bei, die begrenzten Validierungsressourcen auf die wirklich benötigten Szenarien zu konzentrieren.

2.5.3 ODD-Formate, Simulation und Sicherheit im autonomen Fahren

Operational Design Domains müssen so beschrieben werden, dass sie sowohl für die Entwicklung als auch für die virtuelle Validierung automatisierter Fahrfunktionen maschinell interpretierbar sind. Ein zentrales Format dafür ist ASAM OpenODD, das eine standardisierte, strukturierte und semantisch klare Beschreibung von ODDs ermöglicht. Die darin enthaltenen Informationen leiten sich aus einer abstrakten Fahrzeug-ODD ab und dienen als Grundlage für Simulation, Szenariogenerierung, Testausführung und Sicherheitsbewertung.

Damit eine solche abstrakte ODD-Beschreibung für die Simulation und das Post-Processing nutzbar ist, muss das zugrunde liegende Format folgende Anforderungen erfüllen:

- Durchsuchbarkeit: Strukturierte Inhalte ermöglichen gezielte Abfragen und Filterungen (z. B. für Testfallgenerierung).
- Austauschbarkeit: Standardisierte Datenformate erleichtern den Austausch zwischen verschiedenen Tools und Partnern.
- Erweiterbarkeit: Neue ODD-Merkmale oder Szenarien können flexibel ergänzt werden, ohne bestehende Strukturen zu brechen.
- Maschinenlesbarkeit: Die ODD muss von Software eindeutig interpretierbar sein (z. B. für automatische Testkataloge).
- Messbarkeit und Verifizierbarkeit: Die Inhalte müssen objektiv mess- und überprüfbar sein, um nachweisbare Sicherheitsbewertungen zu ermöglichen.
- Menschliche Lesbarkeit: Eine strukturierte Darstellung in (ggf. eingeschränkter) natürlicher Sprache unterstützt Validierungs- und Reviewprozesse.

2.5.3.1 Sicherheitsmechanismen für den ODD-Betrieb

In einem Szenario mit erweiterter Fahrerassistenz oder autonomem Fahren müssen verschiedene Sicherheitsmechanismen in das Design einbezogen werden, um eine sichere Nutzung zu gewährleisten. Dazu gehören z. B. Rückstellung (Reset), Backup-Kontrolle oder Notfall-Parkmöglichkeiten am Straßenrand. Hier sind einige Beispiele und Referenzen:

- Redundante Systeme und Backup-Systeme: Fahrzeuge mit erweiterter Fahrerassistenz oder autonome Fahrzeuge verfügen häufig über redundante Systeme, um die Funktionsfähigkeit auch im Falle von Fehlern oder Störungen sicherzustellen. Redundante Sensoren, Rechensysteme und Aktuatoren können dazu beitragen, die Auswirkungen eines einzelnen Fehlerpunkts zu minimieren.
- Ausfallsichere Modi und Notfallstopp: Autonome Fahrzeuge sollten über ausfallsichere Modi verfügen, die in Notfallsituationen aktiviert werden können. Diese Modi können sichere Stoppprozesse umfassen, wie z. B. ein kontrolliertes Anhalten und das Aktivieren der Feststellbremse, um potenzielle Gefahren zu minimieren.
- Fernüberwachung und -steuerung: In einigen Fällen können autonome Fahrzeuge von dafür ausgebildetem Personal fernüberwacht und gesteuert werden. Dadurch ist ein Eingreifen in Notfallsituationen

oder bei unvorhergesehenen Umständen möglich, die das Fahrzeug autonom nicht bewältigen kann. Das Bundesgesetzblatt zur Verordnung über Ausnahmen von straßenverkehrsrechtlichen Vorschriften für ferngelenkte Kraftfahrzeuge (Straßenverkehr-Fernlenk-Verordnung, StVFernLV) legt dazu den gesetzlichen Rahmen fest.

Zur Fernüberwachung und -steuerung wurden sechs Fernüberwachungsmodi definiert:

- Notfall-Parkmöglichkeiten am Straßenrand: Autonome Fahrzeuge können so programmiert werden, dass sie sichere Orte zum Notparken erkennen, wenn menschliches Eingreifen notwendig wird oder Systemfehler auftreten. So wird gewährleistet, dass das Fahrzeug sicher abseits der Fahrbahn geparkt wird – Unfälle oder Verkehrsbehinderungen werden vermindert.
- Rückstellung (Reset) und Diagnoseverfahren: Autonome Fahrzeuge können sich bei Software- oder Systemfehlern durch definierte Reset-Methoden selbst stabilisieren. Darüber hinaus können Diagnoseverfahren kontinuierlich den Zustand überwachen und erkennen potenzielle Störungen frühzeitig. Damit unterstützen sie eine (teil-)automatisierte Fehlerbehebung, bevor Sicherheitsrisiken entstehen.
- Fernübernahme für Shuttle- oder Parkfall: In bestimmten Anwendungsfällen – etwa bei Shuttle, Logistik- oder Parkrobotern – übernimmt ein Remote-Operator temporär die Steuerung. Die KI bereitet Übergaben vor und übergibt auf Kommando eines Menschen die Kontrolle, um flexibel auf komplexe Situationen reagieren zu können.
- Sicherheits-Standby (Safe Hold Mode): Bei Ausfall kritischer Teilsysteme oder Verlust der Kommunikation wechselt das Fahrzeug in einen definierten »Safe Standby«- oder »Safe Hold«-Zustand. Es hält an oder verlangsamt sich kontrolliert, wartet auf Anweisungen – und überträgt eine sichere, passiv koordinierte Funktionsüberwachung an den Remote-Operator.
- Virtueller Assistenzeingriff (Teleassistenz) durch Remote- Operator: Der Betreiber kann über sichere Kommunikationsverbindungen unterstützend eingreifen – z.B. um bei schwierigen Manövern wie Spurwechseln, Einparken oder Hindernisumfahrung assistierend zu steuern, während die KI weiterhin die Kontrolle über Fahrweg, Geschwindigkeit und Umgebung übernimmt.
- Fern-Update und Parametermanagement: Während des Betriebs erlaubt dieser Modus die Fernüberwachung von Softwareversionen, Parametern und Kalibrierungen. Remote-Operatoren können sicherheitsrelevante Updates oder Justierungen vornehmen – etwa bei Sen-

sor-Nachkalibrierung oder Anpassung an neue ODD-Rahmenbedingungen –, ohne dass das Fahrzeug physisch angesteuert werden muss.

Es ist wichtig zu beachten, dass diese Sicherheitsmechanismen bei der Gestaltung autonomer Fahrzeuge berücksichtigt werden, aber ihre konkrete Umsetzung je nach Hersteller und autonomem System variieren kann. Darüber hinaus können Fortschritte in der Technologie und Vorschriften zu kontinuierlichen Verbesserungen der Sicherheitsmechanismen führen.

ODD – Status, Herausforderungen und nächste Schritte

Die Operational Design Domain hat sich als zentrales Konzept für die sichere Entwicklung, Validierung und Zulassung automatisierter Fahrfunktionen etabliert. Sie definiert klar, unter welchen Bedingungen ein System sicher betrieben werden kann, und bildet damit die Grundlage für realistische Leistungsversprechen, nachvollziehbare, belastbare Sicherheitsnachweise und eine effektive Kommunikation zwischen Herstellern, Zulassungsbehörden und Anwendern.

Aktuelle Entwicklungen wie die Standardisierung durch ISO 34503 und die maschinenlesbaren Formate von ASAM OpenODD zeigen, dass die Branche zunehmend auf einheitliche, interoperable und automatisiert verarbeitbare ODD-Beschreibungen setzt. Das erleichtert nicht nur die Wiederverwendung und den Austausch von ODD-Definitionen, sondern schafft auch die Voraussetzung für effiziente Simulationen und virtuelle Tests.

Gleichzeitig besteht die Herausforderung darin, ODDs so präzise und flexibel zu gestalten, dass sie sowohl den regulatorischen Anforderungen als auch den dynamischen Realitäten des Straßenverkehrs gerecht werden. Die Weiterentwicklung von Standards, Methoden und Werkzeugen rund um die ODD wird daher auch in Zukunft ein zentrales Thema für die Branche bleiben. Ohne klare ODD keine sichere Automatisierung.

2.6 Taxonomiestufen für intelligente Straßenfahrzeuge

Im Folgenden werden die wichtigsten Taxonomiestufen vorgestellt, die als Grundlage dienen, intelligente Straßenfahrzeuge systematisch zu klassifizieren und einzuordnen. Dabei werden nicht nur die technischen Hintergründe und Definitionen erläutert, sondern auch die vielfältigen Anwendungsfelder, in denen Taxonomien eine entscheidende Rolle spielen.

Taxonomien bieten ein strukturiertes und einheitliches Vokabular, das Entwickler, Hersteller, Prüfer und Regulierungsbehörden gleichermaßen nutzen, um die komplexen Eigenschaften und Fähigkeiten intelligenter Fahrzeuge präzise zu beschreiben. Sie ermöglichen es, unterschiedliche Fahrzeugfunktionen, Automatisierungsgrade und operative Einsatzbereiche klar voneinander abzugrenzen und zu standardisieren.

Durch die Nutzung von Taxonomiestufen können Entwicklungsprozesse besser gesteuert, Sicherheitsanforderungen gezielter definiert und Prüfverfahren effizienter gestaltet werden. Ebenso erleichtern sie die Kommunikation zwischen den Beteiligten im Fahrzeugökosystem sowie die Integration neuer Technologien wie künstliche Intelligenz und Cybersecurity-Maßnahmen.

Die folgenden Abschnitte geben einen detaillierten Einblick, wie Taxonomien als strukturierendes Werkzeug dazu beitragen, intelligente Straßenfahrzeuge nicht nur technologisch, sondern auch im Hinblick auf funktionale Sicherheit, Cybersecurity und die Einhaltung von Normen präzise zu bewerten und weiterzuentwickeln.

2.6.1 Die SAE-J3016-Taxonomie

Taxonomiestufen ermöglichen es, Fahrzeuge und ihre Systeme nach Automatisierungsgrad, Einsatzbereich und technologischer Reife zu klassifizieren. Sie schaffen damit einen klaren Ordnungsrahmen, um die vielfältigen Herausforderungen im Bereich funktionale Sicherheit, Cybersecurity und KI-basierte Entwicklungsprozesse zu adressieren.

International etabliert hat sich insbesondere die SAE-J3016-Taxonomie, die seit dem Jahr 2014 insgesamt sechs Stufen der Fahrzeugautomatisierung definiert – von Level 0 (keine Automatisierung) bis Level 5 (volle Automatisierung). Ergänzend dazu werden moderne Taxonomien um die Kriterien ODD und Automation Readiness erweitert, um die Vielfalt automatisierter Fahrfunktionen und deren Einsatzbedingungen noch differenzierter abzubilden.

Die U.S. National Highway Traffic Safety Administration (NHTSA) hat ihre Autonomiestufen an die SAE J3016 angeglichen. Nachfolgend sind die fünf Stufen aufgeführt, die auf die Automatisierungsstufe 0 folgen (siehe Tabelle 2.2).

Level	Name	ISO/SAE PAS 22736: 2021	ODD: Operational Design Domain DDT: Dynamic Driving Task ADS: Automated Driving System	
		Definition	**Einsatzbereich Rolle des Fahrers**	**Dynamische Fahraufgabe Rolle des automatisierten Fahrsystems**
0	Keine Fahrzeugautomatisierung	Die Leistung des Fahrers bei der gesamten dynamischen Fahraufgabe, auch wenn sie durch aktive Sicherheitssysteme unterstützt oder verbessert wird.	Der Fahrer übernimmt zu jeder Zeit vollständig die Fahraufgabe (Dynamic Driving Task, DDT).	Falls vorhanden, steuert das Automatisierungssystem das Fahrzeug nicht dauerhaft selbst. Andere Systeme können jedoch Warnungen geben oder in Notfällen kurz eingreifen.
1	Fahrerassistenz	Die anhaltende, auf die jeweilige ODD bezogene Ausführung entweder der seitlichen oder der längs gerichteten Fahrzeugbewegungssteuerung als Teilaufgabe der dynamischen Fahraufgabe (DDT) durch ein Fahrzeugautomatisierungssystem – jedoch nicht beides gleichzeitig – mit der Erwartung, dass der Fahrer den verbleibenden Teil der DDT übernimmt.	Der Fahrer übernimmt jederzeit den Teil der dynamischen Fahraufgabe (DDT), den das Fahrzeugautomatisierungssystem nicht ausführt. Er überwacht das System und greift bei Bedarf ein, um den sicheren Betrieb des Fahrzeugs sicherzustellen. Außerdem entscheidet der Fahrer, ob und wann das Fahrzeugautomatisierungssystem ein- oder ausgeschaltet wird, und führt bei Bedarf oder auf Wunsch sofort die gesamte DDT selbst aus.	**Fahrzeugautomatisierungssystem (wenn aktiviert):** Führt einen Teil der dynamischen Fahraufgabe (DDT) aus, indem es entweder die längs gerichtete oder die seitliche Fahrzeugbewegungssteuerung übernimmt. Es deaktiviert sich sofort, sobald der Fahrer dies anfordert. Das System steuert entweder die Richtung oder die Geschwindigkeit. Auf Wunsch des Fahrers schaltet es sich sofort ab.
2	Teilweise Fahrzeugautomatisierung	Die fortgesetzte ODD-spezifische Ausführung sowohl der seitlichen als auch der längs gerichteten Fahrzeugbewegungssteuerung als Teilaufgaben der dynamischen Fahraufgabe (DDT) durch ein Fahrzeugautomatisierungssystem mit der Erwartung, dass der Fahrer die Objekt- und Ereigniserkennung sowie Reaktion (OEDR) übernimmt und das System überwacht.	Der Fahrer übernimmt jederzeit den verbleibenden Teil der dynamischen Fahraufgabe (DDT), den das Fahrzeugautomatisierungssystem nicht ausführt. Er überwacht das Fahrzeugautomatisierungssystem und greift bei Bedarf ein, um den sicheren Betrieb des Fahrzeugs sicherzustellen. Außerdem entscheidet er, ob und wann das Fahrzeugautomatisierungssystem ein- oder ausgeschaltet wird, und führt sofort die gesamte DDT aus, wenn dies erforderlich oder gewünscht ist.	**Fahrzeugautomatisierungssystem (wenn aktiviert):** Führt einen Teil der dynamischen Fahraufgabe (DDT) aus, indem es sowohl die seitliche als auch die längs gerichtete Fahrzeugbewegungssteuerung übernimmt. Es deaktiviert sich sofort, sobald der Fahrer dies verlangt.
3	Bedingte Fahrzeugautomatisierung	Die kontinuierliche ODD-spezifische Ausführung der gesamten DDT (Dynamic Driving Task) durch ein ADS (Automated Driving System) mit der Erwartung, dass der benutzerbereite Fahrer auf Eingaben des ADS zur Intervention reagiert und ebenfalls angemessen auf systemrelevante Ausfälle in anderen Fahrzeugsystemen, die die DDT-Leistung beeinträchtigen, reagiert.	**ADS (wenn nicht aktiviert):** Erlaubt die Aktivierung und den Betrieb nur innerhalb seiner Operational Design Domain (ODD). **ADS (wenn aktiviert):** Führt die gesamte dynamische Fahraufgabe (DDT) innerhalb seiner ODD durch. Erkennt frühzeitig, ob die ODD-Grenzen bald überschritten werden, und fordert bei Bedarf rechtzeitig den DDT-Rückfall-bereiten Benutzer zur Intervention auf. Erkennt systemrelevante Ausfälle, die die DDT-Leistung beeinträchtigen, und fordert bei Bedarf ebenfalls rechtzeitig zur Intervention auf. Deaktiviert sich zu einem angemessenen Zeitpunkt nach einer Aufforderung zur Intervention oder sofort auf Benutzerwunsch.	**ADS (wenn nicht aktiviert):** Erlaubt die Aktivierung / den Betrieb nur innerhalb seiner ODD (Operational Design Domain). **ADS (wenn aktiviert):** Führt die gesamte DDT innerhalb seiner ODD durch. Entscheidet, ob die ODD-Grenzen bald überschritten werden, und gibt ggf. rechtzeitig eine Aufforderung zur Intervention an den DDT-Rückfall-bereiten Benutzer aus. Ermittelt, ob ein systemrelevanter Ausfall des ADS die DDT-Leistung betrifft, und gibt ggf. rechtzeitig eine Aufforderung zur Intervention an den DDT-Rückfall-bereiten Benutzer aus. Deaktiviert sich zu einem angemessenen Zeitpunkt nach Ausgabe einer Aufforderung zur Intervention. Deaktiviert sich sofort auf Benutzeranfrage.

→

Level	Name	ISO/SAE PAS 22736: 2021	ODD: Operational Design Domain DDT: Dynamic Driving Task ADS: Automated Driving System	
		Definition	**Einsatzbereich Rolle des Fahrers**	**Dynamische Fahraufgabe Rolle des automatisierten Fahrsystems**
4	Hohe Fahrzeugautomatisierung	Die fortlaufende ODD-spezifische Ausführung der gesamten DDT (Dynamic Driving Task) und des DDT-Fallbacks durch ein ADS (Automated Driving System) ohne die Erwartung, dass ein Benutzer auf eine Aufforderung zur Intervention reagieren wird.	**Fahrer/Disponent (wenn das ADS nicht aktiviert ist):** Überprüft den betriebsbereiten Zustand des mit ADS ausgestatteten Fahrzeugs. Entscheidet, ob das ADS aktiviert werden soll, und wird zum Passagier, sobald das ADS aktiviert ist – jedoch nur, wenn er sich physisch im Fahrzeug befindet. **Passagier/Disponent (wenn das ADS aktiviert ist):** Muss die dynamische Fahraufgabe (DDT) oder den DDT-Fallback nicht durchführen. Muss nicht entscheiden, ob und wie ein minimaler Risikozustand erreicht werden kann. Kann die DDT übernehmen, wenn das ADS seine ODD-Grenze erreicht hat. Kann die Deaktivierung des ADS anfordern und wird nach einer angeforderten Deaktivierung wieder zum Fahrer.	**ADS (wenn nicht aktiviert):** Erlaubt die Aktivierung und den Betrieb nur innerhalb seiner ODD. **ADS (wenn aktiviert):** Führt die gesamte dynamische Fahraufgabe (DDT) innerhalb seiner ODD durch. Kann den Passagier auffordern, die Fahrzeugbedienung wieder zu übernehmen, wenn eine ODD-Grenze erreicht wird. Führt den DDT-Fallback durch und wechselt automatisch in einen minimalen Risikozustand, wenn: ▪ ein systemrelevanter Ausfall der DDT auftritt, ▪ ein Benutzer eine minimale Risikozustandsherstellung verlangt, ▪ das Fahrzeug kurz davor steht, seine ODD zu verlassen. Deaktiviert sich ggf. erst, nachdem: ▪ ein minimaler Risikozustand erreicht ist oder ▪ ein Fahrer die dynamische Fahraufgabe übernimmt. Kann eine vom Benutzer angeforderte Deaktivierung verzögern.
5	Vollständige Fahrzeugautomatisierung	Die fortlaufende und uneingeschränkte Ausführung der gesamten DDT und des DDT-Fallbacks durch ein ADS (Automated Driving System), unabhängig von ODD und ohne die Erwartung, dass ein Benutzer auf eine Aufforderung zur Intervention reagiert.	**Fahrer/Disponent (wenn das ADS nicht aktiviert ist):** Überprüft den betriebsbereiten Zustand des mit ADS ausgestatteten Fahrzeugs. Entscheidet, ob das ADS aktiviert werden soll, und wird zum Passagier, sobald das ADS aktiviert ist – vorausgesetzt, er ist physisch im Fahrzeug anwesend. **Passagier/Disponent (bei aktiviertem ADS):** Muss weder die dynamische Fahraufgabe (DDT) oder den DDT-Fallback durchführen. Trifft keine Entscheidung über das Erreichen eines minimalen Risikozustand. Kann die Deaktivierung des ADS anfordern und danach einen minimalen Risikozustand herstellen. Kann nach der Deaktivierung wieder zum Fahrer werden.	**ADS (wenn nicht aktiviert):** Erlaubt die Aktivierung des ADS unter allen Bedingungen, die von einem Fahrer handhabbar sind. **ADS (wenn aktiviert):** Führt die gesamte dynamische Fahraufgabe (DDT) durch. Führt den DDT-Fallback durch und wechselt automatisch in einen minimalen Risikozustand, wenn: ▪ ein systemrelevanter Ausfall des DDT auftritt oder ▪ ein Benutzer die Herstellung eines minimalen Risikozustands anfordert. Deaktiviert sich ggf. erst, nachdem: ▪ ein minimaler Risikozustand erreicht wurde oder ▪ ein Fahrer die DDT übernimmt. Kann eine vom Benutzer angeforderte Deaktivierung verzögern.

Tab. 2.2 *Taxonomie und Definitionen für Begriffe im Zusammenhang mit Fahrerassistenzsystemen*

Die zum Zeitpunkt der Erstellung dieses Buches eingesetzten autonomen Taxis (Robotaxis) in den USA sind reale Beispiele für SAE-Level 4-Systeme. Obwohl diese Fahrzeuge voll autonom innerhalb ihrer ODD agieren, erreichen sie noch nicht SAE-Level 5. Sie dürfen nur in spezifischen geografischen Zonen fahren und sind bei bestimmten Wetterbedingungen nicht einsatzfähig. Bei unklaren Verkehrssituationen (Straßenarbeiten, Unfällen) müssen sie mitunter überwacht oder gestoppt werden. Sie markieren jedoch einen bedeutenden Fortschritt in der praktischen Umsetzung hochautomatisierter Mobilitätskonzepte.

2.6.2 Details zu den Taxonomiestufen

- **Stufe 1 (Assistiertes Fahren)**

  Fahrerassistenzsysteme unterstützen den Fahrer bei Fahraufgaben wie Lenken, Bremsen oder Beschleunigen – beispielsweise durch Warnfunktionen wie ein vibrierendes Lenkrad, das vor Fahrspurverlust warnt, oder durch Rückfahrkameras. Der Fahrer behält stets die vollständige Kontrolle über das Fahrzeug und muss aktiv am Fahrgeschehen teilnehmen.

- **Stufe 2 (Teilautomatisiertes Fahren)**

  Das Fahrerassistenzsystem übernimmt selbstständig bestimmte Aufgaben, wie Lenken oder Beschleunigen, indem es beispielsweise automatisch die Geschwindigkeit des Fahrzeugs anpasst, um Abstand zu halten. Das Fahrzeug kann z. B. innerhalb der Fahrspur bleiben und ggf. selbstständig lenken. Der Fahrer muss jedoch die Hände am Lenkrad behalten und kann das Lenken übernehmen, wenn nötig. Das System unterstützt den Fahrer beim sicheren Wechseln der Fahrspur. Der Fahrer muss dennoch den Spurwechsel aktiv initiieren und überwachen.

- **Stufe 3 (Bedingt automatisiertes Fahren)**

  Unter definierten Bedingungen, wie beispielsweise eine Autobahn oder ein Parkplatz, kann das Fahrzeug Aufgaben übernehmen, wie das Lenken oder Beschleunigen bzw. das Einparken des Fahrzeugs. Das Fahrzeug übernimmt bestimmte Aufgaben, es erfordert jedoch weiterhin die aktive Beteiligung des Fahrers, der jederzeit eingreifen kann.

- **Stufe 4 (Hochautomatisiertes Fahren)**

  Ein bedingt vollautomatisiertes Fahrsystem kann unter bestimmten, klar definierten Bedingungen alle Fahraufgaben übernehmen und die Fahrumgebung überwachen. Unter diesen Umständen ist das bedingt vollautomatisierte Fahrsystem so zuverlässig, dass der Fahrer nicht mehr bereit sein muss, jederzeit eingreifen zu müssen. Das System ist so zuverlässig, dass es bei Einhaltung der definierten Bedingungen ohne menschliche Rückfallebene auskommt. Außerhalb dieser Bedingungen kann das Fahrzeug den Fahrer auffordern, die Kontrolle zu übernehmen, oder das Fahrzeug selbstständig anhalten.

- **Stufe 5 (Vollautomatisiertes Fahren)**
  Aufgrund der hohen Komplexität und facettenreichen Herausforderungen entstehen zukünftige Fahrzeuge auf Level 5 nach SAE J3016 nicht mit einem Paukenschlag, sondern in einer Reihe von Iterationen. Ein Level-5-Fahrzeug ist ein Fahrzeug, das eine Kombination aus Sensoren, Kameras, Radar und KI einsetzt, um sich ohne menschlichen Fahrer fortzubewegen. Um als vollständig autonom zu gelten, muss ein Fahrzeug in der Lage sein, ohne menschliches Eingreifen auf Straßen, die nicht für seine Verwendung geeignet sind, zu einem vorgegebenen Ziel zu navigieren.

Taxonomiestufen als verbindendes Fundament

Die Entwicklung vollautomatisierter Fahrzeuge vereint unterschiedlichste Akteure: Fahrzeughersteller, Software- und Hardwareanbieter, Halbleiterproduzenten und Betreiber der öffentlichen Infrastruktur. Diese Mischung fordert in vielen Bereichen präzise Abstimmungen und reibungslose Zusammenarbeit. Besonders das Zusammenspiel von funktionaler Sicherheit und Cybersecurity – mit überlappenden Normen und Anforderungen – verlangt klare Orientierungspunkte und sehr gute Koordination. Hier leisten Taxonomiestufen einen entscheidenden Beitrag: Sie schaffen ein gemeinsames Verständnis, erleichtern die Identifikation spezifischer Risiken und ermöglichen die gezielte Ableitung von Schutzmaßnahmen. Zudem unterstützen sie die Integration neuer Technologien wie KI in den Entwicklungsprozess. So bilden Taxonomiestufen nicht nur ein gemeinsames technisches Vokabular, sondern auch die Basis, um neue Betriebsformen – etwa die Fernlenkung – in rechtlich verbindliche Rahmen wie die StVFernLV einzubetten.

2.7 Ferngelenkte Fahrzeuge und das neue StVFernLV

Mit der Verabschiedung der neuen Verordnung über den Betrieb ferngelenkter Fahrzeuge (StVFernLV) im Juli 2025 hat der Gesetzgeber in Deutschland einen rechtlichen Rahmen geschaffen, um Teleoperation von Kraftfahrzeugen auf öffentlichen Straßen zu ermöglichen. Die Verordnung erlaubt unter bestimmten Voraussetzungen den Einsatz von Fahrzeugen, die durch eine fernsteuernde Person gelenkt werden – ein Meilenstein für automatisierte Mobilitätskonzepte, insbesondere in urbanen Logistik- und Shuttle-Anwendungen.

Dieser Abschnitt fasst die zentralen Anforderungen der StVFernLV zusammen und zeigt anhand eines Projektbeispiels der Firma Drivesmart, wie die Umsetzung in der industriellen Praxis aussehen kann.

2.7.1 Rechtlicher Rahmen der StVFernLV

Die Verordnung über den Betrieb ferngelenkter Fahrzeuge im öffentlichen Straßenverkehr (StVFernLV), die 2025 in Kraft trat, stellt erstmals einen expliziten gesetzlichen Rahmen für die Zulassung und Nutzung ferngelenkter Fahrzeuge in Deutschland bereit. Ziel der Verordnung ist es, den sicheren Einsatz von Kraftfahrzeugen, die nicht durch eine physisch anwesende Person gesteuert werden, sondern durch eine Fernlenkeinrichtung, rechtssicher zu ermöglichen. Die StVFernLV unterscheidet zwei zentrale Genehmigungsarten:

1. Betriebserlaubnis für das ferngelenkte Kraftfahrzeug
2. Betriebsbereichsgenehmigung

2.7.1.1 Betriebserlaubnis für das ferngelenkte Kraftfahrzeug (§ 4 StVFernLV)

Diese Genehmigung wird vom Kraftfahrt-Bundesamt (KBA) erteilt und betrifft das Fahrzeug selbst sowie dessen technische Ausstattung zur Fernlenkung. Sie stellt sicher, dass das Fahrzeug grundsätzlich technisch geeignet ist, ferngelenkt betrieben zu werden. Die Betriebserlaubnis ist also die formale Voraussetzung dafür, dass ein Fahrzeug überhaupt mit einer Fernsteuerung im Straßenverkehr genutzt werden darf. Dafür sind insbesondere folgende Punkte entscheidend:

- Das Gesamtsystem zum Fernlenken muss den technischen und funktionalen Anforderungen der Anlage 1 zur Verordnung entsprechen. Diese umfassen unter anderem funktionale Sicherheit, technische Redundanz, Kommunikationssicherheit sowie Anforderungen an die Fernsteuerungsarchitektur.
- Das Fahrzeug muss bereits eine gültige Betriebserlaubnis besitzen, etwa eine EU-Typgenehmigung gemäß der Verordnung (EU) 2018/858 oder eine nationale Betriebserlaubnis nach Straßenverkehrs-Zulassungs-Ordnung (StVZO).
- Durch den Einbau der Fernlenkausrüstung darf das Fahrzeug keine Abweichungen von für die Verkehrssicherheit relevanten Bestimmungen europäischer Rechtsakte oder der StVZO aufweisen.
- Der Antragsteller muss ein umfassendes Sicherheitskonzept vorlegen, das sowohl funktionale Sicherheit (Safety) als auch IT-Sicherheit (Cybersecurity) berücksichtigt. Dieses Konzept muss auch Wartungsinformationen und Schutzmaßnahmen gegen unbefugten Zugriff enthalten.

- Zusätzlich ist eine Verpflichtung zur regelmäßigen Berichterstattung über den Betrieb, insbesondere über sicherheitsrelevante Vorfälle, nachzuweisen.

2.7.1.2 Betriebsbereichsgenehmigung (§ 7 StVFernLV)

Diese Genehmigung betrifft den geplanten Einsatzbereich des ferngelenkten Fahrzeugs im öffentlichen Verkehrsraum und wird durch die jeweils zuständige Landesbehörde erteilt. Die Genehmigung bezieht sich auf konkrete räumliche und betriebliche Rahmenbedingungen, innerhalb derer das Fahrzeug ferngelenkt betrieben werden darf.

Im Gegensatz zur allgemeinen Betriebserlaubnis liegt der Fokus hier weniger auf der technischen Reife des Fahrzeugs, sondern auf den sicherheitsrelevanten Aspekten des vorgesehenen Betriebsumfelds. Für eine erfolgreiche Erteilung sind folgende Voraussetzungen im Detail zu erfüllen:

Zunächst ist eine präzise Definition des Betriebsbereichs erforderlich. Dies umfasst die geografische Eingrenzung (z.B. bestimmte Stadtteile, Teststrecken, Industriegebiete), zeitliche Einschränkungen (z.B. nur werktags, nur nachts) sowie betriebliche Rahmenbedingungen (z.B. nur mit Begleitfahrzeug, nur in Schrittgeschwindigkeit). Der Betriebsbereich muss so gewählt sein, dass eine sichere Fernlenkung unter realistischen Bedingungen gewährleistet werden kann.

Darüber hinaus ist eine umfassende Risikobewertung des vorgesehenen Umfelds durchzuführen. Diese Bewertung umfasst unter anderem die Verkehrsdichte, potenzielle Konfliktsituationen mit anderen Verkehrsteilnehmern (Fußgänger, Radfahrer, ÖPNV), Witterungsbedingungen und Sichtverhältnisse. Auf Basis dieser Analyse müssen geeignete Sicherheitsmaßnahmen entwickelt und dokumentiert werden.

Ein zentrales Element ist zudem das Kommunikations- und Notfallmanagementkonzept. Dieses muss sicherstellen, dass während des Betriebs jederzeit eine stabile und manipulationssichere Verbindung zwischen Fahrzeug und Steuerzentrale besteht. Für den Fall eines Verbindungsverlusts oder anderer technischer Störungen sind vordefinierte Sicherheitsreaktionen vorzusehen, etwa ein sicheres Anhalten des Fahrzeugs oder das automatische Verlassen des kritischen Bereichs. Auch Notfallkontakte und Meldeketten sind Bestandteil des Konzepts.

Ergänzend ist der Nachweis zu erbringen, dass alle beteiligten Personen, insbesondere die Fernsteuernden, eine adäquate Schulung absolviert haben. Dies umfasst sowohl den sicheren Umgang mit der Steuerungstechnologie als auch Kenntnisse über rechtliche Rahmenbedingungen, Notfallszenarien und das Verhalten im Mischverkehr.

Die Kombination dieser Maßnahmen stellt sicher, dass ferngelenkte Fahrzeuge nicht nur technisch zuverlässig funktionieren, sondern auch unter realen Verkehrsbedingungen sicher und verantwortungsvoll eingesetzt werden können. Die Betriebsbereichsgenehmigung stellt somit eine wichtige sicherheitsbezogene Hürde dar, die das Vertrauen in diese neue Technologie stärken soll.

2.7.2 Voraussetzungen für die Betriebsbereichsgenehmigung nach § 7 StVFernLV

Die Betriebsbereichsgenehmigung nach §7 StVFernLV dient der sicherheitlichen Absicherung des geplanten Einsatzgebiets eines ferngelenkten Kraftfahrzeugs im öffentlichen Raum. Während die Betriebserlaubnis (§4) die technische Tauglichkeit des Fahrzeugs und seines Fernlenksystems bestätigt, prüft die zuständige Landesbehörde im Rahmen der Betriebsbereichsgenehmigung, ob das geplante Umfeld und der konkrete Betrieb sicher gestaltet sind. Hierbei müssen mehrere Voraussetzungen umfassend erfüllt sein, die jeweils einer eigenständigen Bewertung und Nachweisführung bedürfen.

2.7.2.1 Definition des Betriebsbereichs

Die genaue Beschreibung des Betriebsbereichs ist die Grundlage jeder Genehmigungsentscheidung. Dabei geht es nicht nur um die geografische Abgrenzung, wie z.B. ein innerstädtisches Quartier, ein Industriepark oder ein Betriebshof, sondern auch um die zeitlichen und betrieblichen Einsatzbedingungen. Zeitliche Einschränkungen können etwa nächtliche Betriebszeiten (z.B. 22:00–6:00 Uhr) oder Einschränkungen auf verkehrsarme Zeiten beinhalten. Betriebliche Aspekte wiederum umfassen Einschränkungen in der Fahrweise (z.B. nur Schritttempo), die Verwendung von Begleitfahrzeugen oder den Einsatz nur unter Aufsicht eines Operators. Die präzise Definition ermöglicht es den Behörden, die Risiken systematisch zu bewerten und die Maßgaben der Genehmigung auf die tatsächliche Nutzung abzustimmen.

2.7.2.2 Risikobewertung des Umfelds

Ein zentrales Element der Genehmigung ist die detaillierte Risikobewertung des vorgesehenen Einsatzgebiets. Diese Bewertung muss aufzeigen, welche potenziellen Gefährdungen durch Verkehrsdichte, Straßenführung, Interaktionen mit anderen Verkehrsteilnehmern (Fußgänger, Radfahrer, Einsatzfahrzeuge), Baustellen oder Witterungsbedingungen entstehen können. Auch infrastrukturelle Besonderheiten – etwa fehlende Abstellflächen, enge Fahrbahnen oder unübersichtliche Kreuzungen – müssen berücksichtigt werden. Die Risikobewertung ist keine rein theoretische Übung, sondern dient als Entscheidungsgrundlage für konkrete Betriebsgrenzen, Sicherheitsauflagen und technische sowie organisatorische Schutzmaßnahmen. Die Landesbehörde muss nachvollziehen können, dass das Risiko auf ein vertretbares Maß reduziert wurde – nicht nur durch Technik, sondern durch ein ganzheitliches Sicherheitskonzept.

2.7.2.3 Kommunikations- und Notfallmanagementkonzept

Da das Fahrzeug nicht durch eine im Fahrzeug befindliche Person gesteuert wird, ist die Kommunikation zwischen der Fernsteuerstelle (Fernlenkzentrale) und dem Fahrzeug von kritischer Bedeutung. Das Kommunikationskonzept muss daher hohe Anforderungen an Verfügbarkeit, Bandbreite, Latenz und IT-Sicherheit erfüllen. Störungen, Verzögerungen oder gar Unterbrechungen könnten sonst unmittelbar die Verkehrssicherheit gefährden. Das Konzept muss deshalb klare Antworten auf folgende Fragen geben:

- Wie wird eine stabile Verbindung gewährleistet?
- Welche Maßnahmen greifen bei Kommunikationsausfall?
- Wie erkennt das System Störungen frühzeitig?
- Wie wird im Notfall eingegriffen (z. B. automatisches Anhalten, Rückschaltung auf lokalen Betrieb, Alarmierung eines menschlichen Operators)?

Neben der Technik ist auch die organisatorische Einbettung entscheidend: Es muss beschrieben werden, wer in welchen Fällen verantwortlich ist, welche Eskalationswege bestehen und wie diese in Echtzeit funktionieren – idealerweise abgestimmt mit lokalen Behörden, Notdiensten oder Verkehrsbetrieben.

2.7.2.4 Schulung der Fernsteuernden

Schließlich kommt den Menschen hinter den Fernlenkstationen eine zentrale Rolle zu. Sie sind in gewisser Weise das Bindeglied zwischen der Technik und der Verkehrswirklichkeit. Entsprechend hoch sind die Anforderungen an ihre Qualifikation. Neben der technischen Bedienkompetenz müssen sie über umfassende Kenntnisse in den Bereichen Verkehrsrecht, Unfallvermeidung, sicherheitskritisches Verhalten, Einschätzung von Umgebungssituationen und Notfallmaßnahmen verfügen. Die Schulungsprogramme müssen systematisch geplant, dokumentiert und überprüfbar sein. Die Schulung ist dabei nicht als einmalige Maßnahme zu verstehen, sondern als Teil einer kontinuierlichen Kompetenzsicherung, etwa durch regelmäßige Fortbildungen, praktische Übungen und Simulationstrainings. Nur so lässt sich sicherstellen, dass Fernsteuernde im entscheidenden Moment die richtigen Entscheidungen treffen.

2.7.3 Projektstory ADAS NextGen: Die Drivesmart will fernlenkbare Fahrzeuge entwickeln

Die Drivesmart AG ist ein mittelständisches Unternehmen, das sich auf intelligente Fahrerassistenzsysteme (ADAS) spezialisiert hat. Im Sommer 2025 wurde das hauseigene ADAS erfolgreich in eine neue Fahrzeugplattform integriert. Angespornt durch die neue gesetzliche Möglichkeit der Teleoperation, überlegt das Entwicklungsteam unter der Leitung von Robert Flink, das Fahrzeug für den ferngelenkten Betrieb zu ertüchtigen.

Ziel: Erweiterung des Betriebsmodus um »Remote Drive«

Robert Flink stellt ein interdisziplinäres Team zusammen, um die technische und regulatorische Machbarkeit zu prüfen. Folgende Rollen sind beteiligt:

- *Peter Weiss definiert als Projektleiter die Anforderungen an den neuen Betriebsmodus.*
- *Lara Vero leitet das technische Team und koordiniert Änderungsprozesse.*
- *Dieter Gewiss bewertet funktionale Sicherheitsaspekte des Fernlenksystems.*
- *Peter Feinblick analysiert die Risiken bzgl. Cybersecurity.*
- *Fernando Haswas klärt die regulatorischen Anforderungen mit dem KBA.*
- *Anja Bau, Ulla Wahrlich und Isy Kaput prüfen Architektur, Tests und Integration.*

Technische Umsetzung

Das Fahrzeug wird mit einem Remote-Interface ausgestattet, das dem fernsteuernden Operator Zugriff auf Fahrfunktionen, Umgebungsdaten und Systemstatus erlaubt. Sicherheitsmechanismen wie Notfallstopps, Verschlüsselung der Kommunikation, Latenzmonitoring und Umfeldüberwachung werden implementiert. Parallel beginnt Ulla Wahrlich mit der Definition eines Testkonzepts, das auch Fail-Safe-Verhalten und Cyberangriffe abdeckt.

Vorbereitungen für die Betriebserlaubnis

Fernando Haswas erstellt mit Unterstützung von Dieter Gewiss und Peter Feinblick folgende Nachweisdokumente für den Antrag beim KBA:

- *Sicherheitskonzept (gemäß ISO 26262 und StVFernLV Anlage 1)*
- *Cybersecurity-Konzept (in Anlehnung an ISO/SAE 21434)*
- *Systembeschreibung mit Konformitätserklärung zur VO (EU) 2018/858*
- *Beschreibung der Fernsteuerzentrale, inkl. Schulungskonzept für Operatoren*
- *Wartungs- und Diagnosekonzept*

Der externe Assessor Ulrich Richter wird frühzeitig eingebunden, um die Vollständigkeit und Nachvollziehbarkeit der Unterlagen zu prüfen.

Beantragung der Betriebsbereichsgenehmigung

Die Drivesmart AG beantragt zunächst eine Betriebsbereichsgenehmigung für ein eingeschränktes innerstädtisches Testgebiet. Das Konzept beinhaltet:

- *Kartografische Definition der Strecken*
- *Verkehrs- und Risikoanalyse*
- *Kommunikationsinfrastruktur*
- *Eskalations- und Notfallprozeduren*
- *Simulationen und Testberichte als Nachweise*

Nach Abstimmung mit der zuständigen Landesbehörde wird eine befristete Genehmigung für sechs Monate erteilt.

2.7.4 Von der Regelung zur Praxis: Erfolgsfaktoren für die Teleoperation

Die neue StVFernLV schafft erstmals die rechtliche Grundlage für den Betrieb ferngelenkter Fahrzeuge in Deutschland. Das Beispiel der Drivesmart AG verdeutlicht: Nur eine systematische Herangehensweise – mit interdisziplinärem Team, frühzeitiger Einbindung der Zulassungsstellen und stringenter Nachweisführung – führt solche Innovationsprojekte zum Erfolg.

Parallel zu dieser Entwicklung hat das Kraftfahrt-Bundesamt die deutschlandweite Erprobung hochautomatisierter Fahrsysteme der Stufe 4 zugelassen. Testfahrten dürfen damit erstmals unabhängig von zuvor festgelegten Strecken oder Stadtgebieten stattfinden. Diese bundesweite Genehmigung steigert die Effizienz im Testbetrieb, da Einzelgenehmigungen entfallen, und ermöglicht die Weiterentwicklung autonomer Mobilitätslösungen unter realen Bedingungen. Dies beschleunigt die Weiterentwicklung autonomer Mobilitätslösungen enorm. Erste praktische Einsätze fanden im öffentlichen Nahverkehr statt, wo autonome Shuttles während einer Fachveranstaltung im städtischen Raum getestet wurden – begleitet von Sicherheitsfahrern, um die Technologie kontrolliert an die Öffentlichkeit heranzuführen.

Gerade in komplexen urbanen Szenarien oder für spezielle logistische Anwendungen kann die Kombination aus autonomen Funktionen und Teleoperation kurzfristig Sicherheit und Effizienz steigern. So entsteht ein flexibles Gesamtsystem, das Schritt für Schritt den Übergang von der Erprobung hin zum regulären Betrieb im öffentlichen Verkehr ermöglicht.

Die technische Basis automatisierter Fahrzeuge ist nur ein Teil des Gesamtbilds. Ebenso entscheidend ist, wie Sicherheit, Cybersecurity und künstliche Intelligenz zusammenspielen. Das nun folgende Kapitel 3, »Zusammenspiel von funktionaler Sicherheit, Cybersecurity und KI«, beleuchtet diese Wechselwirkungen und zeigt, warum erst ihr Zusammenspiel den Weg zu vertrauenswürdigen Fahrzeugarchitekturen ebnet.

3 Zusammenspiel von funktionaler Sicherheit, Cybersecurity und KI

Der Schlüssel ist nicht, Maschine gegen Mensch zu denken.
Der Schlüssel ist, Maschine plus Mensch zu denken.
(Garry Kasparov, Schachweltmeister)

Künstliche Intelligenz kann vieles – aber sie versteht nichts.
(Richard David Precht, Philosoph und Publizist)

Mit zunehmender Vernetzung und Automatisierung moderner Fahrzeuge rücken zwei bisher getrennt betrachtete Disziplinen enger zusammen: die funktionale Sicherheit und die Cybersecurity. Steuergeräte kommunizieren über 4G/5G-Netze, tauschen Daten mit Backend-Systemen aus und agieren zunehmend als digitale Knotenpunkte im vernetzten Verkehrsraum.

In diesem komplexen Umfeld genügt es nicht mehr, Sicherheitskonzepte isoliert zu entwickeln. Systeme gelten erst dann als sicher, wenn sie sowohl funktional zuverlässig als auch resilient gegenüber Cyberangriffen sind. Ein gut abgesichertes sicherheitskritisches Steuergerät ist nicht automatisch vor externen Manipulationen geschützt – ebenso wenig wie ein cyberresilientes System allein ausreicht, um funktionale Risiken zu beherrschen.

Hinzu kommt ein drittes, dynamisches Element: künstliche Intelligenz (KI). KI-Technologien übernehmen in autonomen Fahrzeugen zentrale Aufgaben wie Umgebungswahrnehmung, Entscheidungsfindung und Fahrdynamikregelung. Sie eröffnen neue Potenziale, bringen aber auch erhebliche Herausforderungen für funktionale Sicherheit und Cybersecurity mit sich. Während bisher deterministisches Systemverhalten als unverzichtbar für die Risikokontrolle galt, erfordern KI-basierte Ansätze ein grundsätzlich anderes und erweitertes Verständnis von Sicherheit, Validierung und Vertrauen.

Dieses Kapitel beleuchtet das Zusammenspiel dieser drei Disziplinen – funktionale Sicherheit, Cybersecurity und KI – und zeigt, wie ihre Integration zur Entwicklung sicherer, autonomer Fahrfunktionen gelingen und beitragen kann. Dabei werden sowohl technische als auch normative Fragestellungen behandelt, die sich aus dieser neuen Sicherheitsarchitektur ergeben. Zudem erläutern wir typische Wechselwirkungen und Herausforderungen bei der Verzahnung von funktionaler Sicherheit und Cybersecurity sowie zentrale Einsatzfelder von KI – im Kontext sicherheitskritischer Fahrzeugfunktionen.

3.1 Interaktion zwischen funktionaler Sicherheit und Cybersecurity

Sicherheit im Fahrzeug ist weit mehr als eine mechanische Herausforderung. Die neuen Dimensionen der Fahrzeugsicherheit haben sich längst etabliert, allen voran funktionale Sicherheit und Cybersecurity.

Beide Disziplinen verfolgen das gemeinsame Ziel, Risiken für Mensch, Umwelt und System zuverlässig zu minimieren. Dennoch unterscheiden sie sich grundlegend – sowohl in ihrem Fokus und in den Ursachen potenzieller Gefährdungen als auch in den strategischen Ansätzen zur Risikobeherrschung.

- **Funktionale Sicherheit** konzentriert sich auf den Schutz bei internen, unbeabsichtigten Fehlern im System – etwa Hardwaredefekte oder Softwareanomalien.
- **Cybersecurity** hingegen adressiert gezielte, externe Angriffe auf elektronische Systeme – etwa durch Hacker, Schadsoftware oder manipulierte Kommunikationsschnittstellen.

Diese Unterscheidung ist essenziell für das Verständnis sicherheitskritischer Systemarchitekturen. Tabelle 3.1 fasst die zentralen Unterschiede zwischen funktionaler Sicherheit und Cybersecurity kompakt zusammen.

Aspekt	Funktionale Sicherheit	Cybersecurity
Zielsetzung	Schutz vor Risiken durch zufällige Fehler im System	Schutz vor Risiken durch absichtliche böswillige Angriffe auf das System
Gefährdungsursprung	Intern	Extern

→

Aspekt	Funktionale Sicherheit	Cybersecurity
Typischer Auslöser	Systemfehler, Komponentenausfälle, Designmängel	Angriffe, nicht abgesicherte Schnittstellen, Schadcode
Sicherheitsziel	Vermeidung oder Kontrolle von gefährlichen Zuständen durch Fehlfunktionen	Vertraulichkeit, Integrität und Verfügbarkeit
Normative Grundlage	ISO 26262	ISO/SAE 21434
Zeitlicher Fokus	Betrachtung zufälliger Ereignisse über die gesamte Lebensdauer	Dynamischer Schutz gegenüber laufenden neuen Bedrohungen
Bezug zur Umwelt	Schutz von Menschenleben und Umwelt bei technischen Fehlern	Schutz vor Datenverlust, Systemkontrolle und sicherheitskritischer Manipulation
Reaktion auf Störung	Fehlererkennung, Fehlerbegrenzung, Fehlerbehandlung	Angriffserkennung, Angriffsvermeidung, Angriffsabwehr
Funktionstreue	Spezifiziertes Verhalten vollständig (robust) zeigen	6 Schutzziele der Cybersecurity
Fehlervermeidung – Zuverlässigkeit	Fehlerreduktion in Analyse und Design	Security by Design, Intrusion Prevention, Systemhärtung
Fehlererkennung – Fehlerreaktion	Monitoring und Diversität	Intrusion Detection
Fehlervorhersage – Zuverlässigkeit	Zuverlässigkeitsmodelle (FTA, Markov, FMEDA etc.)	Angriffsbaum u. a.
Integrität	(Zufällig) verfälschte Daten erkennen und reparieren	Daten nachweislich unverfälscht vom Sender zum Empfänger

Tab. 3.1 *Zielunterschiede zwischen funktionaler Sicherheit und Cybersecurity*

Die Gegenüberstellung macht deutlich, dass funktionale Sicherheit und Cybersecurity trotz gemeinsamer Zielrichtung – dem Schutz von Fahrzeuginsassen, Umwelt und Infrastruktur – sehr unterschiedliche Ursachen für Gefährdungen adressieren. Die funktionale Sicherheit fokussiert sich auf zufällige technische Fehler, die aus dem System selbst heraus entstehen können – etwa durch fehlerhafte Sensorik, fehleranfällige Algorithmen oder alterungsbedingte Ausfälle. Im Gegensatz dazu konzentriert sich die Cybersecurity auf bewusste Manipulationen und Angriffe von außen, beispielsweise über Kommunikationsschnittstellen, Software-Updates oder mobile Netzwerke.

Mit dem zunehmenden Einsatz von KI in sicherheitskritischen Systemen – etwa bei der Umfelderkennung, Entscheidungsfindung oder der Pfadplanung autonomer Fahrzeuge – verschwimmen die Grenzen zwischen den beiden Disziplinen immer mehr. KI-basierte Systeme verhalten sich oft nicht vollständig deterministisch, was die Sicherheitsbewertung erheblich erschwert. Fehler im Training, fehlerhafte Daten oder feindliche Angriffe auf neuronale Netze können zu sicherheitskritischem Verhalten führen – und stellen damit sowohl ein funktionales als auch ein cyberphysikalisches Risiko dar.

> Dies behandeln wir im folgenden Abschnitt 3.2, »Einsatzgebiete für KI in Sicherheitsdomänen«.

3.2 Einsatzgebiete für KI in Sicherheitsdomänen

Im Folgenden sind einige Möglichkeiten des Einsatzes von KI in der Entwicklung von autonomen Fahrzeugen aufgeführt:

- **Umgebungswahrnehmung:** KI-gestützte Sensoren und KI-Algorithmen erfassen die Fahrzeugumgebung präzise. Sie erkennen Objekte wie andere Fahrzeuge, Fußgänger, Verkehrsschilder und Fahrbahnmarkierungen. Die Erkennung und Verarbeitung sensorischer Daten fällt in den Anwendungsbereich der ISO 21448 (SOTIF), zusätzlich ist die Absicherung nach ISO 26262 nötig.
- **Entscheidungsfindung:** KI-Algorithmen leiten aus Sensordaten geeignete Handlungsoptionen ab – etwa zur Fahrplanung, zur Verhaltensprognose anderer Verkehrsteilnehmer oder zur Ermittlung der optimalen Fahrstrategie in Echtzeit. Entscheidungsalgorithmen unterliegen in sicherheitsrelevanten Kontexten der ISO 26262, ergänzend spielt SOTIF eine wichtige Rolle.
- **Fahrzeugsteuerung:** Auf Grundlage der getroffenen Entscheidungen übernehmen KI-basierte Systeme die Steuerung des Fahrzeugs. Sie übernehmen das Beschleunigen, Bremsen, Lenken und andere Fahrfunktionen präzise und situationsabhängig. Da es sich um Aktoren mit unmittelbarem Einfluss auf die Fahrzeugsicherheit handelt, greifen die Anforderungen der ISO 26262 besonders stark. Sicherheitsfunktionen wie Notbremsung oder Spurhalten müssen zuverlässig validiert und ggf. durch klassische Steuergeräte abgesichert werden.

- **Kontextuelles Verständnis:** KI kombiniert Informationen aus verschiedenen digitalen Datenquellen wie Karten, Verkehrsdaten und Wetterbedingungen, wodurch das Fahrzeug ein umfassendes und kontextsensitives Verständnis der aktuellen Fahrsituation bekommt. Die Kontextverarbeitung betrifft sowohl SOTIF als auch Aspekte der ISO/SAE 21434, beispielsweise bei der Validierung externer Datenquellen hinsichtlich Integrität und Manipulationssicherheit.
- **Lernen und Anpassen:** KI-Algorithmen ermöglichen es autonomen Fahrzeugen, kontinuierlich zu lernen. Sie analysieren vergangene Erfahrung, lernen aus Fehlern, erkennen neue Szenarien und Situationen und passen ihre Fähigkeiten daraufhin an. Für lernfähige Systeme bestehen derzeit noch keine vollständig etablierten Normen. Die ISO/TR 4804 (Road Vehicles – Safety and AI [ISO/TR 4804:2020]) und Initiativen wie das UNECE-Regelwerk zu Software-Updates und funktionaler Sicherheit thematisieren jedoch bereits regulatorische Anforderungen. Zusätzlich gelten Anforderungen aus der ISO/SAE 21434 bezüglich gezielter Manipulation von Eingabedaten.

Die Integration von KI in autonome Fahrzeuge verfolgt das Ziel, Sicherheit, Effizienz und Komfort im Straßenverkehr zu verbessern und so den Weg für autonome Mobilität der Zukunft zu ebnen. Der Einsatz von KI in sicherheitskritischen Systemen stellt jedoch eine besondere Herausforderung dar. Viele KI-Algorithmen basieren auf hochkomplexen Modellen und großen Datenmengen, deren Verhalten oft nur begrenzt nachvollziehbar und schwer verifizierbar ist. Dennoch lassen sich KI-Technologien in funktionale Sicherheitssysteme integrieren, sofern geeignete Schutzmaßnahmen umgesetzt und relevante Sicherheitsstandards eingehalten werden.

Ein zentraler Aspekt ist die Entwicklung von zuverlässigen und robusten KI-Algorithmen, die sowohl während des Trainings als auch während des Betriebs angemessene Sicherheitsvorkehrungen treffen. Dazu gehören unter anderem:

- **Datenqualität und -integrität:** Die Qualität und Integrität der Daten, mit denen KI-Modelle geschult werden, ist für die Zuverlässigkeit und Sicherheit des Systems von entscheidender Bedeutung. Fehlerhafte oder unzureichende Daten können zu falschen Vorhersagen oder unerwartetem Verhalten führen.
- **Verifizierbarkeit und Transparenz:** Es ist wichtig, dass KI-Algorithmen und -Modelle verifizierbar sind, d. h., dass ihre Funktionsweise und Ergebnisse nachvollziehbar sind. Transparenz ermöglicht es Entwicklern und Aufsichtsbehörden, potenzielle Sicherheitslücken oder unerwünschtes Verhalten zu identifizieren und zu beheben.

- **Redundanz und Fehlererkennung:** Sicherheitskritische Systeme sollten über redundante Mechanismen und Fehlererkennungssysteme verfügen, um mögliche Fehler oder Ausfälle in der KI-Komponente zu erkennen und angemessen darauf zu reagieren.
- **Risikobewertung und -management:** Eine umfassende Risikobewertung muss durchgeführt werden, um potenzielle Risiken im Zusammenhang mit dem Einsatz von KI in sicherheitskritischen Systemen zu identifizieren. Geeignete Maßnahmen zur Risikominderung und -kontrolle sollten implementiert werden.
- **Regulatorische Standards und Normen:** Es ist wichtig, dass KI-Systeme in sicherheitskritischen Bereichen den geltenden regulatorischen Standards und Normen entsprechen. Zukünftige Normen zur funktionalen Sicherheit mit künstlicher Intelligenz werden derzeit entwickelt. Mehrere Organisationen, die an der Entwicklung von Richtlinien und Normen beteiligt sind, arbeiten daran, sicherzustellen, dass KI-Systeme sicher und zuverlässig sind. Ein Beispiel ist das Sub Committee 42 der Internationalen Organisation für Standardisierung ISO/IEC JTC 1/SC 42, das sich mit künstlicher Intelligenz und maschinellem Lernen befasst und an der Entwicklung von Normen in diesem Bereich arbeitet. Der Fokus des Sub Committee 42 liegt u.a. auf Aspekten wie Ethik, Vertrauenswürdigkeit, Datenschutz, Sicherheit und Leistungsfähigkeit von KI-Systemen. Im Automotive-Bereich arbeitet das Technical Committee ISO/TC 22/SC 32 »Electrical and electronic (E/E) components and cross-sectional specifications for E/E systems and components« ebenfalls an einer Norm, die sich mit Straßenfahrzeugen und funktionaler Sicherheit mit künstlicher Intelligenz befasst. Der Fokus liegt auf der Entwicklung von Standards und Richtlinien für den Einsatz von KI in Straßenfahrzeugen, einschließlich selbstfahrender Fahrzeuge. Dabei werden verschiedene Aspekte wie Sicherheit, Zuverlässigkeit, Datenschutz, ethische Überlegungen und Kommunikation zwischen Fahrzeugen und Infrastruktur berücksichtigt. Das Technical Committee besteht aus Experten verschiedener Länder, die gemeinsam an der Entwicklung von Normen und Richtlinien arbeiten, um die Interoperabilität und das sichere Funktionieren von KI in Straßenfahrzeugen zu gewährleisten. Der Arbeitskreis entwickelt derzeit die Norm
  ISO 8800
  ISO/AWI PAS 8800 – Road Vehicles – Safety and artificial intelligence, die sich mit sicherheitsrelevanten Eigenschaften und Risikofaktoren, die zu unzureichender Leistung und Fehlfunktionen von KI im Kontext von Straßenfahrzeugen führen, befasst. Die Norm beschreibt einen Rahmen, der alle Phasen des Entwicklungs- und Implementierungslebenszyklus abdeckt. Dies beinhaltet die Ableitung

geeigneter Sicherheitsanforderungen für die Funktion, Überlegungen zur Datenqualität und -vollständigkeit, architektonische Maßnahmen zur Steuerung und Minderung von Fehlern, Tools zur Unterstützung von KI, Verifikations- und Validierungstechniken sowie die erforderlichen Nachweise zur Unterstützung eines Sicherheitsnachweises für das gesamte System. Es ist wichtig anzumerken, dass die Entwicklung solcher Normen eine komplexe Aufgabe ist, da KI-Systeme sehr vielfältig sind und in verschiedenen Anwendungsdomänen eingesetzt werden. Es wird erwartet, dass in den kommenden Jahren mehr Normen und Richtlinien entwickelt werden, um die funktionale Sicherheit von KI-Systemen zu gewährleisten.

Die Integration von funktionaler Sicherheit und KI erfordert eine multidisziplinäre Herangehensweise, bei der Experten für funktionale Sicherheit, KI, Software Engineering und andere relevante Bereiche zusammenarbeiten. Es ist wichtig, bewährte Praktiken, Richtlinien und Standards zu entwickeln und anzuwenden, um die Sicherheit und Zuverlässigkeit von KI-Systemen in sicherheitskritischen Anwendungen zu gewährleisten.

3.3 Anwendung von KI und maschinellem Lernen

ISO/IEC TR 5469:2024 (Artificial intelligence – Functional safety and AI systems [ISO/IEC TR 5469:2024]) wurde von der International Organization for Standardization (ISO) und der International Electrotechnical Commission (IEC) im Rahmen des gemeinsamen Technischen Komitees ISO/IEC JTC 1/SC 42 entwickelt. Sie beschreibt Eigenschaften, Risiken, Methoden und Prozesse für den Einsatz künstlicher Intelligenz in sicherheitsrelevanten Funktionen und adressiert insbesondere die funktionale Sicherheit von KI-Systemen.

Wenn es um das Verständnis und die Sicherstellung von Datenqualität im Kontext von Analytik und maschinellem Lernen geht, ist die [ISO/IEC-5259-Reihe] (Data quality for analytics and machine learning) maßgeblich. Diese Normenreihe bietet einen Überblick über relevante Begriffe, Konzepte und Anwendungsbeispiele zur Datenqualität für KI-Anwendungen. Es geht darum, sicherzustellen, dass die Daten, die für Analyse und maschinelle Lernalgorithmen verwendet werden, von hoher Qualität sind, um genaue und verlässliche Ergebnisse zu erzielen. Das Ziel dieser Norm ist es, Leitlinien und Best Practices zur Verbesserung der Datenqualität in Bezug auf KI und maschinelles Lernen (ML) bereitzustellen.

Im Folgenden sind einige Aspekte aufgeführt, die in diesem Zusammenhang zu berücksichtigen sind:

- **Datenqualität:** Umfasst die Vollständigkeit, Genauigkeit, Konsistenz und Aktualität der verwendeten Daten. Sie spielt eine zentrale Rolle für die Leistungsfähigkeit von KI- und Machine-Learning-Modellen. Mangelhafte Datenqualität kann deren Zuverlässigkeit erheblich beeinträchtigen und zu fehlerhaften Ergebnissen oder unerwünschtem Verhalten führen.
- **Datenmanagement:** Die Norm gibt Empfehlungen für das Datenmanagement, um sicherzustellen, dass die Daten für KI- und Machine-Learning-Anwendungen geeignet und vertrauenswürdig sind. Dies kann die Definition von Datenqualitätsstandards, Datenbereinigung, Datenintegration und -transformation sowie kontinuierliche Datenüberwachung und -pflege umfassen.
- **Datenbeschaffung:** Die Norm behandelt auch den Prozess der Datenbeschaffung und -auswahl. Dazu zählen die Identifizierung relevanter Datenquellen, die Überprüfung der Datenqualität bei der Beschaffung neuer Daten und die Bewertung der Eignung von Daten für spezifische Anwendungsfälle.
- **Modelltraining und -validierung:** Die Norm enthält Hinweise zur Bedeutung von qualitativ hochwertigen Daten für das Training und die Validierung von KI- und Machine-Learning-Modellen. Sie betont die sorgfältige Auswahl der Daten, um Voreingenommenheit und Verzerrungen zu vermeiden. Modelle müssen regelmäßig überprüft und aktualisiert werden, um dauerhaft mit qualitativ hochwertigen Daten zu arbeiten.

> Die Informationen in diesem Buch basieren auf dem zum Zeitpunkt der Manuskripterstellung gültigen Stand der genannten Normen und Standards. Da sich Normen und Standards weiterhin in der Entwicklung befinden, können sich bis zur Veröffentlichung des Buches und darüber hinaus weitere Details und Änderungen ergeben. Für die jeweils aktuelle und verbindliche Fassung wird empfohlen, die finale Fassung der Normen und Standards zu konsultieren.

3.4 Datenqualitätsmaßnahmen für Analytik und maschinelles Lernen

Big-Data-gestützte Entscheidungen bringen neue Herausforderungen für das Datenqualitätsmanagement in der Analyse und im maschinellen Lernen mit sich. Unvollständige, fehlerhafte oder veraltete Daten können Analyse- und ML-Prozesse erheblich beeinträchtigen und zu unzuverlässigen Ergebnissen führen. Daten aus vielfältigen Quellen – von strukturierten Daten wie relationalen Datenbanken bis hin zu unstrukturierten Formaten wie Dokumenten, Bildern oder Audiodateien – bilden die Grundlage für Analyse- und ML-Modelle. Da diese Daten im gesamten Lebenszyklus ständig transformiert und verarbeitet werden, steigen die Anforderungen an ihre Qualität kontinuierlich.

Ein ganzheitliches und standardisiertes Datenqualitätsmanagement ist daher unverzichtbar. Nur so lässt sich sicherstellen, dass die Daten nicht nur korrekt und vollständig, sondern auch konsistent, aktuell und vertrauenswürdig sind. Hochwertige Daten sind die Voraussetzung dafür, dass Analyse- und ML-Modelle sichere, zuverlässige und nachvollziehbare Ergebnisse liefern sowie interoperabel sind – und somit Fehlentscheidungen, Sicherheitsrisiken und Kosten durch fehlerhafte Daten vermieden werden.

Um ein glaubwürdiges Datenqualitätsmanagement für Analyse und ML zu entwickeln, sollten intrinsische Datenqualitätsnormen berücksichtigt werden, einschließlich Konzepten und Anwendungsfällen, Merkmalen und Messungen, Managementanforderungen und Prozessrahmen.

ISO/IEC 5259-2 bietet hierfür ein etabliertes Datenqualitätsmodell mit definierten Merkmalen und Qualitätsdimensionen speziell für Analytik und maschinelles Lernen. Sie baut auf ISO/IEC 25012 (Datenqualitätsmerkmale [ISO/IEC 25012:2008]) und ISO/IEC 25024 (Messmethoden für Datenqualität [ISO/IEC 25024:2025]) auf. Das Datenqualitätsmodell ermöglicht es, Datenqualitätsanforderungen systematisch zu definieren, zu messen und zu steuern. Es kann erweitert oder angepasst werden, um spezifische Qualitätsanforderungen und Messgrößen für Analyse- und ML-Modelle zu identifizieren – und ist speziell zugeschnitten auf die Herausforderungen von Big Data und maschinellem Lernen.

Nur durch einen solchen ganzheitlichen Ansatz können Unternehmen die Komplexität moderner Datenlandschaften beherrschen, die Integrität ihrer Modelle gewährleisten und langfristig Wettbewerbsvorteile sichern.

3.5 Anforderungen und Leitlinien für das Datenqualitätsmanagement – DQMS

Aufgrund des Blackbox-Charakters moderner Analyse- und ML-Technologien ist es schwierig, die Leistung und Qualität allein auf der Grundlage der Ergebnisse des trainierten Modells zu bewerten. Die Qualität von Analysen und ML-basierten Produkten und Dienstleistungen hängt von der Qualität der Daten ab, die zum Trainieren von Modellen verwendet werden. Daher ist ein systematisches Datenqualitätsmanagement entscheidend für die Verlässlichkeit und den Erfolg der Analyse.

Ein strukturiertes und wirksames Datenqualitätsmanagementsystem (DQMS) unterstützt die gezielte Steuerung und Sicherstellung der Datenqualität über den gesamten Lebenszyklus hinweg. Es schafft Transparenz, ermöglicht Selbst- oder Fremdbewertungen und verbessert die Nachvollziehbarkeit der Ergebnisse. Darüber hinaus trägt es zur Erfüllung von Anforderungen hinsichtlich Qualität, Leistung, Governance und Stakeholder-Zufriedenheit bei. Für den Aufbau und Betrieb eines DQMS im Kontext von Datenanalytik und maschinellem Lernen müssen verschiedene Anforderungen und Grundprinzipien/Gestaltungsprinzipien berücksichtigt werden. Zu den zentralen Aspekten zählen:

- **Relevanz der Daten:** Die Daten sind für den spezifischen Analyse- oder ML-Anwendungsfall relevant und geeignet. Sie enthalten inhaltlich notwendige Informationen, um fundierte Modelle und aussagekräftige Erkenntnisse zu generieren.
- **Vollständigkeit der Daten:** Die Daten sind möglichst frei von Lücken oder fehlenden Werten. Unvollständige bzw. fehlende Daten können zu systematischen Verzerrungen und unzuverlässigen Modellentscheidungen führen.
- **Datenkonsistenz:** Die Daten sind innerhalb eines Datensatzes sowie im Abgleich mit anderen Datenquellen widerspruchsfrei und konsistent. Inkonsistenzen können zu Fehlinterpretationen und fehlerhaften Modellen führen.
- **Erfassung und Bewertung der Datenqualität:** Es sind Mechanismen vorhanden, um die Datenqualität zu erfassen und zu bewerten. Dies kann mithilfe von Metriken, Qualitätsindikatoren oder automatisierten Tests realisiert werden. Potenzielle Risiken durch mangelhafte Datenqualität sind frühzeitig zu identifizieren und geeignete Risikominderungsmaßnahmen festzulegen.
- **Datenbereinigung:** Vorhandene Fehler, Ausreißer oder inkonsistente Werte sind durch geeignete Datenbereinigungsverfahren zu identifizieren und zu korrigieren, um eine verlässliche Datenbasis zu schaffen.
- **Datenvalidierung:** Es sind strukturierte Verfahren zur Überprüfung der Daten auf Plausibilität, Korrektheit und Regelkonformität implementiert. Dies kann die Überprüfung auf oder Einhaltung von Geschäftsregeln umfassen.
- **Datenaktualität:** Die verwendeten Daten müssen dem aktuellen Stand der zugrunde liegenden Realität und den aktuellen Anforderungen entsprechen. Veraltete Informationen können Analysen verfälschen und ML-Modelle unbrauchbar machen.

- **Datenzugriff und -sicherheit:** Der Zugriff auf Daten muss, unabhängig von den Datenquellen oder -formaten, kontrolliert, effizient, reibungslos und sicher sein. Vertraulichkeit, Integrität und Verfügbarkeit der Daten sind durch technische und organisatorische Maßnahmen zu gewährleisten.

Diese Anforderungen und Leitlinien für das Datenqualitätsmanagement sollen sicherzustellen, dass die Daten für die Analytik und das ML zuverlässig und aussagekräftig sind. Sie bilden den Grundstein für fundierte Erkenntnisse und vertrauenswürdige Modelle. Es ist wichtig zu beachten, dass die spezifischen Anforderungen je nach Kontext und Anwendungsfall variieren können.

Ein effektives Datenqualitätsmanagement endet nicht mit der Implementierung initialer Prozesse. Vielmehr erfordert die dynamische Natur von Datenlandschaften, Analyseverfahren und regulatorischen Rahmenbedingungen eine kontinuierliche Überprüfung und Anpassung der Datenqualitätsprozesse.

3.6 Rahmen für Datenqualitätsprozesse

Ein strukturierter, gut beschriebener und klar dokumentierter Datenqualitätsprozess ist unerlässlich, um hochwertige Daten für das Training und die Evaluierung in Analytik und maschinellem Lernen bereitzustellen – unabhängig von Art, Größe oder Struktur der Organisation – und inklusive dokumentierter allgemeiner organisatorischer Ansätze. Die präzise Kennzeichnung dieser Trainingsdaten ist nur durch solche klar definierten Prozesse und Abläufe möglich, um sie dauerhaft auf hohem Qualitätsniveau zu halten.

Die Sicherstellung von Datenqualität im Kontext von Analytik und ML umfasst verschiedene Methoden und organisatorische Rahmenbedingungen. Folgende relevante Aspekte gehören dazu:

- **Datenbeschaffung und -integration:** Der Datenqualitätsprozess beginnt mit der Auswahl geeigneter Datenquellen sowie der Extraktion, Transformation und Integration der Daten in eine strukturierte Infrastruktur. Ziel ist die Sicherstellung von Konsistenz, Relevanz und technischer Verwertbarkeit.
- **Datenrelevanz und -reinheit:** Ein Rahmen für die Datenqualität legt fest, dass die verwendeten Daten für den spezifischen Anwendungsfall relevant und sauber sein müssen. Das bedeutet, dass sie die erforderlichen Informationen enthalten und frei von Fehlern, Ausreißern oder Inkonsistenzen sind.

- **Datenprofiling und -analyse:** Systematisches Datenprofiling identifiziert frühzeitig Qualitätsprobleme wie Ausreißer, Inkonsistenzen, Dubletten oder fehlende Werte. Statistische Auswertungen und Musteranalysen helfen, Risiken im Datensatz zu identifizieren.
- **Datenbereinigung und -standardisierung:** Zur Verbesserung der Datenqualität werden Verfahren angewendet, um Fehler zu korrigieren, Duplikate zu entfernen, fehlende Werte zu ergänzen und Daten an vordefinierte Formate sowie semantische Standards anzupassen. Ein Rahmen für die Datenqualität schreibt vor, dass die Daten vor ihrer Verwendung bereinigt und transformiert werden müssen.
- **Datenvalidierung und -verifizierung:** Die Validität und Plausibilität der Daten wird durch Prüfregeln, den Vergleich mit Referenzdaten sowie die Anwendung fachlicher und technischer Standards sichergestellt. So wird verhindert, dass fehlerhafte Daten in Trainingsprozesse einfließen. Ein Rahmen definiert Verfahren zur Validierung und Verifizierung der Daten, um sicherzustellen, dass sie den erwarteten Qualitätsstandards entsprechen. Dies kann die Überprüfung der Daten auf Konsistenz, Genauigkeit und Plausibilität sowie die Vergleichbarkeit mit externen Quellen umfassen.
- **Datenqualitätsmetriken und -überwachung:** Definierte Metriken und Schwellenwerte ermöglichen die kontinuierliche Quantifizierung, Überwachung der Datenqualität und die Identifizierung von Abweichungen oder Verbesserungspotenzialen über den gesamten Datenlebenszyklus hinweg.
- **Datenzugriffs- und -sicherheitskontrollen:** Datenschutz, Zugriffskontrollen und Informationssicherheit sind integrale Bestandteile des Datenqualitätsprozesses.
- **Kontinuierliche Verbesserung:** Datenqualitätsprozesse müssen fortlaufend und regelmäßig überprüft und weiterentwickelt werden – am besten gestützt auf Feedbackmechanismen, Erkenntnissen aus der Modellvalidierung und regulatorischen Entwicklungen.

Ein guter Datenqualitätsprozess bildet nicht nur die technische Grundlage für robuste Analytik und zuverlässige ML-Modelle – er schafft auch Vertrauen in datenbasierte Entscheidungen.

3.7 Datenqualitäts-Governance

Ein Governance-Rahmen für die Datenqualität in Analytik- und ML-Anwendungen legt die strukturellen und organisatorischen Voraussetzungen fest, um hochwertige, verlässliche und vertrauenswürdige Daten bereitzustellen. Im Vergleich zu klassischen Geschäftsdaten bringen Daten für Analytik und maschinelles Lernen spezifische Anforderungen mit sich – insbesondere dann, wenn Entscheidungen zunehmend automatisiert und ohne direkte menschliche Kontrolle getroffen werden. Damit qualitativ hochwertige Daten für Analysen und ML wirksam geschützt und genutzt werden können, muss das verantwortliche Leitungsgremium ein tiefgehendes Verständnis dafür entwickeln, wo Analytik und ML zum Einsatz kommen und wie sich einzelne Aspekte der Datenqualität auf diese Anwendungen auswirken. Traditionelle Data Governance greift hier oft zu kurz und muss um spezifische Leitlinien für Analytik und ML erweitert werden (siehe Tabelle 3.2).

Ebene	Inhalt/Maßnahme	Normbezug
Organisatorischer Rahmen	Rollen und Verantwortlichkeiten, Governance-Regeln und -Strukturen, Einhaltung von Normen und Compliance-Vorgaben, strategische Zielvorgaben zur Datenqualität	ISO/IEC 5259-3 (Data Quality Management Requirements), ISO/IEC 8000-61 (Process Reference Model)
Datenlebenszyklus	Datenbeschaffung und -integration, Datenbereinigung und -transformation, Annotation (bei ML), Speicherung, Nutzung, Archivierung	ISO/IEC 5259-1 (Overview, terminology and examples), ISO/IEC 8000-61
Datenqualitätsmanagement	Definition relevanter Qualitätsmetriken, Validierung und Verifizierung, Monitoring der Datenqualität, Dokumentation und Auditierbarkeit, Feedback- und Verbesserungsprozesse	ISO/IEC 5259-2 (Data Quality Metrics), ISO/IEC 25012 (Data Quality Model), ISO/IEC 8000-61
Technische Umsetzung	Werkzeuge für Datenqualitätsprüfung und -überwachung, Automatisierung von Prüfprozessen, Zugriffskontrollen und Datensicherheit, Integration in bestehende IT- und Analyse-infrastrukturen	ISO/IEC 5259-3, ISO/IEC 8000-61, ISO/IEC 25012 (System-dependent Quality)

Tab. 3.2 *Ebenen und Maßnahmen der Datenqualitäts-Governance*

Ein Datenqualitätsrahmen für KI und maschinelles Lernen schafft klare Orientierung und verbindliche Richtlinien, um die Vertrauenswürdigkeit, Aussagekraft und Eignung der verwendeten Daten für die jeweiligen Analyse- und ML-Ziele sicherzustellen. Er ermöglicht eine systematische Herangehensweise an das Datenqualitätsmanagement und unterstützt die Entwicklung zuverlässiger und leistungsfähiger KI- und ML-Modelle.

Ein wirksamer Datenqualitätsrahmen muss diese Wechselwirkungen systematisch adressieren und fest in der Data Governance verankern. Organisationen benötigen fundiertes Verständnis dafür, wie sich konkrete Aspekte der Datenqualität auf KI-gestützte Prozesse und Systeme auswirken und wie sie diese über den gesamten Datenlebenszyklus hinweg absichern können.

3.8 Sichere KI-Zukunft im Fahrzeug: integrierte Standards und technologieneutrale Regeln

Der zunehmende Einsatz von KI im Fahrzeugbereich in sicherheitskritischen Fahrzeugfunktionen wie automatisiertes Fahren, Nutzung von Fahrerassistenzsystemen, Umgebungswahrnehmung und Entscheidungsfindung stellt die funktionale Sicherheit im Automotive-Bereich vor neue konzeptionelle und technische Herausforderungen. Anders als klassische regelbasierte Systeme verhalten sich KI-gestützte Systeme nicht deterministisch. Sie lernen aus Daten, passen ihr Verhalten adaptiv an und können in seltenen Situationen schwer vorhersehbar oder erklärbar agieren. Diese Charakteristika stehen im Spannungsfeld zu etablierten Sicherheitsnormen wie der ISO 26262, die auf deterministische Systemverifikation, vollständige Spezifikationen und analytisch begründbare Fehlerdiagnose ausgerichtet sind.

Um diese Lücke zu schließen, werden aktuell neue internationale Standards entwickelt. Der ISO/IEC TR 5469 liefert einen strukturierten Ansatz zur funktionalen Sicherheit von KI-Systemen und adressiert KI-spezifische Risiken, Methoden zur Risikominderung sowie Unsicherheitsquantifizierung. Dieser Ansatz unterscheidet verschiedene Nutzungsebenen von KI im sicherheitskritischen Kontext – etwa, ob KI direkt in einer Sicherheitsfunktion eingesetzt wird oder nur unterstützend in der Entwicklung. Für den Automotive-Sektor entsteht zudem ein sektorspezifischer Report, der die Besonderheiten von Fahrzeuganwendungen berücksichtigt.

Auch die Cybersecurity gewinnt durch den Einsatz von KI an Bedeutung. Die ISO/SAE 21434 legt fest, wie Risiken durch Cyberangriffe systematisch identifiziert und behandelt werden müssen. KI-basierte Systeme vergrößern die Angriffsfläche, da sie komplexe Datenströme verarbeiten und neue Angriffspunkte bieten.

ISO 8800

Neue Industriestandards wie ISO/PAS 8800 und DIN SPEC 92005 [DIN SPEC 92005:2023] ergänzen diese Ansätze und schaffen die Grundlage für die verlässliche Nutzung autonomer Systeme weltweit.

Tipp

Die DIN SPEC 92005 ist ein im Januar 2024 veröffentlichter deutscher Standard, der sich mit der Quantifizierung von Unsicherheiten im maschinellen Lernen (ML) beschäftigt. Sie wurde unter Beteiligung von Forschungseinrichtungen wie dem Fraunhofer IESE im Rahmen des Projekts »Zertifizierte KI« entwickelt. Ziel der DIN SPEC 92005 ist es, Anforderungen, Begriffe, Richtlinien und Anwendungsbeispiele zur Unsicherheitsquantifizierung im maschinellen Lernen zu definieren und damit einen verantwortungsvollen, sicheren und robusten Einsatz von KI-Systemen, insbesondere in sicherheitskritischen Bereichen wie dem autonomen Fahren oder der Medizin, zu ermöglichen.

Um die sichere Integration von KI in Fahrzeugen zu ermöglichen, sind technologieneutrale Regeln und integrierte Standards erforderlich, die sowohl die besonderen Eigenschaften von KI-Systemen als auch die hohen Anforderungen an die funktionale Sicherheit adressieren.

Durch die Entwicklung technologieneutraler, integrierter Standards wird gewährleistet, dass autonome Fahrzeuge überall den gleichen hohen Sicherheitsanforderungen entsprechen.

3.8.1 Herausforderungen durch nicht deterministisches Verhalten

Klassische Sicherheitsmethoden basieren auf vollständiger Spezifikation des Sollverhaltens, Worst-Case-Analysen, kontrollierter Fehlerauslösung und Nachweisführung mittels strukturierter Testverfahren. In KI-basierten Systemen, etwa bei neuronalen Netzen zur Objekterkennung oder Entscheidungssteuerung im automatisierten Fahren, ist diese Form der Absicherung jedoch unzureichend:

- Das Verhalten hängt vom gelernten Modell ab, das aus komplexen, oft unvollständigen oder unausgewogenen Trainingsdaten entsteht.
- Verifikationsmethoden auf Codeebene greifen nicht, da sich das Wissen in der Gewichtsmatrix eines neuronalen Netzes verbirgt.
- Neue oder veränderte Verkehrssituationen nach Inbetriebnahme können zu unbekanntem Verhalten führen, ohne dass ein »klassischer« Systemfehler vorliegt.

Diese Eigenschaften machen es schwierig, das Sicherheitsziel vollständig deterministisch zu verifizieren oder wie bisher über statische Sicherheitsanalysen abzusichern.

3.8.2 ISO/PAS 8800 als Basisrahmen für KI-Sicherheit im Fahrzeug

ISO 8800

Die ISO/PAS 8800 »Road vehicles – Safety and Artificial Intelligence« bildet derzeit den wichtigsten Rahmen, um die sicherheitsrelevanten Herausforderungen beim Einsatz von KI im Fahrzeug systematisch zu adressieren. Sie fördert damit die Nachweisbarkeit, Transparenz und Beherrschbarkeit von KI-basierten Systemen im gesamten Fahrzeuglebenszyklus und unterstützt Entwickler und Organisationen dabei, KI-Module und -Funktionen so zu gestalten, dass sie mit den etablierten Sicherheitsprozessen im Automobilbereich kompatibel sind. Sie formuliert keine neuen eigenständigen Sicherheitsziele, sondern bietet einen strukturierten Ansatz, um KI-basierte Systeme innerhalb des bestehenden Normenumfelds (insbesondere ISO 26262) entwicklungsbegleitend und betriebssicher zu integrieren. Schwerpunkte der ISO/PAS 8800 sind unter anderem:

- **Risikobasierte Auswahl geeigneter KI-Technologien:** Nicht jede KI-Anwendung ist für sicherheitsrelevante Funktionen geeignet. Die Norm fordert eine frühe Bewertung, ob der geplante KI-Ansatz sicherheitsfähig ist.
- **Vertrauenswürdigkeit und Transparenz:** Mechanismen zur Nachvollziehbarkeit von Entscheidungen, erklärbare KI (»explainable AI«) und Rückverfolgbarkeit von Datenquellen und Trainingsprozessen.
- **Validierung lernbasierter Systeme:** Absicherung auf System- und Verhaltensebene statt auf Code- oder Modulbasis.
- **Berücksichtigung operationeller Änderungen (»operational design domain drift«):** Bewertung von Risiken durch Veränderungen der Umgebung nach Inbetriebnahme.
- **Lifecycle-Integration:** Ergänzung klassischer Entwicklungsschritte um KI-spezifische Aktivitäten wie Datenqualitätsmanagement, Modelldokumentation und laufende Performance-Überwachung.

Die ISO/PAS 8800 ist als »Publicly Available Specification« ein Zwischenschritt hin zu einem vollständigen ISO-Standard. Ihre praktische Relevanz im Automotive-Bereich ist aber schon heute hoch, insbesondere in frühen Projektphasen und Sicherheitskonzepten für KI-basierte Fahrzeugfunktionen.

3.9 Zwei Schutzeinrichtungen - ein Ziel: sichere Fahrzeugsysteme

Funktionale Sicherheit und Cybersecurity ergänzen sich, indem sie dieselben technischen Systeme aus entgegengesetzten Blickwinkeln betrachten, wie in Abbildung 3.1 ersichtlich.

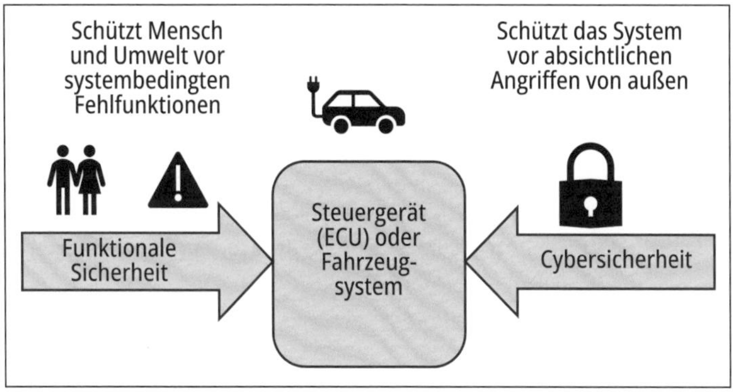

Abb. 3.1 *Schutzeinrichtungen von funktionaler Sicherheit und Cybersecurity*

Zwei Schutzrichtungen

Während die funktionale Sicherheit (Automotive-spezifische ISO 26262) sich mit systematischen und zufälligen Fehlern in der Hardware und mit den systematischen Fehlern in der Software befasst, die zu Fehlfunktionen von elektronischen Systemen führen können, beschäftigt sich die Cybersecurity (Automotive-spezifische ISO/SAE 21434) mit Problemen, die durch böswillige Manipulation außerhalb des Steuergerätes entstehen.

Bei der funktionalen Sicherheit geht es darum, den Fahrer vor den Auswirkungen durch Versagen des elektronischen Systems zu schützen (Schutzrichtung). Die funktionale Sicherheit und die in der ISO 26262 beschriebenen technischen und organisatorischen Maßnahmen sichern dabei die gewünschten Abläufe ab und gewährleisten, dass beim Auftreten von Fehlern die jeweilige implementierte Maßnahme greift. Die Cybersecurity hingegen zielt darauf ab, die elektronischen Systeme vor Cyberangriffen von »bösartigen« Angreifern abzusichern (Schutzrichtung). Mit Cybersecurity soll eine Beeinflussung oder gar ein Ausfall einer ECU durch absichtlich herbeigeführte Fehler eines Angreifers verhindert werden. Problematisch für die integrierte Absicherung der ECUs ist, dass sich die Schutzziele von funktionaler Sicherheit und Cybersecurity stark voneinander unterscheiden und dennoch wechselseitig wirken.

Funktionale Sicherheit [Eckert 2023]

Die funktionale Sicherheit will die Übereinstimmung der realisierten Ist-Funktionalität der Komponenten mit der Soll-Funktionalität (Funktionstreue, d.h. Sicherheit vor Fehlern) anstreben.

Cybersecurity – IT-Sicherheit [Eckert 2023]

Die IT-Sicherheit ist die Eigenschaft eines funktionssicheren Systems, nur solche Systemzustände anzunehmen, die zu keiner unautorisierten Informationsveränderung oder -gewinnung führen (Sicherheit vor Angriffen).

Zur Analyse der Wechselwirkung der Schwachstellen der Cybersecurity mit der funktionalen Sicherheit und umgekehrt eignet sich die kombinierte Anwendung von HARA und TARA.

In Abschnitt 4.4, »Threat Analysis and Risk Assessment (TARA)«, wird aufgeführt, welche Angriffstypen welche Schutzziele der Cybersecurity gefährden können.

Zahlreiche Sicherheitsvorfälle zeigen, dass es sich kein Fahrzeughersteller leisten kann, Cybersecurity zugunsten von funktionaler Sicherheit zu vernachlässigen, da immer mehr Angreifer nach Einfallstoren (back door) bei Fahrzeugen suchen. Nur durch die systematische Analyse von Bedrohungen sowie die Identifizierung der potenziellen Schwachstellen und deren Auswirkungen lässt sich ein wirksames Schutzkonzept entwickeln.

3.9.1 Das Konzept der Verlässlichkeit

Die Schutz- und Qualitätsziele der funktionalen Sicherheit und der Cybersecurity sind eng miteinander verknüpft und stehen in Wechselwirkung mit nicht funktionalen Anforderungen. Die übergeordnete gedankliche Klammer bildet dabei das Konzept der Verlässlichkeit (Dependability), das auf Jean-Claude Laprie zurückgeht und in der Taxonomie von Avizienis et al. (2004) weiterentwickelt wurde. Dieser Begriff umfasst verschiedene Dimensionen technischer Vertrauenswürdigkeit, darunter insbesondere diefunktionale Sicherheit und – im Kontext vernetzter Fahrzeugsysteme – auch die Cybersecurity.

In Tabelle 3.3 werden die Vertrauenswürdigkeitsziele nach Laprie mit den Schutzzielen der Cybersecurity gegenübergestellt. Sie überschneiden sich in den Aspekten Vertraulichkeit, Verfügbarkeit und Integrität, allerdings unter verschiedenem Fokus und unterschiedlichen Motivationen.

Aspekt	Vertrauenswürdigkeitsziele nach Laprie	Schutzziele der Cybersecurity
Fokus	Systemzuverlässigkeit	Schutz gegen gezielte Angriffe und Missbrauch
Motivation	Fehlertoleranz	Angriffsresistenz
Vertraulichkeit	Informationen sind nur für autorisierte Parteien zugänglich (vertrauenswürdiges Verhalten in vernetzten oder informationsverarbeitenden Systemen)	Schutz vor unbefugtem Zugriff auf Informationen – Zugriff nur für Berechtigte
Verfügbarkeit	Das System ist betriebsbereit und in der Lage, seine Dienste in einem definierten Zeitraum zu liefern (bei Bedarf nutzbar)	Schutz vor Ausfällen durch Angriffe oder Störungen
Integrität	Informationen und Funktionen werden nicht unbemerkt oder unberechtigt verändert (Schutz von Daten als auch Prozessen)	Schutz vor unautorisierten Änderungen/Manipulation an Daten oder Systemen durch Dritte
Authentizität	Vermeidung oder Kontrolle von gefährlichen Zuständen durch Fehlfunktionen	Nachweis der Echtzeit von Kommunikationspartnern/Systemen oder Informationen
Verbindlichkeit	Nein – hier kein Ziel	Sicherstellung, dass Handlungen oder Transaktionen später nicht abgestritten werden können
Zugriffskontrolle	Indirekt – über organisatorische Maßnahmen, nicht explizit benannt	Nur autorisierte Benutzer erhalten Zugriff auf Ressourcen, Steuerung und Begrenzung von Zugriffsrechten
Zuverlässigkeit	Ein System erfüllt seine spezifizierte Funktion ohne Unterbrechung oder Fehlverhalten (über einen definierten Zeitraum hinweg fehlerfrei)	Kein zentrales Schutzziel in IT-Sicherheit, eher ein Folgeziel

Tab. 3.3 *Gegenüberstellung Laprie versus Cybersecurity-Schutzziele*

Es gilt – nicht jede technische Lösung muss zwangsläufig alle Schutzziele vollständig erfüllen. Insbesondere gilt dies für die Schutzziele der Cybersecurity und korrespondierender kryptografischer Verfahren. Hier können selektive oder abgestufte Maßnahmen angemessen sein.

Funktionstreue

Im Mittelpunkt der funktionalen Sicherheit steht die Funktionstreue. Das System muss sich stets robust und spezifikationskonform verhalten. Fehlervermeidung setzt auf Zuverlässigkeitsanalysen, um die Restfehlerwahrscheinlichkeit des Systems konstruktiv zu reduzieren. Zentrale Techniken der Fehlererkennung und -beherrschung sind Monitoring (Überwachung) und Diversität, woraus sich Fail-Safe- und Fault-Tolerant-Architekturen ableiten lassen. Während in der funktionalen Sicherheit gute Fehlervorhersagemodelle mit Verfahren der Ausfallanalyse (FTA, Markov, FMEDA etc.) etabliert sind, gelingt diese statistische Erfassung in der Cybersecurity nicht, weil die Schwachstellen der Cybersecurity beispielsweise keiner Alterungsstatistik folgen. Dennoch helfen Angriffsbäume und weitere Abschätzungen.

Integrität

Beide Sicherheitsdisziplinen setzen gezielt Maßnahmen ein, um die Integrität von Daten sicherzustellen. Da die Ursachen der Datenverfälschung unterschiedlich sind, werden auch unterschiedliche technische Maßnahmen angewendet. Während die funktionale Sicherheit sich der fehlerkorrigierenden Codes bedient, nutzt die Cybersecurity Hashverfahren.

Authentizität

Wichtige Schutzziele der Cybersecurity sind die Authentizität (eindeutiger Urheber einer Nachricht), die Vertraulichkeit (nur Berechtigte können Nachricht lesen) und die Verbindlichkeit (Nichtabstreitbarkeit). Diese Schutzziele lassen sich mit symmetrischer oder asymmetrischer Kryptografie sowie mit Hashfunktionen erreichen.

Verfügbarkeit

Die Verfügbarkeit eines Systems beschreibt dessen Fähigkeit, in definierten Zeiträumen betriebsbereit zu sein. Bei der funktionalen Sicherheit werden die Ausfall- und Wartungszeiten analysiert, die durch Redundanz, Diagnosemechanismen oder Fail-Safe-Strategien minimiert werden sollen. In der Cybersecurity hingegen geht es darum, die Verfügbarkeit gezielt gegen böswillige Angriffe abzusichern – etwa gegen Denial-of-Service-Attacken, die das System durch Überlastung funktionsunfähig machen können.

Anonymisierung

Ein Sonderfall im Kontext der Cybersecurity ist das Thema Anonymisierung. Es zählt streng genommen nicht zu den klassischen Schutzzielen der IT-Sicherheit, sondern betrifft primär den Datenschutz. Hier greifen gesetzliche Regelungen wie das Bundesdatenschutzgesetz (BDSG) oder die Datenschutz-Grundverordnung (DSGVO), die der betroffenen Person das Recht einräumen, über die Weitergabe und Nutzung ihrer personenbezogenen Daten zu entscheiden.

Wartung

In vielen Darstellungen phasengetriebener Entwicklungsprozesse wird die Wartung nach Serienstart häufig nicht ausreichend berücksichtigt – dabei ist sie entscheidend, um die Wirksamkeit funktionaler Sicherheit und Cybersecurity im laufenden Betrieb aufrechtzuerhalten. Wartung ist mehr als Instandhaltung, sie schafft die Basis für gezielte Systemverbesserungen. Neue Erkenntnisse aus überwachten Fehlerfällen ermöglichen Korrekturen systematischer und zufälliger Fehler – beispielsweise mit Safety Updates. Gleichzeitig erfordert die fortschreitende Bedrohungslage im Feld die kontinuierliche Härtung sicherheitsrelevanter Systeme – durch das Schließen neu identifizierter Schwachstellen via Security Updates.

3.9.2 Risikoreduktion durch das Konzept der ASIL- und CAL-Level

Die Normenreihen ISO 26262 und ISO/SAE 21434 definieren jeweils eigene Schutzziele, Prozesse und Bewertungskriterien. Standards der funktionalen Sicherheit bzw. Cybersecurity müssen über den gesamten Produkt- oder Prozesslebenszyklus hinweg – von der Spezifizierung über das Design bis hin zu Betrieb und Wartung – berücksichtigt werden. Dazu ist eine effiziente HARA und TARA bzw. eine Spezifizierung der geeigneten ASIL und CAL erforderlich. Für beide Disziplinen sind organisatorische und technische Maßnahmen notwendig.

In der funktionalen Sicherheit steht mit dem ASIL die Beherrschung systematischer und zufälliger technischer Fehler im Vordergrund. Die Einstufung nach ASIL wird benötigt, um Anforderungen zur erforderlichen Risikominimierung für jede Sicherheitsfunktion zu definieren.

Die ISO 26262 beschreibt den initialen ASIL, der aus der HARA ermittelt wird, und den ASIL, der ggf. als Ergebnis einer vorhergehenden Dekomposition abgeleitet ist, wobei der initiale, also anfängliche ASIL der Ausgangspunkt für die Dekomposition ist.

Der ASIL eines Sicherheitsziels eines zu entwickelnden Items begleitet als Attribut fortlaufend den gesamten Entwicklungsprozess dieses Items und vererbt sich für jede abgeleitete Sicherheitsanforderung.

In der Cybersecurity wird mit dem Cybersecurity Assurance Level (CAL) das Maß an Absicherung gegen potenzielle Angriffe auf Fahrzeugfunktionen bewertet. Der CAL basiert auf einem Konzept, das in der ISO/SAE 21434 definiert wurde. Mit dem CAL lassen sich verschiedene Sicherheitsstufen klassifizieren. Die jeweilige Sicherheitsstufe legt fest, in welchem Umfang einzelne Systeme, Subsysteme oder Komponenten vor Angriffen zu schützen sind. Der CAL legt damit das Ausmaß an Strenge fest, das in den Produktentwicklungsaktivitäten erforderlich ist, um Bedrohungsszenarien zu bewältigen, die eine Verringerung des Risikos erfordern. Somit beschreibt der CAL die Sicherheitsziele, anhand derer geeignete Maßnahmen abzuleiten sind. Dabei wird noch nicht auf die technische Umsetzung eingegangen.

3.9.3 Ermittlung des CAL

Die qualitative Bewertung der Cyberrisiken bildet die Basis für die Ableitung des CAL. Anders als in der funktionalen Sicherheit steht er nicht in direkter Relation zu dem quantifizierten Risikowert. Dies liegt daran, dass der Risikowert dynamisch ist und sich im Laufe der Zeit in Abhängigkeit von der sich entwickelnden Spezifikation, dem Entwurf, der Implementierung und der Betriebsumgebung des Systems oder der Komponente ändert, doch der CAL bleibt konstant. Er definiert das angestrebte Sicherheitsniveau einer Komponente oder eines Systems, das über den gesamten Produktlebenszyklus einzuhalten ist. Aus diesem Grund kann ein CAL zu Beginn der Entwicklung in der Konzeptphase anhand von Parametern bestimmt werden, von denen erwartet wird, dass diese bis zum Ende stabil bleiben. Die Beziehung zwischen dem statisch definierten CAL und dem dynamisch bewerteten Risiko ist in nachfolgender Abbildung 3.2 dargestellt.

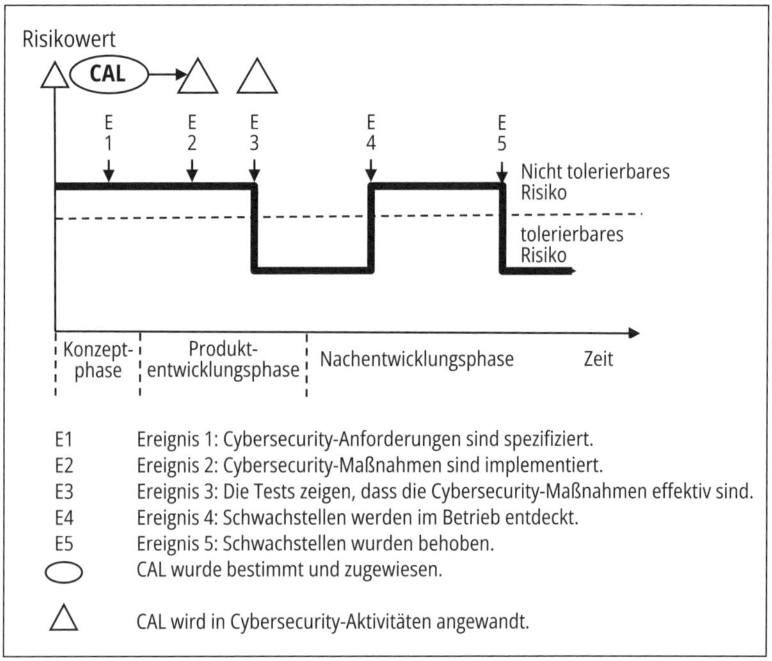

Abb. 3.2 *Anwendung und Bestimmung des Cybersecurity Assurance Level (eigene Darstellung)*

3.9.4 Beziehung zwischen CAL und Risiko

Ein ermittelter CAL kann unter Berücksichtigung der identifizierten Bedrohungsszenarien bestimmt werden. Die nachfolgende Tabelle 3.4 enthält ein Beispiel mit vier CALs, die jeweils einer ansteigenden Sicherheitsebene auf der Grundlage der verwendeten Cybersecurity-Engineering-Methoden entsprechen und gemäß der maximalen Auswirkung des Angriffsvektors den relevanten Bedrohungs-szenarien zugewiesen wurden.

Sicherheitsebene	Angriffsvektor			
	Physisch	**Lokal**	**Angrenzend**	**Netzwerk**
Schwerwiegend	CAL2	CAL3	CAL4	CAL4
Großer Einfluss	CAL1	CAL2	CAL3	CAL4
Moderat	CAL1	CAL1	CAL2	CAL3
Vernachlässigbar	–	–	–	–

Tab. 3.4 *Angriffsvektoren und CAL*

Die gemeinsame Nutzung einer dokumentierten Begründung für die Festlegung des CAL durch OEM und Zulieferer verbessert das gegenseitige Verständnis. Das oben aufgeführte CAL-Klassifizierungsschema und die festgelegten CALs können auch Inhalt der Vereinbarung über die Cybersecurity-Schnittstelle zwischen OEM und Zulieferer sein und im DIA festgeschrieben werden (siehe Abbildung 3.3).

ISO 24089

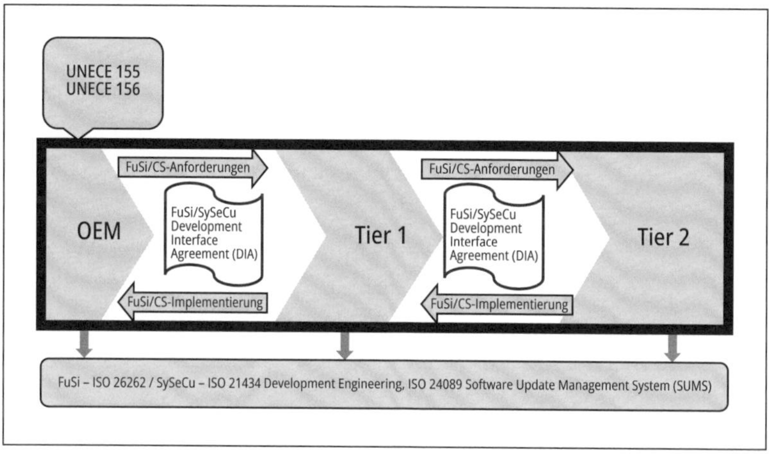

Abb. 3.3 *Use Cases für Kunden-/Lieferantenbeziehung in der Lieferkette*

Ein einziger CAL kann allen Cybersecurity-Zielen des ADAS zugewiesen werden oder es können jedem Cybersecurity-Ziel verschiedene CALs zugewiesen werden. Wenn Cybersecurity-Ziele kombiniert werden, wird der höchste Cybersecurity Assurance Level der einzelnen CALs dem kombinierten Cybersecurity-Ziel zugeordnet.

3.9.5 Anwendung der CAL

Um den Schärfegrad der Cybersecurity-Aktivitäten zu bestimmen, kann ein CAL-Klassifizierungsschema angewandt werden. Im CAL-Klassifizierungsschema kann dann der Aufwand, der notwendig ist, um die erforderliche Sicherheit zu gewährleisten, definiert werden. Des Weiteren können im Schema die Methoden für die Entwicklung und Evaluierung, die Methoden zur Ermittlung von Schwachstellen und zur Analyse von Verwundbarkeiten sowie die Ansätze für die Bewertung der Cybersecurity festgelegt werden.

Die nachfolgende Tabelle 3.5 enthält ein Beispiel für verschiedene CALs und Anleitungen für ihre Verwendung während der Konzept- und der Produktentwicklungsphase. Für jeden höheren CAL stellen entsprechende Methoden eine sinnvolle Erhöhung der Sicherheit des Systems oder der Komponente durch den Entwurf, die Verifikation und die Cybersecurity-Bewertung dar.

CAL	Beschreibung	Methoden, die Vertrauen schaffen, dass Cybersecurity-Aktivitäten mit angemessener Strenge durchgeführt werden	Methoden zur Gewährleistung der Sicherheit, dass nicht verwaltete Schwachstellen nicht bestehen bleiben	Regelung zur Unabhängigkeit, um sicherzustellen, dass die durchgeführten Cybersecurity-Aktivitäten angemessen sind
CAL1	Geringe bis moderate Cybersecurity ist erforderlich	Anforderungsbasiertes Testen	Aktivitäten wie Analysen und/oder Tests zur Suche nach Schwachstellen auf der Grundlage bekannter Informationen	Nicht erforderlich
CAL2	Moderate Cybersecurity-Garantie ist erforderlich			Cybersecurity-Bewertungen werden von einer unabhängigen Person des Teams durchgeführt

→

CAL	Beschreibung	Methoden, die Vertrauen schaffen, dass Cybersecurity-Aktivitäten mit angemessener Strenge durchgeführt werden	Methoden zur Gewährleistung der Sicherheit, dass nicht verwaltete Schwachstellen nicht bestehen bleiben	Regelung zur Unabhängigkeit, um sicherzustellen, dass die durchgeführten Cybersecurity-Aktivitäten angemessen sind
CAL3	Moderate bis hohe Cybersecurity ist erforderlich	Alle Interaktionen zwischen den Komponenten werden getestet	Aktivitäten wie Analysen und/oder Tests zur Suche nach Schwachstellen durch explorative Methoden	Cybersecurity-Bewertungen werden von einer Person aus einem anderen Team durchgeführt
CAL4	Sehr hohe Cybersecurity-Garantie ist erforderlich	Alle Kombinationen von Interaktionen zwischen den Komponenten werden getestet		Cybersecurity-Bewertungen werden von einer Person durchgeführt, die in Bezug auf Management, Ressourcen und Freigabebefugnis unabhängig ist

Tab. 3.5 *Beschreibung der CAL-Stufen*

Die Entwicklung sicherer, vernetzter Fahrzeugsysteme erfordert mehr als die bloße Anwendung einzelner Sicherheitsmethoden – sie verlangt ein vernetztes Denken über Disziplingrenzen hinweg. Nur durch das gezielte Zusammenspiel von HARA und TARA, durch das Verständnis der Wechselwirkungen zwischen ASIL und CAL sowie durch eine konsistente Berücksichtigung funktionaler wie auch cyberphysikalischer Risiken lässt sich das Sicherheitsniveau erreichen, das automatisiertes und autonomes Fahren erfordert. Hinzu kommen ergänzende Standards, die wir im weiteren Verlauf dieses Kapitels ebenfalls erläutern.

3.10 Die Rolle ergänzender Standards: ISO/SAE 21434, VDE-AR-E 2842-61, UL 4600 und ISO/IEC TR 5469

Cybersecurity und funktionale Sicherheit sind in KI-basierten Funktionen eng miteinander verflochten. Die ISO/SAE 21434 liefert den Sicherheitsrahmen für Bedrohungen aus dem Cyberraum und ist somit eine essenzielle Ergänzung zur ISO 26262 und ISO/PAS 8800. Sie behandelt unter anderem:

- Schutz vor Manipulation von Trainings- oder Sensordaten
- Integrität von Modellen im Betrieb
- Bedrohungen durch adversarielle Angriffe auf KI-Systeme

Die VDE-AR-E 2842-61 (»Entwicklung und Vertrauenswürdigkeit von autonom/kognitiven Systemen« [VDE-AR-E 2842-61:2021]) geht darüber hinaus und beschreibt strukturelle Anforderungen für den gesamten Sicherheitsnachweis von autonomen, lernenden Systemen. Zentrale Elemente sind:

- Die Anwendung von Assurance Cases, also nachvollziehbaren, strukturierten Sicherheitsargumentationen
- Integrierte Berücksichtigung von Technik, Organisation, Datenmanagement und Betriebsumgebung
- Objektivierbare Nachweisführung auch bei unsicheren oder probabilistischen Methoden

Einen ähnlichen Ansatz verfolgt der Standard UL 4600 [UL 4600:2023], der ebenfalls auf Assurance Cases setzt und konkrete Prüfmethoden für autonome Systeme beschreibt – insbesondere in Bezug auf sensorielle Ausfälle, redundante Architekturen und Systemrobustheit.

Eine wichtige Ergänzung ist die neue ISO/IEC TR 5469:2024 »Artificial Intelligence – Functional Safety and AI-Systems – Concepts and considerations« [ISO/IEC TR 5469:2024]. Dieser Technical Report beschreibt methodische Grundlagen für die Bewertung der funktionalen Sicherheit von KI-Systemen, darunter:

- Begriffe wie stochastische Fehlbarkeit und operationale Unsicherheit
- Konzepte wie Black Box Safety, Robustheitsmetriken und Domaindrift
- Abgrenzung zwischen Sicherheit durch Design, Sicherheit durch Absicherung und Sicherheit durch Monitoring

Für Automotive-Unternehmen bietet ISO/IEC TR 5469 eine zentrale konzeptionelle Brücke zwischen den Anforderungen klassischer Normen (z. B. ISO 26262) und den realen Eigenschaften moderner KI-basierter Steuergeräte.

Momentan ist die Umsetzung der ISO/IEC TR 5469 noch mit erheblichen Herausforderungen verbunden: Technische Unsicherheiten, fehlende Nachweisbarkeit, Bias in den Daten, schwierige Integration in bestehende Normen und ein Mangel an etablierten Methoden und Ressourcen erschweren die praktische Anwendung. Ein kontinuierlicher Austausch zwischen Normung, Forschung und Industrie ist notwendig, um diese Lücken zu schließen und die Sicherheit von KI-Systemen im sicherheitskritischen Umfeld nachhaltig zu gewährleisten.

3.10.1 Der Bedarf nach einem integrierten Normenrahmen

Das derzeitige Normenumfeld im Automotive-Sektor ist fragmentiert: Einzelne Normen wie ISO 26262, ISO/SAE 21434, ISO/PAS 8800 oder ISO/IEC TR 5469 adressieren jeweils nur Teilaspekte der Gesamtproblematik. Für OEMs, Zulieferer und Prüforganisationen ergibt sich daraus ein Flickenteppich mit offenen Schnittstellen, Überschneidungen und Interpretationsspielräumen. Langfristig bedarf es daher eines integrierten Normenrahmens, der

- aufeinander abgestimmte Terminologie, Prozesse und Metriken beinhaltet,
- den gesamten Lebenszyklus KI-gestützter sicherheitsrelevanter Fahrzeugfunktionen abbildet,
- klare Anforderungen an Validierung, Wartung und Nachweisführung definiert
- und den Umgang mit nicht deterministischem Verhalten und Datenabhängigkeit verbindlich regelt.

Ein solcher Rahmen könnte in Zukunft durch eine Weiterentwicklung der ISO/PAS 8800 hin zu einem vollwertigen internationalen Standard oder mit der Integration in die Edition 3 der ISO 26262 als eigener Teil entstehen, ergänzt durch begleitende technische Regelwerke wie ISO/IEC TR 5469 oder branchenspezifische Richtlinien von VDA, SAE oder UNECE.

Technologieneutrale Regulierung als Grundprinzip

Ein zentrales Prinzip auf dem Weg zur sicheren KI-Nutzung im Fahrzeug ist die technologieneutrale Regulierung. Aus regulatorischer Sicht im Kontext des EU AI Act sollte nicht vorgeschrieben werden, welche Technologie einzusetzen ist, sondern nur, welches Sicherheitsniveau erreicht werden muss.

Diese Trennung entspricht dem New Legislative Framework (NLF) der EU: Die Regulierung definiert die Schutzziele, während die technische Umsetzung den Normen überlassen bleibt. Dies verhindert, dass suboptimale oder veraltete Technologien bevorzugt werden, nur weil sie regulatorisch leichter umzusetzen sind.

Der EU AI Act – Artificial Intelligence Act

Der EU AI Act ist die erste umfassende gesetzliche Regelung weltweit, die sich speziell mit künstlicher Intelligenz (KI) befasst. Er wurde im Mai 2024 vom Europäischen Parlament verabschiedet und soll 2026 vollständig in Kraft treten. Ziel ist es, Vertrauen, Sicherheit und Innovation im

Umgang mit KI-Systemen zu fördern, ohne die technologische Entwicklung unnötig zu behindern.

Nachfolgend sind die zentralen Inhalte des EU AI Act in kompakter und strukturierter Form, speziell mit Blick auf sicherheitskritische Automotive-Anwendungen, aufgeführt:

Risikobasierter Ansatz

Der AI Act unterteilt KI-Systeme in vier Risikokategorien:

1. **Hochrisiko-KI (High-Risk AI)**
   - Automotive-KI-Systeme fallen typischerweise in diese Kategorie (z.B. automatisiertes Fahren, sicherheitsrelevante Assistenzsysteme).
   - Hochrisiko-KI muss strengen Anforderungen hinsichtlich Sicherheit, Robustheit, Transparenz und Datenqualität genügen.
   - Vor dem Inverkehrbringen ist eine Konformitätsbewertung erforderlich (oft auf Basis harmonisierter Normen wie ISO 26262, ISO/PAS 8800 usw.).
2. **Eingeschränktes Risiko (Limited Risk)**
   - Systeme mit transparenzbezogenen Anforderungen, z.B. Chatbots oder KI in Kundeninteraktionen
   - Es muss offengelegt werden, dass ein KI-System verwendet wird (»AI Disclosure«).
3. **Geringes oder kein Risiko (Minimal Risk)**
   - KI-gestützte Spamfilter, Videospiele, Produktvorschläge
   - Keine regulatorischen Anforderungen – die Nutzung bleibt frei.
4. **Verbotene KI (Unacceptable Risk)**
   - Systeme, die z.B. manipulative Techniken zur Verhaltenssteuerung einsetzen oder soziale Bewertung (Social Scoring) betreiben.
   - Solche Anwendungen sind explizit verboten.

Pflichten für Hochrisiko-KI-Hersteller

Für Hochrisiko-KI-Systeme (wie viele Automotive-Anwendungen) gelten u.a. folgende Pflichten:

- Risikomanagementsystem über den gesamten Lebenszyklus
- Hohe Datenqualität in Training, Test und Validierung
- Technische Dokumentation (u.a. Systembeschreibung, Zweck, Algorithmen, Performance)
- Protokollierungsanforderungen (Logging von Entscheidungen und Systemverhalten)

- Transparenz- und Erklärbarkeitspflichten
- Human Oversight (nachvollziehbare menschliche Kontrollmechanismen)
- Robustheit, Genauigkeit, Cybersecurity
- Konformitätsbewertung vor Inverkehrbringen (mit möglichen Rollen für benannte Stellen)

Harmonisierung mit bestehenden Rechtsrahmen

Der AI Act ergänzt bestehende Gesetzgebungen wie:

- Produktsicherheitsrichtlinien (z. B. Maschinenverordnung)
- Datenschutz (DSGVO)
- Cybersecurity (NIS2)

Er ist kompatibel mit dem New Legislative Framework (NLF): Die Regulierung gibt Schutzziele vor, technische Normen (z. B. ISO, IEC, CEN, CENELEC) konkretisieren die Umsetzung.

KI-Datenbanken & Marktüberwachung

- Es wird eine öffentliche EU-Datenbank für Hochrisiko-KI-Systeme eingerichtet.
- Nationale Behörden und die EU-Kommission können Marktüberwachung durchführen.
- Bei Verstößen drohen Strafen von bis zu 35 Millionen Euro oder 7 % des weltweiten Jahresumsatzes (je nachdem, was höher ist).

Förderung von Innovation

- Regulatorische Sandboxes sollen es Unternehmen ermöglichen, KI-Systeme unter Aufsicht zu entwickeln und zu testen, ohne sofort alle Anforderungen zu erfüllen.
- Besonders wichtig für Start-ups, KMU und Forschungseinrichtungen.

Relevanz für Automotive

Für die Fahrzeugindustrie bedeutet der AI Act:

- KI-basierte Funktionen mit Einfluss auf Sicherheit, Verhalten oder Entscheidungen von Fahrzeugen gelten als Hochrisiko.
- KI-Komponenten im Steuergerät oder Fahrerassistenzsystem unterliegen der Konformitätsbewertung.
- Vertrauen und Nachweisführung (Erklärbarkeit, Datenmanagement, (physische) Sicherheit) werden zu zentralen Anforderungen in der Produktentwicklung.

- Harmonisierung mit Normen wie ISO 26262, ISO/PAS 8800, ISO/SAE 21434 und ISO/IEC TR 5469 wird entscheidend sein, um die Konformität nachzuweisen.

Der EU AI Act ist kein Technologieverbot, sondern schafft einen Rahmen für eine verantwortungsbewusste Entwicklung und den sicheren Einsatz von KI. Besonders im Automotive-Sektor sorgt er für Rechtssicherheit, verlangt aber auch eine frühe und strukturierte Einbindung von Sicherheits- und Compliance-Themen im gesamten Entwicklungsprozess.

Der Weg zu sicherer KI im Fahrzeug führt nicht über punktuelle Normen oder Einzelmaßnahmen, sondern über ein ganzheitliches, konsistentes Sicherheitskonzept, das technische, normative und regulatorische Aspekte integriert. Die ISO/PAS 8800, ergänzt durch TR 5469, ISO/SAE 21434, VDE-AR-E 2842-61 und UL 4600, bilden heute bereits die Bausteine für ein solches System.

Die Herausforderung der kommenden Jahre besteht darin, diese Bausteine zu einem kohärenten, normübergreifenden Gesamtsystem für sichere Fahrzeug-KI zusammenzuführen – technologieneutral, nachvollziehbar und praxistauglich.

3.10.2 Projektstory ADAS NextGen: Einsatz von KI

Die neue Fahrzeuggeneration der Drivesmart AG soll nicht nur durch ihre elektrische Antriebstechnologie überzeugen, sondern auch durch ein hochmodernes, intelligentes Fahrerassistenzsystem (ADAS), das mithilfe künstlicher Intelligenz (KI) kritische Verkehrssituationen zuverlässig erkennt und frühzeitig darauf reagiert.

Um das ehrgeizige Ziel der Vermeidung von Unfällen durch automatische Lenk- und Bremsmanöver zu erreichen, setzt das Projektteam erstmals auf KI-gestützte Umgebungswahrnehmung sowie auf datenbasierte Entscheidungsalgorithmen. Die eingesetzten neuronalen Netzwerke sollen dabei insbesondere Aufgaben wie die Objekterkennung, die Spurerkennung und die Situationsinterpretation übernehmen, also genau jene Funktionen, die klassisch schwer regelbasiert modellierbar sind.

KI im SoC ist eine neue Herausforderung für Safety und Security

Der von Custom Chip Limited entwickelte ADAS-SoC enthält mehrere spezialisierte Recheneinheiten, darunter eine dedizierte KI-Accelerator-Einheit, die für das Echtzeit-Inferencing trainierter neuronaler Netzwerke optimiert wurde. Die Trainingsdaten stammen aus umfangreichen Fahrversuchen, Simulationen und synthetischen Datenquellen, die durch das Projektteam kontinuierlich weiterentwickelt werden.

Ein besonderer Fokus liegt auf der Berücksichtigung der funktionalen Sicherheit (ISO 26262) und der Cybersecurity (ISO/SAE 21434) im Zusammenspiel mit der KI. Da KI-Systeme kein deterministisches Verhalten im klassischen Sinn zeigen, ist die Anwendung traditioneller Sicherheitsmethoden nicht ohne Weiteres möglich. Aus diesem Grund wurde frühzeitig beschlossen, den Entwicklungsprozess durch die Prinzipien der ISO/PAS 8800 und ISO/IEC TR 5469 zu ergänzen, die konkrete Anforderungen an KI-Systeme im sicherheitskritischen Kontext stellen.

Neue Rollen und Prozesse für KI

Um den sicheren Einsatz von KI zu ermöglichen, wurden zusätzliche Rollen im Projekt etabliert, darunter die KI-Sicherheitsingenieurin Trudi Issue und die Leiterin Data Governance Vera Trace. Diese sind verantwortlich für die Qualität der Trainingsdaten, die Erarbeitung nachvollziehbarer Anforderungen an das KI-System sowie die Validierung und Überwachung des Verhaltens der KI in verschiedenen Einsatzszenarien.

Ein iterativer Entwicklungsprozess wurde etabliert, um die kontinuierliche Verbesserung des KI-Verhaltens in Rückkopplung mit realen Feld- und Testdaten zu ermöglichen. Dabei werden auch Mechanismen wie Konfidenzschätzung, Fallback-Konzepte und Saliency Maps zur Entscheidungsnachvollziehbarkeit integriert. Ergänzt wird dies durch einen strukturierten Prozess zur Modellmodifikation und -freigabe, bei dem jede Änderung erneut auf ihre Auswirkungen auf die funktionale Sicherheit hin geprüft wird.

Verantwortung trotz Blackbox

Auch wenn neuronale Netzwerke in Teilen als »Blackbox« erscheinen, hat sich das Projektteam dazu verpflichtet, ein überzeugendes Sicherheitsargument zu entwickeln, das auf eine nachvollziehbare Beschreibung der KI-Eigenschaften, ihrer Grenzen und ihrer Absicherungsmaßnahmen abzielt. So soll sichergestellt werden, dass das Verhalten des Systems auch im Fehlerfall sicher bleibt oder kontrolliert ausfällt. Dies umfasst unter anderem:

- *Die Definition sicherheitsrelevanter KI-Properties*
- *Die Beschreibung der Operational Design Domain (ODD) für das KI-Verhalten*
- *Die Anwendung von OOD-Detektion (Out-of-Distribution Detection)*
- *Kontinuierliches Performance-Monitoring im Feld mit Update-Strategie*

Beispiel: Spurerkennung mit KI im ADAS NextGen:

Im Projekt ADAS NextGen wurde die Spurhaltefunktion vollständig durch ein KI-basiertes Modul ersetzt, das Bilddaten einer Frontkamera auswertet. Das neuronale Netzwerk wurde mit über 3 Millionen annotierten Bildern trainiert, darunter reale Fahrdaten, synthetische Szenarien mit Regen, Schnee und Gegenlicht sowie Edge Cases aus Tests im Testfeld Niedersachsen. Die Sicherheitsanforderungen sehen eine minimale Spurdetektionsrate von 99,5 % bei Tageslicht und 97 % bei schlechten Sichtverhältnissen vor. Um die-

se Anforderungen zu validieren, wurde das Modell in einer abgesicherten Testumgebung adversarial evaluiert, zudem wurde eine Fallback-Strategie integriert, die bei Unsicherheit automatisch auf eine dynamische Fahrbahnrandverfolgung umschaltet.

Der Einsatz von KI im Projekt ADAS NextGen stellt das Projektteam vor völlig neue Herausforderungen technischer, methodischer und prozessualer Natur. Gleichzeitig bietet er die Chance, neue Maßstäbe in Sachen Sicherheit, Fahrkomfort und Automatisierung zu setzen.

3.11 Lebenszyklusphasen im Überblick

Dieses Unterkapitel begleitet ausgewählte Abschnitte des Lebenszyklus und zeigt, wie die Einhaltung von Sicherheitsstandards auch in KI-getriebenen Systemen realisierbar ist.

Die Einführung von künstlicher Intelligenz im sicherheitsrelevanten ADAS stellt traditionelle Entwicklungsansätze vor grundlegende Herausforderungen. Anders als bei klassisch deterministischen Softwarekomponenten sind bei KI-basierten Funktionen nicht nur Architektur und Code maßgeblich, sondern insbesondere auch die Daten, das Trainingsverfahren und das Verhalten zur Laufzeit. Die ISO/PAS 8800 trägt diesem Paradigmenwechsel Rechnung, indem sie einen strukturierten und nachvollziehbaren Sicherheitslebenszyklus für KI-Systeme definiert. Dieses strukturierte Lebenszyklusmodell für sicherheitskritische KI-Systeme (siehe Abbildung 3.4) adressiert gezielt die Herausforderungen nicht deterministischer Entscheidungsprozesse und stellt sicher, dass Nachvollziehbarkeit, Robustheit und Vertrauenswürdigkeit über den gesamten Entwicklungs- und Betriebszeitraum gewährleistet sind.

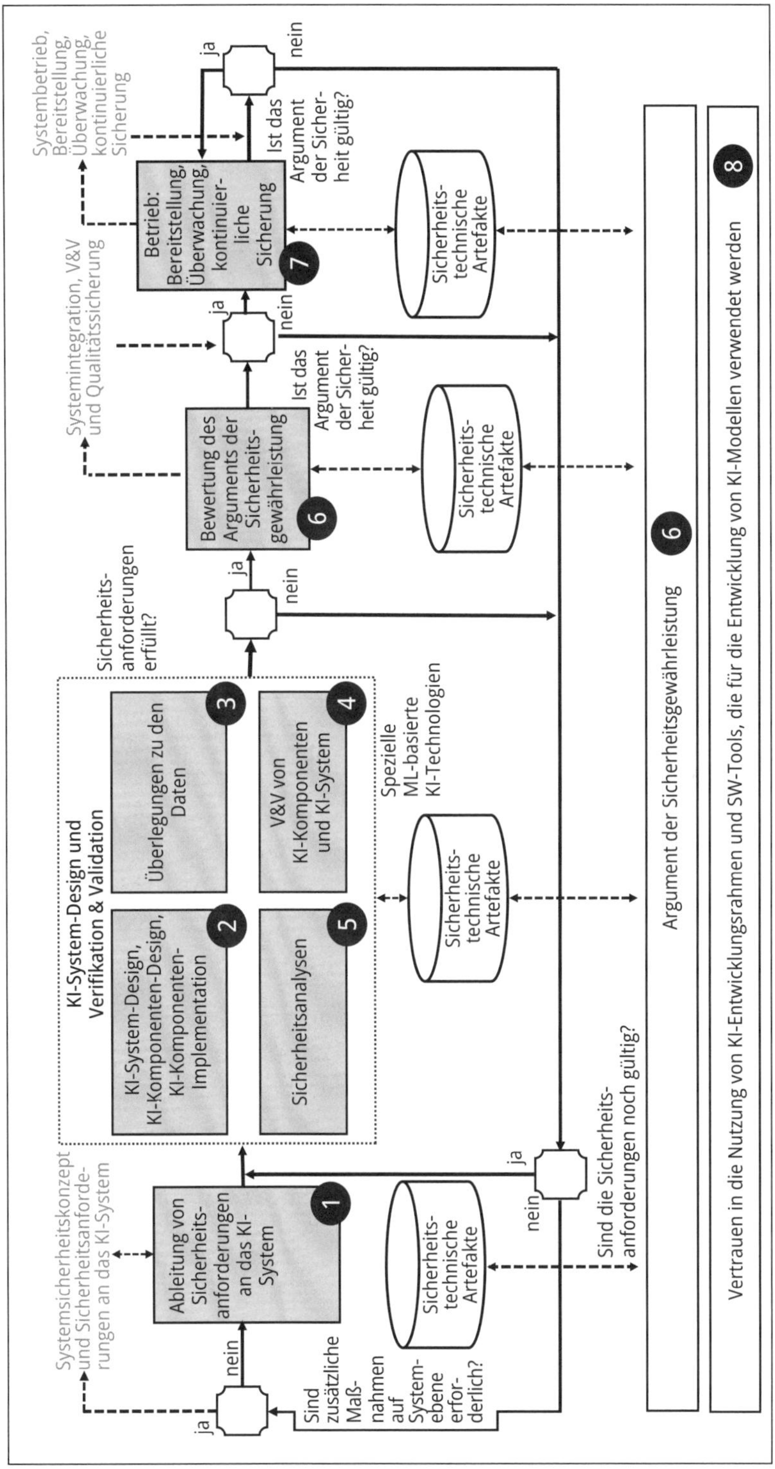

Abb. 3.4 *Strukturierter Lebenszyklus für KI-Sicherheit – Phasen gemäß ISO/PAS 8800*

Phase 1: Ableitung von Sicherheitsanforderungen an das KI-System am Beispiel Spurhaltesystem

Die Ableitung spezifischer Sicherheitsanforderungen an ein KI-System erfolgt auf Basis der Gefährdungsanalyse (z.B. HARA, STPA-AI) und der daraus resultierenden funktionalen Sicherheitsziele. Da KI-Systeme in der Regel nicht deterministisch arbeiten und auf datengetriebene Entscheidungsfindung angewiesen sind, müssen die Anforderungen nicht nur funktional, sondern auch qualitativ und probabilistisch beschrieben werden.

Für das KI-basierte Spurhaltesystem von Drivesmart ergeben sich folgende zentrale Klassen von Sicherheitsanforderungen:

- **Robustheit gegenüber Umgebungsvariationen:**
  Die KI muss Spuren auch bei variierenden Umweltbedingungen (z.B. Regen, Nebel, Gegenlicht, Schneeresten auf der Straße) sicher erkennen.
  Beispielhafte Anforderung: »Das KI-Modul zur Spurerkennung muss eine Detektionsrate von ≥ 97 % bei simulierten Schlechtwetterbedingungen erreichen.«
- **Reaktion auf OOD-Eingaben (Out-of-Distribution):**
  Die KI muss erkennen, wenn Eingabedaten nicht zur trainierten Verteilung gehören – z.B. bei Straßenbau, unmarkierten Wegen oder verschmutzter Kamera.
  Beispielhafte Anforderung: »Wenn eine OOD-Situation erkannt wird, muss innerhalb von 200 ms ein Fallback-Mechanismus aktiviert werden (z.B. Fahrbahnrandverfolgung oder Deaktivierung des LKA (Lane Keeping Assist) mit Fahrerwarnung).«
- **Mindestperformanz in sicherheitskritischen Szenarien:**
  Für sicherheitskritische Betriebszustände, z.B. bei hoher Geschwindigkeit oder engen Kurven, müssen Performance-Grenzen eingehalten werden.
  Beispielhafte Anforderung: »Das KI-System muss bei Geschwindigkeiten > 100 km/h eine Spurverfolgungsgenauigkeit von ≤ 0,3 m lateralem Fehler mit einer Konfidenz von ≥ 99,9 % gewährleisten.«
- **Erkennung von Unsicherheiten und Aktivierung sicherer Zustände:**
  Unsichere Entscheidungen müssen mithilfe einer Konfidenzschätzung identifiziert und abgesichert werden.
  Beispielhafte Anforderung: »Bei einem Konfidenzwert < 0,7 ist das Spurhalteverhalten durch ein abgesichertes Standardverhalten (z.B. Spurverlassens-Erkennung mit akustischer Warnung) zu ersetzen.«

- **Fehlertoleranz und Wiederherstellung:**
  Bei temporären Fehlern, wie Sensoraussetzern oder kurzfristigem Verlust der Spurmarkierungen, soll das System eine sichere Fortführung oder ein sicheres Abschalten garantieren.
  Beispielhafte Anforderung: »Nach Erkennung eines temporären Erkennungsverlustes soll die letzte valide Spurführung für maximal 2 Sekunden fortgeführt werden, bevor ein kontrollierter Rückfall in den Basisbetrieb erfolgt.«

Diese Anforderungen sind dabei nicht statisch, sondern werden im Entwicklungsverlauf iterativ verfeinert – insbesondere basierend auf:

- Analyse von Simulations- und Testfahrdaten
- Rückmeldung aus Feldüberwachung (Closed-Loop-Learning)
- Performance-Kennzahlen (z. B. Precision, Recall, OOD-Rate)
- Sicherheitsanalysen (FMEA, STPA-AI)

Phase 2: KI-System-Design, KI-Komponenten-Design, KI-Komponenten-Implementierung – beispielhafte Umsetzung am Spurhaltesystem (LKA)

Im *Rahmen* des Projekts ADAS NextGen wurde das KI-basierte Spurhaltesystem als kritische Sicherheitsfunktion konzipiert, die aktiv in den Querführungsprozess des Fahrzeugs eingreift. Die Entwicklung erfolgte nach den Vorgaben der ISO/PAS 8800, insbesondere in Bezug auf:

a) **Architekturelle Gestaltung der KI-Funktion**
   Die Spurhaltung basiert auf einem Convolutional Neural Network (CNN), das Bilddaten der Frontkamera analysiert, Fahrspuren segmentiert und deren Verlauf klassifiziert. Die architektonische Gestaltung beinhaltet ein zweigeteiltes Modell:
   - **Segmentierungsmodul:** Extrahiert Fahrspurmarkierungen (Semantic Segmentation).
   - **Pfadmodul:** Berechnet eine ideale Spurmitte für die Lenkregelung.

   Zusätzlich wurde eine Modularisierung der Architektur vorgenommen, sodass Trainings- und Laufzeitkomponenten klar getrennt sind. Dies erleichtert die Nachverfolgbarkeit und Validierung.

b) **Einbettung in die Gesamtarchitektur des ADAS**
   Die Ausgabe der KI-Komponente wird über eine standardisierte Schnittstelle an den Trajectory Planner des ADAS übergeben. Eine Safety Supervisor Unit prüft die Gültigkeit der KI-Ausgabe (z. B. durch Konfidenzwerte, OOD-Checks) und aktiviert bei Bedarf eine Fallback-Funktion (z. B. dynamische Fahrbahnrandverfolgung). Ein

Watchdog-Modul überwacht die Zykluszeiten und Integrität der KI-Komponente.

c) **Designentscheidungen: Modularisierung, Redundanz, Nachvollziehbarkeit**

Die Modularisierung ermöglicht separate Updates der Spurhaltung, ohne dass das gesamte ADAS neu zertifiziert werden muss. Eine funktionale Redundanz wurde durch ein zusätzliches, klassisches Spurmodell auf Basis von Hough-Transformationen realisiert. Dieses dient als Referenz zur Konsistenzprüfung. Die Nachvollziehbarkeit wurde umgesetzt durch:

- Verwendung erklärbarer Layer (Saliency Maps, Grad-CAM)
- Logging von Modellentscheidungen mit Metadaten (Input, Konfidenz, Aktivierungswerte)
- Dokumentierte Versionierung und Change Logs der Trainingsläufe

d) **Implementierung der Modelle mit dokumentierten Tools und nachvollziehbaren Trainingsprozessen**

Die Implementierung kann z. B. mit TensorFlow auf Basis eines Frameworks zur Absicherung von Trainingsprozessen erfolgen. Trainingsprozesse sollten Folgendes umfassen:

- Dokumentierte Datenquellen und deren Versionierung (z. B. Dataset_V3.1 mit Annotationen zu Wetterszenarien)
- Definierte Hyperparameter-Optimierung mittels Grid Search
- Verwendete Trainingshardware (GPU-Cluster, spezifiziert in der Toolchain-Dokumentation)
- Trainingslogs und automatisierte Abbrüche bei Overfitting

Der komplette Prozess sollte im KI-Trainingsprozessartefakt dokumentiert und durch Traceability mit dem Sicherheitsargument verbunden sein.

Beispiel: Absicherung von ADAS NextGen durch Architektur, Transparenz und Validierung

Das Spurhaltesystem im ADAS NextGen zeigt exemplarisch, wie die in ISO/PAS 8800 geforderte Verknüpfung aus architektonischem Design, Toolabsicherung und nachvollziehbarer Implementierung zu einem nachvollziehbaren, absicherbaren KI-System führt. Durch konsequente Modularisierung, Validierungspfade und dokumentierte Toolchains kann auch ein KI-basiertes System normgerecht integriert werden.

Phase 3: Überlegungen zu den Daten

In dieser Phase werden die relevanten Datenquellen identifiziert, klassifiziert und analysiert. Es erfolgt die Bewertung ihrer Eignung zur Abdeckung der angestrebten Operational Design Domain (ODD). Die Repräsentativität und Qualität der Daten sind essenziell für die Wirksamkeit und Sicherheit der KI-Funktion. Zur Sicherstellung dieser Kriterien wurden folgende Maßnahmen definiert:

a) **Definition klarer Anforderungen an die Datenquellen, einschließlich:**
   - Kameraperspektiven und -auflösung
   - Abdeckung aller ODD-relevanten Merkmale (z. B. Fahrbahnarten, Wetterbedingungen, Tageszeiten)
   - Annotationstiefe und Labelkonsistenz für Spurgrenzen

b) **Datenbeschaffung durch eine kombinierte Strategie:**
   - Erhebung realer Fahrdaten auf öffentlichen Straßen in urbanen, ländlichen und Autobahnumgebungen
   - Ergänzung durch synthetische Daten (z. B. aus CARLA-Simulationen), insbesondere für schwer erfassbare Szenarien wie Nebel, Blendlicht, Baustellen oder Fahrbahnverschmutzungen
   - Gezielte Tests im Prüffeld Niedersachsen mit Edge-Case-Szenarien (z. B. verschneite Fahrbahn ohne sichtbare Markierung)

c) **Bias-Audit-Prozess:**
   - Analyse der Datenverteilung hinsichtlich Verkehrsdichte, Wetter, Fahrbahntypen und geografischer Regionen
   - Identifikation von Über- oder Unterrepräsentationen (z. B. überdurchschnittlich viele Daten bei Sonnenschein) und gezielte Ergänzung fehlender Datenarten zur Reduktion potenzieller algorithmischer Verzerrung

d) **Qualitätsmetriken:**
   - Bewertung der Labelqualität durch manuelles Stichprobenreview und automatisierte Inkonsistenzerkennung
   - Erkennung von Data Drift (z. B. durch geändertes Fahrbahnmarkierungsdesign bei Software-Rollouts im Feld)
   - Analyse der Verteilungskonsistenz über Trainings-, Validierungs- und Testsets hinweg

e) **Datenüberwachung und Modellanpassung:**
   - Integration eines kontinuierlichen Datenmonitorings im Fahrzeug, um Distribution Shifts (z. B. neue Fahrbahnstrukturen oder untypische Wetterbedingungen) frühzeitig zu erkennen

- Definition von Trigger-Kriterien für geplantes Retraining oder Fine-Tuning, z.B. bei Unterschreiten eines Performanz-Schwellenwerts über einen gleitenden Zeitraum oder vermehrten Aktivierungen des Fallback-Modus

Beispiel: Datenstrategie für die KI-basierte Spurerkennung im Projekt ADAS NextGen

Für das Spurhaltemodul des ADAS NextGen werden insgesamt 3,2 Millionen Bildframes kuratiert. Davon stammen ca. 65 % aus realen Fahrdatenflotten, 25 % aus synthetischen Simulationen und 10 % aus adversarialen Testszenarien. Die Daten decken über 98 % der spezifizierten ODD ab (inkl. Nachtfahrten, Regen, unmarkierte Landstraßen). Ein Bias-Check ergibt anfänglich eine Unterrepräsentation von nächtlichem Stadtverkehr, was durch gezielte nächtliche Fahrten in Innenstädten kompensiert wird. Die Annotationen werden teils manuell, teils durch semiautomatische Labeling-Tools mit Qualitätssicherung erstellt. Das kontinuierliche Feldmonitoring erkennt derzeit neuartige ODD-Abweichungen in südostasiatischen Märkten, was zur Planung eines regional fokussierten Retrainings führt.

Phase 4: Verifikation und Validierung von KI-Komponenten und System

Ziel dieser Phase ist die methodisch fundierte Prüfung der Leistungsfähigkeit und Sicherheit der entwickelten KI-Komponenten und deren Systemintegration. Da KI-Modelle nicht vollständig deterministisch agieren und ihr Verhalten stark datenabhängig ist, müssen klassische Testmethoden erweitert oder ergänzt werden. Die vom KI-Team durchgeführte Verifikation und Validierung umfasst folgende Schwerpunkte:

- **Adversariale Tests:**
  Simulation gezielter Störungen oder manipulierter Eingaben, um die Robustheit des KI-Modells gegenüber kleinsten Abweichungen (z.B. Bildrauschen, Modifikationen einzelner Pixel) zu prüfen.
- **Funktionale Tests im Systemkontext:**
  Absicherung der KI-Funktionalität in der eingebetteten Zielarchitektur. Prüfung, ob die KI-Funktion in realistischen Verkehrsszenarien erwartungsgemäß reagiert – inklusive Edge Cases und Randbedingungen der ODD.
- **Rückverfolgbarkeit und Coverage:**
  Sicherstellung, dass alle sicherheitsrelevanten Anforderungen (z.B. Sicherheitsmerkmale) in Design, Training und Test wiederauffindbar und abgedeckt sind. Anwendung geeigneter Coverage-Metriken auch für neuronale Netze (z.B. Neuron Activation Coverage, Surprise Adequacy).

- **Stochastische Validierung:**
  Einsatz statistischer Methoden zur Bewertung der Modellgüte über große, repräsentative und zufällig variierte Testszenarien. Ziel ist es, ein belastbares Maß an Vertrauen in die allgemeine Leistungsfähigkeit des Modells zu etablieren – auch unter Unsicherheit.
- **Performance-Überwachung über Iterationen hinweg:**
  Tracking der Modellleistung über verschiedene Trainingsversionen hinweg zur Vermeidung unerwarteter Regressions- oder Drift-Effekte.

Beispiel: Verifikation der Spurerkennungs-KI im ADAS NextGen-Projekt

Nach Abschluss des Trainings des neuronalen Netzes zur Spurerkennung werden durch das KI-Team umfassende Validierungsschritte durchgeführt:

- *In einem adversarialen Test werden Bilddaten mit künstlichem Rauschen, leicht versetzten Linien und überbelichteten Bereichen erzeugt. Das System zeigte in 98,6 % der Fälle robuste Spuridentifikation und schaltet in den übrigen Fällen korrekt auf den Fallback-Modus um.*
- *In einem Hardware-in-the-Loop-(HiL-)System wird die Spurerkennung in das Gesamtfahrzeugmodell integriert und auf über 1000 simulierte Szenarien angewendet – darunter Autobahnfahrten bei Dämmerung, Baustellen mit unklarer Fahrbahnmarkierung und Tunnel mit wechselnder Beleuchtung. Die Zielerkennungsrate von 99,5 % bei Tageslicht soll erreicht werden, bei schwierigen Sichtverhältnissen liegt sie bei 97,3 %.*
- *Über die Nutzung von neuronaler Netz-Coverage (Neuron Activation Patterns) soll nachgewiesen werden, dass alle neuronalen Schichten in den Testfällen aktiviert sind, wodurch eine breite Auslastung des Modells sichergestellt ist.*
- *Zusätzlich wird eine Monte-Carlo-basierte stochastische Analyse mit variierenden Eingabeparametern durchgeführt, um die Performanz in nicht exakt wiederholbaren Bedingungen zu bewerten.*

Diese validierten Nachweise bildeten die Grundlage für die Freigabe der Spurerkennungs-KI zur Integration in die Seriensteuergeräte mit begleitender Monitoring-Strategie im Feldbetrieb.

Phase 5: Sicherheitsanalysen

In dieser Phase werden sowohl klassische sicherheitsanalytische Verfahren als auch KI-spezifische Methoden eingesetzt, um potenzielle Risiken, Fehlerwirkungen und Unsicherheiten im Zusammenhang mit der KI-Funktion frühzeitig zu identifizieren und zu bewerten.

- **Klassische Methoden:**
  - FMEA (Fehlermöglichkeits- und Einflussanalyse): Identifikation möglicher Fehlerquellen im KI-System (z.B. Sensorausfall, falsche Dateninterpretation), Bewertung ihrer Auswirkungen auf die Gesamtfunktion und Ableitung geeigneter Gegenmaßnahmen.
  - STPA (Systemtheoretische Prozessanalyse): Betrachtung von Steuerungsfehlern und systemischen Interaktionen, die durch nicht deterministisches Verhalten der KI zu gefährlichen Zuständen führen könnten.
- **KI-spezifische Sicherheitsanalysen:**
  - Uncertainty Quantification : Bewertung der Unsicherheit von KI-Vorhersagen durch Methoden wie Monte-Carlo-Dropout, Ensembles oder Konfidenzschätzung. Ziel ist die Identifikation von Situationen mit geringer Modellzuverlässigkeit.
  - Saliency- und Feature-Attribution-Analysen: Einsatz erklärbarer KI-Methoden (XAI), um zu überprüfen, ob die KI auf sicherheitsrelevante Merkmale achtet und keine irrelevanten Artefakte lernt.
  - OOD-Detektion: Analyse der Fähigkeit des KI-Systems, Eingaben zu erkennen, die außerhalb der trainierten Datenverteilung liegen (Out-of-Distribution), und adäquat darauf zu reagieren.
  - Adversariale Robustheitsanalyse: Test des Modells gegen gezielte Störungen und Manipulationen (z.B. minimale Bildveränderungen), um sicherzustellen, dass sicherheitskritische Funktionen auch unter Stresseinwirkung zuverlässig bleiben.

Ziel dieser Phase ist es, ein umfassendes Risikobild zu gewinnen, das auch die spezifischen Unsicherheiten datengetriebener Modelle berücksichtigt. Die Ergebnisse der Analysen fließen in die Auswahl und Verfeinerung von Sicherheitsmaßnahmen ein, z.B. in Form von Fallback-Konzepten, Sicherheitsmonitoring oder modellseitigen Schutzmechanismen.

Phase 6: Bewertung des Sicherheitsgewährleistungsarguments

In dieser Phase wird ein strukturiertes und nachvollziehbares Sicherheitsgewährleistungsargument (Safety Assurance Argument, SAA) erstellt, das evidenzbasiert nachweist, dass das KI-basierte Spurhaltesystem unter allen spezifizierten Bedingungen sicher funktioniert – auch in Anwesenheit von Unsicherheiten, Störungen oder Eingaben außerhalb des Trainingsbereichs.

Das Sicherheitsgewährleistungsargument folgt dabei typischerweise einem Goal-Structuring-Notation-(GSN-)Ansatz. Die Hauptziele (Goals) sind:

- Das System verhält sich sicher in seiner Operational Design Domain (ODD).
- Die Sicherheitsanforderungen an das KI-System sind korrekt, vollständig und nachweislich erfüllt.
- Bekannte Unsicherheiten und Einschränkungen wurden erkannt, adressiert und durch geeignete Maßnahmen abgesichert.
- Die gewählten Architekturen, Datenstrategien, Trainings- und Validierungsmethoden sind geeignet und nachvollziehbar dokumentiert.

Dabei werden Belege (Evidence) und Kontextinformationen wie Annahmen, Randbedingungen und Einschränkungen systematisch verlinkt.

Beispiel: Sicherheitsgewährleistungsargument für das LKA-Modul im Projekt ADAS NextGen

Die Spurhalteassistenz basiert vollständig auf einem KI-Modul zur Spurerkennung. Das strukturierte Sicherheitsgewährleistungsargument umfasst u.a. folgende Nachweise:

Ziel 1: Das KI-System erkennt Fahrspurmarkierungen mit hinreichender Zuverlässigkeit innerhalb der definierten ODD.

- ***Beleg:*** *Validierungsberichte zeigen eine durchschnittliche Detektionsrate von 99,6 % bei Tageslicht und 97,3 % bei Regen oder Schnee.*
- ***Kontext:*** *ODD umfasst Autobahn- und Landstraßenfahrten bei Sichtweiten über 30 m.*

Ziel 2: Fehlerzustände werden erkannt und sicher gehandhabt.

- ***Beleg:*** *Integrierte OOD-Detektion identifiziert unbekannte Eingaben mit einer False-Negative-Rate < 0,5 %.*
- ***Maßnahme:*** *Fallback-Strategie zur dynamischen Fahrbahnrandverfolgung aktiviert sich automatisch bei Unsicherheiten.*

Ziel 3: Trainings- und Validierungsdaten decken die ODD vollständig ab und enthalten relevante Edge Cases.

- ***Beleg:*** *Datensatzabdeckungsanalyse zeigt > 98 % Szenarienabdeckung für alle typischen Fahrbahn- und Wettersituationen.*
- ***Maßnahme:*** *Korrektive Ergänzungen durch synthetische Daten bei identifizierten Gaps (z. B. stark reflektierende Fahrbahn bei tiefstehender Sonne).*

Ziel 4: Unsicherheiten im Modellverhalten sind identifiziert und werden überwacht.

- ***Beleg:*** *Unsicherheitsmetriken (Confidence Scores) werden regelmäßig im Feld erhoben und mit Rückmeldungen zu Ergebnissen aus Fahrversuchen korreliert.*

- ***Maßnahme:*** *Monatliche Evaluierung der KI-Leistung auf neuen Felddaten und ggf. kontrollierte Aktualisierung nach Revalidierung.*

Durch diese strukturierte Argumentation, unterstützt durch Metriken, Testberichte, Analysen und Monitoring-Daten, wird gezeigt, dass die Sicherheitsanforderungen trotz nicht deterministischen Verhaltens des KI-Systems erfüllt werden. Die Argumentation ist vollständig rückverfolgbar und für externe Prüfer oder Zertifizierungsstellen nachvollziehbar.

Phase 7: Betrieb, Überwachung und kontinuierliche Sicherung

In dieser Phase werden das Monitoring im Feld, die Bewertung von Systemänderungen, Detektion von Abweichungen und Planung sicherer Updates durchgeführt – mit Rückführung in die Sicherheitsbewertung.

Phase 8: KI-Entwicklungsrahmen und Toolchain-Absicherung

Für die sichere Entwicklung eines KI-basierten Systems ist es essenziell, dass die verwendeten Entwicklungsumgebungen, Frameworks, Toolchains und Plattformen über den gesamten Lebenszyklus hinweg reproduzierbar, transparent dokumentiert und auf ihre Eignung geprüft sind. Eine unsichere Toolchain kann sonst selbst zur Quelle von Sicherheitsrisiken werden.

Im Projekt ADAS NextGen werden daher umfangreiche Maßnahmen getroffen, um die Entwicklungsumgebung abzusichern und eine verlässliche Rückverfolgbarkeit sicherzustellen:

a) Auswahl geeigneter Frameworks und Plattformen
Es erfolgt eine gezielte Auswahl stabiler KI-Frameworks mit breiter industrieller Unterstützung, wie z.B. TensorFlow LTS, PyTorch Enterprise, oder ONNX Runtime, jeweils mit dokumentierter Versionierung. Es werden ausschließlich Frameworks eingesetzt, die eine Langzeitunterstützung (LTS) bieten, um eine langfristige Stabilität sicherzustellen. Für die Laufzeitumgebung der KI-Inferenz wird auf plattformvalidierte Software-Stapel (z.B. NVIDIA JetPack, Xilinx Vitis AI) zurückgegriffen.

b) Reproduzierbarkeit und Tooldokumentation
Jede Entwicklungsumgebung wird containerisiert (Docker, OCI), um reproduzierbare Builds über alle Stufen hinweg sicherzustellen. Sämtliche Abhängigkeiten werden in einer zentralen Tooldokumentation festgehalten, inklusive:

- *Framework-Versionen*
- *Verwendeter Bibliotheken (z.B. NumPy, Pandas, OpenCV)*
- *Unterstützter CUDA/CuDNN-Versionen*
- *Compiler- und OS-Versionen*

Die Dokumentation wird versioniert in einem DevOps-System gepflegt und in regelmäßigen Reviews aktualisiert.

c) ***Toolqualifikation und Kompensationsmaßnahmen***
Tools, die sicherheitsrelevante Prozesse automatisieren (z. B. Testautomatisierung, Labeling-Tools, Datenkonvertierung), werden gemäß ISO 26262-8 (Tool Classification and Qualification) bewertet. Für nicht qualifizierbare Tools werden Kompensationsmaßnahmen eingeführt:
- *Zweikanal-Prinzip bei sicherheitskritischen Datenkonvertierungen*
- *Unabhängige Verifikation der Toolausgaben*
- *Reviewbasierte Absicherung für nicht prüfbare Blackbox-Tools*

d) ***CI/CD und Toolchain-Überwachung***
Die komplette Toolchain wird in eine Continuous Integration/Continuous Deployment-(CI/CD-)Pipeline eingebunden, inklusive:
- *Automatisierten Unit Tests und Modelltests*
- *Konsistenzprüfung der Modellartefakte*
- *Überwachung der Toolausgaben auf Abweichungen*
- *Tool-Updates unterliegen einem Freigabeprozess mit Regressionstests, um unbeabsichtigte Auswirkungen zu erkennen.*

e) ***Beispiel: Absicherung der Trainingsumgebung***
Die Trainingsumgebung für das Spurhaltemodul (CNN-Modell) wird wie folgt abgesichert:
- *Aufbau eines dedizierten GPU-Clusters mit dokumentiertem Softwarestack*
- *Containerisierte Trainingspipelines mit fester CUDA-/Framework-Version*
- *Logging aller Trainingsläufe mit Metadaten und Modell-Hashes*
- *Validierung der Modell-Performance über unabhängige Testsets*
- *Signierung und Versionierung der Modellartefakte für jede Freigabe*

Die strukturierte Absicherung des KI-Entwicklungsrahmens stellt sicher, dass sämtliche Entwicklungsschritte rückverfolgbar, reproduzierbar und validierbar sind. Gleichzeitig wird das Risiko reduziert, dass Unsicherheiten oder Fehler aus der Toolchain heraus in das sicherheitskritische Endsystem gelangen.

Diese Phasen bilden die Grundlage für eine normgerechte, nachvollziehbare und vertrauenswürdige Entwicklung und den Betrieb von KI-basierten sicherheitskritischen Funktionen im Fahrzeugumfeld.

Im folgenden Unterkapitel wird auf die gemeinsamen Prinzipien von ISO 26262, ISO 21434, ISO 21448 (SOTIF) und ISO/PAS 8800 geschaut.

3.12 Der Nutzen eines integrierten Sicherheitsansatzes

Im Zeitalter der zunehmenden Automatisierung, Digitalisierung und der Integration von KI in sicherheitskritische Systeme im Automobil gewinnt die ganzheitliche Betrachtung von Sicherheitsaspekten stark an Bedeutung. Verschiedene Normen wurden entwickelt, um spezifische Risikobereiche systematisch zu adressieren. Diese Normen – ISO 26262 (funktionale Sicherheit), ISO/SAE 21434 (Cybersecurity), ISO/PAS 8800 (KI-Sicherheit) und ISO 21448 (SOTIF – Safety of the Intended Functionality) – verfolgen jeweils eigene Schwerpunkte, basieren jedoch auf einer Reihe gemeinsamer Prinzipien.

Während ISO 26262 die funktionale Sicherheit elektrischer/elektronischer Systeme durch den Umgang mit systematischen und zufälligen Fehlern adressiert, konzentriert sich ISO/SAE 21434 auf den Schutz gegen böswillige Angriffe und die Beherrschung von Cybersecurity-Risiken. ISO/PAS 8800 erweitert diesen Rahmen, indem sie sich mit der sicheren Entwicklung und Integration von KI-Systemen befasst, insbesondere im Hinblick auf Unsicherheiten in Daten, Modellen und Umgebung. Schließlich deckt ISO 21448 (SOTIF) jene Risiken ab, die aus einer unzureichenden funktionalen Leistung oder einem unerwarteten Systemverhalten resultieren, obwohl kein technischer Fehler vorliegt – ein besonders relevanter Aspekt bei ADAS und automatisierten Fahrsystemen.

Trotz ihrer individuellen Fokussierung folgen alle vier Normen grundlegenden Prinzipien, die sich auf ein systematisches, lebenszyklusorientiertes und risikobasiertes Vorgehen stützen. Es geht nicht nur darum, Risiken zu identifizieren und zu reduzieren, sondern auch darum, organisatorische Prozesse, Kompetenzen und Nachweise zur kontinuierlichen Sicherheit des Systems zu etablieren. Besonders bei der Integration von KI-Funktionalitäten, die sowohl neue Arten von Unsicherheiten als auch neue Angriffsmöglichkeiten mit sich bringen, ist die Kombination dieser Normen essenziell.

Die folgende Tabelle 3.6 bietet einen strukturierten Vergleich dieser vier Normen anhand gemeinsamer Prinzipien und zeigt, wie jede Norm diese Aspekte adressiert. Ziel ist es, ein besseres Verständnis für die Synergien und Unterschiede zu schaffen – und somit eine fundierte Basis für eine normübergreifende Sicherheitsstrategie zu bieten.

Prinzip / Thema	ISO 26262 (funktionale Sicherheit)	ISO/SAE 21434 (Cybersecurity)	ISO/PAS 8800 (Sicherheit KI-basierter Systeme)	ISO 21448 (SOTIF)
Risikobasierter Ansatz	HARA zur Identifikation und Bewertung von Gefährdungen und Risiken	TARA zur Bewertung von Bedrohungen und Risiken	Analyse von KI-spezifischen Sicherheitsrisiken (z.B. durch OOD oder Unsicherheit)	Identifikation und Bewertung von Risiken durch unzureichende funktionale Leistung
Lebenszyklus-orientierung	Sicherheitsaktivitäten entlang des V-Modells	Cybersecurity-Lebenszyklus mit Management und Engineering	Iterativer KI-Lebenszyklus mit Rückkopplungsschleifen	Erweiterung des V-Modells um Aspekte der funktional beabsichtigten Funktion
Technisches Risikomanagement	ASIL-basierte Maßnahmen zur Risikominderung	Risikobehandlung über Security Goals und Controls	Ableitung von funktionalen Sicherheitsanalysen und Maßnahmen für daten- und modellbedingte Risiken	Risikominderung durch Funktionsoptimierung und robuste Umfeldabdeckung
Verifikation & Validierung	Verifikation/Validierung aller sicherheitsrelevanten Anforderungen	Prüfung technischer Maßnahmen und Wirksamkeit	KI-spezifische Tests, z.B. Robustheit, Unsicherheitsanalyse, Bias-Prüfung	Szenariobasierte Validierung inkl. unvorhergesehener Situationen
Nachvollziehbarkeit & Traceability	Durchgängige Rückverfolgbarkeit von Anforderungen	Rückverfolgbarkeit von Security Requirements	Rückverfolgbarkeit zwischen Daten, Modell und Sicherheitszielen	Rückverfolgbarkeit von Szenarien, Annahmen, Grenzen
Organisatorisches Management	Funktionales Sicherheitsmanagementsystem (FSMS)	Cybersecurity Management System (CSMS)	Management der KI-Sicherheit mit spezifischen Rollen und Verantwortlichkeiten	SOTIF-Management innerhalb des Safety-Engineering-Prozesses
Kompetenz-anforderungen	Anforderungen an Sicherheitsrollen und -verantwortlichkeiten	Kompetenznachweis für Cybersecurity	Qualifikation im Bereich KI, Datenanalyse, Unsicherheitsmanagement	Verständnis funktionaler Leistungsgrenzen und Szenarien
Sicherheits-argumentation	Safety Case als Nachweis der Zielerreichung	Cybersecurity Case zur Risikoabdeckung	Safety Case inkl. Unsicherheiten, Datenqualität, Modellverhalten	Argumentation über Deckung realitätsnaher Szenarien und Funktionssicherheit

Tab. 3.6 *Gemeinsame Prinzipien von ISO 26262, ISO/SAE 21434, ISO/PAS 8800 und ISO 21448 (SOTIF)*

Die Analyse der gemeinsamen Prinzipien der Normen ISO 26262, ISO/SAE 21434, ISO/PAS 8800 und ISO 21448 verdeutlicht, dass Sicherheit in modernen Fahrzeugarchitekturen nicht mehr isoliert betrachtet werden kann. Die zunehmende Komplexität elektronischer Systeme, datengetriebener Funktionen und softwarebasierter Architekturen erfordert einen integrativen, interdisziplinären Sicherheitsansatz.

Während jede Norm ihre spezifischen Anforderungen, Methoden und Ziele definiert, adressieren sie gemeinsam unterschiedliche, sich ergänzende Risikobereiche: ISO 26262 konzentriert sich auf den Umgang mit zufälligen Hardware- und Softwarefehlern, ISO/SAE 21434 auf den Schutz vor und den Umgang mit böswilligen Cyberangriffen, ISO 21448 auf systematische Risiken durch unzureichende Spezifikation oder unvorhersehbare Umwelteinflüsse und ISO/PAS 8800 auf die sicheren Eigenschaften und das Verhalten von KI-basierten Systemen über deren gesamten Lebenszyklus hinweg. ISO/PAS 8800 fokussiert auf KI-Komponenten – Daten, Modellbildung, Lernmechanismen, neuronale Netze und Modellüberwachung. Sie legt ihre Betonung auf den Lebenszyklus von KI-Komponenten (Datenlebenszyklus, Modell-Monitoring, Robustheit, Bias).

Tipp

Im Bereich funktionaler Sicherheit von KI-Systemen entsteht derzeit mit der ISO/IEC TS 22440-1 ein neuer Standard: *Artificial intelligence – Functional safety and AI systems – Part 1: Requirements* (Arbeitsdokument, AWI TS 22440-1). Er definiert Anforderungen an KI-Systeme im sicherheitskritischen Umfeld, wobei die Veröffentlichung für voraussichtlich 2026/2027 geplant ist.

Hinzukommend ist die VDE-AR-E 2842-61 – sie ist eine VDE-Anwendungsregel für die Entwicklung und Vertrauenswürdigkeit von autonomen/kognitiven Systemen, insbesondere KI-basierten Systemen. Sie ist kein internationaler Standard, sondern eine deutsche Anwendungsregel, die jedoch als Stand-der-Technik betrachtet werden kann. Sie stellt u. a. methodische Leitlinien bereit, wie KI-Systeme systematisch bewertet und Risiken adressiert werden können. Sie orientiert sich strukturell an etablierten Sicherheitsnormen und überträgt diese Logik auf KI-basierte Systeme.

!

Teil 61-1 (Terminologie und Grundkonzepte) ist veröffentlicht (2021-07), weitere Teile sind in Bearbeitung.

Während ISO/PAS 8800, ISO/IEC TS 22440 und VDE-AR-E 2842-61 schwerpunktmäßig KI-bezogene Aspekte adressieren, stellt die ISO/TS 5083 die Anforderungen an das Gesamtsystem eines automatisierten Fahrzeugs bereit, in das KI-Funktionen eingebettet sind. Eine vollständige Sicherheitsbewertung erfordert daher das Zusammenspiel aller vier Dokumente.

Gemeinschaftlich betrachtet und angewendet, entfalten diese Normen ihr volles Potenzial: durch die Vermeidung systematischer Sicherheitslücken, die gemeinsame Nutzung von Entwicklungs-, Validierungs- und Überwachungsprozessen sowie durch konsistente Rückverfolgbarkeit zwischen Risiken, Anforderungen und Maßnahmen. Ein normübergreifendes Verständnis fördert außerdem Synergien bei der Werkzeugnutzung und in der Organisationsstruktur, insbesondere durch gemeinsam genutzte Konzepte wie das Safety bzw. Security Argumentation Framework, das Risikomanagement über den Produktlebenszyklus und kontinuierliche Verbesserungsprozesse.

Für Unternehmen bedeutet dies konkret: Sicherheit muss ganzheitlich gedacht und umgesetzt werden. Die frühzeitige Integration aller relevanten Disziplinen wie funktionale Sicherheit, Cybersecurity, SOTIF und KI-Sicherheit sowie eine durchgängige Koordination entlang des gesamten Entwicklungs- und Betriebsprozesses sind essenziell, um den Herausforderungen moderner Fahrzeugentwicklung gerecht zu werden. Nur ein solcher ganzheitlicher Ansatz schafft Vertrauen, sowohl aufseiten der Nutzer als auch bei Regulierungsbehörden, und legt die Grundlage für die sichere Mobilität der Zukunft.

3.13 Verifikation und Validierung unter Berücksichtigung von KI

Mit dem zunehmendem Automatisierungsgrad in Level-3- bis Level-5-Fahrzeugen steigen die Anforderungen an die Nachweisführung, dass KI-basierte Systeme unter allen relevanten Betriebsbedingungen korrekt und sicher funktionieren. Die Komplexität der Algorithmen und die Vielzahl unvorhersehbarer Risikofaktoren erschweren die standardisierte Entwicklung und Prüfung automatisierter Fahrfunktionen erheblich. Für Hersteller bedeutet dies, dass sie umfassende Verantwortung für die Sicherheit ihrer Systeme übernehmen müssen.

In diesem Unterkapitel erläutern wir den risikobasierten Ansatz für die Verifikation und Validierung (V&V) von Systemen mit KI-Anteilen, wie er ursprünglich in der technische Regel ISO/TR 4804 formuliert wurde und inzwischen in die ISO/TS 5083 integriert und weiterentwickelt wurde. Gleichzeitig wurde die Terminologie mit Bezug auf [ISO/SAE PAS 22736] (»Taxonomy and definitions for terms related to driving automation systems for on-road motor vehicles«) für L3/L4-Definitionen angeglichen.

> Mit der ISO/SAE PAS 22736 wurde eine international abgestimmte Ergänzung veröffentlicht, die die Terminologie vereinheitlicht, jedoch die SAE J3016 nicht ersetzt.

3.13.1 Historische Entwicklung von ISO/TR 4804 zu ISO/TS 5083

Die [ISO/TR 4804:2020] wurde im Jahr 2025 zurückgezogen und durch die [ISO/TR 5083:2025] ersetzt. Während die ISO/TR 4804 eine empfehlende Leitlinie für die sicherheitsorientierte Entwicklung und Absicherung automatisierter Fahrsysteme bot, überführt die ISO/TS 5803 deren Inhalte in eine vorspezifikative, teils anforderungsorientierte Zwischenstufe, auf dem Weg zu einem künftigen internationalen Standard. Sie ist damit verbindlicher, aber formal noch semi-normativ. ISO/TS 5083 enthält klar formulierte Ziele, Anforderungen und Nachweisvorgaben – inhaltlich baut sie unmittelbar auf ISO/TR 4804 auf und konkretisiert deren Konzepte im Hinblick auf Safety Objectives, Post-Deployment-Aktivitäten (z.B. Monitoring, Update-Management, Incident-Handling) sowie die Abgrenzung externer Annahmen und Verantwortlichkeiten. Da die ISO/TR 4804 die inhaltliche Grundlage bildet und in Forschung, Industrie und Behörden nach wie vor als Referenzrahmen für ADS-Sicherheitskonzepte genutzt wird, bleibt sie in diesem Kapitel als erklärender Bezug erhalten. Ergänzend werden die relevanten Erweiterungen und Präzisierungen der ISO/TS 5083 erläutert.

Die technische Regel ISO/TR 4804 [ISO/TR 4804:2020] bildete einen umfassenden Leitfaden für die sicherheitsorientierte Entwicklung und Absicherung automatisierter Fahrsysteme ab Level 3. Sie integriert grundlegende Sicherheitsprinzipien aus ISO 26262 (funktionale Sicherheit) und ISO/SAE 21434 (Cybersecurity) und adressiert gezielt die Herausforderungen beim Einsatz von KI in automatisierten Fahrzeugen.

Die nachfolgende ISO/TS 5083 führt diese Inhalte fort und überführt sie in konkrete normative Anforderungen. Neu hinzugekommen sind insbesondere:

- Eine strukturierte Zielhierarchie (Sicherheitsziele) anstelle rein beschreibender Empfehlungen
- Die Integration von Post-Deployment-Prozessen (z.B. Feldbeobachtung, Software-Updates, Rückführung realer Daten in die Sicherheitsbewertung)
- Die explizite Darstellung von Annahmen und externen Zuweisungen (z.B. Infrastruktur, HD-Karten, Kommunikation)
- Eine verbesserte Kopplung von Verifikations-/Validierungszielen aus Safety-Cases

Damit bildet die ISO/TS 5053 den verbindlichen Rahmen für eine holistische Sicherheitsstrategie automatisierter Fahrfunktionen.

Die ISO/TR 5083 greift die in der ISO/TR 4804 formulierten Ziele auf und formuliert sie als überprüfbare Anforderungen. So werden die Grundsätze funktionale Sicherheit, SOTIF und Cybersecurity systematisch in eine zielbasierte Sicherheitsargumentation eingebettet. Neu ist zudem die Betonung der laufenden Wirksamkeitsbewertung im Feld und der Feedback-Schleifen zur Anpassung der Sicherheitsziele. Damit ergibt sich ein kontinuierlicher Sicherheitslebenszyklus, der Entwicklung, Betrieb und Update-Phasen umfasst.

Während ISO 26262, ISO 21448 und ISO/SAE 21434 die Basis für Sicherheit und Cybersecurity schaffen, gehen sie nicht explizit auf die speziellen Anforderungen des automatisierten Fahrens und den Einsatz von KI ein. Diese Normen bilden jedoch die Grundlage der ISO/TS 5803.

Motivation für die ISO/TS 5083:2025

Die Einführung der ISO/TS 5083 geht auf die besonderen Herausforderungen automatisierter Fahrsysteme (ADS) und den steigenden regulatorischen Anforderungen ein.

> **ADS-Besonderheiten erfordern ein eigenes Safety-Framework**
> Automatisierte Fahrsysteme übernehmen die vollständige Steuerung des dynamischen Fahrens innerhalb einer definierten Operational Design Domain (ODD). Damit entsteht eine neue Systemklasse mit Risiken, die durch bestehende Normen wie ISO 26262 (funktionale Sicherheit) oder ISO 21448 (SOTIF) allein nicht ausreichend abgedeckt werden.

Zu den charakteristischen Herausforderungen gehören unter anderem:

Kontinuierliche ODD-Überwachung: Ein zentrales Element sicherheitskritischer und autonomer Fahrfunktionen ist die Fähigkeit, jederzeit festzustellen, ob das System noch innerhalb seiner definierten Operational Design Domain (ODD) arbeitet. Die ODD beschreibt die Bedingungen, unter denen ein automatisiertes System bestimmungsgemäß und sicher funktionieren darf – hierzu gehören Umweltbedingungen (z. B. Wetter, Licht, Straßenbeschaffenheit), Verkehrsbedingungen, Geschwindigkeitsspannen, geografische Bereiche sowie technische Grenzen des Sensorsets. Eine kontinuierliche ODD-Überwachung bedeutet, dass das System permanent relevante interne und externe Parameter erfasst, interpretiert und gegen die hinterlegte ODD-Spezifikation abgleicht. Dieser Prozess läuft während der gesamten Betriebszeit und ist essenziell, um Abweichungen frühzeitig zu erkennen. Zu den überwachten Faktoren zählen beispielsweise:

- **Umweltbedingungen:** Sichtweite, Niederschlag, Nebel, Beleuchtung, Temperatur
- **Infrastruktur:** Vorhandensein von Fahrbahnmarkierungen, Straßenklasse, Tunnel, Baustellen
- **Fahrdynamik:** Geschwindigkeit, Quer-/Längsbeschleunigung, Schlupf, Reifenzustand
- **Objekterkennung und Sensorstatus:** Sensorverschmutzung, Sensorfehler, Abdeckung oder Fehlkalibrierung

Sobald das System erkennt, dass es sich den Grenzen der ODD annähert oder diese überschreitet, muss es situationsgerechte Maßnahmen einleiten. Diese Maßnahmen können abgestuft sein:

- **Frühwarnung an den Fahrer** (bei Level-2/3-Systemen) oder an den übergeordneten Systemmanager
- **Reduktion der Systemfunktionalität** (z.B. Degradationsmodi, Geschwindigkeitsreduzierung, Wechsel in einen abgesicherten Modus)
- **Sicherer Fallback** oder **Minimum Risk Manoeuvre (MRM),** falls eine sichere Weiterfahrt nicht gewährleistet ist

Dabei muss das System nicht nur erkennen, dass eine ODD-Grenze überschritten wird, sondern auch warum, um geeignete Strategien zu wählen und nachvollziehbare Diagnosen zu ermöglichen. Dies erfordert robuste Sensorfusion, zuverlässige Selbstüberwachungsmechanismen (Self-Monitoring) sowie klare Entscheidungslogiken im Safety- und ODD-Management. Eine gut implementierte ODD-Überwachung trägt wesentlich zur Funktionssicherheit, Cybersecurity und SOTIF-Konformität bei und ist ein Grundpfeiler für den sicheren Betrieb KI-gestützter automatisierter Fahrfunktionen.

Wechselwirkungen zwischen Fahrzeug, Insassen, Infrastruktur und Verkehrsteilnehmern: Automated Driving Systems (ADS) operieren in hochdynamischen, offenen und nur teilweise strukturierten Umgebungen, in denen eine Vielzahl von Elementen gleichzeitig interagieren. Diese Wechselwirkungen sind komplex, oft nicht deterministisch und in vielen Fällen nur begrenzt vorhersehbar. Ein sicheres ADS muss diese Interaktionen nicht nur erkennen, sondern auch adäquat interpretieren und in sein Entscheidungsverhalten einbeziehen.

Wechselwirkungen zwischen Fahrzeug und Infrastruktur

ADS sind auf Informationen aus der Umgebung angewiesen, um eine stabile und sichere Trajektorienplanung durchzuführen. Dazu zählen:

- **Straßenmerkmale:** Markierungen, Beschilderung, Verkehrsinseln, Leitplanken, Kreuzungen
- **Witterungs- und Umweltbedingungen:** Regen, Nebel, Schnee beeinträchtigen Sensorik und Reibwerte
- **Digitale Infrastruktur:** V2X-Kommunikation, digitale Karten, Geofencing-Informationen
- **Veränderliche Infrastrukturelemente:** Baustellen, temporäre Schilder, provisorische Spurführungen

Geofencing-Informationen sind Informationen zu geografisch definierten Funktionsbereichen. Diese sind digital hinterlegt und legen fest, wo automatisierte Fahrfunktionen aktiviert, eingeschränkt oder deaktiviert werden dürfen.

Tipp

Diese Elemente interagieren mit dem Fahrzeug s. Abbildung 3.5, indem sie dessen Wahrnehmungs- und Entscheidungsprozesse beeinflussen. Fehlerhafte, verdeckte oder fehlende Infrastrukturmerkmale können direkt Auswirkungen auf die Funktionalität und Sicherheit eines ADS haben.

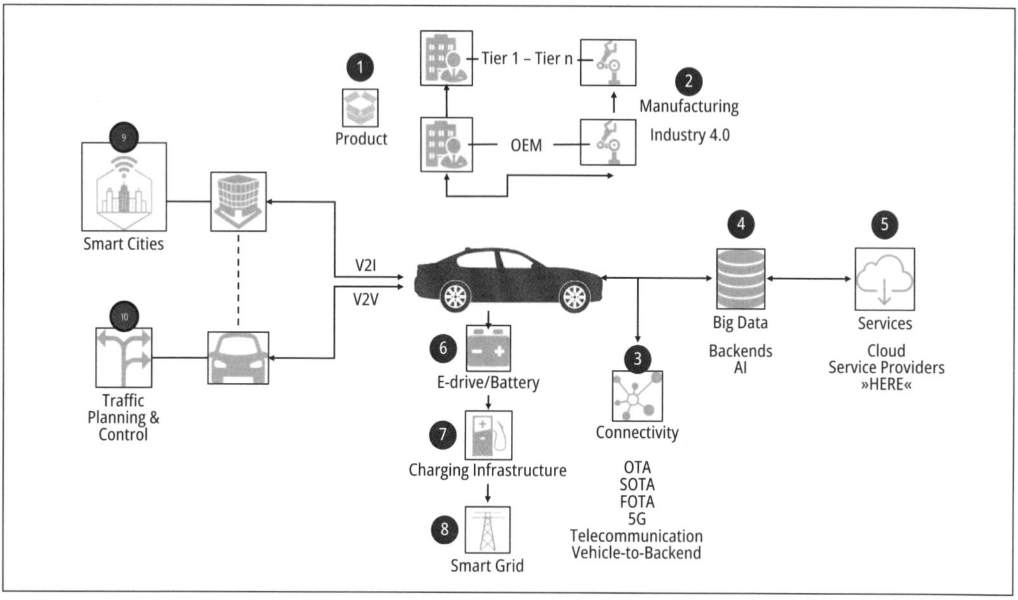

Abb. 3.5 *Infrastruktur Connected Car*

Wechselwirkungen zwischen Fahrzeug und Insassen

Bei Level-3, bis Level-5-Systemen müssen ADS auch das Innenleben des Fahrzeugs berücksichtigen:

- **Fahrerzustand:** Aufmerksamkeit, Müdigkeit, Bereitschaft zur Übernahme (Level 3)
- **Belegungsszenarien:** Kinder, Tiere, ungesicherte Ladung, Interaktionen der Insassen
- **Sicherheitsmechanismen:** Gurtstatus, Airbag-Systeme, Sitzpositionen
- **Komfortverhalten:** Eingriffe in HMI, manuelle Steuerimpulse, Anforderungen an Ride Comfort

Diese Faktoren beeinflussen sowohl die Fahrstrategien als auch die Notfallprozeduren und müssen in Safety- und ODD-Betrachtungen berücksichtigt werden.

Dynamik der Gesamtsituation

Die größte Herausforderung ergibt sich aus der gleichzeitigen Wechselwirkung all dieser Elemente:

- Ein Fußgänger betritt die Straße, während der Regen die Sensorleistung reduziert.
- Ein vorausfahrendes Fahrzeug führt einen unerwarteten Spurwechsel durch, während temporäre Baustellenmarkierungen uneindeutig sind.
- Der Fahrer eines Level-3-Systems ist abgelenkt, während ein plötzlich auftretender VRU schnelle Entscheidungen erfordert.

ADS müssen diese Mehrdimensionalität verarbeiten, Prioritäten korrekt setzen und gleichzeitig Sicherheitsmargen einhalten. Das erfordert:

- **Adaptive Wahrnehmungsalgorithmen** (z. B. KI-basierte Sensorfusion)
- **Prädiktive Verhaltensmodelle** für verschiedene Verkehrsteilnehmer
- **Robuste Entscheidungslogik** mit Fail-Safe- und Fail-Operational-Ansätzen
- **kontinuierliche Überwachung** der eigenen Leistungsfähigkeit und ODD-Konformität

Sicherheitsrelevante Konsequenzen

Wegen der inhärenten Nicht-Deterministik der Umgebung müssen ADS:

- mit Unschärfen, Messfehlern und unvollständigen Informationen umgehen können
- konservative Annahmen treffen, wenn Unsicherheiten steigen,
- klare Fallback- und Degradationsstrategien besitzen
- im Einklang mit Normen wie **ISO 26262, ISO 21448 (SOTIF)** und **ISO PAS 8800 (AI Safety)** entwickelt werden

Konzepte und Mechanismen

Mit zunehmender Systemautonomie steigt die Bedeutung einer Architektur, die Fehlertoleranz, Unsicherheitsbehandlung und Selbstüberwachung integriert. Auf dazu notwendige Konzepte und Mechanismen gehen wir im Folgenden näher ein.

- **Fail-operational- und degradierte Betriebsmodi:** Fail-Operational- und degradierte Betriebsmodi sind essenzielle Konzepte für automatisierte Fahrsysteme, da sie sicherstellen, dass ein System auch dann noch verlässlich arbeitet, wenn einzelne Komponenten ausfallen oder ihre Leistungsfähigkeit eingeschränkt ist. Ein ADS darf in sicherheitskritischen Situationen nicht abrupt seine Funktion einstellen, sondern muss in der Lage sein, trotz Teilausfällen eine stabile und vorhersehbare Restfunktionalität aufrechtzuerhalten. Dazu gehört, dass das System seine eigenen Defizite frühzeitig erkennt, die verbleibenden Fähigkeiten realistisch einschätzt und sein Verhalten entsprechend anpasst. Ein Fail-Operationales-System kann einen Ausfall kompensieren, indem es redundante Sensorik, alternative Datenpfade oder robuste Entscheidungslogiken nutzt. Es bleibt dabei nicht nur aktiv, sondern erfüllt weiterhin seine sicherheitskritischen Kernaufgaben, beispielsweise indem es die Fahrzeugführung stabil hält oder eine Mindestumgebungserkennung gewährleistet. Das System versucht also, trotz eines Teilausfalls zunächst den Normalbetrieb aufrechtzuerhalten, allerdings auf einer sicheren und konservativen Basis. Wenn die verbleibenden Fähigkeiten nicht mehr ausreichen, um den ursprünglichen Funktionsumfang sicher zu gewährleisten, muss das ADS in einen degradierten Betriebsmodus übergehen. Dieser Übergang erfolgt kontrolliert und ist darauf ausgerichtet, Risiken zu minimieren, indem das Fahrzeug seine Strategien an die reduzierten Möglichkeiten anpasst. Dazu können eine verringerte Geschwindigkeit, ein vorsichtigeres Fahrverhalten, eine eingeschränkte Manövrierfähigkeit oder eine reduzierte Abhängigkeit von bestimmten Sensorquellen gehören. Der degradierte Modus ist kein Notfallzustand, sondern eine bewusst gestaltete Zwischenstufe, die es dem System ermöglicht, weiterhin sicher zu operieren, bis entweder der Fahrer übernehmen kann (bei Systemen mit Fahrerrolle) oder ein Minimum-Risk-Manöver eingeleitet wird. Der entscheidende Punkt ist, dass Sicherheit zu jedem Zeitpunkt gewahrt bleibt. Weder der Ausfall einer Komponente noch eine reduzierte Leistungsfähigkeit darf zu einem abrupten Kontrollverlust oder unvorhersehbaren Systemverhalten führen. Ein ADS muss daher über Mechanismen verfügen, die nicht nur erkennen, dass eine Einschränkung vorliegt, sondern auch verstehen, welche Auswirkungen diese auf die Gesamtsystemleistung hat. So entsteht ein abgestuftes Sicherheitskonzept, in dem fail-operationales Verhalten und kontrollierte Degradation nahtlos ineinandergreifen und in Summe sicherstellen, dass das Fahrzeug jederzeit in einem beherrschbaren Zustand bleibt – im Interesse der Insassen, der anderen Verkehrsteilnehmer und der allgemeinen Verkehrssicherheit.

- **Datengetriebene Entscheidungsstrategien:** Datengetriebene Entscheidungsstrategien bilden das Fundament moderner KI-basierter Wahrnehmungs-, Vorhersage- und Planungsfunktionen in automatisierten Fahrsystemen. Da das Fahrzeug seine Umwelt ausschließlich über sensorische Daten interpretiert, müssen die Algorithmen in der

Lage sein, auch unter Bedingungen zu funktionieren, die durch Unsicherheiten, Messfehler oder unvollständige Informationen geprägt sind. In der Praxis bedeutet dies, dass die KI nicht nur »richtige« Entscheidungen unter idealen Umständen treffen kann, sondern vor allem in Situationen zuverlässig bleiben muss, in denen Sensoren teilweise verdeckt sind, Witterungseinflüsse die Datenqualität beeinträchtigen oder ungewöhnliche Verkehrsszenarien auftreten, für die wenig Trainingsdaten vorhanden sind. Eine zentrale Herausforderung besteht darin, dass datengetriebene Methoden wie neuronale Netze ihre Entscheidungen nicht auf klar definierte Regeln stützen, sondern auf statistisch erlernte Zusammenhänge. Dadurch müssen sie mit Wahrscheinlichkeiten arbeiten, anstatt eindeutige Wahrheiten abzubilden. Ein robustes System erkennt daher nicht nur, was es wahrnimmt, sondern schätzt ebenfalls ein, wie sicher diese Wahrnehmung ist. Diese Unsicherheitsbewertung wird anschließend in die Bewegungsplanung und die taktische Entscheidungsfindung integriert. So entsteht ein adaptives Verhalten, das im Zweifel konservativ agiert und Sicherheitsmargen einhält, anstatt riskante Entscheidungen zu treffen. Darüber hinaus müssen die Algorithmen in der Lage sein, neue Informationen dynamisch zu verarbeiten und ihre internen Modelle kontinuierlich an die aktuelle Situation anzupassen. Verkehrsumgebungen ändern sich ständig, und datengetriebene Systeme müssen flexibel genug sein, auf solche Veränderungen zu reagieren – etwa wenn sich das Verhalten anderer Verkehrsteilnehmer unerwartet entwickelt oder sich die Straßeninfrastruktur kurzfristig verändert. Die Fähigkeit, auf unvollständige oder teilweise widersprüchliche Datenquellen zu reagieren, ist dabei essenziell, um auch in komplexen und ambivalenten Situationen ein zuverlässiges und sicherheitsorientiertes Entscheidungsverhalten zu gewährleisten. Insgesamt erfordert der Einsatz datengetriebener Entscheidungsstrategien eine Kombination aus leistungsfähigen KI-Modellen, sicherheitsgerichteten Architekturen und Mechanismen zur kontinuierlichen Überwachung der eigenen Leistungsfähigkeit. Nur wenn Wahrnehmung, Vorhersage und Planung als integriertes System robust auf Unsicherheiten reagieren können, lässt sich die notwendige Vertrauenswürdigkeit erreichen, die für den Einsatz automatisierter Fahrsysteme im öffentlichen Verkehr unabdingbar ist.

- **Umgang mit Unsicherheiten in Wahrnehmung und Planung:** Der Umgang mit Unsicherheiten in Wahrnehmung und Planung ist eine der zentralen Herausforderungen für automatisierte Fahrsysteme, da reale Verkehrssituationen selten vollständig vorhersehbar oder eindeutig interpretierbar sind. Ein ADS ist darauf angewiesen, ständig ein konsistentes Bild seiner Umgebung zu erzeugen, doch dieses Bild kann durch zahlreiche Faktoren beeinträchtigt werden – etwa durch unvollständige Sensordaten, widersprüchliche Signale, verdeckte Objekte oder unerwartete Ereignisse im Verkehr. Deshalb muss das System nicht nur erkennen, was in der Umgebung geschieht, sondern auch einschätzen, wie sicher es sich sein kann, dass diese Einschätzung korrekt ist. Damit ein Fahrzeug sicher operieren kann, müssen Unsicherheiten bereits auf Ebene der Wahrnehmung identifiziert werden. Sensoren wie Kameras, LiDAR oder Radar liefern unter guten Bedingungen zuverlässige Daten, doch ungünstige Witterung, Blendung, Verschmutzung oder technische Probleme können ihre Leistungsfähigkeit erheblich beeinträchtigen. Ein intelligentes System überwacht daher kontinuierlich die Qualität der eingehenden Daten und erkennt frühzeitig, wenn bestimmte Sensorquellen nicht mehr vertrauenswürdig sind. Diese Bewertung fließt direkt in die Erstellung des Umfeldmodells ein, das dann entsprechend vorsichtig oder konservativ interpretiert wird.

Auch in der Planungsphase spielen Unsicherheiten eine große Rolle. Selbst wenn das Umfeld korrekt erfasst wurde, bleibt das Verhalten anderer Verkehrsteilnehmer unvollständig vorhersehbar. Fußgänger können plötzlich die Richtung ändern, Fahrzeuge können unerwartet bremsen oder ausscheren, und bestimmte Situationen können sich aufgrund ihrer Komplexität nicht eindeutig modellieren lassen. Ein robustes ADS muss daher mit probabilistischen Annahmen arbeiten, mögliche Zukunftsszenarien durchspielen und eine Fahrstrategie wählen, die auch bei Abweichungen in den Bewegungen anderer Verkehrsteilnehmer sicher bleibt. Das bedeutet, dass das System bewusst Sicherheitsreserven einplant und Entscheidungen so gestaltet, dass sie auch unter Unsicherheiten stabil sind. Wesentlich ist zudem, dass das ADS nicht nur passiv auf Unsicherheiten reagiert, sondern aktiv Strategien entwickelt, um deren Auswirkungen zu minimieren. Wird beispielsweise ein Sensorausfall erkannt, können andere Sensoren stärker gewichtet oder alternative Datenquellen genutzt werden. Tritt eine Situation auf, in der die Unsicherheit insgesamt zu hoch wird, muss das System geeignete Degradations- oder Fallback-Manöver einleiten, um die Sicherheit weiterhin zu gewährleisten. Der kompetente Umgang mit Unsicherheiten ist daher kein isolierter Schritt, sondern ein durchgängiges Prinzip in der Wahrnehmung, der Bewegungsplanung und der Entscheidungsfindung. Ein zuverlässiges ADS zeichnet sich dadurch aus, dass es nicht nur gute Entscheidungen trifft, wenn alles ideal läuft, sondern gerade dann sicher bleibt, wenn die Realität von den Erwartungen abweicht.

- **Kontinuierliche Überwachung und Aktualisierung über den gesamten Fahrzeuglebenszyklus:** Die kontinuierliche Überwachung und Aktualisierung über den gesamten Fahrzeuglebenszyklus ist ein wesentlicher Bestandteil moderner Sicherheits- und KI-basierter Fahrzeugsysteme. Da automatisierte Funktionen nicht statisch sind, sondern in einem sich permanent verändernden technischen und realen Umfeld betrieben werden, müssen sicherheitsrelevante Informationen und Felddaten laufend gesammelt, analysiert und in die Weiterentwicklung des Systems integriert werden. Damit bleibt gewährleistet, dass das Fahrzeug auch Jahre nach der Auslieferung sicher betrieben werden kann und die implementierten Sicherheitsmaßnahmen weiterhin wirksam sind. Im realen Betrieb entstehen zahlreiche wertvolle Informationen: Sensordaten, Fehlermeldungen, Nutzerinteraktionen, atypische Verkehrssituationen oder seltene Randfälle, die im Vorfeld nicht vollständig antizipiert werden konnten. Diese Felddaten liefern entscheidende Hinweise darauf, wie das System in der Praxis funktioniert, welche Schwachstellen auftreten können und wo sich das Verhalten von der ursprünglichen Annahme oder den definierten Systemgrenzen entfernt. Eine strukturierte Rückführung dieser Informationen sorgt dafür, dass Hersteller frühzeitig Abweichungen, sich entwickelnde Risiken oder potenzielle Sicherheitslücken erkennen und Gegenmaßnahmen einleiten können. Gleichzeitig spielt die Aktualisierung der Software – einschließlich KI-Modelle, Sicherheitsparameter und ODD-Definitionen – eine zentrale Rolle. Da sich sowohl die Technologie als auch die Verkehrsumgebung weiterentwickeln, müssen Systeme regelmäßig über Updates an neue Rahmenbedingungen angepasst werden. Änderungen in der Infrastruktur, neue Erkenntnisse aus der Unfallforschung oder verbesserte KI-Verfahren können erfordern, dass das Fahrzeugverhalten angepasst wird. Dieser Prozess erfordert strenge Sicherheitsmechanismen, um sicherzustellen, dass jede Aktualisierung validiert, nachvollziehbar dokumentiert und risikobewertet ist, bevor sie in eine große Fahrzeugflotte ausgerollt wird. Die kontinuierliche Überwachung endet dabei nicht mit der Bereitstellung eines Updates. Vielmehr muss das System fortlaufend kontrollieren, ob die implementierten Maßnahmen den gewünschten Effekt erzielen und ob die Leistung der Funktionen im Feld stabil bleibt. Ein geschlossener Lebenszyklusprozess – vom Betrieb zurück in die Entwicklung und wieder zurück in den Betrieb – ist daher entscheidend. Er stellt sicher, dass das Fahrzeug immer auf dem aktuellen Stand der Sicherheitstechnik bleibt und neue Erkenntnisse systematisch genutzt werden, um Risiken zu reduzieren, Fehlfunktionen zu vermeiden und die Gesamtzuverlässigkeit der automatisierten Funktionen langfristig zu sichern. Damit entsteht ein dynamischer Sicherheitsansatz, der über den gesamten Lebenszyklus hinweg wirksam bleibt und nicht nur die initiale Fahrzeugentwicklung, sondern auch den realen Betrieb, die Wartung, die Weiterentwicklung und die kontinuierliche Verbesserung umfasst.

- **Integration von KI-spezifischen Sicherheitsaspekten:** Die Integration von KI-spezifischen Sicherheitsaspekten stellt eine grundlegende Weiterentwicklung der klassischen Safety- und SOTIF-Ansätze dar, weil KI-basierte Systeme andere Arten von Risiken erzeugen als konventionelle, deterministische Software. Während traditionelle Sicherheitsmethoden primär auf vorhersehbare Fehlfunktionen abzielen, müssen KI-Systeme auch mit Unsicherheiten, statistischen Effekten, datengetriebenen Modellen und komplexen, teilweise undurchsichtigen Entscheidungsprozessen umgehen. Deshalb benötigen automatisierte Fahrsysteme, die KI in ihrer Wahrnehmung oder Entscheidungsfindung einsetzen, zusätzliche Schutzmechanismen, die über das gewohnte Spektrum funktionaler Sicherheit deutlich hinausgehen. Ein zentrales Element ist die Unsicherheitsquantifizierung, also die Fähigkeit eines KI-Modells, nicht nur eine Entscheidung zu treffen, sondern auch eine Einschätzung darüber zu liefern, wie zuverlässig diese Entscheidung ist. Für ein automatisiertes Fahrzeug reicht es nicht aus, zu erkennen, dass ein Objekt vermutlich ein Fußgänger ist – das System muss auch einschätzen können, ob die zugrunde liegenden Daten vertrauenswürdig sind oder ob äußere Einflüsse, Datenlücken oder Modellgrenzen zu großen Unsicherheiten führen. Diese Information fließt anschließend direkt in die Bewegungsplanung ein und bestimmt, wie konservativ das Fahrzeug agiert. Ebenso wichtig ist die Modellrobustheit. KI-Modelle müssen so gestaltet sein, dass sie auch dann stabile Ergebnisse liefern, wenn sie mit ungewöhnlichen, verrauschten oder teilweise fehlerhaften Eingaben konfrontiert werden. Darüber hinaus müssen sie resilient gegenüber adversarialen Effekten sein, also Situationen, in denen minimal veränderte Daten zu falschen Klassifikationen führen können. Robustheit bedeutet daher, dass das Modell auch außerhalb idealer Bedingungen zuverlässig funktioniert und im Fehlerfall nicht unkontrollierbar reagiert. Ein dritter zentraler Aspekt betrifft die Datenintegrität. Da KI-Systeme stark von den Daten abhängen, die sie während Entwicklung, Validierung und Betrieb erhalten, muss sichergestellt werden, dass diese Daten korrekt, vollständig, konsistent und frei von Manipulationen sind. Verzerrte oder veraltete Datensätze können Fehlverhalten verursachen, das sich erst lange nach der Inbetriebnahme zeigt, weshalb Mechanismen zur Überprüfung, Versionierung, Sicherung und fortlaufenden Validierung von Daten essenziell sind. Die Datenintegrität umfasst sowohl die Trainingsdaten als auch die Daten, die im Betrieb gesammelt und für Updates oder Re-Trainings genutzt werden. Schließlich spielt Traceability eine besonders wichtige Rolle. Im Gegensatz zu klassischen Systemen, bei denen sich Anforderungen, Code und Tests klar zuordnen lassen, entstehen KI-Modelle häufig aus komplexen Trainingsprozessen, die schwer nachvollziehbar sind. Für sicherheitskritische Anwendungen ist es jedoch notwendig, jeden Schritt des Entwicklungs- und Trainingsprozesses transparent dokumentieren zu können: Welche Daten wurden verwendet? Unter welchen Bedingungen wurde das Modell trainiert? Wie wurde seine Leistung bewertet? Und auf welchen Sicherheitsanforderungen basiert seine Architektur? Diese Rückverfolgbarkeit ermöglicht nicht nur die Nachweisführung in Audits oder Zertifizierungen, sondern bildet auch die Grundlage dafür, dass spätere Anpassungen oder Re-Trainings kontrolliert und sicher durchgeführt werden können. Insgesamt erweitern diese KI-spezifischen Sicherheitsaspekte das klassische Sicherheitsverständnis erheblich. Sie sorgen dafür, dass datengetriebene Systeme nicht nur funktional korrekt arbeiten, sondern auch unter Unsicherheiten zuverlässig, nachvollziehbar und robust bleiben – ein entscheidender Schritt, um KI sicher in hochkritischen Anwendungsbereichen wie dem automatisierten Fahren einsetzen zu können.

- **Verknüpfung von Safety, SOTIF und Cybersecurity:** Die Verknüpfung von Safety, SOTIF und Cybersecurity ist für automatisierte Fahrsysteme von zentraler Bedeutung, da die einzelnen Disziplinen zwar unterschiedliche Schwerpunkte haben, sich in der Praxis jedoch stark überschneiden und gegenseitig beeinflussen. Ein ADS kann nur dann zuverlässig und verantwortungsvoll betrieben werden, wenn funktionale Sicherheit, die Beherrschung unbeabsichtigter Funktionsrisiken und der Schutz vor böswilligen Angriffen als integriertes Gesamtkonzept betrachtet werden. Ein isolierter Ansatz, bei dem jede Disziplin für sich allein optimiert wird, reicht nicht aus, um den hohen Anforderungen moderner, KI-gestützter Fahrzeugfunktionen gerecht zu werden. Die klassische funktionale Sicherheit (Safety) befasst sich mit der Beherrschung technischer Fehlfunktionen – etwa defekten Sensoren, beschädigten Leitungen, Hardwarefehlern oder Softwarebugs. In diesen Szenarien geht es darum, dass das System auch bei solcher Art von Ausfällen kontrolliert und vorhersehbar reagiert. SOTIF hingegen adressiert jene Risiken, die nicht durch Fehlfunktionen, sondern durch funktionale Grenzen entstehen, insbesondere durch unzureichende Wahrnehmungsleistung, unvollständige Situationserfassung oder unvorhersehbare Umwelteinflüsse. Gerade bei KI-basierten Systemen spielen solche Limitierungen eine große Rolle, weil das Verhalten nicht vollständig deterministisch ist und sich aus datengetriebenen Modellen ergibt, die nur innerhalb bestimmter Szenarien zuverlässig funktionieren. Cybersecurity fügt eine weitere Komplexitätsebene hinzu: ADS-Systeme sind stark vernetzt und müssen sich gegen Manipulationen, Angriffe auf Kommunikationskanäle und absichtliche Störungen schützen. Ein erfolgreicher Cyberangriff kann nicht nur zu Funktionsstörungen führen, sondern unmittelbar sicherheitskritische Situationen hervorrufen – etwa indem Steuergeräte manipuliert, Sensoren geblendet oder Kommunikationsdaten verfälscht werden. Damit wird deutlich, dass Sicherheitsrisiken aus allen drei Bereichen miteinander verwoben sind: Eine Cyber-Schwachstelle kann zu SOTIF-Problemen führen, etwa durch manipulierte Sensordaten, und schließlich zu Safety-Hazard-Situationen, wenn falsche Informationen in sicherheitsrelevante Entscheidungen einfließen. Ein ganzheitlicher Ansatz bedeutet daher, dass diese Disziplinen nicht getrennt bearbeitet werden, sondern gemeinsam in ein integriertes Sicherheitskonzept einfließen. Entwicklungsprozesse müssen so gestaltet sein, dass funktionale Sicherheit, SOTIF-Anforderungen und Cybersecurity-Maßnahmen einander ergänzen und sich gegenseitig absichern. Das betrifft sowohl die technische Architektur – etwa durch redundante, abgesicherte Kommunikationspfade, vertrauenswürdige Sensorik oder robuste Entscheidungslogiken – als auch organisatorische Aspekte wie Risikoanalysen, Sicherheitsnachweise, Monitoring im Feld und kontinuierliche Updates. Damit entsteht ein umfassendes Schutzsystem, das technische Fehler, funktionale Grenzen und böswillige Einflüsse gleichermaßen berücksichtigt. Nur durch diese enge Verknüpfung kann gewährleistet werden, dass ADS-Systeme nicht nur im Labor, sondern auch im realen Straßenverkehr zuverlässig, widerstandsfähig und vertrauenswürdig bleiben.

Diese Besonderheiten machen deutlich, dass für automatisierte Fahrsysteme ein eigenes, konsistentes und nachweisorientiertes Safety-Framework notwendig ist, das die besonderen Anforderungen von KI, dynamischen Umgebungen und kontinuierlichem Betrieb berücksichtigt.

3.14 Positionierung von ISO/TS 5083 im Normenökosystem

ISO/TS 5083 ersetzt ISO/TR 4804 nicht einfach, sondern entwickelt dessen Inhalte deutlich weiter, indem sie die zentrale Integrationsplattform für alle wesentlichen Normen rund um Safety, Security und operationelle Aspekte hochautomatisierter Fahrzeuge bildet. Während frühere Dokumente vor allem Orientierung gaben, definiert ISO/TS 5083 einen strukturierten, ganzheitlichen Sicherheitsrahmen (siehe Tabelle 3.7), der verschiedene Normen nicht nur referenziert, sondern deren Anforderungen miteinander verzahnt und harmonisiert. Damit entsteht ein konsistentes Sicherheitskonzept, das den gesamten Lebenszyklus automatisierter Fahrsysteme abdeckt. Im Bereich der funktionalen Sicherheit bleibt ISO 26262 weiterhin maßgeblich, da sie die technischen Methoden, Prozesse und Anforderungen zur Absicherung klassischer sicherheitskritischer Fahrzeugfunktionen vorgibt. ISO/TS 5083 baut darauf auf, indem sie diese Anforderungen in den Kontext automatisierter Fahrfunktionen einordnet und verdeutlicht, wie Fail-Operational-Architekturen, redundante Sensorsysteme oder komplexe Steueralgorithmen sicher umgesetzt werden. ISO 21448 (SOTIF) ergänzt diesen Ansatz, indem sie sich mit den Risiken befasst, die nicht aus Fehlfunktionen, sondern aus funktionalen Grenzen entstehen – etwa unzureichender Performance von Wahrnehmungsmodellen, unvorhersehbaren Szenarien oder unvollständigen Umweltinformationen. ISO/TS 5083 integriert diese Perspektive, weil automatisierte Fahrfunktionen in besonderem Maße von solchen nicht-deterministischen Effekten betroffen sind. Sie zeigt auf, wie SOTIF-Betrachtungen gemeinsam mit funktionaler Sicherheit ein umfassenderes Bild der Systemsicherheit ergeben.

Cybersecurity nach ISO/SAE 21434 bildet eine weitere zentrale Säule, denn vernetzte ADS sind permanent potenziellen Angriffen ausgesetzt. ISO/TS 5083 stellt sicher, dass Verteidigungsmaßnahmen, Risikoanalysen und kontinuierliche Überwachungsaktivitäten nicht isoliert betrachtet werden, sondern unmittelbar in das Gesamtsicherheitskonzept einfließen, da Cyberangriffe ebenso sicherheitskritische Folgen haben können wie technische Fehler oder Wahrnehmungsgrenzen. Mit [ISO 24089:2023] (»Road Verhicles – Software Update Engineering«) wird zudem der Bereich der Software-Updates abgedeckt – ein entscheidender Faktor für ADS, die im Feld kontinuierlich verbessert und abgesichert werden müssen. ISO/TS 5083 betont, dass wirksame Update-Prozesse ein integraler Bestandteil der langfristigen Systemsicherheit sind und direkt in das Lebenszyklusmanagement eingebettet werden müssen. Auch KI-spezifische Anforderungen, wie sie in ISO/PAS 8800 beschrie-

ISO 24089

ben werden, spielen eine immer wichtigere Rolle. ISO/TS 5083 verweist auf diese zusätzlichen Sicherheitsaspekte, vor allem im Hinblick auf Wahrnehmungs- und Entscheidungsmodelle, Unsicherheitsbehandlung und Trainingsdatenqualität. Obwohl ISO/PAS 8800 ein eigenes Themenfeld darstellt, wird sie in ISO/TS 5083 als relevante Ergänzung für die Absicherung datengetriebener Komponenten anerkannt.

Themenbereich	Relevante Norm	Rolle im Verhältnis zu ISO/TS 5083
Funktionale Sicherheit	ISO 26262	Wird zur technischen Implementierung von Safety Requirements genutzt
SOTIF	ISO 21448	Ergänzt ADS-Safety bzgl. nicht vorhersehbarer Szenarien und Performance-Limits
Cybersecurity	ISO/SAE 21434	Grundlage für kontinuierliche Cybersecurity-Aktivitäten
Software-Updates	ISO 24089	Regelt Update-Prozesse, die im Betrieb essenziell sind
KI-Sicherheit	ISO/PAS 8800	Eigener Themenkomplex, auf den verwiesen werden kann (insb. Wahrnehmungsmodelle)

Tab. 3.7 *Strukturierter ganzheitlicher Sicherheitsrahmen*

Insgesamt stellt ISO/TS 5083 klar, dass die Sicherheit automatisierter Fahrfunktionen über die Summe der einzelnen Normen hinausgeht. Sie ersetzt weder ISO 26262 noch ISO 21448 oder andere Standards, sondern schafft eine übergeordnete Integrationsschicht, die deren Inhalte strukturiert zusammenführt und sicherstellt, dass alle sicherheits- und sicherheitsrelevanten Aspekte in einem einheitlichen, kohärenten Rahmen betrachtet werden. Dadurch wird ein normativer Leitfaden geschaffen, der die verschiedenen Disziplinen miteinander verknüpft und Herstellern hilft, ADS-Systeme ganzheitlich und zukunftssicher abzusichern.

3.14.1 Anwendungsbereich und Aufbau der ISO/TS 5083

Die ISO/TS 5083 richtet sich an Organisationen, die ADS-Funktionen entwickeln, integrieren oder betreiben, insbesondere Fahrzeuge der Automatisierungsstufen L3+ sowie L4/L5. Dazu gehören Hersteller, Systemintegratoren, Flottenbetreiber und Dienstleister, die für Safety Assurance, Risk Assessment und Safety Engineering verantwortlich sind, sowie Organisationen, die Aktualisierungen, Feldbeobachtung oder den Flottenbetrieb steuern.

Die Norm ist funktional und feature-spezifisch ausgerichtet: Jede ADS-Funktion, wie etwa ein L4-RoboTaxi mit Operational Design Domain Innenstadt, muss individuell definiert, bewertet, abgesichert und kontinuierlich überwacht werden. Dies stellt sicher, dass Sicherheitsziele auf der Ebene einzelner Funktionen überprüfbar sind und dass Post-Deployment-Aktivitäten wie Monitoring, Incident Handling und Software-Updates systematisch abgebildet werden.

Der Aufbau der ISO/TS 5083 gliedert sich in drei übergeordnete Themenbereiche, die im weiteren Verlauf dieses Kapitels jeweils detailliert behandelt werden:

1. **Safety Strategy**

   Dieser Bereich definiert die grundlegenden Sicherheitsziele und legt die Risiko-Akzeptanz-Kriterien sowie die spezifischen ADS-Features und zugehörigen Sicherheitsanforderungen fest. Sicherheitsziele werden aus einer systematischen Risikobewertung abgeleitet und dienen als verbindliche Grundlage für den gesamten Entwicklungs- und Betriebsprozess. Ein Beispiel hierfür ist die Ableitung eines Sicherheitsziels für die Kollisionsvermeidung in städtischen Umgebungen, das konkrete Performance-Kriterien für die Sensorfusion, Hinderniserkennung und Fahrplanung beinhaltet.

2. **Safety by Design & Safety Argumentation**

   Hierbei werden die Designprinzipien und die Struktur des Safety-Case spezifiziert. Externe Annahmen, etwa zur Verfügbarkeit von Infrastruktur, HD-Karten oder Fahrzeug-zu-Fahrzeug-Kommunikation, werden explizit dokumentiert, und die Verifikationsstrategie wird festgelegt. Dies ermöglicht eine konsistente Ableitung von Sicherheitsanforderungen, die sowohl funktionale als auch KI-spezifische Aspekte berücksichtigen, wie etwa Robustheit gegenüber Unsicherheiten in der Wahrnehmung oder Vorhersage des Umfelds.

3. **Validation und Operation**

   Dieser Bereich konzentriert sich auf die Validierung der Risko-Akzeptanz-Kriterien sowie auf die umfassende operationelle Absicherung der ADS-Funktionen. Dazu zählen insbesondere:

   - **Field Monitoring:** Kontinuierliche Überwachung der Systeme im realen Betrieb, um Abweichungen, Anomalien oder Verschlechterungen der Systemleistung frühzeitig zu erkennen.

- **Change-Management:** Strukturierte Verwaltung und Bewertung von Systemänderungen, Software-Updates oder Modellanpassungen, um die Konsistenz der Sicherheitsnachweise sicherzustellen.
- **Cybersecurity Monitoring:** Laufende Überprüfung und Abwehr potenzieller Cyberangriffe, die die Sicherheit und Zuverlässigkeit der ADS-Funktionen gefährden könnten.
- **Incident Management:** Systematische Erfassung, Analyse und Behebung sicherheitsrelevanter Vorfälle, um Feedback in die kontinuierliche Sicherheitsbewertung zu integrieren.

Durch diese Maßnahmen wird gewährleistet, dass Sicherheitsanforderungen nicht nur während der Entwicklungsphase, sondern auch während des gesamten Betriebs zuverlässig eingehalten werden.

Praktisches Beispiel: Bei der Validierung von Software-Updates für neuronale Netze werden Felddaten genutzt, um die Wirksamkeit der Updates zu überprüfen. Erkennt das System beispielsweise ein bislang nicht abgedecktes Verkehrsszenario in der definierten ODD, so wird analysiert, ob die KI-Komponenten korrekt reagieren. Anschließend werden die Updates freigegeben, um die Systemleistung und die Einhaltung der Sicherheitsziele sicherzustellen.

Darüber hinaus fördert ISO/TS 5083 die Integration von Feedback-Schleifen, sodass Erkenntnisse aus dem Betrieb direkt in die Weiterentwicklung von Algorithmen, Sensorik und Systemarchitektur einfließen. Dies umfasst die Anpassung der Operational Design Domains, die Verbesserung der Modellrobustheit sowie die Optimierung von Fallback-Strategien.

Insgesamt ermöglicht die ISO/TS 5083 eine **systematische, nachvollziehbare und feature-spezifische Sicherheitsargumentation,** die alle Phasen des Lebenszyklus automatisierter Fahrfunktionen abdeckt – von der Konzeption über die Entwicklung und Integration bis hin zum realen Betrieb und der kontinuierlichen Verbesserung im Feld. Durch diese Vorgehensweise wird sichergestellt, dass Sicherheitsziele messbar, überprüfbar und nachhaltig eingehalten werden.

3.14.2 Regulatorische Grundlagen und Safety Framework nach ISO/TS 5083

Die ISO/TR 4804:2020 lieferte die erste konsistente Orientierung für automatisierte Fahrsysteme ab Level 3 unter Einbezug funktionaler Sicherheit nach ISO 26262, SOTIF gemäß ISO 21448 und Cybersecurity nach ISO/SAE 21434. Sie bot eine empfehlende Leitlinie, die von Industrie und Behörden als Referenzrahmen genutzt wurde, enthielt jedoch keine verbindlichen Anforderungen. Im Jahr 2025 wurde die ISO/TR 4804 zurückgezogen und durch die ISO/TS 5083:2025 ersetzt. Diese technische Spezifikation ist semi-normativ, formuliert jedoch konkrete Ziele und überprüfbare Anforderungen, integriert Post-Deployment-Aktivitäten wie Monitoring, Update-Management und Incident-Handling und definiert klar die Abgrenzung zwischen internen Systemverantwortlichkeiten und externen Annahmen, beispielsweise Infrastruktur, HD-Karten oder Kommunikation.

ISO/TS 5083 verfolgt das übergeordnete Ziel, automatisierte Fahrzeuge so abzusichern, dass die betriebliche Sicherheit auch im Fehlerfall gewährleistet ist, ein sicherer Fallback-Zustand für den Fahrer besteht, Systemdegradierungen überwacht und kontrolliert werden und die Sicherheitsleistung über den gesamten Lebenszyklus nachgewiesen werden kann. Dabei steht eine zielbasierte Sicherheitsstrategie im Vordergrund, die Safety, SOTIF und Cybersecurity in ein konsistentes Safety-Case-Framework integriert und kontinuierliche Wirksamkeitsbewertungen, während Betrieb und Updates vorsieht. Anforderungen, Tests und Daten werden über den gesamten Lebenszyklus nachvollziehbar verknüpft, sodass ein durchgängiger Nachweis gewährleistet ist. Auf diese Weise bildet ISO/TS 5083 die verbindliche Schnittstelle zwischen den allgemeinen Normen ISO 26262, ISO 21448 und ISO/SAE 21434 einerseits und den spezifischen Anforderungen an automatisierte Fahrsysteme und den Einsatz von KI andererseits (siehe Abbildung 3.6).

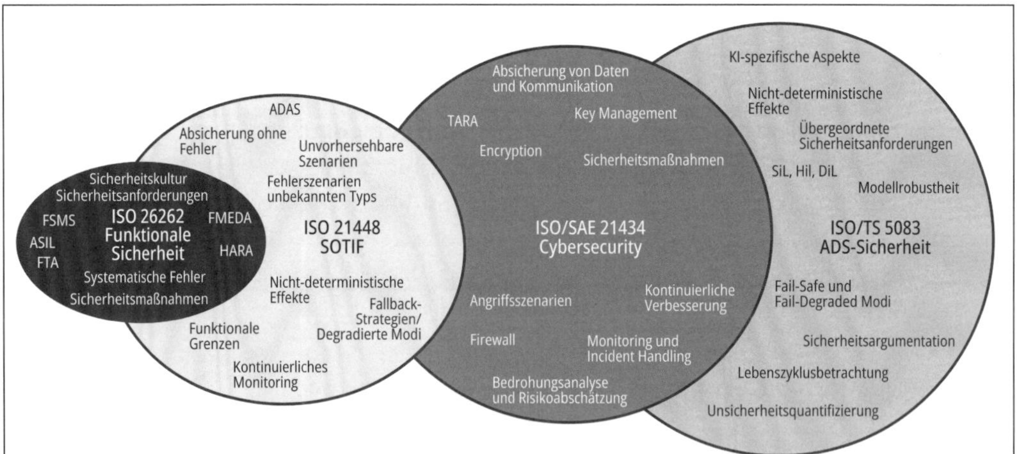

Abb. 3.6 *Überlappung FuSi – SOTIF – Cysec – ISO/TS 5083*

Das Safety-Framework der ISO/TS 5083 gliedert sich in drei Ebenen. Auf der obersten Ebene stehen die Sicherheitsziele, die aus einer systematischen Risikobewertung abgeleitet und in überprüfbare Anforderungen überführt werden. Auf der zweiten Ebene werden funktionale und nicht-funktionale Sicherheitsanforderungen spezifiziert, wobei auch KI-spezifische Aspekte wie Unsicherheiten, Robustheit und Datenqualität berücksichtigt werden. Die unterste Ebene umfasst die Verifikation und Validierung, in der risikobasierte Test- und Bewertungsstrategien, Simulationen, Hardware-in-the-Loop-Tests (HiL), On-Road-Tests sowie Post-Deployment-Monitoring, Change-Management und Incident Handling zusammengeführt werden.

Während die ISO/TR 4804 13 ADS-Fähigkeiten wie das Ermitteln des Standorts, das Erkennen relevanter Objekte oder die Sicherstellung der Kontrollierbarkeit durch den Fahrer definierte, transformiert die ISO/TS 5083 diese Fähigkeiten in übergeordnete Sicherheitsziele. Die ursprünglichen Fähigkeiten dienen damit als konzeptioneller Ausgangspunkt, während die Sicherheitsziele einen direkten Bezug zu überprüfbaren Nachweisen herstellen und in den Safety-Case integriert werden. Durch diese Transformation verschiebt sich der Fokus von der bloßen Funktionalität hin zu nachweisbaren Sicherheitswirkungen. Tabelle 3.8 zeigt die Verknüpfung der Fähigkeit mit den Sicherheitszielen.

ID/Fähigkeit	Beschreibung	Korrespondierendes Sicherheitsziel gemäß ISO/TS 5083
FS_1	Standort ermitteln	Aufrechterhaltung der betrieblichen Sicherheit des ADS unter Fehlerbedingungen
FS_2	Erkennen relevanter statischer und dynamischer Objekte	Aufrechterhaltung der betrieblichen Sicherheit / Gewährleistung eines sicheren Wahrnehmungs- und Umgebungsmodells
FS_3	Vorhersage des zukünftigen Verhaltens relevanter Objekte	Aufrechterhaltung der betrieblichen Sicherheit / Unterstützung sicherer Planung und Vorhersage
FS_4	Planung für kollisionsfreies und gesetzeskonformes Fahren	Aufrechterhaltung der betrieblichen Sicherheit / Unterstützung sicheren und regelkonformen Fahrverhaltens
FS_5	Korrektes Ausführen des Fahrplans einschließlich Bestätigung	Aufrechterhaltung der betrieblichen Sicherheit / Gewährleistung sicherer Betätigung und Steuerung
FS_6	Kommunikation und Interaktion mit anderen Verkehrsteilnehmern	Aufrechterhaltung der betrieblichen Sicherheit / Gewährleistung sicherer Interaktion und Kommunikation

→

ID/Fähigkeit	Beschreibung	Korrespondierendes Sicherheitsziel gemäß ISO/TS 5083
FS_7	Erkennen, wenn die angegebene Leistung nicht erreicht wird	Überwachung und Steuerung von Systemdegradationen
FD_1	Sicherstellung der Kontrollierbarkeit durch den Fahrer	Sicherstellung eines sicheren Fallback-Zustands und der Kontrollierbarkeit durch den Fahrer
FD_2	Erkennung, wenn Degradierung nicht verfügbar ist	Überwachung und Steuerung von Systemdegradationen
FD_3	Übergang in den sicheren Zustand mit Meldung des Betriebsmodus	Sicherstellung eines sicheren Fallback-Zustands und der Kontrollierbarkeit / Aufrechterhaltung der betrieblichen Sicherheit
FD_4	Reaktion auf unzureichende Leistung und andere Fehler durch Degradierung	Überwachung und Steuerung von Systemdegradationen
FD_5	Reduktion der Systemleistung im Fehlerfall (»Fail-Degraded-Modus«)	Überwachung und Steuerung von Systemdegradationen / Aufrechterhaltung sicherer Systemleistung
FD_6	Funktionale Anpassung offener Datendefinitionen innerhalb reduzierter Systembeschränkungen	Nachweis der Sicherheitsleistung über den gesamten Fahrzeuglebenszyklus hinweg

Tab. 3.8 *Zuordnung der Fähigkeiten gemäß ISO/TR 4804 zu korrespondierenden Sicherheitszielen gemäß ISO/TS 5083*

Besonders hervorzuheben ist, dass ISO/TS 5083 erstmals Post-Deployment-Aktivitäten systematisch integriert. Dazu gehört die kontinuierliche Überprüfung der Performance automatisierter Fahrsysteme im Feld, die Validierung von Software-Updates sowie die strukturierte Analyse von sicherheitsrelevanten Vorfällen. Erkenntnisse aus der Praxis werden so in die Sicherheitsargumentation zurückgeführt, wodurch ein kontinuierlicher Sicherheitslebenszyklus entsteht, der Entwicklung, Betrieb und Updates umfasst.

ISO/TS 5083 baut damit die Grundsätze der ISO/TR 4804 weiter aus und überführt sie in ein semi-normatives, ziel- und nachweisorientiertes Rahmenwerk. Safety, SOTIF und Cybersecurity werden konsistent miteinander verknüpft, Sicherheitsziele ersetzen die bislang verwendete Fähigkeitentabelle und ermöglichen eine systematische Integration in den Safety Case. Durch die Berücksichtigung von Post-Deployment-Monitoring, Traceability und kontinuierlicher Wirksamkeitsbewertung entsteht eine robuste Grundlage für die Absicherung automatisierter Fahrsysteme, insbesondere unter dem Einsatz von KI.

3.15 Verifikation und Validierung von KI-gestützten Fahrfunktionen: Methoden, Teststrategien und kontinuierlicher Sicherheitsnachweis

Mit zunehmendem Automatisierungsgrad in Level-3- bis Level-5-Fahrzeugen steigen die Anforderungen an die Nachweisführung, dass KI-basierte Systeme unter allen relevanten Betriebsbedingungen korrekt und sicher funktionieren. Die Komplexität der Algorithmen, die Vielzahl unvorhersehbarer Risikofaktoren und die Abhängigkeit von Sensorik, Datenfusion, Entscheidungslogik und Aktor-Steuerung erschweren die standardisierte Entwicklung und Prüfung automatisierter Fahrfunktionen erheblich. Die ISO/TR 4804 bot hierfür einen ersten Rahmen, indem sie zentrale Aufgaben für die Verifikation und Validierung definierte, insbesondere den statistischen Nachweis der Systemsicherheit im Vergleich zum menschlichen Fahrer, die Bewertung der Systemsicherheit bei Fahrerinteraktionen, die Berücksichtigung unbekannter Fehlerszenarien, die Validierung unterschiedlicher Systemkonfigurationen sowie die Prüfung maschinell lernender Systeme und deren spezifischer Eigenschaften.

Die ISO/TS 5083 greift die gleichen V & V Ziele wie ISO/TR 4804 auf, erweitert diesen Ansatz aber erheblich und ändert den Fokus – weg von Herausforderungen hin zu Verifikations- und Validierungszielen – die klar messbar und nachweisbar sind. Sie ergänzt neue Themen wie Unsicherheitsbewertung, Datenqualität, Feldbeobachtung und Rückverfolgbarkeit (Traceability). Ergänzend hierzu konkretisiert die ISO/TS 5083 diese Herausforderungen in Form messbarer Verifikations- und Validierungsziele. Sie fordert, dass für jede sicherheitsrelevante Funktion …

- die Nachweisführung quantitativ begründet wird, z. B. durch Risiko- und Leistungsmetriken im Sicherheitsfall (Safety Case),
- Datenqualität, Repräsentativität und Unsicherheiten systematisch bewertet werden,
- Änderungen am System nachvollziehbar mit zugehörigen Testfällen und Nachweisen verknüpft sind (Traceability) und

- KI-basierte Komponenten nicht nur funktional, sondern auch hinsichtlich Robustheit, Erklärbarkeit und Feldüberwachung validiert werden.

Sicherheitsrelevante Funktionen müssen nicht nur hinsichtlich ihrer funktionalen Leistung überprüft werden, sondern auch in Bezug auf Datenqualität, Repräsentativität, Unsicherheiten, Robustheit und Vertrauenswürdigkeit. Jede Änderung am System ist nachvollziehbar mit den entsprechenden Testfällen und Nachweisen zu verknüpfen, wodurch eine durchgängige Traceability über den gesamten Lebenszyklus des Fahrzeugs gewährleistet wird. Gleichzeitig werden Post-Deployment-Aktivitäten wie kontinuierliches Monitoring, Incident Handling und Update-Management systematisch integriert. Durch diese Maßnahmen entsteht ein kontinuierlicher Sicherheitslebenszyklus, der Entwicklung, Betrieb und Updates abdeckt und die Sicherheitsleistung permanent überprüft.

Tipp

Damit führt die ISO/TS 5083 die in der ISO/TR 4804 formulierten V&V-Grundsätze fort und erweitert sie zu einem ziel- und nachweisorientierten Rahmenwerk, das über den gesamten Lebenszyklus eines automatisierten Fahrzeugs gilt.

Die in der ISO/TR 4804 definierten Fail-Safe- und Fail-Degraded-Fähigkeiten, wie das sichere Erkennen relevanter Objekte, die Vorhersage des zukünftigen Verhaltens von Verkehrsteilnehmern, die Planung kollisionsfreier Fahrmanöver und die Sicherstellung der Kontrollierbarkeit durch den Fahrer, werden in der ISO/TS 5083 in übergeordnete Sicherheitsziele überführt. Diese Sicherheitsziele gewährleisten die betrieblichen Mindestanforderungen selbst unter Fehlerbedingungen, ermöglichen einen sicheren Fallback-Zustand für den Fahrer, steuern Degradationen und stellen die Einhaltung der Sicherheitsleistung über den gesamten Lebenszyklus sicher. Damit verschiebt sich der Nachweis von einer fähigkeitsbasierten Betrachtung hin zu einer systematischen, zielorientierten Argumentation im Safety Case.

Für die technische Umsetzung ist die Redundanz und Diversität der Sensorik entscheidend, um abhängige Ausfälle und Ausfälle mit gemeinsamer Ursache zu vermeiden. ISO/TS 5083 fordert, dass Wirksamkeit, Überwachung und Bewertung von Redundanzmaßnahmen nachweislich erfolgen und über den gesamten Lebenszyklus geprüft werden. Sensorelemente wie Umgebungswahrnehmungssensoren, Standortdaten, Fahrzeugkommunikation, Sensorfusion, Lokalisierung, Bewegungssteuerung und Aktoren müssen so integriert sein, dass sowohl Fail-Safe- als auch Fail-Degraded-Modi realisiert werden und das Zusammenspiel der Systeme unter allen Betriebsbedingungen verlässlich funktioniert.

Die Verifikation und Validierung erfolgt über eine Kombination aus Simulation, Software-in-the-Loop (SiL), Hardware-in-the-Loop (HiL), Driver-in-the-Loop (DiL), Tests auf Erprobungsgeländen sowie On-Road-Tests, wobei die jeweiligen Testplattformen den zu überprüfenden Systembereich abbilden und den Nachweis für Software, Hardware, Systemintegration, Fahrerinteraktion und die reale Fahrumgebung erbringen. Insbesondere KI-Komponenten werden nicht nur als Softwareelemente verifiziert, sondern als lernende Systeme bewertet. Dabei sind Qualität, Repräsentativität und Vollständigkeit der Trainings- und Validierungsdaten nachzuweisen, der Anwendungsbereich klar zu begrenzen und das Verhalten im Feld kontinuierlich zu überwachen. Konzepte wie Uncertainty Quantification, Model Robustness und Data Integrity sind integraler Bestandteil des Sicherheitsnachweises.

Die Kombination aus systematischer Ableitung von Sicherheitszielen, kontinuierlicher Verifikation, Validierung und Post-Deployment-Monitoring stellt sicher, dass auch komplexe KI-basierte Systeme zuverlässig funktionieren und Sicherheitsrisiken unterhalb eines akzeptablen Restrisikos gehalten werden. Erst durch die konsequente Nachweisführung, die fortlaufende Bewertung realer Betriebsdaten und die strukturierte Integration von Updates und Fehlerkorrekturen wird die Vertrauenswürdigkeit automatisierter Fahrsysteme über den gesamten Lebenszyklus sichergestellt.

> Die ISO/TS 5083 integriert für KI-basierte Systeme erstmals Begriffe wie *Uncertainty Quantification, Model Robustness* und *Data Integrity* in den Sicherheitsnachweis. Diese Konzepte fehlten in der ISO/TR 4804 noch vollständig.

3.15.1 Teststrategien, Prüfplattformen und KI-spezifischen Verifikationsmaßnahmen

Die Verifikation und Validierung von automatisierten Fahrsystemen erfolgt über eine abgestufte Teststrategie, die von der Simulation über geschlossene Testumgebungen bis hin zu realen Straßenbedingungen reicht. Beginnend mit Software-in-the-Loop-Tests werden Algorithmen in virtuellen Umgebungen auf Funktionalität und Verhalten überprüft, bevor diese in Hardware-in-the-Loop-Tests und Driver-in-the-Loop-Szenarien auf der Zielhardware und mit Fahrerinteraktion validiert werden. Diese Teststufen ermöglichen es, die Systemfunktionen unter kontrollierten Bedingungen zu prüfen und die Interaktion zwischen Software, Hardware, Fahrer und Umgebung zu bewerten. Auf Erprobungsgeländen und in öffentlichen Straßenszenarien werden die Systeme schließlich in realen Betriebsbedingungen getestet, um die Einhaltung der Sicherheitsziele in allen denkbaren Verkehrssituationen nachzuweisen.

Die Auswahl der Testplattform richtet sich nach der zu überprüfenden Funktion: Für Sensorlokalisierung und Umgebungswahrnehmung kommen vor allem virtuelle Simulationen zum Einsatz, ergänzt durch Echtzeitszenarien, die Sensorfusion und Lokalisierung unter variierenden Bedingungen prüfen. Für die Fahrplanung und Bewegungssteuerung werden Software- und Hardwaretests kombiniert, um die korrekte Umsetzung von Fahrmanövern und Sicherheitsstrategien zu validieren. Die HMI-Komponenten und der ADS-Modus-Manager werden in spezifischen Tests auf ihre Interaktion mit dem Fahrer und die Steuerung kritischer Übergaben geprüft. Dabei wird sowohl das Verhalten des Fahrzeugs im Normalbetrieb als auch in Fehlersituationen untersucht, um sicherzustellen, dass Degradationsstrategien korrekt umgesetzt werden und der Fahrer jederzeit in der Lage ist, die Kontrolle zu übernehmen.

KI-basierte Komponenten, insbesondere neuronale Netze, werden als eigenständige sicherheitsrelevante Systeme behandelt. Neben der klassischen Funktionsprüfung müssen Trainings- und Validierungsdaten auf Qualität, Repräsentativität und Vollständigkeit überprüft werden, um das Modell robust gegen Unsicherheiten und seltene Ereignisse zu machen. Operational Design Domains werden definiert, und die Systemleistung innerhalb dieser Domänen wird kontinuierlich überwacht. Post-Deployment-Monitoring stellt sicher, dass die KI-Komponenten auch nach der Inbetriebnahme zuverlässig arbeiten und dass Abweichungen, Anomalien oder Datenverschiebungen erkannt und adressiert werden. Dies beinhaltet die Nachverfolgung von Fehlern, das Update-Management und die Rückführung realer Felddaten in die Sicherheitsbewertung, wodurch ein kontinuierlicher Lern- und Sicherheitszyklus entsteht.

Die Teststrategie verbindet funktionale Sicherheit, SOTIF und Cybersecurity in einem integrierten Rahmen. Softwaretests prüfen die korrekte Implementierung der Algorithmen und deren Robustheit gegenüber bekannten Fehlern, während Hardwaretests die Umsetzung in der Zielhardware, die Sensorikredundanz und die Aktor-Steuerung überprüfen. Sicherheits- und Cybersecurity-relevante Szenarien werden durch Penetrationstests, adversariale Angriffe auf KI-Modelle und Sicherheitsfälle im Safety Case überprüft. Feldtests, sowohl auf Erprobungsgeländen als auch im öffentlichen Straßenverkehr, dienen dazu, die tatsächliche Performance unter realen Bedingungen zu validieren und die Effektivität von Sicherheits- und Fallbackmaßnahmen nachzuweisen.

Insgesamt wird durch diese abgestufte Teststrategie sichergestellt, dass alle Systemebenen – von einzelnen Softwaremodulen über Hardwarekomponenten bis hin zu KI-basierten Entscheidungsmodulen – im Einklang mit den Sicherheitszielen der ISO/TS 5083 stehen. Die Kombination aus präventiven Maßnahmen, robustem Systemdesign, umfassender Verifikation, Validierung und kontinuierlichem Monitoring bildet die Grundlage für eine belastbare Sicherheitsbewertung von automatisierten Fahrsystemen und gewährleistet, dass die Systeme auch unter seltenen, komplexen oder unsicheren Randbedingungen zuverlässig funktionieren.

3.15.2 KI-spezifischen Aspekte, neuronale Netze, Unsicherheitsquantifizierung, Datenintegrität und Robustheit

Neuronale Netze und KI-Komponenten werden in der ISO/TS 5083 nicht mehr nur als Softwareelemente betrachtet, sondern als eigenständige, sicherheitsrelevante Systeme mit spezifischen Anforderungen an Verifikation, Validierung und kontinuierliche Überwachung. Für jede KI-basierte Funktion ist sicherzustellen, dass Trainings- und Validierungsdaten von ausreichender Qualität und Repräsentativität sind, um das Verhalten des Modells zuverlässig vorherzusagen. Dabei werden Operational Design Domains definiert, die den Geltungsbereich der KI-Funktion klar abgrenzen und die Grenzen für sichere Systemoperation festlegen. Innerhalb dieser Domänen wird die Systemleistung kontinuierlich überwacht, um Abweichungen, Unsicherheiten oder Anomalien frühzeitig zu erkennen und geeignete Gegenmaßnahmen einzuleiten.

Unsicherheitsquantifizierung (Uncertainty Quantification) wird genutzt, um die Vertrauenswürdigkeit der KI-Entscheidungen zu bewerten. Modellrobustheit (Model Robustness) wird durch gezielte Tests gegen seltene, ungünstige oder adversariale Szenarien überprüft, während die Datenintegrität (Data Integrity) sicherstellt, dass Trainings- und Felddaten korrekt und unverfälscht verwendet werden. Änderungen an der KI, beispielsweise durch Retraining oder Modellupdates, werden nachvollziehbar dokumentiert und im Rahmen der Verifikations- und Validierungsstrategie bewertet, um eine durchgängige Traceability zu gewährleisten. Post-Deployment-Monitoring stellt sicher, dass die Sicherheitsziele während des gesamten Fahrzeuglebenszyklus kontinuierlich eingehalten werden.

Die Einbindung von KI in automatisierte Fahrfunktionen verlangt zudem eine enge Verzahnung von funktionaler Sicherheit, SOTIF und Cybersecurity. Sicherheitsargumentationen müssen die KI-spezifischen Risiken abdecken, darunter Fehler in der Wahrnehmung, Vorhersage oder Planung sowie mögliche Angriffe auf die KI-Modelle. Fallback-Strategien und Ausfallsicherheitskonzepte gewährleisten, dass bei Ausfällen der KI die Kontrolle auf den Fahrer übertragbar ist oder ein sicherer Fahrzeugzustand eingehalten wird. Dadurch wird sichergestellt, dass das System auch bei Teilversagen der KI-Komponenten keine unzulässigen Risiken erzeugt.

Abschließend betrachtet die ISO/TS 5083 die Sicherheitsnachweisführung als durchgängigen Prozess: Die Verifikation und Validierung erstreckt sich über alle Entwicklungs- und Betriebsphasen, von der Simulation über Hardwaretests bis hin zu realen Fahrbedingungen. KI-basierte Funktionen werden dabei nicht nur auf Funktionalität geprüft, sondern hinsichtlich Robustheit, Erklärbarkeit, Unsicherheiten und kontinuierlicher Leistungsfähigkeit bewertet. Durch diese ganzheitliche Vorgehensweise wird gewährleistet, dass automatisierte Fahrsysteme mit KI-Anteilen den Sicherheitszielen entsprechen, auch unter komplexen und unvorhersehbaren Betriebsbedingungen zuverlässig arbeiten und über den gesamten Lebenszyklus belastbar nachgewiesen werden können.

Teststrategien und Prüfplattformen

Die Teststrategie erstreckt sich von Simulation über geschlossene Testumgebungen bis hin zu On-Road-Tests. Beginnend mit Software-in-the-Loop werden Algorithmen virtuell geprüft, bevor sie in Hardware-in-the-Loop- und Driver-in-the-Loop-Szenarien validiert werden. Auf Erprobungsgeländen und im öffentlichen Straßenverkehr erfolgt die abschließende Überprüfung.

Funktionale Bereiche wie Sensorlokalisierung, Bewegungssteuerung und HMI-Interaktion werden gezielt getestet. KI-Komponenten werden als eigenständige Systeme betrachtet, wobei Trainings- und Validierungsdaten auf Qualität, Repräsentativität und Vollständigkeit geprüft werden. Operational Design Domains werden definiert, und Post-Deployment Monitoring sorgt für kontinuierliche Bewertung im Feld.

Beispiel: Ein L4 RoboTaxi wird zunächst in einer städtischen Simulation auf Fußgänger, Ampeln und Baustellen getestet, anschließend mit HiL-Szenarien auf Hardwarekompatibilität geprüft, danach in DiL-Szenarien mit menschlicher Fahrerinteraktion getestet und schließlich auf öffentlichen Straßen im Innenstadtbereich validiert.

KI-spezifische Aspekte

KI-Komponenten werden in der ISO/TS 5083 nicht mehr nur als Softwareelemente betrachtet, sondern als eigenständige, sicherheitsrelevante Systeme mit spezifischen Anforderungen an Verifikation, Validierung und kontinuierliche Überwachung. Dabei stehen mehrere zentrale Aspekte im Vordergrund:

- **Uncertainty Quantification (UQ)** bewertet die Vertrauenswürdigkeit von KI-Entscheidungen. Sie liefert Kennzahlen, die anzeigen, wie sicher das Modell seine Vorhersagen trifft, und erlaubt eine frühzeitige Identifikation von Situationen, in denen die KI möglicherweise unsichere Entscheidungen treffen könnte.
- **Model Robustness** beschreibt die Widerstandsfähigkeit des Modells gegenüber seltenen, ungünstigen oder adversarialen Szenarien. Hierzu werden gezielte Tests durchgeführt, um das Verhalten des KI-Systems unter außergewöhnlichen oder absichtlich manipulierten Bedingungen zu überprüfen.
- **Data Integrity** stellt sicher, dass Trainings- und Felddaten korrekt, vollständig und unverfälscht sind. Nur hochwertige Daten gewährleisten, dass die KI verlässliche Vorhersagen trifft und sich im Feld erwartungsgemäß verhält.
- **Traceability** ermöglicht die vollständige Nachvollziehbarkeit aller Änderungen am KI-System, etwa durch Retraining, Modellupdates oder Anpassungen an Operational Design Domains. Jede Änderung muss dokumentiert und im Rahmen der Verifikations- und Validierungsstrategie bewertet werden, um eine durchgängige Sicherheitsnachweisführung sicherzustellen.

Die Integration von KI in automatisierte Fahrfunktionen erfordert eine enge Verzahnung von funktionaler Sicherheit, SOTIF und Cybersecurity. Sicherheitsargumentationen müssen die spezifischen Risiken abdecken, die durch KI entstehen, wie fehlerhafte Wahrnehmung, Vorhersage oder Planung. Fallback-Strategien gewährleisten, dass bei Ausfällen der KI die Kontrolle an den Fahrer übergeht oder ein sicherer Fahrzeugzustand gehalten wird.

Beispiel: Ein neuronales Netz erkennt plötzlich ein Hindernis auf der Fahrbahn. Die Unsicherheitsquantifizierung zeigt eine niedrige Vertrauensstufe in der Vorhersage. Das System reagiert automatisch, schaltet in einen Fallback-Modus, reduziert die Geschwindigkeit und gibt die Kontrolle an den Fahrer zurück. Gleichzeitig werden relevante Daten erfasst, um die Entscheidung zu überprüfen und für zukünftige Updates zu nutzen. Dieses Vorgehen stellt sicher, dass die Sicherheitsziele auch unter unsicheren Bedingungen eingehalten werden.

Durch die Kombination dieser Maßnahmen wird gewährleistet, dass KI-basierte Systeme im Fahrzeug zuverlässig arbeiten, auch in komplexen, unvorhersehbaren Situationen. Die kontinuierliche Überwachung, Validierung und Rückführung von Felddaten bildet einen geschlossenen Sicherheitslebenszyklus, der Entwicklung, Betrieb und Updates umfasst und die Vertrauenswürdigkeit automatisierter Fahrfunktionen langfristig sicherstellt.

DNN_Lebenszyklus der ISO/TS 5083

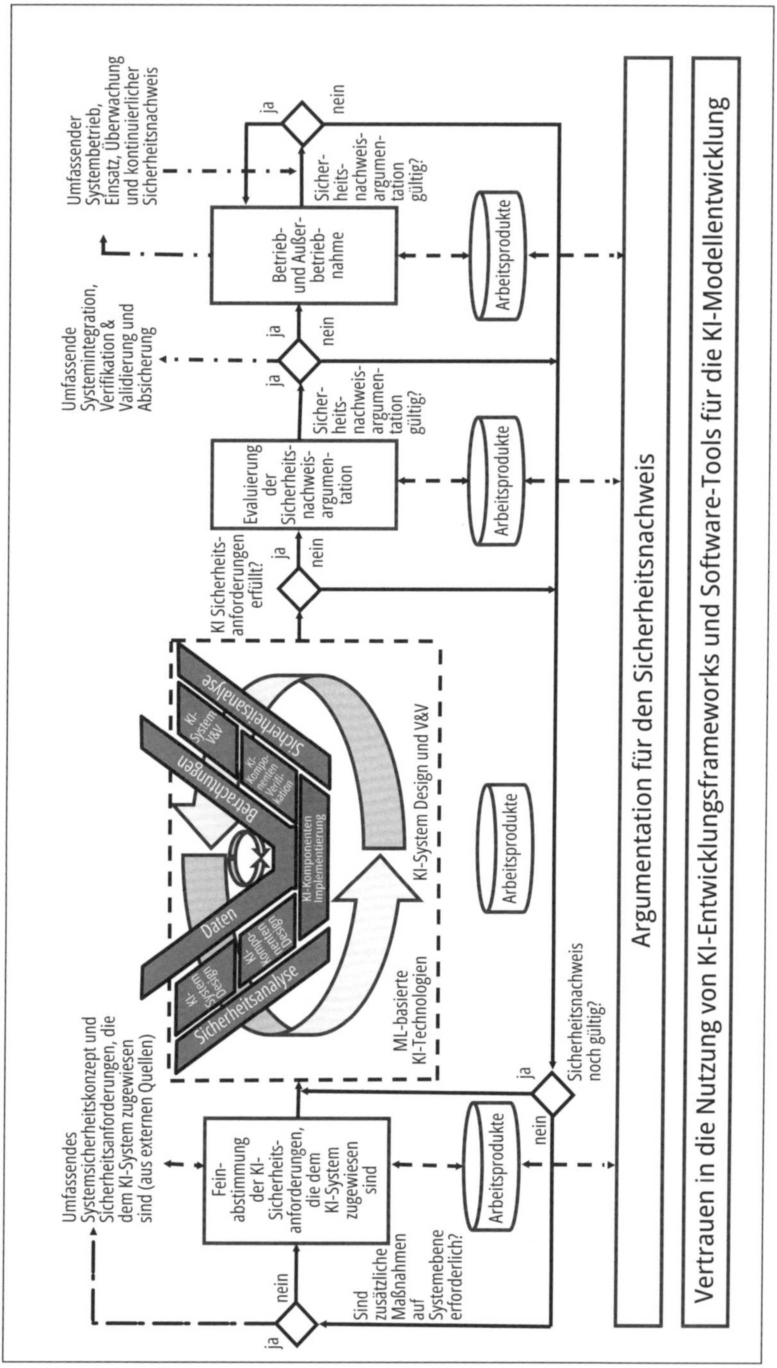

Abb. 3.7 DNN Lifecycle ISO/TS 5083

Das Flussdiagramm in Abbildung 3.7 visualisiert den kontinuierlichen Kreislauf von Anforderungen → Design → V&V → Deployment → Monitoring → Updates, der sicherstellt, dass KI-basierte Funktionen im Fahrzeug jederzeit nachvollziehbar, sicher und robust betrieben werden können. Es illustriert den durchgängigen Lebenszyklus eines KI-Systems im Kontext von Safety Assurance gemäß ISO/TS 5083. Zentral ist das V-Modell für KI-Systemdesign, Verifikation und Validierung (V&V), das die iterative Entwicklung, Absicherung und Nachweisführung strukturiert.

1. **Umfassendes Systemsicherheitskonzept und Sicherheitsanforderungen**

   Zu Beginn werden systemweite Sicherheitsziele und technische Anforderungen ermittelt, die dem KI-System zugewiesen werden. Hierbei werden auch externe Quellen, wie regulatorische Vorgaben, Infrastruktur- und Sensordaten berücksichtigt.

2. **Feinabstimmung der KI-spezifischen Sicherheitsanforderungen**

   Die abgeleiteten Sicherheitsanforderungen werden auf das KI-System zugeschnitten. Dazu gehören Anforderungen an Robustheit, Unsicherheitsquantifizierung, Datenqualität und Fallback-Strategien.

3. **Evaluierung der Sicherheitsnachweisargumentation**

   In dieser Phase werden die Sicherheitsargumente überprüft und validiert. Es wird sichergestellt, dass die KI-Entscheidungen innerhalb der definierten Operational Design Domain nachvollziehbar und vertrauenswürdig sind.

4. **Umfassende Systemintegration, Verifikation & Validierung sowie Absicherung**

   Das KI-System wird in das Gesamtsystem integriert. Über Simulationen, Software-in-the-Loop, Hardware-in-the-Loop, Driver-in-the-Loop und On-Road-Tests wird die Einhaltung der Sicherheitsziele überprüft. Diese Aktivitäten erzeugen Sicherheitsartefakte, die als Grundlage für die Sicherheitsargumentation dienen.

5. **Umfassender Systembetrieb, Einsatz, Überwachung und kontinuierlicher Sicherheitsnachweis**

   Nach der Inbetriebnahme wird das System kontinuierlich überwacht. Post-Deployment-Monitoring, Felddatenanalyse und Updates sichern, dass die KI-Funktion über den gesamten Lebenszyklus zuverlässig arbeitet und die Sicherheitsziele eingehalten werden.

6. **Betriebs- und Außerbetriebnahme**

   Der Lebenszyklus endet nicht mit dem Deployment: Auch Außerbetriebnahme, Rückbau oder Migration auf neue Systeme wird berücksichtigt, um die Integrität und Rückverfolgbarkeit aller sicherheitsrelevanten Aktivitäten zu gewährleisten.

7. **Arbeitsprodukte und Artefakte**

   Jede Phase erzeugt relevante Artefakte – von Sicherheitsanforderungen über Testberichte bis zu Sicherheitsargumenten –, die im Safety Case dokumentiert werden. Diese Artefakte bilden die Grundlage für die Sicherheitsnachweisführung und stellen die Nachvollziehbarkeit aller Entscheidungen sicher.

3.16 Verifikation und Validierung unter Berücksichtigung von Cybersecurity

Die Verifikation und Validierung von Cybersecurity-Maßnahmen ist ein zentraler Bestandteil der Absicherung moderner Fahrzeugsysteme. Sie stellt sicher, dass implementierte Sicherheitsmechanismen wirksam sind und den vielfältigen Bedrohungen im automobilen Umfeld standhalten. Dabei kommen unterschiedliche, sich ergänzende Ansätze zum Einsatz, die zwar mit einem Mehraufwand verbunden sind, aber unverzichtbar sind, um die Sicherheit und Integrität der Systeme zu gewährleisten. Dazu zählt die Verifikation und Validierung der TARA-Aktivitäten, Maßnahmen der Systemhärtung und Penetrationstests sowie Security Monitoring. Die Aktivitäten der Verifikation und Validierung nutzen aktuelle Datenbanken zu Angriffen und Schwachstellen. Obwohl der Aufwand für Cybersecurity-Maßnahmen – wie Bruce Schneier treffend formuliert – »immer weh tut«, ist er im Vergleich zu den potenziellen Folgen eines erfolgreichen Angriffs auf eine Fahrzeugflotte unverzichtbar. Die vorgestellten Methoden bilden die Grundlage für ein effektives Notfallmanagement und eine nachhaltige Sicherheitskultur. Grundsätzlich sei hier auf die weiterführende Literatur des Sicherheitstestens verwiesen, wie beispielsweise *Basiswissen Sicherheitstests, Aus- und Weiterbildung zum ISTQB® Advanced Level Specialist – Certified Security Tester* [Simon et al. 2019].

Dieses Unterkapitel bietet einen Einstieg in das umfangreiche Fachgebiet des Sicherheitstestens und beleuchtet die vielfältigen Methoden und Herausforderungen der Cybersecurity-Verifikation und -Validierung im automobilen Kontext.

3.16.1 Verifikation der TARA-Aktivitäten

DIE ISO/SAE 21434 beschreibt für die Verifikation der Cybersecurity die folgenden überprüfenden Aktivitäten:

- Richtigkeit und Vollständigkeit des Ergebnisses aus der TARA:
  - Assets (Werte) identifizieren (asset identification)
  - Gefährdungsszenarien identifizieren (threat scenario identification)
  - Auswirkungen einschätzen (impact rating)
  - Analyse des Angriffspfads (attack path analysis)
  - Angriffswahrscheinlichkeit schätzen (Attack feasibility rating)
  - Risikobewertung (risk value determination)
- Vollständigkeit, Richtigkeit und Konsistenz der Risikobehandlungsentscheidungen
- Vollständigkeit, Korrektheit und Konsistenz der Cybersecurity-Ziele und der Cybersecurity-Anforderungen in Bezug auf die Entscheidungen zur Risikobehandlung
- Konsistenz aller Cybersecurity-Ziele und Cybersecurity-Anforderungen

Die Verifikation der TARA-Aktivitäten wird dokumentiert, um die Nachvollziehbarkeit der Risikoanalyse sicherzustellen und als Grundlage für spätere Überprüfungen und Audits zu dienen.

3.16.2 Systemhärtung (Hardening)

Das BSI definiert als Härten eines Systems »die Entfernung aller Softwarebestandteile und Funktionen, die zur Erfüllung der vorgesehenen Aufgabe durch das Programm nicht zwingend notwendig sind« – eine Gelingensbedingung für eine erfolgreiche Systemhärtung sowie zur Vermeidung vielfältiger, administrativer Fehler oder Konfigurationsfehler.

Darüber hinaus helfen systematische Sicherheitstests über den gesamten Lebenszyklus hinweg, u. a. Design- und Implementierungsfehler zu finden. Die Aktivitäten der Systemhärtung orientieren sich an den allgemeinen Prinzipien zum Entwurf IT-sicherer Systeme:

- Erlaubnisprinzip (engl. fail-safe defaults): Grundsätzlich ist jeder Zugriff verboten.
- Vollständigkeitsprinzip (engl. complete mediation): Jeder Zugriff ist auf seine Zulässigkeit zu prüfen.
- Prinzip der minimalen Rechte (engl. need-to-know): Jedes Subjekt erhält nur die Zugriffsrechte zur Erfüllung seiner Aufgabe.
- Prinzip der Benutzerakzeptanz (engl. economy of mechanism): Einfache Nutzung der Sicherheitsmechanismen
- Prinzip des offenen Entwurfs (engl. open design): Offenlegung der Verfahren und Mechanismen

Die Praktiken der Systemhärtung umfassen deshalb beispielsweise:

- Minimale Konfiguration: Löschen nicht benötigter Software (kann Defekte enthalten)
- Löschen nicht benötigter Bibliotheken und Entwicklerwerkzeuge (können Defekte enthalten)
- Löschen nicht benötigter Konten/Anmeldedaten (Angriffsvektoren)
- Deaktivierung überflüssiger Systemdienste: Löschen nicht benötigter Anwendungen (können Defekte enthalten) und Netzwerkdienste (Angriffsvektoren) sowie Deaktivierung überflüssiger Systemdienste
- Entfernen nicht benötigter Peripheriegeräte und Hardwareschnittstellen (z. B. USB-Ports, Kartenleser)
- Einschränkung von Treibern auf vertrauenswürdige Hersteller durch Signierung
- Patch-Management: Sofortiges Patchen von Systemen und Installieren von Updates (z. B. automatische Aktualisierung)
- Aktualisieren von Konfigurationen (minimale Konfiguration!)
- Monitoring (entsprechend Sicherheitsrichtlinie): Systemhärtung hat nicht nur das Ziel, die Vertraulichkeit der Daten sicherzustellen, sondern auch deren Verfügbarkeit zu gewährleisten. Monitoring hilft, abweichendes Verhalten und jede Änderung in der Qualität der erbrachten Leistungen zu erkennen. Das Monitoring-Werkzeug rsyslog ist hierfür z. B. eine quelloffene Implementierung des syslog-Protokolls.
- Entsprechendes Konfigurieren des Remote-Anmeldeservers (z. B. rsyslog), damit der Angreifer nur die Protokolldateien auf dem kompromittierten Rechner, nicht aber auf dem Anmeldeserver löschen kann.
- Überprüfung und sichere Einrichtung von technischen Schutzmaßnahmen (z. B. Firewalls, IDS, IPS, Zugangsberechtigungen)
- Einschränkung einer Software durch Sicherheitsrichtlinien
- Überprüfung der Unversehrtheit der Systemdateien
- Logfile-Check (Protokolldateien auf Unstimmigkeiten überprüfen)
- Zugriffskontrolle und Verwaltung digitaler Zertifikate

3.16.3 Testen der Sicherheitsmechanismen

Die Sicherstellung des Schutzes digitaler und physischer Assets erfordert den gezielten Einsatz verschiedener Sicherheitsmechanismen, die sowohl durch automatisierte Werkzeuge als auch durch manuelle Prozesse implementiert werden. In den meisten Fällen reicht kein einzelner Sicherheitsmechanismus aus, um alle Bedrohungen abzuwehren, weshalb oft eine Kombination verschiedener Mechanismen zum Einsatz kommt, um ein möglichst hohes Sicherheitsniveau zu erreichen. Jeder Mechanismus besitzt spezifische Stärken und Schwächen, weshalb eine systematische Prüfung unter Berücksichtigung der Gesamtsicherheit unerlässlich ist.

Zu den zentralen Sicherheitsmechanismen zählen unter anderem Systemhärtung, Authentifizierung und Autorisierung, Verschlüsselung, Firewalls und Netzwerksegmentierung, Angriffserkennung, Schadprogrammscans, Datenmaskierung sowie Maßnahmen zur Security Awareness und entsprechende Schulungen.

Bei der Auswahl und Implementierung kryptografischer Verfahren orientieren sich die Verantwortlichen stets an den aktuellen Empfehlungen des BSI-Standards »Kryptographische Verfahren: Empfehlungen und Schlüssellängen« sowie an relevanten branchenspezifischen Normen. So wird sichergestellt, dass die neuesten und sichersten Verfahren eingesetzt werden.

Zusätzlich gibt es zehn zentrale Prinzipien des Secure Software Engineering (siehe Tabelle 3.9), die in einem umfassenden Sicherheitstest stets überprüft werden müssen:

Nr.	Prinzip	Kurzbeschreibung
1	Vertrauen nie voraussetzen	Vertrauen muss stets überprüft und kann nicht als gegeben angenommen werden.
2	Robuste Authentifizierung	Authentifizierungsmechanismen dürfen nicht umgangen oder manipuliert werden können.
3	Erst authentifizieren, dann autorisieren	Autorisierung darf nur nach erfolgreicher Authentifizierung erfolgen.
4	Trennung von Daten und Steuerbefehlen	Daten und Steuerbefehle sind strikt zu trennen; keine Ausführung von Befehlen aus unsicheren Quellen.
5	Explizite Validierung aller Eingaben	Alle Eingaben müssen explizit validiert werden (Input Validierung).
6	Korrekte und konsistente Verschlüsselung	Verschlüsselung ist durchgängig und nach aktuellem Stand anzuwenden.
7	Schutz sensibler Daten	Sensible Daten sind zu identifizieren und sicher zu handhaben.
8	Nutzerverhalten berücksichtigen	Die Sicherheit hängt maßgeblich davon ab, wie das System genutzt wird.

→

Nr.	Prinzip	Kurzbeschreibung
9	Integration externer Komponenten verstehen	Die Einbindung externer Komponenten verändert die Angriffsfläche und muss berücksichtigt werden.
10	Flexibilität gegenüber neuen Bedrohungen	Die Software muss anpassungsfähig gegenüber zukünftigen Bedrohungen und Akteuren sein.

Tab. 3.9 *Die zehn Prinzipien des Secure Software Engineering*

Diese Prinzipien sind nicht nur theoretische Leitlinien, sondern bilden die Grundlage für konkrete Prüfungen während der Sicherheitsanalyse eines Systems.

3.16.4 Projektstory ADAS NextGen: Prüfung von Sicherheitsmechanismen

Die Testteams der Firma Safehicle GmbH, unter der Leitung von Ernst Probe, bestehen aus Systemarchitekten, Sicherheitsexperten, Entwicklern und Testern. Sie arbeiten eng zusammen, um sicherzustellen, dass jeder Sicherheitsmechanismus den spezifischen Anforderungen entspricht und nahtlos in die Gesamtsystemarchitektur integriert wird. Dabei wird sowohl die Effektivität der einzelnen Mechanismen als auch ihre Interoperabilität im gesamten System überprüft. Die Cybersecurity-Manager Peter Feinblick von Drivesmart und Theo Abwehr von Safehicle spielen eine entscheidende Rolle bei der Beauftragung und Verfolgung der praktischen Prüfung der Sicherheitsmechanismen. Sie stellen sicher, dass diese in realen Angriffsszenarien bestehen können. Dazu gehören neben der Simulation gezielter Angriffe auch umfassende Tests, die die Reaktionsfähigkeit des Systems gegenüber unvorhergesehenen Bedrohungen und Angriffstechniken prüfen. Dieser Prozess beinhaltet auch die Bewertung der Resilienz des Systems bei kontinuierlichen und sich entwickelnden Bedrohungen. Nur wenn das System alle diese Prüfungen erfolgreich besteht, kann es als sicher, widerstandsfähig und zukunftsfähig gegenüber sowohl aktuellen als auch potenziellen zukünftigen Bedrohungen betrachtet werden.

3.16.5 Penetrationstests

Um die Erfolgsaussichten eines vorsätzlichen Angriffs realistisch einschätzen zu können, ist es nützlich, Penetrationstests durchzuführen. Dabei simulieren Sicherheitsexperten das Vorgehen potenzieller interner oder externer Angreifer, um Schwachstellen im System aufzudecken und deren potenzielle Auswirkungen zu bewerten. Im Rahmen solcher Tests werden beispielsweise Passwörter durch gezieltes Raten oder Wörterbuchangriffe zu kompromittieren versucht. Ebenso analysieren die Tester, inwiefern sich der Netzwerkverkehr aufzeichnen und manipulieren lässt, und prüfen, ob sich gefälschte Datenpakete erfolgreich einschleusen lassen. Darüber hinaus untersuchen sie, ob bekannte Schwachstellen in Softwarekomponenten – etwa in Makro- oder Programmiersprachen, Betriebssystemen oder Remote-Diensten – ausgenutzt werden können. Auf diese Weise liefern Penetrationstests wertvolle Erkenntnisse über die tatsächliche Angriffsfläche und ermöglichen es, gezielt Gegenmaßnahmen zu ergreifen.

Die BSI-Studie »Durchführungskonzept für Penetrationstests« [BSI 2003] klassifiziert umfassend Penetrationstests (siehe Abbildung 3.8).

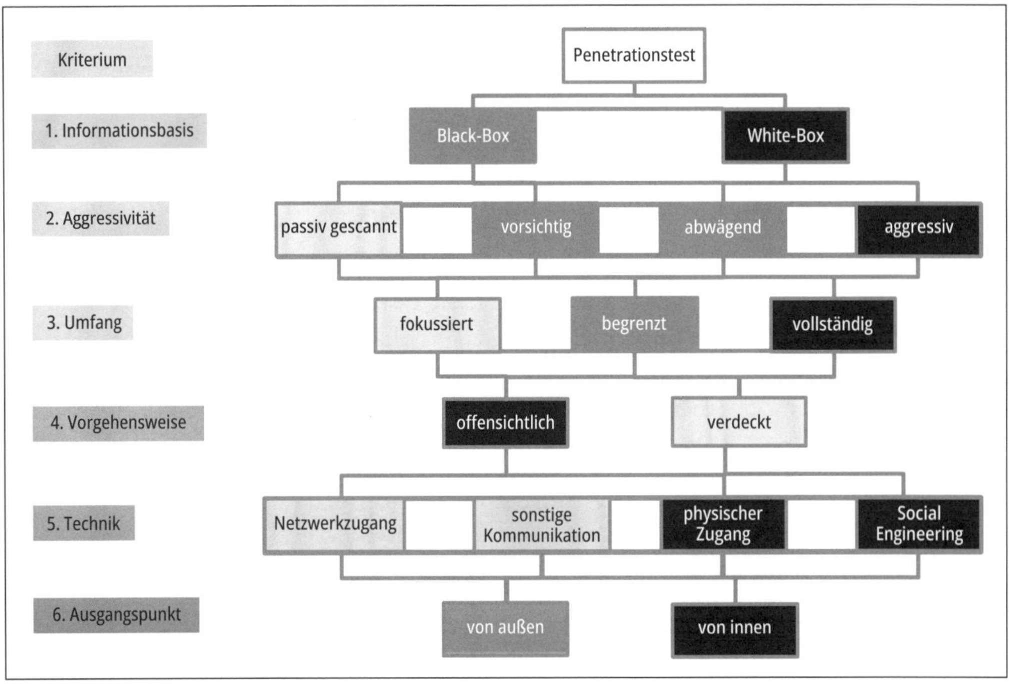

Abb. 3.8 *Klassifikation der Penetrationstests [BSI 2003]*

Je nach Zielsetzung des Auftraggebers legen die Beteiligten die Art des Penetrationstests anhand zentraler Kriterien wie Informationsbasis, Aggressivität, Umfang, Vorgehensweise, Technik und Ausgangspunkt fest. Für die methodische Durchführung stehen verschiedene etablierte Standards zur Verfügung. Die BSI-Studie »Durchführungskonzept für Penetrationstests« aus dem Jahr 2003 beschreibt ein weiterhin praxisrelevantes, fünfphasiges Vorgehen, das zwischen I-Modulen für die Informationsbeschaffung und E-Modulen für die eigentlichen Eindringversuche unterscheidet.

Moderne Penetrationstests orientieren sich zudem an internationalen Standards wie dem Open Source Security Testing Methodology Manual (OSSTMM), das einen wissenschaftlich fundierten, anpassbaren Rahmen für Sicherheitstests bietet und weltweit als Referenz gilt.

Ebenso liefert die NIST Special Publication 800-115 [NIST 2008] ein anerkanntes Rahmenwerk für die Planung und Durchführung von Penetrationstests, das insbesondere im internationalen Umfeld breite Anwendung findet. Durch die Kombination dieser Methoden lassen sich Penetrationstests gezielt auf die Anforderungen und das Risikoprofil des jeweiligen Systems abstimmen und die Ergebnisse systematisch dokumentieren. Die Phasen des Penetrationstests in Abbildung 3.9 gliedern sich in:

1. **Vorbereitung**
2. **Informationsbeschaffung**
3. **Bewertung der Informationen/Risikoanalyse**
4. **Aktive Eindringversuche**
5. **Abschlussanalyse**

Die Zielsetzung der Penetrationstests kann in drei Reifegradstufen angeordnet werden (PetS^3-Forschungsprojekt):

- Stufe 1: Einrichten und Ausführen eines vollständigen Arbeitsablaufs für aktives Penetration Testing
- Stufe 2: Kombination des projektweiten Penetrationstest-Workflows mit Continuous Integration (CI)
- Stufe 3: Einrichten von Feedbackschleifen und Freigabetoren innerhalb der CI für den SW-Design- und SW-Development-Cycle

Wirksamkeit der Penetrationtests

Wegen der Komplexität heutiger Fahrzeug- und Systemarchitekturen kann mit Penetrationstests nicht garantiert werden, dass alle vorhandenen Schwachstellen entdeckt werden.

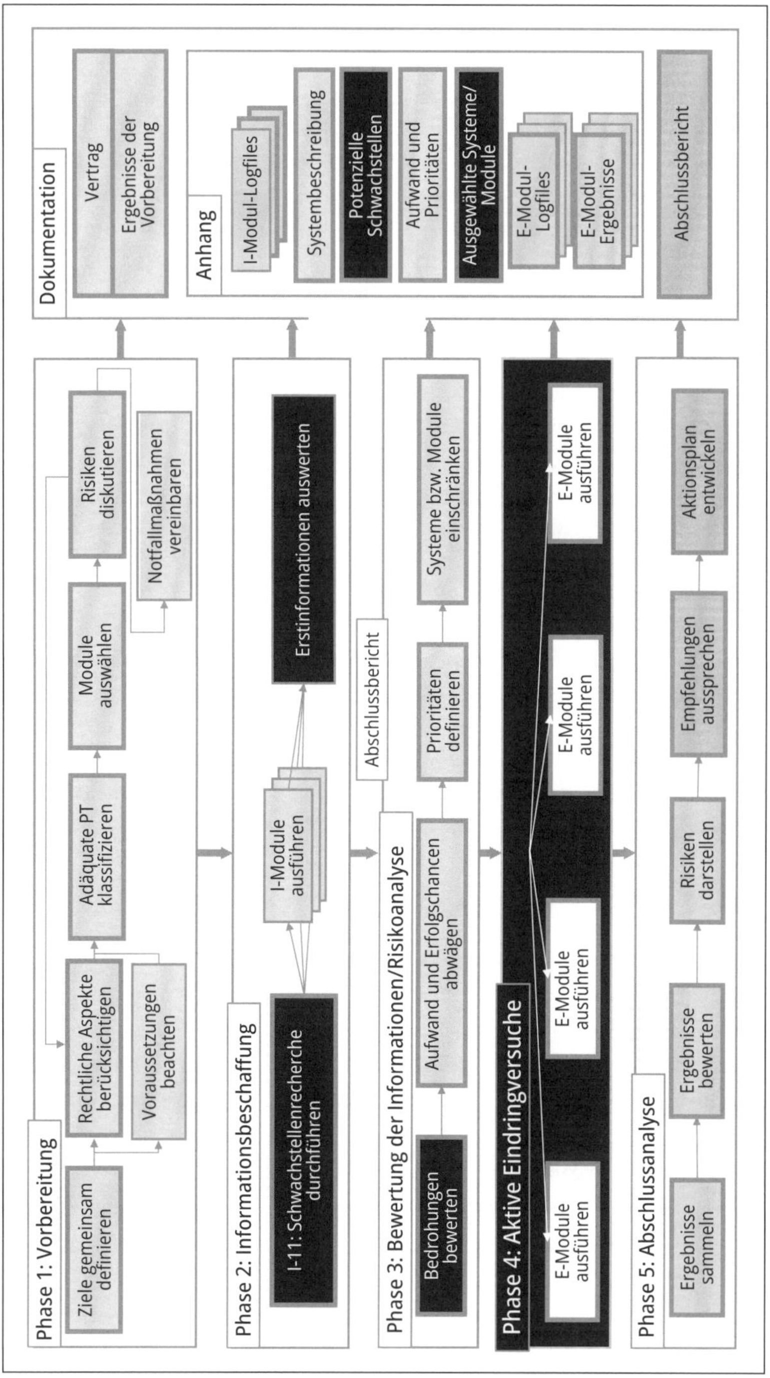

Abb. 3.9 *Fünfphasige Vorgehensweise für Penetrationstests nach dem Durchführungskonzept für Penetrationstests [BSI 2003]*

3.16.6 Projektstory ADAS NextGen: Vorbereitung von Penetrationstests

Im Rahmen des ADAS-Projekts plant die Firma Safehicle GmbH die Durchführung eines Penetrationstests. Das Ziel dieses Tests ist eine gründliche Härtung der Software- und Hardwarearchitektur, um potenzielle Schwachstellen frühzeitig zu identifizieren und zu beheben. Die Systemarchitektin Anja Bau leitet diesen Prozess und verfolgt dabei das Ziel, die gesamte Architektur sowohl im Hinblick auf die Sicherheit als auch auf die Widerstandsfähigkeit gegenüber Cyberangriffen zu optimieren.

Der Cybersecurity-Manager Theo Abwehr gibt zunächst einen Überblick über die praktische Umsetzung des Penetrationstests und erläutert dabei die gängigen Angriffstechniken sowie die spezifischen Herausforderungen, die im Kontext von ADAS-Systemen auftreten können. Gemeinsam mit dem Penetrationsexperten Nils Hammer wird entschieden, welche Angriffsszenarien und -mechanismen in der ersten Phase des Tests besonders berücksichtigt werden sollen.

Anja Bau wird bei der Planung von dem Testleiter Ernst Probe und der Qualitätsbeauftragten Klara Schauhin unterstützt, die beide sicherstellen, dass der Testprozess mit den Qualitätsanforderungen des Projekts übereinstimmt und mögliche Risiken im Testablauf frühzeitig identifiziert werden. Auch die Entwickler und Tester sind in die Vorbereitungen eingebunden, um technische Details zu klären und etwaige Schnittstellenprobleme bereits im Vorfeld zu adressieren.

Dieser umfassende Ansatz soll sicherstellen, dass das System nicht nur funktional, sondern auch widerstandsfähig gegenüber externen Bedrohungen ist und somit den Anforderungen der ISO/SAE 21434 entspricht.

3.16.7 Security Monitoring

Security Monitoring bezeichnet die fortlaufende Überwachung der Sicherheit eines IT-Systems in dessen Betriebsphase. Obwohl diese Aktivitäten in der Betriebsphase des IT-Systems stattfinden, handelt es sich um eine kontinuierliche Verifikation der IT-Sicherheit, weshalb das Security Monitoring in diesem Kapitel behandelt wird. Aus den Erkenntnissen der Sicherheitsüberwachung können Sicherheitsupdates und weitere Maßnahmen der Systemhärtung abgeleitet werden.

Das zentrale Ziel der Sicherheitsüberwachung besteht darin, Bedrohungen frühzeitig und zuverlässig zu erkennen und wirksam abzuwehren. Dazu gehört, das Bewusstsein für potenzielle Angriffsmuster kontinuierlich zu schärfen, indem aktuelle Datenbanken zu Angriffen und Schwachstellen ausgewertet werden. Ebenso ist es entscheidend, die Auswirkungen neuer Angriffsmuster auf die jeweils eingesetzten Hard- und Softwareversionen sowie Systemvarianten zu verstehen. Auf dieser Basis lassen sich negative Auswirkungen auf Kundensysteme gezielt minimieren, etwa durch Maßnahmen zur Systemhärtung oder die zeitnahe Bereitstellung von Security Patches.

3.16.8 Datenbanken zu Angriffen und Schwachstellen

Ein Penetrationstest stellt nur eine Momentaufnahme dar, da täglich neue Sicherheitslücken bekannt werden, die in Datenbanken dokumentiert werden. Die Auswertung von Informationen zu Angriffen und Schwachstellen ist mit den folgenden externen Datenbanken möglich:

- MITRE ATT&CK (*https://attack.mitre.org*) ist eine Wissensdatenbank über Taktiken und Techniken von Angreifern, die auf realen Beobachtungen basiert. Die Informationen stehen in englischer Sprache zu Verfügung.
- CVE (*https://cve.mitre.org*) ist eine englischsprachige Datenbank, in der Schwachstellen gesammelt werden. Sie wird gefördert durch die Cybersecurity and Infrastructure Security Agency (CISA) des U.S. Departements of Homeland Security.
- CWE (Common Weakness Enumeration) ist ebenfalls eine englischsprachige Datenbank (*https://cwe.mitre.org*) gefördert durch die Cybersecurity and Infrastructure Security Agency (CISA) des U.S. Departements of Homeland Security, in der die verschiedenen Arten von Schwachstellen für Soft- und Hardware gesammelt und aufgelistet sind.

Das folgende Histogramm Abbildung 3.10 in gibt einen Überblick der Schwachstellen in C-Code aus den Common Weakness Enumeration (CWE). Die Methoden der statischen Codeanalyse und spezifischer Codereviews sind darauf ausgerichtet, Schwachstellen zu identifizieren, die später als potenzielle Angriffspunkte dienen könnten. Dies schließt die Einhaltung von Programmierstandards wie die SEI CERT und MISRA Coding Standards für Programmiersprachen wie C und C++ ein. Die häufigste Schwachstelle von C-/C++-Code geht auf die Kategorie der Buffer-Fehler (Buffer Errors) zurück.

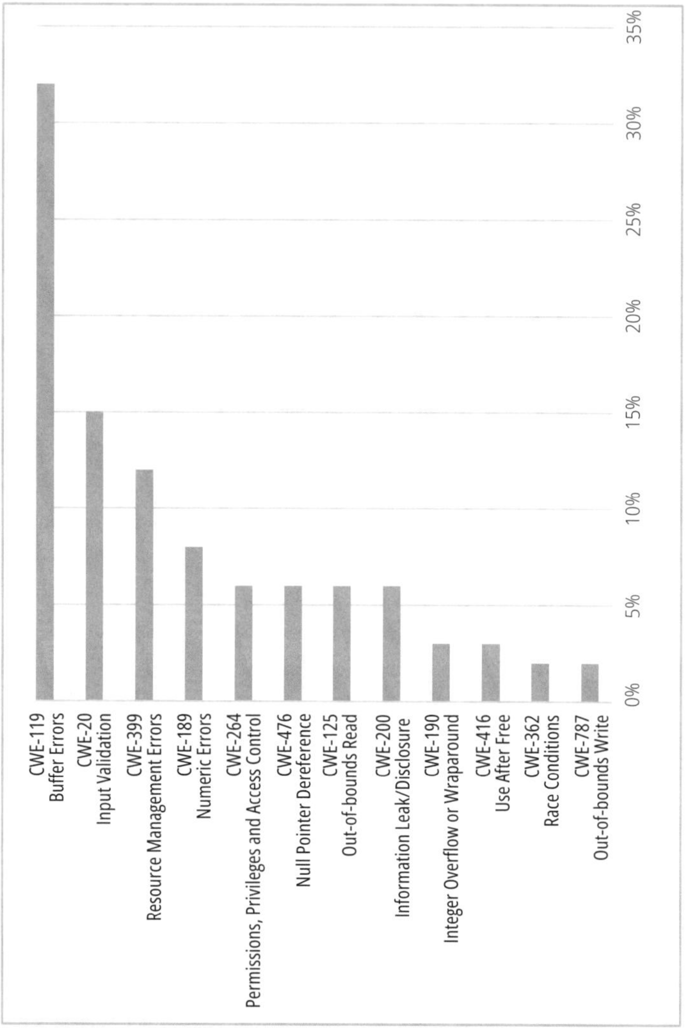

Spalte1	Spalte2
CWE-787 Out-of-bounds Write	2%
CWE-362 Race Conditions	2%
CWE-416 Use After Free	3%
CWE-190 Integer Overflow or Wraparound	3%
CWE-200 Information Leak/Disclosure	6%
CWE-125 Out-of-bounds Read	6%
CWE-476 Null Pointer Dereference	6%
CWE-264 Permissions, Privileges and Access Control	6%
CWE-189 Numeric Errors	8%
CWE-399 Resource Management Errors	12%
CWE-20 Input Validation	15%
CWE-119 Buffer Errors	32%

Abb. 3.10 *Häufigste Schwachstellen in C-Code [Mend.io]*

Sicherheitskultur und kontinuierliche Absicherung

Informationssicherheit kann innerhalb einer Institution nur dann erfolgreich und effizient umgesetzt werden, wenn alle Mitarbeitenden deren Bedeutung erkennen und akzeptieren. Entscheidend ist ihre Bereitschaft, Sicherheitsmaßnahmen nicht als Pflicht, sondern als Teil des Unternehmenserfolgs zu begreifen. Dazu braucht es eine nachhaltige Sicherheitskultur und kontinuierliche Awarness-Förderung. Mitarbeitende müssen gezielt für relevante Gefährdungen sensibilisiert werden und verstehen, wie sich diese Risiken konkret auf ihre tägliche Arbeit und die Institution insgesamt auswirken.

Die Wirksamkeit von Sicherheitsschulungen lässt sich auf unterschiedliche Weise messen. Eine prozessorientierte Methode nutzt beispielsweise Fragebögen, um den Reifegrad der jeweiligen Praxis im Rahmen eines Reifegradmodells zu erfassen. Alternativ kann eine produktorientierte Methode herangezogen werden, bei der die Lernergebnisse der Teilnehmenden bewertet werden.

Insgesamt sind Cybersecurity-Verifikation und -Validierung essenziell, um die Sicherheit komplexer Fahrzeugsysteme dauerhaft zu gewährleisten. Nur durch kontinuierliche Prüfung, Anpassung und Sensibilisierung lässt sich ein robustes Sicherheitsniveau erreichen, das den Herausforderungen moderner Bedrohungen standhält.

Übergang zur systematischen Sicherheitsanalyse

Nachdem in diesem Kapitel die Wechselwirkungen von funktionaler Sicherheit, Cybersecurity und künstlicher Intelligenz beleuchtet wurden, richtet sich der Fokus nun auf die methodische Basis der Sicherheitsarbeit. Mit der Item-Definition, der Gefährdungs- und Risikoanalyse (HARA, TARA) sowie den Grundlagen der ASIL-Dekomposition werden die zentralen Verfahren eingeführt, die den Rahmen für eine systematische Sicherheitsanalyse bilden. Am Projektbeispiel »Automatisches Einparken« wird dabei aufgezeigt, wie diese Methoden praktisch angewendet werden können.

4 Item-Definition und Sicherheitsanalysen

Security is a journey, not a destination.
(Bruce Schneier)

Sicherheit in modernen Fahrzeugsystemen beginnt lange bevor die erste Codezeile geschrieben oder ein Sensor angeschlossen wird. Bereits zu Beginn der Entwicklung muss verstanden werden, was das zukünftige System leisten soll und in welchem Umfeld es eingesetzt wird. Nur mit einem präzisen Verständnis dieser Rahmenbedingungen lassen sich Gefährdungen und Bedrohungen systematisch erfassen und bewerten.

In diesem Kapitel werden die Sicherheitsanalysen sowohl der funktionalen Sicherheit als auch der Cybersecurity behandelt und zusammengeführt. Ausgangspunkt ist die Item-Definition, in der das Konzept und die grundlegenden Eigenschaften des Systems definiert werden. Auf dieser Basis beginnt die Gefährdungs- und Risikoanalyse, die Schwachstellen identifiziert. Diese werden mittels ASIL nach Schwere klassifiziert und durch Sicherheitsmechanismen abgestellt oder zumindest abgemildert. Über mehrere Iterationen von Spezifikation und Analysen entsteht das endgültige Systemkonzept, das in den Entwicklungsphasen detailliert und umgesetzt wird. In einer zweiten Analyse, der »Threat Analysis and Risk Assessment« (TARA) werden die Risiken aus dem Bereich Cybersecurity adressiert. Wir zeigen die Methode im Überblick und geben konkrete Hinweise für die Anwendung in der Praxis. Abgerundet wird das Kapitel durch Hinweise zur Dekomposition, die die Risikoreduktion durch Systemzerlegung beschreibt.

4.1 Item-Definition

4.1.1 Rolle und Zweck der Item-Definition

In der Konzeptphase spielt die Item-Definition des Systems eine zentrale Rolle. Sie beschreibt detailliert die Funktionalität, die Schnittstellen, Umgebungsbedingungen und rechtlichen Anforderungen des Systems. Sie legt den Grundstein für die nachfolgenden Entwicklungsphasen wie die Gefährdungsanalyse und Risikobewertung (HARA) gemäß ISO 26262 und die Bedrohungsanalyse (TARA) gemäß ISO/SAE 21434.

Die Item-Definition des Advanced Driver Assistance System (ADAS) umfasst Funktionen wie beispielsweise Kollisionswarnung, automatische Notbremsung, Spurhalteassistent, adaptive Geschwindigkeitsregelung und weitere Funktionen, die wir im Verlauf dieses Kapitels teilweise näher beschreiben.

ISO 26262

ISO 26262-3:2018, Abschnitt 5, enthält die Anforderungen an die Item-Definition.

4.1.2 Projektstory ADAS NextGen: Beschreibung des ADAS

Die Drivesmart AG möchte ein »Advanced Driver Assistance System« (ADAS) in eine neue Fahrzeuggeneration integrieren und beauftragt die Safehicle GmbH mit der Entwicklung der erforderlichen Hardware und Software des ADAS.

In der Konzeptphase der Entwicklung des ADAS erstellt das Entwicklungsteam der Drivesmart AG unter maßgeblicher fachlicher Führung der Systemarchitektin Anja Bau und unter Anleitung des funktionalen Sicherheitsmanagers (FuSi-Managers) Dieter Gewiss eine Beschreibung des Systems in Bezug auf Funktionalität, Schnittstellen, Umgebungsbedingungen, rechtliche Anforderungen und bekannte Gefahren. Dabei legt Drivesmart die Grenzen des ADAS, seiner Schnittstellen sowie Annahmen über andere vorhandene und verbundene Systeme fest. Eine wichtige Aufgabe für das Team ist es, die Funktionalitäten, Abhängigkeiten und die Interaktion des ADAS mit dem Fahrer, der Umgebung und anderen Fahrzeugsystemen zu beschreiben. Auf diesen Festlegungen bauen die nachfolgenden Phasen sowie das »funktionale Sicherheitskonzept« auf.

Das Ingenieurteam der Safehicle GmbH unter der Leitung von Josef Byte und fachlicher Führung der System- und Softwarearchitektin Paola Stabil identifizieren gemeinsam mit den Entwicklern der Drivesmart AG die Hauptkomponenten des ADAS sowie dessen innere Schnittstellen. Ernst Probe, der Testleiter, und der Sicherheitskoordinator Rudolf Blackbelt fordern die Darstellung der erlangten Erkenntnisse in Form eines Blockschaltbildes. Dieses Blockschaltbild, das in Abbildung 4.1 vereinfacht dargestellt ist, dient dazu, die verschiedenen Komponenten des ADAS und deren Interaktionen visuell ansprechend und leicht verständlich darzustellen. Es veranschaulicht die Systemarchitektur und die Interaktionen zwischen den Komponenten und ist ein wichtiges Hilfsmittel zur Identifizierung sicherheitsrelevanter Aspekte. Es abstrahiert die Details der einzelnen Komponenten und konzentriert sich auf die wesentlichen Schnittstellen und Interaktionen, um die Kommunikation zwischen den am Projekt beteiligten Stakeholdern zu erleichtern. Vor allem in einem verteilten Projekt, in dem Entwickler unterschiedlicher Disziplinen, Systemingenieure und Nicht-Techniker zusammenarbeiten müssen, ist das nützlich. Die Visualisierung der einzelnen Komponenten und ihrer Interaktionen hilft, Fehler im System zu identifizieren und zu lokalisieren. Dies ist entscheidend für die Fehlerdiagnose und -behebung während der Entwicklungsprozesse. Ebenso ist diese Visualisierung die Ausgangssituation bei der Bedrohungsmodellierung der Schutzziele, die die IT-Sicherheit betreffen.

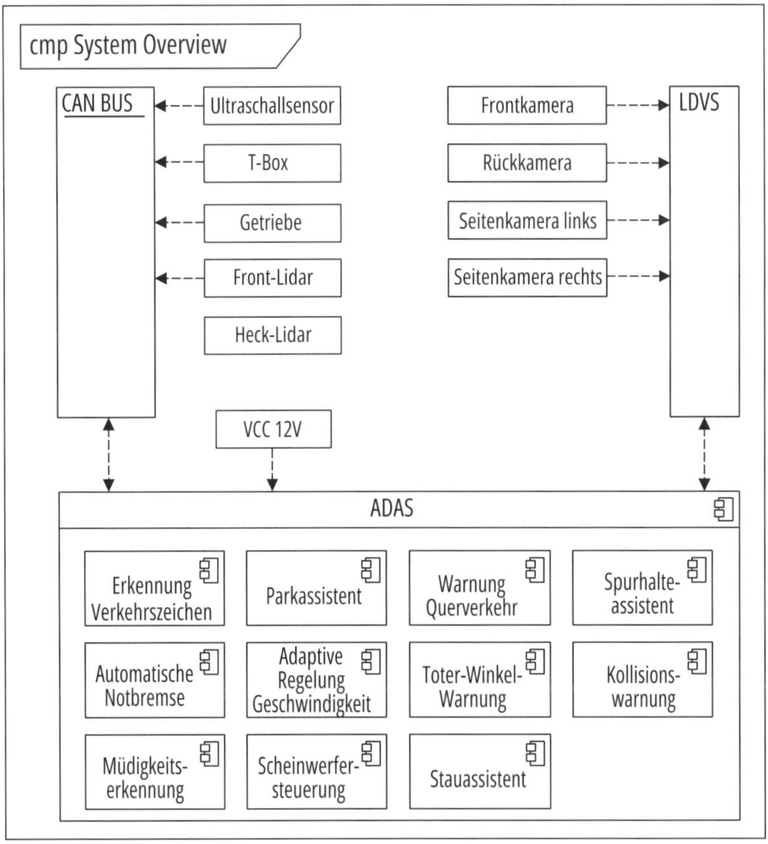

Abb. 4.1 *Vereinfachtes Blockschaltbild des geplanten ADAS*

Die gemeinsamen Arbeiten an der Item-Definition für das zu entwickelnde ADAS basieren auf der vorgegebenen Definition des OEM.

ISO 26262

Item-Definition: Durch die implementierten Funktionen soll die Verkehrssicherheit der neuen Fahrzeuggeneration verbessert werden. Dies wird erreicht durch frühzeitige Warnung vor potenziellen Gefahren, die das ADAS bei sicherheitskritischen Manövern unterstützt, wodurch es Unfälle und Kollisionen durch automatische Bremsungen oder korrigierende Lenkmanöver deutlich reduzieren kann.

Das ADAS soll den Fahrer bei der sicheren und effizienten Fahrzeugführung assistieren und mit einer Kombination von Sensoren, Kameras, Radar- und Lidarsystemen mit fortschrittlichen Algorithmen unterstützen. Alle Informationen über die Fahrzeugumgebung sollen erfasst und analysiert werden, um entsprechende Aktionen auszuführen. Das ADAS wird vorläufig gemäß SAE J3016 in Level 3 der Taxonomie eingestuft.

Die Definition der Taxonomiestufen finden Sie in Abschnitt 2.7, »Taxonomiestufen für intelligente Straßenfahrzeuge«.

4.1.3 Projektstory ADAS NextGen: Komponenten des Items ADAS NextGen

Im Rahmen der Item-Definition werden die funktionalen Bestandteile des zu entwickelnden ADAS-Systems beschrieben. Die Safehicle GmbH ist beauftragt, ein System zu realisieren, das spezifische Assistenzfunktionen zur Unterstützung des Fahrers im Bereich Parkassistenz und darüber hinaus bereitstellt.

4.1.3.1 Funktionen des ADAS NextGen

Die nachfolgende Auflistung gibt einen Überblick über die wesentlichen Funktionen, die im ADAS NextGen umgesetzt werden sollen:

- ***Automatische Notbremsung:*** *Das ADAS erkennt plötzliche Hindernisse oder potenzielle Kollisionen und initiiert automatisch eine Bremsung, um eine Kollision oder deren Folgen zu vermeiden oder zu verringern.*
- ***Toter-Winkel-Warnung:*** *Das ADAS soll Fahrzeuge im toten Winkel des Fahrers erkennen und visuelle oder akustische Warnungen ausgeben, um Kollisionen beim Spurwechsel zu verhindern.*
- ***Spurhalteassistent:*** *Mithilfe von Kameras und Bildverarbeitungsalgorithmen soll das ADAS die Fahrbahnmarkierungen und die Position des Fahrzeugs in der Fahrspur überwachen. Es soll ein unbeabsichtigtes Verlassen der Spur erkannt werden und der Fahrer durch haptische (z.B. Lenkradvibration) oder visuelle Signale gewarnt werden. Das ADAS soll auch korrigierende Lenkeingriffe vornehmen, um das Fahrzeug sicher in der Spur zu halten.*
- ***Adaptive Geschwindigkeitsregelung:*** *Das ADAS soll automatisch die Geschwindigkeit des Fahrzeugs an die Verkehrssituation anpassen. Mittels Radar- und Kamerasensoren soll der Abstand zum vorausfahrenden Fahrzeug gemessen und kalkuliert werden. Das Fahrzeug soll einen sicheren Abstand zum vorausfahrenden Fahrzeug einhalten und bei Bedarf die Geschwindigkeit reduzieren, beschleunigen oder bremsen, um die Verkehrssicherheit zu gewährleisten.*

- ***Stauassistent:*** *Das ADAS soll den Fahrer bei der Navigation durch Verkehrsstaus unterstützen. Das System soll das Fahrzeug automatisch abbremsen, den Abstand zum vorausfahrenden Fahrzeug einhalten und es in der Spur halten, während der Fahrer die Hände am Lenkrad behält. Das ADAS soll die Geschwindigkeit des Fahrzeugs automatisch entsprechend der vorherrschenden Verkehrssituation anpassen und so den Stress und die Anstrengung des Stop-and-Go-Verkehrs erleichtern.*
- ***Verkehrszeichenerkennung:*** *Das ADAS soll Verkehrszeichen wie z. B. Geschwindigkeitsbegrenzungen, Überholverbote oder Stoppschilder erfassen und dem Fahrer anzeigen. Die Einhaltung der Verkehrsregeln soll dadurch unterstützt werden.*
- ***Müdigkeitserkennung:*** *Das ADAS soll das Fahrverhalten überwachen und Anzeichen von Fahrermüdigkeit erkennen. Es soll den Fahrer mittels Alarmierung aufmerksam machen, um das Unfallrisiko durch Fahrunsicherheiten zu verringern.*
- ***Parkassistent:*** *Das ADAS soll den Fahrer durch automatische Lenk- und Bremsmanöver beim Ein- und Ausparken des Fahrzeugs unterstützen, um Kollisionen mit anderen Fahrzeugen oder Hindernissen zu vermeiden. Durch Ultraschallsensoren und Kameras soll der Abstand zu anderen Fahrzeugen oder Hindernissen beim Ein- und Ausparken gemessen werden. Das Lenken, Bremsen und Beschleunigen soll autonom erfolgen, oder – falls dies nicht möglich ist – soll der Fahrer mit visuellen und akustischen Anweisungen dabei unterstützt werden.*
- ***Querverkehrswarnung:*** *Das ADAS soll Sensoren wie Radar oder Kameras verwenden, um seitlichen Verkehr beim Rückwärtsfahren aus Parkplätzen oder Einfahrten zu überwachen. Es soll den Fahrer vor sich nähernden Fahrzeugen oder Fußgängern, die möglicherweise nicht in Sicht sind, warnen, um Kollisionen zu vermeiden.*
- ***Intelligente Scheinwerfersteuerung:*** *Das ADAS soll die Schein-werfer automatisch an die Straßen- und Verkehrsbedingungen sowie an die Fahrsituation anpassen, um die Sichtbarkeit zu verbessern. Das System soll den Gegenverkehr oder vorausfahrende Fahrzeuge mithilfe von Kameras oder Sensorsystemen erkennen und die Scheinwerferhelligkeit und den Lichtkegel automatisch anpassen, damit entgegenkommende Verkehrsteilnehmer nicht geblendet werden.*
- ***Kollisionswarnung:*** *Das ADAS soll Fahrzeuge, Fußgänger oder sonstige Hindernisse erkennen und deren relative Geschwindigkeit sowie den Abstand zum eigenen Fahrzeug bewerten. Es soll den Fahrer frühzeitig durch visuelle, akustische oder haptische Signale warnen, wenn eine kritische Annährung oder ein drohender Aufprall bevorsteht. Ziel ist es, die Reaktionszeit des Fahrers zu verkürzen und eine Kollision zu vermeiden oder deren Folgen zu verringern.*

Um die beschriebenen Funktionen des ADAS NextGen zuverlässig und sicher realisieren zu können, ist der gezielte Einsatz unterschiedlicher Sensortechnologien erforderlich. Daher erarbeitet das Team eine Übersicht über die vorgesehenen Sensoren und deren spezifische Aufgaben im System.

4.1.3.2 Beschreibung der einzusetzenden Sensoren

Zur Umsetzung der geplanten ADAS-Funktionen ist der Einsatz unterschiedlicher Sensortechnologien erforderlich. Diese Sensoren erfassen relevante Umgebungsdaten und bilden die Grundlage für die funktionale Leistungsfähigkeit des Systems. Im Folgenden sind die vorgesehenen Sensortypen sowie deren jeweilige Aufgaben und Einsatzbereiche beschrieben:

- ***Kameras:*** *Hochauflösende Kameras sollen die Umgebung des Fahrzeugs visuell erfassen und die Bildauswertung soll entscheidende Informationen für Funktionen wie Spurerkennung, Verkehrszeichenerkennung und Verkehrsflussüberwachung liefern.*
- ***Radarsensoren:*** *Die eingesetzten radarbasierten Sensoren erfassen mittels ausgesendeter Signale und deren Reflexionen Informationen über die Entfernung, Geschwindigkeit und Position von Objekten. Sie kommen u. a. für die Funktionen Kollisionswarnung, adaptive Geschwindigkeitsregelung und Toter-Winkel-Erkennung/Warnung zum Einsatz.*
- ***Lidarsensoren:*** *Lidarsysteme erzeugen mithilfe von Laserstrahlen ein detailliertes 3D-Modell der Fahrzeugumgebung. Sie dienen der präzisen Erfassung von Objekten und Hindernissen hinsichtlich Entfernung, Form und Position. Sie sollen für die Funktionen Umgebungserkennung und Hindernisvermeidung eingesetzt werden.*
- ***Ultraschallsensoren:*** *Zur Realisierung der vorgesehenen Parkassistenzfunktionen sind geeignete Ultraschallsensoren vorgesehen, da sie kurze Distanzen zu Hindernissen erkennen. Sie unterstützen die Funktionen automatisiertes Einparken und das Rangieren in engen Verkehrssituationen.*

Die durch die Sensoren erfassten Rohdaten bilden die Grundlage für alle weiteren Systementscheidungen. Damit aus diesen Daten verwertbare Informationen werden, ist eine leistungsfähige Datenverarbeitung erforderlich. Daher beschreibt das Team die eingesetzten Algorithmen und Datenverarbeitungsprozesse, mit denen die Systemintelligenz des ADAS realisiert wird.

4.1.3.3 Datenverarbeitung und Algorithmen

Die Leistungsfähigkeit des ADAS-Systems basiert wesentlich auf der intelligenten Verarbeitung der durch Sensoren erfassten Daten. Moderne Verfahren der Datenfusion, der algorithmischen Auswertung und künstlichen Intelligenz ermöglichen es, ein präzises Bild der Fahrzeugumgebung zu generieren und situationsgerechte Entscheidungen in Echtzeit zu treffen. Im Folgenden sind die zentralen Konzepte und Technologien aufgeführt, die bei der Datenverarbeitung und algorithmischen Umsetzung zum Einsatz kommen:

- ***Datenfusion:*** *Die vom ADAS erfassten Informationen aus unterschiedlichen Sensorquellen – etwa Kamera, Radar und Lidar – werden zusammengeführt, um ein konsistentes und detailliertes Umgebungsmodell zu erzeugen. Die Fusion dieser Datenquellen ermöglicht eine zuverlässige Objektklassifikation sowie die präzise Verfolgung von bewegten und statischen Objekten.*

- ***Künstliche Intelligenz (KI):*** *Durch den Einsatz von KI-Technologien kann das System komplexe Verkehrssituationen interpretieren, Muster erkennen und adaptive Entscheidungen treffen. Maschinelles Lernen erlaubt dem ADAS zudem eine kontinuierliche Verbesserung seiner Entscheidungslogik auf Basis realer Fahrsituationen.*

Tipp

Genauere Information zu KI und maschinellem Lernen finden Sie in den Kapiteln 2, »Grundlagen und Schlüsseltechnologien für autonomes Fahren«, und Kapitel 3, »Zusammenspiel von funktionaler Sicherheit, Cybersecurity und KI«.

- ***Sensorfusion und Umgebungsmodellierung:*** *Die verknüpften Sensordaten bilden die Grundlage für eine umfassende Darstellung der Fahrzeugumgebung. Dabei werden insbesondere Informationen zu Position, Geschwindigkeit und Bewegungsrichtung anderer Verkehrsteilnehmer (z.B. Fahrzeuge, Fußgänger, Radfahrer) verarbeitet, um relevante Objekte im Umfeld zuverlässig zu erkennen und deren Verhalten vorherzusagen.*
- ***Echtzeitverarbeitung:*** *Das ADAS muss alle relevanten Daten in Echtzeit verarbeiten, um schnelle Reaktionen und Entscheidungen zu ermöglichen. Dies ist besonders wichtig für Funktionen wie Notbremsungen, Kollisionswarnungen und Spurhalteassistenten.*

4.1.3.4 Aktuatoren

Für die Umsetzung der vom System getroffenen Entscheidungen sind entsprechende Aktuatoren erforderlich, die aktiv in Fahrzeugfunktionen eingreifen können. Sie stellen die Verbindung zwischen der digitalen Systemverarbeitung und der mechanischen Bewegung des Fahrzeugs her. Deshalb notiert das Team die wesentlichen Aktuatoren, die im Rahmen des ADAS NextGen eingesetzt werden sollen:

- ***Lenksystem:*** *Das System muss über ein elektrisches Lenksystem verfügen, das aktive Lenkeingriffe ermöglicht. Das ist die Grundlage für Funktionen wie Spurhalteassistent, autonomes Lenken und Parkassistent.*
- ***Bremssystem:*** *Durch den Zugriff über Aktoren auf das Bremssystem kann das ADAS automatisierte Bremsvorgänge auslösen. Dies ermöglicht Funktionen wie autonomes Bremsen, Notbremsassistent und adaptive Geschwindigkeitsregelung.*
- ***Antriebssystem:*** *Das ADAS soll durch die Steuerung von Antriebsmoment und Leistung über entsprechende Aktuatoren bestimmte Funktionen wie Traktionskontrolle, Antriebsschlupfregelung und elektronische Stabilitätskontrolle ermöglichen.*

Für eine umfassende Wahrnehmung der Verkehrssituation und die Interaktion mit externen Systemen ist das ADAS zusätzlich auf eine leistungsfähige

Vernetzung angewiesen. Das Team erfasst die dafür vorgesehenen Kommunikationsschnittstellen.

4.1.3.5 Vernetzung

Das ADAS soll über eine drahtlose V2V-Kommunikationstechnologie, wie Dedicated Short Range Communications (DSRC) oder Cellular Vehicle-to-Everything (C-V2X), Informationen mit anderen Fahrzeugen austauschen. Diese Vernetzung soll es dem ADAS ermöglichen, Informationen über den Verkehrszustand, Straßenbedingungen und andere relevante Daten auszutauschen. Durch den Austausch dieser Daten können Kollisionswarnungen oder Informationen über den Fahrzeugzustand an andere Fahrzeuge weitergegeben werden. Zusätzlich soll das ADAS über eine Fahrzeug-Infrastruktur-Kommunikation (V2I) mit der Verkehrsinfrastruktur wie Verkehrssignalen und Parkleitsystemen kommunizieren, um Informationen über Ampelphasen zu erhalten und den Fahrer auf grünes Licht hinzuweisen. Um Echtzeit-Verkehrsdaten, Wetterinformationen, Karten- und Navigationsdienste sowie Software-Updates zu ermöglichen, soll das ADAS über eine Internetverbindung verfügen. Über die Internetverbindung soll mit externen Cloud-Servern kommuniziert werden, um die genaue Position des Fahrzeugs ermitteln zu können. Von einem Global Navigation Satellite System (GNSS) müssen Signale über einen GNSS-Receiver empfangen werden. Um eine sehr hohe Positionsgenauigkeit zu erzielen, soll zusätzlich ein korrigiertes Signal über einen SPARTN-Decoder eingelesen und über eine Positioning Engine verglichen und verarbeitet werden. Abbildung 4.2 zeigt die korrigierte Positionsermittlung aus den direkten GNSS- und SPARTN-korrigierten Daten. Eine schematische Darstellung, wie die Korrektur ermittelt wird, zeigt Abbildung 4.3.

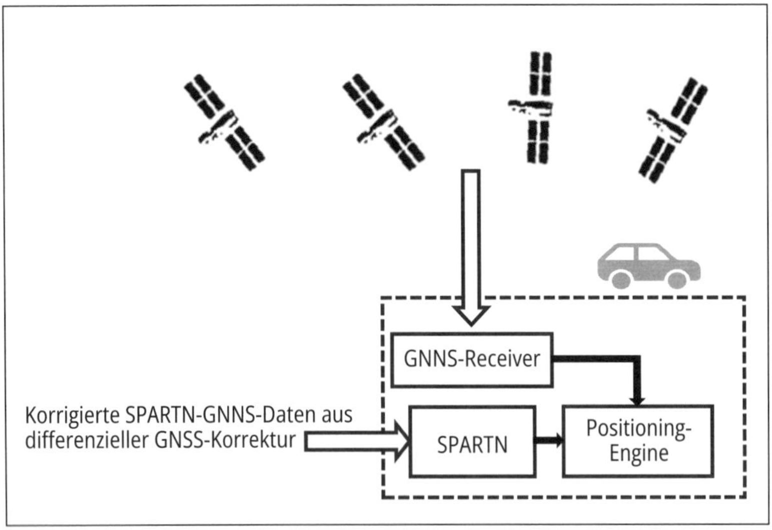

Abb. 4.2 *Signalfluss-Kommunikation des ADAS mit SPARTN-Korrektur*

Das SPARTN-Korrekturformat

Dieses Datenformat wird für die Übertragung von GNSS-Korrekturdaten verwendet wird. SPARTN steht für »Signal Processing Advanced Receiver Technology Network«. Es wurde entwickelt, um präzise Korrekturdaten zwischen GNSS-Referenzstationen und GNSS-Empfängern auszutauschen.

Differenzielle GNSS-Korrektur

Bei dieser Methode vergleicht ein Referenzempfänger, der eine bekannte genaue Position hat, seine berechnete Position mit der tatsächlichen Position. Die gemessenen Differenzen, die auf Fehler im Satellitensignal hindeuten, werden dann als Korrekturinformationen an andere Empfänger übertragen. Die Empfänger verwenden diese Korrekturdaten, um ihre eigene Position genauer zu bestimmen.

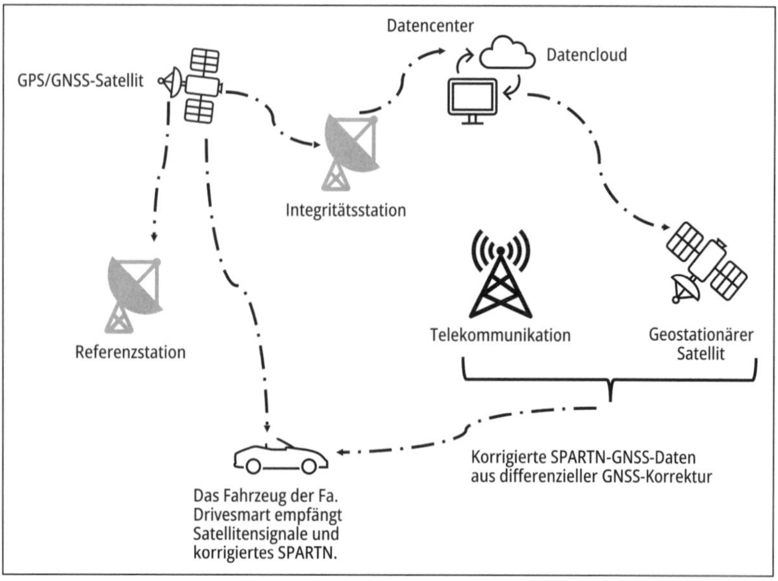

Abb. 4.3 *Datenkorrektur*

4.1.4 Unser betrachtetes System: automatisches Einparksystem APS

In unserer Betrachtung einer Assistenzfunktion für dieses Buch werden wir, wenn möglich, die Funktion des automatischen Einparksystems – Automated Parking System (APS) – des ADAS nutzen. Das zu realisierende automatische APS soll das Fahrzeug sicher und effizient in Parklücken oder Parkhäuser einparken, ohne dass der Fahrer manuelle Lenk- und Bremsmanöver durchführen muss. Vorteile dieses Systems sind:

- Reduzierung von Unfällen und Kollisionen beim Einparken durch präzise und risikobewusste Manöver.
- Effiziente Nutzung von Parkraum durch optimale Platzierung der Fahrzeuge in den Parklücken.
- Entlastung des Fahrers von der Notwendigkeit, komplexe Einparkmanöver durchzuführen, insbesondere in engen oder schwierigen Situationen.
- Zeitersparnis, da das Einparken schneller und effizienter erfolgt.
- Verbesserte Zugänglichkeit für Menschen mit eingeschränkter Mobilität oder Fahrer mit geringer Erfahrung beim Einparken.

Dafür sind hauptsächlich die folgenden Funktionen erforderlich:

- **Fahrzeugerkennung:** Das System muss ankommende Fahrzeuge entweder durch Sensoren am Eingang des Parkplatzes oder durch Kommunikation mit dem Fahrzeug selbst erkennen.

- **Umgebungswahrnehmung:** Durch den Einsatz von entsprechenden Sensoren wie Kameras, Ultraschallsensoren oder Lidar muss das System die Umgebung, Hindernisse, andere Fahrzeuge und Fußgänger sicher erkennen.
- **Einparkmanöver:** Basierend auf den erfassten Informationen muss das System das Einparkmanöver planen und steuern, indem es Lenk-, Brems- und Beschleunigungsbefehle an das Fahrzeug sendet.
- **Echtzeitüberwachung:** Das System muss kontinuierlich den Einparkvorgang überwachen und die Fahrzeugbewegungen anpassen, um mögliche Kollisionen zu vermeiden.
- **Benutzerinteraktion:** Das System muss dem Fahrer Informationen über den Einparkvorgang und den aktuellen Status des Fahrzeugs bereitstellen und ggf. Anweisungen zur Durchführung spezifischer Manöver geben.
- **Sicherheitsfunktionen:** Das System muss über Sicherheitsmechanismen verfügen, um unvorhergesehene Hindernisse zu erkennen und potenzielle Gefahrensituationen zu vermeiden. Dies muss das automatische Stoppen des Einparkvorgangs oder das Auslösen von Warnsignalen umfassen. Während der Fahrt muss in allen Situationen ein ungewollter Eingriff in die Lenkfunktion sicher verhindert werden.

Die FuSi-Manager Dieter Gewiss und Rainer Fels sind mit den Ergebnissen des Workshops sehr zufrieden. »Wir haben ein klares Verständnis davon erreicht, was das neue ADAS enthalten soll und wie es in das Fahrzeug integriert werden soll. Im nächsten Schritt können wir mit den Analysen beginnen, um Risiken zu identifizieren und mit Sicherheitsmechanismen zu belegen. Dies werden wir in weiteren Workshops mit den jeweiligen Komponententeams durchführen, und die Architekten werden besonders die Auswirkungen auf das Gesamtsystem im Blick behalten. Gerade bei übergreifenden Funktionen wie dem Parkassistenten mit den Eingriffen in die Lenkung wird das essenziell werden.«

4.2 Gefährdungs- und Risikoanalyse (G&R)

4.2.1 Einführung in die G&R

In diesem Abschnitt wird die Gefährdungs- und Risikoanalyse (G&R) nach ISO 26262 behandelt. Sie ist der zentrale Analyseschritt in der funktionalen Sicherheit, durch den die Sicherheitsziele systematisch ermittelt und deren Automotive Safety Integrity Level (ASIL) und die somit notwendige Risikoreduktion bestimmt werden. Alle weiteren Aktivitäten der funktionalen Sicherheit beziehen sich auf die Ergebnisse dieser Analyse. Das Ziel, die Methoden und die Bewertung der Ergebnisse werden vorgestellt und mit praxistauglichen Tabellen illustriert.

4.2.1.1 Historie und Hintergrund zum ASIL

Entstehungsgeschichte

Die Arbeiten an der ISO 26262 hatten ihren Ursprung im Jahr 2002 und wurden durch die Firma BMW als deutsch-französische Kooperation initiiert. Ab 2005 wurden die Aktivitäten von der ISO (International Organization for Standardization) übernommen. Danach waren an der Entwicklung der ISO 26262 Sicherheitsexperten aus mehreren Ländern beteiligt. Die Leitung des Projektes unter dem Dach der ISO lag in den Händen des Normenausschusses Automobiltechnik des DIN Deutsches Institut für Normung e. V. (siehe Zeitstrahl der Entstehungsgeschichte in Abbildung 4.4). Der Gesamtaufwand für die Erstellung der Norm betrug ca. 200 Personenjahre.

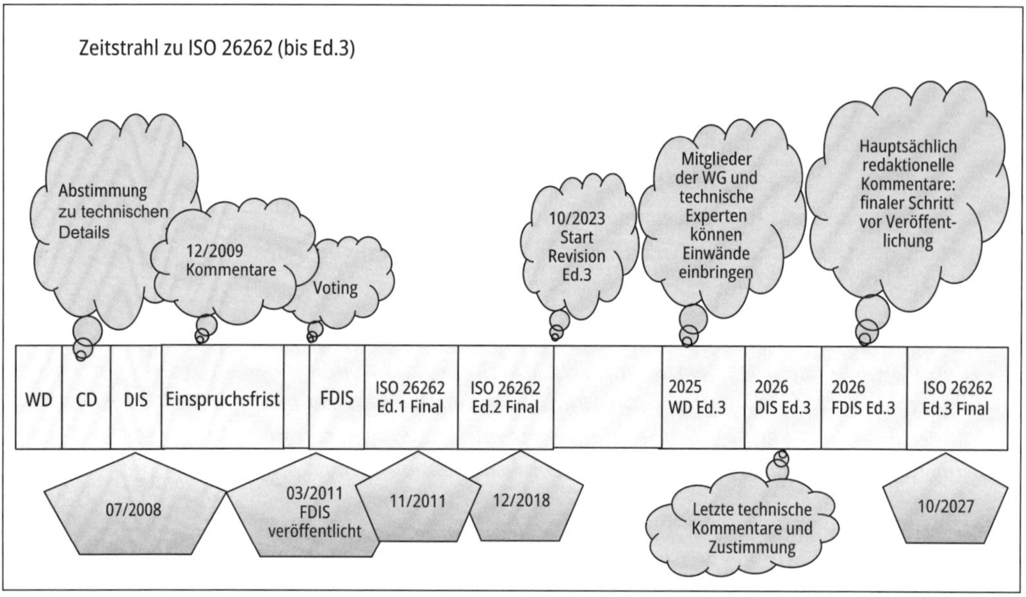

Abb. 4.4 *Entstehungsgeschichte der ISO 26262*

ISO 26262 und IEC 61508

Der Automotive-Standard ISO 26262 ist eine Adaption der bereits bestehenden generischen funktionalen Sicherheitsnorm IEC 61508 »Funktionale Sicherheit sicherheitsbezogener elektrischer/ elektronischer/programmierbarer elektronischer Systeme« [IEC 61508:2010] an die speziellen Anforderungen der Automobilindustrie. ISO 26262 löst als Norm zur funktionalen Sicherheit von Straßenfahrzeugen <3,5t die IEC 61508 für die Automobilindustrie ab und gilt formaljuristisch als gültige Norm für Straßenfahrzeuge. Der Automobilindustrie steht damit eine anwendbare Norm zur funktionalen Sicherheit zur Verfügung, die im Gegensatz zur IEC 61508 unter Beteiligung der Automobilindustrie entstand und deren speziellen Belange berücksichtigt. Dies sind beispielsweise:

- Das für die Automobilbranche typische Lebenszyklusmodell mit durchgängigen Verifikations- und Validationstätigkeiten
- Das Developement Interface Agreement (DIA), d.h. die Zuweisung der Sicherheitsverantwortung bei verteilter Entwicklung
- Der Einsatz vorzertifizierter Elemente, deren Verhalten bereits definiert wurde (Safety Element out of Context, SEooC)
- Die Einstufung und der Einsatz von zertifizierten Entwicklungswerkzeugen

In der Automobilindustrie werden Betriebsarten mit hoher oder ununterbrochener (»high demand«) Anforderungsrate zugrunde gelegt. Zur Ermittlung der Sicherheitsziele werden die Sicherheitsanforderungsklassen ASIL (Automotive Safety Integrity Level) in dem Standard ISO 26262 definiert. SIL ist das Maß für die erforderliche Risikoreduzierung. Es gibt vier diskrete Stufen zur Spezifizierung der Anforderung für die Sicherheitsintegrität der Sicherheitsfunktionen, die dem sicherheitsbezogenen System zugeordnet werden.

4.2.1.2 Risikobewertung

Die Risikobewertung beinhaltet grundsätzlich die Klärung folgender Fragen:

- Was kann sich ereignen?
- Wie häufig kann es eintreten?
- Was sind die Auswirkungen, wenn es eintritt?
- Wie wahrscheinlich ist die Abwendbarkeit?

Zur Risikobewertung wird eine standardisierte Formel angewendet (siehe Abbildung 4.5). Die Gefahr soll so gering wie möglich bleiben. Hierzu ist jedoch zu bedenken:

> Eine Technik ohne jegliches Restrisiko ist nicht möglich und jeder Mensch ist von Natur aus einer unausweichlichen Gefährdung ausgesetzt, die gänzlich unabhängig von technischen Systemen immer besteht.

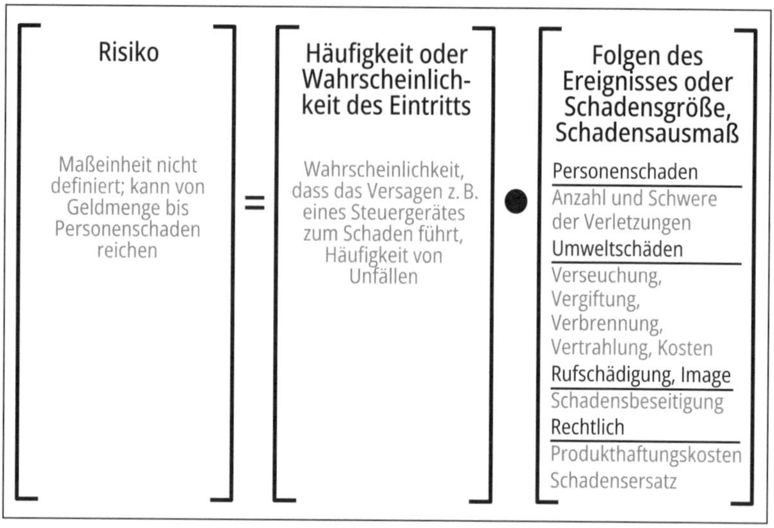

Abb. 4.5 *Formel zur Risikobewertung*

Grundsätzlich ist der Fahrzeughersteller für die Ergebnisse der Gefährdungs- und Risikoanalyse verantwortlich und führt diese auf Grundlage der ISO 26262-3:2018 durch. Dies ist ein zentrales Ergebnis der Konzeptphase. Der Hersteller bewertet, welche Gefahren und Risiken akzeptabel sind und bei welchen Handlungsbedarf besteht – sei es durch Beseitigung oder gezielte Risikominderung.

Die grundlegenden Gefährdungen müssen klar beschrieben werden. So können alle Entwicklungspartner relevante und signifikante Gefährdungen, die von den Fahrzeugfunktionen ausgehen werden, frühzeitig identifizieren und berücksichtigen. Hinzu kommen solche Gefährdungen, die mit der Umgebung in Verbindung stehen. Die Ergebnisse dienen u.a. auch als Input für die Spezifikationen der Sicherheitsanforderungen des Gesamtsystems und der einzelnen, damit verbundenen Elemente.

Fehlerfälle in der Produktentwicklung

Die Entwicklungspartner sind selbstverständlich in der Pflicht, alle während der Produktentwicklung entdeckten Fehlerfälle zu kommunizieren und so gut wie möglich direkt zu behandeln. Spezielle Risiken, die sich durch die konkret verwendete Technologie ergeben, lassen sich nicht immer zuverlässig bereits in der Konzeptphase finden und behandeln. Die Risiken müssen während der gesamten Produktentwicklung immer wieder betrachtet und teilweise neu bewertet werden.

4.2.1.3 Risikoreduktion

Es gibt in der ISO 26262 vier Stufen der Risikoreduktion.

1. ASIL A = niedrigstes Maß der erforderlichen Risikoreduktion
2. ASIL B

3. ASIL C
4. ASIL D = höchstes Maß der erforderlichen Risikoreduktion

Die Abbildung 4.6 zeigt einen Vergleich zwischen den Stufen der Risikoreduzierung gemäß IEC 61508 und ISO 26262.

Grenzwerte aus IEC61508

Sicherheits-integritäts-level	Betriebsart mit hoher oder ununterbrochener Anforderungsrate (Wahrscheinlichkeit eines gefahrbringenden Ausfalls pro Stunde)
4	$\geq 10^{-9}$ bis 10^{-8}
3	$\geq 10^{-8}$ bis 10^{-7}
2	$\geq 10^{-7}$ bis 10^{-6}
1	$\geq 10^{-6}$ bis 10^{-5}

Grenzwerte aus ISO 26262

ASIL	Wahrscheinlichkeit eines gefahrbringenden Ausfalls pro Stunde)
D	$< 10^{-8}$ /h
C	$< 10^{-7}$ /h
B	$< 10^{-6}$ /h
A	$< 10^{-5}$ /h

Abb. 4.6 *SIL und ASIL im Vergleich*

Die Einstufung nach ASIL wird benötigt, um Maßnahmen zur erforderlichen Risikominimierung für jede Sicherheitsfunktion zu definieren.

Die ISO 26262 beschreibt den initialen ASIL, der aus der Gefährdungs- und Risikoanalyse ermittelt wird, und den ASIL, der als Ergebnis einer vorhergehenden Dekomposition abgeleitet ist. Wobei der initiale, also anfängliche ASIL der Ausgangspunkt für die Dekomposition ist. Der ASIL eines Sicherheitsziels eines zu entwickelnden Items begleitet als Attribut fortlaufend den gesamten Entwicklungsprozess dieses Items und vererbt sich für jede abgeleitete Sicherheitsanforderung.

Sicherheitsintegrität

Mit *Sicherheitsintegrität* ist die Wirksamkeit der Sicherheitsfunktionen eines sicherheitsgerichteten Systems gemeint. Sicherheitsintegrität ist eine Aussage über die Wahrscheinlichkeit, dass ein sicherheitsbezogenes System die geforderten Sicherheitsfunktionen – unter allen festgelegten Bedingungen – innerhalb eines festgelegten Zeitraums anforderungsgemäß ausführt.

4.2.1.4 Ermittlung und Klassifikation von Gefahren

Die G&R klassifiziert potenzielle Gefährdungen und Risiken unter Berücksichtigung möglicher Auswirkungen im Falle eines unerwünschten Systemverhaltens unter allen vorhersehbaren Einsatzbedingungen.

Sie wird als Methode eingesetzt, mögliche gefährliche Fälle des Systems zu kategorisieren. Daraus werden Safety Goals (Sicherheitsziele) und ASILs für die zusammenwirkenden Elemente abgeleitet. Diese Klassifikation ist die Grundlage für die Durchführung des funktionalen Sicherheitsmanagementprozesses und der erforderlichen technischen Maßnahmen. Auf Basis der ermittelten ASILs werden Sicherheitsziele für das Design und die erforderlichen Prozesse abgeleitet und das Sicherheitskonzept definiert, um die kritischen Fehlfunktionen (Hazards) ausreichend abzusichern. Die Klassifikation eines Hazards basiert in der ISO 26262:2018 auf folgenden Bewertungen:

- Bewertung der Schwere (Ausmaß) der Auswirkungen bezüglich möglicher Schäden bzw. Verletzungen von Personen – S: Severity
- Bewertung der relativen Häufigkeit der Gefährdungssituationen – E:Exposure
- Bewertung der Wahrscheinlichkeit, dass der Schaden durch einen menschlichen Eingriff oder durch andere Maßnahmen nicht vermieden oder gemindert werden kann – C: Controllability

Die Klassifizierung der Parameter S, E und C dient dazu, die Anforderungen an das System und den Entwicklungsprozess festzulegen, um eine geeignete Risikoreduktion zu erreichen.

4.2.1.5 Methode zur Risikobewertung

Eine in der ISO 26262:2018 genannte prinzipielle Methode besteht darin, das Risiko mittels Risikographen zu bewerten, sie stellt also ein qualitatives Verfahren dar. Die Tabellen Tabelle 4.1, Tabelle 4.2 und Tabelle 4.3 zeigen die Klassifikation der drei Faktoren Severity, Exposure und Controllability für einen gefährlichen Zustand. Diese Klassifikation ist die Grundlage für die Bestimmung des ASIL, denn aus diesen drei Werten wird mit dem Risikographen aus Tabelle 4.4 der ASIL für das jeweilige Ereignis abgeleitet.

	S0	S1	S2	S3
Beschreibung	Keine Verletzungen	Leichte und mäßige Verletzungen	Schwere und lebensbedrohliche Verletzungen (Überleben ist möglich)	Lebensbedrohliche Verletzungen (Überleben unwahrscheinlich), fatale Verletzungen

Tab. 4.1 *Einstufung der Gefahrenauswirkung (S – Severity = Schwere/Ausmaß des Schadens)*

	E0	E1	E2	E3	E4
Beschreibung	Unvorstellbar	Sehr unwahrscheinlich	Unwahrscheinlich	Mittlere Wahrscheinlichkeit	Hohe Wahrscheinlichkeit
Wert	0,0001	0,001	0,01	0,1	1
Abschätzung	-	Bei der großen Mehrheit der Fahrer seltener als einmal pro Jahr	Bei der großen Mehrheit der Fahrer wenige Male im Jahr	Bei einem durchschnittlichen Fahrer monatlich oder häufiger	Alle Situationen, die durchschnittlich bei fast jeder Fahrt vorkommen
Richtwert	-	< 0,1 % der durchschnittl. Betriebszeit	< 1 % der durchschnittl. Betriebszeit	1 %–10 % der durchschnittl. Betriebszeit	> 10 % der durchschnittl. Betriebszeit

Tab. 4.2 *Einstufung der Wahrscheinlichkeit, dass eine gefahrbringende Betriebssituation eintritt (E – Exposure = Eintrittswahrscheinlichkeit bzw. Häufigkeit der Situation)*

	C0	C1	C2	C3
Beschreibung	Im Allgemeinen beherrschbar	Einfach beherrschbar	Normalerweise beherrschbar	Schwierig bzw. nicht beherrschbar
Wert	0,001	0,01	0,1	1
Abschätzung	< 0,1 % der durchschnittlichen Fahrer oder anderer Verkehrsteilnehmer können i.d.R. den Schaden nicht vermeiden	< 1 % der durchschnittlichen Fahrer oder anderer Verkehrsteilnehmer können i.d.R. den Schaden nicht vermeiden	< 10 % der durchschnittlichen Fahrer oder anderer Verkehrsteilnehmer können i.d.R. den Schaden nicht vermeiden	Durchschnittlicher Fahrer oder andere Verkehrsteilnehmer kann i.d.R. Schaden kaum vermeiden

Tab. 4.3 *Einstufung der Vermeidbarkeit eines gefahrbringenden Ereignisses (C – Controllability = Beherrschbarkeit durch den Durchschnittsfahrer)*

In der Darstellung des Risikographen wird die Struktur der ASIL-Zuordnung zur Kombination der einzelnen Klassifikationen deutlich. Der ASIL lässt sich direkt aus der Summe der drei Werte S, E und C ableiten. Beispielsweise ergibt die Summe S=3, E=3 und C=2 insgesamt 8 und führt damit zu ASIL B. Die folgende Abbildung 4.7 zeigt die gesamte Zuordnung.

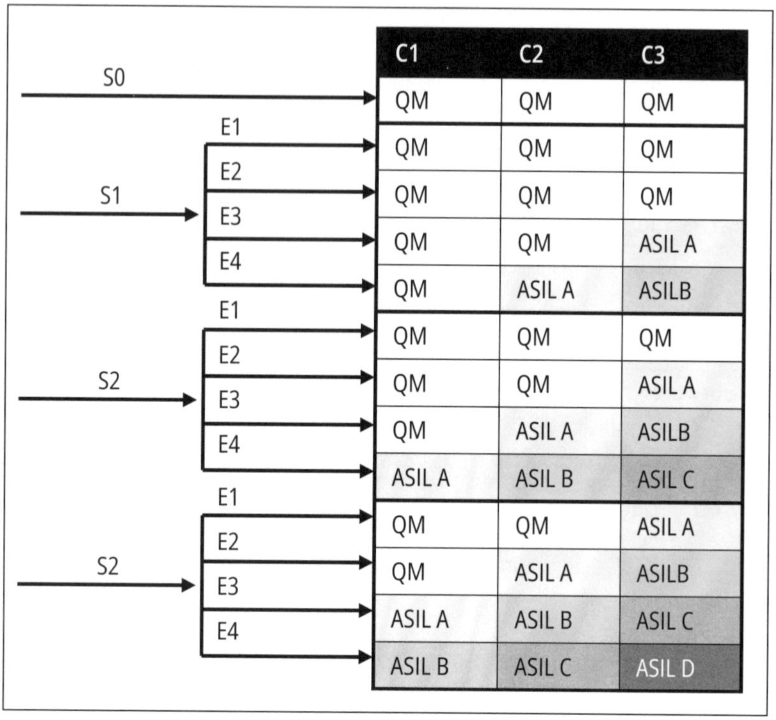

Abb. 4.7 *Abgeleiteter ASIL aus den Teilbewertungen S, E und C*

ISO 26262

ISO 26262-3:2018 zeigt den Risikographen in Tabelle 4 des Standards.

Das Ergebnis der Einstufung des ASIL (siehe Tabelle 4.4) bestimmt die weitere Vorgehensweise.

	Summe S + E + C				
	<= 6	**7**	**8**	**9**	**10**
ASIL	QM	ASIL A	ASIL B	ASIL C	ASIL D

Tab. 4.4 *Einstufung des ASIL [ISO 26262-3:2018, Tabelle 4]*

ASIL A, ASIL B, ASIL C und ASIL D fordern spezifische Maßnahmen. Lautet das Ergebnis der Analyse QM (Qualitätsmanagement) genügen die geltenden Standards und es sind keine besonderen Sicherheitsmaßnahmen erforderlich. Zu beachten ist, dass der ASIL für jedes Item bzw. Element zu bestimmen ist.

4.2.2 Vorgehen

In der G&R wird das ADAS und die darin abgebildeten Funktionen ohne Sicherheitsmechanismen betrachtet. Zunächst werden alle Betriebssituationen und Modi, in denen das fehlerhafte Verhalten der einzelnen Funktionen gefährliche Zustände herbeiführt, beschrieben. Dies erfolgt für den vorhersehbaren korrekten und inkorrekten Gebrauch des Systems und dessen Funktionalitäten. Hierzu werden mögliche Fahrsituationen ermittelt und in einer Liste zusammengestellt.

Gefährlicher Zustand

Der gefährliche Zustand ist die Kombination einer Situation, die beim Fahren des Fahrzeugs auftritt, und einer Fehlfunktion des Geräts. Die Gefahren, die von dem ADAS und den damit verbundenen Elementen ausgehen können, werden systematisch kombiniert und mithilfe von Checklisten ermittelt.

Bei der Durchführung der Gefährdungs- und Risikoanalyse sind auch die Wechselwirkungen anderer verbundener Systeme in Betracht zu ziehen.

Tipp

Hazard ist die mögliche Quelle einer Fehlfunktion des Systems. Die G&R wird als Methode eingesetzt, mögliche gefährliche Fälle des Systems zu analysieren. Im Projektbeispiel in Abschnitt 4.1.4, »Unser betrachtetes System: automatisches Einparksystem APS«, werden die Szenarien, der Schweregrad und die Kontrollierbarkeit in der jeweiligen Fahrsituation ermittelt und daraus Sicherheitsziele (Safety Goals) und ASILs abgeleitet.

Hazardous Event

Das Hazardous Event ist die Kombination aus einer Situation, die beim Fahren des Fahrzeugs auftreten kann, und der dabei herbeigeführten Fehlfunktionen der einzelnen sicherheitsrelevanten Funktionen.

4.2.2.1 Durchführung der G&R

Die Durchführung einer G&R erfolgt schrittweise, um systematisch Gefahrensituationen zu analysieren, die von den geplanten Fahrzeugfunktionen ausgehen können.

Hierbei werden zunächst keine risikomindernden Maßnahmen bzw. Sicherheitsmechanismen berücksichtigt.

Ergibt die G&R ein unvertretbares Risiko, so sind im Anschluss daran geeignete Maßnahmen zur Risikoreduktion zu definieren und umzusetzen. Maßgeblich für das erforderliche Schutzniveau ist der ASIL.

Die Risikoreduktion muss durch eine geeignete Konzeption und Umsetzung der jeweiligen Fahrzeugfunktion erreicht werden. Ziel ist es, die Funktion so zu gestalten, dass sie unter keinen Umständen zu unvertretbaren Risiken führt. Die erforderliche Risikoreduktion wird in der Regel durch entsprechende Fehlervermeidungsstrategien im gesamten Entwicklungsprozess erreicht.

Diese Strategien sind in der ISO 26262:2018 in den jeweiligen Phasen des Sicherheitslebenszyklus beschrieben. Ein Null-Risiko ist dabei leider nicht erreichbar.

Restrisiko und Null-Risiko

Das Restrisiko bezeichnet das verbleibende Risiko, das nach Durchführung aller technischen und organisatorischen Maßnahmen – also nach Umsetzung aller angemessenen Schutzmaßnahmen – weiterhin bestehen bleibt und als akzeptabel bewertet werden muss.

Ein Null-Risiko – also die vollständige Eliminierung jeglicher Gefährdung – ist in der Praxis nicht erreichbar.

Im Rahmen der ASIL-Bestimmung werden sämtliche Fahrsituationen unter Berücksichtigung spezifischer Bedingungen analysiert, die sich potenziell gefährlich auswirken können (siehe Tabelle 4.5). Dazu zählen beispielsweise:

- Örtliche Gegebenheit (Stadtverkehr, Autobahn, Landstraße etc.)
- Fehlfunktionen/Versagen von ADAS-Komponenten: Bedingungen, bei denen sich ein Versagen von Funktionen des ADAS (unerwartete Steller-Funktion, lenkt in die falsche Richtung, Lenkung bleibt stehen etc.) gefährlich auswirken kann.
- Fehlverhalten von Antriebs- oder Bremsfunktionen: Bedingungen, bei denen sich ein Fehlverhalten von der Antriebs- bzw. Bremsfunktion (ungewolltes negatives bzw. positives Drehmoment, ungewollte mechanische Bremsung, keine mechanische Bremsung, nur negatives Drehmoment etc.) gefährlich auswirken kann.

Nr.	Fahrsituation
1	Stadtfahrt
1.1	Stop-and-Go-Verkehr
1.2	Mehrere Fahrbahnen
1.3	Begrenzte Sicht durch parkende Fahrzeuge oder Reklameschilder
1.4	Rückwärtsfahren (ohne ABS-Funktion)
2	Autobahnfahrt
2.1	Mehrere Spuren
2.2	Keine Geschwindigkeitsbegrenzung
2.3	Unerwartete Staus, insbesondere hinter Kurven
2.4	Straßenarbeiten mit reduzierter Fahrspur

→

Nr.	Fahrsituation
3	Überlandfahrt
3.1	Gefährliche Situationen aufgrund von Unebenheiten, Rollsplitt etc.
3.2	Extrem schmale Fahrbahn
3.3	Steile Passstraßen

Tab. 4.5 *Fahrsituation*

Anschließend werden die Umgebungsbedingungen (siehe Tabelle 4.6) unter Berücksichtigung von Straßenzuständen (trockene, nasse, schneebedeckte, eisige Fahrbahn etc.) sowie Verkehrssituationen (viel Verkehr, Fußgänger, starker Gegenverkehr, Querverkehr, Parallelverkehr, unbefestigter Abgrund etc.) betrachtet und mit den Fahrsituationen kombiniert.

Nr.	Umgebungsbedingung
1	Wettersituation
1.1	Rapide Sichtänderung durch Nebelbänke
1.2	Schnee mit unterschiedlichen Fahrbedingungen mit Bezug auf unterschiedliche Temperaturen
1.3	Plötzlicher Schneeregen bzw. Eisregen
1.4	Erhöhte Glatteisgefahr auf Stahl-Brücken
2	Sichtbedingungen
2.1	Tag
2.2	Nacht
2.3	Starke Sonneneinstrahlung
2.4	Wenig Tageslicht am Morgen bzw. Abenddämmerung
2.5	Beschlagene Scheiben
3	Straßentyp
3.1	Asphalt
3.2	Nichtgeteerte Seitenstraße
3.3	Mehrspurige Straße mit Abzweigungen
3.4	Tunnel

Tab. 4.6 *Umgebungsbedingungen*

Bei jeder Kombination werden zusätzlich die Auswirkungen auf die Fahrzeuginsassen sowie die Auswirkung der passiven Verkehrsteilnehmer unter Berücksichtigung der Aufenthaltswahrscheinlichkeit unterschieden.

Im Anschluss an die Gefährdungs- und Risikoanalyse wird auf Basis des Analyseergebnisses zusätzlich zur ASIL-Zuweisung die Kritikalität der Elemente – bis hinunter zu den Softwaremodulen – unter Berücksichtigung der aus der G&R sich ergebenden Fehlertoleranzzeiten festgelegt. Diese Daten werden in die Bestimmung der Anforderungen an die Automotive-Sicherheitsintegrität einbezogen. Die Bestimmung der Kritikalität soll die ASIL-Zuweisung ergänzen, mit dem Ziel, die Anforderung an die Sicherheitsintegrität für verschiedene Elemente/Softwaremodule differenzieren zu können. Da nicht alle Softwaremodule zu Beginn der Produktrealisierung bekannt sind, ist dies ein iterativer Prozess. Die G&R läuft während der Produktrealisierung stetig weiter und muss auf jeden Fall auf Basis der neuen Erkenntnisse angepasst werden. Hierbei sind alle Änderungen an ASIL-Einstufungen pedantisch mit Begründung zu dokumentieren.

4.2.3 Projektstory ADAS NextGen: Beginn der G&R

Die Drivesmart AG führt für das ADAS-Projekt eine G&R durch, um alle mit dem ADAS-System verbundenen Gefahren zu ermitteln. Mithilfe der G&R muss für das ADAS (Item) der Automotive Safety Integrity Level (ASIL) für die verschiedenen sicherheitsrelevanten Systemfunktionen bestimmt werden.

Unter der Leitung des FuSi-Managers Dieter Gewiss führen die Projektmitglieder der Drivesmart AG mit Beginn der G&R gemeinsame Workshops durch.

Item-Verständnis

Dieter Gewiss möchte dafür sorgen, dass ein ausreichender Grad von Verständnis der gesamten Funktionalität von ADAS, inklusive daraus resultierender Fahrzeugeigenschaften, entwickelt wird. Hierzu gehört auch das vorangegangene spezifische Training der Teilnehmer durch einen qualifizierten Trainer (siehe Kapitel 5 »Das Lebenszyklusmodell der ISO 26262«).

Die ADAS-System-Fachexperten sowie die Ansprechpartner zu den definierten, geltenden Phasen der ISO 26262:2018 nehmen an den Workshops jeweils teil, damit während der G&R relevante Schnittstellen und spezifische Gefährdungsszenarien analysiert bzw. definiert werden können. »Womit beginnen wir?«, fragt Projektleiter Peter Weiss. »Wir legen die Termine und Aufwände für die Durchführung der G&R fest und stimmen notwendige Informationen ab. Jetzt erläutere ich allen Teilnehmern die Methode zur Durchführung der Analyse. Wir verwenden die Tabellen aus dem Werkzeugkasten des funktionalen Sicherheitsmanagements, denn diese entsprechen bereits der anzuwendenden Methode. Die Tabellenblätter enthalten alle wesentlichen zu untersuchenden Merkmale sowie eine erläuternde Vorgehensanweisung und Legende im Anhang.«

4.2.3.1 Bericht zur Gefährdungs- und Risikoanalyse

Peter Weiss, der Projektleiter und Anforderungsmanager, moderiert die Analysemeetings. Die Teilnehmer bauen zunehmend Verständnis auf, denn die Resultate der G&R sind für alle Beteiligten verständlich und nachvollziehbar. Besonders deren Auswirkung auf andere Produktlebenszyklusphasen wird immer deutlicher erkannt. Im »Bericht zyxur Gefährdungs- und Risikoanalyse« werden die Erkenntnisse und Ergebnisse der G&R dokumentiert. Dieser Bericht enthält, zusammen mit den Informationen aus den Tabellen der Gefährdungs- und Risikoanalyse, die für das Konzept erforderlichen Informationen und stammt ebenfalls aus dem Vorlagenpool des funktionalen Sicherheitsmanagements.

Unabhängiges Bestätigungsreview

Der erste prüfreife Entwurf für die ADAS-Funktion »Automatisches Einparken« wird dem Assessor der Drivesmart – Ulrich Richter – präsentiert. Er führt als Unabhängiger das Bestätigungsreview der G&R aller Sicherheitsziele des Items entsprechend **ISO 26262-3:2018, Abschnitt 7**, und falls notwendig **ISO 26262-8:2018, Abschnitt 5**, durch. Er erläutert, wieso er manche Risikoparameter abweichend bewerten würde.

ISO 26262

Konservativer Ansatz

»Ein konservativer Ansatz ist eine gute Methode, um Gefährdungen und Risiken zu ermitteln und einzustufen. Sie müssen alle vorstellbaren Szenarien durchdenken und in Erwägung ziehen, aber trotzdem realistisch bleiben. Es ist typisch, dass zu Beginn der G&R, die von einem noch nicht erfahrenen Team durchgeführt wird, die Einschätzungen teilweise zu streng ausfallen. Es hilft, wenn Sie ab und an, je nach Gefährdungsszenario, sehr erfahrene Mitarbeiter und unabhängige Dritte in die Analyse einbinden. Die heute besprochenen Abweichungen müssen Sie ausführlich und präzise dokumentieren. Änderungen der Bewertung der Parameter müssen immer exakt nachvollziehbar sein! Diese Dokumentation fordere ich im Sicherheits-Assessment auf jeden Fall ein. Die gewissenhafte Bearbeitung der Analyse und deren lückenlose Dokumentation für den Fall, dass die Produktentwicklung bei Gewährleistungsansprüchen oder gar im Schadensfall verteidigt werden muss, ist unerlässlich.«

Das Team wird den Assessor zum nächsten überarbeiteten Stand der Analyse wieder einladen, da es seine Informationen und Sichtweisen als sehr hilfreich einstuft.

Die Bestimmung des ASIL in dem im Folgenden genutzten Szenario wurde von der Drivesmart AG anhand der nachstehend erarbeiteten Tabellen »G&R-Arbeitstabelle« (siehe Abb. 8 und Abb. 9) am Beispiel der ADAS-Funktion »Automatisches Einparken« durchgeführt.

4.2.3.2 Gefährdungs- und Risikoanalyse durch den Zulieferer

Es ist sinnvoll, dass bei der Entwicklung von Steuergeräten durch andere Firmen die G&R zumindest in Teilen gemeinsam durchgeführt wird. Im Sinne der Kultur sicherheitsbewussten Denkens schafft dies ein tiefes gemeinsames Verständnis über die geforderte Funktionalität. Die Analyse profitiert gleichermaßen von der Sicht auf das gesamte Fahrzeug des Herstellers und vom spezifischen Wissen sowie dem anderen Blickwinkel der beauftragten Firma.

Falls der OEM die Analyse im Vorfeld selbst durchgeführt hat und beispielsweise nicht vollständig offenlegt, sollte der Auftragnehmer eine eigene Analyse durchführen, bei der er sich nicht ausschließlich auf die Vorgaben des OEM verlässt. Eventuelle Diskrepanzen müssen zwingend angesprochen werden.

4.2.4 Analysen am Beispiel ADAS NextGen

Folgende drei Szenarien werden in unserem Beispiel des automatischen Einparksystems betrachtet:

- Unbeabsichtigte fehlerhafte Lenkoperation während der Suche nach einer Parklücke mit maximaler Geschwindigkeit von 25 km/h
- Unbeabsichtigte fehlerhafte Lenkoperation während des Einparkens bei einer maximalen Geschwindigkeit von 5 km/h
- Unbeabsichtigte fehlerhafte Lenkoperation bei einer Geschwindigkeit von 100 km/h auf einer stark befahrenen Landstraße

In den folgenden Abschnitten werden diese drei Funktionalitäten auf die drei Werte S, E und C hin bewertet und der ASIL abgeleitet. Dabei wird stets der ungünstigste realistische Verlauf angenommen, da dies zum höchsten und damit dominanten ASIL führt.

Beispiel: Unbeabsichtigtes Lenken bei der Suche nach einer Parklücke

In diesem Beispiel fährt das Fahrzeug mit einer maximalen Geschwindigkeit von 25 km/h während der Suche nach einer Parklücke. Der Wert S für das Schadensausmaß muss hoch angesetzt werden, da trotz der geringen Geschwindigkeit sowohl Kollisionen mit schnelleren Fahrzeugen als auch mit ungeschützten Fußgängern betrachtet werden müssen. Die gute Kontrollierbarkeit durch den Fahrer bei geringer Geschwindigkeit führt zusammengefasst zur Einstufung ASIL A. Die Arbeitstabelle hierzu ist in Abbildung 4.8 dargestellt.

Funktionseinheit	Lenksystem
Betrachtete Funktionseinheit	Lenkassistenzsystem
Hazard	Unbeabsichtigtes Lenken
Fehlerauswirkung	Verlust der Fahrzeugkontrolle
Szenario	Fahrzeug ist mit einer maximalen Geschwindigkeit von 25 km/h in der der Stadt und sucht nach einer Parklücke
S	**2**
Begründung für den Schweregrad (Severity)	Seitenaufprall mit geringer Geschwindigkeit Heck- oder Frontalzusammenstoß mit einem anderen PKW bei geringer Geschwindigkeit oder Fußgänger-/Fahrradunfall mit geringer Geschwindigkeit
E	**3**
Begründung für die Aufenthaltsdauer (Exposure)	Einparksituation ist 1 % der Gesamtnutzungsdauer des Fahrzeugs
C	**2**
Begründung für die Möglichkeit, das Fahrzeug in dieser Situation zu beherrschen (Controllability)	Für über 99 % der durchschnittlichen Fahrer ist die Situation durch Betätigung der Bremse beherrschbar
ASIL	**A**
Safety Goal	Verhinderung von unbeabsichtigter Lenkung während des Einparkvorgangs
Sicherer Zustand	Deaktivierung der Einparkfunktion
Fehlertoleranzzeit	**30 ms**

		C1	C2	C3
S0		QM	QM	QM
S1	E1	QM	QM	QM
	E2	QM	QM	QM
	E3	QM	QM	ASIL A
	E4	QM	ASIL A	ASILB
S2	E1	QM	QM	QM
	E2	QM	QM	ASIL A
	E3	QM	ASIL A	ASILB
	E4	ASIL A	ASIL B	ASIL C
S2	E1	QM	QM	ASIL A
	E2	QM	ASIL A	ASILB
	E3	ASIL A	ASIL B	ASIL C
	E4	ASIL B	ASIL C	ASIL D

Abb. 4.8 *G&R-Arbeitstabelle für unbeabsichtigtes Lenken bei Parkplatzsuche mit 25 km/h*

Beispiel: Unbeabsichtigtes Lenken beim Einparken

Während des eigentlichen Einparkens ist die Fahrzeuggeschwindigkeit sehr gering, wodurch das Verletzungsrisiko entsprechend niedrig eingestuft wird. Ein durchschnittlicher Fahrer hat zudem reichlich Zeit, die Bremse zu betätigen, bevor ein Unfall passiert. Dadurch reicht es aus, die Funktion nach QM auszulegen. Diese Bewertung wird in Abbildung 4.9 illustriert.

Funktionseinheit	Lenksystem
Betrachtete Funktionseinheit	Lenkassistenzsystem
Hazard	Unbeabsichtigtes Lenken
Fehlerauswirkung	Verlust der Fahrzeugkontrolle
Szenario	Automatisch gesteuerte Parksituation, niedrige Geschwindigkeit bei Einparkvorgang parallel zur Straße
S	**1**
Begründung für den Schweregrad (Severity)	Niedrige Fahrzeuggeschwindigkeit, kein Kontrollverlust oder Aufprall bei hoher Geschwindigkeit
E	**2**
Begründung für die Aufenthaltsdauer (Exposure)	Einparksituation ist 1 % der Gesamtnutzungsdauer des Fahrzeugs
C	**1**
Begründung für die Möglichkeit, das Fahrzeug in dieser Situation zu beherrschen (Controllability)	Für über 99 % der durchschnittlichen Fahrer ist die Situation durch Betätigung der Bremse beherrschbar
ASIL	**QM**
Safety Goal	Verhinderung von unbeabsichtigter Lenkung während des Einparkvorgangs
Sicherer Zustand	Deaktivierung der Einparkfunktion
Fehlertoleranzzeit	**1 s**

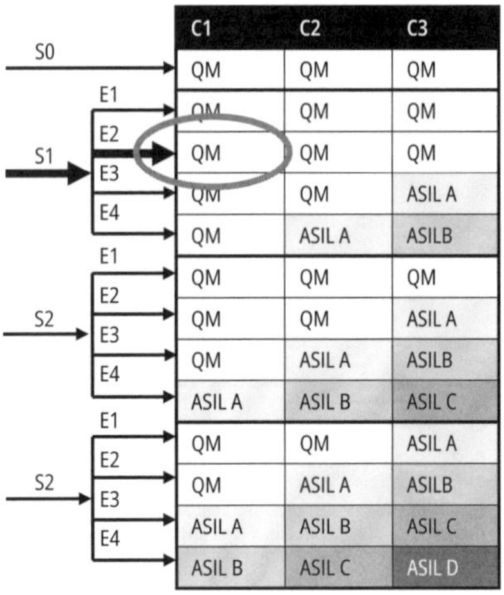

Abb. 4.9 *G&R-Arbeitstabelle für unbeabsichtigtes Lenken beim Einparken (Schrittgeschwindigkeit)*

Beispiel: Unbeabsichtigtes Lenken auf der Landstraße

Diese Fahrsituation unterscheidet sich deutlich von der Parksituation. Die wesentlich höhere Geschwindigkeit auf einer Landstraße führt zwangsläufig zu einem hohen Schadensausmaß, und bei 100 km/h hat der Fahrer fast keine Reaktionszeit, bevor das Fahrzeug die Spur gefährlich weit verlässt. Hohe Werte für alle drei Kategorien und ein abgeleiteter ASIL D sind die Konsequenz.

4.2.4.1 Abschluss der G&R

Die Analysemeetings zur Durchführung der G&R liefern die benötigten Informationen zur Ermittlung der Sicherheitsziele, der zugehörigen ASIL-Einstufungen sowie der erforderlichen Sicherheitsfunktionen – sowohl für das im Beispiel betrachtete automatische Einparksystem als auch für alle weiteren ADAS-Funktionen. Dadurch entsteht ein umfassendes Verständnis dafür, welche sicherheitsrelevanten Informationen den verschiedenen Entwicklungsdisziplinen zur Verfügung gestellt werden müssen.

Auf Basis der identifizierten Sicherheitsziele werden im nächsten Schritt die funktionalen Sicherheitsanforderungen definiert. Diese bilden die Grundlage für die Ableitung und Spezifikation der jeweiligen technischen Sicherheitsanforderungen. So wird sichergestellt, dass alle sicherheitskritischen Aspekte systematisch adressiert und in den Entwicklungsprozess integriert werden. Die Ableitung der Sicherheitsanforderungen wird in Abbildung 4.10 schematisch dargestellt. Alle Anforderungen bekommen eine eindeutige Identifikation (Typ und Nummer), sodass sofort ersichtlich ist, ob es sich um ein Sicherheitsziel (SZ), eine funktionale (FSA) oder eine technische Sicherheitsanforderung (TSA) handelt.

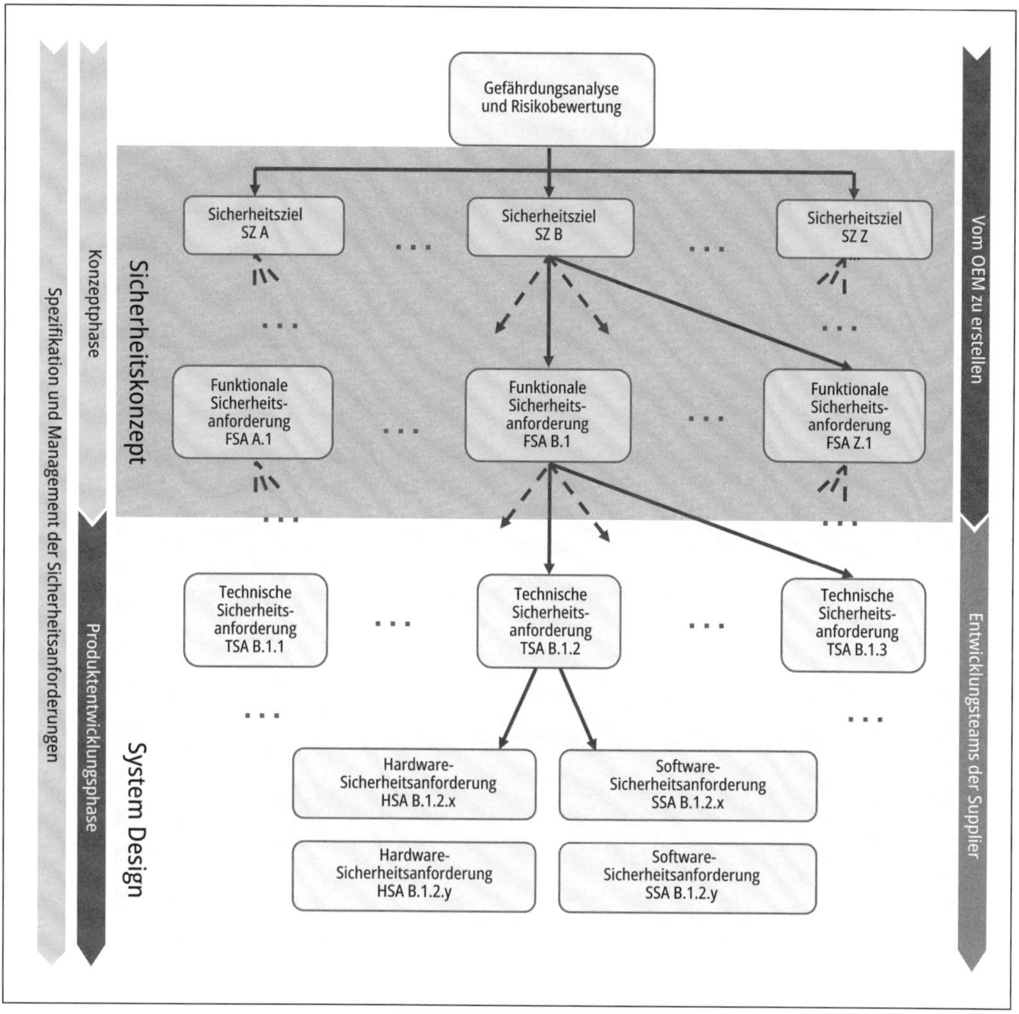

Abb. 4.10 *G&R-Ableitung der Sicherheitsanforderungen*

In den folgenden Unterkapiteln werden wir vertiefen, wie funktionale Sicherheit, Cybersecurity und KI-basierte Ansätze ineinandergreifen, welche neuen Herausforderungen sich daraus ergeben und wie innovative Methoden und Standards – wie etwa ISO/SAE 21434:2021 und ISO/IEC TR 5469:2024 – zur ganzheitlichen Absicherung beitragen. Damit sind die Weichen gestellt, um die nächsten Schritte auf dem Weg zu sicheren, autonomen und vernetzten Fahrzeugen gemeinsam zu gehen.

Tipp

ISO/IEC TR 5469:2024 – »Artificial intelligence – Functional safety and AI systems«

Dieser Technische Bericht wurde 2024 veröffentlicht. Er richtet sich an Entwicklungsteams und Fachleute, die verantwortungsvoll KI-Technologien in sicherheitskritische Systeme integrieren – etwa im Automotive-, Maschinenbau- oder Industrieumfeld. Der Fokus liegt dabei auf der Schnittstelle zwischen funktionaler Sicherheit und künstlicher Intelligenz.

4.2.4.2 Projektstory ADAS NextGen: Erkenntnisse aus der G&R

Bereits nach den ersten Szenarien wird klar, dass die komplexe Einparkfunktion eine Absicherung gegen ungewollte Aktivierung benötigt. Paola Stabil bringt es wie immer auf den Punkt. »Wir sehen, dass die Aktivierung der Parkfunktion einen Sicherheitsmechanismus braucht – und die Cybersecurity-Aspekte des Features haben wir noch gar nicht angeschaut.«

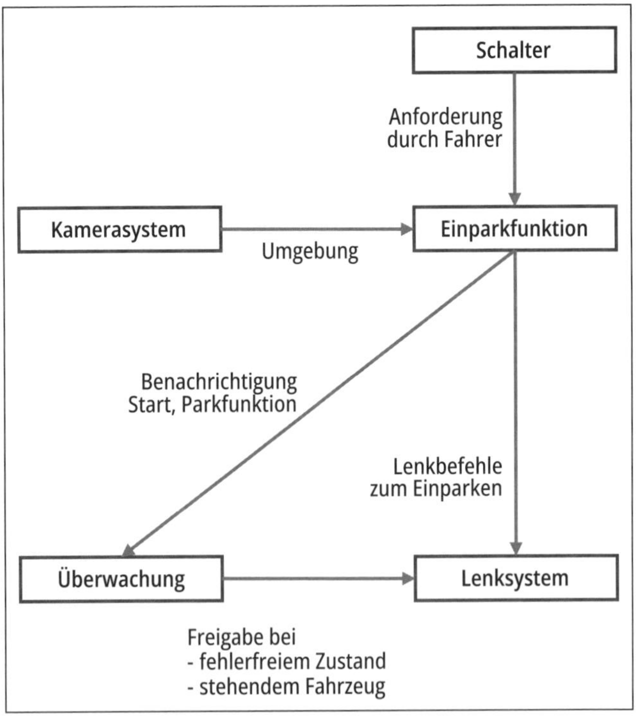

Abb. 4.11 *Design der Parkfunktion mit einer plausibilisierenden Überwachungseinheit*

Daraufhin wird der Systementwurf um eine Überwachungseinheit ergänzt, die die Aktivierung der risikobehafteten Funktionen plausibilisiert und freigibt. Die Parkfunktion wird so abgesichert, dass die Aktivierung der Lenkung zum automatischen Einparken nur beim stehenden Fahrzeug erfolgen darf. Das ADAS fordert die Freigabe an, und die Überwachungseinheit plausibilisiert dies gegen die übrigen Sensoren. Nur mit Freigabe durch die Überwachungseinheit akzeptiert das Lenkungsmodul die Steuerbefehle durch die Parkfunktion. Abbildung 4.11 zeigt die grundsätzliche Planung dieser Funktion, so wie sie in die überarbeitete Item-Definition aufgenommen wird. Ein detaillierteres Design wird in der Produktentwicklung folgen.

4.2.5 Einfluss der von Cybersecurity-Risiken

ISO/SAE 21434 beeinflusst die Risikoabwägung beim OEM grundlegend, da sie einen strukturierten Rahmen für die Identifikation, Bewertung und Behandlung von Cybersecurity-Risiken im gesamten Fahrzeuglebenszyklus vorgibt. Die Norm fordert, dass der OEM systematische Methoden wie die Threat Analysis and Risk Assessment (TARA) einsetzt, um Bedrohungen und Schwachstellen zu erkennen, deren Auswirkungen auf Fahrzeug und Systeme zu bewerten und um entsprechende Schutzmaßnahmen zu definieren.

4.2.5.1 Anforderungen von ISO/SAE 21434 für die Risikoabwägung

Der OEM muss nicht nur funktionale Risiken, sondern explizit auch Cybersecurity-Risiken analysieren und dokumentieren. Die Risikobewertung erfolgt anhand standardisierter Methoden wie TARA, EVITA oder HEAVENS, wobei Faktoren wie Schadensausmaß, Angriffswege, Angreiferfähigkeiten und Angriffswahrscheinlichkeit berücksichtigt werden. Die Ergebnisse dieser Analysen bestimmen, welche Risiken akzeptabel sind und wo technische oder organisatorische Maßnahmen zur Risikominderung erforderlich sind. Der Hersteller ist verpflichtet, Cybersecurity-Anforderungen und -Ziele klar zu definieren und diese während des gesamten Entwicklungsprozesses zu berücksichtigen. Dazu gehören auch die kontinuierliche Überwachung und Anpassung während Produktion, Betrieb und Wartung. Die Norm verlangt die Etablierung eines Cybersecurity-Management-Systems (CSMS) auf Unternehmens- und Projektebene, das Verantwortlichkeiten, Prozesse, Kommunikation und Dokumentationspflichten regelt. Insgesamt muss Cybersecurity als integraler Bestandteil der Risikoabwägung behandelt und entsprechende Schutzmaßnahmen systematisch und nachweisbar über den gesamten Lebenszyklus des Fahrzeugs hinweg umgesetzt werden. Das Cybersecurity-Risikomanagement muss die gesamte Lieferkette und alle Systemschnittstellen adressieren.

Zulieferer sind ebenfalls verpflichtet, die Anforderungen der ISO/SAE 21434 einzuhalten und ihre eigenen Entwicklungs- und Nachentwicklungsprozesse darauf auszurichten. Der OEM muss lieferantenbezogene Risiken im Rahmen ihres CSMS identifizieren und verwalten. Die Fähigkeit eines Zulieferers, die Norm zu erfüllen, wird bewertet und ist zunehmend Voraussetzung für die Zusammenarbeit und die Vergabe von Aufträgen. Zulieferer müssen Schwachstellen und Risiken in ihren Komponenten, insbesondere bei wiederverwendeter oder zugekaufter Software, identifizieren und kommunizieren.

Einfluss von KI bei der Risikoabwägung nach ISO/SAE 21434

KI beeinflusst die Priorisierung von Sicherheitsmaßnahmen im Rahmen der Risikoanalyse nach ISO/SAE 21434 in mehrfacher Hinsicht. KI-basierte Systeme bringen neue Angriffsvektoren mit sich, etwa durch Manipulation von Trainingsdaten, Adversarial Attacks oder nicht vorhersehbares Verhalten von Machine-Learning-Modellen. Diese Risiken müssen in der Threat Analysis and Risk Assessment (TARA) explizit berücksichtigt werden, wodurch KI-spezifische Bedrohungen bei der Priorisierung von Maßnahmen oft ganz oben auf der Agenda stehen. KI kann selbst zur Verbesserung der Cybersecurity eingesetzt werden, indem sie Anomalien, Angriffsversuche und Schwachstellen automatisiert erkennt und priorisiert. Dadurch werden sicherheitsrelevante Ereignisse schneller identifiziert, was wiederum die Priorisierung und Umsetzung von Gegenmaßnahmen beschleunigt. Die ISO/SAE 21434 fordert, dass die Wirksamkeit von Sicherheitsmaßnahmen nachgewiesen werden kann. Bei KI-Systemen ist daher die Erklärbarkeit (Explainability) und die Robustheit gegenüber Manipulation und Fehlern ein zentrales Kriterium für die Auswahl und Priorisierung von Maßnahmen. Durch kontinuierliches Monitoring und Lernen kann KI dazu beitragen, Sicherheitsmaßnahmen dynamisch an neue Bedrohungen anzupassen. Dies führt dazu, dass Maßnahmen, die auf aktuelle Risiken reagieren, bevorzugt umgesetzt werden. KI-Systeme müssen nicht nur technisch abgesichert werden, sondern auch Datenschutz und regulatorische Vorgaben erfüllen. Diese Anforderungen fließen in die Risikoanalyse ein und beeinflussen die Priorisierung von Maßnahmen.

Somit erhöht der Einsatz von KI die Komplexität der Risikoanalyse, da sowohl neue Risiken geschaffen als auch Möglichkeiten zur Risikobewertung und -behandlung verbessert werden.

Tipp

Details zum Einfluss der KI im Zuge der Risikoanalyse nach ISO/SAE 21434 sind in Kapitel 6, »Der Standard ISO/SAE 21434 für Cybersecurity«, zu finden.

4.3 Grundlagen der ASIL-Dekomposition

Im vorigen Abschnitt wurden Funktionen des analysierten Systems betrachtet, ohne die spätere konkrete Umsetzung einzubeziehen. In der Systementwicklung werden diese Funktionen durch viele kleinere Subsysteme realisiert, deren geringere Komplexität gut handhabbar ist.

Dabei gibt es zwei Aspekte zu beachten, die für die Sicherheitsbetrachtung und damit für die notwendigen Maßnahmen bei Umsetzung und Test wichtig sind. Zum einen wird nicht jedes Subsystem gleichermaßen am kritischen Teil eines Systems beteiligt sein, sodass es auch nicht zwingend allen Anforderungen eines hohen ASIL genügen muss. Zum anderen werden auch Risiken durch redundante Auslegung kritischer Subsysteme abgefangen, deren kombinierte Wirkung erlaubt, beide Systeme nach einem geringeren ASIL zu entwickeln und trotzdem die gewünschte Sicherheitsintegrität zu gewährleisten.

Dieser Abschnitt zeigt die Möglichkeiten und Anforderungen dieser ASIL-Dekomposition auf, mit der Subsysteme einen individuellen, meist kleineren ASIL allokiert bekommen als die gesamte Funktionalität auf Fahrzeugebene.

4.3.1 Projektstory ADAS NextGen: Vom Sicherheitsziel zum Sicherheitskonzept

Josef Byte, Entwicklungsleiter der Safehicle GmbH, entscheidet gemeinsam mit Paola Stabil (Systemarchitektin), dass für das zu entwickelnde System eine Zerlegung in Systemkomponenten nach dem »Divide and Conquer«-Ansatz (D&C-Ansatz) durchzuführen ist. Damit wird das ADAS in übersichtliche kleinere Teile zerlegt. Um die Komplexität stufenweise zu reduzieren, werden die Systemkomponenten weiter zerlegt und damit das Design immer detaillierter. Das Entwicklungsteam führt zunächst eine grobe Systemeinteilung in Elemente durch:

- *Kameras*
- *Radarsensoren*
- *Lidarsensoren*
- *Ultraschallsensoren*
- *ADAS-SoC*

Den Elementen werden die ASIL-Werte zugeordnet. Nachdem das Projekt die Sicherheitsziele als Ergebnis aus der Gefährdungs- und Risikoanalyse bestimmt hat, kann das Projektteam die funktionalen Sicherheitsanforderungen von den Sicherheitszielen ableiten. Hierbei wird penibel beachtet, dass eine durchgängige Konsistenz der zugewiesenen ASILs mit den entsprechenden gefährlichen Ereignissen besteht.

Diese Sicherheitsanforderungen werden im Verlauf der weiteren Entwicklungsphase verfeinert und detailliert. Die Systemarchitektin Paola Stabil unterstützt die Zuordnung der Sicherheitsanforderungen zur Systemarchitektur. Das funktionale Sicherheitskonzept entwickelt sich in dieser Konzeptphase weiter und enthält auch die Schnittstellendefinitionen zu den verschiedenen Subsystemen. Die Definition und Zuordnung des ASIL zu jeder sicherheitsrelevanten Funktion wird durchgeführt.

4.3.2 Dekomposition von Sicherheitsanforderungen

ISO 26262

ISO 26262-9:2018, Abschnitt 5.4, enthält die Anforderungen an die Dekomposition von Sicherheitsanforderungen und Sicherheitsfunktionen.

Im Bereich der funktionalen Sicherheit erlaubt die ISO 26262:2018 die Dekomposition auch für Sicherheitsfunktionen. Die entsprechenden Anforderungen an die Dekomposition werden in Teil 9 der Norm beschrieben.

ASIL-Reduktion

Wenn die Zerlegung dazu führt, eine komplexe Sicherheitsanforderung in redundanten Systemkomponenten zu realisieren, können die einzelnen Komponenten unter Umständen eine geringere Sicherheitseinstufung nach ASIL erhalten. Dies setzt voraus, dass die einzelnen Systemkomponenten unabhängig und frei von Wechselwirkungen sind. Zusätzlich muss gewährleistet sein, dass die redundanten Komponenten nicht anfällig für Common-Cause-Fehler sind. Führt eine Situation zu Fehlern in mehreren Komponenten, würde die Redundanz wirkungslos bleiben.

Redundante Komponenten

Diese Unabhängigkeit kann durch technologische oder prozessbasierte Maßnahmen erreicht werden. Eine häufig anzutreffende technologische Maßnahme ist die Dekomposition in diversitäre redundante Komponenten, in denen dieselbe Funktion auf unterschiedliche Arten realisiert ist. Dies kann etwa durch die Bestimmung einer Messgröße durch zwei unterschiedliche physikalische Prinzipien oder den Einsatz unabhängiger Rechenalgorithmen erreicht werden.

Als Faustregel gilt dabei, dass die minimal geforderte ASIL-Anforderung – an die einzelnen Komponenten – umso geringer ausfällt, je größer der Grad der Redundanz ist. Wenn eine Funktion mehrfach ausgeführt wird, kann das Versagen einer der redundanten Komponenten durch die übrigen kompensiert werden.

Kostenreduktion durch Dekomposition?

Dekomposition wird in der Praxis häufig angewendet, um den ASIL von Anforderungen zu reduzieren. Dadurch kann besonders der mit dem höchsten Aufwand verbundene Level »D« vermieden oder verringert werden. Die Methode hat unter Umständen den Nachteil, dass ein höherer Hardwareeinsatz erforderlich ist und die benötigte Redundanz die Projektkosten erhöht. Möglicherweise kann jedoch auf eine bereits bestehende, für einen geringeren ASIL entwickelte Komponente zurückgegriffen werden, die durch eine zusätzliche Sicherheitsfunktion ergänzt wird.

Die Systemarchitektur muss einen – oft schwierigen – Kompromiss zwischen der geringeren Komplexität und damit günstigeren Softwareentwicklung und den steigenden Hardwarekosten finden. Eine feste Regel, ob geringere Redundanz bei höherem ASIL oder entsprechend höhere Redundanz mit reduziertem ASIL »besser« ist, gibt es nicht.

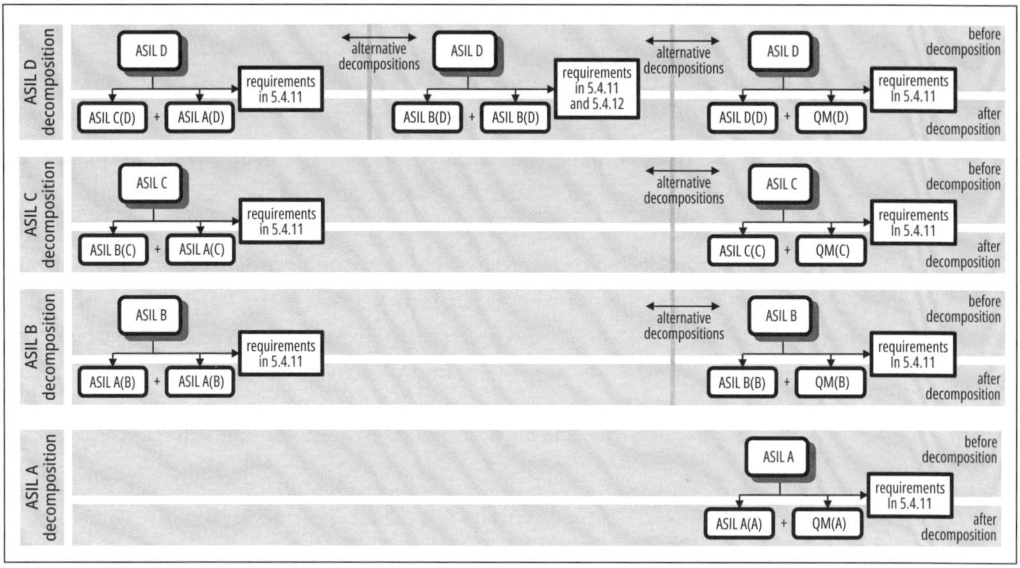

Abb. 4.12 *Dekomposition am Beispiel einer ASIL-D-Funktion [Quelle: ISO 26262-9:2018]*

Die Abbildung 4.12 zeigt mögliche Dekompositionen aus der ISO 26262-9:2018, Abschnitt 5.4.9. Eine Systemkomponente mit Einstufung ASIL-D kann äquivalent durch folgende Dekompositionen realisiert werden:

1. Eine Komponente in ASIL C, die andere Komponente in ASIL A
2. Zwei redundante Komponenten in ASIL B
3. Eine Komponente in ASIL D, die andere Komponente wird nach QM entwickelt oder ist bereits im Fahrzeug vorhanden.

Die ersten zwei Fälle beschreiben die Hauptidee der funktionalen Dekomposition, eine Komponente mit hoher ASIL-Anforderung durch zwei redundante Komponenten mit niedrigerer Anforderung zu ersetzen.

Eine weitere zulässige Möglichkeit ist in der Zeichnung nicht aufgeführt, die Dekomposition in zwei Komponenten mit gleicher ASIL-Einstufung wie die ursprüngliche.

4. Zwei redundante Komponenten in ASIL D

Dekomposition trotz unverändertem ASIL

Der Nutzen bei unverändertem ASIL erschließt sich nicht sofort. Formal ist nichts gewonnen, da weiterhin eine Komponente nach ASIL D entwickelt werden muss und zusätzlich eine weitere Komponente anfällt. Die dritte Variante wird für gewöhnlich angewendet, wenn die Funktionalität bereits durch eine existierende Komponente abgedeckt werden kann. Diese wird um einen Sicherheitsmechanismus ergänzt, der nach ASIL D zu entwickeln ist.

Bei einer vollständigen Neuentwicklung ergibt sich der Nutzen dieser Aufteilung aus nicht funktionalen Anforderungen für den späteren Einsatz. Diese beiden Ansätze zeigen, dass auch Zuverlässigkeit (Reliability) und Verfügbarkeit (Availability) des Systems in Betracht gezogen werden müssen. Die Redundanz dient in diesen Fällen dazu, die Funktionalität aufrechtzuerhalten. Das Versagen eines Systems kann unter Umständen abgefangen werden. Solche grundlegenden Designentscheidungen können nicht isoliert getroffen werden. Neben direkten technischen und wirtschaftlichen Faktoren müssen auch schwer quantifizierbare Kriterien, wie die Verfügbarkeit, berücksichtigt werden.

4.3.2.1 Grenzen und Einschränkungen der Dekomposition

ISO 26262

ISO 26262-9:2018, Abschnitt 5.4, enthält Einschränkungen für die ASIL-Reduktion durch Dekomposition und die Umsetzung.

Im letzten Abschnitt wurde gezeigt, wie der ASIL einer Anforderung durch Dekomposition reduziert werden kann. Dabei muss unbedingt beachtet werden, dass ein auf diese Weise reduzierter ASIL nicht uneingeschränkt gilt. Sowohl bei der Verifikation als auch der Qualifizierung von Tools/Werkzeugen werden spezielle Forderungen für die aufgeteilten Elemente gestellt.

Verifikation und Dekomposition

Bei der Verifikation gibt es in der Norm einen Unterschied zwischen beispielsweise dem »echten« ASIL B und dem abgeleiteten ASIL B(D). Umfang und Formalismus der Verifikation müssen trotz Dekomposition stets am ASIL des Sicherheitsziels orientiert sein. Im oben beschriebenen Fall, eine Anforderung mit Einstufung ASIL D durch Dekomposition in zwei mit Einstufung ASIL B(D) zu zerlegen, muss die Verifikation der Hardwaremetriken (SPFM, LFM, PMHF) immer noch nach ASIL D durchgeführt werden. Durch Dekomposition kann die Einstufung des ursprünglichen Sicherheitsziels nicht geändert werden.

Dekomposition von ASIL D

Speziell für die Dekomposition von ASIL D gilt, dass die Spezifikation der durch Dekomposition entstandenen Anforderungen immer mindestens mit den Methoden und Formalismen von ASIL C zu erfolgen hat. Dies gilt auch für Anforderungen, die nach Dekomposition mit ASIL B oder niedriger klassifiziert sind.

Außerdem müssen Tools, die bei der Entwicklung beider redundanter Komponenten eingesetzt werden, trotzdem für ASIL D qualifiziert sein. Das Sicherheitsziel setzt sich in Bezug auf gemeinsam genutzte Tools über die Dekomposition hinweg. Hintergrund ist hier, dass beide Komponenten für dieselben Fehler des Tools anfällig sind und in dieser Hinsicht nicht redundant sind.

4.3.2.2 Aspekt der Verfügbarkeit

Die Verfügbarkeit der sicherheitsrelevanten Funktion kann in Automotive-Systemen nach »fail-safe« und »fault-tolerant« unterschieden werden. Die erste Kategorie, Fail-Safe, gestattet eine Fehlererkennung und ggf. das Erreichen eines sicheren Zustandes, d.h. ein System und Menschenleben nicht gefährdender Zustand. Je nach Funktion kommt das Abschalten des Systems oder ein Zustand mit eingeschränkter Funktionalität in Betracht.

Systeme der Kategorie Fault-Tolerant erlauben es, die vollständigen sicherheitsrelevanten Systemfunktionen auch bei Auftreten von Fehlern aufrechtzuerhalten.

4.3.3 Projektstory ADAS NextGen: Kurzes Beispiel zu sicherem Zustand

Für das ADAS ist »deaktivieren« kein sicherer Zustand – ein Fahrzeug darf durch einen Systemfehler nicht beeinflusst werden. Die Entwickler müssen die Redundanz so wählen, dass das Fahrzeug weiter kontrolliert werden kann. Dazu wird im Systemdesign vorgesehen, dass jede der parallel arbeitenden Komponenten die Funktion allein übernehmen kann.

Die Stufen der Fehlertoleranz werden für das Item folgendermaßen definiert:

Fehlertoleranzstufe	Definition der Stufe
FTS 1	Das System reagiert sicher und korrekt
FTS 2	Das System ist fehlertolerant ohne Leistungsverminderung
FTS 3	Systembetrieb ist sicher, aber Leistungsverminderung
FTS 4	Das System reagiert nur sicher (Fail-Safe)
FTS 5	Das Systemverhalten ist unvorhersehbar

Tab. 4.7 *Fehlertoleranzstufen*

Das Team legt außerdem die Verfahren für die Fehlerkorrekturen fest.

4.3.4 Vorteile und Implikationen durch die Anwendung der ISO 26262:2018

4.3.4.1 Verbesserte Prozessqualität

Durch die strengen Planungs- und Dokumentationsanforderungen an alle Aktivitäten im Entwicklungs- und Fertigungsprozess – über alle Phasen des Produktlebenszyklus – sind formal definierte Prozesse unabdingbar.

Bessere Prozesse für Produktqualität

Durch die formal definierten Prozesse werden die Qualität und Sicherheit des Produktes gefördert. Gleichzeitig wird die Leistungsfähigkeit gesteigert, weil Informationen und Strukturen verständlich und klar definiert sind.

Durch die strenge Regelung, welche Funktionen bzw. Funktionalitäten umzusetzen sind, wird Overengineering unterbunden. Zusätzlich eingebrachte Funktionen, die nicht spezifiziert sind, würden die Komplexität des Produktes und damit gleichzeitig die Fehlerwahrscheinlichkeit erhöhen. Dieses in nicht sicherheitsrelevanten Projekten oft praktizierte Phänomen entfällt durch die strengen Vorgehensvorschriften und die daraus entstehenden Spezifikationen.

4.3.4.2 Verbesserte Geschäftsbeziehungen

Aus den Safety Audits und Assessments ergeben sich objektive Kriterien zur Kontrolle der Zulieferer und ihrer Produkte. Bereits zur Auswahl von beteiligten Dritten gibt der Standard wertvolle Informationen und Kriterien, die einen objektiven Vergleich zwischen verschiedenen Anbietern möglich machen.

Besonders durch das geforderte Development Interface Agreement (DIA) kann davon ausgegangen werden, dass es weniger Finanz- und Rechtsstreitigkeiten zwischen Geschäftspartnern innerhalb der verteilten Entwicklung gibt. Daher ist es eine gute Empfehlung, das DIA als eigenständiges Dokument mit vertraglichem Charakter inklusive gegenseitiger Unterschriften im Projekt zu standardisieren.

4.3.4.3 Verbesserte Produktqualität

Fehlervermeidung durch Normanwendung

Insbesondere die exakte Beschreibung der Sicherheitsanforderungen – unter Beachtung der hierfür geforderten Attribute aus der ISO 26262:2018 – unterstützt eine verbesserte Produktqualität. Es dürfen keine Interpretationsspielräume bleiben, die Sicherheitsanforderungen müssen eindeutig gekennzeichnet sein. Kurze und verständliche Sätze und eine geeignete Sprache sind u.a. geforderte Qualitätsmerkmale für die Erstellung von Sicherheitsanforderungen.

Der Standard fordert eine strikte durchgängige Versionskontrolle und definiert sehr genau, was im Bereich Konfigurationsmanagement und Versionsmanagement zu leisten ist. Damit wird das Produkt mit seinen Bestandteilen reproduzierbar und verfolgbar. Versionsstände können wiederhergestellt werden und pro Version sind die Arbeitsprodukte eindeutig identifizierbar, inklusive Status und Inhalt. So werden fehlerhafte Stände frühzeitig erkannt und nicht versehentlich geliefert. Der Standard verlangt die Produktbeobachtung während des gesamten Lebenszyklus und dass Rückmeldungen zu Fehlern in jeder Produktlebensphase sichergestellt sind. Aus diesen Rückmeldungen kann das Produkt stetig verbessert werden.

4.3.4.4 Finanzieller Nutzen

Im Geschäftsbereich Automotive führt die Befolgung, Anwendung und Umsetzung der ISO 26262:2018 zur Erhöhung der Verfügbarkeit von Fahrzeugen. Die durchgeführten Analysen inklusive Festlegung der Sicherheitsanforderungen bewirken eine effektive Risikominderung und damit die Vermeidung von kostenintensiven Schäden bzw. Schadenersatzanforderungen. Mit der Systemoptimierung im Rahmen der Entwicklungsphasen wird eine weitere Kostenreduzierung ermöglicht. Die frühzeitige Implementierung von Sicherheitsfunktionen ab Projektbeginn spart hohe Folgekosten für nachträgliche Implementierungen.

Insgesamt verbessert ein Unternehmen seine Marktposition nachhaltig durch die höhere Produktqualität. Negative Schlagzeilen, wie z.B. Rückrufaktionen, nehmen deutlich ab oder können sogar komplett vermieden werden.

4.3.5 Qualitative und quantitative Methoden

Die Hazard-Analyse und das Risiko-Assessment finden sich in der Konzeptphase des in ISO 26262-3:2018 beschriebenen Phasenmodells.

Phasenmodell der **ISO 26262-3:2018, Phase 3-6** in Abbildung 1

ISO 26262

Die Sicherheitsanalyse wird in der Produktentwicklung während des Systemdesigns durchgeführt.

Phasenmodell der **ISO 26262-4:2018, Phase 4-8** in Abbildung 1

ISO 26262

Die Sicherheitsvalidierung wird in der Produktentwicklung auf Systemebene durchgeführt.

Unangemessene Restrisiken werden in der ISO 26262:2018 mit der ASIL-Notation klassifiziert. Aus dieser Klassifizierung leiten sich Anforderungen an das Produkt und den dazugehörigen Entwicklungsprozess ab. Durch die Anwendung von Maßnahmenkatalogen, wie in diesem Standard beschrieben, erreicht man die notwendige Risikominderung. Das verbleibende Restrisiko soll in einen tolerierbaren Bereich verschoben werden.

4.3.5.1 Qualitative Methode

Die qualitative Methode zur Bestimmung des ASIL kann nur angewendet werden, wenn bereits verlässliche Daten vorliegen. Durch die Sammlung von Dependability-Daten, wie z. B. die Reliability (Zuverlässigkeit) aus der Betriebserfahrung von ähnlichen Vorgängerprodukten – deren Systematisierung und Anwendung –, entstehen solche verlässliche Daten. Mit qualitativen Methoden können sehr komplexe Sachverhalte detailliert, umfassend und ganzheitlich beschrieben werden.

4.3.5.2 Quantitative Methode

Bei der quantitativen Methode werden einzelne Merkmale systematisch mit Zahlenwerten z. B. für Ausfallraten erfasst. Die entstandenen Daten werden so ausgewertet, dass komplexe Zusammenhänge durch Zahlenwerte ausgedrückt werden können. Dies vereinfacht die Aussagen dazu stark und trägt zum Verständnis bei. Wichtig bei der Verwendung von quantitativen Methoden ist die Objektivität. Die ISO 26262:2018 legt mit den Parametern des Risikographen die Bedingungen fest, unter denen die Analyse stattfindet, und versucht damit objektive Messwerte sicherzustellen. Somit ist die Verwendung der quantitativen Methode »Risikograph« in der Konzeptphase eine starre Methode zur ASIL-Bestimmung, die zu einer frühzeitigen Einschätzung der Kritikalität des betrachteten Systems führt. Bei der Durchführung der quantitativen Methoden während der Phase Systemdesign werden allgemeine Annahmen aufgestellt, die durch die Fragestellungen auf den projektspezifischen bzw. produktspezifischen Einzelfall angewendet werden.

Tipp

Eine Methode für die quantitative Bestimmung des ASIL stellen wir Ihnen im Rahmen des Abschnitt 4.2, »Gefährdungs- und Risikoanalyse (G&R)«, vor.

4.3.6 Sicherheitsanalyse

Das Ziel der Sicherheitsanalyse ist die Überprüfung der Auswirkungen von Fehlerursachen (fault) und Fehlverhalten (failure) auf die spezifizierten Funktionen eines Systems bzw. eines Systemelements. Sie bedient sich sowohl qualitativer als auch quantitativer Methoden, die üblicherweise in unterschiedlichen Phasen des Produktentwicklungsprozesses eingesetzt werden und damit einen unterschiedlichen Abstraktionsgrad modellieren.

Bei der Sicherheitsanalyse werden Bedingungen und Ursachen für das Auftreten von Fehlverhalten des Systems bzw. eines Systemelements identifiziert, also einer Verletzung von Sicherheitsanforderungen bzw. -zielen. Darüberhinaus leistet die Sicherheitsanalyse einen Beitrag, weitere funktionale und nicht funktionale Gefahrensituationen (Hazards) aufzufinden.

Die ISO 26262:2018 ermöglicht einen risikobasierten Ansatz zur Bestimmung des ASIL im Automotive-Umfeld.

Die funktionale Sicherheitsanalyse umfasst folgende Aufgaben:

- Validation der Sicherheitsziele und Sicherheitskonzepte
- Verifikation der Sicherheitsziele und Sicherheitsanforderungen
- Identifikation von Ursachen und das Eintreten von Bedingungen, die zu einer Verletzung der Sicherheitsziele bzw. Sicherheitsanforderungen führen
- Identifikation von zusätzlichen Anforderungen, die der Fehlererkennung bzw. der Erkennung von Fehlverhalten dienen
- Bestimmung von notwendigen Maßnahmen der Fehlererkennung
- Identifikation von weiteren Anforderungen für die Verifikation der Sicherheitsziele und Sicherheitsanforderungen, z. B. den Fahrzeugtest betreffend
- Bestimmung der Single Point Fault Metric (SPFM, siehe ISO 26262-5:2018, C.2) und der Latent Fault Metric (LFM, siehe ISO 26262-5: 2018, C.3)

Während quantitative Methoden Ausfallraten ermitteln bzw. mit Techniken der Zuverlässigkeitsanalyse kombinieren, bestimmen die qualitativen Methoden lediglich die Fehlerbilder. Beiden Vorgehensweisen ist jedoch zu eigen, dass sie Wissen über die relevanten Fehlertypen und Fehlermodelle erfordern. Dieses Wissen wird durch gemeinsame Workshops der funktionalen Sicherheitsmanager mit den Entwicklungsingenieuren erarbeitet.

Die qualitativen Methoden können auf unterschiedlichen Betrachtungsebenen (System, Software, Hardware) eingesetzt werden und umfassen im Einzelnen:

- Qualitative FMEA auf unterschiedlichen Betrachtungsebenen, die einer schrittweisen Verfeinerung folgen (Systemebene und Designebene), bzw. auf der Prozessebene

- Qualitative Fehlerbaumanalyse (Fault Tree Analysis, FTA)
- Gefahrensituations- und Betriebsstudie (Hazard and Operability Study, HAZOP)
- Qualitative erweiterte zeitbasierte Automaten (Extended Timed Automat, ETA)

Typischerweise werden die quantitativen Methoden der Sicherheitsanalyse für mechatronische Elemente bzw. Hardwareelemente genutzt. Die Verifikation der Hardwarearchitektur steht dabei im Vordergrund. Zufällige Hardwarefehler führen zu einer Verletzung der Sicherheitsziele. Die Ausfallraten der mechatronischen Elemente bzw. der Hardwareelemente gehen in die quantitativen Methoden ein.

Im Einzelnen werden die folgenden quantiativen Methoden unterschieden:

- Quantitative FMEA
- Quantitative FTA
- Quantitative ETA
- Markov-Modelle
- Reliability-Blockdiagramme

Der Einsatz der quantitativen Methoden während der Phase Systemdesign führt zur Verifikation der qualitativen A-SIL-Einschätzung mittels des Risikographen aus der Konzeptphase.

4.3.7 Projektstory ADAS NextGen: Qualitative und quantitative Methoden

Die Safehicle GmbH (Zulieferer), Drivesmart AG (OEM), Custom-Chip Limited (Second Tier) und die Kasaba Hobli Limited (Fertigung) regeln im DIA die im Projekt »ADAS« verwendeten qualitativen und quantitativen Methoden der Sicherheitsanalyse. Die Entwicklungsleiter Robert Flink und Josef Byte beschließen gemeinsam mit den FuSi-Managern Dieter Gewiss und Rainer Fels für das zu entwickelnde System als qualitative Methode und als quantitative Methode FMEA und FTA zu verwenden. Die Projektpartner inklusive der Managementvorgesetzten sind einstimmig mit dieser Vorgehensweise einverstanden. Diese Festlegungen werden im Development Interface Agreement (DIA) dokumentiert.

Der Entwicklungsleiter Josef Byte stimmt mit der Projektleiterin Tanja Clock und dem FuSi-Manager Rainer Fels ab, dass für das Projekt »ADAS« zusätzlich die quantitative Methode anhand des Risikographen aus der ISO 26262:2018 zur Anwendung kommen wird. Die Entscheidung beruht darauf, dass es sich bei dem Produkt und Projekt um eine komplette Neuentwicklung handelt.

4.3.8 Erkenntnistheorie

Generell lassen sich Modellierungsmethoden nach der Erkenntnistheorie in induktive oder deduktive Methoden einteilen. Induktive Methoden der Sicherheitsanalyse verfolgen einen Bottom-up-Ansatz und beginnen die Modellierung mit bekannten Fehlerursachen und Vorhersagen über bisher unbekannte Auswirkungen. Deduktive Methoden der Sicherheitsanalyse hingegen sind top-down ausgerichtet und beginnen die Analyse mit bereits bekannten Auswirkungen.

4.4 Threat Analysis and Risk Assessment (TARA)

Die Frage, wie sich Risiken und Bedrohungen für komplexe Systeme systematisch erfassen und bewerten lassen, beschäftigt die Technik- und IT-Welt seit Jahrzehnten. Mit dem Einzug softwaregesteuerter und vernetzter Funktionen ins Automobil wurde diese Herausforderung zum zentralen Thema der Fahrzeugsicherheit. Aus der IT-Sicherheitsforschung und dem industriellen Risikomanagement entwickelte sich die Threat Analysis and Risk Assessment (TARA) – ein methodischer Ansatz, der heute als Standard für die strukturierte Bewertung von Cyberrisiken in der Automobilindustrie gilt.

TARA ist fest in der ISO/SAE 21434 verankert und dient als praxisorientiertes Werkzeug, um Bedrohungen, Schwachstellen und Risiken gezielt zu identifizieren und zu bewerten. Anders als klassische Methoden wie die Fehlermöglichkeits- und Einflussanalyse (FMEA) oder traditionelle Gefährdungsanalysen betrachtet TARA nicht nur technische Fehler, sondern rückt gezielt die Perspektive potenzieller Angreifer und deren Methoden in den Mittelpunkt.

Dieses Unterkapitel beleuchtet die Ursprünge und die Rolle von TARA im Kontext der automobilen Cybersecurity. Es zeigt auf, wie TARA aufgebaut ist, welche Schritte und Methoden sich bewährt haben und wie sich daraus konkrete Schutzmaßnahmen ableiten lassen. Im weiteren Verlauf werden die einzelnen Phasen der Analyse dargestellt – von der Wertedefinition über die Bedrohungsmodellierung bis hin zur Risikobewertung und Maßnahmenplanung.

Unser Ziel ist es, das nötige Rüstzeug zu vermitteln, um TARA sicher und effizient in Entwicklungsprojekten einzusetzen und damit die Cyberresilienz moderner Fahrzeugsysteme nachhaltig zu stärken.

4.4.1 Einführung in die TARA

In der funktionalen Sicherheit wird die Zuverlässigkeit mathematisch bewertet. Ausfallszenarien und Wahrscheinlichkeiten (Probability of failure on Demand, PFD) sowie Fehlerraten werden aus den Systemeigenschaften modelliert und berechnet. Ein entsprechender ausfallratenbasierter Ansatz existiert in der IT-Sicherheit nicht. Schwachstellen in der Cybersecurity lassen sich nicht oder kaum vorherbestimmen, wenn ein kreativer Angreifer beispielsweise eine neue Schwachstelle im Quellcode oder in einem kryptografischen Verfahren aufdeckt und nutzt.

Sytemhärtung und Bedrohungsanalyse

Dennoch gibt es analog zur funktionalen Sicherheit in der Cybersecurity eine Bedrohungs- und Risikoanalyse. Die Methoden dieser Analysen, tragen maßgeblich zur Systemhärtung für die Cybersecurity bei. Systemhärtung bezieht sich auf die Praxis, ein System sicherer zu machen, indem Angriffsflächen reduziert und Schutzmechanismen implementiert werden.

Als Folge zunehmender Sicherheitsprobleme in Automotive-Systemen wurde die Norm ISO/SAE 21434:2021 »Road vehicles – Cybersecurity Engineering« entwickelt. Diese Norm bereichert den Sicherheitslebenszyklus um Aktivitäten zur Gefährdungs- und Risikoanalyse, die oft iterativ durchgeführt werden.

Metamodell der Cybersecurity

ISO/SAE 21434:2021 klärt wichtige Begriffe und deren Beziehungen in der Cybersecurity in einem Metamodell. Da die TARA diese Begriffe nutzt, erfolgt hier eine erste Einordnung, wie in Abbildung 4.13 dargestellt:

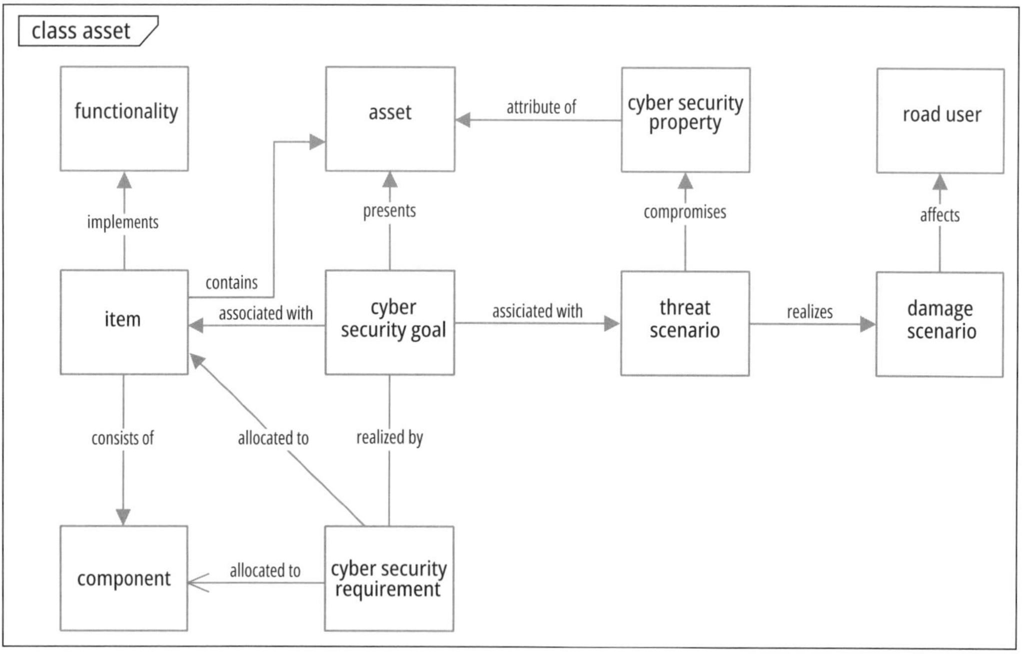

Abb. 4.13 *Begriffsklärung im Metamodell der ISO/SAE 21434*

Definition: Asset (Wert)

Ein Asset kann Daten, elektrische, elektronische und programmierbare elektronische (E/E/PE-)Systeme, wie Steuergeräte, oder andere schutzwürdige Systembestandteile umfassen, die an sicherheitsrelevanter Datenkommunikation, -speicherung und/oder -verarbeitung beteiligt sind. Synonym findet sich der Begriff »Asset« in der Bedrohungsmodellierung auch als schutzwürdiger Wert.

Ein Asset ist eine »wertvolle« Ressource, deren Bedeutung je nach Sichtweise variiert. Zur Identifikation der relevanten Assets in der Cybersecurity werden im Regelfall alle Ressourcen betrachtet, die an der Kommunikation, Speicherung und/oder Verarbeitung von Daten beteiligt sind. Die Assets lassen sich gezielt in der Beantwortung von Leitfragen identifizieren:

- Wer ist an der Datenkommunikation, -speicherung und/oder -verarbeitung beteiligt?
- Wie hoch ist Verfügbarkeitsanforderung der unterschiedlichen Informationen/Daten?
- Welchen Wert haben die Informationen/Daten selbst?
- Welche Möglichkeiten bestehen für den nicht autorisierten Zugriff auf sensible Daten?

Beschreibung zum Metamodell der Cybersecurity

Eine Cybersecurity-Anforderung setzt ein Schutzziel der IT-Sicherheit um. Diese Schutzziele werden in der TARA identifiziert. Die identifizierten Schutzziele sind allerdings grundsätzlich angreifbar. Deshalb werden Angriffe mit Gefährdungsszenarien beschrieben, aus denen sich ein für Verkehrsteilnehmer gefährliches Schadensszenario ableiten kann. Jedes Asset hat messbare Eigenschaften (Properties) der Cybersecurity, auf die sich ein Gefährdungsszenario negativ auswirkt. Ein Security-Item stellt Cybersecurity-Anforderungen und steht in Relation zu den geforderten Schutzzielen, indem es zugehörige Assets enthält. Items bestehen aus Komponenten, die die gewünschte Funktionalität umsetzen, wie in Abbildung 4.13 gezeigt wird.

Aktivitäten und Methoden der TARA

Bei der Durchführung der TARA kommen folgende Aktivitäten und Methoden zur Anwendung:

- Assets identifizieren (asset identification)
- Überblick über Architektur (overview of architecture)
- System zerlegen (decompose the system)
- Gefährdungsszenarien identifizieren (threat scenario identification)
- Auswirkungen einschätzen (impact rating)
- Analyse des Angriffspfads (attack path analysis)
- Angriffswahrscheinlichkeit schätzen (attack feasibility rating)

- Risikobewertung (risk value determination)
- Risikobehandlung festlegen (risk treatment decision)

Das folgende Aktivitätendiagramm in Abbildung 4.14 zeigt den Workflow der Bedrohungs- und Risikoanalyse auf:

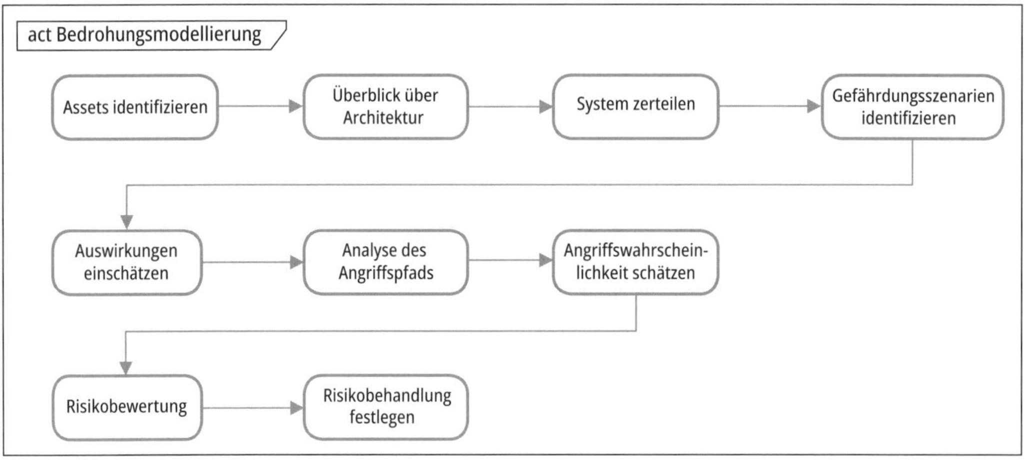

Abb. 4.14 *Aktivitätendiagramm der Bedrohungs- und Risikoanalyse*

Anhand der Bedrohungs- und Risikoanalyse müssen möglichst viele Bedrohungen – basierend auf deren Kritikalität – identifiziert werden. Bekannte Methoden sind:

- das von Microsoft entwickelte DREAD-Risikobewertungsmodell,
- das Common Criteria Risk Assessment und
- das OWASP Risk Rating.

Das DREAD-Modell ist eine quantitative Bewertung der Schwere einer Bedrohung und betrachtet dabei fünf Kategorien:

- Schaden
- Reproduzierbarkeit
- Ausnutzbarkeit
- Betroffene Benutzer
- Auffindbarkeit

ISO/SAE 21434:2021 verfolgt einen eigenen Ansatz, den die Anhänge F, G und H darstellen und der dem Ansatz des Common Criteria Risk Assessment folgt.

4.4.2 Projektstory ADAS NextGen: TARA-Workshop

Im Rahmen des Projekts ADAS NextGen wird ein dedizierter TARA-Workshop (Threat Analysis and Risk Assessment) gemäß ISO/SAE 21434 durchgeführt. Hierdurch soll ein gemeinsames Verständnis der Systemarchitektur erreicht werden sowie Angriffsszenarien und gefährdete Schnittstellen abgeleitet bzw. erkannt werden. Als Resultat des Workshops entsteht ein strukturiertes Architekturdiagramm mit hervorgehobenen Vertauensgrenzen (Trust Boundaries), Datenflüssen und Sicherheitsmechanismen. Dies ist die Grundlage für die Cybersecurity-Risikoanalyse.

Der Workshop findet im Innovationszentrum der Drivesmart AG statt und wird vom Cybersecurity-Manager Peter Feinblick moderiert. Eingeladen sind Schlüsselpersonen aus allen beteiligten Unternehmen:

- ***Drivesmart:*** *Anja Bau (Systemarchitektin), Lara Vero (technische Projektleiterin), Tina Mensch (HMI-Designerin), Fernando Haswas (Regulatory Compliance Engineer), Ulrich Richter (unabhängiger externer Assessor) sowie mehrere Entwickler und Tester.*
- ***Safehicle:*** *Paola Stabil (System- und Softwarearchitektin), Theo Abwehr (Cybersecurity-Manager), Flora Forscher (Data Scientist), Helga Pettrick (UX/UI), Sabine Maier (Ethikbeauftragte) und Heinrich Kunst (KI-Projektleiter) und weitere Mitarbeiter.*
- ***Custom Chip Limited:*** *Xin Lee (Systemarchitekt), Pei-Fen Huang (Chipdesigner), Xibo Zhang (Validation), Ching-Shun Chen (Testleiter).*
- ***Kasaba Hobli Limited:*** *Sophie Chen (Prozessingenieurin) bringt insbesondere Aspekte zur Fertigung und zum Testing ein.*

Vorgehensweise

Im Workshop wird die geplante Systemarchitektur auf einem digitalen Whiteboard mit Tools wie beispielsweise Miro und Enterprise Architect erarbeitet. Der Fokus liegt auf der Identifikation von sicherheitskritischen Komponenten und Datenpfaden innerhalb des ADAS-Systems.

Folgende Schritte werden gemeinsam durchgeführt:

- *Rollen identifizieren: Die Systemnutzer werden in logische Rollen klassifiziert: Fahrer, Backend-Operator, OEM-Support, Software-Update-Dienst etc. UX/UI-Designerin Helga Pettrick und HMI-Designerin Tina Mensch unterstützen dabei, die Schnittstellen nutzerorientiert zu beschreiben.*
- *Wichtigste Anwendungsfälle identifizieren: Gemeinsam mit Lara Vero, Roman Brauch (Safehicle, Anforderungsmanagement) und Fernando Haswas werden sicherheitsrelevante Use Cases priorisiert, z. B.:*
  - *OTA-Software-Update des ADAS-Steuergeräts*
  - *Zugriff auf KI-Entscheidungen durch den Fahrer*
  - *Fehlerhafte Objekterkennung bei Edge-Fallbeispielen*
- *Technologien identifizieren: Das Team identifizierte eingesetzte Technologien wie:*

- *Ethernet-basierte Kommunikation mit TSN*
- *TLS-verschlüsselte Backend-Kommunikation*
- *Neuromorphe KI-Chiparchitektur mit Edge-Processing (Custom Chip Limited)*
- *OTA-Update-Plattform auf Basis eines sicheren Bootloaders*

Sicherheitsmechanismen identifizieren

Die wichtigsten Sicherheitsmechanismen werden in Zusammenarbeit mit Theo Abwehr und Peter Feinblick dokumentiert:

- *Gegenseitige Authentifizierung zwischen Backend und Steuergerät*
- *Partitionierung der ADAS-Software mittels Hypervisor*
- *Zugangskontrolle für KI-Trainingsdaten im Datencenter*
- *Verschlüsselung sensibler Sensor-Rohdaten im internen Speicher*
- *Anomalieerkennung auf Kommunikationskanälen (IDS)*

Vertrauensgrenzen und Datenflüsse erfassen

Anja Bau und Xin Lee modellieren gemeinsam mit Xibo Zhang und Ulla Wahrlich (Testleiterin) die Vertrauensgrenzen zwischen Subsystemen:

- *Trennung zwischen sensorischem Frontend und Verarbeitungseinheit*
- *Kommunikation zwischen Chipdesign-Komponenten und Systemsoftware*
- *Externe Schnittstellen (z. B. Car2Cloud, Mobile App)*

> Diese ermittelte Architektur wird als Baseline für die anschließende Bedrohungsanalyse und Risikobewertung gemäß ISO/SAE 21434-15:2021 verwendet.

Zusätzlich wird ein Dokument zur Rollenverantwortung im Cybersecurity Engineering erstellt, das unter anderem die Verantwortlichkeiten für Sicherheitsanforderungen, TARA-Ergebnisse und Designreviews zwischen den drei Unternehmen aufteilt.

4.4.2.1 System zerlegen

Die Zerlegung (engl. Decomposition) eines Systems in kleinere, logisch oder funktional zusammengehörige Subsysteme ist ein essenzieller Schritt im Rahmen der Threat Analysis and Risk Assessment (TARA). Dieser Schritt hilft, ein tieferes Verständnis für die Struktur, die Abhängigkeiten und Kommunikationspfade des Gesamtsystems zu entwickeln, und ist damit Voraussetzung für eine fundierte Bedrohungsmodellierung.

Ziel der Systemzerlegung

Ziel ist es, das zu analysierende System in überschaubare Einheiten zu gliedern, die einzeln betrachtet und bewertet werden können. Dabei werden insbesondere:

- Komponenten (z.B. Steuergeräte, Sensoren, Aktoren),
- Schnittstellen (z.B. CAN, Ethernet, Bluetooth, 5G, OBD-II) sowie
- Datenflüsse und Vertrauensgrenzen (Trust Boundaries) sichtbar gemacht.

Diese Zerlegung ermöglicht:

- das gezielte Identifizieren kritischer Systembestandteile,
- die Analyse von Abhängigkeiten und potenziellen Angriffspunkten sowie
- die Anwendung geeigneter Sicherheitsmaßnahmen auf Subsystemebene.

Kritische Komponenten und Priorisierung

Gerade sicherheitskritische oder sicherheitsrelevante Komponenten (z.B. die Lenkung, Bremse oder OTA-Schnittstelle) werden anschließend einer detaillierteren Bedrohungsanalyse unterzogen. Für diese Komponenten können z.B. Angriffsbäume, STRIDE-Analysen oder modellbasierte Bedrohungsanalysen eingesetzt werden.

Eine grobe Priorisierung kann bereits bei der Systemzerlegung erfolgen, etwa entlang folgender Kriterien:

- Zugriffsmöglichkeiten (extern/intern)
- Verarbeitete Daten (sensible oder sicherheitsrelevante Informationen)
- Auswirkung bei Kompromittierung (Verletzung von Vertraulichkeit, Integrität, Authentizität und Verfügbarkeit)

Das Henne-Ei-Problem: Architektur und Sicherheitsvorgaben

Ein praktisches Problem bei der Durchführung von TARA liegt im sogenannten »Henne-Ei-Problem«:

Eine wirksame Bedrohungsanalyse erfordert ein ausreichend detailliertes Architekturmodell, aber die System- und Softwarearchitektur selbst sollte idealerweise bereits auf klar definierten Sicherheitsanforderungen basieren. Diese gegenseitige Abhängigkeit führt in der Praxis häufig zu Unsicherheiten im Analysezeitpunkt.

Iteratives Vorgehen als Lösung

Um mit dieser Unsicherheit umzugehen, empfiehlt sich ein iteratives Vorgehen, bei dem Architekturmodellierung und Bedrohungsanalyse parallel und in mehreren Schleifen erfolgen. Dabei werden Erkenntnisse aus der Bedrohungsmodellierung genutzt, um die Architektur gezielt weiterzuentwickeln – etwa durch folgende Maßnahmen:

- Einziehen zusätzlicher Vertrauensgrenzen
- Umstrukturierung von Kommunikationswegen
- Einführung sicherer Boot-Konzepte oder Redundanzen

Ebenso können erste Sicherheitsanforderungen in einer frühen Phase aus generischen Gefährdungen oder Best Practices (wie STRIDE) abgeleitet werden, auch wenn die Architektur noch nicht final ist.

Die Systemzerlegung ist nicht nur ein methodischer Schritt, sondern auch ein organisatorisches Hilfsmittel, um unterschiedliche Fachdisziplinen – Architektur, Softwareentwicklung, Security – in der Analyse zusammenzubringen. Sie schafft eine strukturierte Grundlage, um Bedrohungen systematisch zu identifizieren und Sicherheitsanforderungen zielgerichtet und nachvollziehbar abzuleiten.

4.4.2.2 Gefährdungsszenarien identifizieren

Die Bedrohungen der IT-Sicherheit können mit verschiedenen Methoden identifiziert werden. Im Folgenden sind einige Ansätze aufgeführt:

- Brainstorming
- STRIDE
- Datenflussdiagramm und datenbezogene Gefährdungsanalyse
- Auswirkungen einschätzen
- Strukturierte Analyse mit Angriffs- oder Bedrohungsbaum
- Checklisten
- Tools

Das STRIDE-Modell – ein Klassiker

Die Gefährdungen für ein System lassen sich mit dem STRIDE-Modell [Garg & Kohnfelder 09] erkennen. STRIDE wurde von Praerit Garg und Loren Kohnfelder bei Microsoft entwickelt. STRIDE führt sechs Kategorien an Sicherheitsrisiken ein und stellt diese den Schutzzielen der IT-Sicherheit gegenüber. STRIDE stellt damit einen Ansatz dar für die Beantwortung der Frage, welche Schutzziele im untersuchten System verletzt werden können.

> **Das STRIDE-Modell**
>
> Das Modell zählt sechs Kategorien an Sicherheitsrisiken auf: Identitätsverschleierung, Manipulation, Verleugnung, Verletzung der Privatsphäre, Verweigerung des Dienstes und Rechteausweitung

Die sechs Sicherheitsrisiken des STRIDE-Modells sind:

STRIDE-Modell

1. **Spoofing (Identitätsverschleierung):** Verschiedene Täuschungsmethoden zur Verschleierung der eigenen Identität sind möglich.
2. **Tampering (Manipulation):** Der Inhalt von Datenpaketen wird verfälscht.
3. **Repudiation (Verleugnung):** Ein Kommunikationspartner leugnet, ein Datenpaket erhalten zu haben.
4. **Information disclosure (Verletzung der Privatsphäre):** Der geheime Inhalt eines Datenpakets wird offengelegt.
5. **Denial of service (Verweigerung des Dienstes):** Beispielsweise kann durch eine Vielzahl von gezielten Anfragen von einem Black-Hat-Hacker ein Dienst überlastet werden, wodurch eine spezifizierte Dienstanfrage verweigert wird.
6. **Elevation of privilege (Rechteausweitung, Privilegien-Eskalation):** Eine Rechteausweitung durch die Erhöhung von Zugriffsrechten unter Ausnutzung von Schwachstellen (Konstruktion oder Konfiguration der Software) ermöglicht den Zugriff auf sensible Ressourcen.

In Tabelle 4.8 wird der jeweilige Angriffstyp dem betroffenen Schutzziel gegenübergestellt. Zudem ist jeweils ein Beispiel eines möglichen Automotive-Assets aufgeführt.

Angriffstyp und betroffenes Schutzziel

Angriffstyp	Betroffenes Schutzziel	Beispiel der Gefährdung	Beispiel eines Automotive-Assets
Spoofing	Authentizität (Authenticity)	Falsche Identität vorgeben	Sensor
Tampering	Integrität (Integrity)	Manipulation von Daten	ECU-Software
Repudiation	Nichtabstreitbarkeit (Non-Repudiation)	Abstreiten einer Folge digitaler Aktivitäten	Verschlüsselung/kryptografische Schlüssel
Information disclosure	Vertraulichkeit (Confidentiality)	Offenlegung verschlüsselter Daten	Logdaten
Denial of service	Verfügbarkeit (Availability)	Störung der Verfügbarkeit	Bordnetzwerk
Elevation of privilege	Autorisierung (Authorization)	Gewinnung von weitgehenden Rechten	Aktivieren/Deaktivieren von Funktionen

Tab. 4.8 *STRIDE-Modell und Beispiele gefährdeter Assets*

Die Autorisierung gehört nicht zu den klassischen Schutzzielen der Cybersecurity, sondern zum Rechtemanagement des Systems. Allerdings kann die Rechteausweitung die klassischen Schutzziele der Cybersecurity gefährden, weshalb die Autorisierung im STRIDE-Modell aufgeführt wird.

4.4.2.3 Auswirkungen einschätzen

Alle gesammelten Gefährdungsszenarien können auf vielfache Weise wirken. Deshalb unterscheidet ISO/SAE 21434 die Auswirkungen auf die funktionale Sicherheit des Fahrzeugs (Wechselwirkung der Cybersecurity mit der funktionalen Sicherheit), die finanzielle Auswirkung für die Fahrer, die Einsatzfähigkeit des Fahrzeugs und die Privatsphäre für die Fahrer, wobei die Kategorisierung der jeweiligen Auswirkung (impact rating) qualitativ erfolgt (siehe Tabelle 4.9).

Auswirkungen einschätzen	**Funktionale Sicherheit**	**Finanzen** (bezogen auf die Fahrer)	**Einsatz** (operational)	**Privatsphäre (Privacy)** (bezogen auf die Fahrer)
Schwer (severe)	Lebensbedrohende Verletzung, Überleben unsicher (S3)	Katastrophal	Verlust der primären Fahrzeugfunktionen	Wesentlicher und unumkehrbarer Verlust von personenbezogenen Daten
Wichtig (major)	Lebensbedrohende Verletzung, Überleben möglich (S2)	Substanziell	Verlust wichtiger Fahrzeugfunktionen	Erheblicher Verlust von personenbezogenen Daten
Mäßig (moderate)	Leichte Verletzung (S1)	Unbequem	Degradation of Service	Unbequemer Verlust von personenbezogenen Daten
Vernachlässigbar (negligible)	Keine Verletzung (S0)	Wirkungslos	Keine Beeinträchtigung	Bedeutungsloser Verlust von personenbezogenen Daten

Tab. 4.9 *Auswirkungen einschätzen*

ISO 26262

ISO 26262-3:2018, Tabelle B.1, führt die Kriterien S0, S1, S2 und S3 der funktionalen Sicherheit auf.

4.4.2.4 Datenbezogene Gefährdungsanalyse

Im Regelfall wird eine datenbezogene Gefährdungsanalyse für die Cybersecurity durchgeführt. Gemeinsam diskutieren die relevanten Stakeholder die unterschiedlichen Daten, die im Automotive-System verarbeitet und/oder an der Kommunikation beteiligt sind. Insbesondere wird deren Schutzbedürftigkeit hinsichtlich der Schutzziele der IT-Sicherheit ermittelt. Ebenso wird die Häufigkeit der Datenanforderung relevanter

Datenflüsse bestimmt. Beispielsweise können Diagnose- und Steuerdaten unterschieden werden. Agile Kreativitätstechniken werden bei der Analyse erfolgreich eingesetzt.

Bei Bedarf können der folgenden Tabelle 4.10 noch Spalten mit Kriterien der Performance hinzugefügt werden. Beispielsweise:

- max. Laufzeit (ms)
- Häufigkeit der Datenübertragung (pro Sekunde)
- Datenmenge pro Sendung (kB)

Die datenbezogene Gefährdungsanalyse unterscheidet die folgenden Angriffsformen (siehe Tabelle 4.10).

Ein Angreifer ...

- schneidet die Daten mit und erlangt unbefugt Kenntnis des Inhalts.
- verändert die Daten unbefugt während der Übertragung.
- verzögert den Datentransfer unbefugt.
- schneidet die Daten mit und fädelt sie später unbefugt an einer anderen Stelle wieder in den Datenstrom ein.
- unterdrückt unbefugt die zu übertragenden Daten.
- täuscht unbefugt die Identität des Senders und/oder des Empfängers vor.
- sorgt unbefugt dafür, dass der Sender abstreiten kann, eine Meldung gesendet zu haben.
- sorgt unbefugt dafür, dass der Empfänger abstreiten kann, eine Meldung empfangen zu haben.

		Gewichtung der Schutzziele					Schadenshöhe bei Angriff					
Datenname	Richtung	Vertraulichkeit	Integrität	Authentizität	Nichtabstreitbarkeit	Verfügbarkeit	Unbefugte Kenntnisnahme	Unbefugte Datenmodifikation	Identitäts-Spoofing	Abstreitbarkeit	Störung der Verfügbarkeit	Art des Schadens
D1	A>B	2	2	2	2	2	3	3	3	3	3	5, 2
D2	X>Y	0	2	1	2	1	0	1	1	1	1	4
D3	F>I	1	2	1	1	0	1	3	2	2	2	2

Tab. 4.10 Datenbezogene Gefährdungsanalyse

In der datenbezogenen Gefährdungsanalyse werden Gewichtungsfaktoren, Schadenshöhe und der Art des Schadens unterschieden (siehe Tabelle 4.11).

Gewichtungs-faktor	Bedeutung	Schadens-höhe	Bedeutung	Art des Schadens	Bedeutung
0	Unwichtig	0	Kein Schaden	0	Kein Schaden
1	Wichtig	1	Niedrig	1	Imageverlust
2	Sehr wichtig	2	Mittel	2	Betriebliche Behinderung
		3	Hoch	3	Versorgungsausfall
				4	Gefahr für die Umwelt
				5	Verlust von materiellen oder finanziellen Werten
				6	Gefahr für Leib und Leben von Menschen

Tab. 4.11 *Gewichtungsfaktoren, Schadenshöhe und Art des Schadens für die datenbezogene Gefährdungsanalyse*

4.4.2.5 Angriffspfad – Analyse und Bewertung

Die Analyse des Angriffspfads setzt die Identifikation der Gefährdungsszenarien voraus. Die Angriffspfadanalyse kann nach den zwei unterschiedlichen Vorgehensweisen »top-down« oder »bottom-up« erfolgen, die in Tabelle 4.12 vorgestellt werden.

Vorgehens-weise	Beschreibung
Top-down	Angriffspfade werden durch Analyse der unterschiedlichen Realisierungsmöglichkeiten eines Bedrohungsszenarios ermittelt. Beispiel: Angriffsbäume (oder Angriffsgraphen)
Bottom-up	Aufbau von Angriffspfaden aus den identifizierten Schwachstellen (siehe Gefährdungsszenarien identifizieren)

Tab. 4.12 *Vorgehensweise bei der Angriffspfadanalyse*

Angriffspfad

Ein erfolgreicher Angriff auf ein Sicherheitsziel (bspw. Vertraulichkeit) kann durch einen Angriffspfad von einem Blatt zur Wurzel im Angriffsbaum beschrieben werden.

Beispiel: Manipulation eines Steuergeräts über eine Softwareschwachstelle (Buffer Overflow). Der Hacker schleust eigenen Code ein, um die originale Software zu kopieren. Dieser Angriff ist rein softwarebasiert – es wird keine Hardware manipuliert. Das Ergebnis ist der Verlust der Vertraulichkeit, interne Daten und Funktionen gelangen in falsche Hände. Ein solcher Angriff kann beispielsweise über ungeschützte Kommunikationsschnittstellen (OBD, Ethernet, OTA-Update) initiiert werden. Das Angriffsziel besteht darin, die Kontrolle über die Softwareausführung im Steuergerät zu erhalten.

ISO/SAE 21434: Angriffspfad und Bedrohungsszenarien

Ein Angriffspfad soll den Bedrohungsszenarien zugeordnet werden, die durch den Angriffspfad realisiert werden können [RQ-15-09].

4.4.2.6 Hinweise zum Angriffspfad

In frühen Phasen der Produktentwicklung ist das Wissen über die Angriffspfade oft unvollständig oder ungenau. Die Implementierungsdetails sind noch nicht bekannt oder konkret genug, um spezifische Schwachstellen identifizieren zu können. Während der Produktentwicklung können die Angriffspfade aktualisiert werden, wenn mehr Informationen verfügbar werden, z. B. nach einer Schwachstellenanalyse.

Für jeden Angriffspfad muss die Durchführbarkeit des jeweiligen Angriffs bewertet werden (siehe Tabelle 4.13).

Bewertung der Durchführbarkeit des Angriffs	Beschreibung
Hoch	Der Angriffspfad kann mit geringem Aufwand bewerkstelligt werden.
Mittel	Der Angriffspfad kann mit mittlerem Aufwand bewältigt werden.
Niedrig	Der Angriffspfad kann mit hohem Aufwand bewältigt werden.
Sehr niedrig	Der Angriffspfad kann mit sehr hohem Aufwand bewältigt werden.

Tab. 4.13 *Bewertung der Durchführbarkeit des Angriffs*

4.4.2.7 Angriffsbaum modellieren (Attack Tree)

Angriffsbaum

Bedrohungs- oder Angriffsbäume werden zur Modellierung eines Angriffsziels (Verletzung eines Schutzziels der IT-Sicherheit) benutzt. Das Angriffsziel steht in der Wurzel des Baums. Blätter beschreiben einzelne Angriffsschritte, die mit Knoten der Operatoren UND bzw. ODER kombiniert werden können. Der erfolgreiche Pfad vom Blatt zur Wurzel beschreibt die Angriffsschritte zum Erreichen des Angriffsziels. Diese Angriffsschritte bilden den Angriffspfad.

Unterschied Angriffs- und Fehlerbaum

Die Angriffsbäume ähneln den Fehlerbäumen (Fault Tree) der funktionalen Sicherheit, wobei die analytische Betrachtung mit der booleschen Mathematik der Zuverlässigkeit bei den Angriffsbäumen nicht möglich ist, weil keine klassische Zuverlässigkeitsfunktion (Reliability) in der Cybersecurity aufgestellt werden kann.

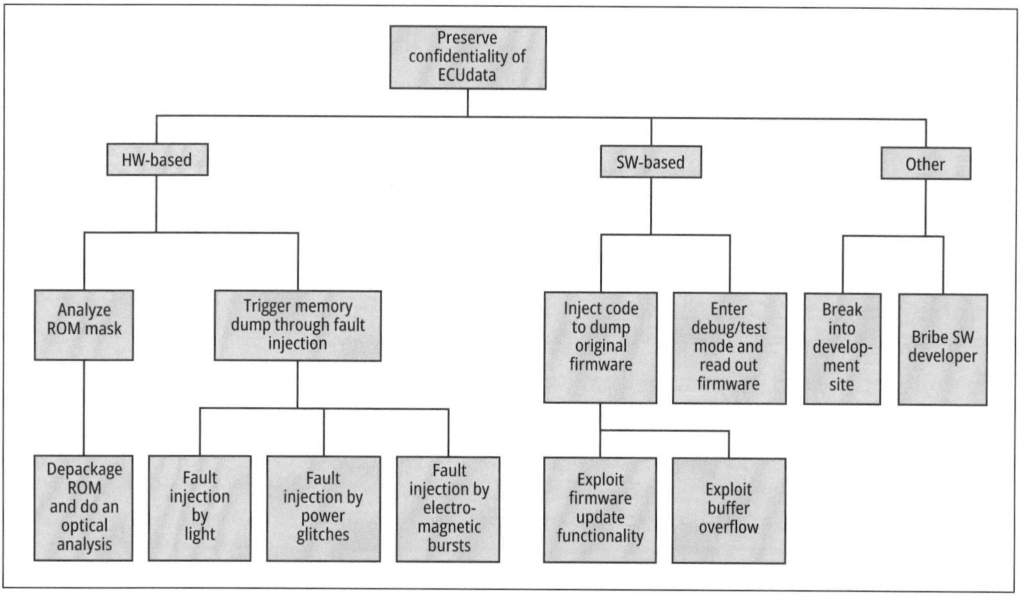

Abb. 4.15 *Ausschnitt eines rs für eine Automotive-ECU*

Das Angriffsziel in Abbildung 4.15 ist die Verletzung des Schutzziels der Vertraulichkeit. Verschiedene Angriffspfade sind modelliert.

4.4.2.8 Angriffswahrscheinlichkeit

Die Angriffswahrscheinlichkeit kann nur geschätzt werden. ISO/SAE 21434 stellt dazu drei verschiedene Ansätze zur Verfügung:

- Aus dem ermittelten Angriffspotenzial
- Aus dem allgemeinen Bewertungssystem für Schwachstellen
- Aus dem Ansatz mit modelliertem Angriffsvektor

4.4.3 Angriffspotenzial bewerten

Mit dem Angriffspotenzial wird die Widerstandsfähigkeit des betrachteten Automotive-Systems ermittelt.

ISO/SAE 21434 setzt für die Bewertung der Bedrohungen den qualitativen Ansatz des Angriffspotenzials (Attack Potential = AP) aus den Common Criteria an. Die Common Criteria for Information Technology Security Evaluation (Common Criteria = CC) stellen allgemeine Kriterien für die Bewertung der Sicherheit von Informationstechnologie bereit.

Zum Angriffspotenzial tragen die folgenden fünf Einflussfaktoren bei:

- Elapsed Time (ET): Zeit, die für den Angriff benötigt wird.
- Specialist Expertise (SE): Level des technischen Wissens, das für den Angriff notwendig ist.
- Knowledge of the Item/Component (KT) (vgl. Target of Evaluation in Common Criteria): Wissen über Design und Funktionalität des Systems, das für den Angriff erforderlich ist.
- Window of Opportunity (WO): Level des Zugriffs auf das System, der für den Angriff notwendig ist.
- Equipment (EQ): Software oder Hardware, die für den Angriff benötigt wird.

> Angriffspotenzial = Attack Potential (AP) = Elapsed Time + Specialist Expertise + Knowledge of the Item or Component + Window of Opportunity + Equipment

Tabellen zur Bewertung des Angriffspotenzials

Die folgenden fünf Tabellen (Tabelle 4.14, Tabelle 4.15, Tabelle 4.16, Tabelle 4.17 und Tabelle 4.18) zeigen die Ausprägungen der Einflussfaktoren. Je Tabelle erfolgt jeweils eine Einschätzung zum diskutierten Angriff, die einen Punktwert zum Angriffspotenzial (Attack Potential) beiträgt.

Elapsed Time	ET
<= 1 Tag	0
<= 1 Woche	1
<= 2 Wochen	2
<= 1 Monat	4
<= 2 Monate	7
<= 3 Monate	10
<= 6 Monate	17
> 6 Monate	19

Tab. 4.14 *Benötigte Gesamtzeit für einen Angriff von Anfang bis Ende*

Expertise	SE	Beispiel
Laie/Anfänger	0	Keine Expertise
Kompetent	3	Mit Sicherheitsverhalten des Produkt- oder Systemtyps vertraut
Experte	6	Vertraut mit zugrunde liegenden Algorithmen, Protokollen, Hardware, Sicherheitskonzepten usw. des Produkts oder Systemtyps. Kennt Techniken und Tools für Definition neuer Angriffe.
Multipler Experte	8	Mit mehreren Fachgebieten auf Expertenlevel vertraut

Tab. 4.15 *Ausmaß des technischen Wissens, über das ein potenzieller Angreifer verfügt.*

Kenntnis des Gegenstands/der Komponente (TOE – Target of Evaluation)	KT	Beispiel
Public/öffentlich	0	Informationen ist frei zugänglich, z. B. aus dem Internet.
Restricted/eingeschränkt	3	Wissen wird innerhalb der Entwicklerorganisation kontrolliert, Weitergabe nur unter Geheimhaltung.
Sensibel	7	Nur Mitglieder bestimmter Teams innerhalb der Entwicklerorganisation haben Zugriff darauf.
Kritisch	11	Wissen ist nur sehr wenigen Menschen bekannt; Zugang streng kontrolliert.

Tab. 4.16 *Ausmaß des Wissens, das ein potenzieller Angreifer über das System hat.*

Angriffsfenster	WO	Beispiel
Unbegrenzt, unnötig	0	Kein Zugriff erforderlich oder kein Risiko, dass Zugriff auf das Item oder die Komponente erkannt wird; Genug Items/Komponenten vorhanden.
Leicht	1	Zugang für weniger als einen Tag erforderlich. Weniger als 10 Items/Komponenten erforderlich, um Angriff durchzuführen.

→

Angriffsfenster	WO	Beispiel
Moderat	4	Zugang für weniger als einen Monat erforderlich. Weniger als hundert Items/Komponenten erforderlich.
Schwierig	10	Zugang mindestens einen Monat lang erforderlich. Mindestens hundert Items/Komponenten erforderlich.
Keine	**	Angriffspfad ist aufgrund anderer Maßnahmen im vorgesehenen Betriebsumfeld des Items / der Komponente nicht ausnutzbar. Zeitraum, in dem das zu nutzende System verfügbar oder empfindlich ist, ist kürzer als der für die Durchführung des Angriffs erforderliche Zeitraum.

Tab. 4.17 *Zeitraum, in dem eine Schwachstelle existiert, die auszunutzen ist.*

Equipment	EQ	Begriff
Standard	0	Steht Angreifer für Identifikation der Schwachstelle oder Angriff jederzeit zur Verfügung. Gerät kann Teil des Produkts sein (z.B. ein Debugger in einem Betriebssystem) oder leicht erhältlich sein (z.B. Internet-Downloads, Protokollanalysator oder einfache Angriffsskripte).
Spezialisiert	4	Ist für Angreifer nicht leicht zugänglich, kann aber ohne großen Aufwand erworben werden. Beispielsweise Kauf einiger Geräte (z.B. Power-Analyse-Tools, Verwendung von Hunderten von verbundenen PCs) oder Entwicklung umfangreicherer Angriffsskripte oder Programme.
Maßgeschneidert	7	Ist für die Öffentlichkeit nicht ohne Weiteres zugänglich (z.B. sehr anspruchsvolle, spezielle Software) oder Ausrüstung ist so spezialisiert, dass sie sehr teuer ist oder Verteilung ist kontrolliert/eingeschränkt.
Multipel maßgeschneidert	9	Für die einzelnen Schritte eines Angriffs sind verschiedene Arten von maßgeschneiderten Geräten erforderlich.

Tab. 4.18 *Jegliche technische Ausrüstung für die Angriffsdurchführung*

Die ermittelten Punktwerte zu den qualitativen Einschätzungen aus den fünf Tabellen werden zum Angriffspotenzial summiert. Die ISO/SAE 21434 klassifiziert Angriffe hinsichtlich ihrer Ausführbarkeit. Die Common Criteria argumentieren mit einem notwendigen Angriffspotenzial für einen erfolgreichen Angriff. Beide Skalen sind invertiert zueinander.

Die folgende Tabelle 4.19 gibt die Kategorien des Angriffspotenzials an. Der Punktwert ist die Summe der einzelnen erzielten Tabellenpunkte.

Ausführbarkeit des Angriffs	Punktwert	Notwendiges Angriffspotenzial für einen erfolgreichen Angriff
High	0-9	Basic
	10-13	Enhanced Basic
Medium	14-19	Moderate
Low	20-24	High
Very Low	>=25	Beyond High

Tab. 4.19 *Kategorien des Angriffspotenzials*

Das Risiko wird auch in der Cybersecurity aus den zwei Einflussfaktoren Eintrittswahrscheinlichkeit, hier durch das Angriffspotenzial modelliert, und dem Schadensausmaß bestimmt. Im Gegensatz zur Modellierung in der funktionalen Sicherheit kann die Eintrittswahrscheinlichkeit in der Cybersecurity nicht auf probabilistischen Annahmen ermittelt werden, sondern sie wird indirekt durch die Indikatoren der Tabellen Tabelle 4.14 bis Tabelle 4.19 bestimmt.

Die ISO/SAE 21434 klassifiziert das Schadensausmaß insgesamt nach vier Kategorien in unterschiedlichen Tabellen. Die Kategorien beziehen sich auf Auswirkungen auf die funktionale Sicherheit (safety impact rating), auf finanzielle Auswirkungen, auf den Betrieb (operational impact rating) und auf den Datenschutz (privacy impact rating).

Die Bestimmung des Risikowerts erfolgt individuell für jedes Bedrohungsszenario. Die Risikowerte werden dabei mit einer Risikomatrix ermittelt, die die bereits erfolgten Bewertungen der Auswirkung und des Angriffspotenzials kombiniert.

Auswirkung auf die funktionale Sicherheit	Kriterien
Schwerwiegend	Gefährdung von Menschenleben, fatale Auswirkungen
Erheblich	Gefährdung von Menschenleben, aber Überleben möglich
Moderat/Mäßig	Leichte oder moderate Verletzungen
Vernachlässigbar	Keine Verletzungen

Tab. 4.20 *Auswirkungen auf die funktionale Sicherheit (safety impact rating criteria)*

Finanzielle Auswirkungen	Kriterien
Schwerwiegend	Der finanzielle Schaden führt zu katastrophalen Folgen, die der betroffene Straßennutzer möglicherweise nicht überwinden kann.
Erheblich	Der finanzielle Schaden führt zu erheblichen Konsequenzen, die der betroffene Straßennutzer überwinden kann.
Moderat/Mäßig	Der finanzielle Schaden führt zu unbequemen Konsequenzen, die der betroffene Straßennutzer mit begrenzten Ressourcen überwinden kann.
Vernachlässigbar	Der finanzielle Schaden hat keine Auswirkungen, vernachlässigbare Konsequenzen oder ist für den Straßennutzer irrelevant.

Tab. 4.21 *Finanzielle Auswirkungen (financial impact rating criteria)*

Auswirkungen auf den Betrieb	Kriterien
Schwerwiegend	Der betriebliche Schaden führt zum Verlust oder zur Beeinträchtigung einer Kernfunktion des Fahrzeugs.
Erheblich	Der betriebliche Schaden führt zum Verlust oder zur Beeinträchtigung einer wichtigen Fahrzeugfunktion.
Moderat/Mäßig	Der betriebliche Schaden führt zu einer teilweisen Verschlechterung einer Fahrzeugfunktion.
Vernachlässigbar	Der betriebliche Schaden führt zu keiner oder einer nicht wahrnehmbaren Beeinträchtigung einer Fahrzeugfunktion.

Tab. 4.22 *Auswirkungen auf den Betrieb (operational impact rating criteria)*

Auswirkungen auf den Datenschutz	Kriterien
Schwerwiegend	Der Datenschaden führt zu erheblichen oder sogar irreversiblen Auswirkungen auf den Straßennutzer.
Gravierend	Der Datenschaden führt zu gravierenden Auswirkungen auf den Straßennutzer.
Moderat	Der Datenschaden führt zu unangenehmen Konsequenzen für den Straßennutzer.
Vernachlässigbar	Der Datenschaden führt zu keinerlei Auswirkungen oder zu vernachlässigbaren Konsequenzen oder ist für den Straßennutzer irrelevant.

Tab. 4.23 *Auswirkungen auf den Datenschutz (privacy impact rating criteria)*

Risiko		Angriffspotenzial			
		Very Low	Low	Medium	High
Einfluss	Schwerwiegend	1	3	4	5
	Gravierend	1	2	3	4
	Moderat	1	2	2	3
	Vernachlässigbar	1	1	1	1

Tab. 4.24 *Risikomatrix*

4.4.3.1 Allgemeines Bewertungssystem für Schwachstellen

Das Common Vulnerability Scoring System (CVSS) ist ein allgemeines Bewertungssystem für mögliche oder tatsächliche Sicherheitslücken von IT-Systemen. CVSS will Sicherheitslücken nach verschiedenen Kriterien (Metriken) bewerten und vergleichen. Daraus leitet sich im Anschluss eine Prioritätenliste für Gegenmaßnahmen ab.

Das National Institute of Standards and Technology (NIST) stellt einen sehr umfangreichen Onlinerechner (Vulnerability Scoring System Calculator) bereit, der drei unterschiedliche Bewertungskategorien (Base Score Metrics, Temporal Score Metrics und Environmental Score Metrics) unterscheidet.

Die ISO/SAE 21434 nutzt nur den Ansatz zur Ermittlung des Exploits (E = Exploitability Metric) aus der Bewertungskategorie »Base Score Metrics«, der die folgenden vier Faktoren umfasst:

- Angriffsvektor (attack vector)
- Angriffskomplexität (attack complexity)
- Notwendige Privilegien (required privileges)
- Benutzerinteraktion (user interaction)

Die Exploitmetrik E berechnet sich nach der folgenden Formel:

$$\text{Exploitmetrik} = E = 8{,}22 * V * C * P * U$$

V beschreibt den Angriffsvektor, Wert im Intervall [0,2, 0,85].
C beschreibt die Komplexität des Angriffs, Wert im Intervall [0,44, 0,77].
P beschreibt die Privilegien, Wert im Intervall [0,27, 0,85].
U beschreibt die Benutzerinteraktion, Wert im Intervall [0,62, 0,85].

Die Ausführbarkeit des Angriffs wird mit der folgenden durch Wahl des passenden Intervalls der Exploitmetrik E ermittelt.

Ausführbarkeit des Angriffs	Exploitmetrik E
High	2,96–3,89
Medium	2,00–2,95
Low	1,06–1,99

Tab. 4.25 *Ausführbarkeit des Angriffs nach der CVSS-Exploitmetrik*

Die Festlegungen der Parameter **V**, **C**, **P** und **U** sowie ergänzende Informationen finden sich im CVSS-Dokument »Common Vulnerability Scoring System v3.1: Specification Document« (siehe Tabelle 4.26).

Metrik		Beschreibung	Wert
Angriffsvektor **Attack Vector / Modified Attack Vector**	V	Network	0,85
		Adjacent	0,62
		Local	0,55
		Physical	0,2
Komplexität des Angriffs **Attack Complexity / Modified Attack Complexity**	C	Low	0,77
		High	0,44
Privilegien **Privileges Required / Modified Privileges Required**	P	None	0,85
		Low	0,62 (oder 0,68, wenn Scope / Modified Scope = Changed)
		High	0,27 (oder 0,5, wenn Scope / Modified Scope = Changed)
Benutzerinteraktion **User Interaction / Modified User Interaction**	U	None	0,85
		Required	0,62

Tab. 4.26 *Festlegungen von Angriffsvektor V, Komplexität des Angriffs C, Privilegien P und Benutzerinteraktion U im CVSS-Modell*

4.4.3.2 Ansatz mit modelliertem Angriffsvektor

Die Voraussetzung für den Ansatz mit modelliertem Angriffsvektor ist die Ausnutzung eines bekannten Angriffspfads (siehe Tabelle 4.27). Die Bewertung der Angriffsdurchführbarkeit ist umso höher, je weiter entfernt (logisch und physisch) ein Angreifer sein kann, um den Angriffspfad auszunutzen.

> Ein **Angriffsvektor** oder Attack Vector bezeichnet sowohl einen Angriffspfad als auch eine Angriffstechnik.

Bemerkung: Je mehr potenzielle Angriffsvektoren vorhanden sind, desto höher ist die Wahrscheinlichkeit eines erfolgreichen Angriffs.

Dieser Aussage liegt die Annahme zugrunde, dass die Anzahl potenzieller Angreifer, die eine Schwachstelle über das Internet ausnutzen können, größer ist als die Anzahl potenzieller Angreifer, die einen Angriffspfad ausnutzen können, der physischen Zugriff auf das Element oder die Komponente erfordert.

Ausführbarkeit des Angriffs	Kriterium
Hoch	Der potenzielle Angriffspfad ist ohne Einschränkung an dem Netzwerkstack möglich.
Mittel	Der potenzielle Angriffspfad ist an den Netzwerkstack gebunden; die Verbindung ist jedoch physikalisch oder logisch begrenzt.
Gering	Der potenzielle Angriffspfad ist nicht an den Netzwerkstack gebunden, und Angreifer benötigen direkten Zugriff auf das Item oder die Komponente, um den Angriffspfad zu realisieren.
Sehr gering	Angreifer benötigen physischen Zugriff, um den Angriffspfad zu erkennen.

Tab. 4.27 *Ansatz mit modelliertem Angriffsvektor*

Die Angriffswahrscheinlichkeit kann folglich nicht vor den drei Bewertungsansätzen stehen, weil sie aus diesen Ansätzen abgeleitet wird.

4.4.3.3 Risikobehandlung festlegen

Für jedes Bedrohungsszenario wird unter Berücksichtigung seiner Risikowerte eine oder mehrere der folgenden Risikobehandlungsoptionen festgelegt:

Umgang mit Risiken

- Vermeidung des Risikos (durch Beseitigung der Risikoquellen oder Entscheidung, die Aktivität, die das Risiko verursacht, weder zu beginnen noch fortzusetzen)
- Verringerung des Risikos (Architektur, Implementierung etc.)
- Teilen des Risikos (durch Verträge oder Risikoübertragung durch den Kauf einer Versicherung)
- Behalten des Risikos (akzeptables Restrisiko)

4.4.4 Projektstory ADAS NextGen: Bedrohungsanalyse

Die Drivesmart AG führt unter der Verantwortung von Peter Feinblick, dem Cybersecurity-Manager, eine Bedrohungsanalyse für das Projekt ADAS NextGen durch: NextGen will automatische Lenk- und Bremsmanöver sicher ermöglichen. Die TARA wird in Workshops erarbeitet. Lara Vero, die technische Projektleiterin und Änderungsmanagerin, und der Domänenexperte Hans Wolke unterstützen die TARA-Analyse gemeinsam mit den Anwesenden aus dem Entwicklungsteam. Für jedes Bedrohungsszenario wird unter Berücksichtigung seiner Risikowerte eine oder mehrere der folgenden Risikobehandlungsoptionen festgelegt:

- *Vermeidung des Risikos (durch Beseitigung der Risikoquelle oder Entscheidung, die Aktivität, die das Risiko verursacht, weder zu beginnen noch fortzusetzen)*
- *Verringerung des Risikos (durch Architektur, Implementierung etc.)*
- *Teilen des Risikos (durch Verträge oder Risikoübertragung)*
- *Behalten des Risikos (akzeptables Restrisiko)*

Zunächst identifiziert das Analyseteam die Assets der Cybersecurity für die Lenkfunktion mit Berücksichtigung der Schutzziele der Vertraulichkeit (Confidentiality = C), Authentizität (Authenticity = A), Integrität (Integrity = I) und Verfügbarkeit (Availability = AV) (siehe Tabelle 4.28).

Asset	Schutzziele				Schadensszenario
	C	A	I	AV	
Anforderung Lenkwinkel	–	X	X		Unfall: Aktivierung eines Einparkvorgangs von außen
Firmware des Main-Controllers	X	X	X	X	Sabotage: Übernahme der Steuerung durch einen Hacker

Tab. 4.28 *Assets der Cybersecurity für die Lenkung*

Im Anschluss identifiziert das Analyseteam die Gefährdungsszenarien (siehe Tabelle 4.29) und schätzt die Auswirkungen.

Schadensszenario	Gefährdungsszenario	Auswirkung schätzen
Unfall: Falsche Lenkwinkelanforderung	Bei einem manipulierten falschen Lenkwinkel auf der Autobahn kann eine Massenkarambolage ausgelöst werden.	Severe (Einsatz und funktionale Sicherheit)
Sabotage: Übernahme des Lenkwinkels durch einen Hacker	Ein Hacker kann Fahrzeuge übernehmen und die Verfügbarkeit der »Flotte« einschränken.	Severe (Einsatz und funktionale Sicherheit sowie Finanzen, kritisch für Mietwagenfirmen)

Tab. 4.29 *Gefährdungsszenarien*

Das Analyseteam modelliert nun mögliche Angriffspfade, die die identifizierten Gefährdungsszenarien auslösen können. Wichtig ist in diesem Schritt, viele mögliche Angriffspfade zu finden, die das jeweilige Gefährdungsszenario auslösen können (siehe Tabelle 4.30).

Gefährdungs-szenario	Angriffspfad	Ausführbarkeit des Angriffs
Bei einem falschen Lenkwinkel auf der Autobahn kann eine Massenkarambolage ausgelöst werden.	▪ Hacker hat Zugriff auf die OBD-II-Schnittstelle. ▪ Hacker sendet manipulierte Steuersignale von der OBD-II-Schnittstelle. ▪ Die Signale starten die Einparkfunktion des ADAS NextGen.	Low
	▪ Hacker kompromitiert die ADAS-ECU über die **Bluetooth-Schnittstelle**. ▪ Kompromitierte ADAS-ECU sendet Steuersignale zur Lenkung.	Medium
	▪ Hacker kompromitiert die ADAS-ECU über die **5G-Schnittstelle (cellular)**. ▪ Die Parkfunktion wird aktiviert und steuert das Fahrzeug.	High
Ein Hacker kann Fahrzeuge übernehmen und die **Verfügbarkeit** der »Flotte« einschränken.	▪ Hacker hat Zugriff auf die **OBD-II-Schnittstelle**. ▪ Hacker löst Firmware-Update aus.	Low

***Tab. 4.30** Angriffspfade und Gefährdungsszenarien*

Das Angriffspotenzial (AP) wird aus den fünf Einflussfaktoren (ET, SE, KT, WO und EQ, siehe auch Abschnitt 4.4.3) für die Angriffspfade ermittelt (siehe Tabelle 4.31).

Gefährdungs-szenario	Angriffs-pfad	ET	SE	KT	WO	EQ	AP	Rating (Ausführbarkeit des Angriffs)
Aktivierung der Einparkfunktion auf Landstraße oder Autobahn	OBD-II	1	8	7	4	7	27	Very low
	Bluetooth	1	8	7	0	5	20	Low
	5G	1	8	7	0	5	20	Low
Ein Hacker kann Fahrzeuge »übernehmen« und die **Verfügbarkeit** der »Flotte« einschränken.	OBD-II	1	8	7	4	7	27	Very low

***Tab. 4.31** Ausführbarkeit des Angriffs*

An dieser Stelle greift bereits die als Ergebnis der G&R eingefügte Sicherheitsarchitektur (vgl. Abschnitt 4.2.4.2). Die Überwachungseinheit, eigentlich als Sicherheitsmechanismus der funktionalen Sicherheit eingeführt, erschwert auch einen Angriff auf die Parkfunktion. Peter Feinblick, bei Drivesmart für die Cybersecurity verantwortlich, ist sehr zufrieden mit dem Ergebnis. »Hier sehen wir, dass sich die Erkenntnisse unserer Analysen hervorragend ergänzen. Mit der funktionalen Absicherung der Parksituation haben wir auch die Angriffsszenarien verhindert oder zumindest erschwert.«

Basierend auf den identifizierten Assets, Gefährdungsszenarien, Angriffspfaden und der Analyse der Angriffspotenziale erstellt das Workshopteam ein detailliertes Risikoprofil für die Lenkfunktion im Projekt ADAS NextGen. Besonders kritisch werden Angriffe über externe Kommunikationsschnittstellen wie 5G, Bluetooth und den OBD-II-Connector eingeschätzt, da sie potenziell die Steuerung des Fahrzeugs manipulieren und somit erhebliche Auswirkungen auf die funktionale Sicherheit und Flottensicherheit haben können.

Trotz teilweiser geringer Ausführbarkeit einzelner Angriffspfade (»very low« bis »low«) zeigen die Szenarien mit möglichen Massenkarambolagen oder der Fernübernahme mehrerer Fahrzeuge deutlich das hohe Schadenspotenzial und unterstreichen die Notwendigkeit gezielter Cybersecurity-Minderungsmaßnahmen.

Der TARA-Workshop ermöglichte es dem interdisziplinären Team, die Systemarchitektur mit ihren Schwachstellen und Schutzbedarfen greifbar zu machen. Die gewonnenen Erkenntnisse bilden nun die Basis für die Ableitung technischer und organisatorischer Cybersecurity-Anforderungen (gemäß ISO/SAE 21434, Abschnitt 9), die in enger Abstimmung mit den Systemarchitekten (Anja Bau, Paola Stabil, Xin Lee) sowie den Verantwortlichen für Konfiguration, Tests und Compliance in die Entwicklungsdokumentation überführt werden.

In der nächsten Projektphase werden die priorisierten Risiken systematisch adressiert, geeignete Sicherheitskonzepte entwickelt und verifiziert sowie im Rahmen eines kontinuierlichen Cybersecurity-Lebenszyklus bewertet.

4.4.5 Einsatz von künstlicher Intelligenz

KI bietet im Rahmen der TARA vielversprechende Ansätze, um die Effizienz, die Genauigkeit und Skalierbarkeit von traditionellen Bedrohungsanalysen und Risikobewertungen zu verbessern.

- Automatisierung und Effizienzsteigerung: KI kann repetitive und zeitaufwendige Aufgaben automatisieren, wie die Sammlung und Aggregation von Bedrohungsdaten, die Identifikation von Schwachstellen oder die Generierung erster Risikobewertungen. Dies ermöglicht es Sicherheitsexperten, sich auf komplexere Analysen und strategische Entscheidungen zu konzentrieren.

- Verbesserte Genauigkeit und Konsistenz: Menschliche Fehler und Inkonsistenzen bei der Bewertung können durch KI-Modelle reduziert werden. KI kann objektiver und konsistenter Daten analysieren und Bewertungen vornehmen, was zu präziseren Risikoanalysen führt.
- Mustererkennung und Anomalieerkennung: KI-Algorithmen, insbesondere maschinelles Lernen, sind hervorragend darin, subtile Muster und Anomalien in großen Datensätzen zu erkennen, die auf neue oder unbekannte Bedrohungen hinweisen könnten. Dies ist besonders wertvoll für die Identifikation von Zero-Day-Exploits oder komplexen Angriffskampagnen.
- Prädiktive Analyse: Durch die Analyse historischer Bedrohungsdaten und Angriffsmuster kann KI zukünftige Bedrohungen vorhersagen und proaktive Maßnahmen zur Risikominderung ermöglichen. Dies verschiebt den Fokus von einer reaktiven zu einer prädiktiven Cybersecurity-Strategie.
- Skalierbarkeit: KI-Systeme können große Mengen an Daten und Systemkonfigurationen verarbeiten, was die Durchführung von TARA für eine wachsende Anzahl von vernetzten Fahrzeugen und deren komplexen Architekturen skalierbar macht.

KI kann in verschiedenen Phasen des TARA-Prozesses für spezifische Anwendungsfälle eingesetzt werden, wie z. B.:

- Automatisierte Bedrohungsidentifikation: KI-Modelle können Bedrohungsdaten aus verschiedenen Quellen (z. B. Threat Intelligence Feeds, Schwachstellendatenbanken, Darknet-Foren) sammeln, analysieren und korrelieren, um potenzielle Bedrohungen für spezifische Fahrzeugkomponenten oder -funktionen zu identifizieren. Natural Language Processing (NLP) kann hierbei helfen, unstrukturierte Textdaten zu verarbeiten und relevante Informationen zu extrahieren.
- Schwachstellenanalyse: Maschinelles Lernen kann eingesetzt werden, um Codeschwachstellen in Software zu identifizieren oder Konfigurationsfehler in Systemen aufzudecken. Durch die Analyse von Quellcode, Binärdateien oder Systemlogs können KI-Modelle Muster erkennen, die auf bekannte oder neuartige Schwachstellen hindeuten.
- Risikobewertung: KI kann die Bewertung des Angriffspotenzials und der Auswirkungen automatisieren, indem sie die in den Tabellen Tabelle 4.14 bis Tabelle 4.24 definierten Kriterien berücksichtigt. Predictive Analytics kann dabei helfen, die Wahrscheinlichkeit eines erfolgreichen Angriffs, basierend auf aktuellen Bedrohungslandschaften und Systemkonfigurationen, genauer zu schätzen.

- Generierung von Angriffspfaden: KI kann dabei unterstützen, potenzielle Angriffspfade zu modellieren und zu visualisieren, indem sie Systemarchitekturen und bekannte Schwachstellen analysiert. Graphenbasierte KI-Modelle können hier besonders effektiv sein, um komplexe Abhängigkeiten und Angriffsvektoren zu identifizieren.
- Maßnahmenempfehlung: Basierend auf der identifizierten Bedrohung und dem bewerteten Risiko kann KI Empfehlungen für geeignete Gegenmaßnahmen generieren und deren Wirksamkeit simulieren. Dies beschleunigt den Prozess der Risikobehandlung und optimiert die Auswahl der Schutzmaßnahmen.

Trotz der vielversprechenden Potenziale gibt es auch Herausforderungen und Einschränkungen beim Einsatz von KI in TARA, die wir hier exemplarisch aufzeigen:

- Datenqualität und -verfügbarkeit: KI-Modelle sind stark von der Qualität und Quantität der Trainingsdaten abhängig. Unzureichende, unvollständige oder verzerrte Daten können zu ungenauen oder fehlerhaften Analysen führen. Insbesondere für neuartige Bedrohungen fehlen oft historische Daten.
- Erklärbarkeit (Explainability): Viele fortschrittliche KI-Modelle, insbesondere Deep-Learning-Modelle, agieren als »Blackboxes«, deren Entscheidungen schwer nachvollziehbar sind. Im Kontext von TARA, wo Begründungen für Risikobewertungen und Maßnahmen entscheidend sind, kann dies ein Problem darstellen. Die Entwicklung von erklärbarer KI (XAI) ist hier ein wichtiger Forschungsbereich.
- Bias und Fairness: Wenn Trainingsdaten historische Verzerrungen enthalten, können KI-Modelle diese Bias übernehmen und zu diskriminierenden oder unfairen Bewertungen führen. Dies ist besonders relevant, wenn personenbezogene Daten oder Verhaltensmuster analysiert werden.
- Adversarial Attacks: KI-Modelle können selbst zum Ziel von Angriffen werden (Adversarial Attacks), bei denen manipulierte Eingabedaten dazu führen, dass das Modell falsche Vorhersagen trifft. Dies erfordert robuste und sichere KI-Systeme.
- Kontinuierliche Anpassung: Die Bedrohungslandschaft entwickelt sich ständig weiter. KI-Modelle müssen kontinuierlich trainiert und angepasst werden, um relevant und effektiv zu bleiben. Dies erfordert einen hohen Wartungsaufwand.

Hinzu kommt, dass für den Einsatz in TARA relevante Technologien bedeutungsvoll sind und sich diese Technologien rasant weiterentwickeln. Zu diesem Zeitpunkt können wir insbesondere die folgenden Technologien aufführen:

- Maschinelles Lernen (ML): Klassifikations- und Regressionsmodelle zur Erkennung von Bedrohungen und Schwachstellen, Clustering zur Gruppierung ähnlicher Angriffe, Reinforcement Learning zur Optimierung von Verteidigungsstrategien.
- Deep Learning (DL): Neuronale Netze für komplexe Mustererkennung in großen, unstrukturierten Datenmengen (z.B. Netzwerkverkehr, Systemlogs, Code). Convolutional Neural Networks (CNNs) für die Analyse von Binärdateien, Recurrent Neural Networks (RNNs) für Zeitreihendaten.
- Natural Language Processing (NLP): Für die Analyse von Textdaten aus Bedrohungsberichten, Sicherheitsrichtlinien, Schwachstellenbeschreibungen und Foren, um relevante Informationen zu extrahieren und zu klassifizieren.
- Graph Neural Networks (GNNs): Zur Modellierung und Analyse komplexer Beziehungen in Systemarchitekturen, Abhängigkeiten zwischen Komponenten und potenziellen Angriffspfaden.

4.4.6 TARA und KI-Unterstützung

TARA ist ein zentraler Bestandteil der automobilen Cybersecurity und bildet gemeinsam mit Normen wie ISO/SAE 21434, ISO 26262 und UNECE R155 die Grundlage für die Sicherheitsbewertung moderner Fahrzeugsysteme. In der Praxis zeigen sich jedoch Herausforderungen bei der Integration mit funktionaler Sicherheit – insbesondere durch unterschiedliche Denkansätze, Terminologien und Prozesslogiken. Dies führt häufig zu Schnittstellenproblemen und erhöhtem Abstimmungsbedarf zwischen den Disziplinen.

Die konsequente Nutzung künstlicher Intelligenz kann dabei helfen, TARA-Prozesse durch Automatisierung und prädiktive Analysen effizienter und präziser zu gestalten. Voraussetzung dafür ist der verantwortungsvolle Umgang mit Themen wie Datenqualität, Modellrobustheit und Erklärbarkeit. Eine hybride Vorgehensweise, die KI mit menschlicher Expertise verbindet, verspricht den größten Nutzen.

Die Verknüpfung von TARA mit klassischen Methoden der funktionalen Sicherheit bleibt eine Herausforderung: Während TARA auf Angreiferperspektiven und dynamische Bedrohungsszenarien fokussiert, arbeiten funktionale Sicherheitsprozesse oft mit deterministischen Fehlerannahmen und statischen Sicherheitszielen. Eine stärkere methodische Harmonisierung und interdisziplinäre Zusammenarbeit sind notwendig, um Synergien zu nutzen und Doppelarbeiten zu vermeiden. Eine klare, praxisnahe Verzahnung der Prozesse wird dabei helfen, dass sowohl Cybersecurity als auch funktionale Sicherheit ganzheitlich betrachtet und effizient umgesetzt werden. Dies erfordert Offenheit für neue Ansätze, kontinuierliche Weiterbildung der beteiligten Teams und eine enge Zusammenarbeit über Disziplingrenzen hinweg.

Wird TARA und funktionale Sicherheit nicht nur nebeneinander, sondern integriert und abgestimmt angewendet, schafft dies eine tragfähige Basis für die Sicherheit und Resilienz zukünftiger Fahrzeuggenerationen – und man wird den gestiegenen regulatorischen und technischen Anforderungen nachhaltig gerecht werden.

Tipp

Mit der Item-Definition und der darauf aufbauenden Analyse haben wir das technische Beispiel eingeführt, das uns durch die weiteren Kapitel begleiten wird.

Der nächste Schritt besteht darin, diese Aktivitäten methodisch im normativen Rahmen zu verorten. Daher wenden wir uns im nächsten Kapitel »Das Lebenszyklusmodell der ISO 26262« dem normativen Rahmen der funktionalen Sicherheit zu. Die ISO 26262 liefert hierfür den Lebenszyklus, indem Entwicklung, Analyse und Absicherung entlang definierter Phasen strukturiert werden.

Ergänzend haben wir im Kontext der ISO-26262-Thematik eigene Kapitel zu »Spezifische Rollen im Sicherheitslebenszyklus« (Kapitel 10) sowie zu »Unterstützende Prozesse und Querschnittsthemen der ISO 26262« (Kapitel 8) aufgenommen, um diese Bereiche übersichtlich und mit der nötigen Tiefe darzustellen.

Gleichzeitig ist es wichtig, den Blick über diesen Rahmen hinaus zu richten:

- Für die Cybersecurity bietet die ISO/SAE 21434 einen eigenen Ordnungsrahmen, den wir in Kapitel 6 »Der Standard ISO/SAE 21434 für Cybersecurity« vertiefen.
- Für KI-spezifische Risiken definiert die ISO/PAS 8800 einen separaten Sicherheitslebenszyklus, den wir in Kapitel 3 »Zusammenspiel von funktionaler Sicherheit, Cybersecurity und KI« aufgreifen.

5 Das Lebenszyklusmodell der ISO 26262

Der Dreipunktgurt ist die einfachste und effektivste Sicherheitsmaßnahme, die je im Auto eingeführt wurde.

(Nils Bohlin, Sicherheitsingenieur bei Volvo)

Die Entwicklung sicherheitskritischer Fahrfunktionen – besonders für autonome und automatisierte Fahrzeuge sowie unter Einsatz künstlicher Intelligenz (KI) – verlangt eine systematische und normkonforme Vorgehensweise. Die Norm ISO 26262:2018 »Road vehicles – Functional safety« [ISO 26262:2018] ist der international anerkannte Standard für die sicherheitsrelevante Entwicklung elektrischer und elektronischer Systeme in Straßenfahrzeugen. Sie ist damit die international anerkannte Norm für funktionale Sicherheit im Automotive-Bereich und definiert einen ganzheitlichen, risikobasierten Ansatz für den gesamten Sicherheitslebenszyklus. Sie adressiert die klassischen Fahrzeugfunktionen und hat ihren Anwendungsbereich auf Motorräder (Motorcycle Safety Integrity Level, MSIL) erweitert. Sie gliedert sich in mehrere Teile, die den gesamten Lebenszyklus abdecken – von der Konzeptphase über die Realisierung (Entwicklung) bis hin zu Produktion, Betrieb und Außerbetriebnahme. Neben System, Hardware und Software adressiert die Norm im Teil 11 auch Halbleiter [ISO 26262-11:2018] explizit. Die Norm hat somit ihren Geltungsbereich erweitert, die Anforderungen an Validierungs- und Bestätigungsmaßnahmen präzisiert und an aktuelle technologische Entwicklungen angepasst. Sie bietet mehr Klarheit und Praxisnähe für moderne Fahrzeugarchitekturen.

Dieses Kapitel dient dem Grundverständnis des Lebenszyklusmodells der ISO 26262:2018 (Edition 2) und zeigt exemplarisch auf, wie die Phasen des Sicherheitslebenszyklus praxisnah umgesetzt werden können. Es erläutert die Zuordnung der Aktivitäten und beschreibt bewährte Methoden und anerkannte Vorgehensweisen, die für eine erfolgreiche Sicherheitsentwicklung essenziell sind, u. a. anhand der begleitenden fiktiven Projektstory »ADAS NextGen«.

5.1 Bedeutung und Ziele der ISO 26262:2018 und Zusammenspiel mit anderen Standards

Ziele der ISO 26262:2018

Die Norm ISO 26262 verfolgt das übergeordnete Ziel, durch ihre Anwendung die funktionale Sicherheit im Automobilbereich zu gewährleisten. ISO 26262 ist eine risikobasierte Sicherheitsnorm, die das Risiko gefährlicher Situationen im Fahrzeugumfeld sowohl qualitativ als auch quantitativ bewertet. Im Mittelpunkt steht dabei, systematische Fehler durch geeignete Sicherheitsmaßnahmen zu vermeiden oder zu beherrschen sowie zufällige Hardwareausfälle frühzeitig zu erkennen und deren Auswirkungen zu minimieren.

Die Norm unterstützt die Umsetzung aller notwendigen Aktivitäten über sämtliche Lebenszyklusphasen hinweg und deckt dabei alle relevanten Aspekte der funktionalen Sicherheit ab – von der Anforderungsspezifikation über Entwurf, Implementierung, Integration, Verifizierung und Validierung bis hin zur Konfiguration. Das Ziel besteht stets darin, ein akzeptables Restrisiko für sicherheitskritische Systeme zu erreichen.

Sicherheitskultur und Strategie

ISO 26262 stellt nicht nur Anforderungen an technische Prozesse, sondern betont auch die zentrale Bedeutung organisatorischer Maßnahmen für die funktionale Sicherheit. Dazu gehören eine klare Strategie sowie eine gelebte Kultur des sicherheitsbezogenen Arbeitens im gesamten Unternehmen.

ISO 26262

ISO 26262:2018, Informativer Anhang B

Ziel ist das persönliche Engagement und die Integrität der Personen, die für die Verwirklichung oder Aufrechterhaltung der funktionalen Sicherheit verantwortlich sind, sowie der Personen, die in der Organisation Sicherheitstätigkeiten durchführen oder unterstützen, und ein Sicherheitsdenken in der gesamten Organisation, das eine hinterfragende Haltung zulässt, Selbstgefälligkeit verhindert, zu Spitzenleistungen verpflichtet sowie die Übernahme von Verantwortung und die Selbstregulierung des Unternehmens in Sicherheitsfragen fördert.

Typische Merkmale einer guten starken Sicherheitskultur sind:

- Rechenschaftspflicht und Nachvollziehbarkeit:
  Entscheidungen, die die funktionale Sicherheit betreffen, müssen klar dokumentiert und leicht nachvollziehbar sein. Für jede Entscheidung sollte eine verantwortliche Person benannt werden.

- Priorität der Sicherheit:
  Die Sicherheit besitzt innerhalb der Organisation höchste Priorität und wird bei allen Entscheidungen berücksichtigt.
- Anreizsysteme und Sanktionen:
  Belohnungssysteme fördern das effektive Erreichen der Sicherheitsziele und motivieren die Mitarbeitenden. Gleichzeitig gibt es klare Sanktionen bei Missständen in den Bereichen Sicherheit und Qualität.
- Proaktive Sicherheitsaktivitäten:
  Die Organisation handelt proaktiv, um Sicherheits- und Qualitätsprobleme bereits in den frühesten Phasen des Produktlebenszyklus zu erkennen und zu lösen.
- Qualifizierte Ressourcen:
  Die Kompetenz der Mitarbeitenden im Bereich der funktionalen Sicherheit wird regelmäßig überprüft und sichergestellt.

Es gibt einige wenige Anzeichen für eine schlechte Sicherheitskultur innerhalb der Organisation, die vermieden werden sollten, wie z. B.:

- Kosten und Zeitplan haben Vorrang vor Sicherheit und Qualität:
  Wenn Kosten- und Termindruck stets Vorrang vor Sicherheit und Qualität haben, ist die Sicherheitskultur gefährdet.
- Fehlende Rückverfolgbarkeit und Verantwortlichkeit:
  Entscheidungen und Aktivitäten sind nicht transparent und nicht klar einer Person oder einem Team zuzuordnen.
- Reaktives Management:
  Das Management reagiert erst auf Probleme, wenn diese bereits im Feld aufgetreten sind, anstatt präventiv zu handeln.

Eine etablierte Sicherheitskultur ist die Grundlage für die Entwicklung sicherer Produkte. Die Norm bewertet daher nicht nur das eigentliche Produkt, sondern auch den gesamten Prozess seiner Entstehung. Unterstützt wird dieser Ansatz durch etablierte Normen wie das Prozessreifegradmodell Automotive SPICE® [Levin et al. 2024] oder IATF 16949 [IATF 16949 2016], die strukturierte Prozesse und kontinuierliche Verbesserungen sicherstellen. IATF 16949 ist ein weltweit anerkannter Standard für Qualitätsmanagementsysteme speziell für die Automobilindustrie, der auf der ISO 9001 aufbaut. ISO 9001 ist die weltweit grundlegendste und am weitesten verbreitete Norm für Qualitätsmanagementsysteme, die branchenunabhängig anwendbar ist und Organisationen hilft, die Erwartungen ihrer Kunden sowie gesetzliche Anforderungen zu erfüllen. Für die Automobilindustrie ist sie unverzichtbar, da die spezifische Automotive-Norm IATF 16949 direkt auf der ISO 9001 aufbaut und deren vollständige Erfüllung als zwingende Voraussetzung fordert.

Darüber hinaus gewinnt die Integration der Cybersecurity im Automotive-Bereich zunehmend an Bedeutung. Die Anforderungen an die Cybersecurity wirken sich direkt auf den Entstehungsprozess und den Sicherheitslebenszyklus aus und müssen daher in die organisatorischen Maßnahmen einfließen.

5.1.1 Projektstory ADAS NextGen: Sicherheitskultur und Prozessintegration

Im sicherheitsrelevanten Projekt ADAS NextGen der Drivesmart AG gibt es große Herausforderungen: Es soll ein neues, hochautomatisiertes Fahrerassistenzsystem entwickelt werden, das höchste Anforderungen an funktionale Sicherheit, Cybersecurity und Produktqualität erfüllt. Dabei gilt es, ein komplexes Partnernetzwerk zu koordinieren – von der Systemarchitektur über die Chipentwicklung bis zur Serienproduktion.

Das Projektteam der Drivesmart AG unter der Leitung von Peter Weiss (Projektleiter) und Lara Vero (technische Projektleiterin) verfolgt von Beginn an einen integrierten Ansatz. Im Mittelpunkt stehen nicht nur die technischen Anforderungen an das System, sondern auch die konsequente Umsetzung der relevanten Prozesse nach ISO 26262:2018, ISO/SAE 21434:2021, ISO/PAS 8800:2011 und Automotive SPICE®. Dieser ganzheitliche Blick ist notwendig, um ein funktionierendes Functional Safety Management System (FSMS) sowie ein Cybersecurity Management System (CSMS) und KI-Management zu etablieren – sowohl auf OEM-Seite als auch bei allen wesentlichen Partnern entlang der Lieferkette.

Die Verantwortung für die funktionale Sicherheit liegt bei Dieter Gewiss, der als FuSi-Manager frühzeitig ein interdisziplinäres HARA-Team (Hazard and Risk Analysis) aufstellt. Neben ihm sind Systemarchitektin Anja Bau, Cybersecurity-Manager Peter Feinblick, Qualitätsmanager Dave Rugby sowie Vertreter aus Test (Ulla Wahrlich), Hardware (Susi Platine) und Produktion (Rudi Band) beteiligt. Auch die HMI-Designerin (Tina Mensch) und Domänenexperten wie Hans Wolke bringen ihre Perspektive in die Sicherheitsanalyse ein. Ziel ist es, Gefährdungen systematisch zu identifizieren und die daraus abgeleiteten Sicherheitsziele über den gesamten Entwicklungsprozess nachverfolgbar zu verankern.

Parallel dazu verantwortet Peter Feinblick die Bedrohungsanalyse und Risikobewertung nach ISO/SAE 21434:2021 (TARA). Unterstützt wird er dabei von Fernando Haswas, dem Regulatory Compliance Engineer, der sicherstellt, dass alle geltenden Vorschriften für UNECE R155 und UNECE R156 eingehalten und dokumentiert werden.

In enger Abstimmung arbeitet die Drivesmart AG mit dem Softwareentwicklungspartner Safehicle GmbH zusammen. Dort übernehmen Tanja Clock (Projektleitung), Rainer Fels (Sicherheitsmanager) und Theo Abwehr (Cybersecurity-Manager) zentrale Rollen. Auch Safehicle hat ein unternehmensweites FSMS und CSMS etabliert, das aktiv gelebt wird – von der Anforderungsana-

lyse (Roman Brauch) über die Architekturentwicklung (Paola Stabil) bis hin zum Testing (Ernst Probe) und DevOps (Holger Optima). Besonders herausfordernd ist die Integration KI-basierter Funktionen, etwa für Szenenerkennung und Prädiktion. Diese Komponenten werden im Team von Heinrich Kunst (Projektmanager KI) und Flora Forscher (Data Scientist) unter sicherheitsgerichteter Anwendung von ISO/PAS 8800:2022 entwickelt.

Ein weiterer kritischer Partner ist die Custom Chip Limited, die für die Entwicklung des zentralen System-on-Chip (SoC) verantwortlich ist. Der Systemarchitekt Xin Lee bringt seine Expertise bei der Ableitung der hardwarebasierten Sicherheitsmechanismen ein – etwa für Watchdogs, Lockstep-Mechanismen und dedizierte Safety Islands.

Die Fertigung des SoC erfolgt durch Kasaba Hobli Limited, ein hochspezialisierter Halbleiterproduzent. Auch hier wurden ein funktionales Sicherheitsmanagement und ein CSMS eingeführt, insbesondere im Hinblick auf Änderungsmanagement, Rückverfolgbarkeit und Absicherung der Produktionsdaten. Die Rollen für Design-for-Safety, Secure Provisioning und Testabdeckung wurden explizit definiert.

Alle Partner verpflichten sich zu einer offenen, auditierbaren und normkonformen Zusammenarbeit. Ulrich Richter, unabhängiger externer Assessor, führt regelmäßige Reviews durch und begleitet die Drivesmart AG bei der Weiterentwicklung des FSMS. Dabei achtet er insbesondere auf die Wirksamkeit der Prozesse – also auf deren tatsächliche Verankerung im Projektalltag – und nicht nur auf formale Dokumentation.

Das Resultat: Eine gelebte Sicherheitskultur, bei der nicht nur Anforderungen erfüllt, sondern Prozesse nachhaltig in die Organisationen integriert werden. Das Projekt ADAS NextGen zeigt, wie durch klare Rollen, strukturierte Kommunikation und einheitliche Prozessmodelle über Unternehmensgrenzen hinweg ein sicheres, robustes und zukunftsfähiges Fahrerassistenzsystem entstehen kann.

5.1.2 Das phasenorientierte Vorgehensmodell der ISO 26262:2018 Edition 2

Phasenorientierte Vorgehensmodelle

Die Anwendung eines phasenorientierten Vorgehensmodells ist bei der Entwicklung sicherheitsrelevanter Produkte im Automotive-Bereich verpflichtend und wird sowohl von der ISO 26262 als auch von der ISO/SAE 21434 gefordert. Ein solches Vorgehensmodell strukturiert den gesamten Entwicklungsprozess in klar abgegrenzte Phasen – von der Konzeptentwicklung über die System- und Softwareentwicklung bis hin zur Validierung und Produktion.

Beide Normen – ISO 26262-8 und ISO/SAE 21434 – definieren Ziele für integrale Prozesse, die sämtliche Phasen des Sicherheitslebenszyklus unterstützen. Diese Prozesse, wie z.B. das Risikomanagement, das Änderungsmanagement oder die Rückverfolgbarkeit von Anforderungen, sind während aller Phasen kontinuierlich aktiv. Dadurch können Risiken frühzeitig erkannt, Verantwortlichkeiten klar zugewiesen und die Einhaltung der Normen nachweisbar dokumentiert werden.

Darüber hinaus definieren beide Normen klare Schnittstellen innerhalb des Unternehmens, um die Definition von Zielen, Anforderungen und Kontrollen insbesondere in verteilten Entwicklungsprojekten zu ermöglichen. Dies erleichtert die Zusammenarbeit zwischen verschiedenen Unternehmensbereichen und externen Partnern und stellt sicher, dass alle sicherheits- und Cybersecurity-relevanten Anforderungen konsistent umgesetzt werden.

Projektübergreifendes Management

Das projektübergreifende Management der funktionalen Sicherheit umfasst neben dem eigentlichen Entwicklungsprozess auch ergänzende Prozessfelder und übergeordnete Managementaufgaben. Die Einhaltung der Anforderungen an funktionale Sicherheit über den gesamten Produktlebenszyklus hinweg ist dadurch sicherzustellen.

ISO 26262

ISO 26262:2018, Informativer Anhang A

Ziel ist die Definition von Anforderungen an die Organisation, die für den Lebenszyklus jeweils verantwortlich ist oder die Aktivitäten im Lebenszyklus mitgestaltet bzw. ausführt.

Innerhalb der Managementtätigkeiten fordert die Norm ein strukturiertes Vorgehen für alle Phasen des Sicherheitslebenszyklus von elektrischen und elektronischen Systemen. In der Organisation müssen Verantwortlichkeiten benannt und die Sicherstellung der Unabhängigkeit von Prüfungen sichergestellt sein. Es müssen etablierte, klare Kommunikations- und Schnittstellentrukturen implementiert werden. In der verteilten Entwicklung muss die Kontrolle von Schnittstellen, Aufgaben und Verantwortlichkeiten gewährleistet sein. Das projektübergreifende Management beinhaltet zudem die fortlaufende Überwachung der Prozesse und ihre kontinuierliche Verbesserung auf Basis von Erfahrungen, Audits und Lessons Learned.

Die ISO 26262 beschreibt Anforderungen an den gesamten Sicherheitslebenszyklus elektrischer und elektronischer Systeme in Straßenfahrzeugen. Ihr Phasenmodell bildet die im Lebenszyklus erforderlichen Tätigkeiten systematisch ab (siehe Abbildung 5.1).

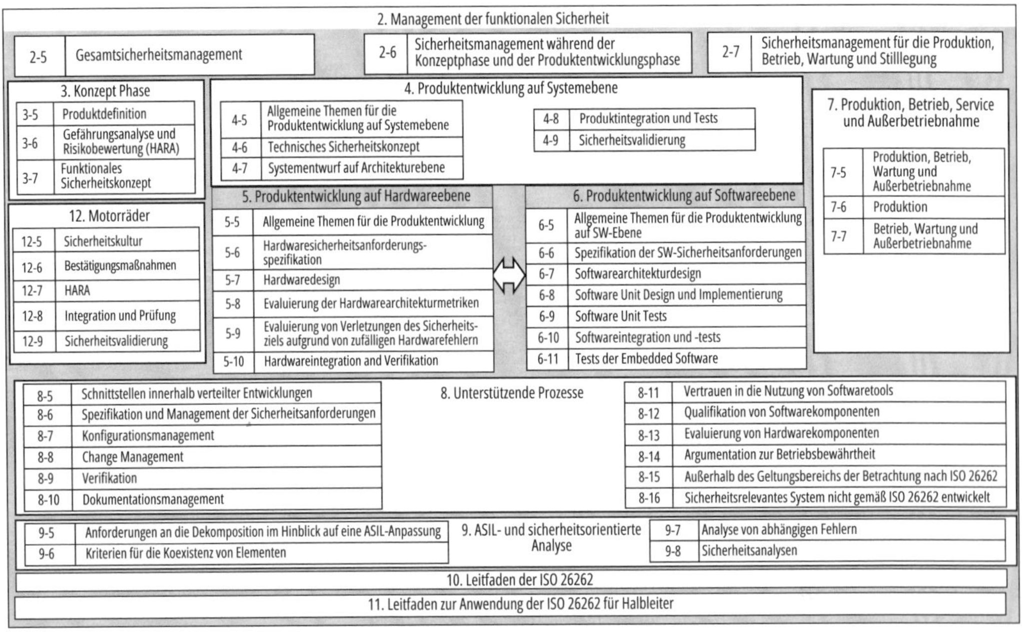

Abb. 5.1 *Phasenmodell der ISO 26262:2018 [ISO 26262:2018]*

Unterschied zwischen Lebenszyklusmodell und Phasenmodell

Das Lebenszyklusmodell beschreibt den gesamten Ablauf sicherheitsrelevanter Aktivitäten über die komplette Lebensdauer eines Produkts – von der Konzeptphase bis zur Außerbetriebnahme – und bildet quasi den strukturgebenden Rahmen für Planung, Verantwortung und Nachverfolgbarkeit. Ein Phasenmodell dagegen gliedert einzelne Lebenszyklusphasen (z.B. die Konzepterstellung, die Systementwicklung, die Softwareentwicklung, Hardwareentwicklung usw.) in methodisch definierte Schritte, inklusive Inputs, Outputs und anzuwendende Maßnahmen.

ISO 26262:2018 deckt die Phase des Managements der funktionalen Sicherheit, die Engineering-Phasen, die Phase der Produktion und des Betriebs, die unterstützenden Prozesse sowie speziell die Phase der sicherheitsorientierten Analysen ab. Des Weiteren enthält die Norm einen Vokabularteil und einen informativen Abschnitt mit Leitfäden. Die Teile 1 bis 9 sowie Teil 12 sind normativ, d.h., sie enthalten verbindliche Anforderungen. Die Leitfäden in Teil 10 und Teil 11 sind informativ und unterstützen den Anwender bei der praktischen Umsetzung.

5.1.3 Die 12 Teile des Standards

Die Norm ISO 26262:2018 »Road vehicles – Functional safety« ist der international anerkannte Standard für die sicherheitsrelevante Entwicklung elektrischer und elektronischer Systeme in Straßenfahrzeugen. Um den komplexen Anforderungen an funktionale Sicherheit gerecht zu werden, ist die Norm in zwölf aufeinander abgestimmte Teile gegliedert, die gemeinsam den vollständigen Sicherheitslebenszyklus abdecken – von der Begriffsklärung über das Management bis hin zu Entwicklung, Produktion und Außerbetriebnahme.

Jeder Teil erfüllt dabei eine spezifische Rolle im Rahmen der Sicherheitsnorm:

- Teil 1 schafft ein gemeinsames Begriffsverständnis, indem es die in der Norm verwendeten Begriffe (Vokabular) erklärt.
- Teil 2 beschreibt das *funktionale Sicherheitsmanagementsystem* (FS-MS), aufgeteilt in das projektunabhängige Sicherheitsmanagement, die Managementaktivitäten während der Produktentwicklung und die sicherheitsbezogenen Managementaktivitäten nach SOP (Start of Production).
- Teil 3 erfasst die *Konzeptphase* mit der Definition des *Items* (System oder Subsystem), inklusive der darauf angewandten qualitativen Analysemethodik »*Hazard Analysis* and Risk Assessment« (HA-RA) samt Einstufung der einzelnen sicherheitsrelevanten Funktionen. Als Ergebnis werden die entsprechenden »Sicherheitsziele« abgeleitet, denen anschließend der jeweils ermittelte Automotive Safety Integrity Level (ASIL) zugeordnet wird. Die Konzeptphase endet mit dem »*funktionalen Sicherheitskonzept*«, das in allen folgenden Phasen referenziert und ergänzt wird.
- Teil 4 beschreibt die *Engineering-Phase auf Systemebene* für das Produkt und die Anforderungen an die Systemintegration sowie die Anforderungen bis zur Produktfreigabe. Das aus der Konzeptphase abgeleitete *funktionale Sicherheitskonzept* wird in dieser Phase zum *technischen Sicherheitskonzept* verfeinert.
- Teil 5 enthält die Anforderungen an die Hardwareproduktentwicklung. Die funktionalen und technischen Anforderungen dazu stammen aus den Teilen 3 und 4. Die Hardwareentwicklung entspricht der V-Modell-Vorgehensweise.
- Teil 6 enthält die Anforderungen an die *Softwareproduktentwicklung*. Die funktionalen und technischen Anforderungen stammen ebenfalls aus den Teilen 3 und 4. Die Softwareentwicklung entspricht der V-Modell-Vorgehensweise.

- Teil 7 beinhaltet die Anforderungen an die Produktion, den Betrieb, den Service und die Außerbetriebnahme.
- Teil 8 enthält die unterstützenden Prozesse der Norm, die alle Phasen des Lebenszyklusmodells begleiten. Wichtige Rahmenbedingungen wie das Konfigurations- und Anforderungsmanagement, Qualifizierung von Werkzeugen, die Anforderungen an die Dokumentation sowie die Möglichkeit des »*Proven in Use*«-Nachweises sind Bestandteil dieses Normenteils.
- Teil 9 behandelt die *SIL-orientierte und sicherheitsorientierte Analyse.* Dort werden die speziellen Anforderungen und die erwarteten Ausprägungen bei der Planung und Durchführung der sicherheitsorientierten Analyse beschrieben. Die »*ASIL-Dekomposition*« wird dargestellt und ein Schema ist beigefügt. Die Unterscheidung von sicherheitsbezogenen und nicht sicherheitsbezogenen Elementen, die nebeneinander existieren, wird erläutert und gefordert.
- Teil 10 ist informativ und soll zum Verständnis der enthaltenen Anforderungen durch Anwendungshinweise beitragen.
- Teil 11 ist ein Leitfaden für die Anwendung der ISO 26262 bei der sicherheitsrelevanten Entwicklung von Halbleitern oder IP-Entwicklungen als »Safety Element out of Context« (SEooC).
- Teil 12 befasst sich mit motorradspezifischen Aspekten und entsprechenden dedizierten Anforderungen, die die Anforderungen der übrigen Teile explizit ersetzen.

Das Verständnis der strukturellen Gliederung und der inhaltlichen Zielsetzung jedes Teils ist essenziell, um ISO 26262:2018 wirksam und konform anwenden zu können.

5.1.4 Die Bedeutung des ASIL in den Tabellen der Norm

Der Automotive Safety Integrity Level (ASIL) ist ein zentrales Konzept der ISO 26262 und dient der Einstufung sicherheitsrelevanter Funktionen in Straßenfahrzeugen. Ziel ist es, das erforderliche Maß an funktionaler Sicherheit für jede Funktion systematisch abzuleiten. Die ASIL-Einstufung basiert auf einer Risikoanalyse, die die Aspekte Schwere des Schadens (Severity), Wahrscheinlichkeit der Gefährdung (Exposure) und Kontrollierbarkeit durch den Fahrer (Controllability) berücksichtigt.

Die Norm unterscheidet dabei vier ASIL-Stufen: ASIL A (niedrig) bis ASIL D (hoch) sowie QM (Quality Management) für nicht sicherheitskritische Funktionen. Je höher der ASIL, desto strenger sind die Anforderungen an Prozesse, Methoden und Nachweisdokumente in der Entwicklung.

In den Tabellen der ISO 26262 spielt der ASIL eine entscheidende Rolle: Sie geben je nach ASIL-Einstufung an, welche Methoden zur Erfüllung einer Anforderung empfohlen oder gefordert sind. Dadurch ermöglichen sie eine strukturierte Bewertung der Normkonformität und unterstützen Entwicklerteams bei der Auswahl geeigneter Vorgehensweisen. Die Unterscheidung zwischen informativem und normativem Charakter der Tabellen sowie die flexible Methodenauswahl (z. B. 1a, 1b, 1c) ist dabei ein wesentliches Merkmal der Norm, um projektspezifische Anpassungen nachvollziehbar zu gestalten.

Methoden		ASIL A	ASIL B	ASIL C	ASIL D
1a	Methode xy	++	++	+	+
1b	Methode xy	+	++	++	++
1c	Methode xy	+	+	+	+

Tab. 5.1 *Beispiel für die Möglichkeit, Alternativen auszuwählen*

Der Grad der Empfehlung in Tabelle 5.1 zur Nutzung der genannten Methode ist abhängig vom ASIL:

- ++: Sehr zu empfehlen für den ermittelten ASIL
- +: Empfohlen für den ermittelten ASIL

5.1.5 Bestätigungsmaßnahmen und Unabhängigkeitsgrade

Für sicherheitskritische Systeme mit der höchsten Kritikalitätsstufe ASIL D, wie sie bei fortschrittlichen Fahrerassistenzsystemen (ADAS) häufig vorkommt, fordert die ISO 26262 besonders strenge Bestätigungsmaßnahmen und hohe Unabhängigkeitsgrade. Unser Projektbeispiel ADAS wird ebenfalls nach ASIL D entwickelt. Daher müssen die Bestätigungsmaßnahmen mit dem Unabhängigkeitsgrad I3 durchgeführt werden. Die Unabhängigkeitsgrade sind in der ISO 26262 wie folgt definiert:

- (-) = Keine Anforderung, keine Empfehlung für oder gegen die Maßnahme
- (I0) = Die Maßnahme sollte durchgeführt werden, keine Unabhängigkeit erforderlich.
- (I1) = Die Maßnahme sollte durchgeführt werden, aber durch eine Person, die nicht direkt an der Entwicklung des betreffenden Arbeitsergebnisses beteiligt war.

- (I2) = Die Maßnahme sollte durchgeführt werden von einer Person eines anderen Teams, die organisatorisch unabhängig vom Entwicklerteam ist.
- (I3) = Die Maßnahme sollte von einer Person aus einer anderen Organisationseinheit oder Organisation durchgeführt werden, die vollständig unabhängig vom Sicherheitslebenszyklus des betrachteten Systems ist.

Bestätigungsmaßnahmen (Confirmation Measures) müssen für alle Arbeitsprodukte durchgeführt werden, die in der Tabelle 1 der Norm ISO 26262-2 aufgeführt sind. Die verschiedenen Arten von Bestätigungsmaßnahmen sind:

1. Review der Bestätigungsmaßnahmen: Bei dieser Prüfung wird beurteilt, ob die Arbeitsprodukte ausreichende Nachweise für das Erreichen der funktionalen Sicherheit in Bezug auf die Ziele und Anforderungen erbringen können.
2. Audit der funktionalen Sicherheit: Mit diesem Audit kann die Umsetzung der Prozesse im Sinne der funktionalen Sicherheit beurteilt werden.
3. Bewertung der funktionalen Sicherheit (Assessment): Mithilfe dieser Bewertung kann die funktionale Sicherheit des Systems selbst sowie die Konformität mit der ISO 26262 beurteilt werden. Ziel ist es, die Konformität des Produkts mit den Anforderungen in Bezug auf technische Korrektheit, Anwendungsfälle und Fehlerbedingungen zu prüfen. Eine Bewertung der funktionalen Sicherheit zeigt, dass diese durch den betrachteten Untersuchungsgegenstand gewährleistet ist. Das funktionale Sicherheitsmanagementsystem (FSMS) zielt darauf ab, die Planung, Umsetzung und Überwachung aller sicherheitsrelevanten Aktivitäten über den gesamten Lebenszyklus hinweg sicherzustellen, sodass funktionale Sicherheit systematisch erreicht und nachgewiesen werden kann.

ISO 26262-2:2018, Anhang C

Anhang C enthält einen Leitfaden für die Durchführung von Bestätigungsmaßnahmen (Confirmation Measures).

ISO 26262

Die für die Durchführung der Bestätigungsmaßnahmen verantwortlichen Personen müssen mit allen notwendigen Informationen, Werkzeugen und Ressourcen ausgestattet werden. Dazu gehören ein uneingeschränkter Zugang zu relevanten Entwicklungsdokumenten, Testberichten und Prozessbeschreibungen sowie die Verfügbarkeit geeigneter

Analyse- und Prüftools. Nur so kann sichergestellt werden, dass die Bestätigungsmaßnahmen unabhängig, objektiv und entsprechend den Anforderungen der ISO 26262 durchgeführt werden.

Tipp

Die Bestätigungsmaßnahmen müssen vor der Freigabe für die Produktion abgeschlossen sein. Die Bewertung der funktionalen Sicherheit muss in der Anfangsphase der Produktentwicklung geplant, schrittweise durchgeführt und vor der Freigabe für die Produktion abgeschlossen werden.

5.1.6 Projektstory ADAS NextGen: Unabhängigkeiten für ASIL D – klare Trennung, klare Verantwortung

Im Projekt ADAS NextGen war früh klar: Für eine ASIL-D-Einstufung müssen strenge Anforderungen an Unabhängigkeit erfüllt werden – sowohl organisatorisch als auch technisch. Peter Weiss, Projektleiter bei der Drivesmart AG, etablierte deshalb gemeinsam mit Dieter Gewiss (FuSi-Manager) und Dave Rugby (Qualitätsmanager) eine stringente Trennung zwischen Entwicklung, Validierung und Freigabeprozessen.

Die Sicherheitsfreigaben erfolgen ausschließlich durch Personal, das nicht an der Entwicklung beteiligt ist. Ulrich Richter übernimmt als unabhängiger externer Assessor regelmäßige Reviews und Validierungsschritte gemäß ISO 26262-2:2018. Auch bei der Durchführung von Sicherheitsanalysen, wie der HARA oder der FTA, wurde auf getrennte Moderation und Review-Verantwortung geachtet.

Bei der Safehicle GmbH wurde der Sicherheitskoordinator Rudolf Blackbelt autorisiert, alle ASIL-relevanten Artefakte unabhängig zu prüfen, bevor sie an Drivesmart übergeben werden. Zusätzlich erfolgt die Softwareverifikation in Verantwortung eines separaten Testteams unter Leitung von Ernst Probe mit klar dokumentierter Unabhängigkeit von Design und Implementierung.

Durch diese konsequente Umsetzung der Unabhängigkeitsanforderungen konnte das Projektteam nicht nur regulatorische Vorgaben erfüllen, sondern auch das Vertrauen in die funktionale Sicherheit des Gesamtsystems stärken.

5.2 Funktionales Sicherheitsmanagementsystem

Der Aufbau eines funktionalen Sicherheitsmanagementsystems (Functional Safety Management System, FSMS) ist der erste Schritt, bevor ein Projekt mit sicherheitsrelevanten Aktivitäten und Inhalten nach ISO 26262 startet. Das FSMS wird organisatorisch implementiert und bildet die Grundlage dafür, den gesamten Sicherheitslebenszyklus normgerecht und wirksam umzusetzen. Eine gute Sicherheitskultur, das richtige Kompetenzmanagementsystem sowie organisationsspezifische Regeln und Prozesse für die funktionale Sicherheit ermöglichen eine effektive Ausführung des Sicherheitslebenszyklus innerhalb der Organisation. Neben dieser strukturgebenden Organisationsebene müssen die projektspezifischen Anforderungen für die funktionale Sicherheit beachtet werden – von der Konzeptphase über die Entwicklungsphase bis hin zu Produktion, Betrieb, Wartung und Stilllegung.

Eine Zertifizierung des FSMS mit den entsprechenden Prozessen für die sicherheitsrelevante Hardware- und Softwareentwicklung ist durch eine anerkannte akkreditierte Stelle möglich, aber nicht von der Norm gefordert. Grundvoraussetzung für die Einführung eines FSMS ist allerdings ein anerkanntes, bestehendes zertifiziertes Qualitätsmanagementsystem nach IATF 16949:2016 [IATF 16949:2016] oder ISO 9001:2015 [ISO 9001:2015].

ISO 26262-2:2018, Abschnitt 5.4.5

»Die Organisation muss über ein Qualitätsmanagementsystem verfügen, das die Erreichung der funktionalen Sicherheit unterstützt und einer Qualitätsmanagementnorm wie der IATF 16949 in Verbindung mit ISO 9001 oder einer gleichwertigen Norm entspricht.«

ISO 26262

Das in Abbildung 5.2 dargestellte übergreifende Sicherheitsmanagementsystem gilt für den gesamten Sicherheitslebenszyklus.

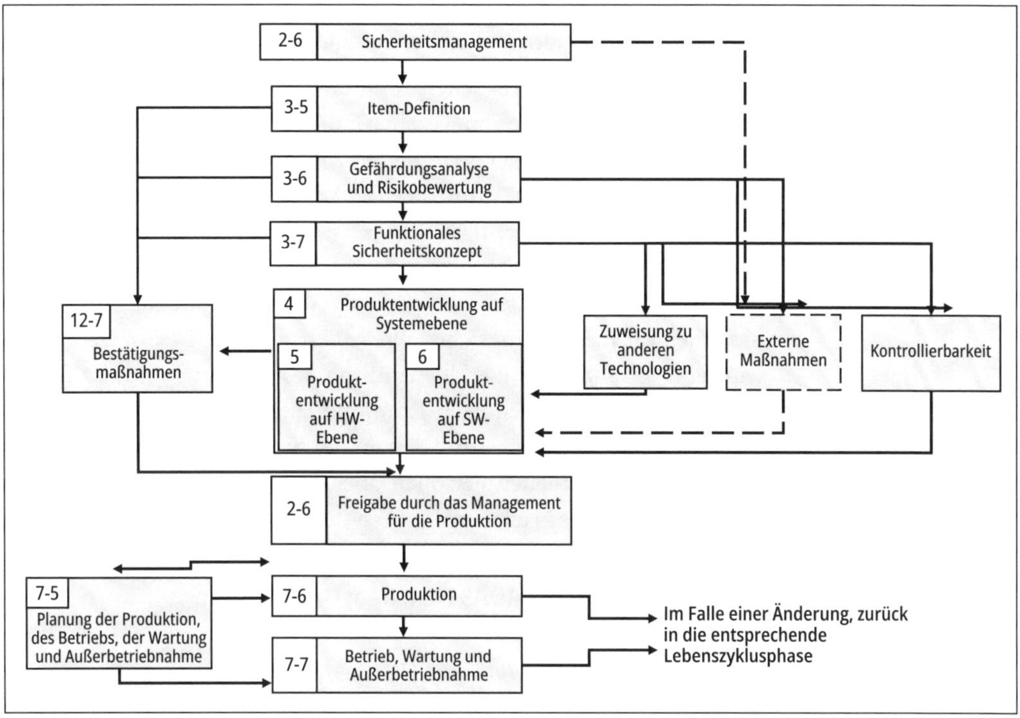

Abb. 5.2 *Gesamtmanagement der funktionalen Sicherheit im Sicherheitslebenszyklus [ISO 26262-2:2018, Figure]*

Die Aktivitäten des Managements der funktionalen Sicherheit werden während des gesamten Sicherheitsmanagements sowie der Entwicklung und auch nach dem Produktionsstart berücksichtigt. Abbildung 5.3 zeigt die Aktivitäten, die typischerweise innerhalb eines Sicherheitslebenszyklus durchgeführt werden.

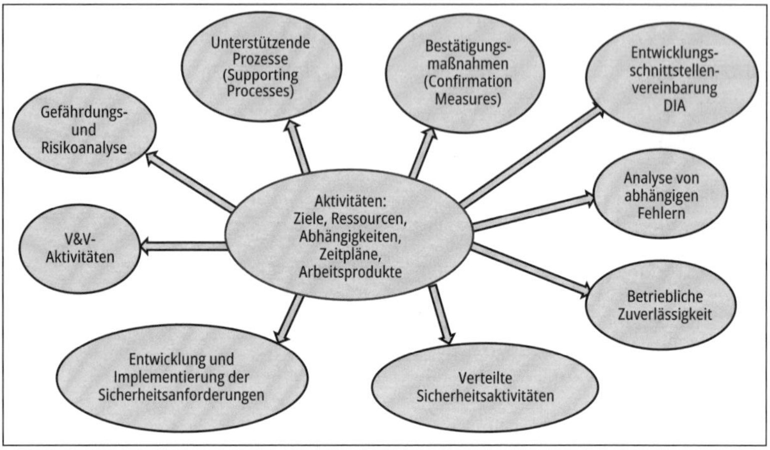

Abb. 5.3 *Erforderliche Aktivitäten innerhalb des Sicherheitslebenszyklus*

5.2.1 Management bei Sicherheitsanomalien im Projekt

Innerhalb der organisatorischen Richtlinien für funktionale Sicherheit ist es wichtig, eine Reihe von Regeln für die Behandlung von Sicherheitsanomalien zu erstellen. Die Methoden zur Verfolgung von Sicherheitsanomalien müssen klar definiert sein. Die für den Umgang mit Sicherheitsanomalien implementierten Prozesse müssen sicherstellen, dass bei jedem aufgetretenen sicherheitskritischen Ereignis die verantwortlichen Personen sofort informiert werden. Festgestellte Abweichungen müssen so schnell wie möglich auf sichere Weise behandelt und gelöst werden. Es wird ein Verfahren für die Überprüfung des Entwurfs und der Dokumente sowie zur notwendigen Kommunikation mit den verantwortlichen Personen festgelegt. Im Rahmen des Sicherheitslebenszyklus werden die verantwortlichen Personen über die Prozesse informiert und es muss ein geeignetes Nachverfolgungssystem eingerichtet werden.

5.2.2 Projektstory ADAS NextGen: Umgang mit Sicherheitsanomalien

Im Rahmen der Entwicklung des ADAS wurde eine Abweichung im Verhalten des Spurhaltesystems während eines automatisierten Tests festgestellt: Beim Verlassen der Autobahn erkannte das System die Fahrbahnbegrenzung zeitweise nicht korrekt, was dazu führte, dass das Fahrzeug kurzzeitig ungewollt gegenlenkte, obwohl der Fahrer bereits die Kontrolle übernommen hatte.

Identifikation der Sicherheitsanomalie:

- *Der Vorfall wurde durch ein automatisiertes Testsystem während der Systemverifikation auf Prüfstandebene erfasst.*
- *Die Anomalie wurde automatisch im Sicherheitsabweichungs-Tracking-System (Safety Deviation Log) dokumentiert und mit einem eindeutigen Referenzcode versehen.*

Sofortmaßnahmen:

- *Das FSMS stellte sicher, dass die Sicherheitsverantwortlichen (FuSi-Manager, SW Safety-Engineer, Safety-Assessor) automatisch per E-Mail und Ticketsystem informiert wurden.*
- *Der Safety-Case-Owner wurde verpflichtet, innerhalb von 24 Stunden eine erste Einschätzung zum potenziellen Sicherheitsrisiko abzugeben.*

Analyse und Bewertung:

- *Ein Safety-Review-Board wurde einberufen, bestehend aus Vertretern der System-, Software- und Sicherheitsabteilung.*
- *Die Sicherheitsanomalie wurde anhand der Kriterien: Severity, Exposure und Controllability neu bewertet.*
- *Das Review ergab ein potenzielles ASIL-C-Risiko bei spezifischen Verkehrssituationen (hohe Geschwindigkeiten, schlechte Fahrbahnmarkierung).*

Maßnahmen zur Behebung:

- *Das Systemverhalten wurde als Designabweichung (Design Deviation) klassifiziert.*
- *Eine Änderung im Perception-Modul (Neukalibrierung der Bildverarbeitung) sowie ein Software-Update zur Reaktionsbegrenzung bei Spurverlust wurden beauftragt.*
- *Die Designänderung wurde gemäß FSM-Prozess mit einem formellen Änderungsantrag dokumentiert und durch die Sicherheitsabteilung freigegeben.*

Kommunikation & Nachverfolgung:

- *Die Anomalie und ihre Behandlung wurden im Functional Safety Status Report festgehalten.*
- *Die betroffenen Dokumente (z.B. Sicherheitsanforderungsspezifikation, technische Sicherheitskonzepte) wurden überarbeitet und durch das Configuration Management Tool versioniert.*
- *Das Nachverfolgungssystem (Safety Issue Tracker) dokumentierte die gesamte Historie, den Lebenszyklus der Abweichung sowie deren Status (»in Bearbeitung«, »reviewt«, »geschlossen«).*

Lessons Learned & Relevanz für SOP:

- *Im monatlichen »FuSa Lessons Learned«-Meeting wurde der Fall besprochen.*

- *Eine zusätzliche Testfalldefinition für Abfahrtsituationen wurde im Verifikationsplan aufgenommen.*
- *Die Erkenntnisse flossen in die Aktualisierung der Safety Management Guidelines ein.*

5.2.3 Kompetenzmanagement

Die an der Durchführung von Sicherheitsaktivitäten beteiligten Personen müssen nachweisen, dass sie über die erforderlichen Fähigkeiten, Kompetenzen und Qualifikationen verfügen. Diese Kompetenzen werden entsprechend den jeweiligen Aufgaben und Verantwortlichkeiten definiert. Die Nachweise können durch geeignete Dokumente erbracht werden, die die Qualifikationen der am Projekt beteiligten Personen belegen.

Im Rahmen des Kompetenzmanagements sind gezielte Schulungen fest in das Sicherheitsmanagementsystem integriert. Projektbezogene Schulungen vermitteln spezifische Fähigkeiten zur funktionalen Sicherheit und decken die individuellen Anforderungen der jeweiligen Aufgaben ab. Ein strukturierter Schulungsplan, beispielsweise in Form einer Kompetenzmatrix, visualisiert die geplanten und absolvierten Schulungen und unterstützt die Zusammenarbeit mit der Personalabteilung.

Werden Wissenslücken identifiziert, werden passende Schulungen für die betroffenen Fachgebiete ermittelt und umgesetzt. So wird sichergestellt, dass alle Beteiligten über die notwendigen Kenntnisse verfügen, um die Anforderungen der funktionalen Sicherheit erfolgreich zu erfüllen.

Tipp

Das Kapitel 10, »Spezifische Rollen im Sicherheitslebenszyklus«, geht detailliert auf Qualifikationsanforderungen und relevante Beteiligte ein.

5.3 Sicherheitsplan – Development Interface Agreement – Cybersecurity Interface Agreement

Die Beziehung zwischen OEM und Zulieferer im Kontext der verteilten Entwicklung ist in der Automobilindustrie von zentraler Bedeutung und wird durch die Anforderungen der ISO 26262 geprägt. Der OEM definiert die Sicherheitsziele und die übergeordneten Anforderungen an das Gesamtsystem. Diese werden im sogenannten Sicherheitsplan festgehalten und dem Zulieferer im Rahmen eines »Request for Quotation« mitgeteilt. Der Zulieferer ist verpflichtet, die Anforderungen der ISO 26262 zu erfüllen und die geforderten Sicherheitsmaßnahmen umzusetzen.

Das zentrale Dokument für die Zusammenarbeit in der funktionalen Sicherheit ist das Development Interface Agreement (DIA), das die Rollen, Verantwortlichkeiten, Arbeitsprodukte, Methoden und Tools für alle Beteiligten festlegt. Es regelt, wie die funktionale Sicherheit entlang der Schnittstellen zwischen OEM und Zulieferer sichergestellt wird. Der OEM bleibt dabei für die funktionale Sicherheit auf Systemebene verantwortlich, während der Zulieferer die spezifischen Anforderungen auf Komponentenebene umsetzt. Das DIA basiert häufig auf einer RACI-Matrix und definiert auch die Unabhängigkeit der beteiligten Sicherheitsmanager.

Der Sicherheitsplan beinhaltet jede notwendige Aktivität samt einer detaillierten Beschreibung entlang der hier aufgeführten Kriterien (pro Aktivität anzuwenden):

- Zielsetzung
- Abhängigkeit von anderen Tätigkeiten und Informationen
- Die für die Durchführung der Tätigkeit erforderlichen Mittel
- Startzeitpunkt und Dauer
- Identifizierung des entsprechenden Arbeitsergebnisses

Typischerweise wird der Sicherheitsplan innerhalb des Projektplans referenziert, um die Aktivitäten verfolgen zu können. Die im Sicherheitsplan genannten Arbeitsprodukte sollten spätestens beim Eintritt in die Phase »Produktentwicklung auf Systemebene« dem Konfigurationsmanagement, dem Änderungsmanagement und der Dokumentation gemäß ISO 26262-8:2018, Abschnitt 7, 8 bzw. 10, unterzogen werden (siehe [ISO 26262-4:2018]).

Die ISO/SAE 21434 [ISO/SAE 21434:2021] fordert bereits in der frühen Entwicklungsphase eine klare Definition der Cybersecurity-Schnittstellen sowie die Festlegung von Schutzmaßnahmen gegen Cyberbedrohungen. Hierfür wird das Cybersecurity Interface Agreement (CSIA) zwischen OEM und Zulieferer erstellt, dass die Verantwortlichkeiten und Anforderungen an die Cybersecurity definiert. In diesem Dokument wird festgelegt, welche Cybersecurity-Maßnahmen an den Schnittstellen zu ergreifen sind und wie die Zusammenarbeit bei der Entwicklung sicherer Komponenten abläuft.

Durch die Integration von KI-basierten Systemen entstehen weitere Herausforderungen, die eine Erweiterung der bestehenden Prozesse und Dokumente erforderlich machen. Anforderungen an die Entwicklung, Validierung und das Risikomanagement von KI-basierten Systemen sind zusätzlich zu berücksichtigen. Dies betrifft insbesondere folgende Aspekte:

- **Datenqualität:** KI-Modelle, z.B. für Objekterkennung in Kamerasystemen, benötigen Trainingsdaten, die frei von Bias und repräsentativ für reale Umgebungen sind. Ungenügend abgesicherte Datenpools können durch gezielte Datenmanipulation (Data Poisoning) kompromittiert werden. Solche Risiken müssen im CSIA explizit benannt und mit Schutzmaßnahmen adressiert werden (z. B. Hashing von Trainingsdaten, Herkunftsprüfung, kontrollierte Datenpipelines).

- **Modelltransparenz:** Bei einem Blackbox-Modell zur Verkehrsschilderkennung muss im CSIA bzw. im erweiterten Sicherheitsplan definiert sein, wie die Nachvollziehbarkeit (z. B. mittels Saliency Maps oder Explainable-AI-Methoden) sichergestellt wird – insbesondere für die Sicherheitsfreigabe und Analyse bei Sicherheits- oder Cybervorfällen.
- **Robustheit gegen Angriffe:** KI-Modelle sind anfällig für sogenannte adversariale Angriffe, bei denen minimale Änderungen an Eingabedaten (z. B. modifizierte Stoppschilder) zu falscher Klassifikation führen. Schutzmaßnahmen wie Adversarial Training oder Laufzeitüberwachung der Eingaben müssen klar den Entwicklungsverantwortlichen (OEM vs. Tier 1) zugewiesen werden.
- **Feldüberwachung (Monitoring & Update-Prozesse):** Ein autonomer Fahrassistent, der mittels Reinforcement Learning oder kontinuierlichem Fine-Tuning verbessert wird, erfordert ein aktives Monitoring im Feld. Dies betrifft sowohl Cybersecurity (z. B. Schutz des OTA-Update-Kanals) als auch die Absicherung der Update-Logik gegen unautorisierte Manipulation. Die Verantwortung für das Update-Monitoring muss im Development Interface Agreement (DIA) sowie im CSMS (Cybersecurity Management System) dokumentiert sein.
- **Rollentrennung und Schnittstellen:** Während der OEM das Fahrzeug-Backend und die OTA-Infrastruktur betreibt, liefert der Zulieferer das KI-Modell. Die Verantwortlichkeiten für Modellaktualisierung, Sicherheitsmonitoring und Ereignisbehandlung (z. B. Incident Response bei KI-bezogenen Cybervorfällen) müssen zwischen beiden Parteien klar abgegrenzt und dokumentiert werden.

5.3.1 Projektstory ADAS NextGen: Erweitertes DIA

Der Cybersecurity-Manager Peter Feinblick und der Regulatory Compliance Engineer Fernando Haswas von Drivesmart laden das Safehicle-Team zu einem Meeting bezüglich der notwendigen Erweiterungen des DIA ein. Neben dem Team des OEM sind Josef Byte, der Entwicklungsleiter, Theo Abwehr, der Cybersecurity-Manager, Klara Schauhin, die Qualitätsbeauftragte, sowie diverse Experten aus unterschiedlichen Entwicklungsdisziplinen anwesend. Die Drivesmart AG zeigt sich verantwortlich für die Bereitstellung der Validierungsszenarien und der Ziele der funktionalen Sicherheit und Cybersecurity. Der OEM liefert Edge Cases aus realem Feldbetrieb (z. B. Park-

plätze mit ungewöhnlicher Markierung) und gibt vor, welche Fehlerraten bei Objekterkennung zulässig sind. Insgesamt muss Drivesmart beurteilen, ob das System sicher genug ist. Die Ethikbeauftragte Sabine Maier führt eine kurze Schulung bezüglich der für alle Beteiligten geltenden KI-Richtlinie durch. Fernando Haswas geht auf die Einhaltung von Regularien konkret ein. Beide weisen auf den EU AI Act hin, da es um ein High-Risk AI System geht und um die Berücksichtigung der UNECE WP.29 – z.B. R155/R156 für Cybersecurity und Software-Updates. Das Team wird über die dokumentierten Richtlinien bezüglich Transparenz, Nachvollziehbarkeit und Dokumentation der KI-Modelle informiert. Sabine Maier betont die Anforderungen an die Qualität der Trainingsdaten und Ethik (z.B. Bias-Vermeidung). Das gesamte Sicherheitskonzept und die erforderlichen Maßnahmen dazu müssen von Drivesmart gestellt werden bzw. die von Safehicle gelieferten Anteile durch Drivesmart genehmigt werden. Die Bedrohungsanalyse (TARA) wird teilweise gemeinsam mit relevanten Beteiligten innerhalb der verteilten Entwicklung von Drivesmart durchgeführt. Der Domänenexperte Xavier Maier erläutert die Absicherungen von Einschränkungen der KI, beispielsweise durch Leistungsgrenzen oder Degradationsverhalten. Des Weiteren stimmt die Datenspezialistin Flora Forscher zu, dass Safehicle für die Datenannotationen, Trainingsstrategie und Traceability verantwortlich ist. Safehicle entwickelt das CNN für Objekterkennung (z.B. Bordstein) und bewertet Unsicherheiten und stellt deren Verarbeitung sicher. Safehicle validiert das Modell unter simulierten Bedingungen (SIL, MIL, HIL). Gemeinsam wird festgelegt, wann und wie ein trainiertes Modell an dem OEM übergeben wird und welche Dokumente, Nachweise sowie Modelle mitgeliefert werden müssen. Hier sind auch die FuSi-Manager Rainer Fels und Dieter Gewiss mit eingebunden sowie der unabhängige Assessor Ulrich Richter. Dieser erläutert, dass die Modellzulassung sowie die Modellverifikation in der Verantwortung von Drivesmart liegen und durch eigene Prüfungen (Blackbox oder XAI-basiert) bzw. durch weitere geeignete Methoden sicherzustellen ist. Methodisch einigt man sich auf gemeinsame Reviews bei Unsicherheitsanalysen und bei Corner-Case-Tests. Der Sicherheitskoordinator Rudolf Blackbelt fasst die wesentlichen Erweiterungen und die Zuordnung der Verantwortlichkeiten zusammen. Tabelle 5.2 zeigt einen Auszug aus seiner toolbasierten Dokumentation:

DIA-Bereich	KI-spezifische Erweiterung	Mögliche Verantwortung OEM	Mögliche Verantwortung Tier 1
Datenmanagement	Verantwortlichkeiten für Trainings-, Validierungs- und Testdaten definieren (Qualität, Herkunft, Repräsentativität, Annotation)	Bereitstellung von realen Flottendaten; Definition von Anforderungen an Datenqualität und Repräsentativität	Sammlung, Aufbereitung und Annotation der Daten für Training und Validierung

→

DIA-Bereich	KI-spezifische Erweiterung	Mögliche Verantwortung OEM	Mögliche Verantwortung Tier 1
Modellverantwortung	Zuständigkeit für Auswahl und Dokumentation der Modellarchitektur, Hyperparameter und Versionierung regeln	Vorgabe der Systemanforderungen und funktionalen Sicherheitsziele für das Modell; Genehmigung der Architektur	Entwicklung, Training, Konfiguration und Dokumentation des KI-Modells
Validierung & Verifikation	Testmethoden für Corner Cases, adversariale Robustheit, Erklärbarkeit und Metriken (z.B. Falsch-positiv-Rate) im DIA festhalten	Festlegung von Validierungszielen, Akzeptanzkriterien, Definition von Corner Cases	Durchführung der Tests inkl. Simulation, Szenarienabdeckung, Berichterstattung
Risikomanagement	Strategien für probabilistisches Verhalten, Unsicherheiten im Modelloutput und Maßnahmen bei geringer Konfidenz dokumentieren	Verantwortung für gesamtsystemische Risikoanalyse und funktionales Sicherheitskonzept	Bewertung modellinterner Unsicherheiten; Umsetzung von Monitoring-Strategien
Betrieb & Wartung (SOP)	Zuständigkeit und Verfahren für Re-validierung, sowie Absicherung von OTA-Updates festlegen	Definition des Änderungsprozesses nach SOP inkl. OTA-Vorgaben	Technische Umsetzung von Updates, Retraining, Update-Verifikation
Cybersecurity	Verantwortung für Schutz gegen Data Poisoning, adversariale Angriffe und Manipulation des Modells klar zuweisen	Technische Umsetzung von Updates, Retraining, Update-Verifikation	Umsetzung sicherer Datenpipelines und Modellschutz (z.B. gegen Manipulation)

Tab. 5.2 *KI-spezifische DIA-Ergänzungen*

Da viele Aspekte der KI von der aktuellen ISO/SAE 21434:2021 noch nicht vollständig abgedeckt werden, wie etwa Modellverifikation, Erklärbarkeit oder AI-spezifische Bedrohungsanalysen, empfiehlt es sich, die bestehenden Dokumente wie CSIA, DIA und den Sicherheitsplan projektspezifisch zu erweitern, um die besonderen Risiken und Schutzbedarfe von KI-Funktionen normgerecht und nachvollziehbar zu adressieren.

5.3.2 Sicherheitsmanagement bei Produktion, Betrieb, Inbetriebnahme und Stilllegung

Ein effektives Sicherheitsmanagement in den Bereichen Produktion, Betrieb, Inbetriebnahme und Stilllegung stellt sicher, dass die während der Entwicklung definierten Sicherheitsanforderungen auch nach dem Start of Production (SOP) konsequent umgesetzt und eingehalten werden. Die ISO 26262-7 fordert hierfür spezifische Maßnahmen und Prozesse, die den gesamten Lebenszyklus des ADAS umfassen – von der Fertigung über den Betrieb bis hin zur sicheren Außerbetriebnahme.

5.3.3 Projektstory ADAS NextGen: Produktionsplan, Benutzerhandbuch und Maßnahmen zur Stilllegung

Die Drivesmart AG erstellt unter Berücksichtigung entsprechender Montageanweisungen für die Produktion des ADAS einen Produktionsplan, der das Folgende beinhaltet:

- *Sicherheitsrelevante Merkmale des ADAS*
- *Abfolge und Methoden der Produktionsschritte*
- *Erforderliche Produktionswerkzeuge und -ausrüstung*
- *Ablauf des Produktionsprozesses und Anweisungen*
- *Implementierung der Rückverfolgbarkeit, z. B. mittels QR-Codes*

Rudi Band, der Produktionsleiter, weiß, dass der Produktionsprozess die in der ISO 26262-7 genannten Anforderungen erfüllen muss, und kennt deren Inhalt sehr gut. Er erklärt seinem Team, dass die Festlegung von Bedingungen für die Handhabung und das Management der Systemelemente, die Berücksichtigung der während der Produktentwicklung definierten Konfigurationen, die Nutzung von Erkenntnissen aus früheren Produktionszyklen sowie die Sicherstellung der Kompetenz des eingesetzten Personals wichtige Bestandteile und benötigte Informationen sind. Zur Identifikation von vernünftigerweise vorhersehbaren Fehlern im Produktionsprozess und deren Auswirkungen auf die funktionale Sicherheit wird eine Prozess-Fehlermöglichkeits- und Einflussanalyse (Prozess-FMEA, pFMEA) durchgeführt, an der das Produktionsteam ebenfalls teilnimmt. Die technische Projektleiterin der Drivesmart erklärt, dass es das Ziel dieser Prozess-FMEA ist, geeignete Maßnahmen zur Behebung relevanter Prozessausfälle zu definieren und umzusetzen.

Für den Betrieb und die Inbetriebnahme muss ein Benutzerhandbuch erstellt werden, das eine Beschreibung der relevanten Funktionen und der Betriebsarten enthält. Es beinhaltet zudem Warnhinweise zu bekannten Gefahren, insbesondere zu Wechselwirkungen mit anderen Produkten, sowie Hinweise zu sicherheitsrelevanten Fahrzeugfunktionen, um Missbrauch oder Missverständnisse zu vermeiden. Darüber hinaus sind die Degradationsstrategie und Maßnahmen zur Sicherstellung der Beherrschbarkeit im Störungsfall im Benutzerhandbuch zu dokumentieren.

In der Wartungs- und Stilllegungsphase sind spezifische Maßnahmen zu berücksichtigen, um die verbleibenden Risiken zu minimieren. Entsorgungs- und Demontageanweisungen, Schutzmaßnahmen gegen unbeabsichtigte Auslösung sowie die sichere Lagerung und der Transport müssen ebenfalls geplant, geregelt und sichergestellt sein. Bei der Außerbetriebnahme des Systems ist sicherzustellen, dass alle sicherheitsrelevanten Funktionen ordnungsgemäß deaktiviert werden und keine Gefahr für das Werkstattpersonal oder die Endnutzer besteht. Zudem müssen alle relevanten Informationen und Anweisungen für Wartung und Stilllegung klar dokumentiert und dem zuständigen Personal zur Verfügung gestellt werden, um eine sichere und normkonforme Handhabung über den gesamten Lebenszyklus hinweg zu gewährleisten.

5.3.4 Erforderliche Arbeitsprodukte für ISO 26262-2:2018

Die relevanten Arbeitsprodukte und geeigneten Nachweise auf Basis der Erfahrungen der Autoren, die zur Erfüllung der Anforderungen der ISO 26262-2:2018 verwendet werden können, sind in Tabelle 5.3 aufgeführt.

In sicherheitskritischen Entwicklungsprojekten – insbesondere bei ASIL-C- oder ASIL-D-Einstufungen – ist ein systematisch etabliertes und nachweisbares funktionales Sicherheitsmanagementsystem (FSMS) eine Grundvoraussetzung. Dieses muss nicht nur organisatorisch verankert sein, sondern auch über den gesamten Produktlebenszyklus hinweg tragfähig dokumentiert und nachvollziehbar umgesetzt werden.

Die ISO 26262-2:2018 stellt hierzu konkrete Anforderungen an die Organisation, insbesondere im Hinblick auf Verantwortlichkeiten, Qualifikationen, Managementsysteme, Eskalationswege sowie den Umgang mit Sicherheitsanomalien und Lessons Learned. Neben den strategischen Vorgaben auf Unternehmensebene – etwa Sicherheitspolitik, Rollenbeschreibungen oder Kommunikationsstrukturen – müssen auch projektindividuelle Nachweise wie Sicherheitspläne, Impact-Analysen oder Freigabedokumentationen erstellt und gepflegt werden.

Für die praktische Umsetzung stellt sich jedoch regelmäßig die Frage: Welche konkreten Arbeitsprodukte und Dokumente sind erforderlich, um den Anforderungen der Norm gerecht zu werden? Und wie lassen sich diese effizient nachweisen, ohne den Projektrahmen durch übermäßige Bürokratie zu belasten?

Die folgende Übersicht in Tabelle 5.3 basiert auf den Erfahrungen der Autoren aus zahlreichen Automotive-Projekten. Sie zeigt auf, welche typischen Arbeitsprodukte in der Praxis zur Erfüllung der ISO 26262-2:2018 eingesetzt werden – ergänzt um die zugehörigen normativen Anforderungen sowie empfohlene Nachweisformen. Diese Übersicht kann als Vorlage oder Benchmark für Auditvorbereitungen, Assessments oder interne Qualitätssicherungsmaßnahmen genutzt werden.

Arbeitsprodukt (Work Product)	Anforderung der ISO 26262-2:2018	Erforderliche Nachweise
Organisationsspezifische Regeln und Prozesse zur funktionalen Sicherheit [ISO 26262-2:2018, Abschnitt 5.5.1]	5.4.2 bis 5.4.6	▪ Handbuch oder Leitfaden zur funktionalen Sicherheit ▪ Sicherheitspolitik und -strategien ▪ Eingerichtete Kommunikationskanäle zwischen funktionaler Sicherheit, Qualität und Cybersecurity ▪ Organigramm mit den verschiedenen an einem Projekt beteiligten Stellen
Nachweis des Kompetenzmanagements [ISO 26262-2:2018, Abschnitt 5.5.2]	5.4.4	▪ Kompetenzmatrix ▪ Trainingsplan und Implementierung ▪ Rollenbeschreibungen ▪ Nachweis eines Qualitätsmanagement-systems
Nachweis eines Qualitätsmanagementsystems [ISO 26262-2:2018, Abschnitt 5.5.3]	5.4.5 und 5.4.6	▪ Zertifikate von IATF 16949, ISO 9001 ▪ Qualitätsmanagementhandbuch ▪ Kontinuierliche Verbesserungsprozesse
Berichte über identifizierte Sicherheitsanomalien [ISO 26262-2:2018, Abschnitt 5.5.4]	5.4.3	▪ Entwickelte Verfahren zur Behandlung von Sicherheitsanomalien ▪ Berichte, falls vorhanden ▪ Lessons Learned
Projektabhängiges Sicherheitsmanagement [ISO 26262-2:2018, Abschnitt 6]	6.4.3, 6.4.4	▪ Impact-Analyse auf Element- oder Einzelteilebene durchführen
	6.4.5 bis 6.4.13	▪ Sicherheitsplan (Safety Plan)
	6.4.8	▪ Sicherheitsnachweis (Safety Case)
	6.4.9 bis 6.4.12	▪ Bestätigungsreviews für alle Arbeitsprodukte ▪ Functional Safety Audit Report ▪ Functional Safety Assessment Report
	6.4.13	▪ Bericht über die Freigabe zur Produktion mit Namen, Unterschrift, Versionen der freigegebenen Elemente und Freigabedatum

→

Arbeitsprodukt (Work Product)	Anforderung der ISO 26262-2:2018	Erforderliche Nachweise
Sicherheitsmanagement in Bezug auf Produktion, Betrieb, Wartung und Stilllegung [ISO 26262-2:2018, Abschnitt 7]	7.4.2	▪ Leitfaden zur funktionalen Sicherheit ▪ Sicherheitsplan ▪ Prozess-Fehlermöglichkeits- und Einflussanalyse ▪ Produktionsplan mit sicherheitsrelevanten Merkmalen ▪ Kontrollplan ▪ Feldüberwachungsprozess

Tab. 5.3 *Relevante Arbeitsprodukte nach ISO 26262-2:2018*

5.4 Erläuterung zu einzelnen Phasen und Aktivitäten

5.4.1 Konzeptphase

In der Konzeptphase erstellen der OEM und die Zulieferer die Item-Definition, die HARA, die abgeleiteten Sicherheitsziele (Safety Goals) und das funktionale Sicherheitskonzept für das Projekt (siehe Abbildung 5.4).

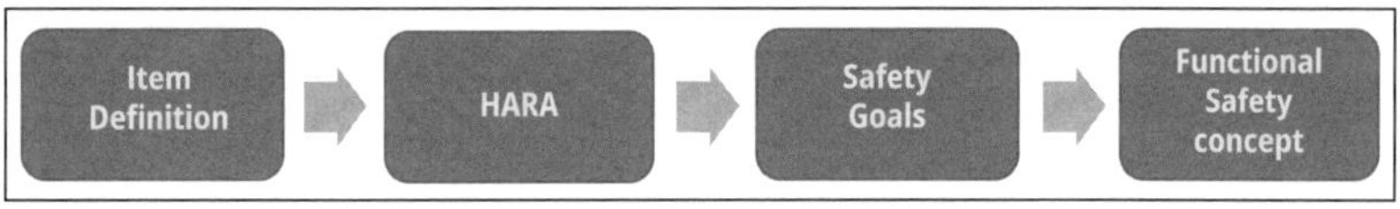

Abb. 5.4 *Abhängige Aktivitäten in der Konzeptphase*

5.4.2 Gefährdungs- und Risikoanalyse

Die Gefährdungs- und Risikoanalyse (Hazard and Risk Analysis, HARA – auch mit G&R abgekürzt) klassifiziert potenzielle Gefahren und Risiken unter Berücksichtigung möglicher Auswirkungen im Falle eines unerwünschten Systemverhaltens unter allen vorhersehbaren Betriebsbedingungen. HARA dient dazu, gefährliche Fälle eines Systems zu erkennen.

> In Kapitel 4, »Item-Definition und Sicherheitsanalysen«, wird die Hazard Analysis and Risk Assessment (HARA) gemäß ISO 26262-3:2018 ausführlich behandelt.

HARA dient der Identifizierung von Situationen und Prozessen, die zu einer Gefährdung von Fahrzeuginsassen, Radfahrern, Fußgängern oder Insassen anderer Fahrzeuge sowie von persönlichen Gegenständen durch das ADAS-System und seine zu entwickelnden Bestandteile führen können. Wenn man das Verhalten intelligenter Fahrzeuge in verschiedenen Szenarien versteht, kann man entscheiden, welche Maßnahmen zur wirksamen Vorbeugung oder Eindämmung von Schäden, die aus Abweichungen von diesem erwarteten Verhalten resultieren, definiert werden müssen.

5.4.3 Bestimmung des Automotive Safety Integrity Level

Die Bestimmung des Automotive Safety Integrity Level (ASIL) besteht aus einer Abfolge von Schritten, die die systematische Untersuchung von Gefahrensituationen, die von Fahrzeugfunktionen ausgehen, erfordert. Dabei werden zunächst keine risikomindernden Maßnahmen oder Sicherheitsmechanismen berücksichtigt. Abbildung 5.5 veranschaulicht, wie aus den Parametern Schweregrad des Schadens (Severity), Wahrscheinlichkeit der Gefährdung (Exposure) und Kontrollierbarkeit (Controllability) eine Einstufung des ASIL erfolgt.

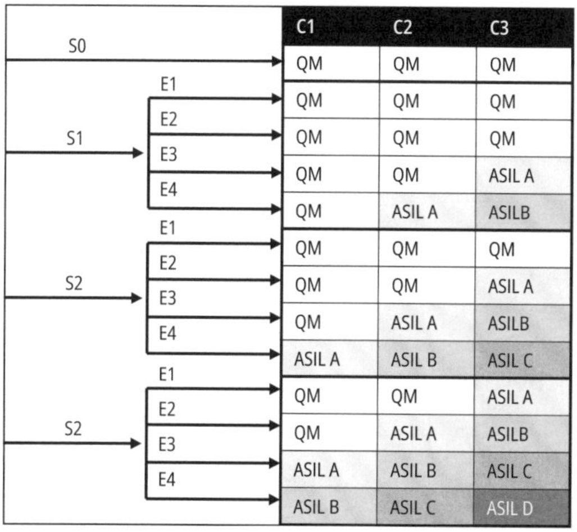

Abb. 5.5 *Graph zur Bestimmung der erforderlichen Risikoreduktion (ASIL) aus ISO 26262-3:2018 [ISO 26262-3:2018]*

Aus den Ergebnissen der HARA können ggf. weitere Maßnahmen zur Risikominderung abgeleitet werden. Der definierte ASIL dient als Richtwert. Die Risikoreduzierung muss durch eine entsprechende Gestaltung und Umsetzung der jeweiligen Fahrzeugfunktion erreicht werden. Diese Funktion muss so implementiert werden, dass die entsprechende Fahrzeugfunktion unter keinen Umständen eine negative Auswirkung haben kann. Die geforderte Risikominderung wird in der Regel durch geeignete Fehlervermeidungsstrategien während des gesamten Entwicklungsprozesses erreicht.

5.4.4 Festlegung von Sicherheitszielen

Für jedes gefährliche Ereignis muss ein Sicherheitsziel (Safety Goal) mit einem in der HARA ermittelten ASIL festgelegt werden. Diese Sicherheitsziele müssen mit dem ermittelten ASIL verknüpft werden, wie in Abbildung 5.6 veranschaulicht. Darüber hinaus muss für jedes Sicherheitsziel der sichere Zustand definiert und das Fehlertoleranz-Zeitintervall (Fault Tolerant Time Interval, FTTI) ermittelt und angegeben werden.

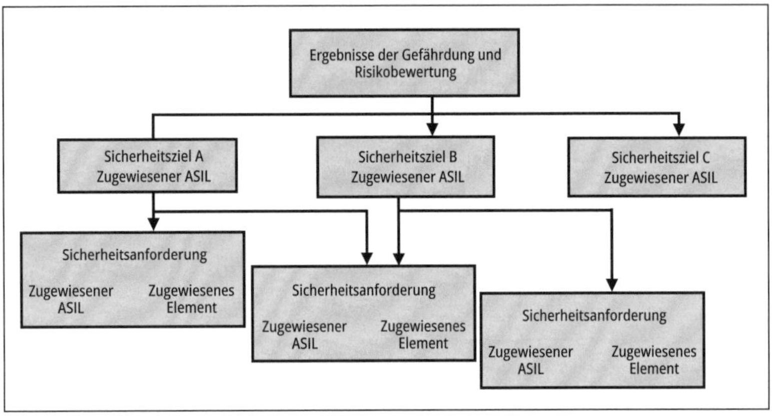

Abb. 5.6 *Hierarchie der Sicherheitsziele und Anforderungen an die funktionale Sicherheit nach [ISO 26262-3:2028]*

Gemäß ISO 26262-8:2018, Abschnitt 9, muss abschließend eine Verifikation der HARA durchgeführt werden.

5.4.5 Funktionales Sicherheitskonzept

Im funktionalen Sicherheitskonzept (FSK) werden die aus der HARA abgeleiteten Sicherheitsziele in konkrete Anforderungen überführt. Diese Sicherheitsanforderungen bilden die Grundlage auf der Konzeptebene und werden im anschließenden technischen Sicherheitskonzept (TSK) weiter verfeinert und für die Umsetzung spezifiziert. Dabei bleibt der jeweils ermittelte ASIL erhalten und wird konsequent weitergeführt.

Ein Bestandteil des FSK ist die Definition und Dokumentation von Diagnosestrategien. Diese dienen dazu, Hardwarefehler im Betrieb frühzeitig zu erkennen und wirksam zu beherrschen. Darüber hinaus sind die verschiedenen Betriebsarten des Systems präzise zu spezifizieren. Für die Bewertung der Hardwaresicherheit müssen Zielwerte für relevante Hardwaremetriken sowie Grenzwerte für zulässige zufällige Hardwareausfälle festgelegt werden. Diese Vorgaben schaffen die Basis für eine nachvollziehbare und überprüfbare Umsetzung der funktionalen Sicherheit im weiteren Entwicklungsprozess.

Das FSK definiert die Anforderungen für die folgenden Aspekte:

- Fehlererkennung und -kontrolle
- Prozesssicherheit
- Sichere Zustände und der Übergang zu diesen Zuständen
- Mechanismen, die die Fehlertoleranz erhöhen und ggf. zur Aufrechterhaltung der Funktionalität beitragen
- Informationen für den Fahrer, inklusive Sicherungs- und Warnkonzepte
- Notbetrieb

Für jedes Sicherheitsziel muss es mindestens eine Anforderung geben und jede Anforderung muss die folgenden Punkte berücksichtigen:

- Zustand des Systems und sichere Zustände
- Fehlerreaktionszeiten
- Fehlertoleranzzeiten
- Redundanz zur Erhöhung der Fehlertoleranz
- Sicherheitsanforderungen für Schnittstellen
- Anforderungen an Verifikations- und Validierungsverfahren
- Akzeptanzkriterien
- Kriterien für den Nachweis der Konformität in Bezug auf die funktionale Sicherheit
- Reaktion auf Notfälle

Wenn ein sicherer Zustand nicht schnell genug erreicht werden kann oder es einen solchen Zustand gar nicht gibt, muss eine Notfallreaktion definiert werden. Ist eine Reaktion des Anwenders notwendig, um ein Sicherheitsziel zu erreichen, muss diese unter Angabe der verfügbaren Mittel beschrieben werden. Es ist ratsam, eine solche Anforderung an den Fahrzeugbetreiber auch im späteren Handbuch aufzuführen. Das funktionale Sicherheitskonzept liegt in der Verantwortung des funktionalen Sicherheitsmanagers (FuSi-Manager) und wird von Experten des Entwicklungsteams erstellt. Es wird in der Regel vom Projektleiter oder Sicherheitskoordinator in regelmäßiger Abstimmung mit dem Verantwortlichen für funktionale Sicherheit gepflegt. Idealerweise erfolgt die Abnahme gemeinsam durch den FuSi-Manager und den Projektleiter. Als Nachweis sind hier Verifizierungsberichte erforderlich.

Abbildung 5.7 gibt einen Überblick über die im FSK durchzuführenden Schritte. Nach der Ableitung der Anforderungen an die funktionale

Sicherheit und deren Zuordnung zur relevanten Hardware oder Software sollten die Validierungskriterien befolgt werden.

Die Akzeptanzkriterien für die Sicherheitsvalidierung des sicherheitskritischen Systems werden auf der Grundlage der Anforderungen an die funktionale Sicherheit und der Sicherheitsziele festgelegt. Die Verifizierung des funktionalen Sicherheitskonzepts muss gemäß ISO 26262-8, Abschnitt 9, durchgeführt werden, um die Konsistenz und Übereinstimmung mit den Sicherheitszielen nachzuweisen. Das Sicherheitskonzept muss klar darlegen, wie es dazu beiträgt, Gefahren zu vermeiden oder deren Risiken wirksam zu reduzieren. Dies kann durch Tests, Versuche oder Expertenurteile, Erfahrungen mit Prototypen, Studien oder Simulationen nachgewiesen werden.

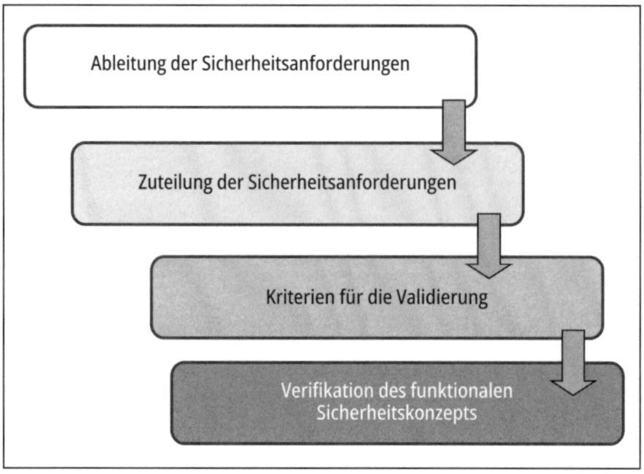

Abb. 5.7 *Durchzuführende Schritte im funktionalen Sicherheitskonzept (FSK)*

Tipp

Das erstellte funktionale Sicherheitskonzept muss gemäß **ISO 26262-8:2018, Abschnitt 9,** verifiziert werden. Dabei muss der Nachweis erbracht werden, dass das Konzept mit den Sicherheitszielen übereinstimmt.

ISO 26262

Die Überprüfung kann auf verschiedenen in **ISO 26262-3:2018, Abschnitt 7.4.4** [ISO 26262-3:2018], beschriebenen Methoden basieren.

5.4.6 Technisches Sicherheitskonzept

Das technische Sicherheitskonzept (TSK) besteht aus den technischen Sicherheitsanforderungen, den dokumentierten Reviews (Technical Safety Review, TSR) und dem Entwurf der Systemarchitektur. Im TSK werden konkrete technische Maßnahmen zur Umsetzung der Sicherheitsanforderungen definiert. Die einzelnen technischen Anforderungen werden den Elementen des Systementwurfs zugeordnet. Jedem Element des Systementwurfs wird der höchste ASIL der technischen Sicherheitsanforderung angelastet.

Während des Systementwurfs erfolgt die Zuordnung der Sicherheitsanforderungen zur Implementierung in Hardware oder Software. In beiden Fällen sollte der Entwurf systematische Fehler so weit wie möglich ausschließen, und im Falle der Hardware auch zufällige Fehler eliminieren. Auch die Schnittstellen zwischen Software und Hardware werden in diesem Schritt definiert. Die sicherheitsrelevanten Teile des Systementwurfs bilden das TSK.

5.4.7 Erforderliche Arbeitsprodukte für ISO 26262-3:2018

Eine Übersicht typischer Methoden sowie zugehöriger Arbeitsprodukte ist in Tabelle 5.4 dargestellt. Diese basiert auf den Erfahrungen der Autoren, die zur Erfüllung der Anforderungen der ISO 26262-3:2018 verwendet werden kann.

Arbeitsprodukt	Anforderung der ISO 26262-3:2018	Nachweis
Item-Definition [ISO 26262-3:2018, Abschnitt 5.4]	5.4.2	Item-Definition mit Festlegung aller Grenzen, Berücksichtigung von Umwelt- und rechtlichen Anforderungen
Gefährdungsanalyse und Risikobewertung [ISO 26262-3:2018, Abschnitt 6]	6.4.1 bis 6.4.5	Bericht zur Gefährdungsanalyse und Risikobewertung HAZOP-Analyse
Verifikationsbericht zur HARA [ISO 26262-3:2018, Abschnitt 6]	6.4.6	Bestätigungsprüfung/Verifizierungsprüfbericht zur HARA
Funktionales Sicherheitskonzept [ISO 26262-3:2018, Abschnitt 7]	7.4.1 bis 7.4.3	Funktionales Sicherheitskonzept/Anforderungen
Verifikationsbericht des FSK [ISO 26262-3:2018, Abschnitt 7]	7.4.4	Bestätigungsreviews / Verifikationsreview-Bericht zum FSK

Tab. 5.4 *Relevante Arbeitsprodukte und geeignete Nachweise nach ISO 26262-3:2018*

5.5 Produktentwicklung auf Systemebene

Während der Produktentwicklung auf Systemebene können im Gesamtsystem mehrere Integrationsebenen auftreten. Diese sind im Rahmen des Development Interface Agreement (DIA) zu berücksichtigen, da die klare Festlegung der Verantwortlichkeiten für die einzelnen Systeme von entscheidender Bedeutung ist. Bereits die Initiierungsphase muss integraler Bestandteil des Sicherheitsplans sein.

Die verschiedenen Phasen aus Teil 4 der ISO 26262 werden gemeinsam mit den unterstützenden Prozessen aus Teil 8 geplant und definiert (siehe Abbildung 5.8).

> Die Sicherheitsziele werden in der Konzeptphase nach **ISO 26262-3** definiert. Ihre Hierarchie und die daraus abgeleiteten Anforderungen auf System-, Hardware- und Softwareebene sind in **ISO 26262-4** beschrieben.

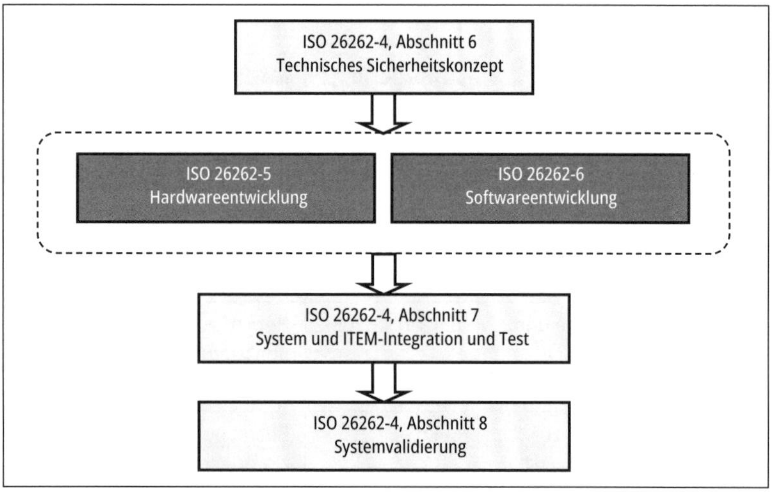

Abb. 5.8 *Referenzphasenmodell für die Entwicklung eines sicherheitsrelevanten Systems (ISO 26262:2018)*

Innerhalb dieser Phasen sind die spezifischen Anforderungen an das sicherheitskritische System zu spezifizieren. Parallel zum Gesamtprojektplan wird der Systementwurf erstellt und ein Test- sowie Integrationsplan für die einzelnen Subsysteme entwickelt. In diesem Zusammenhang werden auch geeignete Methoden und Verfahren für die Verifikation und Validierung festgelegt. Auch der Validierungsplan sollte bereits in einem frühen Stadium im Zusammenhang mit der Entwicklung der technischen Sicherheitsanforderungen entstehen. Zusätzlich ist ein Bewertungsplan zu erstellen, um die Durchführung von Assessments zu gewährleisten.

Auf Systemebene erfolgt die Definition der Sicherheitssystemarchitektur. Dabei werden die Spezifikationen hinsichtlich der Hardware- und Software-Sicherheitsanforderungen weiter verfeinert. Besonders wichtig ist dabei die sorgfältige Beschreibung der Hardware-Software-Schnittstelle. Nach Abschluss der Entwicklung sind die einzelnen Komponenten zu testen. Anschließend werden Integrationstests auf Fahrzeugebene durchgeführt, um die Interaktion aller Komponenten zu überprüfen. Diese Aktivitäten sind von OEM und Zulieferer gemeinsam zu planen und abzustimmen.

5.5.1 Spezifikation der technischen Sicherheitsanforderungen

In Abschnitt 6.4.1 der ISO 26262-4:2018 wird beschrieben, wie die Anforderungen an die technische Sicherheit (Technical Safety Requirements, TSR) zu spezifizieren sind. Die TSR-Spezifikation muss in erster Linie eine Verfeinerung der relevanten Aspekte des Sicherheitskonzepts enthalten. Darüber hinaus müssen weitere technische Aspekte angesprochen werden, wie z. B.:

- Die Gestaltung der Schnittstellen (Kommunikation, Mensch-Maschine (UI))
- Technische Grenzen und die spezifizierten Umgebungsbedingungen
- Anforderungen an die Systemkonfiguration (mögliche Fehlkonfigurationen und entsprechende Maßnahmen)

Werden weitere sicherheitsrelevante Funktionen oder Anforderungen implementiert, müssen diese ebenfalls in der TSR spezifiziert werden. In der TSR müssen alle Wechselwirkungen der einzelnen Komponenten untereinander oder mit dem System (intern wie extern) in Abhängigkeit der verschiedenen Betriebsarten genannt werden. Darüber hinaus müssen diese um die Abhängigkeiten der nicht funktionalen sicherheitsrelevanten Anforderungen erweitert werden.

Dabei ist zu beachten, dass sich die in der ISO 26262-4 aufgeführten »Technischen Sicherheitsanforderungen und nicht-sicherheitsbezogenen« nicht widersprechen. Die TSR müssen die Anforderungen für das Management der Sicherheitsanforderungen gemäß ISO 26262-8:2018, Abschnitt 6, erfüllen.

Die Verifizierungsmethoden sind in **Tabelle 2 der ISO 26262-4:2018** für die Verifizierung der Sicherheitsanforderungen aufgeführt.

ISO
26262

5.5.2 Sicherheitsmechanismen

Ein wichtiger Aspekt ist die Betrachtung der Auswirkungen auf das Sicherheitsziel im Falle eines Ausfalls einer Komponente sowie der dafür vorgesehenen Sicherheitsmechanismen. Bei der Beschreibung der Sicherheitsmechanismen sind die folgenden Punkte zu berücksichtigen:

- Interne Maßnahmen zur Erkennung von Ausfällen sowie die Meldung und Behandlung des Ausfalls (Selbstüberwachung des Systems oder einzelner Elemente). Die Selbstüberwachung umfasst die Erkennung von zufälligen Hardwarefehlern und, soweit möglich, die Erkennung von systematischen Fehlern.
- Maßnahmen zur Erkennung, Anzeige und Kontrolle von Fehlern in externen Geräten, die mit dem System kommunizieren. Zu den externen Geräten gehören Steuereinheiten, Stromversorgungen oder Kommunikationskanäle.
- Beschreibung der Maßnahme, die das System in einen sicheren Zustand versetzt.
- Maßnahmen wie Prioritäts- und Arbitrierungslogik, die im Falle eines Fehlers entscheiden, auf welche Teile des Systems noch vertraut werden kann.
- Maßnahmen zur Detaillierung und Umsetzung von Warn- und Degradationskonzepten
- Maßnahmen, die verhindern, dass ein Fehler im System latent bleibt.

Ergänzend dazu sind für jede Maßnahme zur Fehlererkennung, die das System in einen sicheren Zustand bringen oder diesen Zustand aufrechterhalten kann, zusätzliche Informationen erforderlich:

- Der Übergang in den sicheren Zustand einschließlich der Anforderungen an die Steuerung der Aktoren
- Die Fehlertoleranzzeit (siehe HARA)
- Die Zeit, die benötigt wird, um den sicheren Zustand zu erreichen, wenn dieser nicht unmittelbar nach dem Abschalten erreicht werden kann.
- Maßnahmen zur Aufrechterhaltung des sicheren Zustands
- Spezifikation des Systemarchitekturentwurfs und technisches Sicherheitskonzept

Der in der Konzeptphase erarbeitete Systemarchitekturentwurf wird in dieser Phase überprüft und bei Bedarf angepasst. Dabei erfolgt die Überprüfung des Entwurfs insbesondere im Hinblick auf TSR und HSI. Alle internen und externen Schnittstellen werden einbezogen. Kommt eine ASIL-Dekomposition zum Einsatz, passen die Verantwortlichen die Anforderungen an den Systemarchitekturentwurf entsprechend an.

5.5.3 Sicherheitsanalysen und Vermeidung von systematischen Fehlern

Zur Identifikation potenzieller Fehlerursachen und zur Bewertung möglicher Fehlerfolgen sind umfassende Sicherheitsanalysen durchzuführen. Diese stellen einen zentralen Bestandteil der funktionalen Sicherheitsaktivitäten dar und tragen maßgeblich dazu bei, ein belastbares Sicherheitskonzept zu entwickeln. Ziel ist es, frühzeitig systematische und zufällige Fehler zu identifizieren, deren Auswirkungen auf die Funktionalität und Sicherheit des Systems abzuschätzen und daraus angemessene Gegenmaßnahmen abzuleiten.

Dabei gilt es zu prüfen, ob alle sicherheitsrelevanten Systemelemente, Funktionsblöcke und Schnittstellen – insbesondere auch zu benachbarten oder externen Systemen – auf Basis des Systemarchitekturentwurfs eindeutig identifiziert und dokumentiert wurden. Dies betrifft sowohl Hardware- als auch Softwarekomponenten, wobei eine konsistente Traceability zwischen Anforderungen, Architektur und Sicherheitsmechanismen sichergestellt werden muss. Nur so lässt sich nachweisen, dass der Systementwurf und die zugehörigen ASIL angemessen bestimmt wurden und die Sicherheitsanforderungen auf allen Ebenen adressiert sind.

Abhängig vom festgelegten ASIL kommen dabei unterschiedliche Analysemethoden zum Einsatz: Für ASIL A oder B reichen oft qualitative Methoden wie die FMEA aus, während für ASIL C oder D in der Regel eine Kombination aus induktiven (z.B. FMEA) und deduktiven Verfahren (z.B. FTA oder FMEDA) notwendig ist. Auf Systemebene genügt zunächst meist eine qualitative Betrachtung, während auf Komponentenebene quantitative Analysen erforderlich sein können – insbesondere im Hardwarebereich zur Erfüllung probabilistischer Anforderungen.

Werden im Rahmen der Sicherheitsanalysen neue Gefährdungen, fehlerhafte Signalpfade oder unzureichend abgesicherte Funktionen erkannt, sind diese systematisch in die bestehende HARA zurückzuführen. Die HARA muss entsprechend aktualisiert werden, damit die neuen Erkenntnisse rück-wirkend Einfluss auf die ASIL-Einstufung und das Sicherheitskonzept nehmen können. Diese Rückkopplungsschleife ist ein wesentlicher Bestandteil eines iterativen Sicherheitsprozesses und Voraussetzung für ein robustes Sicherheitsargument.

Tipp

Das Kapitel 4, »Item-Definition und Sicherheitsanalysen«, geht detailliert auf die Analysemethoden ein und erläutert die ASIL-Dekomposition am Projektbeispiel.

5.5.4 Spezifikation der Hardware-Software-Schnittstelle

Die Hardware-Software-Schnittstelle (HSI) spezifiziert das Zusammenspiel von Hardware und Software und muss mit dem technischen Sicherheitskonzept vereinbar sein. Jede durch Software gesteuerte Hardwarekomponente und jede Hardware, die die Ausführung von Software unterstützt, muss in dieser Spezifikation erwähnt werden. Die folgenden Punkte sollten auf jeden Fall in der HSI beschrieben werden, sofern anwendbar:

- Alle Betriebsarten der Hardware sowie deren Konfigurationsparameter
- Hardwaremerkmale, die die Unabhängigkeit der einzelnen Komponenten gewährleisten und die Softwarepartitionierung (Modularisierung) unterstützen
- Gemeinsame und exklusive Nutzung von Hardwareressourcen
- Methoden des Zugriffs auf die Hardware
- Zeitvorgaben für die einzelnen Dienste aus dem technischen Sicherheitskonzept
- Merkmale der Hardwarediagnose
- Merkmale der Softwarediagnose bezogen auf die Hardware

In den späteren Phasen der Hard- und Softwareentwicklung wird die HSI weiter verfeinert.

5.5.5 Produktion, Betrieb, Service und Stilllegung

Im Rahmen der ISO 26262:2018 müssen für die Phasen Produktion, Betrieb, Service, Wartung und Stilllegung spezifische Anforderungen erfüllt werden, um die funktionale Sicherheit über den gesamten Lebenszyklus hinweg sicherzustellen.

Diagnose und Service

Diagnosesysteme sind so auszulegen, dass relevante Felddaten direkt vor Ort ausgewertet werden können. Fehler, die die funktionale Sicherheit beeinträchtigen könnten, müssen vom Werkstattpersonal zuverlässig erkannt und bewertet werden können, sofern dies für Wartung und Service erforderlich ist. Eine klare und nachvollziehbare Fehlerdiagnose trägt wesentlich zur Sicherheit im Betrieb und bei Instandhaltungsmaßnahmen bei.

Produktion

Folgende Aspekte bzw. Förderungen sind in den entsprechenden Spezifikationen explizit zu dokumentieren:

- Montageanleitungen mit sicherheitsrelevanten Hinweisen
- Kennzeichnungsvorschriften für sicherheitskritische Systeme und Komponenten
- Anforderungen an die Identifikation und Nachverfolgbarkeit während der Produktion
- Nachweismethoden und Maßnahmen zur Qualitätssicherung in der Fertigung
- Wartungsanforderungen, einschließlich der Bereitstellung von Diagnosedaten und detaillierten Wartungsanweisungen für das Servicepersonal
- Vorgaben für den sicheren Rückbau und die Stilllegung von Systemen oder Komponenten

Wartung

Die Wartungsphase ist ein zentraler Bestandteil des Sicherheitslebenszyklus. Wartungsanweisungen müssen so gestaltet sein, dass sicherheitsrelevante Funktionen erhalten bleiben und potenzielle Fehlerquellen frühzeitig erkannt und behoben werden können. Regelmäßige Wartungsintervalle und die Aktualisierung von Diagnosedaten sind zu berücksichtigen.

Stilllegung

Für die Stilllegung sicherheitsrelevanter Systeme sind klare Prozesse zu definieren, um Risiken beim Rückbau oder der Entsorgung zu minimieren. Dies umfasst sowohl technische Maßnahmen als auch die Dokumentation der durchgeführten Schritte.

5.5.6 Systembezogene Verifikationsaktivitäten

Der Systementwurf muss vollständig sein und mit dem technischen und funktionalen Sicherheitskonzept übereinstimmen. Die Norm verlangt eine Auswahl aus den folgenden Methoden, wobei der jeweilige ASIL zu berücksichtigen ist:

- Überprüfung des Systementwurfs
- System Design Walkthrough
- Simulation
- Prototypentests und Tests im Fahrzeug
- Sicherheitsanalyse

> Werden im Rahmen der Systemauslegung neue Gefährdungen identifiziert, sind diese in der HARA sowie in allen betroffenen Sicherheitsdokumenten – wie etwa dem funktionalen oder technischen Sicherheitskonzept – zu berücksichtigen. Die notwendigen Anpassungen sind gemäß dem in **ISO 26262-8: 2018** beschriebenen Änderungsmanagementprozess umzusetzen.

5.5.7 System-Item-Integration und Test

In der Integrationsphase wird der Gegenstand schrittweise aus seinen einzelnen, unabhängig voneinander entwickelten Komponenten zusammengesetzt. Je nach Komplexität des Objekts wird der Systementwurf über mehrere Stufen in kleinere Teile zerlegt. Auf der Systemebene ist die kleinste betrachtete Einheit das Item, ein Verbund aus Hardware und Software.

Im ersten Integrationsschritt werden Hardware und Software zu einem funktionalen (Teil-)Gerät zusammengefügt. Je nach Systemdesign werden die Elemente in den folgenden Schritten in immer größere Systeme integriert, bis der Gegenstand vollständig ist.

Der letzte Integrationsschritt ist der Einbau in das Fahrzeug. Die Integration muss genau geplant werden, damit das Zusammenspiel der integrierten Elemente oder Systeme funktioniert und keine Fehler in den Verbund eingebracht werden. Wenn beispielsweise eine bestimmte Konfiguration eines Geräts für das Zusammenspiel der Komponenten erforderlich ist, muss diese während der Integration vorgenommen werden.

Ziel ist es, dass der Integrationsprozess je nach Spezifikation und ASIL-Klassifizierung alle Sicherheitsanforderungen erfüllt. Anschließend muss der Systementwurf auf die Einhaltung bzw. Umsetzung der Sicherheitsanforderungen überprüft werden.

5.5.8 Hardware-Software-Integration und Prüfung

Bei der Hardware-Software-Integration werden die bis zu diesem Zeitpunkt unabhängig voneinander entwickelten Subsysteme zusammengeführt. Von diesem Schritt an wird die Software auf der späteren Zielhardware eingesetzt und getestet.

ISO 26262

> Die Anforderungen und Testverfahren hierfür sind in der **ISO 26262-4:2018, Abschnitt 7.4.2,** enthalten.

Ziel der Hardware-Software-Integrationstests ist es, die vorhandenen systematischen Fehler zu identifizieren und zu prüfen, ob die sicherheitstechnischen Anforderungen korrekt umgesetzt wurden. Je nach ASIL-

Klassifizierung müssen verlässliche Tests durchgeführt werden. Insbesondere für ASIL B und ASIL C muss die Hardware-Software-Schnittstelle mit ausreichender Abdeckung getestet werden. Ein wichtiger Aspekt ist auch, dass nicht nur die eigentliche Funktion betrachtet wird, sondern auch das Timing der Sicherheitsfunktionen, ihre Konsistenz, Wirksamkeit und Robustheit. Dies gilt für alle internen und externen Schnittstellen im System.

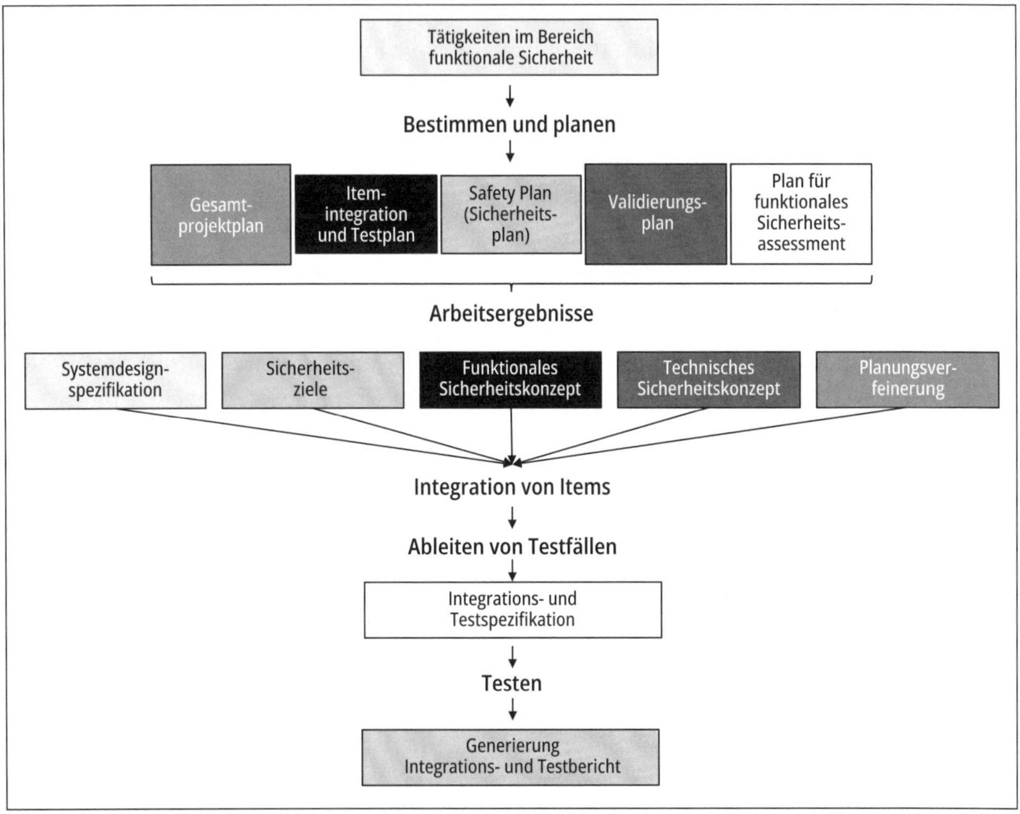

Abb. 5.9 *Tätigkeiten und Arbeitsergebnisse in der Integrationsphase*

Darüber hinaus muss die Kommunikation zwischen Hard- und Software, ob durch direkte Verbindungen oder z. B. ein Bussystem, getestet werden. Ziel der letzten Gruppe von Tests ist es, die Robustheit und den Diagnosedeckungsgrad des integrierten Systems aus Hardware und Software zu überprüfen. Insbesondere müssen der Ressourcenverbrauch und das Verhalten unter hoher Last des integrierten Elements getestet worden sein. Abbildung 5.9 zeigt dieses Zusammenspiel.

5.5.9 Tests auf Systemebene

Auf Systemebene werden Tests der Ressourcennutzung grundsätzlich in dynamischen Umgebungen wie Laborfahrzeugen oder Prototypen durchgeführt. Anlässe für diese Tests sind z.B. Spannungsverbrauch und Buslast. Ein Stresstest verifiziert das korrekte Verhalten des Systems unter hoher Belastung oder hohen Anforderungen aus der Umgebung. Zu diesem Zweck werden Tests unter hoher Belastung des Systems oder mit extremen Eingaben oder Anforderungen durch andere Systeme durchgeführt. In ähnlicher Weise wird das System unter extremen Temperaturen, hoher Luftfeuchtigkeit oder mechanischen Stößen getestet. Eine besondere Form der Belastungsprüfung ist die Prüfung der Fehlerresistenz des Systems unter bestimmten Umgebungsbedingungen. Dazu gehören ESD- und EMV-Tests.

5.5.10 Integration und Prüfung auf Fahrzeugebene

Die letzte Stufe der Systemintegration ist der Einbau des fertiggestellten Subsystems in das Fahrzeug und die anschließende Prüfung unter realen Einsatzbedingungen. In dieser Phase entfallen die letzten – möglicherweise idealisierten – Randbedingungen früherer Tests.

ISO 26262

Die Anforderungen und Testverfahren hierfür sind in der **ISO 26262-4:2018, Abschnitt 7.4.2,** enthalten.

Das primäre Ziel der Integrationstests auf Fahrzeugebene ist der Nachweis, dass die funktionalen Sicherheitsanforderungen korrekt umgesetzt und erfüllt werden. Dies umfasst sowohl die eigentliche Funktionalität (alle Aspekte der Implementierung) als auch das zeitliche Verhalten des Systems. Der wichtigste Unterschied zu den Tests in den vorangegangenen Integrationsphasen besteht darin, dass die Tests ausschließlich unter realen Bedingungen durchgeführt werden.

Zusätzlich können Benutzertests durchgeführt werden, bei denen Testpersonen beispielsweise das Systemverhalten ohne konkret vorgegebene Testszenarien beurteilen. Diese praxisnahen Tests ermöglichen die Bewertung des Systems aus Anwendersicht und spiegeln reale Nutzungssituationen wider.

Die letzte Gruppe von Funktionstests, die in dieser Phase durchgeführt wird, ist die Validierung des zeitlichen Verhaltens aller sicherheitsrelevanten Elemente. Dabei wird überprüft, ob alle Sicherheitsmechanismen innerhalb der geforderten Reaktionszeiten arbeiten und die Anforderungen an die Steuerbarkeit des Fahrzeugs erfüllt sind.

Im Rahmen der Fahrzeugintegration werden Tests durchgeführt, um die korrekte Funktionsleistung sowie die Genauigkeit und das Timing der Sicherheitsmechanismen zu überprüfen:

- Leistungstests erfolgen zur Überprüfung der Ausführung und Wirksamkeit der Sicherheitsmechanismen, wie Fehlertoleranzzeiten und Steuerbarkeit des Fahrzeugs im Fehlerfall.
- Langzeittests werden zur Bewertung der Systemzuverlässigkeit und Robustheit über längere Betriebszeiträume durchgeführt.
- Benutzertests erfolgen unter realen Bedingungen. Für diese Tests sind zusätzliche Sicherheitsmaßnahmen für die Testpersonen zu berücksichtigen.

Diese Verfahren sind für ASIL C und ASIL D sehr zu empfehlen. Auch hier ist eine Auswahl mit logischer Begründung und Priorisierung zu überlegen. Die Auswahl eines Langzeittests und eines Benutzertests unter realen Bedingungen ähnelt beispielsweise den Tests aus der Praxis, mit dem Unterschied, dass eine größere Anzahl von Proben verwendet wird. Außerdem sind die Endnutzer die Testpersonen und es gibt keine vorher festgelegten Testszenarien. Wenn dieser Test gewählt wird, müssen geeignete zusätzliche Sicherheitsmaßnahmen für die Tester in Betracht gezogen werden.

5.5.11 Prüfung externer Schnittstellen und Kommunikation

Ein zentrales Ziel der Systemintegrationstests ist der Nachweis der vollständigen und korrekten Implementierung aller externen Schnittstellen sowie der verlässlichen Kommunikation zwischen den Systemkomponenten. Gerade im Kontext sicherheitsrelevanter Systeme – wie etwa bei ADAS- oder E-Mobility-Funktionen – ist die Kommunikationsstabilität von entscheidender Bedeutung für die funktionale Sicherheit und die Einhaltung der Sicherheitsziele.

Die Prüfung externer Schnittstellen umfasst sowohl elektrische, mechanische als auch softwarebasierte Schnittstellen, einschließlich:

- Kommunikationsbusse wie CAN, LIN, FlexRay, Ethernet
- Sensorschnittstellen (z. B. für Radar, Lidar, Kamera)
- Diagnose- und Debug-Ports
- Energieversorgung und Masseverbindungen
- Fahrzeug-Gateways oder Backend-Verbindungen

In der Regel erfolgt die Bewertung zunächst in einer Testumgebung (HiL, SiL), anschließend jedoch zwingend auch im reellen Fahrzeugkontext unter finalen Betriebsbedingungen. Nur so lässt sich die tatsächliche Systemstabilität unter realitätsnahen Störgrößen und Lastszenarien verifizieren.

Kommunikationstests im Fokus

Im Mittelpunkt stehen dabei folgende Aspekte:

- Validierung der Protokollkonformität: Werden alle spezifizierten Kommunikationsstandards eingehalten?
- Testung der Reaktionszeit auf Kommunikationsfehler oder Busüberlastungen
- Detektion von Timeout-Verhalten, Fehlerflags, Retransmissionen oder falscher Initialisierung
- Analyse von Kommunikationsinhalten, inklusive Signalcodierung, Bitlängen, Checksummen
- Prüfung auf gegenseitige Beeinflussung (z. B. ungewollte Rückwirkungen auf andere Busse)
- Störfestigkeit (EMV-Tests, manipulierter Datenverkehr, Fehlspannungen)

Diagnosedeckungsgrad und Robustheit

Ein weiteres Ziel dieser Testphase ist die Bewertung der Diagnosedeckung. Das bedeutet, dass überprüft wird, ob Fehler in der externen Kommunikation korrekt erkannt, protokolliert und ggf. gemeldet werden (z. B. über UDS DTCs). Typische Beispiele:

- Leitungskurzschlüsse oder Unterbrechungen
- Ausfall eines Kommunikationspartners
- Verzögerte oder fehlerhafte Nachrichten
- Plausibilitätsverletzungen im Signalinhalt

Zugleich muss die Robustheit des Gesamtsystems sichergestellt werden, etwa durch:

- Langzeittests (Burn-in)
- Tests bei Stromunterbrechung, Spannungsabfall oder Spannungsspitzen
- Stresstests unter hoher Temperatur oder Feuchtigkeit
- Störinjektionen (elektrisch, thermisch, logisch)

Tests unter Umweltbedingungen

ISO 26262 fordert, dass Systeme nicht nur unter nominalen Bedingungen funktionieren, sondern auch unter Umweltstress, wie z. B.:

- Temperaturzyklen (-40 °C bis +125 °C / abhängig von Bauteilklasse und Einsatzort)
- Feuchtigkeit, Schmutz, Vibrationen

- Spannungseinbrüche oder EMV-Störungen
- Software-Updates während des Betriebs (OTA)

Dabei geht es um den Erhalt der Kommunikationsfähigkeit und Funktionalität über die gesamte vorgesehene Systemlebensdauer, auch im Alterungszustand (z. B. nach zehn Jahren Betriebszeit).

5.5.12 Projektstory ADAS NextGen: Kommunikation des ADAS-Steuergeräts

Das ADAS-Steuergerät der Drivesmart AG verarbeitet Sensordaten von Frontkamera, Radar und Ultrasonic. Im Integrationstest wird Folgendes überprüft:

- *Sind alle Sensoren korrekt initialisiert und zyklisch eingebunden?*
- *Werden CAN-Nachrichten mit Objektdaten korrekt übertragen und aktualisiert?*
- *Wie reagiert das System auf Ausfall eines Sensors oder Kommunikationsaussetzer?*
- *Meldet die Diagnose die Ausfälle korrekt?*
- *Erfolgt die Reaktion innerhalb der ASIL-gerechten Zeitfenster (z. B.* $\leq 100\,ms$*)?*

Die Prüfung externer Schnittstellen und Kommunikation bildet einen kritischen Meilenstein in der Systemintegration und ist eng verknüpft mit der Absicherung der Sicherheitsarchitektur. Nur durch umfassende Tests im Gesamtkontext – unter Berücksichtigung realer Einsatzbedingungen, Fehlerfälle und Umwelteinflüsse – lässt sich die Funktionalität und Sicherheit eines Systems langfristig und zuverlässig gewährleisten. Die dabei gewonnenen Ergebnisse fließen unmittelbar in die Sicherheitsnachweise gemäß ISO 26262 ein.

5.5.13 Sicherheitsvalidierung

Die Sicherheitsvalidierung dient dem Nachweis, dass die definierten Sicherheitsziele und das Konzept der funktionalen Sicherheit durch das Item selbst erreicht werden, sobald es in das Fahrzeug integriert ist. Sie bestätigt, dass die Sicherheitsziele korrekt und auf Fahrzeugebene vollständig umgesetzt wurden. Darüber hinaus wird überprüft, ob die Sicherheitsziele angemessen ausgelegt sind und dem Stand der Technik entsprechen. Hierzu sind gezielte Untersuchungen und Tests erforderlich.

Zur Durchführung der Sicherheitsvalidierung sind folgende Unterlagen notwendig:

- Gefährdungsanalyse und Risikobewertung
- Sicherheitsziele
- Projektplan

- Funktionales Sicherheitskonzept
- Technisches Sicherheitskonzept
- Integrations- und Testplan
- Berichte aus der Sicherheitsanalyse
- Validierungsplan

Die Sicherheitsziele für jedes integrierte Element (Software, Hardware, Mechatronik) müssen abschließend in einem repräsentativen Fahrzeug installiert und validiert werden.

Während die Verifizierungsaktivitäten sicherstellen, dass die Ergebnisse der einzelnen Entwicklungsschritte (wie Entwurfsverifizierung, Sicherheitsanalyse, Hardware- und Softwareintegration sowie Tests) die Anforderungen erfüllen, bestätigt die Sicherheitsvalidierung die Wirksamkeit und Konformität der umgesetzten Sicherheitsmaßnahmen für das Gesamtsystem – also das Fahrzeug – gemäß ISO 26262:2018.

5.5.14 Erforderliche Arbeitsprodukte für ISO 26262-4:2018

Die relevanten Arbeitsprodukte und geeigneten Nachweise, die auf der Erfahrung der Autoren basieren und zur Erfüllung der Anforderungen der ISO 26262-4:2018 verwendet werden können, sind in der folgenden Tabelle 5.5 aufgeführt.

Arbeitsprodukt	Anforderung in ISO 26262-4:2018	Nachweise
Technische Sicherheitsanforderungsspezifikation [ISO 26262-4:2018, Abschnitt 6.5.1]	6.4.1 und 6.4.2	Anforderungen in DOORS, Excel oder irgendein anderes Anforderungsmanagementtool
Technisches Sicherheitskonzept [ISO 26262-4:2018, Abschnitt 6.5.2]	6.4.3 bis 6.4.6	Dokumentation des entwickelten technischen Sicherheitskonzepts
Systemarchitekturentwurf [ISO 26262-4:2018, Abschnitt 6.5.3]	6.4.3 bis 6.4.6	Entwurf der Systemarchitektur, beschrieben im Tool oder im Word-Format
HSI [ISO 26262-4:2018, Abschnitt 6.5.4]	6.4.7	HSI einschließlich der in der Norm genannten Attribute
Verifikationsbericht des Systemarchitekturentwurfs, HSI [ISO 26262-4:2018, Abschnitt 6.5.6]	6.4.9	Bestätigungsreviews/Verifikationsreview-Bericht des Systemarchitekturentwurfs, HSI

→

Arbeitsprodukt	Anforderung in ISO 26262-4:2018	Nachweise
Sicherheitsanalysen [ISO 26262-4:2018, Abschnitt 6.5.7]	6.4.4	Durchführung von Sicherheitsanalysen wie FMEA, FTA, Erstellung von Verifikationsberichten
Integration und Teststrategie [ISO 26262-4:2018, Abschnitt 7.5.1]	7.4.1	Integration und Teststrategie, Testfälle für Integrationstests
Testbericht zur Integration [ISO 26262-4:2018, Abschnitt 7.5.2]	7.4.2, 7.4.3, 7.4.4	Bericht mit den Testergebnissen für die verschiedenen durchgeführten Integrationstests
Spezifikation der Sicherheitsvalidierung [ISO 26262-4:2018, Abschnitt 8.5.1]	8.4.1, 8.4.2	Spezifikation einschließlich der Beschreibung der Umweltbedingungen
Bericht zur Sicherheitsvalidierung [ISO 26262-4:2018, Abschnitt 8.5.2]	8.4.3	Bericht mit einer Beschreibung der Ergebnisse der Sicherheitsvalidierung auf Fahrzeugebene

Tab. 5.5 *Relevante Arbeitsprodukte und geeignete Nachweise nach ISO 26262-4:2018*

5.6 Produktentwicklung auf Hardwareebene

ISO 26262-5:2018 legt Anforderungen an die Hardwareentwicklung fest, deren Umsetzung zu bestimmten Arbeitsprodukten und Dokumentationen führt. Im Allgemeinen handelt es sich dabei um folgende Inhalte:

- Eingangsbedingungen für den Start der Produktentwicklung auf Hardwareebene
- Spezifikation der Hardware-Sicherheitsanforderungen
- Hardwareentwurf
- Architekturmetriken auf der Hardwareebene
- Analyseberichte über die Verletzung von Sicherheitszielen aufgrund von ungewollten Hardwareausfällen
- Dokumentation der Hardwareintegration und -tests

Zusätzlich wird über die unterstützenden Aktivitäten [ISO 26262-8: 2018] die folgende Dokumentation zur Qualifizierung der Hardwarekomponenten gefordert:

- Qualifizierungsplan
- Hardwarekomponenten-Testplan
- Qualifizierungsberichte

Die hardwarespezifischen Sicherheitsaktivitäten werden als Teil des Sicherheitsplans betrachtet. Alle Aktivitäten müssen klar definiert sein und die verantwortlichen Personen müssen Zugang zu den Ressourcen und Werkzeugen haben, um die Sicherheitsaktivitäten durchzuführen.

ISO 26262

ISO 26262-5:2018, Anhang A, gibt einen Überblick über den Arbeitsablauf der Produktentwicklung auf Hardwareebene und **ISO 26262-11:2018** enthält Leitlinien zur Anpassung der Arbeitsprodukte für integrierte Schaltungen.

Im Folgenden wird die Dokumentation beleuchtet, die zur besseren Verständlichkeit während der Hardwareentwicklungsphase erstellt wird. Die nachstehenden Ausführungen bieten jedoch keinen vollständigen Überblick über die gesamte Produktentwicklung auf Hardwareebene, sondern sollen lediglich einen kurzen Einblick vermitteln.

5.6.1 Spezifikation der Hardwareanforderungen

Die Hardware-Sicherheitsanforderungen leiten sich aus dem technischen Sicherheitskonzept (TSK) und den Systementwurfsspezifikationen ab. Sie müssen so formuliert sein, dass sie eindeutig auf die Anforderungen im TSK und auf den Systementwurf zurückgeführt werden können (Rückverfolgbarkeit). Gleichzeitig muss die Konsistenz mit diesen Anforderungen gegeben sein. In dieser Phase wird auch die HSI-Spezifikation erstellt.

Technische Sicherheitsanforderungen, die sowohl Hardware als auch Software betreffen, werden so lange verfeinert und unterteilt, bis die spezifischen Hardwareanforderungen klar definiert sind. Dabei werden auch Hardware- und Designeinschränkungen, die sich aus dem vorgegebenen Design ergeben, in die Hardwarerealisierungsplanung integriert. Erforderliche Sicherheitsmechanismen, wie beispielsweise Fehlererkennung, Fehlerbehandlung und Redundanzmaßnahmen, werden explizit in die Hardwareanforderungen aufgenommen. Die resultierenden Anforderungen bilden die Grundlage für die weitere Hardwareentwicklung und -verifikation.

Bereits auf der Systemebene werden Werte und Obergrenzen (Metriken) bezogen auf Hardware und zufällige Hardwareausfälle vorgegeben. Aus der Spezifikation muss klar ersichtlich sein, ob die Obergrenzen für die Ausfallraten auf Analysen oder Felderfahrungen oder auf den Tabellen aus der Norm beruhen. Diese Transparenz ist entscheidend für die Nachvollziehbarkeit und spätere Verifikation der Sicherheitsanforderungen.

5.6.2 Hardwareentwurf

Der Hardwareentwurf wird unter Berücksichtigung der Sicherheitsanalysen, der Hardware-Sicherheitsanforderungen, der HSI-Spezifikation, der Systemarchitektur sowie der Hardwareentwurfseigenschaften von der für die Entwicklung der Hardware verantwortlichen Partei erstellt. Unabhängig davon, in welchem Format der Hardwareentwurf zu dokumentieren ist, muss eine Zuordnung des Systementwurfs und der Sicherheitsanforderungen zur Hardware jederzeit möglich sein, damit eine Rückverfolgbarkeit gegeben ist. In der Praxis kann eine grafische Darstellung (z.B. Blockdiagramm) der Hardwarearchitektur sowie eine dokumentierte Beschreibung geliefert werden. Die Rückverfolgbarkeit wird in der Regel mithilfe von Werkzeugen nachverfolgt. Die Darstellung der Hardwarearchitektur erfasst alle erforderlichen Hardwareelemente, die sich auf das definierte Element und seine Schnittstellen beziehen. Die Details können weiter bis auf Komponentenebene heruntergebrochen werden. Die Rückverfolgbarkeit zu den spezifizierten Hardware-Sicherheitsanforderungen funktioniert bis auf die Komponentenebene; eine Rückverfolgbarkeit bis auf die Bauteilebene ist nahezu unmöglich.

Die Eigenschaften der Hardwarearchitektur sollten gemäß ISO 26262-5:2018 berücksichtigt werden, wie in Tabelle 5.6 dargestellt.

Eigenschaften		**ASIL**			
		A	**B**	**C**	**D**
1	Hierarchischer Aufbau	+	+	+	+
2	Genau definierte Schnittstellen der sicherheitsrelevanten Hardwarekomponenten	++	++	++	++
3	Vermeidung von unnötiger Komplexität der Schnittstellen	+	+	+	+
4	Vermeidung von unnötiger Komplexität der Hardwarekomponenten	+	+	+	+
5	Wartbarkeit (Service)	+	+	++	++
6	Testbarkeit[a]	+	+	++	++

a) Testbarkeit beinhaltet Testbarkeit während der Entwicklung, Produktion, Service und Betrieb

Tab. 5.6 *Eigenschaften der Hardwarearchitektur nach ISO 26262-5:2018*

Während des Hardwaredesigns sollen die nicht funktionalen Fehlerursachen berücksichtigt werden, wie z.B. Temperatur, Vibrationen, elektromagnetische Interferenz (EMI), Rauschfaktor oder Umgebungseinflüsse. Das Einsatzprofil und die Betriebsbedingungen werden eindeutig festgelegt, um Ausfälle aufgrund der vorgesehenen Nutzung zu vermeiden.

5.6.3 Hardware-Sicherheitsanalysen

Die jeweiligen Parteien, die die Entwicklung von Hardware in ihrem Bereich gemäß dem DIA verantworten, müssen Sicherheitsanalysen (siehe Abbildung 5.10) durchführen und dabei die Anforderungen der ISO 26262-9, Abschnitt 8, befolgen. Diese Analysen sollten die Ursachen und Folgen von Fehlern identifizieren. Die eingeleiteten Maßnahmen müssen sicherstellen, dass Einfachfehler vermieden und Restfehler reduziert werden. Die Analyseergebnisse müssen zusammen mit dem Verfahren selbst dokumentiert werden. Dabei sollten die Wirksamkeit der Sicherheitsmechanismen und der Diagnosedeckungsgrad berücksichtigt werden.

Die folgenden Sicherheitsanalysen können zusammen mit ihrer Verifizierung durchgeführt werden:

- Hardware-FMEA
- Hardware-FTA
- Hardware FMEDA

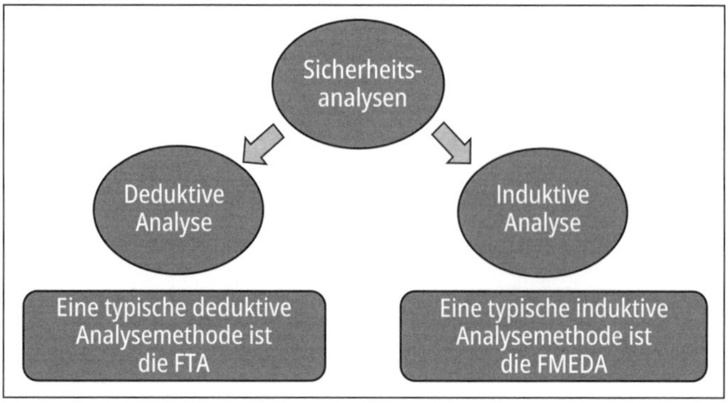

Abb. 5.10 *Sicherheitsanalysen für die Hardware*

Für Halbleiter muss eine differenzielle Fehleranalyse (Differential Fault Analysis, DFA) zu den Abhängigkeiten durchgeführt werden. Der entsprechende Leitfaden ist in der ISO 26262-11:2018 enthalten. Das Ziel dieser Analyse ist es, die gemeinsame Ursache und kaskadierende Ausfälle zwischen den Elementen zu identifizieren und zu analysieren, die zu einer Verletzung des Sicherheitsziels führen könnten. Die DFA wird zwischen Hardwareelementen, die innerhalb eines Siliziumchips implementiert sind, sowie zwischen Hardware- und Softwareelementen durchgeführt. Bei der Durchführung dieser Analysen sind geeignete Sicherheitsmechanismen zu berücksichtigen.

> Eine Verifikation der durchgeführten Analyse erfolgt gemäß **ISO 26262-8, Absatz 9,** um die technische Korrektheit und Vollständigkeit zu überprüfen.

ISO 26262

5.6.4 Bewertung der Hardwarearchitekturmetriken

Das Hauptziel dieses Prozessschritts ist die Bewertung der Hardwarearchitektur des betrachteten Items. Dabei liegt der Schwerpunkt auf den Anforderungen an die Fehlerbehandlung. Zu diesem Zweck werden bestimmte Metriken der Hardwarearchitektur betrachtet. Die Wirksamkeit der Architekturmechanismen gegenüber zufälligen Hardwarefehlern kann mit zwei Metriken der Hardwarearchitektur beschrieben werden:

- Single Point Fault Metric (SPFM)
- Latent Fault Metric (LFM)

Die Metriken der Hardwarearchitektur sollten folgende Ziele erfüllen:

- Objektive Bewertung verschiedener Architekturen
- Bewertung des endgültigen Entwurfs
- Bestimmung von ASIL-abhängigen Akzeptanzkriterien
- Bestimmung der Wirksamkeit der verwendeten Sicherheitsmechanismen im Hinblick auf die Risiken von Einzelpunkt- oder Restfehlern in der Hardwarearchitektur
- Auflistung von Einzelpunkt-, Rest- und latenten Fehlern
- Robustheit gegenüber Restunsicherheiten bei den Ausfallraten der Hardware

Die Bewertung der Hardwarearchitekturmetriken zeigt, ob die ermittelten Metriken die gesetzten Ziele erfüllen oder ob zusätzliche Diagnosemaßnahmen notwendig sind. Das Ergebnis der Bewertung kann eine Änderung des Hardwaredesigns oder der Softwarelösung beeinflussen.

Für die Bestimmung von SPFM und LFM ist eine induktive gegenüber einer deduktiven Analyse vorzuziehen. Mithilfe der FMEDA-Methodik (Serial Markov Modeling) lassen sich die Übergangsraten unter Anwendung geeigneter Zuverlässigkeitsnormen wie beispielsweise [IEC 62380:2004] oder [IEC 61709:2017] übersichtlich darstellen und die erforderlichen Metriken SPFM und LFM berechnen. In der Praxis bleibt es dem Anwender überlassen, welche Methode bzw. welche Zuverlässigkeitsnormen er verwendet, solange die Berechnung der Metriken den Anforderungen der ISO 26262 entspricht. In der Automotive-Industrie wird die IEC 62380:2004 noch häufig genutzt, vor allem wegen ihrer spezifischen Ausrichtung auf Automotive-Anwendungen (Mission Profiles for Automotive, Table 11), jedoch wird zunehmend die IEC 61709 als moderne Norm in Betracht gezogen. Beide Normen können als Grundlage herangezogen werden.

5.6.5 Maßnahmen zur Beherrschung von zufälligen Hardwareausfällen während des Betriebs

Quantitative Annäherungen an die bereits erwähnten Sicherheitsanalysen sind bei der Festlegung der weiteren Sicherheitsmaßnahmen hilfreich. Dies muss auch bei der Hardwareanalyse nach ISO 26262-5:2018, Abschnitt 9, berücksichtigt werden.

Ein zentrales Instrument zur quantitativen Bewertung ist die Failure Modes, Effects and Diagnostic Analysis (FMEDA). Ihr Ziel ist es, auf Basis von Ausfallraten der einzelnen Hardwarekomponenten die folgenden Kenngrößen zu ermitteln:

- SPFM (Single Point Fault Metric) – zur Bewertung von Einzelpunktfehlern
- LFM (Latent Fault Metric) – zur Bewertung von latenten Fehlern in redundanten Pfaden
- PMHF (Probabilistic Metric for random Hardware Failures) – zur Abschätzung der gesamten Ausfallwahrscheinlichkeit eines sicherheitsrelevanten Elements

Diese Metriken dienen dazu, die Konformität mit den in ISO 26262:2018 festgelegten Grenzwerten für den jeweiligen ASIL nachzuweisen. Die Analyse erfolgt in der Regel komponentenweise, wobei jedem Fehlermodus eine bestimmte Detektionswahrscheinlichkeit und Diagnoseabdeckung zugeordnet wird. Die FMEDA erlaubt somit die Identifikation kritischer Fehlerpfade, die Bestimmung des Diagnosebedarfs sowie die Bewertung der Wirksamkeit implementierter Sicherheitsmechanismen.

Ziel und Zweck der FMEDA

Die FMEDA (Failure Modes, Effects and Diagnostic Analysis) ist ein systematisches Verfahren zur detaillierten Ermittlung von Fehlerursachen und deren Auswirkung auf das Elektroniksystem. Sie kann bereits in frühen Phasen der Systementwicklung effizient eingesetzt werden, um die Schwachstellen eines Hardwareentwurfs zu erkennen.

Eine zentrale Anforderung der ISO 26262:2018 ist es, Fehler in einem sicherheitsrelevanten System zu vermeiden und bis auf eine zulässige Restfehlerwahrscheinlichkeit bzw. Restfehlerrate zu reduzieren. In

Abhängigkeit der gewählten Systemstruktur und des zu erreichenden Automotive Safety Integrity Level (ASIL) müssen systematisch alle Fehlermöglichkeiten bewertet werden.

Hierfür kommt die FMEDA unter Anwendung von mathematischen Modellen und Berechnungsmethoden zum Einsatz, um die aus Ausfällen resultierenden Restfehlerwahrscheinlichkeiten bzw. Restfehlerraten abschätzen zu können.

Reliability-Standards zur Berechnung der FIT-Raten

Reliability (Zuverlässigkeit) ist die Fähigkeit eines Systems, einer Komponente oder eines Produkts, seine Funktionen über eine bestimmte Zeitspanne unter definierten Bedingungen ohne Ausfall zu erfüllen. Es geht dabei um die statistische Bewertung der Wahrscheinlichkeit, dass ein System zuverlässig arbeitet, und die Analyse von Ausfallraten.

Zur Berechnung der Fehlerraten (Failure in Time, FIT-Raten) können folgende Standards herangezogen werden:

- MIL HDBK 2017F
- RIAC HDBK 217 Plus
- IEC/TR 62380
- UTE C80-811
- NPRD 95
- EN 50129:2003, Annex C
- IEC 62061:2005, Annex D
- RIAC FMD97
- MIL HDBK 338

Diese Standards definieren, wie die FIT-Raten berechnet werden. Die FIT-Rate gibt an, wie viele Fehler pro eine Milliarde Betriebsstunden auftreten, typischerweise bei elektronischen Bauteilen. Ein niedriger FIT-Wert weist auf eine höhere Zuverlässigkeit hin.

Definition der FMEDA im Kontext der ISO 26262:2018

Die FMEDA (Failure Modes, Effects and Diagnostic Analysis) ist eine quantitative, induktive Analysemethode, mit der das Sicherheitskonzept eines elektronischen Systems bewertbar und vergleichbar wird. Ergebnisse einer FMEDA nach ISO 26262:2018 werden mit folgenden Kennzahlen dargestellt:

- Hardwarearchitekturmetrik (Single-Point Fault Metric, SPFM und Latent Fault Metric, LFM)
- Fehlerwahrscheinlichkeit, mit der ein Sicherheitsziel verletzt wird (Probabilistic Metric for random Hardware Failure, PMHF).

Eine FMEDA erweitert die Struktur-, Funktions- und Fehleranalyse der FMEA (Failure Mode and Effects Analysis) um Angaben zur Zuverlässigkeit von Hardwarekomponenten und macht damit die Auswirkungen von zufälligen Bauteilausfällen quantifizierbar. Sie unterstützt bei:

- Identifikation von kritischen Bauteilen
- Präventiver Vermeidung von Designfehlern
- Verbesserung von Entwürfen
- Einschätzung der Risiken, die durch einen Ausfall verursacht werden

Klassifikation von Bauteilfehlern auf Hardwareebene

Um eine FMEDA durchführen zu können, muss das System in sinnvolle bzw. zweckmäßige Betrachtungseinheiten unterteilt sein. Diese Betrachtungseinheiten können sein:

- System
- Teilsystem
- Bauteilgruppe
- Einzelbauteile aus der BOM

Im Regelfall setzt die FMEDA auf dem Schaltplan und der daraus generierten Stückliste (Bill of Materials, BOM) auf. Die Klassifikation von Bauteilfehlern auf Hardwareebene ist im nachfolgenden Diagramm in Abbildung 5.11 dargestellt.

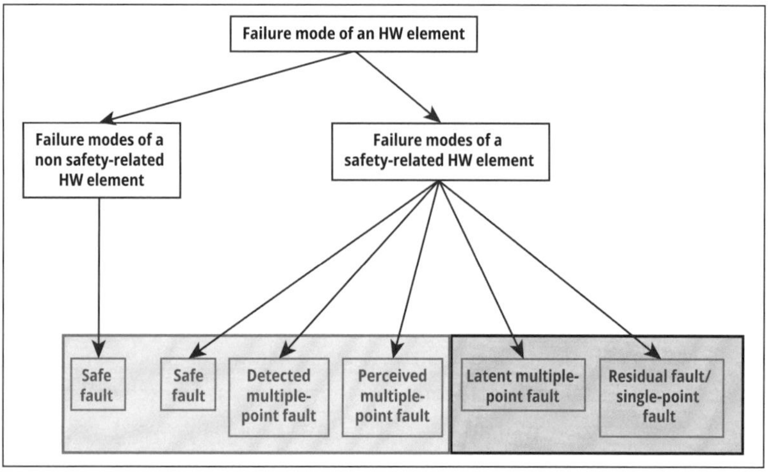

Abb. 5.11 *Klassifikation von Bauteilen in der FMEDA*

Die Einstufung der entsprechenden Fehlerraten folgt der in ISO 26262-5:2018 beschriebenen Logik, wie in Abbildung 5.12 dargestellt:

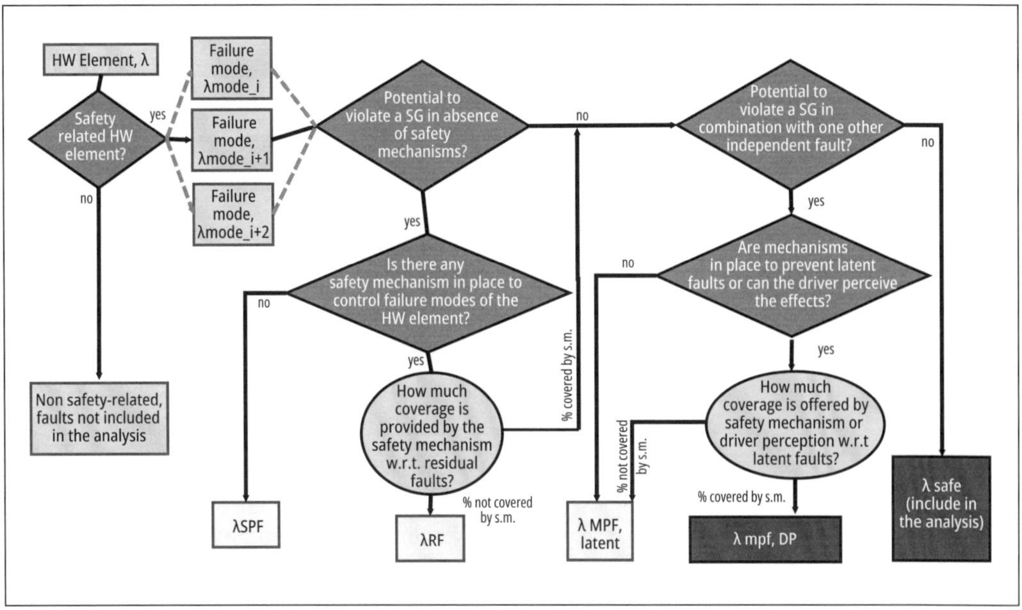

Abb. 5.12 *Einstufung der Fehlerraten in der FMEDA*

Bestimmung der Ausfallarten und Ausfallraten

Für jedes einzelne Hardwareelement erfolgt die Angabe der Ausfallrate λ in FIT (Failure in Time) und beschreibt die Wahrscheinlichkeit des Ausfalls pro Zeiteinheit. Die Angabe des FIT-Wertes wurde vereinheitlicht auf:

$\lambda = [\text{Anzahl der Ausfälle}] * 10^{-9}\,h^{-1}$

Sie stellt damit ein Maß für die Zuverlässigkeit einer Hardwarekomponente dar, die aus Reliability-Standards ermittelt und entnommen wurde. Für Standardbauelemente liegen Kataloge mit Basisdaten vor, die die Ausfallhäufigkeit und die Verteilung der Ausfälle auf bestimmte Fehlermechanismen beschreiben sowie beeinflussende Umwelteinflüsse in den angegebenen FIT-Raten berücksichtigen. Wesentlich bei der Anwendung der Standards ist, dass sich eine FMEDA immer so weit wie möglich auf einen einzigen Standard bezieht. Neben den Herstellerdaten werden die folgenden Standards häufig zur Ermittlung von Komponentendaten verwendet:

- MIL HDBK 2017
- RIAC HDBK 2017 Plus
- IEC/TR 62380
- IEC 61709
- Telcordia SR-332 und weitere

Durchführung der FMEDA in der Praxis

Die Durchführung einer FMEDA erfordert ein hohes Maß an Disziplin und muss strukturiert durchgeführt werden. Im Regelfall erfolgt eine FMEDA in einem ausgewählten Kreis von System- und Hardwareentwicklern und einem Spezialisten für die Methodik, der die FMEDA vorbereitet und moderiert. Hierzu steht eine Vielzahl an unterstützenden Tools mit einem breiten Leistungs- und Kostenspektrum zur Verfügung.

Bei der Überprüfung der Kundendokumentation zur FMEDA werden die einzelnen Fehlerannahmen und die Fehleraufteilung der Hardwarebauteile sowie deren Berechnung überprüft. In der Regel ist eine FMEDA wie folgt strukturiert (siehe Abbildung 5.13).

Aus den aus der FMEDA erzielten Ergebnissen werden die verschiedenen Anteile λ_{SPF}, RF, MPF_L und MPF_P an den Fehlern berechnet, die erforderlichen Metriken validiert und mit den in der ISO 26262-5:2018 aufgeführten Grenzwerten verglichen. Die einzelnen Metriken haben folgende Bedeutung:

- Single Point Fault (SPF): Einfachfehler – nur ein Systemelement innerhalb des Systems verhält sich falsch. Der Einfachfehler ist durch keinen Sicherheitsmechanismus abgedeckt und führt sofort zur Verletzung eines Sicherheitsziels.
- Detected Multiple Point Fault (MPFD): Wie oben – aber entdeckter/diagnostizierter Fehler, der vom System behandelt wird.
- Perceived Multiple Point Fault (MPFP): Wie oben – aber bemerkter Fehler, d.h., der Fahrer bemerkt die Fehlerbehandlung (z.B. Funktionseinschränkung).
- Latent Multiple Point Fault (MPFL): Die latenten Mehrfachfehler sind nicht erkannte Fehler, die im System verbleiben und in Kombination mit anderen Fehlern das System in den gefahrbringenden Zustand führen. Für diese Kategorie von Fehlern müssen, falls überhaupt möglich, zusätzliche Maßnahmen getroffen werden, um einen im System verbleibenden Fehler zu unterbinden bzw. diesen mit zusätzlichen Diagnosen zu reduzieren (ISO 26262-4: 2018, Abschnitt 6.4.4).
- Residual Fault (RF): Sich gefährlich auswirkende Erstfehler, der durch Diagnose nicht erkannt wird und zu einer Verletzung des Sicherheitsziels führt.
- Safe Fault (SF): Ungefährlicher Fehler, durch den die Wahrscheinlichkeit, dass ein Sicherheitsziel durch dessen Auftreten verletzt wird, unverändert bleibt.
- Multiple Point Fault (MPF): Mehrfachfehler – die Kombination von mehreren unabhängigen Fehlern werden zusammen zum Mehrfachfehler und führen zum Versagen.

From BOM	From IEC 62380			From IEC 62380		From Safty Alanysis	From appendix D							
Component Name	Failure rate / FIT	Safety-related component to be considered in the calculation	Failure mode	Failure mode distri-bution	Failure mode that has the potential to violate the safety goal in absence of safety mechanisms?	Safety mechanism(s) allowing to pre-vent the failure mode from viola-ting the safety goal?	Failure mode coverage wrt. violation of safety goal	Residual or Single-Point Fault failure rate/FIT	Failure mode that may lead to the violation of safety goal in combi-nation with an independent failure of another component?	Detection means? Safety mechanism(s) allowing to prevent the failure mode from being latent?	Failure mode coverage wrt. latent failures	Latent Multiple-Point Fault failure rate/FIT	DPF_det	PMHF [%]
T1	4	Yes	open	70%	x	SM2	99%	0.028	x	SM2	100%	0	2.772	0.5%
			close	20%	x		99%	0.008	x		100%	0	0.792	0.1%
			Drift 0.5	5%	x		99%	0.002	x		100%	0	0.198	0.0%
			Drift 2	5%									0	0.0%
T2	4	Yes	open	70%	x	SM2	99%	0.028	x	SM2	100%	0	2.772	0.5%
			close	20%	x		99%	0008	x		100%	0	0.792	0.1%
			Drift 0.5	5%	x		99%	0.002x	x		100%	0	0.198	0.0%
			Drift 2	5%									0	0.0%

Abb. 5.13 *Struktur einer FMEDA*

Folgende Berechnungsformeln und Tabellen werden dazu herangezogen:

$$\textit{Single Point Fault metric} = 1 - \frac{\sum_{\text{Safety related HW}}(\lambda_{SPF} + \lambda_{RF})}{\sum_{\text{Safety related HW}}\lambda} = \frac{\sum_{\text{Safety related HW}}\lambda_{MPF} + \lambda_{S}}{\sum_{\text{Safety related HW}}\lambda}$$

Abb. 5.14 *Definition Single Point Fault Metric*

Die Single Point Fault Metric (siehe Abbildung 5.14) gibt die Robustheit des Bauteils bezüglich Einfachfehlern an. Dazu werden die Anteile der Erstfehler an den Gesamtfehlern aufsummiert. Zur Normierung betrachtet man die Differenz zu 1, daher gilt: Je größer dieser Wert ist, desto weniger Fehler werden von nur einer Störung verursacht und entsprechend hoch ist die Robustheit.

$$\text{Latent Fault metric} = 1 - \frac{\sum_{\text{safety HW}}(\lambda_{MPFlatent})}{\sum_{\text{safety HW}}(\lambda - \lambda_{SPF} - \lambda_{RF})} = \frac{\sum_{\text{safety HW}}(\lambda_{MPFperceived} + \lambda_{S})}{\sum_{\text{safety HW}}(\lambda - \lambda_{SPF} - \lambda_{RF})}$$

Abb. 5.15 *Definition Latent Fault Metric*

Die Latent Fault Metric (siehe Abbildung 5.15) folgt dem gleichen Prinzip und quantifiziert die Anfälligkeit der Hardware gegenüber latenten Fehlern. Dazu berechnet man den Anteil der latenten Fehler an den gesamten Mehrfachfehlern. Die Einfachfehler werden hier nicht betrachtet und daher aus der Gesamtfehlerrate im Nenner herausgenommen. Auch hier bedeutet ein größerer Wert eine höhere Robustheit.

Ein Single-Point-Fehler wirkt sofort sicherheitskritisch, ein Einfachfehler ist grundsätzlich beherrschbar, und ein latenter Fehler bleibt zunächst unentdeckt, bis ein weiterer Fehler hinzukommt.

Die normativen Grenzwerte für die Single Point Fault Metric und die Latent Fault Metric sind in Tabelle 5.7 dargestellt und unterscheiden sich je nach angestrebtem ASIL-Level.

	ASIL B	**ASILC**	**ASIL D**
Single Point Fault Metric	≥ 90 %	≥ 97 %	≥ 99 %
Latent Fault Metric	≥ 60 %	≥ 80 %	≥ 90 %

Tab. 5.7 *Grenzwerte für Single Point Fault Metric und Latent Fault Metric*

Während der Designphase müssen die zufälligen Fehler und die entsprechenden Erkennungsmaßnahmen berücksichtigt werden. Hierzu können Methoden wie die Fehlerbaumanalyse (FTA) oder eine Markov-Analyse verwendet werden. Die Werte lassen sich nicht exakt berechnen, sondern müssen auf Basis plausibler Annahmen geschätzt werden. Ergebnis ist eine probabilistische Metrik, die als »Probabilistic Metric for random Hardware Failures (PMHF)« bezeichnet wird und beispielsweise durch eine quantitative FTA ermittelt werden kann. Die normativen Grenzwerte der PMHF in Abhängigkeit vom ASIL-Level sind in Tabelle 5.8 dargestellt.

ASIL	Zulässiger Grenzwert der HW-Ausfallrate
D	< 10-8 / h (gefordert)
C	< 10-7 / h (gefordert)
B	< 10-7 / h (empfohlen)
A	Keine Anforderungen

Tab. 5.8 *Grenzwerte der PMHF nach ASIL*

Abbildung 5.16 zeigt beispielhaft die Vorgehensweise zur Berechnung der PMHF:

$$M_{PMHF} = \lambda_{SPF} + \lambda_{RF} + \lambda_{DPF\_det} \times \lambda_{DPF\_latent} \times T_{lifetime}$$

Abb. 5.16 *Berechnung der PMHF*

In der Designphase müssen zudem bereits die Zielwerte für die FMEDA hinsichtlich der Single Point Fault Metric, Latent Fault Metric und des PMHF-Wertes festgelegt werden – unter Beachtung der zu erreichenden ASIL-Klassifikation.

5.6.6 Fehlerannahmen und Fehlerausschlüsse von Hardwarebauteilen

Um eine FMEDA durchführen zu können, sind für die entsprechenden Hardwarekomponenten die Fehlermodelle anzuwenden. Die nachfolgenden Tabellen (Tabelle 5.9 bis Tabelle 5.20) mit den Ausfallarten und Fehlerausschlüssen von wichtigen Hardwarebauteilen wurde aus Erfahrungen verschiedener Branchen aus den folgenden Quellen abgeleitet:

- UIC/ORE Report A155/RP12
- MIL-HDBK-338-1A
- German Federal Railways Mü8004
- Reliability Analysis Center Report FMD-91
- EN 50129

Alle Arten von Widerständen und einstellbaren Widerständen mit Ausnahme von vierpoligen Widerständen	
Unterbrechung	
Kurzschluss	(a)
Erhöhung des Widerstandswertes	
Verringerung des Widerstandswertes	(a)
Kurzschluss zum Gehäuse	
Vierpoliger Widerstand	
Unterbrechung an einzelnen Anschlüssen	
Unterbrechung des Widerstandsmaterials	(b)
Kurzschluss	(a)
Erhöhung des Widerstandswertes an jedem Anschluss	
Verringerung des Widerstandswertes	(a)
Kurzschluss zwischen zwei Klemmen der gleichen Seite (zwischen B und C oder A und D)	(c)
Kurzschluss zum Gehäuse	
Fehlerausschlüsse: (a) Das Gehäuse darf keine Hohlräume aufweisen. Die Luft- und Kriechstrecken zwischen den Anschlussdrähten an jedem Ende des Gehäuses müssen mindestens den Anforderungen der Norm EN 60443-1 [EN 60443:1997] entsprechen, und zwar in Übereinstimmung mit deren Anforderungen für verstärkte Isolierung. Die Wicklung eines drahtgewickelten Widerstands darf nur eine Lage haben. Das Bauteil muss mit Zement oder Emaille überzogen sein. Ein Kurzschluss zwischen den Windungen eines drahtgewickelten Widerstandes muss durch eine Beschichtung des Drahtes und/oder durch physische Trennung der Windungen verhindert werden. Das Gehäuse muss aus einem Material bestehen, das auch bei höchster Temperatur nicht leitend unter Fehlerbedingungen ist.	
Die Umhüllung muss selbst bei der höchsten Temperatur einschließlich Fehlerbedingungen nicht leitend sein. (b) Der 4-Pol-Widerstand muss so gebaut sein, dass bei einem Fehler, der eine Unterbrechung des Widerstandsmaterials verursacht, dieser Fehler auch eine Unterbrechung von mindestens einer der vier Anschlussklemmen verursacht. Die Schaltung außerhalb des Widerstands muss die Unterbrechung der Anschlussklemme(n) in einer ausfallsicheren Weise erkennen. (c) Zwei Anschlüsse des Widerstands müssen unabhängig voneinander mit jeder Seite des Bauteils verbunden sein.	

Tab. 5.9 *FMEDA-Beispiel für Widerstände*

Relay	
Unterbrechung irgendeiner Spule	
Unterbrechung irgendeines Kontaktes	
Kurzschluss oder Verkleinerung des Isolationswiderstandes: ▪ zwischen offenen Kontakten ▪ zwischen Spule und Spule ▪ zwischen Spule und Kontakt ▪ zwischen Spule und Gehäuse ▪ zwischen Kontakt und Kontakt ▪ zwischen Kontakt und Gehäuse	 (f) (b) (f) (b) (f) (f)
Kontaktverschweißung	(g)
Vergrößerung des Kontaktwiderstandes	
Kontaktprellen	
Vergrößerung des Anzugsstroms	
Verkleinerung des Anzugsstroms	(h)
Vergrößerung des Abfallstroms	
Verringerung des Abfallstroms	(h)
Änderung des Verhältnisses von Anzugs- zu Abfallstrom	(h)
Vergrößerung der Anzugszeit	
Verkleinerung der Anzugszeit	(h)
Vergrößerung der Abfallzeit	(h)
Verkleinerung der Abfallzeit	(h)
Relais zieht nicht an	
Relais fällt nicht ab	(h)
Gleichzeitiges Schließen von Öffner- und Schließerkontakten (vorübergehend oder dauerhaft)	(h)
Nichtübereinstimmung der Schließerkontakte	
Nichtübereinstimmung der Öffnerkontakte	

→

Relay

Fehlerausschlüsse Relays
(a) Es darf nur eine Lage von Windungen geben, die durch Rillen im Isolationskörper getrennt werden, oder der Draht muss gemäß EN 60443-3 verstärkt isoliert sein.
(b) Luft- und Kriechstrecken müssen mindestens den Anforderungen der EN 60443-1 für verstärkte Isolation entsprechen. Alle Wicklungen und Anschlüsse müssen sicher festgelegt sein, um die einschlägigen Normen (z.B. mechanische Schwingungen, Temperaturzyklen usw.) zu erfüllen. Die (auch ausfallbedingte) Verlustleistung muss ausreichend begrenzt sein, um interne Verkohlung zu verhindern.
(c) Der magnetische Kern muss so aufgebaut sein, dass keine signifikante Änderung des magnetischen Widerstands im magnetischen Kreis auftreten kann.
(d) Das Übersetzungsverhältnis hängt von den Windungszahlen jeder Wicklung und der Integrität der magnetischen Kopplung ab. Deshalb sind auch die Anmerkungen von (a), (b) und (c) zu erfüllen.
(e) Das Übertragungsmaß (transconductance) und die DC-Schwellenspannung hängen von den Eigenschaften des magnetischen Kernmaterials ab. Deswegen ist es erforderlich zu zeigen, dass diese magnetischen Eigenschaften sich nicht signifikant ändern können. Das Übertragungsmaß und die DC-Schwellenspannung hängen ebenso von den Windungszahlen jeder Wicklung und der Integrität der magnetischen Kopplung ab. Deshalb sind auch die Anmerkungen von (a), (b) und (c) zu beachten. Der Ausgang des Transduktors hängt von der Amperewindungszahl der Steuerwicklung ab. Deswegen muss gezeigt werden, dass in Verbindung mit der zugehörigen Steuerschaltung anzunehmende Ausfallarten der Steuerwicklung nicht einen Anstieg der Amperewindungszahl verursachen können.
(f) Alle Teile des Relais oder des Schaltmechanismus müssen robust aufgebaut und sicher befestigt sein, einschließlich:

- Arbeitsmechanismus;
- Kontaktsystem;
- magnetischer Kreis (wenn vorhanden);
- Spulen (wenn vorhanden).

Luft- und Kriechstrecken müssen mindestens den Anforderungen von EN 60443-1 für verstärkte Isolation entsprechen.
(g) Es müssen nicht verschweißbare Kontaktmaterialien verwendet werden. Alternativ ist der maximale Strom zu begrenzen, um sicherzustellen, dass die Temperatur der Kontakte nicht einen Wert erreicht, bei dem Schweißungen auftreten könnten. Die Gefahr des Verschweißens muss durch eine geeignete mechanische Konstruktion und Ausführung der Kontakte weiter verringert werden. Wenn ein Relais des Typs N der Norm EN 50578 [EN 50578:2013] entspricht, wird davon ausgegangen, dass alle in dieser Anmerkung genannten Anforderungen bereits erfüllt sind.
(h) Die Stabilität der Relais-Eigenschaften muss durch sorgfältige Beachtung folgender Faktoren sichergestellt sein:

- Magnetische Eigenschaften:
  - Wahl des magnetischen Materials;
  - Begrenzungseinrichtung, um dauerhafte Magnetisierung des magnetischen Kreises (Kern) zu vermeiden;
  - Schutz gegen externe magnetische Felder;
- Elektrische Eigenschaften:
  - Auswahl und Qualität von Draht und Isolation;
  - Qualität der Spulenwicklung;
  - Qualität der Anschlüsse;

→

Relay
■ Mechanische Eigenschaften: • Auswahl und Qualität des Materials; • sichere Befestigung aller Teile; • sicheres Beibehalten aller sicherheitsrelevanten Einstellungen; • Bereitstellung einer angemessenen Rückstellkraft unter Ausnutzung der Schwerkraft (unterstützt – falls notwendig – durch Federn oder elastische Blätter); • Entwurf und Aufbau des Arbeitsmechanismus so, dass er nicht verklemmen kann.

Tab. 5.10 *FMEDA-Beispiel für Relais*

Bipolarer Transistor	
Unterbrechung: ■ vom Emitter (E) ■ und/oder Basis (B) ■ und/oder Kollektor (C)	
Kurzschluss: ■ zwischen E und B ■ zwischen B und C ■ zwischen E und C ■ zwischen E und B und C	
Kurzschluss zwischen zwei Anschlüssen und Unterbrechung des dritten Anschlusses	
Vergrößerung der Gleich- und/oder Wechselstromverstärkung	(a)
Verkleinerung der Gleich- und/oder Wechselstromverstärkung	
Vergrößerung der Basis-Emitter-Durchlassspannung	
Verkleinerung der Basis-Emitter-Durchlassspannung	
Vergrößerung der Schwellenspannung UBE	(b)
Verkleinerung der Schwellenspannung UBE	(b)
Vergrößerung der Durchbruchspannung UEB oder UCB oder UCE	
Änderung der Anstieg-, Abfall-, Einschalt-, Ausschaltzeit	
Vergrößerung der Restströme ICB oder IEB oder ICE	
Änderung der Sättigungsspannung UCE	

→

Feldeffekttransistor	
Unterbrechung: ▪ Gate (G) ▪ und/oder Source (S) ▪ und/oder Drain (D)	
Kurzschluss: ▪ zwischen S und D ▪ zwischen G und D ▪ zwischen S und G ▪ zwischen S und G und D	
Kurzschluss zwischen zwei Anschlüssen und Unterbrechung des dritten Anschlusses	
Kurzschluss zwischen Gehäuse und S oder G oder D	
Vergrößerung der Vorwärtssteilheit	(a)
Verkleinerung der Vorwärtssteilheit	
Vergrößerung der Gate-Schwellenspannung	
Verkleinerung der Gate-Schwellenspannung	
Verkleinerung: ▪ der Durchbruchspannung Drain-Source ▪ der Grenzspannung Gate-Source und Drain-Gate	
Änderung der Ein- und Ausschaltzeit	
Vergrößerung der Restströme IGS oder IDS oder IGD	
Änderung des statischen Durchlasswiderstandes	

Fehlerausschluss

Die Verstärkung (oder Vorwärtssteilheit) eines Transistors und die optische Empfindlichkeit einer Fotodiode oder -transistors hängen ab von der:

- Dotierungs-Höhe;
- Dicke des Übergangs (Übergänge);
- Lebensdauer der Ladungsträger.

Diese Parameter sollten mit Ausnahme der Lebensdauer der Ladungsträger, die im Laufe der Zeit nur abnehmen kann, konstant bleiben. Deswegen sollte die Verstärkung bzw. Empfindlichkeit konstant bleiben oder allenfalls abnehmen, jedoch nicht zunehmen (dies muss für jede Anwendung nachgewiesen werden). Eine geringe Möglichkeit des Ansteigens der Verstärkung existiert, indem durch Verschmutzungseffekte die Oberflächendotierung beeinträchtigt wird. Dieses kann durch eine qualitativ hochwertige Herstellung und Verpackung des Bauteils vermieden werden. Auch ist dieser Effekt nur bei sehr kleinen Ruheströmen signifikant, die deswegen bei der Schaltungsauslegung vermieden werden sollten.

→

(b) Die Schwellenspannung eines p-n-Übergangs, wie z.B. einer Diode oder eines Basis-Emitter-Übergangs eines Transistors, ist eine Funktion von

- Minoritäts- und Majoritätsladungsträgerdichten,
- der Boltzmann-Konstante (k),
- Elektronenladung (e),
- Temperatur (K).

Daher ist die Schwellenspannung von nicht veränderlichen Eigenschaften des p-n-Übergangs abhängig und sollte konstant sein für eine bestimmte Temperatur.

Thyristor (SCR)	
Unterbrechung: ▪ Gate (G) ▪ und/oder Source (S) ▪ und/oder Drain (D)	
Kurzschluss: ▪ zwischen G und C ▪ zwischen G und A ▪ zwischen A und C ▪ zwischen A und G und C	
Kurzschluss zwischen zwei Anschlüssen und Unterbrechung des dritten Anschlusses	
Kurzschluss zwischen Gehäuse und A oder G oder C	
Änderung des Haltestroms	
Änderung des Triggerstroms und/oder der Triggerspannung	
Verkleinerung: ▪ der Vorwärtssperrspannung Anode-Kathode ▪ der Rückwärtssperrspannung Anode-Kathode ▪ der Grenzsperrspannung Gate-Kathode	
Änderung der Ein- und Ausschaltzeit	
Vergrößerung der Restströme IAC oder IGC oder IGA	
Änderung der statischen Durchlassspannung	

Tab. 5.11 *FMEDA-Beispiel für Transistoren*

TRIAC	
Unterbrechung: ▪ Gate (G) ▪ und/oder MT1 (erster stromführender Anschluss) ▪ und/oder MT2 (zweiter stromführender Anschluss)	

→

TRIAC	
Kurzschluss: ■ zwischen G und MT1 ■ zwischen G und MT2 ■ zwischen MT1 und MT2 ■ zwischen MT1 und G und MT2	
Kurzschluss zwischen zwei Anschlüssen und Unterbrechung des dritten Anschlusses	
Kurzschluss zwischen Gehäuse und MT1 oder G oder MT2	
Änderung des Haltestroms	
Änderung des Gate-Triggerstroms und/oder der Triggerspannung	
Verkleinerung der MT1-MT2-Grenzsperrspannung und/oder der Gate-Grenzspannung	
Vergrößerung der Restströme MT1-MT2 oder G-MT1 oder G-MT2	
Änderung der statischen Durchlassspannung	

Tab. 5.12 *FMEDA-Beispiel für TRIAC*

Quarz	
Unterbrechung	
Kurzschluss	
Änderung der Resonanzfrequenz	
Verkleinerung der Güte	
Kurzschluss zum Gehäuse	

Tab. 5.13 *FMEDA-Beispiel für einen Quarz*

Leiterplatte	
Unterbrechung oder Vergrößerung des Widerstandes einer oder mehrerer Leitungen	
Kurzschluss oder Verkleinerung des Isolationswiderstandes zwischen zwei verschiedenen Leitungen	(a)
Fehlerausschluss Das Isolationsmaterial muss stabil sein. Luft- und Kriechstrecken müssen mindestens den Anforderungen von EN 60664 für verstärkte Isolation entsprechen. Isolationen müssen mindestens den Anforderungen von EN 60443-3 entsprechen.	

Tab. 5.14 *FMEDA-Beispiel für Leiterplatten*

Kondensator	
Unterbrechung	
Kurzschluss	(a)
Vergrößerung der Kapazität	(b)
Verkleinerung der Kapazität	(b)
Verkleinerung des Parallelwiderstandes	(a)
Vergrößerung des Serienwiderstandes	
Kurzschluss zum Gehäuse	

Fehlerausschluss
Der Kondensator sollte für Hochspannungsanwendungen in Bezug auf die (auch ausfallbedingt) maximal mögliche Betriebsspannung entworfen und aufgebaut sein. Er muss für die Y-Klasse spezifiziert sein und Selbstheilungsfähigkeit bei der Arbeitsquellimpedanz über den Arbeitsspannungsbereich haben.
Die Formel zur Berechnung der Kapazität eines einfachen Plattenkondensators lautet:

$$C = \varepsilon_0 \times \varepsilon_r \times \frac{A}{d}$$

Dabei ist *A* Plattenfläche; *d* Plattenabstand; ε_0 absolute Dielektrizitätskonstante; ε_r relative Dielektrizitätskonstante.
Die Begründung der auszuschließenden Ausfallart erfordert zu zeigen, dass sich keiner dieser Parameter signifikant ändern kann.
Elektrolytkondensatoren sind zum Ausschluss dieser Ausfallart nicht geeignet.

Normale Diode (Leistungs-, Signal- und Schaltdiode)	
Unterbrechung	
Kurzschluss	
Vergrößerung des Sperrstroms	
Verkleinerung der Durchbruchspannung	
Vergrößerung der Durchlassspannung	
Verkleinerung der Durchlassspannung	
Vergrößerung der Schwellenspannung	(a)
Verkleinerung der Schwellenspannung	(a)
Kurzschluss zum Gehäuse	

→

Fehlerausschluss
Die Schwellenspannung eines p-n-Übergangs, so wie bei einer Diode oder bei der Basis-Emitter-Strecke eines Transistors, ist eine Funktion von

- Dichte der Minoritäts- und Majoritätsladungsträger;
- Boltzmann-Konstante (k);
- Elektronenladung (e);
- Temperatur (K).

Deswegen ist die Schwellenspannung von unveränderlichen Eigenschaften des p-n-Übergangs abhängig und sollte bei gegebener Temperatur konstant sein.

Tab. 5.15 *FMEDA-Beispiel für Dioden*

Spannungsabhängiger Widerstand (VDR)	
Unterbrechung	
Kurzschluss	
Vergrößerung der Ansprechspannung	
Verkleinerung der Ansprechspannung	
Vergrößerung des Reststroms	

Tab. 5.16 *FMEDA-Beispiel für VDR*

Zenerdiode	
Unterbrechung	
Kurzschluss	
Vergrößerung der Zenerspannung	(a)
Verkleinerung der Zenerspannung	(a)
Änderung des differenziellen Widerstandes	
Vergrößerung des Sperrstroms	
Vergrößerung der Durchlassspannung	
Verkleinerung der Durchlassspannung	
Vergrößerung der Schwellenspannung	(b)
Verkleinerung der Schwellenspannung	(b)
Kurzschluss zum Gehäuse	

→

Zenerdiode
Fehlerausschluss Die Durchbruchspannung ist durch eine von zwei Möglichkeiten bestimmt: Zener-Durchbruch oder Lawinen-Durchbruch. Beide hängen von unveränderlichen physikalischen Eigenschaften der Diode ab, sodass die Durchbruchspannung bei gegebener Temperatur konstant sein sollte. Man muss die Aufmerksamkeit darauf richten, dass keine Bauteile verwendet werden, die intern aus zwei oder mehr in Reihe geschalteten Dioden bestehen. Man muss beachten, dass die Leitfähigkeit auch bei Spannungen oberhalb und unterhalb der Durchbruchspannung aufgrund eines Serien- oder Parallelwiderstandes gegeben sein könnte, jedoch würde der differenzielle Widerstand (Steigung) in solchen Fällen höher sein als die Leitfähigkeit beim Durchbruch. Die Schwellenspannung eines p-n-Übergangs, so wie bei einer Diode oder bei der Basis-Emitter-Strecke eines Transistors, ist eine Funktion von ▪ Dichte der Minoritäts- und Majoritätsladungsträger; ▪ Boltzmann-Konstante (k); ▪ Elektronenladung (e); ▪ Temperatur (K). Deswegen ist die Schwellenspannung von unveränderlichen Eigenschaften des p-n-Übergangs abhängig und sollte bei gegebener Temperatur konstant sein.

Tab. 5.17 *FMEDA-Beispiel für Zenerdioden*

Batterien	
Unterbrechung	
Kurzschluss: ▪ einzelne Zellen ▪ mehrere Zellen ▪ ganze Batterie	
Verkleinerung der Quellspannung	
Vergrößerung des Innenwiderstandes	

Tab. 5.18 *FMEDA-Beispiel für Batterien*

Umwandler (Transducer) / Sensoren (ausgenommen solche mit internen elektronischen Schaltkreisen)	
Unterbrechung	
Kurzschluss	
Ausgang zu hoch	
Ausgang zu niedrig	
Antwortzeit zu lange	
Kurzschluss zum leitenden Gehäuse	

Tab. 5.19 *FMEDA-Beispiel für Umwandler*

Analogbausteine	
Funktionale Fehlerfunktion (siehe Verfahren für integrierte Schaltkreise)	
Digitalbausteine	
Funktionale Fehlerfunktion (siehe Verfahren für integrierte Schaltkreise)	
Mikroprozessoren	
Funktionale Fehlerfunktion (siehe Verfahren für integrierte Schaltkreise)	

Tab. 5.20 *FMEDA-Beispiel für integrierte Bauteile*

Das Verfahren für integrierte Schaltkreise

Entwürfe, mit integrierten Schaltkreisen erfordern eine besondere Behandlung, da es schwierig sein kann, alle anzunehmenden Ausfallarten dieser Bausteine vorherzubestimmen. Dieses gilt insbesondere für programmierbare Bausteine, denn deren Ausfallarten, die an der Bauteilgrenze beobachtbar sind, sind stark von der jeweiligen Anwendung abhängig. Es wird empfohlen, dass die gefährlichen Ausfallarten in einer »Top-down«-Methode unter Nutzung von Techniken wie der Fehlerbaumanalyse identifiziert werden. (Als alternative Methode wäre ein »Bottom-up«-Verfahren wie die Ausfalleffektanalyse zu verwenden, jedoch ist diese Methode zeitaufwendig und es ist möglich, dass gewisse gefährliche Ausfallarten vergessen werden.) Es muss dann eine Bewertung und Begründung geliefert werden, um zu zeigen, dass für jede identifizierte gefährliche Ausfallart Folgendes gilt:

- Diese Ausfallart kann aufgrund der internen Softwarearchitektur oder der Datenstrukturen glaubhafterweise nicht auftreten oder
- die Ausfallart wird extern entdeckt und es wird ein sicherer Zustand innerhalb einer geforderten Zeit eingenommen. In diesem Fall muss eine quantitative Analyse durchgeführt werden, um den Entwurf zu begründen, und es muss eine pessimistische Sicht eingenommen werden, wobei für die gefährliche Ausfallart die volle Bauteilausfallrate angenommen wird.

Bedeutung und Ausblick zur FMEDA

Die FMEDA (Failure Modes, Effects and Diagnostic Analysis) bleibt auch im Zeitalter hochautomatisierter und KI-basierter Fahrzeuge ein zentrales Werkzeug zur Bewertung der funktionalen Sicherheit elektronischer Systeme.

Moderne FMEDA-Ansätze profitieren zunehmend von automatisierten, modellbasierten Tools, die eine systematische und skalierbare Analyse ermöglichen und so den steigenden Entwicklungs- und Regulierungsanforderungen gerecht werden.

Die Integration von KI in sicherheitskritische Systeme stellt die Methode jedoch vor neue Herausforderungen: Die Diagnosefähigkeit und Fehlerabdeckung müssen auch für adaptive, lernende Komponenten nachweisbar und nachvollziehbar bleiben. Dies erfordert nicht nur die Weiterentwicklung der FMEDA-Methodik, sondern auch eine enge Verzahnung mit anderen Sicherheitsstandards wie ISO 26262:2018 sowie eine kritische Überprüfung der Grenzen klassischer Hardwaremetriken.

Die Zukunft der FMEDA liegt in der intelligenten Automatisierung, der Kombination mit Simulation und formalen Methoden sowie der kontinuierlichen Anpassung an neue Systemarchitekturen und KI-Ansätze. Nur so kann die Methode ihren Beitrag zur Sicherheit und Zuverlässigkeit der nächsten Generation autonomer Fahrzeuge leisten – und bleibt damit ein unverzichtbarer Baustein im Safety Engineering.

5.6.7 Hardwareintegration und -verifizierung

Der Nachweis der Einhaltung der Sicherheitsanforderungen gemäß dem spezifizierten ASIL ist auch bei der Hardwareproduktentwicklung erforderlich. Generell muss der Nachweis erbracht werden, dass die entwickelte Hardware die vorgegebenen Sicherheitsanforderungen erfüllt.

Für die Koordination der Aktivitäten im Zusammenhang mit der Hardwareintegration und den erforderlichen Hardwaretests müssen der Projektplan und der Sicherheitsplan beachtet werden. Erforderliche infrastrukturelle Voraussetzungen, wie z.B. die Testausrüstung, sollten ebenfalls berücksichtigt werden.

Zu beachten ist außerdem, dass in der Praxis die Hardware- und Softwarephasen in Entwicklung und Test meist parallel laufen, sodass auch hier Abhängigkeiten bestehen. Die Hardwaretestfälle sind anhand der Testfallspezifikation zu dokumentieren. Die Planung kann eigenständig oder als Teil des Projektkonzepts erstellt werden. Auch die Integration in ein geeignetes Projektdokument ist möglich.

ISO 26262

In **Tabelle 10 der ISO 26262-5:2018** werden die Methoden genannt, die zur Ableitung geeigneter Testfälle verwendet werden können. Die **Tabellen 11 und 12 der ISO 26262-5:2018** enthalten Testmethoden, die zur Erreichung der festgelegten Testziele eingesetzt werden können.

Die Integration der Hardware sowie die Testaktivitäten müssen nach dem in ISO 26262-8 »Verifikation«, beschriebenen Verfahren und Planungsprozess durchgeführt werden. Die Überprüfung der vollständigen und korrekten Implementierung der Sicherheitsmechanismen erfordert eine Vielzahl von Tests. Dazu gehört sowohl die Definition von Funktionstests unter realen Bedingungen als auch die Definition von Tests durch Fehlereinbau innerhalb der Testfallspezifikation. Als Ergebnis der Implementierung erwartet die Norm die Berichte aus den Integrations- und Testaktivitäten.

5.6.8 Erforderliche Arbeitsprodukte für ISO 26262-5:2018

Die relevanten Arbeitsprodukte und geeigneten Nachweise, die auf der Erfahrung der Autoren basieren und zur Erfüllung der Anforderungen der ISO 26262-5:2018 verwendet werden können, sind in Tabelle 5.21 aufgeführt.

Arbeitsprodukt	Anforderung in ISO 26262-5:2018	Nachweise
Hardware-Sicherheitsanforderungs-Spezifikation [ISO 26262-5:2018, Abschnitt 6]	6.4.1 bis 6.4.11	▪ Spezifikation der Hardware-Sicherheitsanforderungen in dem für das Anforderungsmanagement verwendeten Tool ▪ Berücksichtigung der Test- und Bewertungskriterien für die Anforderungen ▪ Verfeinerte HSI mit Hardware-Sicherheitsanforderungen ▪ Bericht zur Überprüfung der Hardware-Sicherheitsprüfung

→

Arbeitsprodukt	Anforderung in ISO 26262-5:2018	Nachweise
Hardwareentwurf [ISO 26262-5:2018, Abschnitt 7]	7.4.1 bis 7.4.5	▪ Dokumentation des aus den Hardware-Sicherheitsanforderungen entwickelten Hardwareentwurfs ▪ Berichte zur Hardware-Sicherheitsanalyse wie FMEA, FTA, FMEDA, DFA (Design for assembly) ▪ Bericht über die Überprüfung des Hardwareentwurfs ▪ Sicherheitsrelevante Merkmale, die in der Sicherheitsanalyse erwähnt werden ▪ Verifizierungsberichte zur Sicherheitsanalyse oder Bestätigungsberichte
Bewertung der Metriken der Hardwarearchitektur und Bewertung von Verletzungen der Sicherheitsziele aufgrund zufälliger Hardwareausfälle [ISO 26262-5:2018, Abschnitt 8 und 9]	8.4.1 bis 8.4.9	▪ Identifizierung der zufälligen Hardwarefehler FMEDA ▪ Berechnung der PMHF-Werte ▪ Verifizierungsbericht über die Auswertung der zufälligen Hardwareausfälle
Hardwareintegration und -verifikation [ISO 26262-5:2018, Abschnitt 10]	10.4.1 bis 10.4.6	▪ Hardwareintegrations-Testplan und Teststrategien ▪ Tests auf der Grundlage von EMC, mechanisch, elektrisch, chemisch usw. ▪ Hardwarekomponenten-Testplan ▪ Zertifikate der Laboratorien, in denen die Tests durchgeführt werden (sollten für die Durchführung von Tests akkreditiert sein)

Tab. 5.21 *Relevante Arbeitsprodukte und geeignete Nachweise nach ISO 26262-5:2018*

5.7 Produktentwicklung auf Softwareebene

Ziel ist es, die Softwareimplementierung auf Basis der Planung und Initiierung der Aktivitäten zur funktionalen Sicherheit zu realisieren. Diese Planung der Aktivitäten und die notwendige Einbeziehung der Unterstützungsprozesse aus ISO 26262-8:2018 und ISO 26262-9:2018 hängen vom Umfang und der Komplexität des Items ab. Im Allgemeinen entsprechen die Prozesse dem V-Modell. Eine Anpassung an die bestehenden Softwareentwicklungsprozesse sollte ohne großen Mehraufwand möglich sein.

Die Softwareentwicklungsphase wird eingeleitet durch die Festlegung der notwendigen Methoden, die entsprechend dem jeweils geforderten ASIL anzuwenden sind. Typische Dokumente oder Arbeitsprodukte aus diesen Planungs- und Initiierungsaktivitäten sind:

- Sicherheitsplan (Projektplan als wichtiger Input)
- Software-Verifikationsplan
- Design- und Codierungsrichtlinien
- Anwendungsrichtlinien für Werkzeuge

5.7.1 Agile Softwareentwicklung in sicherheitskritischen Systemen

Neben dem klassischen Vorgehen nach dem V-Modell prüfen Unternehmen zunehmend auch die Anwendung agiler Methoden in der sicherheitskritischen Softwareentwicklung. Der Grund: Obwohl agile Vorgehensweisen in der aktuellen ISO 26262:2018 noch nicht berücksichtigt sind, sollen sie voraussichtlich in der kommenden Edition 3 in geeigneter Form integriert werden. Damit stellt sich die Frage, wie sich Prinzipien der Agilität – wie kurze Iterationen, frühes Feedback und flexible Anpassung – mit den strengen Anforderungen an Nachweisführung, Dokumentation und Rückverfolgbarkeit vereinbaren lassen. Die folgende Übersicht zeigt zentrale Praktiken, mit denen agile Teams sicherheitsrelevante Anforderungen konsequent in ihre Arbeitsweise integrieren können.

Prozessintegration

Besonderheiten der agilen Umsetzung in sicherheitskritischen Systemen

- Backlog-Verfeinerung mit Sicherheitschecks: Sicherheitsaspekte werden in jeder Refinement-Session überprüft.
- Iteration in Sprints: Inkremente müssen funktionsfähig, dokumentiert und verifiziert sein.
- Rückverfolgbarkeit über Tools: Anforderungen, User Stories und Tests werden über Tools miteinander verknüpft.

Rollen & Reviews

- Integration von Experten aus der funktionalen Sicherheit und der Cybersecurity: Sie definieren Akzeptanzkriterien und unterstützen bei Reviews.
- Sprint-Reviews & Risikoanalyse: Am Ende jedes Sprints werden Ergebnisse gemeinsam mit Stakeholdern validiert und die Risikoanalyse aktualisiert.
- Retrospektiven: Sie dienen der kontinuierlichen Verbesserung und Qualitätssicherung.

Automatisierung

- CI/CD mit Sicherheitschecks: Automatisierte Tests, statische Codeanalysen und Codemetriken stellen sicher, dass sicherheitsrelevante Anforderungen eingehalten werden.

Dieses Vorgehen zeigt, dass agile Methoden im Prinzip mit den Anforderungen der funktionalen Sicherheit vereinbar sind – vorausgesetzt, Sicherheitsnachweise, Dokumentation und Nachverfolgbarkeit werden konsequent berücksichtigt. Damit kann Agilität auch in sicherheitskritischen Bereichen wie ADAS einen Beitrag zur Effizienz und Qualität leisten. Überlegungen und konkrete Schritte zeigen, wie sich agile Methoden mit den Anforderungen der sicherheitskritischen Softwareentwicklung verbinden lassen, sodass Scrum-Prinzipien effizient eingesetzt werden können, ohne die etablierten Sicherheitsstandards zu kompromittieren. Dabei sind spezifische Anpassungen erforderlich – etwa die Einbindung regelmäßiger Sicherheits- und Risikobewertungen in die Sprints, unterstützt durch klar definierte Rollen, festgelegte Events und begleitende Aktivitäten. Wie sich dies in einem Entwicklungsprojekt ausgestalten lässt, zeigt das folgende Projektbeispiel ADAS NextGen.

5.7.2 Projektstory ADAS NextGen: Agilität

Für die Entwicklung im Projekt ADAS NextGen haben sich die beteiligten Firmen entschlossen, den Einsatz agiler Methoden zu evaluieren. Ziel ist es, herauszufinden, wie sich die Vorteile von Agilität – schnelle Anpassbarkeit, frühes Kundenfeedback und iterative Inkremente – mit den strengen Anforderungen an Rückverfolgbarkeit, Dokumentation und Sicherheitsnachweise nach ISO 26262 verbinden lassen.

Die Safehicle GmbH übernimmt in diesem Projekt die Softwareentwicklung und setzt dabei einen Scrum-basierten Ansatz ein. Sicherheitsanforderungen werden als User Stories definiert, priorisiert und in das Product Backlog aufgenommen. Auf diese Weise kann flexibel auf neue oder geänderte Anforderungen der Drivesmart AG reagiert werden, während die Vorgaben der funktionalen Sicherheit konsequent berücksichtigt bleiben.

Da die aktuelle Version der ISO 26262:2018 noch keine spezifischen Vorgaben für agile Methoden enthält, prüfen die beteiligten Firmen im Projektkontext, inwieweit sich ein agiles Vorgehensmodell für die Entwicklung eines sicherheitskritischen Systems anwenden lässt. Dabei soll auch vorbereitet werden, dass in der kommenden Edition 3 der ISO 26262 voraussichtlich Leitlinien zu agilen Methoden aufgenommen werden.

Der FuSi-Manager Rainer Fels erklärt dem Entwicklungsteam, dass die zentrale Herausforderung darin besteht, alle Implementierungen so umzusetzen, dass sie sowohl den funktionalen Anforderungen genügen als auch die Sicherheitsanforderungen strikt erfüllen. Dies erfordert eine Kombination aus flexibler Sprint-Planung, präziser Validierung und normenkonformer Dokumentation.

Auf Basis der von der Drivesmart AG gelieferten Anforderungsspezifikation detailliert das Entwicklungsteam zusammen mit der Architektin Paola Stabil das technische Dokument zu einer grundlegenden Softwaresystemspezifikation. Die Sicherheitsanforderungen werden als User Stories definiert und priorisiert. Diese bilden die Grundlage für das Product Backlog. Kontinuierlich erfolgt die Backlog-Verfeinerung, wobei jeweils Sicherheitsaspekte überprüft und neue Erkenntnisse oder geänderte Anforderungen berücksichtigt werden. Im Einsatz ist ein Tool, das Anforderungen, User Stories und Tests miteinander verknüpft, um die Nachverfolgbarkeit zu gewährleisten.

Das Team legt sich auf dreiwöchige Sprints fest. Jeder Sprint umfasst eine klar definierte Menge an Funktionalitäten, die entwickelt, integriert, dokumentiert und getestet werden. Dieses iterative Vorgehen muss funktionsfähige Ergebnisse liefern. An der Sprint-Planung nimmt das Scrum-Team teil (Product Owner, Scrum Master, Entwicklungsteam). Anhand des priorisierten Product Backlog schätzt das Entwicklungsteam die Komplexität und wählt die Aufgaben aus, die es glaubt, im nächsten Sprint umsetzen zu können. Das Sprint Backlog enthält die Liste dieser Aufgaben mit Detaillierungen. Während des Sprints darf das Sprint-Ziel nicht geändert werden, doch bei Bedarf kann das Team den Scope ändern. Während des Sprints synchronisieren sich täglich die Teammitglieder, gleichen den Status ab und identifizieren Hindernisse. Der Scrum Master nimmt die aus diesen Daily Standups identifizierten Hindernisse auf und kümmert sich um deren Beseitigung und die Kommunikation dazu. Eine Besonderheit für die sicherheitskritische Softwareentwicklung ist die fortlaufende Risikoanalyse, die mit jedem Sprint-Review verknüpft ist. Jeweils am Sprint-Ende findet das Sprint-Review gemeinsam mit dem Team und den Stakeholdern statt. Experten aus der funktionalen Sicherheit sowie der Cybersecurity werden bei Bedarf hinzugezogen. Das Produktinkrement wird präsentiert und geprüft, ob das Sprint-Ziel erreicht wurde. Bei Bedarf erfolgen aus der Diskussion über das Inkrement Anpassungen im Backlog sowie Priorisierungsänderungen. Durch dieses Vorgehen ist das frühe Einholen von Kundenfeedback sichergestellt.

Die Einbindung von Experten aus der funktionalen Sicherheit und der Cybersecurity in das Scrum-Team ist durch die beteiligten Entwickler gegeben.

Dies darf nicht als ideale Teamverfügbarkeit gesehen werden, sondern ist eine zwingende Voraussetzung, zur Einhaltung von Sicherheitsstandards. Insbesondere liefern sie wertvollen Input zur Definition der Akzeptanzkriterien, anhand derer eine User Story als »done« bewertet wird.

Neu für das Team ist das Event »Sprint-Retrospektive«, die nach dem Sprint-Review und vor dem Start des neuen Sprints stattfindet. Hier diskutiert das Team, was im letzten Sprint gut gelaufen ist, was verbessert werden kann und welche konkreten Maßnahmen umgesetzt werden sollen. Der Product Owner sowie der Scrum Master nehmen mit dem Entwicklungsteam daran teil. Das Vorgehen unterstützt die kontinuierliche Verbesserung und insbesondere die Qualität des nächsten Sprints, weil damit die Transparenz gewährleistet bleibt, die in der klassischen Entwicklung so meist nicht erreicht wird.

Für sicherheitsrelevante Software ist es entscheidend, alle Änderungen und deren Auswirkungen jederzeit und vollständig nachvollziehen zu können. Jedes Inkrement wird versioniert und dokumentiert, sodass bei einer Sicherheitsbewertung alle Codeänderungen und Testprotokolle transparent verfügbar sind. Jeder neue Build wird, so weit wie möglich, automatisch darauf geprüft, ob sicherheitsrelevante Anforderungen eingehalten werden. Hierzu gehören auch definierte Codemetriken, die die Abdeckung sicherheitskritischer Funktionen aufzeigen, sowie eigens definierte Sicherheitschecks. Zusätzlich zu den automatisierten Tests werden in jedem Sprint manuelle Prüfungen eingeplant und teilweise müssen sogenannte technische Schulden aufgebaut werden, da während eines Sprints nicht alle funktionalen Tests umgesetzt werden können, wenn die Funktion zu groß ist und nicht weiter unterteilt werden kann. Wenn möglich soll sich in diesem Fall ein zweites, parallel arbeitendes Team um das Testen kümmern oder die Funktion muss tatsächlich über mehr als einen Sprint entwickelt und geprüft werden. Die Schwierigkeit dabei ist, keinen Konflikt mit der »Definition of Done« zu bekommen.

Dem Team stehen für die kontinuierliche Integration die erforderlichen Tools/Toolchains zur Verfügung sowie statische Codeanalysewerkzeuge. Die kontinuierliche Integration stellt sicher, dass zeitkritische Anforderungen und Reaktionszeiten sowie Interrupt-Handling auf der Zielhardware eingehalten werden – diese Echtzeitanforderungen also sichergestellt und überprüfbar sind.

5.7.3 Erfolgsfaktoren für Agilität in der sicherheitskritischen Softwareentwicklung

Auf Basis solcher Projekterfahrungen lassen sich zentrale Erfolgsfaktoren für Agilität in der sicherheitskritischen Softwareentwicklung herausarbeiten:

- Identifizierung der Risiken: Vor Beginn der Entwicklungsaktivitäten müssen die Risiken identifiziert werden, die durch und für die zu entwickelnde Software des ADAS-Systems entstehen können. Eine umfassende Risikobewertung unterstützt die Schwachstellenerkennung.

- Effektive Zusammenarbeit: Agile Softwareentwicklung erfordert eine funktionierende Zusammenarbeit zwischen den Entwicklungsteams. Die Verfügbarkeit von Experten auf beiden Seiten muss für die Events sichergestellt sein. Neben der fachlichen Eignung muss eine Kultur der vertrauensvollen Zusammenarbeit hergestellt werden, die Teams müssen konkurrenzlos und transparent agieren. Die stetige Zusammenarbeit mit den Product Ownern und Stakeholdern bietet für das technische Verständnis sowie die Qualitätssicherung riesige Chancen im Vergleich zu konventionellen Entwicklungsprozessen.
- Sorgfältige Planung: Es ist erforderlich, einen Entwicklungsplan bzw. ein Backlog zu erstellen, das für sicherheitsrelevante Systeme geeignet ist. Der agile Ansatz erfordert, dass das Entwicklungsvorgehen in machbare Iterationen unterteilt wird, um funktionsfähige Ergebnisse zu erzielen. Die Kompetenz der beteiligten Rollen ist dabei ausschlaggebend, sodass die sorgfältige Ressourcenplanung unabdingbar ist. Die Verfügbarkeit von geeigneten und angemessen zertifizierten Tools muss ebenfalls frühzeitig geplant und sichergestellt sein.
- Kontinuierliche Integration: Sie ist eine bewährte und anerkannte Entwicklungsmethode. Für sicherheitsrelevante Software müssen neben der Quellcodequalität noch strenge Sicherheits- und Echtzeitanforderungen eingehalten werden, was im Integrationsvorgehen zu planen und zu berücksichtigen ist. Über den Standardintegrationsprozess hinaus müssen Sicherheitsmechanismen geplant und umgesetzt werden, damit sicherheitsrelevante Aspekte kontinuierlich geprüft und validiert werden. Speziell zertifizierte Tools und assessierte Prozesse können je nach Sicherheits-/Cybersecurity-Level gefordert werden.
- Automatisierte Tests: Automatisierte Tests ermöglichen schnelles und effizientes Testen und mindern Risiken, die sich auf die Sicherheit auswirken können. Dazu muss die Traceability, also die Anforderungsnachverfolgbarkeit, zu den Testfällen bilateral rückführbar sein. Die zu erreichende Testabdeckung ist in der ISO 26262:2018 exakt vorgegeben und geeignete Kriterien wie Zweigabdeckung und MC/DC (Modified Condition/Decision Coverage) müssen je nach Sicherheitsintegritätslevel angesetzt werden. Die Qualitätssicherung der erstellten Testskripte ist eine wesentliche Aktivität, um sicherzustellen, dass die Testumgebung keine neuen Risiken einführt. Automatisierte Tests in sicherheitsrelevanten Systemen müssen detaillierte Berichte generieren, die Pass/Fail und auch Informationen zur Testumgebung, den verwendeten Testdaten und möglichen Abweichungen enthalten. Alle Testartefakte müssen versioniert und für Sicherheitsbewertungen archiviert werden.

- Kompetenz im Team: Agile Softwareentwicklung für sicherheitskritische Systeme benötigt ein breites Spektrum an Kompetenzen, um die spezifischen Anforderungen an Sicherheit, Echtzeitfähigkeit, Qualität und ausreichende Kenntnisse zu agilen Methoden zu erfüllen. Neben den technischen Skills müssen Spezialkenntnisse zu Verifikation, Validierung, agilen Methoden und bezüglich inklusiver Zusammenarbeit vorliegen. Das Scrum-Framework und das agile Mindset müssen verstanden und in die Kultur der Organisation implementiert sein. Flexibilität und Sicherheit können nur gewährleistet werden, wenn klar ist, wie bzw. wie weit agile Methoden mit Sicherheitsstandards kompatibel gemacht werden können. Erfahrungen mit anerkannten Tools im agilen Umfeld sind unabdingbar. Innerhalb des Entwicklungsteams müssen Fähigkeiten vorhanden sein, die den Rollen des Sicherheitsingenieurs, des Cybersecurity-Entwicklers, des Testautomatisierers, des Anforderungsentwicklers und des Versions-/Konfigurationsexperten entsprechen. Nicht zu vergessen ist die Kommunikations- und Problemlösungsfähigkeit. Agile Teams agieren selbstständig! Die Fähigkeit, komplexe technische Sachverhalte verständlich an Stakeholder zu kommunizieren, ist entscheidend, insbesondere, wenn es um sicherheitskritische Risiken oder Designentscheidungen geht. Das Entwicklungsteam benötigt die Stärke, Probleme innerhalb eines Sprints analysieren und lösen zu können, und muss Risiken proaktiv frühzeitig erkennen können.
- Dokumentation: Agile Ansätze fordern eine dem Zweck angemessene Dokumentation, was mit Blick auf sicherheitsrelevante Entwicklung bedeutet, die geforderten formalisierten Nachweise zu liefern. Die strikte Anforderung nach Vollständigkeit, Nachverfolgbarkeit und Verifikation muss in der Sprint-Planung ausreichend kalkuliert werden. Gefordert ist die normenkonforme Dokumentation der Anforderungen, der Designentscheidungen, der Testergebnisse und der Compliance-Vorgaben.

Die bidirektionale Rückverfolgbarkeit zwischen den Anforderungen und den Tests muss mit jedem Inkrement auf dem aktuellen Stand gehalten werden. Im Sprint Backlog werden ausgehend von der User Story sicherheitsrelevante Informationen präzise ergänzt (Sicherheitsziele, Annahmen, Risikominderung etc.). Entscheidungen aus den Sprint-Reviews sowie der Retrospektive müssen formell dokumentiert werden, insbesondere wenn sie sicherheitsrelevant sind.

Werden sicherheitsgerichtete Architekturen bzw. Designs geändert, müssen diese nachverfolgbar und inklusive der Auswirkungen auf die Sicherheit bewertet und die Gründe für die Änderung dokumentiert werden. An dieser Stelle ist die Freiheit des agilen Teams im Vergleich zur rein agilen Methode eingeschränkt. Parallel zur Entwicklung werden komplexe und teure Analysen wie FMEDA durchgeführt, die durch Architekturänderungen ungültig würden und wiederholt werden müssten. Änderungen und Refactorings innerhalb einer Komponente ohne Auswirkung auf Sicherheitsziele sind möglich, doch sobald beispielsweise Diagnoseabdeckungsgrade tangiert werden, ist dies nicht mehr im Scope eines Sprints und muss gesondert behandelt werden.

Die kontinuierliche dynamische Pflege der Dokumentation ist ein wesentlicher und positiver Unterschied zur klassischen Entwicklung, bei der oft erst am Ende der Entwicklung die Dokumentation »nachgezogen« wird.

Im nächsten Abschnitt betrachten wir, wie agile Methoden im klassischen Automotive SPICE®-Modell abgebildet und unterstützt werden.

5.8 Automotive SPICE® für agile Entwicklung

Die Automobilindustrie integriert zunehmend agile Methoden in die Softwareentwicklung und diese Weiterentwicklung hat Automotive SPICE® (ASPICE) aufgegriffen, um agile Praktiken und Prinzipien entsprechend zu unterstützen. Es gibt keine spezifischen agilen ASPICE-Prozesse. Die Integration agiler Methoden ist beispielsweise aus SUP.1 (Qualitätssicherung) ableitbar. Das Qualitätsteam ist in den Sprint eingebunden und prüft kontinuierlich.

Der Prozess MAN.3 (Projektmanagement) basiert auf den Prinzipien der klassischen Projektplanung. Feste Termine, Kosten, Meilensteine etc. stehen diametral zur iterativen und inkrementellen Vorgehensweise von Scrum oder Kanban. Trotzdem ist es möglich, Anpassungen anhand der Prinzipien des agilen Projektmanagements durchzuführen und in das formale ASPICE zu integrieren. Das »Wie« bleibt dem Anwender von ASPICE überlassen und bietet somit die nötige Flexibilität. Die Nachvollziehbarkeit, Planungssicherheit und Überwachung gemäß ASPICE ist gewährleistet und trotzdem bleibt die Agilität im Entwicklungsvorgehen erhalten.

In der Basispraktik MAN.3.BP1 wird explizit die intensive und kontinuierliche Zusammenarbeit mit Stakeholdern ab Projektbeginn gefordert. Die Kundenwerte sowie die Produktvision müssen nachgefragt und verstanden werden.

In MAN.3.BP2 fordert ASPICE im agilen Umfeld befähigte Teams, die zu der Produktvision und den erkannten Arbeitsgrenzen passen.

Durch MAN.3.BP3 soll sichergestellt werden, dass der Arbeitsansatz den gegebenen Komplexitätsgrad widerspiegelt, die Arbeitsgrenzen eingehalten werden und Teamrichtlinien, Iterationszyklen, agile Ereignisse, Artefakte und Rollen definiert sind.

MAN.3.BP4 fordert die Einbeziehung von Stakeholdern, Schnittstellen und dass Abhängigkeiten innerhalb und außerhalb der Teams identifiziert, geplant, erfasst und einbezogen werden.

MAN.3.BP5 behandelt die Planung von Arbeit und Entwicklungsstruktur, MAN.3.BP6 fordert die Prüfung der Machbarkeit kritischer Elemente. MAN.3.BP7 enthält die Anforderungen zur groben Schätzung des Product Backlog. MAN.3.BP8 geht auf die kommenden Iterationen und Inkremente ein, MAN.3.BP9 beinhaltet den Zweck der Daily Standups, MAN.3.BP10 verlangt die Identifizierung von Hindernissen und deren Überwachung und Lösung. Man.3.BP.11 fordert kurze Lernzyklen innerhalb des Teams und die Erkennung von notwendigen Anpassungen, was quasi zur Retrospektive führt.

Im nächsten Schritt rückt die inhaltliche Ebene der Softwareentwicklung in den Fokus – konkret die Spezifikation der Software-Sicherheitsanforderungen, die Planung ihrer Verifikation und die Umsetzung im Softwarearchitekturentwurf.

5.8.1 Software-Sicherheitsanforderungen und Verifikationsplanung

Die Anforderungen an die Softwaresicherheit ergeben sich aus den vorangegangenen Phasen und müssen detailliert spezifiziert werden. Die Ableitung erfolgt aus dem funktionalen und technischen Sicherheitskonzept und aus der Systementwurfsspezifikation. Weiterhin sind die Informationen aus der Beschreibung der Hardware-Software-Schnittstellen (HSI) zu beachten und ggf. zu verfeinern.

Die abgeleiteten Software-Sicherheitsanforderungen sind eine Spezifikation und eine Verfeinerung in Bezug auf die HSI-Beschreibung. Es ist nicht ratsam, ein separates Dokument zur Erstellung einer Spezifikation der Software-Sicherheitsanforderungen zu verwenden.

Der Verifikations- und Validierungsplan (V&V-Plan) muss von Beginn der Softwareentwicklungsphase an erstellt werden und sollte in Iterationen angepasst werden. Die Ergebnisse der Verifikation müssen in Verifikationsberichten festgehalten werden. Besonders wichtig sind die Ergebnisse der durchgeführten Konsistenzprüfungen. Die Software- und die Hardware-Sicherheitsanforderungen müssen mit dem technischen Sicherheitskonzept und der Systementwurfsspezifikation übereinstimmen. Widersprüche und Abweichungen beeinträchtigen die funktionale Sicherheit des Items.

5.8.2 Softwarearchitekturentwurf

Ausgehend von den Software-Sicherheitsanforderungen sollte der Softwarearchitekturentwurf umgesetzt werden. Abbildung 5.17 zeigt die Interaktion zwischen den Software-Sicherheitsanforderungen, dem Softwarearchitekturentwurf, der sicherheitsorientierten Softwareanalyse und dem Sicherheitsplan.

Die Software-Sicherheitsanalyse klassifiziert die Module und Komponenten nach Risiko und Priorität. Der Bewertungsbericht gibt an, welchen Modulen beim Entwurf besondere Aufmerksamkeit geschenkt werden muss. Es ist sinnvoll, eine Art Fehlerbaumanalyse zu verwenden, um qualitative Auswertungen erstellen zu können und abhängige Fehler zu entdecken. Abhängigkeit bedeutet hier, dass Sicherheitsmechanismen negativ beeinflusst werden und somit Sicherheitsziele gefährdet werden können.

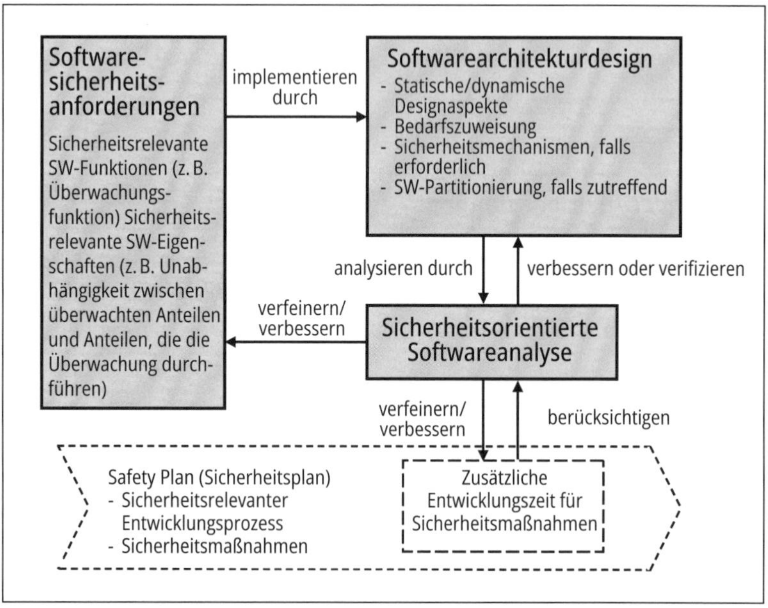

Abb. 5.17 *Wechselwirkungen zwischen den Software-Sicherheitsanforderungen, dem Softwarearchitekturentwurf, der sicherheitsorientierten Software-analyse und dem Sicherheitsplan*

Die Architektur legt die Zerlegung in Komponenten, Schnittstellen und Verantwortlichkeiten fest. Erst dann kann man in die detaillierte Entwicklung der Units einsteigen.

5.8.3 Entwurf und Implementierung von Software-Units

Die Umsetzung der Software-Units in Quellcode muss als Aktivität geplant und das Vorgehen zwischen den Verantwortlichen abgestimmt werden. Die Software-Units müssen auf die Software-Sicherheitsanforderungen und den Softwareentwurf rückführbar sein. Die Norm schreibt statische Tests zur Verifizierung der Softwareimplementierung vor. Wie bei einer typischen Embedded-Entwicklung müssen folgende Arbeitsprodukte erstellt werden:

- Spezifikation für den Entwurf der Software-Unit
- Implementierung der Software-Unit
- Software-Verifikationsbericht

Zusätzlich können unternehmens- oder projektspezifische Dokumente enthalten sein. Die Konsistenz und Widerspruchsfreiheit zu abhängigen Dokumenten müssen generell und insbesondere bei verteilter Dokumentation und Entwicklung gewährleistet sein.

Nach der Implementierung müssen die Software-Units einzeln überprüft werden, um sicherzustellen, dass sie die spezifizierten Anforderungen erfüllen – dies erfolgt im Rahmen der Software-Unit-Tests.

5.8.4 Software-Unit-Test

Die Software-Unit-Tests dienen dem Nachweis, dass keine unerwünschten Funktionen implementiert wurden und die Anforderungen korrekt umgesetzt wurden. Mithilfe der Unit-Tests wird die Konsistenz mit den eingegebenen Arbeitsprodukten überprüft. Diese Tests sollten gemäß dem Software-Verifikationsplan oder dem Verifikations- und Validationsplan (V&V-Plan) des Projekts durchgeführt werden. Spezifizierte Software-Unit-Tests sollten so weit wie möglich automatisiert werden. Die Umgebungen können je nach Art der Entwicklung (Model-in-the-Loop-, Software-in-the-Loop-, Processor-in-the-Loop- oder Hardware-in-the-Loop-Tests) ausgewählt werden.

> **Tabelle 7 in ISO 26262-6:2018** enthält die Methoden für die Softwareeinzelprüfung. **Tabelle 8 in ISO 26262-6:2018** enthält eine Liste von Methoden zur Ableitung der Testfälle für Software-Unit-Tests.

ISO 26262

Basierend auf dem ASIL muss die strukturelle Überdeckungsmetrik auf der Ebene der Software-Unit durchgeführt werden. Der Software-Unit-Testbericht muss alle Ergebnisse dokumentieren und für weitere Testauswertungen sowie Testoptimierungen verwendet werden.

5.8.5 Qualifizierung von Softwarekomponenten

Werden Softwareelemente in einem Projekt wiederverwendet, müssen sie den Anforderungen aus ISO 26262-8:2018, Abschnitt 12, entsprechen, um ihre Eignung im sicherheitskritischen Kontext nachzuweisen. Die qualifizierten Komponenten werden anschließend vom Zulieferer integriert und verifiziert.

Für die Qualifizierung sind insbesondere folgende Dokumente erforderlich:

- Softwarekomponenten-Dokumentation mit Angabe des maximalen ASIL, Identifikation, Konfiguration und Verwendung
- Software-Qualifizierungsbericht
- Verifikationsbericht

Diese Dokumente liefern wesentliche Eingangsgrößen für die anschließende Softwareintegration und die zugehörigen Tests; ihre Annahmen, Einsatzgrenzen und ASIL-Bezüge sind bei Integrationsplanung und -spezifikation zusätzlich zur Softwarearchitektur, den Sicherheitsanforderungen und der HSI zu berücksichtigen.

5.8.6 Softwareintegration und -test

Die Zusammenführung der Software-Units zeigt, ob die Software dem geforderten Entwurf entspricht. Die Planung der Softwareintegration sollte die Integrationsreihenfolge der Softwaremodule beschreiben. Die für die Softwareintegration relevanten funktionalen Abhängigkeiten müssen berücksichtigt werden. Auch die Abhängigkeiten zwischen Software- und Hardwareintegration müssen beachtet werden. Die entwickelte Software ist Teil des in ISO 26262-4:2018 definierten Produktrelease und muss die darin geforderten Funktionen enthalten.

Die Ziele der Softwareintegration (integrierte Softwaremodule eingebettet auf der Zielhardware) sind:

- Übereinstimmung mit der Softwarearchitektur
- Übereinstimmung mit der spezifizierten HSI-Beschreibung
- Nachweis der Funktionalität
- Robustes Verhalten
- Ausreichende Ressourcen für die geforderte Funktionserfüllung sind vorhanden.

Erforderliche Ressourcen (Informationen, Werkzeuge, Experten) müssen im Projektplan erfasst werden, wenn sie nicht bereits Teil des V&V-Plans oder des Sicherheitsplans sind. Die Berücksichtigung im Gesamtprojektplan als Referenz ist erforderlich. Metriken für die auszuführenden Softwarefunktionen werden entwickelt und sind in der Regel in der Testfallspezifikation zu finden. Bei der Gestaltung der Checklisten für die Softwareintegration sollten die verschiedenen Fehlertypen an Schnittstellen berücksichtigt werden.

Die Testspezifikation für die Softwareintegration und Vorlagen oder Konzepte für die Ergebnisberichte, einschließlich der automatisierten Berichte von Testwerkzeugen, sind zu entwickeln und zur Verfügung zu stellen. Die Methodenauswahl für diese Tests muss in Abhängigkeit von den definierten ASILs und der Eignung für das durchzuführende Item sorgfältig geprüft werden.

Unterschiede zwischen Quell- und Objektcode sowie zwischen Test- und Zielumgebung müssen analysiert werden und Teil der Software-Verifikationsspezifikation sein. Die Testergebnisse aus der Softwareintegration und den Softwaretests sollten in den Software-Verifikationsberichten dokumentiert werden. Im Verifikations- und Validierungsplan sind für den Integrationstest diese zu prüfenden Punkte festzuhalten:

- Schnittstellen
- Anforderungsbasierte Tests
- Überprüfung der Prozessorleistung
- Besonderheiten für den Softwareintegrationstest, wie z. B. der Bedarf an Zielhardware

5.8.7 Konfigurationsdaten und Kalibrierungsdaten

Konfigurations- und Kalibrierungsdaten ermöglichen es, das Verhalten der eingebetteten Software flexibel an unterschiedliche Anwendungen anzupassen. Diese Daten müssen bereits während der Softwareentwicklungsphase spezifiziert und dokumentiert werden. Änderungen sind kontrolliert vorzunehmen, um Konsistenz und Nachvollziehbarkeit sicherzustellen.

Die ISO 26262:2018 fordert hierzu eine detaillierte Konfigurationsdatenspezifikation, in der alle relevanten Konfigurationsparameter dokumentiert werden, sowie eine Kalibrierungsdatenspezifikation, die die Kalibrierungsdaten der Softwarekomponenten enthält. Diese Arbeitsprodukte stellen sicher, dass verwendete Werte jederzeit nachvollzogen werden können und der korrekte Betrieb der Software überprüfbar bleibt. Beide Spezifikationen sind über den gesamten Entwicklungsprozess hinweg zu pflegen.

ISO 26262

ISO 26262-6:2018, Anhang C, enthält die normative Richtlinie für die Softwarekonfiguration, die in der Softwareentwicklungsphase befolgt werden muss.

5.8.8 Erforderliche Arbeitsprodukte für ISO 26262-6:2018

Die relevanten Arbeitsprodukte und geeigneten Nachweise, die auf der Erfahrung der Autoren basieren und zur Erfüllung der Anforderungen der ISO 26262-6:2018 verwendet werden können, sind in Tabelle 5.22 aufgeführt.

Arbeitsprodukt	Anforderung in ISO 26262-6:2018	Nachweise
Dokumentation der Software-Entwicklungsumgebung [ISO 26262-6:2018, Abschnitt 5.5.1]	5.4.1 bis 5.4.3 C.4.1 bis C.4.11	▪ Dokumente für die Softwareentwicklung ▪ Die zu befolgenden Softwarerichtlinien
Spezifikation von Software-Sicherheitsanforderungen [ISO 26262-6:2018, Abschnitt 6]	6.4.1 bis 6.4.7	▪ Spezifikation der Software-Sicherheitsanforderungen ▪ Zu verfeinernde Hardware-Software-Schnittstellen ▪ Bericht zur Überprüfung der Software-Sicherheitsanforderungen
Softwarearchitekturentwurf [ISO 26262-6:2018, Abschnitt 7]	7.4.1 bis 7.4.14	▪ Spezifikation des Softwarearchitekturentwurfs ▪ Sicherheitsorientierte Softwareanalyse (FMEA, FTA, FMEDA, DFA) ▪ Entsprechende Verifikationsberichte für die oben genannten Nachweise
Software-Unit-Design und Implementierung	8.4.2 bis 8.4.5	▪ Software-Unit-Design-Spezifikation ▪ Software-Unit-Implementierung ▪ Berücksichtigung von Codierungsrichtlinien

→

Arbeitsprodukt	Anforderung in ISO 26262-6:2018	Nachweise
Software-Unit-Verifikation [ISO 26262-6:2018, Abschnitt 9]	9.4.2 bis 9.4.5	▪ Software-Verifikations-spezifikation
Software-Unit-Verifikation [ISO 26262-6:2018, Abschnitt 10]	10.4.2 bis 10.4.7	▪ Software-Verifikations-spezifikation mit Verfeinerung ▪ Embedded-Software ▪ Zertifizierung für den Compiler ▪ Software-Verifikationsberichte mit Verfeinerung
Prüfung der Software [ISO 26262-6:2018, Abschnitt 11]	11.4.1 bis 11.4.4	▪ Spezifikation der Softwaretestfälle ▪ Software-Verifikationsbericht
Konfiguration und Kalibrierung [ISO 26262-6:2018, Anhang C]	C.4.1 bis C.4.11	▪ Spezifikation der Konfigurationsdaten ▪ Spezifikation der Kalibrierungsdaten ▪ Daten zur Konfiguration ▪ Kalibrierungsdaten ▪ Verifizierungsbericht mit Verfeinerung ▪ Dokumentation oder Leitfaden für die SW-Entwicklung mit Verfeinerung

Tab. 5.22 *Relevante Arbeitsprodukte und geeignete Nachweise nach ISO 26262-6:2018*

5.9 Herstellung, Betrieb, Wartung und Außerbetriebnahme

In Teil 7 der Norm geht es um die Entwicklung und Aufrechterhaltung von Produktionsprozessen für sicherheitsrelevante Systeme sowie um die Einhaltung sicherheitsrelevanter Merkmale, die bereits in den vorangegangenen Phasen festgelegt wurden. Diese Besonderheiten müssen bei der Produktionsplanung berücksichtigt werden (Temperatur, Material, Transport etc.). Ziel ist es, systematische Fehler im Herstellungsprozess zu vermeiden. Ein zentrales Element dabei sind der Produktionsplan und der Produktionskontrollplan.

5.9.1 Produktionsplan und Produktionskontrollplan

Alle Informationen zur Fertigung sicherheitsrelevanter Komponenten sind im Produktionsplan festgehalten und werden durch den Produktionskontrollplan nachverfolgt. Die Kontrollmaßnahmen und -kennzahlen werden entweder auf der Grundlage des Kontrollplans erfasst oder es wird auf das entsprechende Dokument verwiesen, das auch im Sicherheitsplan erwähnt wird. Sicherheitsrelevante Inhalte für Produktion und Steuerung müssen in der Dokumentation klar erkennbar sein und sollten frei von möglichen Fehlinterpretationen sein. An dieser Stelle erwartet die Norm Ergebnisberichte auf der Grundlage des Kontrollplans. Sicherheitsrelevante Merkmale müssen angegeben werden, wenn die Sicherheitsanalyse zeigt, dass sie Einfluss auf die Sicherheitsziele haben. Die Kontrollmaßnahmen für Produktion und Betrieb sowie die Akzeptanzkriterien für diese Maßnahmen sind aufzuführen. Ein Beispiel für die Inhalte eines Produktionsplan ist in Abbildung 5.18 dargestellt.

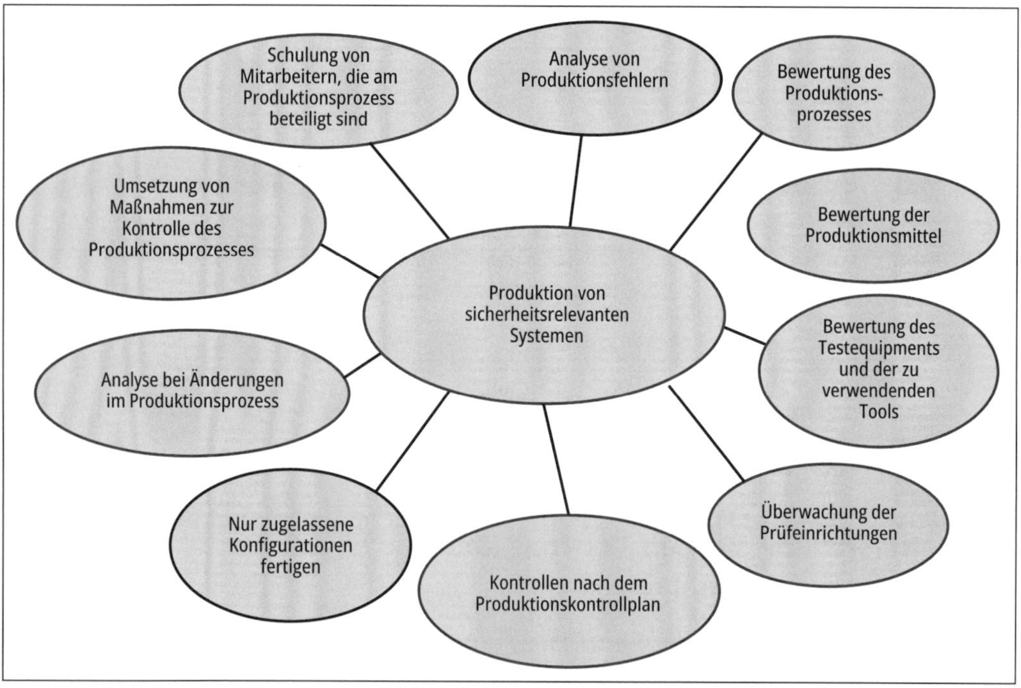

Abb. 5.18 *Aktivitäten im Produktionsprozess*

Eine angemessene Bewertung der Eignung und des Reifegrads der Produktionsprozesse sowie ein entsprechender Bewertungsbericht sind wesentliche Bestandteile des Konformitätsnachweises.

Tipp

Wenn die verantwortliche Organisation die **IATF 16949:2016** oder eine gleichwertige Norm erfüllt, kann davon ausgegangen werden, dass das Ziel der Aufrechterhaltung eines Produktionsprozesses für sicherheitsrelevante Systeme, die für den Einbau in Straßenfahrzeuge vorgesehen sind, nahezu erreicht wird.

5.9.2 Betrieb, Wartung und Außerbetriebnahme

Die funktionale Sicherheit muss über die gesamte Nutzungsdauer des Fahrzeugs hinweg (für alle Teilsysteme und sicherheitsrelevanten Teile) gewährleistet sein. Die Dokumentationen für Wartungs-, Reparatur- und Demontageanleitungen sind so zur Verfügung zu stellen, dass Benutzer und Fachpersonal vor erkannten Gefahren im Zusammenhang mit dem System während der Nutzung, Wartung, Reparatur und Außerbetriebnahme geschützt sind.

Die ISO 26262-7:2018 enthält eine Reihe von Anforderungen für die Erstellung einer adäquaten Dokumentation. Dazu gehören z. B.:

- Sicherheitsbezogene Wartungs- und Reparaturanweisungen
- Bedienungsanleitungen
- Sicherheitsrelevante Benutzerinformationen
- Anleitungen für die Feldbeobachtung
- Anweisungen für die Außerbetriebnahme
- Hinweise auf sicherheitsrelevante abhängige Anforderungen an Software, Hardware oder Systeme

Zugelassene Werkzeuge und Arbeitsschritte für die Diagnose am Fahrzeug müssen bekannt sein. Die Folgen von Fehlgebrauch oder Missachtung der Anweisungen müssen aufgeführt sein. Informationen zu Wartungs-, Reparatur- und Stilllegungsanforderungen müssen bereits von den System-, Hardware- und Softwareexperten bereitgestellt werden. Diese Informationen fließen in die Erstellung der erwarteten Dokumente ein.

5.9.3 Erforderliche Arbeitsprodukte für ISO 26262-7:2018

Die relevanten Arbeitsprodukte und geeigneten Nachweise, die auf der Erfahrung der Autoren basieren und zur Erfüllung der Anforderungen der ISO 26262-7:2018 verwendet werden können, sind in Tabelle 5.23 aufgeführt.

Arbeitsprodukt	Anforderung in ISO 26262-7:2018	Nachweise
Sicherheitsrelevanter Inhalt des Produktionsplans [ISO 26262-7:2018, Abschnitt 5]	5.4.1.1 bis 5.4.3.7	■ IATF-16949-Zertifikat ■ Sicherheitsplan ■ Produktionskontrollplan ■ Produktionstestplan ■ Spezifikation der Anforderungen an die Produzierbarkeit ■ Sicherheitshandbuch ■ Serviceplan und Servicehandbuch ■ Sicherheitsrelevanter Inhalt der Rettungsdienstanweisungen
Produktion [ISO 26262-7:2018, Abschnitt 6.5.1]	6.4.1.1 bis 6.4.1.4	■ Bericht über Kontrollmaßnahmen ■ Bericht über die Produktionsprozessfähigkeit
Betrieb, Service und Außerbetriebnahme [ISO 26262-7:2018, Abschnitt 7.5.1]	7.4.1.1	■ Feldbeobachtung ■ Handhabung von Überwachungsdaten und Anweisungen

Tab. 5.23 *Relevante Arbeitsprodukte und geeignete Nachweise nach ISO 26262-7:2018*

Die hohen Anforderungen an die Prozessqualität und die in diesem Zusammenhang geforderten Arbeitsprodukte machen es notwendig, neben der funktionalen Sicherheit auch weitere etablierte Standards zu berücksichtigen. Funktionale Sicherheit, Cybersecurity und Prozessqualität greifen dabei ineinander und führen in vielen Bereichen zu Überschneidungen. Die nun folgenden Inhalte zeigen, wie sich ISO 26262:2018, Automotive SPICE® und ISO/SAE 21434 ergänzen und wo gemeinsame Anforderungen bestehen.

Bezug zu Qualitätsstandards und Cybersecurity

Automotive SPICE® deckt den gesamten Bereich der Systementwicklung ab und bietet einen Rahmen für die Festlegung und Bewertung des Prozesses der Systementwicklung (Hardware, Software, Mechanik) in der Automobilindustrie. Die Einführung von Automotive SPICE® führt unmittelbar zu einer Verfeinerung der Prozesse und somit zu einer besseren Softwarequalität.

Zwar orientiert sich Automotive SPICE® in seiner Darstellung am V-Modell, fordert aber keine Entwicklung nach diesem Modell. Es identifiziert Management-, Unterstützungs- und Entwicklungsprozesse und verlangt die Anwendung gängiger Praktiken, um nachvollziehbare, messbare und qualitativ hochwertige Ergebnisse zu erzielen. Gleichzeitig ermöglicht es die Bewertung von Zulieferern auf Prozessebene. Grundlage ist ein Prozessreferenzmodell, das jeden Prozess in Bezug auf Zweck und erwartete Ergebnisse definiert.

Die in ISO 26262 vorgeschriebene funktionale Sicherheit von Straßenfahrzeugen fügt eine weitere Dimension hinzu: Neben der Verbesserung von System- und Softwarequalität müssen sicherheitsrelevante Anforderungen konsequent berücksichtigt werden. ISO 26262 ist eine De-facto-Norm für die funktionale Sicherheit von Kraftfahrzeugen, an die sich Hersteller und Zulieferer halten müssen.

5.10 Bezug zwischen Automotive SPICE® und ISO/SAE 21434

Mit Assessments nach Automotive SPICE® werden systematisch Stärken und Schwachstellen in den Entwicklungs-, Management- und Unterstützungsprozessen identifiziert.

Bestimmte Aspekte der ISO/SAE 21434 liegen jedoch außerhalb des Geltungsbereichs von Automotive SPICE®, da sie nicht nur im Rahmen eines Entwicklungsprojekts umgesetzt werden. Dazu zählen etwa das Cybersecurity-Management, kontinuierliche Cybersecurity-Aktivitäten und die Phasen nach der Entwicklung – diese werden durch das Automotive Cybersecurity Management System (ACSMS) behandelt und im Rahmen eines ACSMS-Audits bewertet.

Ein Automotive Cybersecurity Management System (ACSMS) ist ein organisationsweites System, das Prozesse, Verantwortlichkeiten und Maßnahmen definiert, um Cybersecurity-Risiken im Lebenszyklus von Straßenfahrzeugen systematisch zu erkennen. Das ACSMS ist ein zentrales Element der ISO/SAE 21434. Die regulatorischen Anforderungen gemäß UN-Regelung R155 fordern zwingend ein ACSMS.

Die folgende Zusammenfassung zeigt, wie Automotive SPICE®- Praktiken insbesondere bei der Eignungsprüfung der Prozesse für verteilte Cybersecurity-Aktivitäten, Konzeptentwicklung, Produktentwicklung, Cybersecurity-Validierung, Bedrohungsanalyse und Risikobewertung zur Umsetzung von ISO/SAE 21434 beitragen:

- Verantwortlichkeiten für die Cybersecurity: GP 2.1.5 Die Prozessdurchführung wird überwacht und angepasst – Definition der Verantwortlichkeiten und Befugnisse für die Durchführung des Prozesses

- Cybersecurity-Planung: GP 2.1.2 Planung der Prozessdurchführung – Planung der Durchführung des Prozesses zur Erfüllung der festgelegten Ziele – MAN.3 Projektmanagement
- Anpassung der Cybersecurity-Aktivitäten: PA 3.2 Prozesseinsatz – Der Prozess wird auf die Projektbedürfnisse abgestimmt (Tailoring) – GP 2.1.2 Planung der Prozessdurchführung – GP 3.2.1 Der definierte Prozess wird entsprechend projektspezifisch angepasst
- Planungsdurchführung des Prozesses zur Erfüllung der identifizierten Ziele: GP 2.1.2 (wie oben) und zusätzlich relevant GP 2.1.1 Ein Plan zur Durchführung der Prozesse wird erstellt
- Wiederverwendung: SYS.3.BP3 Analyse der Wiederverwendung oder Make/Buy-Entscheidung auf Systemebene
- Evaluierung alternativer Softwarearchitekturen: SYS.3.BP5 Systemarchitektur wird zur Unterstützung des Designs kommuniziert – REU.2.BP4 Erhebung der Stakeholder-Anforderungen, inklusive Varianten und Alternativen – SWE.2.BP2 Softwarealternativen werden untersucht
- Wiederverwendungsprogramm Verwaltung: SUP.10 Reuse (gesamter Prozessbereich) – insbesondere SUP.10.BP1-BP5 Einrichtung, Steuerung, Pflege und Nutzung eines systematischen Wiederverwendungsprogramms
- Komponente aus dem Kontext gerissen: Abgedeckt durch die Prozessgruppe Automotive SPICE® for Cybersecurity Engineering (SEC.1-SEC.4) auf der Grundlage von Annahmen über Cybersecurity-Ziele
- Komponente von der Stange: ACQ.2 Lieferantenanfrage und -auswahl – MAN.7 Cybersecurity-Risikomanagement
- Cybersecurity-Fall: Input durch Basispraktiken »Zusammenfassen und Kommunikation der Ergebnisse« der technischen Prozesse
- Cybersecurity-Bewertung: Automotive SPICE® for Cybersecurity ist eine Modellerweiterung für die Bestimmung der Prozessfähigkeit. Eine tiefgreifende technische Analyse ist nicht Teil von Automotive SPICE® für Cybersecurity-Assessments.
- Freigabe für Nachentwicklungen: SPL.2 Produktfreigabe – SUP.8 Konfigurationsmanagement – SUP.1 Qualitätssicherung

Automotive SPICE® for Cybersecurity erweitert den Standard Automotive SPICE® um spezifische Aspekte der Cybersecurity analog zur ISO/SAE 21434. Die Cybersecurity-Aktivitäten sollen damit prozessorientiert, nachvollziehbar und bewertbar gemacht werden, insbesondere im Hinblick auf Assessments.

Automotive SPICE® for Cybersecurity SEC.1–SEC.4

SEC.1 Cybersecurity Requirements Elicitation – Erhebung von Cybersecurity-Anforderungen aus Stakeholder- und Systemkontexten
SEC.2 Cybersecurity Requirements Analysis – Analyse, Ableitung und Strukturierung der Anforderungen (z. B. TARA-Integration)
SEC.3 Cybersecurity Concept – Entwicklung eines Cybersecurity-Konzepts
SEC.4 Product Cybersecurity Validation and Verification – Validierung und Verifikation der Cybersecurity-Anforderungen und Maßnahmen

5.10.1 Projektstory ADAS NextGen: HARA im ADAS-Projekt – Teamarbeit für Sicherheit

Im sicherheitsrelevanten Projekt ADAS NextGen der Drivesmart AG herrscht gespannte Konzentration. Das Ziel ist ambitioniert: Es soll ein hochmodernes Fahrerassistenzsystem (ADAS) entwickelt werden, das nicht nur leistungsfähig, sondern auch funktional sicher ist – und damit den Maßstab für kommende Fahrzeuggenerationen setzt.

An der Spitze des Sicherheitsprozesses steht Dieter Gewiss, der erfahrene FuSi-Manager von Drivesmart. Gemeinsam mit der Projektleitung – Peter Weiss und Lara Vero – bereitet er die HARA vor, die zentrale Sicherheitsaktivität in der Konzeptphase. Das Ziel: Gefährdungen frühzeitig identifizieren und Risiken durch geeignete Maßnahmen auf ein akzeptables Maß reduzieren.

Dieter Gewiss stellt ein interdisziplinäres Team aus Expertinnen und Experten zusammen, darunter Vertreter aller Fachrichtungen aus der Entwicklung – von der Systemarchitektur bis zur Fahrzeugdynamik. Rudi Band, Leiter der Produktion, bringt die Sichtweise der Fertigung ein und auch das Cybersecurity-Team ist vertreten, da vernetzte Funktionen neue Gefährdungspotenziale mit sich bringen können. Schließlich achtet Dave Rugby, Qualitätsmanager bei Drivesmart, darauf, dass alle Aktivitäten konform zur ISO 26262-3:2018 durchgeführt werden.

Dave erläutert die eingesetzten Methoden: FMEA, Checklisten, Feldstudien und kreative Gefahrenidentifikation per Brainstorming. Das Ziel besteht darin, Bedingungen und Fahrzeugverhalten zu identifizieren, die zu kritischen Situationen führen können – speziell im Kontext des neuen ADAS.

Das Team analysiert Verkehrsszenarien, diskutiert mögliche Ausfallwirkungen und priorisiert Gefahren. Darauf basierend werden Sicherheitsziele und ASIL-Einstufungen abgeleitet, die die Grundlage für alle nachfolgenden Maßnahmen bilden.

Nun kommt Anja Bau hinzu, die als Systemarchitektin im Team tätig ist. Gemeinsam mit Fachleuten aus den Bereichen Elektronik, Mechanik und Software entwickelt sie auf Basis der HARA-Ergebnisse ein technisches Sicherheitskonzept. Dieses Konzept beschreibt, wie jede erkannte Gefahr durch geeignete Maßnahmen – etwa durch Redundanz, Überwachung oder Fail-Safe-Strategien – abgesichert wird.

Die Drivesmart AG arbeitet in der verteilten Entwicklung natürlich nicht allein. Als Zulieferer mit Schwerpunkt Softwareentwicklung ist die Safehicle GmbH ein zentraler Partner im Projekt. FuSi-Manager Gewiss und der Regulatory Compliance Engineer Haswas beziehen deshalb auch das Team von Safehicle gezielt in die Analyse mit ein.

Dort übernimmt Rudolf Blackbelt, der Sicherheitskoordinator, die Koordination. Er bringt sein eigenes Expertenteam mit: Paola Stabil, Architektin für Softwarefunktionen, Roman Brauch, der erfahrene Anforderungsmanager, sowie Spezialisten für Hardware und Software.

Xin Lee, der Systemarchitekt von Custom Chip Limited, wird selbstverständlich ebenfalls in das Team eingebunden. Als Halbleiterpartner bringt er tiefes Wissen über die Hardwareplattform mit, auf der das ADAS-System später laufen soll.

Dem erweiterten Team gelingt es gemeinsam, ein umfassendes Sicherheitskonzept zu erarbeiten: fundiert, systematisch und mit Blick auf die realen Herausforderungen im Straßenverkehr. Dies ist ein Beispiel für eine funktionierende, partnerschaftliche Zusammenarbeit über Unternehmensgrenzen hinweg mit einem klaren Ziel: ein sicheres, zuverlässiges ADAS-System für die Mobilität von morgen.

Tipp

Die funktionale Sicherheit nach ISO 26262:2018 schafft die Grundlage, um Risiken technischer Fehlfunktionen systematisch zu beherrschen. In vernetzten Fahrzeugsystemen genügt es jedoch nicht mehr, nur Fehlfunktionen im Blick zu haben. Angriffe von außen können ähnliche Auswirkungen wie zufällige Fehler verursachen – oder diese sogar gezielt provozieren. Deshalb reicht es nicht, funktionale Sicherheit und Cybersecurity getrennt zu betrachten. Vielmehr müssen Cybersecurity-Anforderungen eng mit den Prozessen und Methoden der funktionalen Sicherheit verzahnt werden.

Vor diesem Hintergrund führt das nächste Kapitel in den Standard ISO/SAE 21434 ein, der den gesamten Security-Lebenszyklus adressiert und aufzeigt, wie Cybersecurity-Aktivitäten neben den etablierten funktionalen Sicherheitsprozessen im Fahrzeugentwicklungsprozess zu verankern sind.

6 Der Standard ISO/SAE 21434 für Cybersecurity

Das Gefährlichste, was man sagen kann, ist:
»Das haben wir immer so gemacht.«
(Grace Hopper, Pionierin der Computerprogrammierung)

Cyberangriffe auf Fahrzeugsysteme nehmen stetig zu. Angreifer nutzen Einfallstore wie Zugangssysteme, Bord-Apps und andere Schwachstellen, um sich Zugriff auf vernetzte Subsysteme zu verschaffen. Besonders kritische Fahrzeugsysteme stehen dabei im Fokus und verlangen nach Architekturen/Design, die Angriffe erschweren und deren Auswirkung begrenzen.

Die Entwicklung von Subsystemen, die sowohl sicher als auch geschützt sind, ist sehr komplex. Moderne Fahrzeuge enthalten längst über 100 Millionen Codezeilen, zahlreiche Steuergeräte und eine enge Vernetzung mit internen Prozessen und der Außenwelt. Die Absicherung solcher Architekturen gegen Cyberbedrohungen verursacht sehr hohe Zeit- und Kostenaufwände, insbesondere wenn keine branchenweiten oder regulatorischen Standards bzw. Einigungen für Sicherheitsarchitekturen zugrunde liegen.

Um diesen Risiken und Herausforderungen zu begegnen, hat die Automobilindustrie mit der ISO/SAE 21434 einen einheitlichen Standard für den gesamten Produktlebenszyklus von Straßenfahrzeugen etabliert. Er verankert Cybersecurity-Aktivitäten in allen Phasen des Produktlebenszyklus – von der Konzept- und Designphase über die Produktion bis hin zu Betrieb und Außerbetriebnahme. Diese Maßnahmen sind stets parallel zu den Vorgaben der funktionalen Sicherheit umzusetzen, um die Vertrauenswürdigkeit vernetzter Systeme ganzheitlich sicherzustellen.

Dieses Kapitel stellt die zentralen Anforderungsbereiche der ISO/SAE 21434:2021 vor. Ergänzend zeigen wir organisatorische Best Practices sowie beispielhafte Nachweise und Dokumentationen, die in Prüfungen, Audits und Assessments eine Schlüsselrolle spielen.

6.1 Geltungsbereich der ISO/SAE 21434

ISO/SAE 21434 gilt für alle Organisationen, die Produkte und Dienstleistungen im Bereich Elektrik/Elektronik (E/E) für Straßenfahrzeuge bereitstellen, und deckt sämtliche Phasen des Produktlebenszyklus ab. Sie ist seit Juli 2022 verpflichtend für alle neuen Fahrzeugtypen und seit Juli 2024 für alle neu produzierten Fahrzeuge. Sie adressiert:

- Fahrzeughersteller
- Zulieferer von Hardware
- Zulieferer von softwarebasierten Komponenten
- Zulieferer von Systemen
- Dienstleister für Ingenieurdienstleistungen
- Anbieter von Infrastruktur (z. B. Anbieter von V2I-Diensten, Cloudbasierten Telematik-Plattformen usw.)

Betroffene Bereiche sind alle Organisationen (Fahrzeughersteller und Zulieferer) in 57 Mitgliedstaaten in Europa, Nordamerika und Asien. Die Arbeitsgruppe (WP.29) sowie die Regionen/Länder der Mitgliedstaaten sind über das Weltforum für die Harmonisierung von Fahrzeugvorschriften (UNECE World Forum for Harmonization of Vehicle Regulations) erfasst und dargestellt [URL – UNECE].

6.2 Überblick über die Anforderungsgruppen

Die Struktur von ISO/SAE 21434:2021 ist in Abbildung 6.1 dargestellt. Die Abschnitte 5 und 6 enthalten die wesentlichen Anforderungen zur Verwaltung der Cybersecurity auf organisatorischer und projektbezogener Ebene. Abschnitt 7 beschreibt die erforderlichen Aktivitäten, um eine Vereinbarung zwischen Fahrzeughersteller und Lieferanten oder zwischen Lieferanten zu etablieren. Die restlichen Abschnitte 8 bis 15 konzentrieren sich auf die unterschiedlichen Anforderungen, die während der verschiedenen Cybersecurity-Aktivitäten im gesamten Lebenszyklus eines Fahrzeugs benötigt werden: vom Design über die Entwicklung, die Produktion, den Betrieb und die Wartung bis zur Außerbetriebnahme.

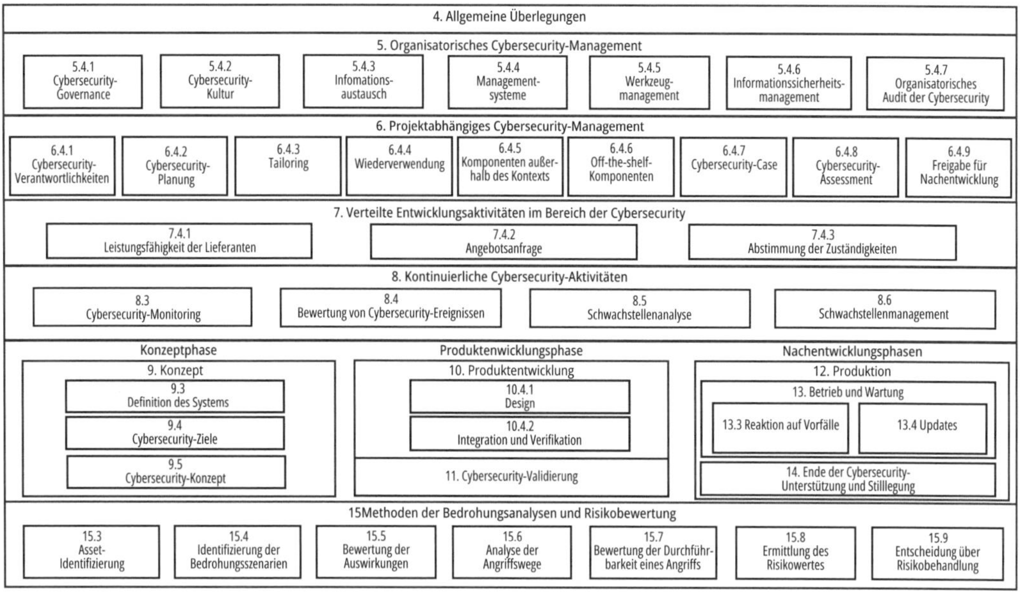

Abb. 6.1 *Struktur der ISO/SAE 21434:2021 [ISO/SAE 21434:2021]*

Erklärung der Anforderungsgruppen

ISO/SAE 21434 definiert ein »Item« als eine Komponente oder eine Gruppe von Komponenten, die eine Funktion auf Fahrzeugebene umsetzt und alle elektronischen Geräte und Software umfasst, die an der Realisierung der beabsichtigten Funktionalität beteiligt sind. Bei der Definition eines »Items« ist es wichtig zu beachten, dass seine Betriebsumgebung klar berücksichtigt und beschrieben werden sollte.

Das umfassende Risikomanagement der Cybersecurity einer Organisation, wie in diesem Standard beschrieben, gilt für alle Lebenszyklusphasen des »Items« oder der Komponente, einschließlich Konzept, Produktentwicklung, Produktion, Betrieb (dazu gehört auch die Wartung) und Außerbetriebnahme / Ende der Cybersecurity-Unterstützung (siehe Abbildung 6.2).

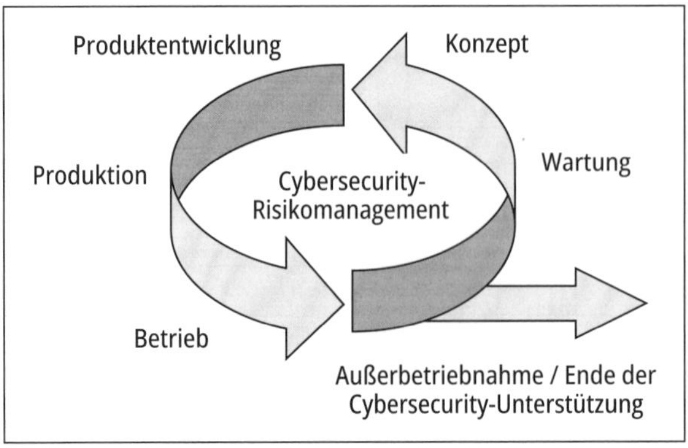

Abb. 6.2 *Management des Cybersecurity-Risikos (deutsche Übersetzung angelehnt an [ISO/SAE 21434:2021])*

Die wichtigsten Begriffe, die während der Definition der Prozesse im ISO/SAE-21434-Standard verwendet werden, und ihre Interaktionen sind in Abbildung 6.3 aufgezeigt.

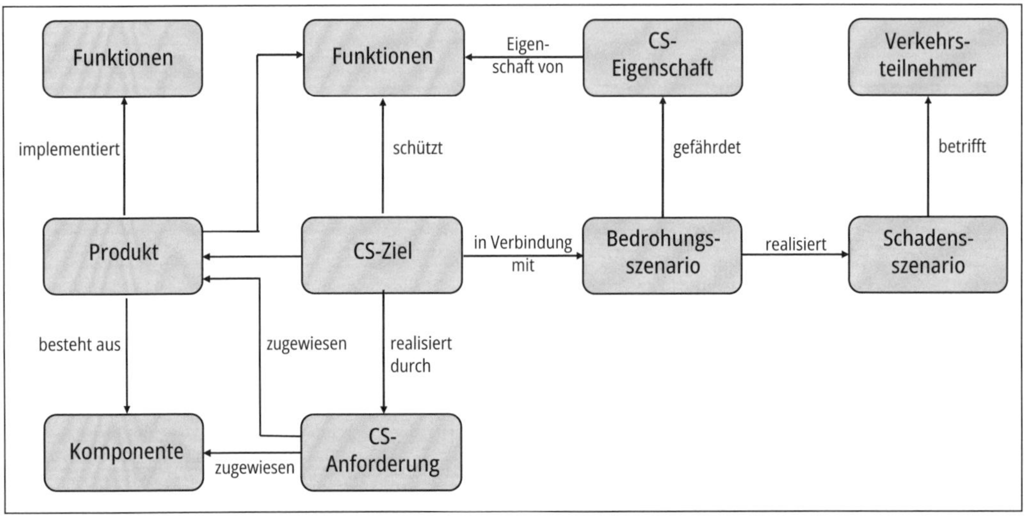

Abb. 6.3 *Beziehung zwischen den Begriffen der ISO/SAE 21434 [ISO/SAE 21434:2021]*

6.3 Cybersecurity-Management auf Organisationsebene

Organisationen, die elektronische Systeme entwickeln, müssen eine Cybersecurity Governance etablieren und aufrechterhalten sowie eine Cybersecurity-Kultur fördern. Cybersecurity Governance ist ein zentraler Bestandteil des übergeordneten Cybersecurity-Managements, denn sie bildet den Rahmen für ein systematisches, nachhaltiges Management von Cybersecurity über den gesamten Produktzyklus hinweg. Gemäß ISO/SAE 21434 ist dies ein zentrales Element des Cybersecurity-Management-Systems (CSMS), das in dem Standard durch Abschnitt 5 (Governance) konkret beschrieben wird. Ziel ist es, eine unternehmensweite Cybersecurity-Kultur zu fördern und organisatorische Voraussetzungen zu schaffen, um Sicherheitsrisiken frühzeitig zu erkennen und kontrolliert zu adressieren.

Cybersecurity-Management umfasst kontinuierliche Verbesserung, organisationsinterne Sensibilisierung und Bewusstseinsbildung und Kompetenzmanagement. Die etablierten Regeln und Prozesse helfen, die organisatorische Cybersecurity-Richtlinie durchzusetzen. Es sind angemessene Ressourcen bereitzustellen, um deren Einhaltung sicherzustellen.

6.3.1 Cybersecurity Governance

Die Cybersecurity Governance bezeichnet den organisatorischen Rahmen, innerhalb dessen ein Unternehmen Verantwortlichkeiten, Richtlinien, Prozesse und Strukturen etabliert, um Cybersecurity systematisch zu steuern und abzusichern. Zur Aufrechterhaltung der Cybersecurity Governance etablieren Organisationen ein Cybersecurity-Management-System (CSMS). Folgende Aspekte müssen vorhanden sein und gepflegt werden (siehe Abbildung 6.4):

- Cybersecurity-Regeln und -Prozesse zur Durchsetzung der Cybersecurity-Richtlinie
- Cybersecurity-Verantwortlichkeiten (und Rollen) zur Ermöglichung der Regeln und Prozesse
- Cybersecurity-Ressourcen zur Realisierung der Cybersecurity-Richtlinie

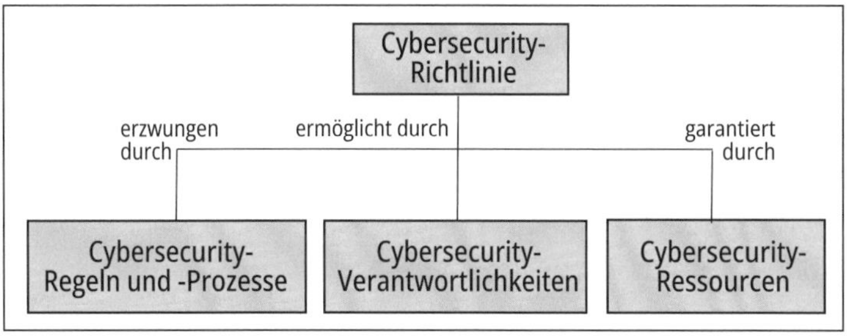

Abb. 6.4 *Cybersecurity Governance (deutsche Übersetzung angelehnt an [ISO/SAE 21434:2021])*

ISO/SAE 21434:2021 [RQ-05-01] enthält die Anforderungen an die Cybersecurity-Richtlinie.

Eine Cybersecurity-Richtlinie ist ein Dokument, das die Hauptziele der Sicherheit definiert und den Sicherheitsrahmen einer Organisation skizziert. Idealerweise stammt sie von der höchsten Führungsebene (z. B. in Form einer vom CEO unterzeichneten Erklärung). Sie dient als Nachweis für das Bewusstsein und die Verpflichtung der Organisation zur Cybersecurity in Straßenfahrzeugen, insbesondere durch die Integration von Cybersecurity-Maßnahmen in CSMS, SUMS (Software Update Management System) und Produkten. Sie belegt die Bereitschaft zur Erfüllung der Anforderungen der ISO/SAE 21434.

Die Richtlinie dient als Leitfaden für die Entwicklung von Cybersecurity-Regeln und -Prozessen, die Zuweisung von Verantwortlichkeiten und die Bereitstellung von Ressourcen. Sie muss innerhalb der Organisation klar kommuniziert und leicht zugänglich sein.

> **ISO/SAE 21434:2021 [RQ-05-02]** enthält die Anforderungen an die Cybersecurity-Regeln und -Prozesse.

Die Regeln und Prozesse zur Durchführung von Cybersecurity-Aktivitäten gemäß ISO/SAE 21434 sowie der unterstützenden Aktivitäten müssen ausführlich beschrieben werden und mindestens folgende Aspekte abdecken:

Governance und Organisation

- Kommunikation von Verantwortlichkeiten
- Informationsaustausch (intern/extern)
- Erstellung einer Angebotsanfrage
- Dezentrale Entwicklung
- Durchführung von Reviews und internen Audits

Konzeptphase und Risikomanagement

- Cybersecurity-Ziele
- Cybersecurity-Konzept
- Überprüfung des Cybersecurity-Konzepts
- Bedrohungs- und Risikoanalyse (TARA)

Entwicklung und Absicherung

- Design und Entwicklung
- Überprüfung und Validierung

Betrieb und Nachsorge

- Überwachung der Cybersecurity
- Schwachstellenmanagement

- Incident Response und damit verbundene Aktivitäten
- Support- und Wartungsprotokolle
- Außerbetriebnahme

Einige der oben genannten Aktivitäten werden in den folgenden Abschnitten ausführlicher behandelt.

> Hersteller und Zulieferer müssen über eine Prozessrichtlinie verfügen, die die relevanten Informationen darüber enthält, wie diese Cybersecurity-Aktivitäten durchgeführt werden. Beide müssen nachweisen, dass sie diese Richtlinien entwickelt und befolgt haben.

> **ISO/SAE 21434:2021 [RQ-05-03]** enthält die Anforderungen an die Rollen und Verantwortlichkeiten im Kontext der Cybersecurity.

Die Verantwortlichkeiten werden sowohl auf Management- als auch auf Projektebene zugewiesen. Der organisationsinterne Cybersecurity-Manager ist für die Organisation, Überwachung und Verwaltung von Cybersecurity-Aktivitäten auf Managementebene verantwortlich. Ein Team aus Cybersecurity-Experten und -Ingenieuren unterstützt ihn bei dieser Aufgabe. Die Organisation stellt sicher, dass die mit Verantwortlichkeiten betrauten Personen über die notwendigen Kenntnisse, Fähigkeiten und Kompetenzen verfügen. Dies wird durch interne Bewertungsverfahren für Mitarbeiter und/oder durch regelmäßige Schulungen und qualifizierte anerkannte Weiterbildungen sichergestellt.

Die Umsetzung der Cybersecurity-Richtlinie und die Erreichung der Sicherheitsziele erfordern neben Regeln, Prozessen und einem qualifizierten Personal auch ausreichende Ressourcen. Dazu gehören spezialisierte Teams (z. B. Incident-Response-Teams, Continuous-Monitoring-Teams), Entwicklungstools und Testwerkzeuge (z. B. Schwachstellen-Scanner, statische Code-Checker, Penetrationstesttools). Regelmäßige Teammeetings und klare Kommunikationswege sind dabei unerlässlich.

6.3.2 Cybersecurity-Kultur

> **ISO/SAE 21434:2021 [RQ-05-06, RQ-05-07, RQ-05-08, Anhang B]** enthalten Anforderungen an die Cybersecurity-Kultur.

Die Cybersecurity-Kultur einer Organisation wird maßgeblich durch die Ziele, Richtlinien und Prozesse des Topmanagements geprägt. Sie umfasst die Einstellungen, das Wissen, das Bewusstsein und die Werte der

Organisationsmitglieder in Bezug auf Cybersecurity. Alle Vorfälle werden dokumentiert und in regelmäßigen »Lessons Learned«-Besprechungen analysiert, um Ursachen zu identifizieren und die Auswirkungen auf die Cybersecurity-Aktivitäten zu bewerten.

Tipp

In Kapitel 5, »Das Lebenszyklusmodell der ISO 26262«, behandeln wir die Kultur sicherheitsbewussten Denkens aus Sicht der funktionalen Sicherheit.

6.3.3 Informationsaustausch

ISO 21434

ISO/SAE 21434:2021 [RQ-05-10] enthält Anforderungen an den Informationsaustausch.

Organisationen, die ein hohes Maß an Cybersecurity gewährleisten wollen, beginnen mit dem Management ihrer Informationssicherheit und implementieren ein Informationssicherheits-Managementsystem (ISMS). Dabei werden die Regeln und Prozesse zum Austausch von Informationen zwischen internen Abteilungen (z.B. zwischen den Bereichen Cybersecurity, funktionale Sicherheit, Qualitätsmanagement, interne Incident-Response-Teams) und externen Organisationen (z.B. zwischen Incident-Response-Teams) und externen Organisationen (z.B. Forschungslabors) dokumentiert.

6.3.4 Managementsysteme

ISO 21434

ISO/SAE 21434:2021 [RQ-05-12] enthält die Anforderungen in Bezug auf die Managementsysteme.

Zur Erfüllung der Anforderungen an Managementsysteme gemäß ISO/SAE 21434 etabliert und pflegt eine Organisation ein Qualitätsmanagementsystem (QMS). Dieses integriert die spezifischen Cybersecurity-Anforderungen der ISO/SAE 21434 und umfasst mindestens die folgenden relevanten Kernprozesse:

- Änderungsmanagement
- Dokumentenmanagement
- Anforderungsmanagement
- Konfigurationsmanagement

Das QMS stellt sicher, dass alle im Rahmen von Cybersecurity-Aktivitäten gemäß ISO/SAE 21434 erstellten Dokumentationen (z.B. Berichte,

Konfigurationsdaten) systematisch verwaltet werden. Die Aufbewahrungsfristen für projektspezifische Dokumente und Konfigurationsinformationen sind im CSMS oder in der Cybersecurity-Richtlinie gemäß den Anforderungen der ISO/SAE 21434 eindeutig festzulegen und zu dokumentieren.

6.3.5 Tool-Management-System

ISO/SAE 21434:2021 [RQ-05-14] enthält die Anforderungen in Bezug auf das Tool-Management-System.

ISO 21434

Im Tool-Management-System werden alle internen und externen Werkzeuge, die im Verlauf des Lebenszyklus des Systems oder der Komponente verwendet werden, erfasst. Falls das Tool-Management auf einer höheren Ebene etabliert ist (z. B. auf Abteilungsebene), wird die Zuordnung der für das Projekt relevanten Werkzeuge dokumentiert. Es muss klar nachvollziehbar sein, welche Informationen zu erfassen sind und wie das jeweilige Tool verwaltet wird. Zu jedem Werkzeug sind die folgenden Informationen wichtig:

Basisinformationen zum Werkzeug

- Name
- Beschreibung
- Anwendungsbereich des Werkzeugs (z. B. Entwicklung, Produktion)
- Umgebung der Verwendung (z. B. Betriebssystem, Frameworks)
- Quelle (intern/extern)
- Von Drittanbietern oder selbst entwickelt
- Werkzeugkonfiguration
- Versionsnummer
- Lizenzierung
- Handbuch/Spezifikationsbeschreibung

Projektbezogene Angaben

- Verwendung im betrachteten Projekt
- Zuordnung zu Projekten (bei zentralem Tool-Management)
- Einschränkungen bei der Verwendung (z. B. Admin-Rechte)
- Bekannte Probleme
- Liste von Vorfällen

Cybersecurity-relevante Informationen

- Cybersecurity-Auswirkungen des Werkzeugs

- Genehmigung neuer Versionen inklusive Begründung und Risikobewertung
- Umgebungsprüfungen (z. B. sicherheitskritische Abhängigkeiten)

Zuständigkeiten und Verwaltung

- Eigentümer des Werkzeugs
- Weitere Kontaktpersonen
- Verwaltung der Zugriffsrechte
- Benutzerverwaltung (Rechtevergabe)

Tool-Prozess und Lebenszyklus

- Werkzeugbereitstellungsprozess
- Update-Prüfung/Patchmanagement
- Projektkonfigurationsmanagement inklusive Historie
- Änderungsdokumentation (Versionen, Migrationen)

Zusätzlich zur umfassenden Dokumentation aller Werkzeuginformationen ist eine transparente Verwaltung der Werkzeuge innerhalb der Organisation wichtig. Die folgenden Aspekte helfen dabei, den Tool-Management-Prozess zu definieren und zu dokumentieren, um eine effiziente und nachvollziehbare Nutzung zu gewährleisten:

- Benutzerverwaltung (z. B. Prozess zu Gewährung/Entzug von Zugriffsrechten)
- Projektkonfigurationsmanagement (z. B. vorherige Werkzeugkonfigurationen und -versionen sollten gespeichert werden)
- Werkzeugbereitstellungsprozess (z. B. Verwaltungswerkzeug zur Installation von Software, Paketen, Integritätsprüfung)
- Update-Prüfung, um zu überprüfen, ob eine neue Version installiert werden muss
- Umgebungsprüfung (z. B. notwendige Frameworks zur Ausführung der Software)

6.3.6 Cybersecurity-Audit

Ein Cybersecurity-Audit dient der Überprüfung, ob die definierten Cybersecurity-Ziele erreicht wurden, die Cybersecurity-Richtlinie ordnungsgemäß umgesetzt wurde und die organisatorischen Prozesse den Anforderungen entsprechen.

In einem Cybersecurity-Audit können verschiedene Elemente bewertet werden, darunter:

- Richtlinien und Verfahren: Überprüfung der Existenz und Effektivität von Cybersecurity-Richtlinien und -Prozeduren.

- Zugriffsrechte: Bewertung der Zugriffsrechte auf Systeme und Daten, um sicherzustellen, dass nur autorisierte Benutzer auf kritische Informationen zugreifen können.
- Sicherheitsmaßnahmen: Überprüfung der Implementierung von Sicherheitsmaßnahmen wie Firewalls, Antivirus-Software, Verschlüsselung und anderen Schutzmechanismen.
- Schulung und Sensibilisierung: Beurteilung der Schulungsprogramme und Sensibilisierungsbemühungen, um sicherzustellen, dass Mitarbeiter sich der Cybersecurity-Risiken bewusst sind und angemessen darauf reagieren können.
- Incident Response: Bewertung der Wirksamkeit von Prozessen und Plänen zur Reaktion auf Sicherheitsvorfälle.
- Compliance: Überprüfung, ob die Organisation alle relevanten gesetzlichen und regulatorischen Anforderungen im Bereich Cybersecurity erfüllt.
- Dokumentation: Prüfung der Dokumentation von Cybersecurity, Cybersecurity-Prozessen und -Vorfällen.

Die Ergebnisse einer organisatorischen Cybersecurity-Überprüfung bieten Einblicke in die Stärken und Schwächen der bestehenden Cybersecurity-Praktiken und dienen als Grundlage für die Verbesserung des CSMS der Organisation. Es ist wichtig, dass diese Überprüfungen regelmäßig durchgeführt werden, um mit den sich ständig ändernden Bedrohungen und Technologien Schritt halten zu können.

> **ISO/SAE 21434:2021 [RQ-05-17]** enthält die Anforderungen zur Durchführung von Cybersecurity-Audits auf Organisationsebene.

ISO 21434

Regelmäßige Audits in festgelegten Zeitintervallen helfen dabei, die dauerhafte Konformität mit der ISO/SAE 21434 sicherzustellen. Bei diesen Audits wird geprüft, ob die organisatorischen Prozesse auf dem neuesten Stand sind und das Ziel der ISO/SAE 21434 erreicht werden kann. Sie dürfen nicht mit einer projektbezogenen Cybersecurity-Bewertung verwechselt werden. Ein Cybersecurity-Audit kann auch im Rahmen eines Audits für den Qualitätsmanagementprozess durchgeführt werden (z.B. als Teil der Prozessverbesserung bzw. des kontinuierlichen Verbesserungsprozesses). Die Prüfung kann durch eine unabhängige Abteilung innerhalb der Organisation oder durch eine unabhängige externe Organisation erfolgen. Das Audit der organisatorischen Prozesse ist ein grundlegender Schritt für die Produktentwicklung nach ISO/SAE 21434 und daher eine entscheidende Maßnahme.

6.3.7 Erforderliche Arbeitsprodukte für ISO/SAE 21434, RQ-05-01 bis RQ-05-17

Die ISO/SAE 21434 enthält eine Liste von Arbeitsprodukten, die als Ergebnis der auf Organisationsebene durchgeführten Cybersecurity-Aktivitäten generiert wurden. Diese erfüllen jeweils eine oder mehrere zugehörige Anforderungen. Während eines Auditprozesses kann ein beliebiges Arbeitsprodukt aus Tabelle 6.1 angefordert werden. Die relevanten Arbeitsprodukte und geeigneten Nachweise auf Basis der Erfahrungen der Autoren, die zur Erfüllung der Anforderungen der ISO/SAE 21434: 2021 verwendet werden können, sind in Tabelle 6.1 aufgeführt.

Arbeitsprodukt	Anforderung	Nachweis
Cybersecurity-Richtlinie, -Regeln und -Prozesse **[WP-05-01]**	RQ-05-01 Cybersecurity-Richtlinie	Dokument, das die Hauptziele der Sicherheit definiert und den Sicherheitsrahmen einer Organisation skizziert
	RQ-05-02 Cybersecurity-Regeln und -Prozesse	Regeln und Prozesse für Cybersecurity-Aktivitäten während des gesamten Produktlebenszyklus (z.B. Dokumentation des Incident-Response-Prozesses)
	RQ-05-03 RQ-05-04 Rollen und Verantwortlichkeiten	▪ Organigramm ▪ Qualifikationen ▪ Wer informiert wen? ▪ Interne Bewertungsverfahren für Mitarbeiter, regelmäßige Schulungen, qualifizierte anerkannte Weiterbildungen
	RQ-05-05 Bereiche	Dokumente, Blockdiagramme oder Prozess-Flowcharts, Hervorhebung der Beziehung, Koordination und Interaktion zwischen verschiedenen Bereichen
	RQ-05-09 RC-05-10 Informationsaustausch	▪ Internationale Zertifizierungen wie TISAX und ISO 27001 ▪ Dokumentation des Informationsaustauschprozesses ▪ Vorführung des Informationsaustauschprozesses während eines Auditgesprächs ▪ Sicherheitsklassifizierungsstufen ▪ Verantwortliche Person zur Autorisierung des Informationsaustauschs ▪ Nachweis/Vorführung des Informationssicherheits-Managementsystems (ISMS) in der Organisation

→

Arbeitsprodukt	Anforderung	Nachweis
Nachweis Kompetenzmanagement und kontinuierliche Verbesserung **[WP-05-02]**	RQ-05-06 Cybersecurity-Kultur	▪ Nachweise von Schulungen, die durchgeführt wurden, um das Bewusstsein für Cybersecurity unter den Mitarbeitern zu schärfen ▪ Nachweise eines Belohnungssystems für diejenigen, die aktiv Cybersecurity-Vorfälle und -Schwachstellen melden ▪ Nützliche Referenz: ISO/SAE 21434, Anhang B
	RQ-05-07 Cybersecurity-Kultur	▪ Kompetenzmanagement einschließlich Fähigkeiten, Schulungen und Kenntnisse der Mitarbeiter ▪ Kompetenzmatrix (falls vorhanden) ▪ Qualifikationen für Cybersecurity-Rollen (z.B. können Stellenausschreibungen ebenfalls als Nachweise dienen)
	RQ-05-08 Kontinuierlicher Verbesserungsprozess	▪ ISO-9001-Zertifizierung ▪ Dokumentation/Demonstration eines kontinuierlichen Verbesserungsprozesses ▪ Nachweis, dass Cybersecurity-Aktivitäten bei Prozessverbesserungen berücksichtigt werden ▪ Nützliche Referenz: ISO 9001 und ASPICE PIM.3
Nachweis der Managementsysteme der Organisation **[WP-05-03]**	RQ-05-11 RQ-05-12 RC-05-13 RC-05-16 Management-system	▪ IATF 16949 in Verbindung mit dem ISO-9001-Zertifikat. Nachweise, Dokumentation und Vorführung des Änderungsmanagements, Dokumentenmanagements, Konfigurationsmanagements und Anforderungsmanagements ▪ Nachweis, der den Zeitraum zeigt, für den Konfigurationsinformationen gespeichert werden ▪ Projekt-Cybersecurity-Richtlinie, die das Änderungsmanagement und das Dokumentenmanagement usw. erklärt, die auf die Arbeitsprodukte angewendet werden
Nachweis eines Tool-Management-Prozesses **[WP-05-04]**	RQ-05-14 RC-05-15 Tool-Management-Prozess	▪ Tool-Management-Richtlinie/Handbuch auf Organisationsebene oder Verweise auf andere Richtlinien der Organisation, die sich mit Cybersecurity-Aktivitäten von Werkzeugen befassen ▪ Liste der während des Lebenszyklus des Produkts, Systems oder der Komponente verwendeten Werkzeuge, einschließlich des Werkzeugverantwortlichen der Organisation ▪ Nachweis der Cybersecurity-Risikoanalyse von Werkzeugen und Umgebungen, die während des Lebenszyklus des Artikels / der Komponente verwendet werden (vom Beschaffungsprozess bis zur Verwendung) ▪ Nachweis von Repositorien für jedes Werkzeug (z.B. Handbücher, Datenblätter, Liste bekannter Probleme, Hardware-/Softwareumgebung) ▪ Nachweis von werkzeugbezogenem Incident Management und/oder Aktivitäten des First-Level-Supports

→

Arbeitsprodukt	Anforderung	Nachweis
Cybersecurity-Auditbericht auf Organisationsebene **[WP-05-05]**	RQ-05-17 Cybersecurity-Audit	▪ Nachweis eines unabhängigen Teams / einer Abteilung zur Durchführung einer Prüfung ▪ Dokumentation von Prüfrichtlinien (was zu prüfen ist, Prüfkriterien, wie zu prüfen ist, usw.) ▪ Prüfvorlagen einschließlich Fragebögen (falls vorhanden) ▪ Beispiel/Vorlage für einen Prüfbericht (falls vorhanden)

Tab. 6.1 *Arbeitsprodukte und Nachweise aus der ISO/SAE 21434:2021*

Die Abkürzung »RQ« für Requirement (Anforderung), »RC« für Recommendation (Empfehlung) und die Abkürzung »WP« für Work Product (Arbeitsprodukt) werden durchgängig im Standard ISO/SAE 21434 verwendet.

6.4 Projektabhängiges Cybersecurity-Management

Nach der Etablierung der organisatorischen Prozesse werden projektabhängige Cybersecurity-Aktivitäten identifiziert und verwaltet. Das projektspezifische Cybersecurity-Management umfasst die Planung von Cybersecurity-Aktivitäten, die Zuweisung von Verantwortlichkeiten, die Anpassung von Aktivitäten bei Bedarf, die Durchführung von Cybersecurity-Bewertungen und die Entscheidung, ob ein Produkt für die Produktion freigegeben werden kann. Im Kontext der ISO/SAE 21434 bedeutet eine Cybersecurity-Bewertung (engl. Cybersecurity Assessment), dass alle Cybersecurity-Aktivitäten, Arbeitsprodukte und Maßnahmen systematisch überprüft und bewertet werden, um sicherzustellen, dass sie die Anforderungen der Norm erfüllen und die identifizierten Risiken angemessen adressiert sind [ISO/SAE 21434-11:2021].

6.4.1 Cybersecurity-Verantwortlichkeiten

ISO 21434

ISO/SAE 21434:2021 [RQ-06-01] enthält die Anforderungen zur Durchführung von Verantwortlichkeiten auf Projektebene.

Die Verantwortlichkeiten auf Projektebene werden gemäß den vom Unternehmen definierten Richtlinien zugewiesen und kommuniziert. Während auf Organisationsebene durch die Cybersecurity Governance bereits übergeordnete Rollen und Prozesse definiert sind (vgl. Abschnitt 5 des Standards), bezieht sich diese Anforderung auf die konkrete Umsetzung im Projektkontext. Jede sicherheitsrelevante Aufgabe im Projekt muss einer verantwortlichen Rolle zugewiesen werden bzw. es müssen passende Teams dafür zusammengestellt werden. (TARA, SI-Konzept etc.) und die zugewiesenen Personen müssen nachweislich über die nötige Kompetenz verfügen. Die Verantwortlichkeiten müssen dokumentiert und kommuniziert sein. Typische Rollen sind z.B. der Sicherheitsarchitekt, der TARA-Verantwortliche, der Cybersecurity-Auditor. Die Zuweisung muss nachvollziehbar sein, insbesondere mit Blick auf Bewertungen und Audits/Assessments.

6.4.2 Cybersecurity-Planung

ISO/SAE 21434:2021 [RQ-06-12] enthält die Anforderungen zur Planung von Cybersecurity-Aktivitäten.

ISO
21434

Das Projektteam plant detailliert vor der Durchführung projektspezifische Cybersecurity-Aktivitäten (siehe Abbildung 6.5), die den gesamten Produkt- oder Systemlebenszyklus umfassen. Typische Aktivitäten sind beispielsweise: TARA-Durchführung, Bewertung von Werkzeugen, Planung von Reviews, Vorbereitung eines Incident-Response-Plans und Erstellung eines Cybersecurity-Validierungsplans. Wer welche Aktivität durchführt und welche Arbeitsprodukte aus jeder Aktivität erwartet werden, ist klar definiert und muss an einem sicheren Ort gespeichert werden.

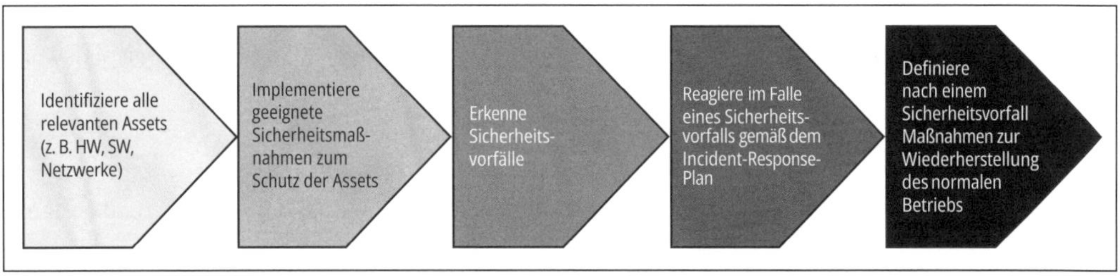

Abb. 6.5 *Cybersecurity-Planung*

Cybersecurity-Relevanz feststellen

Um festzustellen, welche Aktivitäten durchzuführen sind, wird das Produkt oder System genau analysiert, um zu ermitteln, ob das Produkt oder System für die Cybersecurity relevant ist. Die ISO/SAE 21434 schlägt die in Abbildung 6.6 gezeigte Methode vor, um die Cybersecurity-Relevanz des Produkts oder des Systems zu bestimmen.

Nach der Analyse der Cybersecurity-Relevanz wird festgestellt, ob es sich bei dem zu betrachtenden Produkt bzw. System um eine Neuentwicklung oder Wiederverwendung handelt oder ob eine Anpassung erforderlich ist.

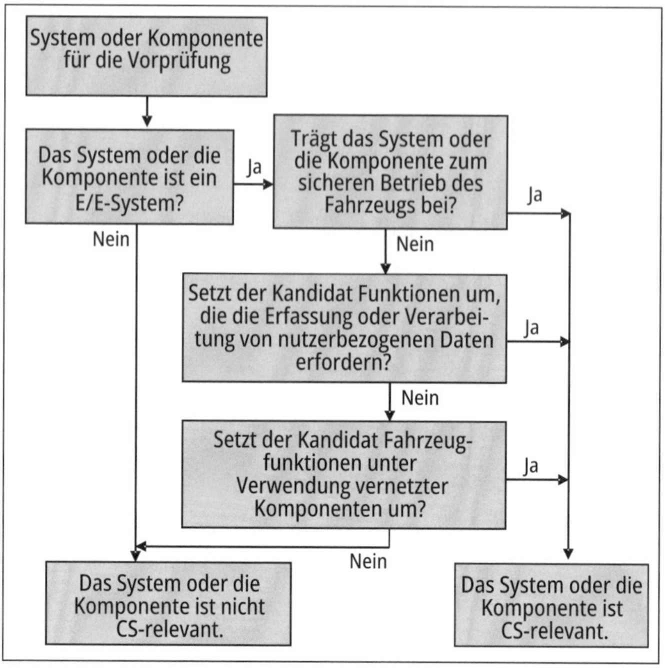

Abb. 6.6 *Methode zur Ermittlung der Cybersecurity-Relevanz (Beispiel)*

Ein umfassender Cybersecurity-Plan sorgt für die Effektivität von Cybersecurity-Maßnahmen. Er ist ein projektspezifisches Dokument, das alle geplanten Cybersecurity-Aktivitäten, Rollen, Termine und erwartete Arbeitsprodukte beschreibt. Dadurch sind Verantwortlichkeiten klar zugewiesen und die Aktivitäten sind planbar – von der Konzeptphase bis zur Außerbetriebnahme. Der Cybersecurity-Plan umfasst beispielsweise folgende Schlüsselelemente:

Zielsetzung:

- Eine klare Definition der Ziele und Zwecke des Cybersecurity-Plans

Risikobewertung und -management:

- Eine Analyse der möglichen Cyberrisiken und deren Auswirkungen auf die Organisation
- Festlegung von Strategien zur Risikominderung und -kontrolle

Verantwortlichkeiten:

- Klare Zuweisung von Verantwortlichkeiten für die Umsetzung und Überwachung der Cybersecurity-Maßnahmen

Abhängigkeiten:

- Identifikation von Abhängigkeiten von anderen Aktivitäten oder Prozessen innerhalb der Organisation

Ressourcenbedarf:

- Feststellung des benötigten Ressourcenbedarfs, einschließlich finanzieller Mittel, technischer Ressourcen und personeller Kapazitäten

Zeitplan:

- Festlegung eines Zeitrahmens für die Umsetzung der Cybersecurity-Maßnahmen

Arbeitsprodukte:

- Identifikation der konkreten Arbeitsprodukte, die während des Cybersecurity-Prozesses erstellt werden müssen

Änderungsmanagement:

- Ein Mechanismus zur Aktualisierung des Plans während der Entwicklungsphase und ein strukturiertes Änderungsmanagement

Überwachung und Bewertung:

- Festlegung von Maßnahmen zur regelmäßigen Überwachung, Bewertung und Aktualisierung des Cybersecurity-Plans, um zu gewährleisten, dass er den aktuellen Bedrohungen und Anforderungen entspricht

Dokumentation:

- Klare Dokumentation aller Aspekte des Cybersecurity-Plans, um die Nachvollziehbarkeit und Transparenz sicherzustellen.

Die Anforderungen an Cybersecurity-Pläne variieren je nach den spezifischen Bedürfnissen und Risiken einer Organisation.

Um die Verantwortlichkeiten für die Entwicklung und Pflege des Cybersecurity-Plans klar zuzuweisen und den Fortschritt zu überwachen, kann eine RASIC-Matrix[1] hilfreich sein. Diese Matrix hilft vor allem bei einer verteilten Entwicklung dabei, Rollen und Verantwortlichkeiten klar zu definieren, Verwirrungen zu vermeiden und sicherzustellen, dass alle relevanten Parteien eingebunden sind. Durch die Verwendung einer RASIC-Matrix können Teams eine klare Struktur für ihre Arbeitsabläufe schaffen und sicherstellen, dass alle notwendigen Aspekte angemessen berücksichtigt werden.

---

1. RASIC = Responsible, Accountable, Support, Informed, Consulted.

Die Verantwortlichkeiten von Fahrzeugherstellern und Lieferanten werden gemäß der Empfehlung der ISO/SAE 21434, Anhang C [ISO/SAE 21434:2021], wie folgt definiert:

- **R (verantwortlich):** Organisation, die für die Durchführung der Aktivität verantwortlich ist.
- **A (zuständig):** Organisation, die die Befugnis hat, die Aktivität zu genehmigen, sobald sie abgeschlossen ist.
- **S (unterstützend):** Organisation, die der Organisation, die verantwortlich ist für die Aktivität, helfen wird.
- **I (informiert):** Organisation, die über den Fortschritt der Aktivität und getroffene Entscheidungen informiert ist.
- **C (konsultiert):** Organisation, die Ratschläge oder Anleitung anbietet, aber nicht aktiv an der Aktivität mitarbeitet.

Natürlich können softwaregestützte Lösungen ebenfalls eingesetzt werden. Moderne Tools ermöglichen die flexible Zuweisung von Aufgaben und Verantwortlichkeiten an Personen und Teams und können an spezifische Bedürfnisse der Organisation angepasst werden.

Der Cybersecurity-Plan wird während der Entwicklungsphase laufend aktualisiert. Daher sollte das Änderungsmanagement darauf angewendet werden.

6.4.3 Cybersecurity-Kontrollen

ISO 21434

ISO/SAE 21434:2021-10-7 [RQ-10-07 bis RQ-10-09] enthält die Anforderungen zu Cybersecurity-Kontrollen. **ISO/SAE 21434:2021-15 [RQ-15-01 bis RQ-15-04]** enthält Anforderungen zur Validierung der Wirksamkeit der implementierten Cybersecurity-Kontrollen.

Im Rahmen der Cybersecurity-Aktivitäten müssen geeignete Cybersecurity-Kontrollen festgelegt werden. Dabei handelt es sich um technische oder organisatorische Maßnahmen, die darauf abzielen, identifizierte Cybersecurity-Risiken zu vermeiden, zu verringern oder zu beherrschen. Diese Kontrollen werden auf Grundlage der durchgeführten Bedrohungs- und Risikoanalyse (TARA) definiert und sind zentraler Bestandteil des Cybersecurity-Konzepts gemäß ISO/SAE 21434.

6.4.4 Projektstory ADAS NextGen: Cybersecurity-Kontrollen und Safety Case

Im Gemeinschaftsprojekt ADAS NextGen, das von der Drivesmart AG und der Safehicle GmbH gemeinsam durchgeführt wird, steht derzeit die Absicherung des automatisierten Parksystems im Fokus. Die sicherheitskritischen Funktionen des Systems erfordern eine sorgfältige Betrachtung sowohl der funktionalen Sicherheit als auch der Cybersecurity – ein interdisziplinärer Kraftakt, der zahlreiche Spezialisten aus beiden Unternehmen fordert.

Bereits zu Beginn des Projektabschnitts wurde deutlich: Die Cybersecurity-Kontrollen müssen mehr leisten als nur die klassischen Schutzmechanismen. Peter Feinblick, der Cybersecurity-Manager der Drivesmart AG, erinnerte in einem Workshop eindringlich daran, dass Manipulationen von Sensor- oder Steuerdaten, die unautorisierte Kommunikation mit dem Steuergerät oder neue Remote-Zugriffspfade durch OTA-Funktionen erhebliche Bedrohungen darstellen. Gemeinsam mit Theo Abwehr, dem Cybersecurity-Manager der Safehicle GmbH, wurde ein Maßnahmenkatalog entwickelt, der Integrity-Checks, Input-Filterung sowie Zugriffskontrollmechanismen umfasst.

Die Wirksamkeit dieser Maßnahmen muss im Rahmen der Validierung nachgewiesen werden – ein Aspekt, der Ulla Wahrlich (Testleiterin, Drivesmart AG) und Ernst Probe (Testleiter, Safehicle GmbH) in die Pflicht nimmt. Sie sorgen dafür, dass alle sicherheitsrelevanten Testfälle geplant, dokumentiert und konsequent durchgeführt werden.

Ulrich Richter, der unabhängige externe Assessor der Drivesmart AG, und sein Kollege Rainer Fels, FuSi-Manager bei Safehicle, erläuterten dem Team in einer Review-Session:

»Der Cybersecurity-Bewertungsbericht belegt, welche Bedrohungen – etwa CAN-Message-Forgery oder Sensor-Spoofing – identifiziert wurden, welche Gegenmaßnahmen wie Integrity-Checks oder Filterlogik getroffen wurden, welche Reviews und Tests stattfanden und ob der Cybersecurity Case vollständig, konsistent und nachvollziehbar ist. Nur wenn dies gegeben ist, können wir eine Freigabeempfehlung aussprechen.«

Ein besonderer Diskussionspunkt wurde von Theo Abwehr angebracht: die Wiederverwendung eines bestehenden Radarsensors, der ursprünglich für ein Serienfahrzeug entwickelt wurde. Die Herausforderung: Dieser Sensor muss nun im Kontext des neuen Systems auf zusätzliche Angriffspfade – wie etwa OTA-Schnittstellen oder neue Diagnosewege – geprüft werden. Das Team, koordiniert von Lara Vero (technische Projektleiterin, Drivesmart AG) und Wolfgang Lagert (Konfigurations- und Änderungsmanager, Safehicle), nahm diesen Punkt in die Planungsunterlagen auf.

Anja Bau, Systemarchitektin bei Drivesmart, und Paola Stabil, System- und Softwarearchitektin bei Safehicle, analysierten die vorhandene Sicherheitsarchitektur des Sensors gemeinsam mit Fernando Haswas (Regulatory Compliance Engineer, Drivesmart AG), um festzustellen, ob sie den heutigen Anforderungen noch genügt. Bei Abweichungen – zum Beispiel in Bezug auf neue Bedrohungen – werden zusätzliche Sicherheitsmaßnahmen definiert. Vorschläge aus dem Team reichten von erweiterten Logging-Funktionen bis hin zu physikalischen Zugriffskontrollen.

Diese Bewertung ist keine isolierte Maßnahme: Frühere Artefakte wie die TARA (Threat Analysis and Risk Assessment), bereits umgesetzte Kontrollen sowie aktuelle Bedrohungsinformationen werden systematisch einbezogen. Dabei sorgt Dave Rugby, Qualitätsmanager bei Drivesmart, gemeinsam mit Klara Schauhin, Qualitätsbeauftragte bei Safehicle, für die Qualitätssicherung und Nachvollziehbarkeit des gesamten Dokumentations- und Nachweisprozesses.

So arbeiten über 30 Fachkräfte aus beiden Unternehmen – von HMI-Designerin Tina Mensch bis hin zu Data Scientist Flora Forscher – eng zusammen, um ein Ziel zu erreichen: Ein sicheres, zuverlässiges und genehmigungsfähiges automatisiertes Parksystem, das den Herausforderungen von heute und morgen standhält.

6.4.5 Tailoring

ISO 21434

ISO/SAE 21434:2021 [RQ-06-14] enthält die Anforderungen für eine Neuentwicklung oder eine Modifikation eines bestehenden Items.

Zur Entwicklung des Cybersecurity-Plans analysiert das Entwicklungsteam, ob eine Neuentwicklung oder die Modifikation eines bestehenden Systems oder einer Komponente vorliegt. Die Ergebnisse dieser Analyse ermöglichen eine Anpassung. Die aufgrund der Anpassung durchzuführenden Aktivitäten werden im Cybersecurity-Plan aktualisiert. Die Anpassung erfolgt unter einer der folgenden Bedingungen:

- Wiederverwendung einer Komponente mit oder ohne Modifikation
- Verwendung von Komponenten außerhalb des Kontexts
- Verwendung von vorgefertigten Komponenten
- Aktualisierungen

Für die Anpassung einer der im Cybersecurity-Plan definierten Aktivitäten ist es sinnvoll, das Folgende zu dokumentieren:

- Grund für die notwendige Anpassung
- Begründung, ob die Anpassung ausreichend und geeignet ist, um mit der ISO/SAE 21434 konform zu sein (z. B. wenn die Auswirkungsbewertung durch die Integration einer neuen Metrik angepasst wird, wird dokumentiert, warum dies notwendig ist und wie es dazu beiträgt, die Cybersecurity zu verbessern).
- Zusätzliche durchzuführende Aktivitäten (z. B. wenn Risiken für den Straßennutzer und einen sekundären Stakeholder wie den Fahrzeughersteller während der TARA berücksichtigt werden, dann müssen

die Bewertung von Schäden für sekundäre Stakeholder und die Bewertung der Auswirkungen auf sekundäre Stakeholder als zusätzliche Aktivitäten in den Cybersecurity-Plan aufgenommen werden).

Es ist hilfreich, im Cybersecurity-Plan zu den Aktivitäten noch die folgenden Inhalte zu dokumentieren:

- Verantwortliche für die Durchführung der zusätzlichen Aktivitäten
- Eingänge und erwartete Ergebnisse sowie Arbeitsprodukte (falls zutreffend)

6.4.6 Wiederverwendung von vorhandenen Komponenten

ISO/SAE 21434:2021 [RQ-06-17] enthält die Anforderungen zur Wiederverwendung von Komponenten.

ISO
21434

Während der Entwicklung kann ein System aus vorhandenen Komponenten wiederverwendet werden. In diesem Fall können Modifikationen am System, an der Komponente oder an ihrer Betriebsumgebung vorgenommen werden, die Sicherheitslücken und Schwächen verursachen können, die bei der ursprünglichen Entwicklung nicht identifiziert wurden. Vor der Wiederverwendung einer Komponente empfiehlt die ISO/SAE 21434 eine Analyse, die wie folgt durchgeführt wird:

- Identifizierung von Modifikationen am System, an der Komponente oder an der Betriebsumgebung
- Bewertung, ob die Komponente die Cybersecurity-Anforderungen für das vorgesehene System erfüllen kann, in dem sie verwendet werden soll.
- Prüfung, ob die vorhandene Dokumentation ausreichend ist. Falls nicht, werden die durchzuführenden Aktivitäten festgelegt (z. B. Dokumentation der durchgeführten Sicherheitstests).
- Analyse der Cybersecurity-Auswirkungen der Modifikationen und Durchführung der folgenden Aktivitäten:
  - Analyse der Gültigkeit bestehender Cybersecurity-Ansprüche und Annahmen
  - Durchführung der TARA unter Berücksichtigung der Modifikationen
  - Feststellung von Risiken und betroffenen Assets (materielle und immaterielle Vermögenswerte)
  - Festlegung von Cybersecurity-Anforderungen

Die aufgrund der Modifikation durchgeführten Cybersecurity-Aktivitäten (z.B. Wiederverwendungsanalyse, TARA, Schwachstellenanalyse, Risikobehandlung) werden in den Cybersecurity-Plan aufgenommen.

Assets, also Vermögenswerte im Cybersecurity-Kontext, sind alles Wertvolle, dessen Schutz notwendig ist. Bei der Wiederverwendung von Systemen oder Komponenten muss analysiert werden, wie diese Vermögenswerte durch die Modifikationen beeinflusst werden und welchen neuen Risiken sie ausgesetzt sein könnten. Das Team prüft beispielsweise, ob die ursprünglichen Sicherheitsannahmen für die wiederverwendeten Vermögenswerte im neuen Kontext weiterhin gültig sind.

> Automotive SPICE® REU.2 [ISO/IEC 15504:2004; VDA 2023] enthält Richtlinien für die Wiederverwendung, die nicht spezifisch für Cybersecurity sind, jedoch dabei helfen können, bewährte Praktiken zu identifizieren.

6.4.7 Komponenten außerhalb des Kontexts

> **ISO/SAE 21434:2021 [RQ-06-20]** enthält die Anforderungen an Komponenten außerhalb des Kontexts.

Die ISO/SAE 21434 legt einen klaren Ansatz für die Behandlung von Komponenten außerhalb des Kontexts fest. Dies ist insbesondere relevant, wenn eine Komponente ohne spezifische Kundenanforderungen entwickelt wird und an mehrere Kunden vermarktet werden soll. Die ISO/SAE 21434:2021 erläutert den Ansatz für solche Komponenten wie folgt:

Annahmen treffen:

- Da die Komponente außerhalb des Kontexts entwickelt wird, müssen Annahmen zu externen Schnittstellen, der vorgesehenen Verwendung und dem Kontext sowie der Betriebsumgebung getroffen werden.

Validierung und Dokumentation der Annahmen:

- Die getroffenen Annahmen müssen validiert und dokumentiert werden, um Transparenz und Nachvollziehbarkeit sicherzustellen.

Cybersecurity-Ziele und -Ansprüche definieren:

- Während der Konzeptphasenaktivitäten werden Cybersecurity-Ziele und -Ansprüche festgelegt.

Festlegung von Cybersecurity-Anforderungen:

- Auf der Grundlage der getroffenen Annahmen werden spezifische Cybersecurity-Anforderungen definiert.

Validierung bei der Integration:

- Die Integration einer Out-of-Context-Komponente erfordert die Überprüfung folgender Punkte:
  - Gültigkeit der Annahmen und Cybersecurity-Ansprüche
  - Feststellung, ob Änderungen erforderlich sind. Falls ja, sollte eine Wiederverwendungsanalyse durchgeführt werden.

Dieser Ansatz stellt sicher, dass bei der Verwendung von Out-of-Context-Komponenten die notwendigen Schritte unternommen werden, um die Cybersecurity zu gewährleisten. Durch die Festlegung von Annahmen, deren Validierung und Dokumentation sowie das Festlegen spezifischer Cybersecurity-Ziele und -Ansprüche wird eine klare Basis für die Integration und den Einsatz der Komponente geschaffen. Falls Änderungen erforderlich sind, wird eine Wiederverwendungsanalyse durchgeführt, um sicherzustellen, dass die Cybersecurity trotz der Entwicklung außerhalb des Kontexts gewährleistet ist.

> In Kapitel 8, »Unterstützende Prozesse und Querschnittsthemen der ISO 26262«, gehen wir detailliert auf SEooC-Komponenten aus Sicht der funktionalen Sicherheit ein.

6.4.8 Vorgefertigte Komponenten

> **ISO/SAE 21434:2021 [RQ-10-08, WP 11-01 bis 11-09]** enthält Anforderungen an vorgefertigte Komponenten.
>
> ISO 21434

Eine vorgefertigte OTS-Komponente (Off-the-Shelf Component) ist eine Komponente, die ohne Anpassung verwendet werden kann. OTS-Komponenten sind nicht selbst entwickelte oder wiederverwendete oder zugekaufte Software- und Hardwarekomponenten. Beispiele hierfür sind eine Softwarebibliothek von Drittanbietern oder eine Open-Source-Softwarekomponente. [RQ-10-08 »Cybersecurity controls for external components«] enthält entsprechende Anforderungen. Für OTS-Komponenten (z.B. Middleware, Microcontroller mit Firmware, Bibliotheken, Betriebssysteme) muss ebenfalls eine Cybersecurity-Bewertung erfolgen.

Bei der Integration einer vorgefertigten Komponente ist eine umfassende Liste von Punkten zu berücksichtigen:

Sammeln von Cybersecurity-relevanten Informationen und Dokumentation:

- Erfassen aller relevanten Informationen zur Cybersecurity und entsprechender Dokumentation (z. B. zu identifizierten Schwachstellen und Sicherheitslücken, durchgeführten Tests, einer Produktzertifizierung (falls vorhanden), Spezifikationen, Einschränkungen)

Überprüfung der Erfüllung von Cybersecurity-Anforderungen:

- Feststellen, ob die Komponente die Cybersecurity-Anforderungen für das Produkt erfüllt, in das sie integriert werden soll.

Überprüfung der Eignung für eine spezifische Anwendung:

- Überprüfen, ob die Komponente für eine bestimmte Anwendung geeignet ist.

Überprüfung der Dokumentation:

- Überprüfen, ob die vorhandenen Dokumente ausreichen oder ob zusätzliche Cybersecurity-Aktivitäten zu implementieren sind, um das Sicherheitsniveau der Komponente nachzuweisen.

Aktualisierung des Cybersecurity-Plans:

- Aktualisieren des Cybersecurity-Plans mit den durchzuführenden Aktivitäten

Durchführung von Cybersecurity-Aktivitäten:

- Durchführen der im Cybersecurity-Plan enthaltenen Aktivitäten

Speicherung der Arbeitsprodukte der Cybersecurity-Aktivitäten:

- Speichern der Arbeitsprodukte aus den Cybersecurity-Aktivitäten auf sichere Weise

Die Beachtung dieser Schritte gewährleistet, dass eine Off-the-Shelf-Komponente sicher in das Gesamtsystem integriert wird und die erforderlichen Cybersecurity-Standards erfüllt sind. Der Prozess beinhaltet die ausführliche Erfassung und Überprüfung relevanter Informationen, die Evaluierung der Eignung für die spezifische Anwendung, die Überprüfung der Dokumentation sowie die Durchführung und Speicherung von Cybersecurity-Aktivitäten in Übereinstimmung mit dem aktualisierten Cybersecurity-Plan.

6.4.9 Cybersecurity Case

ISO/SAE 21434:2021 [RQ-16-01, WP-16-01] fordert die Erstellung des Cybersecurity Case.

ISO 21434

Der Cybersecurity Case ist ein strukturierter Nachweis, dass ein System oder eine Komponente die festgelegten Cybersecurity-Ziele erreicht und die identifizierten Risiken angemessen und akzeptabel adressiert wurden. Er ist eine systematische Dokumentation, die die Zusammenstellung von Arbeitsprodukten aus den Cybersecurity-Aktivitäten repräsentiert. Diese Arbeitsprodukte bilden eine Argumentationsgrundlage für das erreichte Cybersecurity-Niveau.

Der Cybersecurity Case wird kontinuierlich dokumentiert und überprüft, einschließlich der neuen Arbeitsprodukte, die während des Lebenszyklus des Systems oder der Komponente generiert werden. Er dient als Referenz für die Cybersecurity-Bewertung und für Zwischenprüfungen, die die Organisation durchführen kann. Er ist somit die zentrale Begründung und Dokumentation für die Cybersecurity-Freigabe eines Produkts. Für das Post-Development-Release müssen alle relevanten Cybersecurity-Aktivitäten abgeschlossen und das erforderliche Sicherheitsniveau erreicht und nachgewiesen sein, bevor das Produkt freigegeben werden darf. Der Cybersecurity Case ist der formale Nachweis, auf dessen Grundlage eine Freigabe nach der Entwicklungsphase (Post-Development-Release) erfolgen darf.

Änderungsmanagement, Konfigurationsmanagement und Dokumentationsmanagement werden auf den Cybersecurity Case angewendet.

6.5 Cybersecurity-Assessment

ISO/SAE 21434:2021 [RQ-06-32] enthält die Anforderungen an die Durchführung eines Cybersecurity-Assessment.

ISO 21434

Ein möglichst unabhängiges Team validiert die im Cybersecurity Case bereitgestellten Begründungen und Argumente durch ein Cybersecurity-Assessment. Der Assessor prüft jede im Cybersecurity Case dokumentierte Begründung und entscheidet, ob zusätzliche Aktivitäten, beispielsweise Tests, erforderlich sind, um den erreichten Grad an Cybersecurity zu erlangen. Für die Durchführung eines Cybersecurity-Assessments befolgt die Organisation folgende Schritte:

- **Bestimmung des Verantwortlichen für das Cybersecurity-Assessment:** Zunächst muss festgelegt werden, wer das Cybersecurity-Assessment durchführen wird (z.B. ein Dritter, das Qualitätsteam). Die Person, die die Bewertung durchführt, muss unabhängig vom Entwicklungsteam sein.
- **Erstellung der Prozessdokumentation oder von Leitlinien:** Die Bereitstellung der Prozessdokumentation oder von Leitlinien sowie Checklisten für die zu prüfenden Aspekte innerhalb der Organisation hilft dabei, die Unabhängigkeit des Cybersecurity-Assessment-Teams zu wahren. Zudem werden die erforderlichen Rollen und Verantwortlichkeiten während einer Bewertung definiert. Diese dokumentierten Vorgehensinformationen werden dem Prüfer gesammelt zur Verfügung gestellt.
- **Festlegung des Zeitpunkts für das Cybersecurity-Assessment:** Die Organisation legt anhand folgender Punkte fest, wann ein Cybersecurity-Assessment durchzuführen ist:
  - Ergebnisse der TARA
  - Komplexität des zu entwickelnden Systems oder der Komponente
  - Vordefinierte Kriterien
  - Definition des zu bewertenden Umfangs
  - Betrachtung dessen, was bewertet werden soll
- **Festlegung des Prüfumfangs:** Der Umfang des Assessments ergibt sich aus dem Cybersecurity-Plan, den Arbeitsprodukten des Cybersecurity Case, der Behandlung der Risiken sowie den Ergebnissen der durchgeführten Cybersecurity-Kontrollen und-aktivitäten.
- **Integration der Bewertungsergebnisse:** Für jedes Bewertungsergebnis (Akzeptanz, bedingte Akzeptanz oder Nichtakzeptanz) ist eine nachvollziehbare Begründung zu dokumentieren.
- **Erstellung eines Cybersecurity-Assessment-Berichts:** Der Cybersecurity-Assessment-Bericht (auch Cybersecurity-Bewertungsbericht) ist ein dokumentiertes Ergebnis einer formalen Bewertung der Cybersecurity-Aktivitäten, Maßnahmen und Artefakte des Projekts, des Systems oder einer Komponente. Er beinhaltet u.a. Empfehlungen zur fortlaufenden Optimierung und dient als interner oder externer Nachweis, dass die Cybersecurity-Anforderungen compliant zum Standard umgesetzt und geprüft wurden. Typische dokumentierte Informationen sind:
  - Der Umfang und das Ziel der durchgeführten Bewertung
  - Die bewerteten Artefakte (TARA, Cybersecurity-Ziele etc.)
  - Die Ergebnisse und Feststellungen
  - Eine Abschätzung des erreichten Cybersecurity-Niveaus
  - Gegebenenfalls Empfehlungen zur Freigabe oder zu Korrekturmaßnahmen

6.5.1 Freigabe nach der Entwicklung

Um ein System oder eine Komponente in die Produktion zu überführen, müssen drei zentrale Nachweise vorliegen: der Cybersecurity Case, die Cybersecurity-Anforderungen für das Post-Development-Release und der Cybersecurity-Bewertungsbericht. Diese Dokumentationen bilden die Grundlage für die Entscheidung zur Freigabe für die Produktion. Um den Grad der Umsetzung dieser Entscheidung zu bewerten (Freigabereife), müssen insbesondere folgenden Schlüsselfragen beantwortet werden können:

- Ist die im Cybersecurity Case dargelegte Argumentation für die Cybersecurity überzeugend und vollständig?
- Wurde der Cybersecurity Case durch eine unabhängige Cybersecurity-Bewertung bestätigt?
- Sind die in den vorgegebenen Entwicklungsphasen definierten Cybersecurity-Anforderungen erfüllt und akzeptiert worden?

Es geht darum, sicherzustellen, dass angemessene Cybersecurity-Maßnahmen während der Entwicklung nicht nur berücksichtigt, sondern auch bewertet wurden. Diese Cybersecurity-Nachweise und -Bewertungen müssen erfolgreich erbracht, dokumentiert und abgeschlossen sein, bevor ein System oder eine Komponente für die Serienproduktion freigegeben werden darf.

6.5.2 Erforderliche Arbeitsprodukte für ISO/SAE 21434, RQ-06-01 bis RQ-06-34

In Tabelle 6.2 ist eine Liste von Arbeitsprodukten aufgeführt, die wegen der Durchführung von Cybersecurity-Aktivitäten auf Projektebene erforderlich sind. Im Rahmen eines Auditprozesses kann die Organisation dann gebeten werden, beliebige der in der Tabelle aufgeführten Nachweise vorzulegen. Neben den relevanten Arbeitsprodukten sind die geeigneten Nachweise auf Basis der Erfahrungen der Autoren, die zur Erfüllung der Anforderungen der ISO/SAE 21434:2021 verwendet werden können, in Tabelle 6.2 aufgeführt.

Arbeitsprodukt	Anforderung	Nachweis
Cybersecurity-Plan **[WP-06-01]**	RQ-06-01 Cybersecurity-Verantwortlichkeiten	■ Nachweise dafür, dass Verantwortlichkeiten entsprechend zugewiesen und gemäß den Organisationsrichtlinien kommuniziert werden ■ Der Cybersecurity-Plan enthält: • Organigramm der Projektorganisation und Verweis auf die Rollenbeschreibung der für das Projekt erforderlichen Personen • RASIC-Matrix des Projekts bzw. geeignete Darstellung (toolabhängig)
	RQ-06-02 Cybersecurity-Planung	■ Nachweise der Analyse zur Relevanz für Cybersecurity ■ Dokumentation, einschließlich der Ergebnisse der durchgeführten Überprüfungen zur Cybersecurity-Relevanz des Elements oder der Komponente ■ Vorherige Dokumentation einer Komponente, die wiederverwendet oder modifiziert wird ■ Begründung, warum Anpassungen vorgenommen werden ■ Nützliche Referenz: ISO/SAE 21434, Anhang D
	RQ-06-03 Cybersecurity-Planung	Der Cybersecurity-Plan beinhaltet noch: ■ Ziel einer Cybersecurity-Aktivität ■ Abhängigkeiten von anderen Aktivitäten oder Informationen ■ Erforderliche Ressourcen für die Durchführung einer Aktivität ■ Dauer der Cybersecurity-Aktivität, unter Angabe des Start- und Endzeitpunkts ■ Zu erstellende Arbeitsprodukte
	RQ-06-04 Cybersecurity-Planung	■ Nachweise für die kontinuierliche Entwicklung und Pflege des Cybersecurity-Plans ■ Nachweise für die Rolle, die für die Überprüfung des Status des Cybersecurity-Plans verantwortlich ist ■ Überprüfung des Status der Cybersecurity-Aktivitäten
	RQ-06-05 Cybersecurity-Planung	Falls der Cybersecurity-Plan im Projektplan enthalten ist und darauf verwiesen wird, wird der Projektplan als Trägerdokument akzeptiert – sofern alle relevanten Cybersecurity-Inhalte vollständig abgedeckt und klar erkennbar zugeordnet sind.
	RQ-06-06 Cybersecurity-Planung	Cybersecurity-Aktivitäten, die während der Konzept- und Entwicklungsphasen durchgeführt werden
	RQ-06-07 Cybersecurity-Planung	■ Falls eine Änderung der Cybersecurity-Aktivitäten erforderlich ist, werden die folgenden Punkte gezeigt: • Change Request • Prozessbeschreibung für das Änderungsmanagement • Nennung des Änderungsmanagementtools

→

Arbeitsprodukt	Anforderung	Nachweis
	PM-06-08 Cybersecurity-Planung	■ Wenn das Risiko im Zusammenhang mit einem Bedrohungsszenario gering ist, kann das Risiko mit geringerer Anforderung gehandhabt werden, sofern eine angemessene Begründung dokumentiert wird. ■ Nachweise für die Anwendung von Qualitätsmanagement zur Risikosteuerung ■ Definition von zusätzlichen Maßnahmen ■ Nützliche Referenzen: IATF 16949, ISO 9001
	RQ-06-09 Cybersecurity-Planung	Nachweise dafür, dass Arbeitsprodukte durch angemessene Verfahren bis zur Freigabe für die Nachentwicklungsphase aktualisiert und gewartet werden
	RQ-06-10 Cybersecurity-Planung	■ Nachweise darüber, wie die Cybersecurity-Aktivitäten zwischen dem Kunden und dem Lieferanten aufgeteilt sind ■ Cybersecurity-Plan, der vom Lieferanten erstellt wurde
	RQ-06-11 RQ-06-12 Cybersecurity-Planung	■ Nachweis darüber, wie Konfigurations- und Dokumentationsmanagement des Cybersecurity-Plans durchgeführt werden ■ Nachweis über das Management der generierten Arbeitsprodukte ■ Anforderungen des Managementtools ■ Anforderungen an die Verwaltung und Speicherung von Dokumenten ■ Konfiguration des Managementtools
	PM-06-13 RQ-06-14 Tailoring	■ Richtlinie (Policy) des Unternehmens für Anpassungen (Tailoring) muss vorliegen (wann und wie dürfen Anforderungen an Cybersecurity angepasst oder reduziert werden, wer ist dafür zuständig, welche Dokumentation ist erforderlich). ■ Begründung, warum die Anpassung angemessen und die Erfüllung der Ziele sichergestellt ist. ■ Festgelegte dokumentierte Kriterien, um zu entscheiden, wann Anpassungen angewendet werden. ■ Klare Benennung der betroffenen Anforderungen ■ Nachvollziehbarkeit, warum Anforderungen nicht oder nur teilweise umgesetzt wurden

→

Arbeitsprodukt	Anforderung	Nachweis
	RQ-06-15 RQ-06-16 RQ-06-17 Wiederverwendung von vorhandenen Komponenten	■ Die Bewertung der Wiederverwendung muss erfolgen. Birgt sie neue oder veränderte Risiken? Ist die bestehende Cybersecurity der Komponente noch angemessen? ■ Definition einer Wiederverwendungsstrategie oder gemeinsame Verfahren der Organisation. ■ Nachweis der durchgeführten Wiederverwendungsanalyse sowie Arbeitsprodukte, die die getroffene Entscheidung unterstützen. ■ Wenn Anpassungen erforderlich sind, sollte das Änderungsmanagementsystem angewendet werden. ■ Es soll erklärt werden, wie sich Risiken auf Cybersecurity-Ansprüche und zuvor gemachte Annahmen auswirken. ■ Gegebenenfalls müssen ergänzende Schutzmaßnahmen definiert werden (Kontrollen). ■ Geänderte Konfigurationen, Parameter oder Daten. ■ Nachweis einer durchgeführten Auswirkungsanalyse unter Berücksichtigung der wiederverwendeten Elemente. ■ Beschreibung, wie die Komponentenintegration durchgeführt wird. ■ Durchführung einer Verifizierung zur Bestätigung/Erfüllung der Cybersecurity-Anforderungen ■ Erstellung der Integrationsdokumentation
	RQ-06-18 RQ-06-19 RQ-06-20 Komponenten außerhalb des Kontexts	■ Identifikation der Komponenten, die nicht im Geltungsbereich des betrachteten Items entwickelt wurden ■ Prozess zur Beschreibung der Anpassung von Cybersecurity-Aktivitäten aufgrund von Out-of-Context-Komponenten. ■ Validierung der Cybersecurity-Ansprüche und Annahmen zum Cybersecurity-relevanten Assessment. ■ Alle Annahmen, die über die externen Komponenten getroffen werden, müssen dokumentiert werden. Cybersecurity-Kontrollen müssen definiert sein, falls die Komponente ein Risiko darstellt.
	RQ-06-21 RQ-06-22 Vorgefertigte Komponenten	■ Richtlinien oder Verfahren der Organisation zur Verwendung von Off-the-Shelf-Komponenten. ■ Vorhandene Dokumentation der Off-the-Shelf-Komponente (z. B. Benutzerhandbuch, Diagramme). ■ Falls die vorhandene Dokumentation nicht ausreichend ist, Liste der Cybersecurity-Aktivitäten und -Prozesse, die erforderlich sind, verwenden, um weitere Informationen zur Komponente zu sammeln. ■ Dokumentation der Ergebnisse der durchgeführten Cybersecurity-Aktivitäten.

→

Arbeitsprodukt	Anforderung	Nachweis
Cybersecurity Case **[WP-06-02]**	RQ-06-23 Cybersecurity Case	▪ Vorlage für den Cybersecurity Case mit Verweisen auf Arbeitsprodukte und andere zusätzliche Artefakte. ▪ Nachweis der kontinuierlichen Dokumentation und Überprüfung des Cybersecurity Case.
Cybersecurity-Assessment-Bericht **[WP-06-03]**	RQ-06-24 RQ-06-25 Cybersecurity-Assessment	▪ Begründung, ob eine Cybersecurity-Bewertung für ein Element oder eine Komponente durchgeführt werden soll. ▪ Nachweis, dass die Cybersecurity-Bewertung von einem unabhängigen Prüfer durchgeführt wird. ▪ Nützliche Referenz: ISO/SAE 26262-9
	RQ-06-26 Cybersecurity-Assessment	Dokumentation der Cybersecurity-Aktivitäten, d.h. der erstellten Arbeitsprodukte.
	RQ-06-27 RQ-06-28 Cybersecurity-Assessment	▪ Beschreibung der Verantwortlichkeiten für die Cybersecurity-Bewertung. ▪ Definition einer unabhängigen Person zur Durchführung der Cybersecurity-Bewertung (z.B. aus der Qualitätsabteilung, einer unabhängigen Organisation). ▪ Prozess, der beschreibt, wie der Prüfer Zugang zu den erforderlichen Informationen oder Tools erhalten soll. ▪ Definition einer Kontaktperson im Team, die die Cybersecurity-Aktivitäten durchführt.
	PM-06-29 RQ-06-30 RQ-06-31 RQ-06-32 Cybersecurity-Assessment	▪ Nachweis des Cybersecurity-Plans und aller darin identifizierten Arbeitsprodukte ▪ Dokumentation der Behandlung von Cybersecurity-Risiken. ▪ Dokumentation der durchgeführten Cybersecurity-Kontrollen und -Aktivitäten. ▪ Begründungen, um die Erreichung der Ziele zu demonstrieren. ▪ Ergebnis der Cybersecurity-Bewertung, einschließlich Beschreibung von Akzeptanz, bedingte Akzeptanz oder Nicht-Akzeptanz der Cybersecurity.
Freigabe für den Abschluss der Entwicklung **[WP-06-04]**	RQ-06-33 RQ-06-34	▪ Nachweis des Cybersecurity Case, des Berichts zur Cybersecurity-Bewertung und der Cybersecurity-Anforderungen für die Nachentwicklung des Systems oder der Komponente, die freigegeben werden soll. ▪ Definition der Freigabebedingungen für die Nachentwicklung (z.B. Akzeptanz der Anforderungen für die Nachentwicklung, Bestätigung des Cybersecurity Case mittels Durchführung einer Bewertung).

Tab. 6.2 *Arbeitsprodukte und Nachweise, die in Abschnitt 6 der ISO/SAE 21434:2021 erforderlich sind (PM = Product Management)*

6.6 Verteilte Cybersecurity-Aktivitäten

Die ISO/SAE 21434:2021 fordert für die verteilte Entwicklung autonomer Fahrzeuge spezifische Cybersecurity-Ziele, die eine klare Definition der Interaktionen, Abhängigkeiten und Verantwortlichkeiten zwischen Fahrzeugherstellern, Zulieferern und allen weiteren beteiligten Parteien voraussetzen. Um die Cybersecurity-Anforderungen der Norm umfassend zu erfüllen, ist ein stringent verwalteter Entwicklungsprozess unerlässlich. Dieser muss die nahtlose Integration der von verschiedenen Lieferanten entwickelten Systeme und Komponenten sowie deren komplexe Interaktionen gewährleisten und die durchgängige Einhaltung der Cybersecurity-Vorgaben sicherstellen:

- Ein Cybersecurity Interface Agreement zwischen den beteiligten Parteien ist entscheidend, um Verantwortlichkeiten und Prozesse für die Cybersecurity zu definieren.
- Die Rückverfolgbarkeit von Cybersecurity-Anforderungen über die verschiedenen Entwicklungsebenen und Lieferanten hinweg ist ein zentrales Element und wird in der Cybersecurity-Spezifikation berücksichtigt.

6.6.1 Lieferantenqualifikation

ISO 21434

ISO/SAE 21434:2021, Anhang E, enthält konkrete Hinweise für die Bewertung der Cybersecurity-Fähigkeiten von Lieferanten, bezogen auf die Anforderung [RQ-07-01].

Die Fähigkeit jedes Lieferanten muss von der Organisation bewertet werden, um festzustellen, ob er in der Lage ist, Entwicklungsaktivitäten auf sichere Weise durchzuführen. Falls der Lieferant noch kein Projekt im Kontext der ISO/SAE 21434 entwickelt hat, kann eine Bewertung der Umsetzung unterstützender Standards und der Anpassung bestehender Prozesse in Betracht gezogen werden (z. B. ISO 26262). Es liegt in der Verantwortung des Lieferanten, einen Nachweis seiner Cybersecurity-Fähigkeiten zu erbringen. Empfohlene Kriterien sind:

- Cybersecurity-Richtlinie (Existiert eine dokumentierte, verbindliche Cybersecurity-Richtlinie im Unternehmen?)
- Verantwortlichkeiten für Cybersecurity (Sind entsprechende Verantwortlichkeiten definiert?)
- Cybersecurity-Prozesse (Gibt es implementierte strukturierte Prozesse zur Cybersecurity?)

- Risikomanagement (Wird ein aktives Management von Cybersecurity-Risiken betrieben?)
- Trainingsmaßnahmen (Werden relevante Personen in Cybersecurity geschult und weitergebildet?)
- Management-Commitment (Unterstützt die Unternehmensführung aktiv die Umsetzung von Cybersecurity-Aktivitäten?)
- Umgang mit Schwachstellen (Gibt es eine Patchstrategie, Prozesse, Disclosure-Verfahren?)
- Nachweisführung (Werden Arbeitsprodukte compliant zu Sicherheitsstandards erzeugt, gepflegt, dokumentiert?)
- Compliance und Standards (Werden relevante Standards angewendet?)
- Lieferkette/Dritte (Wie geht der Lieferant mit Cybersecurity-Risiken bei Unterauftragnehmern oder Zulieferern um?)

Das Ziel ist es, sicherzustellen, dass Lieferanten die Cybersecurity-Anforderungen formal anerkennen und wirksam umsetzen.

6.6.2 Angebotsanfrage

ISO/SAE 21434:2021 [RQ-07-03] enthält die Anforderungen zur Angebotsanfrage.

ISO 21434

In der Organisation existiert vermutlich eine Vorlage für die Erstellung von Angebotsanfragen. Diese muss im Hinblick auf Cybersecurity-relevante Aspekte ggf. noch angepasst werden. Bei der Beschaffung von Cybersecurity-relevanten Komponenten von Drittanbietern (z.B. Tier-2-Lieferanten) muss diese Angebotsanfrage an den Komponentenlieferanten die folgenden Punkte berücksichtigen:

- Integration von Klauseln in die Angebotsanfrage, die den Lieferanten zwingen, sich an ISO/SAE 21434 zu halten
- Festlegung der Verantwortlichkeit des Kunden für die Identifizierung der Cybersecurity-Ziele und -Anforderungen
- Nennung der relevanten Cybersecurity-Ziele und -Anforderungen für das System oder die Komponente, für die der Lieferant ein Angebot abgeben soll
- Aufforderung zur Benennung eines verantwortlichen Ansprechpartners auf Lieferantenseite
- Verpflichtung zur Offenlegung von Informationen zur Cybersecurity der Komponente und zur regelmäßigen Durchführung von Sicherheitsprüfungen und -tests

- Nennung angemessener Maßnahmen zum Schutz vor Cyberangriffen und Nachweisführung über deren Implementierung und Aufrechterhaltung
- Beschreibung des Prozesses zur sofortigen Benachrichtigung über sicherheitsrelevante Vorfälle oder Schwachstellen
- Stetige Offenlegung, dass alle relevanten Sicherheitsprotokolle eingehalten werden, um die Integrität und Verfügbarkeit der Systeme und Daten zu gewährleisten

6.6.3 Cybersecurity Interface Agreement

ISO 21434

ISO/SAE 21434:2021 [RQ-07-04] spezifiziert die Informationen, die ein CSIA enthält.

Diese von der ISO/SAE 21434 dringend empfohlene Vereinbarung wird vor Beginn einer verteilten Cybersecurity-Entwicklung bzw. -Aktivität von beiden Parteien (OEM und Lieferant) gegenseitig vereinbart. Abbildung 6.7 veranschaulicht, wie ein Cybersecurity Interface Agreement (CSIA) zwischen verschiedenen Parteien vereinbart wird.

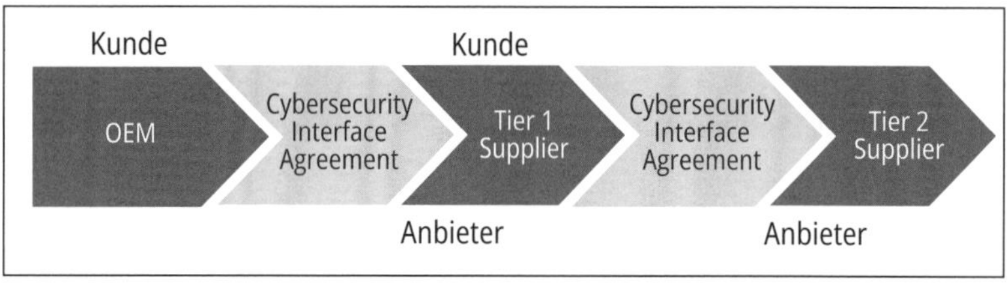

Abb. 6.7 *Cybersecurity Interface Agreement zwischen den beteiligten Parteien*

Ein CSIA sollte mindestens die folgenden Inhalte abdecken:

- Benennung von Cybersecurity-Kontaktpersonen auf beiden Seiten
- Liste der durchzuführenden Cybersecurity-Aktivitäten jeweils mit Angabe der verantwortlichen Partei (OEM oder Lieferant)
- Verfahren, wie Informationen zu Schwachstellen und Cybersecurity-bezogenen Erkenntnissen zwischen beiden Parteien geteilt/ausgetauscht werden
- Regelung zur Aufteilung der Verantwortlichkeiten zur Behebung identifizierter Schwachstellen zwischen den Parteien
- Vorgaben zum Austausch von Arbeitsprodukten und Ergebnissen aus Cybersecurity-Aktivitäten, inklusive Form, Format und Verantwortlichkeiten

- Vereinbarte Fristen und Meilensteine für Cybersecurity-bezogene Aktivitäten
- Abläufe für gemeinsamen Überprüfungen, Reviews
- Eine Definition für das Ende der Cybersecurity-Unterstützung, inklusive Informationen zur Dauer (bis wann diese bereitgestellt wird), zum Ausstiegsszenario und zur Benachrichtigungspflicht

Die folgende Tabelle 6.3 zeigt exemplarisch, wie in einer RASIC-Matrix Phasen, Arbeitsprodukte, Rollen und Vertraulichkeitslevel im Cybersecurity-Prozess verknüpft sein können.

Phase	**Arbeitsprodukt**	**DocRef**	**Lieferant**					**Kunde**					**Vertraulichkeitslevel**
			R	**A**	**S**	**I**	**C**	**R**	**A**	**S**	**I**	**C**	
Konzept	Item-Definition												
	TARA												
	Cybersecurity-Konzept												
Produktentwicklung	...												
...													

Tab. 6.3 *Beispiel einer RASIC-Matrix für ein Cybersecurity Interface Agreement nach ISO/SAE 21434, Anhang C (RASIC = Responsible, Accountable, Supportive, Informed, Consulted)*

Statusbericht

In verteilten Entwicklungsprojekten ist der regelmäßige Statusbericht ein zentrales Mittel zur Überwachung des Fortschritts der sicherheitsrelevanten Aktivitäten. Der Tier 1/Zulieferer informiert den OEM über den Stand der geplanten und laufenden Cybersecurity-Aktivitäten gemäß CSIA oder gemäß Projektplan. Dieser Statusbericht enthält eine Klassifizierung der Aktivitäten entlang der Abschnitte im Standard, den jeweiligen Fertigstellungsgrad bezüglich der Vollständigkeit der Aktivität und kommentierende Anmerkungen. Insbesondere in der Konzeptphase kann die Struktur des Berichts an den Cybersecurity-Zielen und dem Cybersecurity-Konzept ausgerichtet sein.

6.6.4 Erforderliche Arbeitsprodukte für ISO/SAE 21434, RQ-07-01 bis RQ-07-08

In Tabelle 6.4 ist eine Aufstellung der Arbeitsprodukte zu finden, die während der verteilten Entwicklung generiert wurden und eine oder mehrere assoziierte Anforderungen erfüllen. Im Audit kann die Organisation um die Vorlage einer beliebigen Auswahl dieser dokumentierten Nachweise gebeten werden. Neben den relevanten Arbeitsprodukten sind auch die geeigneten Nachweise auf Basis der Erfahrungen der Autoren, die zur Erfüllung der Anforderungen der ISO/SAE 21434:2021 verwendet werden können, in Tabelle 6.4 aufgeführt:

Arbeitsprodukt	Anforderung	Nachweis
Lieferantenkompetenz	RQ-07-01 RC-07-02	▪ Zertifizierungen im Qualitätsmanagement für die Automobil- und IT-Branche (z.B. ISO 9001, IATF 16949, ISO 26262) ▪ Nachweis von Cybersecurity-Projekten ▪ Kriterien, die zur Bewertung von Lieferanten herangezogen werden
Angebotsanfrage	RQ-07-03	▪ Vorlage für Angebotsanfrage (Request for Quotation, RFQ) oder Vertrag für Cybersecurity-Lieferanten ▪ Spezifikation für detaillierte Zuordnung von Cybersecurity-Aufgaben/Arbeitsprodukten
Cybersecurity Interface Agreement **[WP-07-01]**	RQ-07-04 RC-07-05 Abstimmung der Verantwortlichkeiten	▪ Schriftlicher Vertrag ▪ Ansprechpartner auf beiden Seiten ▪ Dokumentation darüber, wie Informationen zwischen verschiedenen Parteien ausgetauscht werden ▪ Dokumentation darüber, wie Änderungen an einem Element oder einer Komponente kommuniziert und dokumentiert werden
	RQ-07-06 RQ-07-07 Abstimmung der Verantwortlichkeiten	▪ Schwachstellenbericht mit Analyse und zu ergreifenden Maßnahmen ▪ Statusbericht oder Vorlage basierend auf der geplanten Maßnahmenliste
	RC-07-08 Abstimmung der Verantwortlichkeiten	▪ RASIC-Matrix oder ähnliche Dokumentation zur Zuweisung von Verantwortlichkeiten zwischen beiden Parteien ▪ Nützliche Referenz: ISO/SAE 21434, Anhang C

Tab. 6.4 *Aufstellung von Arbeitsprodukten für die ISO/SAE 21434:2021 als Resultat der durchgeführten Cybersecurity-Aktivitäten*

6.6.5 Cybersecurity-Aktivitäten während des gesamten Lebenszyklus

Das Ziel der Cybersecurity-Aktivitäten besteht darin, sicherzustellen, dass die Cybersecurity während des gesamten Lebenszyklus des Systems oder einer Komponente angemessen berücksichtigt wird.

Typische kontinuierliche Cybersecurity-Aktivitäten wie die kontinuierliche Überwachung, Bewertung und Verbesserung von Cybersecurity-Maßnahmen dienen dazu, die Effektivität von Cybersecurity-Kontrollen und -Prozessen aufrechtzuerhalten, frühere Annahmen zu validieren und aufkommende Schwachstellen oder Risiken proaktiv anzugehen. Diese Vorgehensweise gewährleistet, dass die Sicherheit des Systems oder der Komponente auch im Betrieb nachhaltig ist, und zwar über die anfängliche Entwicklungs- und Bereitstellungsphase hinaus.

ISO/SAE 21434:2021, Abschnitt 15.1, enthält Anforderungen zum Cybersecurity-Monitoring und Analyse, **RQ-15-01 bis RQ-15-04** enthalten Anforderungen an die Durchführung, Dokumentation und Validierung von Cybersecurity-Aktivitäten.

ISO 21434

Die Cybersecurity-Aktivitäten, die über aller Phasen des Produkt- oder Systemlebenszyklus hinweg durchgeführt werden, dienen der kontinuierlichen Überwachung sicherheitsrelevanter Risiken. Ziel ist es, Schwachstellen frühzeitig zu erkennen, Risiken zu bewerten und potenzielle Angriffe möglichst zu verhindern. Diese Aktivitäten stehen teilweise in Beziehung zu Aktivitäten, die während einer Bedrohungsanalyse und Risikoanalyse (Threat Analysis and Risk Assessment, TARA) durchgeführt wurden, wie in Abbildung 6.8 dargestellt.

- **Cybersecurity-Monitoring:** Kontinuierliches Sammeln und Bewerten von Informationen über bekannte Schwachstellen, neue Bedrohungen und Sicherheitsvorfälle (z.B. aus CVE-Datenbanken, CERTs, Lieferantenmeldungen).
- **Analyse von Cybersecurity-Ereignissen:** Identifikation, Bewertung und Klassifikation von sicherheitsrelevanten Ereignissen, die im System beobachtet werden. Dabei werden insbesondere Schwächen in Komponenten oder Konfigurationen analysiert, um deren Risiko für das Gesamtsystem einzuschätzen.
- **Schwachstellenanalyse:** Systematische Identifikation und Dokumentation potenzieller Schwachstellen im Systemdesign, in Software- oder Hardwarekomponenten. Die Ergebnisse fließen als Input in die TARA ein.

- **Dokumentation der Schwachstellen** und zugehörige Risikomaßnahmen gemäß den Prozessvorgaben des Schwachstellenmanagements.

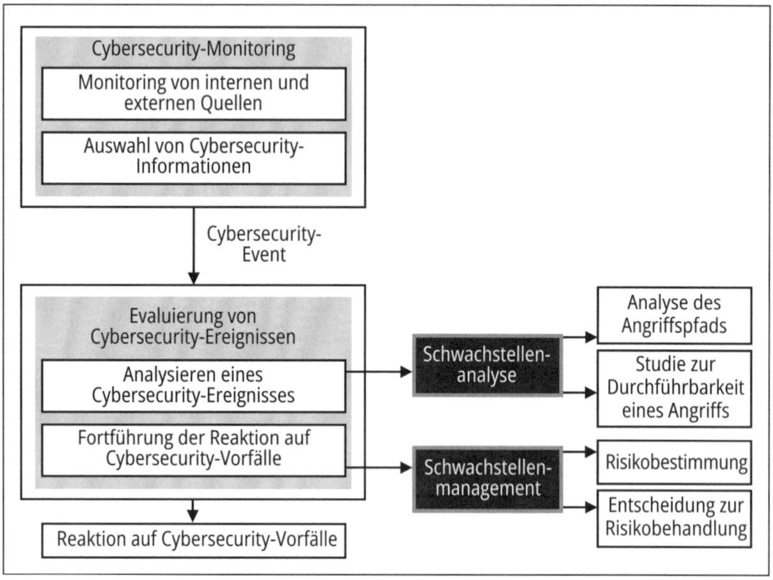

Abb. 6.8 *Beziehung zwischen kontinuierlichen Cybersecurity-Aktivitäten und Risikobewertung*

6.6.6 Cybersecurity-Monitoring

ISO 21434

ISO/SAE 21434:2021 [RQ-08-01 bis RQ-08-03] enthält die Anforderungen zum Cybersecurity-Monitoring.

Die Organisation sammelt Informationen zu potenziellen Bedrohungen, Schwachstellen und möglichen Maßnahmen für ein Element oder eine Komponente, um einen Cybersecurity-Vorfall zu verhindern.

Zur Überwachung von Cybersecurity-Informationen werden die Quellen zur Sammlung relevanter Informationen ausgewählt und eine kategorisierte Liste erstellt. In diesem Kontext können zwei Arten von Quellen genutzt werden: interne und externe Quellen.

Die internen Quellen umfassen:

- Ergebnisse vorheriger Schwachstellenanalysen während der Konzept-, Design-, Entwicklungs-, Verifikations- und Validierungsphasen
- Abnormales Verhalten während des normalen Fahrzeugbetriebs (z.B. Informationsverbrauch, Intrusionserkennung, Reparaturinformationen)

Dabei werden die folgenden Artefakte genutzt:

- Vorfalldaten
- Bedrohungsszenarien
- Erfahrungen von Designern, Entwicklern, Testern usw.

Die externen Quellen umfassen:

- Vorfalldaten von Lieferanten oder Kunden
- Forschungspapiere
- Cybersecurity-Webinare oder -Konferenzen
- Lieferketteninformationen der Organisation
- Ressourcen der Regierung

Um relevante Cybersecurity-Informationen zu bestimmen und redundante Informationen zu eliminieren, müssen bestimmte Auslöser definiert werden. Kriterien für die Definition dieser Auslöser können sein:

- Schlüsselwörter, Namen von Komponenten und/oder Lieferanten
- Potenzielle Schadensszenarien, Bedrohungen usw.
- Art der Information, Quelle der betrachteten Information (z.B. vorheriger Angriff, Forschung)

Die gesammelten relevanten Cybersecurity-Informationen werden selektiert, um festzustellen, ob sie zu einem oder mehreren Cybersecurity-Ereignissen führen, also potenzielle Schwächen oder Schwachstellen aufzeigen können. Typische Informationen hierfür sind:

- Informationen zu Systemschwächen
- Neue Angriffsvektoren
- Ausgenutzte Schwächen in ähnlichen Komponenten
- Berichte von Forschungsteams
- Von White-Hat-Hackern entdeckte Schwachstellen

6.6.7 Evaluierung von Cybersecurity-Vorfällen

> **ISO/SAE 21434:2021 [RQ-08-04]** enthält die Anforderungen zur Evaluierung von Cybersecurity-Vorfällen.

ISO 21434

Die Evaluierung von Cybersecurity-Vorfällen kann mit Triage-Aktivitäten kombiniert werden. Der Unterschied zwischen einer Triage und der Evaluierung von Cybersecurity-Vorfällen ist wie folgt (siehe auch Abbildung 6.9):

- Eine Triage wird durchgeführt, um festzustellen, ob die gesammelten Cybersecurity-Informationen für das System oder die Komponente gültig sind. Wenn dies der Fall ist, wird die Information als Cybersecurity-Vorfall bezeichnet.
- Die Evaluierung von Cybersecurity-Vorfällen wird durchgeführt, um Schwächen im Element oder in der Komponente zu identifizieren. Sind Schwächen vorhanden, erfolgt eine Schwachstellenanalyse und die identifizierten Schwachstellen werden verwaltet.

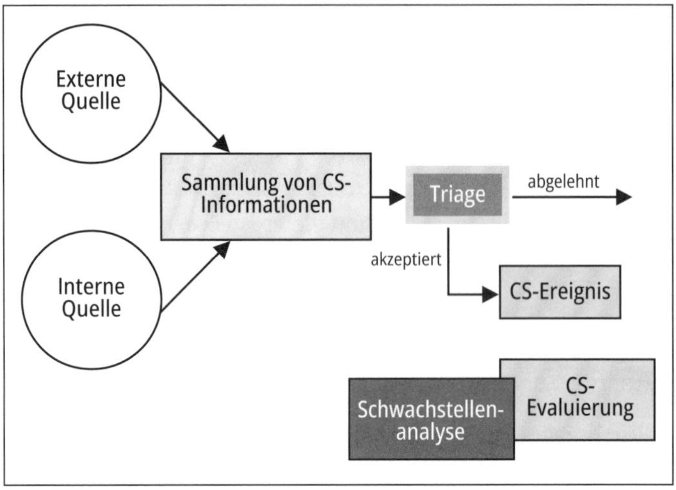

Abb. 6.9 *Beziehung zwischen Cybersecurity-Überwachung, Triage und Cybersecurity-Evaluierung*

Die so identifizierten Schwachstellen müssen dokumentiert und weiter analysiert werden. In den meisten Fällen können in der Betriebs- und Wartungsphase eines Systems Incident-Response-Aktivitäten (IRA) ausgelöst werden. Das Hauptziel dabei ist, den Vorfall zu erkennen, zu analysieren, einzudämmen, zu beseitigen und daraus zu lernen, um zukünftige Vorfälle zu verhindern und die Auswirkungen des aktuellen Vorfalls zu minimieren. In einem Incident-Response-Plan (IRP) werden Verfahren und Verantwortlichkeiten beschrieben, die u.a. aufzeigen, wie die Organisation auf verschiedene Arten von Cybersecurity-Vorfällen reagiert.

Wenn keine bekannten Abhilfemaßnahmen verfügbar sind oder die Schwachstellen zu weiteren Cybersecurity-Verletzungen führen können, muss ein tiefergehender umfassender Ansatz zur Analyse und Organisation der Schwachstellen erfolgen. Dieser Ansatz kommt oft zum Tragen, wenn noch nicht klar ist, ob es bekannte Lösungen gibt oder wie gravierend die Schwachstellen sind. Ein typisches Szenario dafür ist, dass keine bekannten Patches, Workarounds oder Konfigurationsänderungen existieren, um die potenzielle Schwachstelle zu beheben.

Die Organisation der identifizierten Schwachstellen beinhaltet die Dokumentation aller relevanten Informationen, also:

- die Beschreibung der Schwachstelle
- betroffene Assets
- den Schweregrad
- potenzielle Auswirkungen
- die Ausnutzbarkeit
- empfohlene Maßnahmen (auch wenn noch keine direkten Abhilfen bekannt sind)

6.6.8 Schwachstellenanalyse

Die zunehmende Vernetzung von Fahrzeugen erfordert eine umfassende Sicherheitsbewertung, um potenzielle Schwachstellen zu identifizieren und Risiken zu minimieren. Die ISO/SAE 21434 [ISO/SAE 21434:2021] legt dabei den Rahmen für eine strukturierte Schwachstellenanalyse fest. In dieser Analyse werden relevante Cybersecurity-Informationen bewertet, um Architekturschwachstellen und zugehörige Risiken aufzudecken sowie das damit verbundene Risiko zu bestimmen.

Gleichzeitig fordert die ISO/SAE 21434 Angriffspfadanalysen und Bewertungen der Angriffsschwachstellen. Die Schwachstellenanalyse wird immer auf einer entwickelten Komponente durchgeführt. Der Standard erkennt sowohl den Bottom-up-Ansatz (ausgehend von Schwachstellen) als auch den Top-down-Ansatz (ausgehend von Bedrohungsszenarien) an. Sobald die Angriffspfade identifiziert sind, wird deren Ausnutzbarkeit bewertet.

Kontextverständnis:

Bevor die Schwachstellenanalyse beginnt, ist es entscheidend, den Kontext des zu analysierenden Systems zu verstehen. Dies umfasst die Identifikation aller maßgeblichen, für die Cybersecurity relevanten Informationen und die Definition des Untersuchungsbereichs.

Folgende Schritte sind bei einer Schwachstellenanalyse durchzuführen:

Schwachstellenidentifikation:

Die Schwachstellenanalyse beginnt mit der Identifikation von Schwachstellen im System. Schwachstellen sind Fehler, die zu potenziellen Sicherheitslücken führen können. Diese können aus verschiedenen Quellen stammen, einschließlich Softwarefehlern, Konfigurationsproblemen oder mangelhaften Implementierungen.

Analyse der Schwachstellen:

Nach der Identifikation möglicher Schwachstellen werden diese sorgfältig analysiert. Die ISO/SAE 21434 legt großen Wert darauf, dass bei dieser Analyse neben den technischen Aspekten auch die Auswirkungen auf die Gesamtsicherheit des Fahrzeugs berücksichtigt werden.

Identifikation von Sicherheitslücken:

Die Schwachstellenanalyse führt zur Identifikation potenzieller Sicherheitslücken in der Architektur des Systems. Diese Lücken sind kritische Punkte, die von Angreifern ausgenutzt werden könnten. Ihre Identifikation ist daher entscheidend für die Risikobewertung.

Risikobewertung:

Die ISO/SAE 21434 betont die Notwendigkeit einer gründlichen Risikobewertung im Rahmen der Schwachstellenanalyse. Diese umfasst die Bewertung der Angriffspfade, die von den identifizierten Schwachstellen und Sicherheitslücken ausgehen, sowie die Bestimmung der Wahrscheinlichkeit und der Auswirkungen potenzieller Angriffe.

Angriffspfadanalyse:

Die Angriffspfadanalyse dient nicht nur dem Verständnis und der Visualisierung potenzieller Angriffswege, sondern ist auch ein entscheidender Schritt zur Bewertung der Angriffsdurchführbarkeit und zur Risikobestimmung. Ohne die Analyse der einzelnen Schritte eines Angriffs ist es schwierig, die Wahrscheinlichkeit seines Erfolges fundiert einzuschätzen! Zudem werden zu jedem Schritt im Angriffspfad idealerweise der Aufwand und die Komplexität für einen Angreifer bewertet.

Methodische Bewertung von Angriffsmöglichkeiten:

Die Methode zur Bestimmung der Bewertung von Angriffsmöglichkeiten, das sogenannte Attack Feasibility Rating (AFR), muss im Automotive-Umfeld die spezifischen Anforderungen der ISO/SAE 21434 berücksichtigen. Hierbei können Tools und Modelle zum Einsatz kommen, die die Wahrscheinlichkeit und Auswirkungen von Angriffen bewerten. Folgende Faktoren werden detailliert bewertet:

- Angreiferfähigkeiten
- Angriffskomplexität
- Erforderliche Ressourcen
- Wissen über das Ziel

- »Fenster« der Gelegenheit
- Vorhandensein von Gegenmaßnahmen

Die Bewertung dieser Faktoren kann qualitativ oder quantitativ erfolgen. Hier schreibt die Norm keine spezifische Methode vor, fordert aber eine nachvollziehbare reproduzierbare Vorgehensweise.

Ein hoher AFR in Kombination mit einem hohen Schadenspotenzial führt zu einem höheren Gesamtrisiko, das prioritär zu behandeln ist.

Durch die strukturierte Herangehensweise und Berücksichtigung aller relevanten Faktoren ermöglicht die ISO/SAE 21434 eine umfassende Identifikation von Schwachstellen und Sicherheitslücken, um Risiken zu minimieren und die Sicherheit von Straßenfahrzeugen zu gewährleisten.

6.6.9 Schwachstellenmanagement

ISO/SAE 21434:2021 [RQ-08-07, RQ-08-08] enthält die Anforderungen zum Schwachstellenmanagement.

ISO 21434

Ein zentrales Element der ISO/SAE 21434 sind die Anforderungen an das Schwachstellenmanagement, die in den Anforderungen RQ-08-07 und RQ-08-08 festgelegt sind. Diese Anforderungen legen den Fokus auf die Identifikation, Dokumentation und Behandlung von Schwachstellen, um die zugehörigen Risiken zu managen.

Gemäß RQ-08-07 und RQ-08-08 müssen identifizierte Schwachstellen auf rationale Weise verwaltet werden, sodass die resultierenden Risiken angemessen behandelt werden können. Ein Schlüsselelement dabei ist die Entwicklung eines Plans, der die Schwachstellen, die mit ihnen verbundenen Risiken und die angewandten Maßnahmen zur Risikobehandlung dokumentiert. Dieser Plan dient nicht nur als Nachweis für die durchgeführten Maßnahmen, sondern auch als Grundlage für die Entscheidungsfindung im Schwachstellenmanagement.

In Fällen, in denen die Risikobehandlung eine Reaktion auf Cybersecurity-Vorfälle erfordert, muss klar definiert werden, welche Maßnahmen ergriffen werden, um das Risiko zu vermeiden, aufrechtzuerhalten, zu reduzieren oder zu teilen. Jede dieser Maßnahmen muss dokumentiert werden, und es muss eine Begründung dafür geliefert werden, selbst wenn das Risiko akzeptiert wird. Dies gewährleistet eine transparente Dokumentation und erleichtert eine spätere Überprüfung.

Während der Entwicklung von Komponenten oder Systemen werden Annahmen über das operative Umfeld und die Interaktionen mit externen Komponenten getroffen. Diese Annahmen bilden die Grundlage für Cybersecurity-Annahmen, die besagen, dass Risiken und Schwachstellen aufgrund dieser Annahmen angemessen behandelt werden. Es ist jedoch entscheidend zu betonen, dass während des kontinuierlichen Monitorings neue Informationen auftreten können, die die vorherigen Annahmen infrage stellen.

Wenn neue Informationen die Gültigkeit der Annahmen beeinträchtigen, sollte das mit den Cybersecurity-Annahmen verbundene Risiko oder die Schwachstelle nicht mehr als angemessen behandelt betrachtet werden. In einem solchen Fall sind erneute Aktivitäten im Schwachstellenmanagement erforderlich, um sicherzustellen, dass die Risiken weiterhin effektiv behandelt werden.

6.6.10 Erforderliche Arbeitsprodukte für ISO/SAE 21434, RQ-08-01 bis RQ-08-08

Tabelle 6.5 bietet eine Übersicht über die Arbeitsprodukte, die aus verschiedenen Quellen zu Cybersecurity-Informationen stammen, über die jeweils zugehörigen Anforderungen gemäß ISO/SAE 21434:2021 sowie die Nachweise, die die Erfüllung dieser Anforderungen dokumentieren. Im Audit kann die Organisation um die Vorlage einer beliebigen Auswahl dieser dokumentierten Nachweise gebeten werden. Neben den relevanten Arbeitsprodukten sind auch die geeigneten Nachweise auf Basis der Erfahrungen der Autoren, die zur Erfüllung der Anforderungen der ISO/SAE 21434:2021 verwendet werden können, in Tabelle 6.5 aufgeführt.

Arbeitsprodukt	Anforderung	Nachweis
Liste von Quellen aus Cybersecurity-Informationen **[WP-08-01]**	RQ-08-01 Cybersecurity-Monitoring	▪ Dokumentation der Prozesse, die vom Cybersecurity-Incident-Response-Team befolgt werden, um relevante Cybersecurity-Informationen zu sammeln und für die entsprechenden Teammitglieder verfügbar zu machen ▪ Liste interner und externer Quellen für Cybersecurity-Informationen ▪ Begründung für die Einordnung der Quellen als relevant ▪ Überwachungsfrequenz und Priorisierung der Informationsquellen ▪ Verfahren zur Hinzufügung oder Entfernung von Quellen für Cybersecurity-Informationen ▪ Nachweis darüber, wie Cybersecurity-Informationen gespeichert werden

→

Arbeitsprodukt	Anforderung	Nachweis
Trigger	RQ-08-02 Cybersecurity-Monitoring	▪ Vorlage für die Triage von Cybersecurity-Informationen ▪ Liste der verwendeten Auslöser (z. B. Schlüsselwörter, Produktname, Komponentenname) ▪ Formalisierte und strenge Methodik, um die Triage von Cybersecurity-Informationen sicherzustellen ▪ Richtlinien, die beschreiben, wie Indikatoren oder Bedingungen, die eine Überprüfung oder Bewertung von Cybersecurity-Informationen initiieren, hinzugefügt werden sollen. Diese Auslöser können beispielsweise Sicherheitswarnungen, Schwachstellenmeldungen, verdächtige Aktivitäten oder Änderungen in der Bedrohungslage sein. ▪ Person oder Team, das für Triage-Aktivitäten verantwortlich ist ▪ Nachweis, dass Ergebnisse der Triage für weitere Maßnahmen verfügbar sind ▪ Beispiel oder Vorlage, die eine Liste der kontinuierlichen Überwachungsquellen zusammen mit den Auslösern zeigt ▪ Nach der Triage, wie Informationen gelöscht oder weitergeleitet werden
Cybersecurity-Ereignisse	RQ-08-03 Cybersecurity-Monitoring	▪ **Cyberangriffe:** Gezielte Handlungen von bösartigen Akteuren, um die Vertraulichkeit, Integrität oder Verfügbarkeit von Informationssystemen zu beeinträchtigen. Dazu gehören Aktivitäten wie Hacking, Bereitstellung von Malware etc. ▪ **Datenlecks:** Unbefugter Zugriff oder Offenlegung sensibler Informationen, was zu einer potenziellen Kompromittierung von persönlichen oder vertraulichen Daten führt. ▪ **Sicherheitsvorfälle:** Jedes unerwartete Ereignis, das eine Bedrohung für die Sicherheit eines Informationssystems darstellt, erfordert eine Untersuchung und mögliche Reaktion. ▪ **Ausnutzung von Schwachstellen:** Nutzen von Schwachstellen oder Sicherheitslücken in Software, Hardware oder Netzwerkkonfigurationen, um unbefugten Zugriff zu erlangen oder den Betrieb zu stören. ▪ **Phishing-Angriffe:** Versuche, Einzelpersonen dazu zu verleiten, sensible Informationen bereitzustellen, oft durch betrügerische E-Mails oder Websites. ▪ **Insider-Bedrohungen:** Sicherheitsrisiken, die von Personen innerhalb einer Organisation ausgehen, die ihren Zugang oder ihre Privilegien missbrauchen. ▪ **Malware-Vorfälle:** Vorkommen von bösartiger Software wie Viren, Ransomware oder Spyware, die ein System oder Netzwerk kompromittiert. ▪ **Verstöße gegen Sicherheitsrichtlinien:** Verletzungen etablierter Sicherheitsrichtlinien oder -verfahren innerhalb einer Organisation.

→

Arbeitsprodukt	Anforderung	Nachweis
Schwachstellen aus Cybersecurity-Ereignissen **[WP-08-04]**	RQ-08-04 Schwachstellen von Cybersecurity-Ereignissen	▪ Vorlage für die Cybersecurity-Bewertung ▪ Beispiel einer Bewertung eines Cybersecurity-Ereignisses ▪ Beschreibung der während einer Cybersecurity-Bewertung verwendeten Prozesse ▪ Definition von Schnittstellen zu anderen Disziplinen, wie funktionale Sicherheit oder Informationssicherheit
Schwachstellenanalyse **[WP-08-05]**	RQ-08-05 RQ-08-06 Schwachstellenanalyse	▪ Vorlage für eine Schwachstellenanalyse (Beschreibung, verantwortliche Person oder Team, Datum, resultierende Dokumente oder Aufgaben, Begründungen, Schlussfolgerungen) ▪ Dokument mit Leitlinien für Schwachstellenanalysen ▪ Verwendete Methoden während einer Schwachstellenanalyse mit Beispielen (z.B. Penetrationstests) ▪ Beispiel einer Schwachstellenanalyse
Nachweis über behandelte Schwachstellen	RQ-08-07 RQ-08-08 Schwachstellenmanagement	▪ Prozessdefinition des Schwachstellenmanagements (z.B. Inhaltsbeschreibung, Workflow, Ergebnisse, verantwortliche Person oder Team) ▪ Beispiel für Schwachstellenmanagement ▪ Nachweis der Überwachung und Verwaltung von Schwachstellen zur Identifizierung von Risiken ▪ Prozess zur Entscheidungsfindung bei der Risikobehandlung ▪ Beispiel für eine Entscheidung zur Risikobehandlung ▪ Methoden oder Kriterien, die bei der Entscheidung zur Risikobehandlung verwendet werden ▪ Nachweis für die Begründung zur Bestimmung der Risikobehandlungsentscheidung

Tab. 6.5 *Aufstellung von Arbeitsprodukten für die ISO/SAE 21434:2021, die als Ergebnis der erforderlichen Cybersecurity-Aktivitäten erstellt werden sollten.*

6.6.11 Projektstory ADAS NextGen: Umgang mit einem Angriff

Es ist ein arbeitsreicher Morgen im Entwicklungsteam der Fa. Safehicle GmbH, als Tanja Clock, die Projektleiterin, eine dringende Nachricht von Theo Abwehr, dem Cybersecurity-Manager, bekommt. Es gibt eine Meldung, die ihr sofort die Sorgenfalten auf die Stirn treibt: Es wird ein Cyberangriff auf das Entwicklungsnetzwerk vermutet.

Tanja weiß, dass dies nicht nur ein potenzielles Problem für das aktuelle Projekt darstellt, sondern auch für die gesamte Integrität der Fahrzeugsoftware. Sie ruft sofort eine Besprechung mit den Verantwortlichen der verschiedenen Teams ein, um das weitere Vorgehen zu besprechen.

Cybersecurity-Monitoring und erste Reaktion

Theo erklärt zu Beginn der Besprechung, dass das Monitoring-System Alarm geschlagen hat. Es gibt Hinweise auf ein mögliches Eindringen durch Phishing-Angriffe, bei denen Mitarbeiter von Safehicle dazu verleitet wurden, ihre Anmeldedaten auf einer gefälschten Website einzugeben. Diese Daten könnten von einem böswilligen Akteur genutzt werden, um sich unbefugten Zugriff auf das Netzwerk zu verschaffen.

Der Cybersecurity-Manager übernimmt sofort die Verantwortung, die betroffenen Systeme zu isolieren und eine detaillierte Untersuchung der betroffenen Zugänge durchzuführen. Theo arbeitet eng mit Anja Bau, der Systemarchitektin bei der Drivesmart AG, zusammen, um festzustellen, ob Schwachstellen in der eingesetzten Softwareumgebung ausgenutzt wurden.

Datenlecks und die Untersuchung von Insider-Bedrohungen

Während des Gesprächs meldet sich auch Rainer Fels, der FuSi-Manager von Safehicle, mit besorgniserregenden Neuigkeiten: Es gibt Hinweise auf ein mögliches Datenleck, bei dem sensible Fahrzeugdaten, die für Tests gesammelt wurden, unbefugt abgeflossen sein könnten. Dies verstärkt die Besorgnis, da solche Daten nicht nur technisch, sondern auch aus datenschutzrechtlicher Sicht äußerst heikel sind.

Tanja entscheidet, das gesamte Team um Josef Byte, den Entwicklungsleiter, in die Untersuchung einzubeziehen, um herauszufinden, ob ein Insider – vielleicht ein unzufriedener Mitarbeiter – hinter der Leckage stecken könnte.

Sicherheitsvorfall und Ausnutzung von Schwachstellen

Während der Untersuchungen stellt sich heraus, dass eine Schwachstelle in einer älteren Version der Testsoftware vorhanden ist, die es einem externen Angreifer ermöglicht, sich unbefugt Zugang zu verschaffen. Dies deutet darauf hin, dass jemand diese Sicherheitslücke ausgenutzt hat, um Malware in das System zu schleusen.

Peter Feinblick, der Cybersecurity-Manager bei Drivesmart, arbeitet mit dem Team von Theo an der Identifikation der Malware und ihrer Ausbreitung im Netzwerk. Es wird klar, dass hier nicht nur ein einzelner Angreifer agiert hat, sondern eine koordinierte Aktion dahintersteckt. Die Malware ist darauf ausgelegt, das gesamte System zu destabilisieren, was möglicherweise auch Auswirkungen auf die Fahrzeugsteuerung haben könnte.

Reaktion auf die Bedrohung und Verstöße gegen Sicherheitsrichtlinien

Der Vorfall ist gravierend und erfordert eine schnelle Reaktion. Alle beteiligten Teams, von der Hardwareentwicklung bei Custom Chip Limited bis hin zum Fertigungsteam bei Kasaba Hobli Limited, werden in die Krisenkommunikation eingebunden. Es wird entschieden, dass alle relevanten Systeme sofort auf den neuesten Stand zu patchen sind, um mögliche Schwachstellen zu schließen.

Parallel dazu finden Diskussionen über die aktuellen Sicherheitsrichtlinien des Unternehmens statt. Dabei stellt sich heraus, dass nicht alle Mitarbeiter regelmäßig auf Phishing-Angriffe geschult sind. Diese Schwäche in den internen Prozessen wird als ein Verstoß gegen etablierte Sicherheitsrichtlinien eingestuft. Um solche Vorfälle in Zukunft zu verhindern, muss sofort ein strengeres Compliance-Programm eingeführt und implementiert werden.

Letztendlich gelingt es dem Team, den Angriff erfolgreich einzudämmen. Die Malware wurde entfernt, das Datenleck geschlossen und das gesamte Netzwerk auf Schwachstellen überprüft. Darüber hinaus wird die Mitarbeiterschulung in Bezug auf Cybersecurity und die Überwachung von verdächtigen Aktivitäten nachgeholt und deutlich intensiviert.

Die Sicherheitsvorfälle wurden dokumentiert, um eine präventive Strategie für zukünftige Angriffe zu entwickeln. Das Projekt kann weitergeführt werden, doch allen Beteiligten ist noch einmal deutlich geworden, wie wichtig Cybersecurity-Monitoring ist – das ist entscheidend, um die Vertraulichkeit, Integrität und Verfügbarkeit des Systems zu gewährleisten und solche Angriffe in der Zukunft frühzeitig zu erkennen.

Theo und Peter integrieren jetzt regelmäßige Audits und Penetrationstests in den Projektplan, während Rainer Fels fordert, regelmäßige Schulungen für alle Mitarbeiter, die mit sensiblen Daten arbeiten, durchzuführen, um das Bewusstsein für Cyberbedrohungen zu schärfen.

6.6.12 Regeln und Verfahren für die Erstellung von Vorlagen

Die Erstellung von Vorlagen für Informationsquellen zum Thema Cybersecurity erfordert eine sorgfältige Planung und Dokumentation. Jede Informationsquelle muss eindeutig identifizierbar sein, und die folgenden Informationen müssen systematisch erfasst werden:

- **Eindeutige Kennung:** Jede Informationsquelle erhält eine eindeutige Kennung für eine klare Identifizierung.
- **Name der Informationsquelle:** Klare Benennung der Informationsquelle
- **Klassifikation der Informationsquelle:** Einteilung in Kategorien wie nationale Schwachstellen-Datenbank, Interessengruppen, externe Forschungsagenturen, Massenmedien etc.
- **URL der Informationsquelle:** Dokumentation der Quellen-URL für eine schnelle Überprüfung
- **Priorität:** Festlegung der Priorität der Informationsquelle
- **Überwachungsfrequenz:** Angabe, wie oft die Informationsquelle überwacht wird
- **Auslöser Informationen:** Definition von Schlüsselwörtern zur Bezugnahme auf die Quelle

- **Bemerkungen:** Zusätzliche Kommentare, die für das Überwachungspersonal nützlich sein könnten, z.B. Anweisungen im Falle der Identifizierung eines Problems

Nach der Triage und Dokumentation der Informationsquellen ist es von entscheidender Bedeutung, die identifizierten Probleme zu sammeln und die ergriffenen Maßnahmen zu verfolgen. Die erforderlichen Informationen sind:

- **Kennung der Informationsquelle**
- **Name der Informationsquelle**
- **Identifizierte Informationen:** Art des Problems (Problem mit einem Produkt etc.)
- **Problem-Identifikationsnummer**
- **Vervollständigte URL,** unter der das Problem gemeldet ist: Wenn die Informationsquelle eine E-Mail ist, dann Angabe, wo diese E-Mail gespeichert ist.
- **Getroffene Maßnahmen:** Definition der Maßnahmen, die bei Identifizierung des Problems ergriffen wurden.
- **Status:** Festlegung des Status des Problems (z.B. offen, geschlossen, in Wartestellung)
- **Verantwortliches Personal**

> Wenn bereits ein Problemverfolgungssystem implementiert ist, kann es für das Monitoring der Informationen verwendet werden.
>
> Die klare Strukturierung und Dokumentation dieser Informationen gewährleisten nicht nur eine effiziente Überwachung, sondern auch eine schnelle Reaktion auf etwaige Sicherheitsbedrohungen. Die Einhaltung dieser Regeln und Verfahren trägt somit erheblich zur Verbesserung der Cybersecurity in einer zunehmend vernetzten Welt bei.

6.6.13 Cybersecurity-Konzept

> **ISO/SAE 21434:2021 [RQ-09-08 bis RQ-09-11]** enthält die Anforderungen zum Cybersecurity-Konzept.

Nach der Festlegung der Cybersecurity-Ziele wird in der Konzeptphase das Cybersecurity-Konzept bestimmt. Dieses setzt sich aus den Cybersecurity-Anforderungen sowie den Anforderungen an die Betriebsumgebung des Produkts zusammen. Diese Anforderungen werden wiederum aus den Cybersecurity-Zielen abgeleitet. Das Cybersecurity-Konzept umfasst neben den Cybersecurity-Anforderungen des Produkts und den Anforderungen seiner Betriebsumgebung die dazugehörigen Informationen zu den Cybersecurity-Kontrollen und wird gemäß den folgenden Schritten definiert:

- **Festlegung der Cybersecurity-Kontrollen:** Diejenigen Cybersecurity-Kontrollen, die zur Erreichung der Cybersecurity-Ziele beitragen, werden bestimmt. Dabei werden sämtliche Informationen aus vorherigen Projekten und Erfahrungen wiederverwendet und beschrieben.
- **Festlegung der Cybersecurity-Anforderungen:** Hierbei wird die architektonische Gestaltung berücksichtigt. Jede Cybersecurity-Anforderung wird mit einem oder mehreren Cybersecurity-Zielen verknüpft und einer oder mehreren Komponenten des architektonischen Entwurfs zugeordnet.
- **Überprüfung des Cybersecurity-Konzepts auf Richtigkeit und Vollständigkeit:** Dabei wird sichergestellt, dass die Cybersecurity-Anforderungen im Einklang mit den Cybersecurity-Zielen und -Behauptungen stehen. Hierbei werden Verifikationsrichtlinien, Checklisten usw. verwendet. Als Ergebnis wird ein Verifikationsbericht erwartet.

Die klare Definition und die Überprüfung des Cybersecurity-Konzepts gewährleisten nicht nur die Umsetzung der Cybersecurity-Ziele, sondern auch eine angemessene Anpassung an die spezifischen Anforderungen der Betriebsumgebung. Durch die Wiederverwendung bewährter Überprüfungen und die genaue Verknüpfung mit den Zielen und Anforderungen wird die Sicherheit des Produkts oder Systems gestärkt. Es ist wichtig sicherzustellen, dass das Cybersecurity-Konzept sowohl korrekt als auch vollständig ist, um eine effektive Umsetzung der Cybersecurity-Maßnahmen zu gewährleisten.

6.6.14 Erforderliche Arbeitsprodukte für ISO/SAE 21434, RQ-09-01 bis RQ-09-11

Tabelle 6.6 enthält eine Liste von Arbeitsprodukten, die als Ergebnis der Cybersecurity-Aktivitäten während der Konzeptphase generiert wurden und dabei eine oder mehrere zugehörige Anforderungen erfüllen. Neben den relevanten Arbeitsprodukten sind die geeigneten Nachweise auf Basis der Erfahrungen der Autoren, die zur Erfüllung der Anforderungen der ISO/SAE 21434:2021 verwendet werden können, in Tabelle 6.6 aufgeführt.

Arbeitsprodukt	Anforderung	Nachweis
Item-Definition **[WP-09-01]**	RQ-09-01 Item-Definition	■ Prozess und Vorlagen zur Festlegung der Elementdefinition (Grenzen, Funktion und Architektur) ■ Richtlinien zur Bestimmung der Elementgrenzen ■ Richtlinien zur Funktionsbeschreibung ■ Berücksichtigte Einschränkungen oder Compliance ■ Beispiel für Elementdefinition ■ Nützliche Referenz: ISO/SAE 21434:2021, Anhang H
	RQ-09-02 Item-Definition	Beschreibung der Betriebsumgebung
TARA **[WP-09-02]**	RQ-09-03 Cybersecurity-Ziele	■ Erster TARA-Bericht ■ Prozess für das initiale TARA ■ Dokument zur Bewertung von Auswirkungen und Angriffsmöglichkeiten, einschließlich der Bewertungskategorien und Parameter ■ Nützliche Referenz: ISO/SAE 21434:2021, Anhang G
Cybersecurity-Ziele **[WP-09-03]**	RQ-09-05 Cybersecurity-Ziele	■ Richtlinien zur Festlegung von Cybersecurity-Zielen ■ Beispiel für die Definition eines Cybersecurity-Ziels ■ Nützliche Referenz: ISO/SAE 21434:2021, Anhang E
Grundgedanken zur Cybersecurity **[WP-09-04]**	RQ-09-06 Cybersecurity-Ziele	■ Richtlinien zur Festlegung von Cybersecurity-Anforderungen ■ Grund für die Beibehaltung oder Teilung des Risikos ■ Workflow zur Demonstration, dass Cybersecurity-Behauptungen nach Risikoteilung, -übertragung oder Annahmen über die Betriebsumgebung festgelegt werden sollen ■ Vorlagen für die Erstellung von Cybersecurity-Anforderungen ■ Beispiel einer Cybersecurity-Anforderung
Verifikationsbericht für die Cybersecurity-Ziele **[WP-09-05]**	RQ-09-07 Cybersecurity-Konzept	■ Prüfberichte, Sitzungsprotokolle, Verifikationsberichte ■ Person oder Team, das für die Verifikationsaktivitäten verantwortlich ist ■ Richtlinien zur Überprüfung der Risikobehandlungsentscheidungen, Cybersecurity-Ziele und Cybersecurity-Anforderungen
Cybersecurity-Konzept **[WP-09-06]**	RQ-09-08 RQ-09-09 RQ-09-10 Cybersecurity-Konzept	■ Prozess und Ablauf für die Festlegung der Cybersecurity-Anforderungen und Anforderungen an die Betriebsumgebung auf Grundlage von Cybersecurity-Zielen ■ Vorlage für die Definition der Cybersecurity-Anforderungen (einschließlich der Komponenten und der Betriebsumgebung, in der sie zugewiesen sind) ■ Nachweis der Cybersecurity-Kontrollen und wie sie den Anforderungen zugeordnet sind ■ Beispiel für ein Cybersecurity-Konzept

→

Arbeitsprodukt	Anforderung	Nachweis
Verifikationsbericht für das Cybersecurity-Konzept	RQ-09-11 Validation von Cybersecurity-Arbeitsprodukten	▪ Prozesse zur Überprüfung der Festlegung von Cybersecurity-Anforderungen ▪ Person oder Team, das für die Verifikationsaktivitäten verantwortlich ist ▪ Nachweis von Überprüfungsberichten, Sitzungsprotokollen usw. ▪ Abschließende Wirksamkeitsprüfung der Cybersecurity-Maßnahmen

Tab. 6.6 *Arbeitsprodukte für ISO/SAE 21434:2021 während der Konzeptphase*

6.6.15 Vorlagen zum Cybersecurity-Konzept

Die Erstellung eines robusten Cybersecurity-Konzepts ist von entscheidender Bedeutung, um Organisationen vor den ständig wachsenden Bedrohungen in der digitalen Welt zu schützen. Um diesen Prozess zu unterstützen, müssen spezifische Vorlagen entwickelt werden, die die Festlegung der Item-Definition, die Erstellung von Cybersecurity-Anforderungen und die Behandlung von Risiken erleichtern sollen. In diesem Kontext bieten die folgenden Vorlagen einen strukturierten Rahmen, um sicherzustellen, dass Cybersecurity-Maßnahmen effektiv implementiert und verwaltet werden können. Es folgt ein detaillierter Blick auf jede dieser Vorlagen, um ihre Anwendung und Bedeutung im Rahmen des Cybersecurity-Konzeptes zu verstehen.

Die **Item-Definition** dient als Basis für das Verständnis eines Systems. Diese Vorlage beinhaltet:

- **Definition der Schnittstellen des Systems:** Abgrenzung des Systems oder Produkts von seiner Betriebsumgebung, einschließlich physischer Architektur und Schnittstellen zu internen und externen Systemen
- **Funktionen des Systems oder Produkts:** Beschreibung der beabsichtigten Verhaltensweise des Systems oder Produkts über den gesamten Lebenszyklus, unter Berücksichtigung der Hauptfunktionen und weiterer beabsichtigter Funktionen
- **Vorläufige Architektur:** Identifikation interner Komponenten, Verbindungen und externer Schnittstellen, die mit beliebigen grafischen Methoden dargestellt werden können
- **Betriebsumgebung:** Eine Liste von Bedingungen und Umständen, die den Betrieb des Elements beeinflussen, gemäß den Vorgaben von ISO/SAE 21434:2021

Die Vorlage für die Erstellung von **Cybersecurity Cases** dient der Festlegung einer klaren Richtlinie zum Schutz der Organisation vor den verschiedenen Kosten, die durch Angriffe entstehen können, z. B.:

- Datum, Uhrzeit und Ort des Angriffs
- Beschreibung des Angriffs
- Zeitpunkt und Art der ersten Kenntnisnahme seitens der Organisation
- Mögliche Ursachen des Angriffs
- Schritte zur Verhinderung ähnlicher Angriffe
- Berechtigte Personen oder Stellen
- Maßnahmen zur Bewältigung der Auswirkungen des Angriffs
- Liste der angefügten Dokumente zum Angriff
- Eine unterschriebene Erklärung zur Garantie der Wahrheit aller Aussagen

Die Vorlage für die Definition von Cybersecurity-Anforderungen ermöglicht die Nutzung bereits implementierter Formen. Die Anforderungen müssen die Komponenten und die Betriebsumgebung klar und korrekt beschreiben. Hierbei können Stakeholder in den Prozess einbezogen werden, um die Klarheit und Konsistenz der Anforderungen zu gewährleisten.

6.7 Produktentwicklungsphase

In der heutigen vernetzten und digitalisierten Fahrzeugwelt ist die frühzeitige Integration von Cybersecurity-Maßnahmen in den Produktentwicklungsprozess unverzichtbar.

Die Basis dafür bilden die Cybersecurity-Ziele und das Cybersecurity-Konzept, aus denen in dieser Phase die Cybersecurity-Spezifikationen abgeleitet werden. Diese Spezifikationen schaffen den Rahmen für die Integration von Sicherheitsmaßnahmen in die Architektur eines Systems oder Produkts.

In diesem Abschnitt wird erläutert, wie die Cybersecurity-Spezifikationen für ein Element oder eine Komponente definiert werden, die in der bestehenden Architektur noch nicht vorhanden sind. Gleichzeitig sollen diese Spezifikationen daraufhin überprüft werden, ob sie mit den Vorgaben der höheren Architekturebenen konform sind. Dabei werden Schwachstellen identifiziert, und es wird sichergestellt, dass die Implementierung und Integration des Elements oder der Komponente die Cybersecurity-Spezifikationen erfüllen.

Die Produktentwicklungsphase folgt einem integrativen Ansatz – sie betrachtet und berücksichtigt sowohl bestehende Spezifikationen als auch neu hinzukommende Anforderungen, beispielsweise Erkenntnisse aus Schwachstellenanalysen, Bedrohungserkenntnissen oder Architekturänderungen. Die folgenden Schritte und Prozesse spielen eine zentrale Rolle in dieser entscheidenden Phase der Produktentwicklung.

6.7.1 Ziele der Produktentwicklungsphase

Die zentralen Ziele dieser Phase sind:

- **Überprüfung der Konformität:** Überprüfung der festgelegten Cybersecurity-Spezifikationen auf Konsistenz mit übergeordneten Architekturvorgaben
- **Identifikation von Schwachstellen:** Identifizierung und Bewertung potenzieller Schwachstellen oder Lücken in den Cybersecurity-Spezifikationen, um proaktiv auf Sicherheitsbedenken reagieren zu können.
- **Überprüfung von Implementierung und Integration:** Sicherstellung, dass die Implementierung und Integration des Systems oder der Komponente die festgelegten Cybersecurity-Spezifikationen erfüllen.

Durch die Erreichung dieser Ziele wird sichergestellt, dass Cybersecurity-Aspekte frühzeitig in den Produktentwicklungsprozess integriert werden, um eine umfassende und effektive Sicherheitsstruktur zu gewährleisten.

6.7.2 Entwurfsphase

ISO 21434

ISO/SAE 21434:2021 [RQ-10-01 bis RQ-10-08] enthält die Anforderungen zum Design.

Die Entwurfsphase erfordert eine tiefgreifende Integration von Cybersecurity in den gesamten Entwicklungsprozess. Eine Schlüsselphase dieses Prozesses ist das **Cybersecurity-Design**, das die Sicherheitsarchitektur von Elementen oder Komponenten auf Basis ihrer Cybersecurity-Spezifikationen beschreibt:

- **Design im Überblick:** Die Gestaltung erfolgt anhand bewährter Modelle des Entwicklungslebenszyklus des Elements, wie dem V-Modell, agilen Methoden oder anderen in der Branche weitverbreiteten Modellen. Dabei sind grafische Modelle von entscheidender Bedeutung, um die Anforderungen zu visualisieren und einen klaren Überblick über den Entwicklungsprozess zu gewährleisten. Ein Beispiel für Gestaltungsprinzipien im Bereich Cybersecurity findet sich in NIST SP 800-160, Tabelle F.1 [NIST SP 800-160:2022].

- **Feinschliff der Cybersecurity-Anforderungen:** In dieser Phase werden die Cybersecurity-Anforderungen basierend auf Vorgaben höherer Architekturebenen verfeinert. Dabei werden implementierte Sicherheitskontrollen und bestehende Architekturentwürfe berücksichtigt. Hierbei wird besonders auf die Schnittstellen zwischen Subkomponenten, ihre Verwendungszwecke und Parameter geachtet. Komponenten und Schnittstellen werden gezielt an spezifische Cybersecurity-Anforderungen ausgerichtet, um Designkonsistenz mit dem Cybersecurity-Konzept und die Sicherheit nach der Entwicklung zu gewährleisten.
- **Unmissverständliche Notation und Implementierung:** In dieser Phase ist es entscheidend, dass die Notationen oder Sprachen zur Spezifikation und Implementierung der Cybersecurity-Anforderungen eindeutig, strukturiert, zuverlässig und wiederverwendbar sind. Zudem folgt die Auswahl der Programmiersprache den bewährten Praktiken von Coding-Standards wie MISRA C: 2025 [MISRA-C:2025] oder CERT C [CERT-C:2024].
- **Anwendung etablierter Prinzipien:** Um Schwächen im Systemdesign zu minimieren, sind etablierte und vertrauenswürdige Design- und Implementierungsprinzipien anzuwenden. Hierzu gehören die in Tabelle F.1 von NIST SP 800-160 [NIST SP 800-160:2022] definierten Prinzipien. Bei der Wiederverwendung von Komponenten ist es besonders wichtig, eventuelle Schwächen in deren Architekturentwurf vor der Integration zu analysieren.
- **Integration von Cybersecurity in den Fahrzeugbau:** Cybersecurity-Aktivitäten und die Implementierung von Cybersecurity-Kontrollen werden frühzeitig in die Fahrzeug- und Systementwicklung integriert. Hierzu gehört die Ableitung konkreter Cybersecurity-Spezifikationen und die Planung und Umsetzung geeigneter Schutzmaßnahmen in Design, Architektur und Implementierung. Die laufende Bewertung und Nachverfolgung von Schwachstellen und Bedrohungen erfolgt über den gesamten Lebenszyklus.

Das Cybersecurity-Design ist somit ein entscheidender Schritt, um den wachsenden Herausforderungen im Bereich der Fahrzeugsicherheit proaktiv zu begegnen. Es stellt sicher, dass Systeme und Produkte von Beginn an so entwickelt werden, dass sie den Anforderungen einer vernetzten Welt standhalten – robust, geschützt und widerstandsfähig gegen Angriffe.

6.7.3 Integration und Verifikation

ISO 21434

ISO/SAE 21434:2021 [RQ-10-09 bis RQ-10-13, RC-10-12, falls anwendbar] enthält die Anforderungen zum Design.

Die Integration und Verifikation stellen sicher, dass das entwickelte System oder die Komponente die definierten Cybersecurity-Spezifikationen erfüllt und potenzielle neue Schwachstellen identifiziert werden können.

Die Integration von Komponenten ist ein kritischer Schritt, der gewährleistet, dass die Gesamtimplementierung eines Systems den Anforderungen entspricht. Hierbei ist es entscheidend, eine Aktivitäts-Checkliste für die Integration der Komponenten zu führen und zu überprüfen, ob sie gemäß den vorgesehenen Verfahren integriert wurden. Beispiele für deren Inhalte:

- **Tests zur Identifizierung von Schwachstellen:** Die Durchführung von Tests ist ein zentraler Bestandteil der Verifikation. Hierbei geht es nicht nur darum, die Konformität des integrierten Produkts mit seinem Design, seiner Modellierung und den relevanten Richtlinien und Standards zu überprüfen, sondern auch darum, potenzielle Cybersecurity-Schwachstellen zu identifizieren. Dabei kommen Tests wie Penetrationstests, Codeanalysen, Fuzzing-Tests und Grenzwertanalysen zum Einsatz.
- **Dokumentation der Verifikationsmethoden** (Klarheit und Nachvollziehbarkeit): Die Ergebnisse dieser Aktivitäten müssen sorgfältig dokumentiert werden. Dies beinhaltet die Methoden, die für die Verifikation verwendet wurden. Insbesondere, wenn Tests als Verifikationsmethode gewählt werden, sind Testmethode, Testabdeckung, Testplan, Testdesign und das Testteam zu dokumentieren. Wird eine andere Methodik gewählt, ist eine verständliche, angemessene Beschreibung dieser Verifikationsmethode gefordert.
- **Berichte über Integration und Verifikation** (Transparenz und Nachverfolgbarkeit): Berichte für jede Integrations- und Verifikationsaktivität sind unerlässlich und werden sorgfältig dokumentiert. Diese Berichte liefern nicht nur Transparenz über den Fortschritt, sondern dienen auch der Nachverfolgbarkeit und sind eine wichtige Grundlage für zukünftige Entwicklungsphasen.

6.7.4 Erforderliche Arbeitsprodukte für ISO/SAE 21434, RQ-10-1 bis RQ-10-13

Tabelle 6.7 enthält die Auflistung der nach ISO/SAE 21434 geforderten Arbeitsprodukte in der Integrations- und Verifikationsphase des Entwurfs. Im Audit kann die Organisation um die Vorlage einer beliebigen Auswahl dieser dokumentierten Nachweise gebeten werden. Neben den relevanten Arbeitsprodukten sind auch die geeigneten Nachweise auf Basis der Erfahrungen der Autoren, die zur Erfüllung der Anforderungen der ISO/SAE 21434:2021 verwendet werden können, in Tabelle 6.7 aufgeführt.

Arbeits-produkt	Anforderung	Nachweis
Cybersecurity-Spezifikationen **[WP-10-01]**	RQ-10-01 Design	▪ Nachweis, wie niedrigstufige Cybersecurity-Anforderungen aus der hochstufigen Architektur abgeleitet werden ▪ Definition von Cybersecurity-Kontrollen ▪ Vorhandener Architekturentwurf des betrachteten Elements oder der Komponente
	RQ-10-02 Design	Definition von Cybersecurity-Anforderungen für jede Komponente des Architekturentwurfs
Cybersecurity-Anforderungen für die Nachentwicklung **[WP-10-02]**	RQ-10-03 Design	▪ Definition von Verfahren zur Gewährleistung der Cybersecurity nach der Entwicklungsphase (z. B. während der Integrations-, Initialisierungs- und Wartungsphasen) ▪ Prozessrichtlinien unter Berücksichtigung der Identifizierung von Nachentwicklungsanforderungen ▪ Vorlagen oder Prozesse, die zur Kommunikation von Anforderungen für Produktion, Wartung, Außerbetriebnahme usw. verwendet werden ▪ Zusätzliche Dokumentation zur Validierung der Anforderungen gemäß den verschiedenen Phasen im Lebenszyklus des Elements
Dokumentation der Modellierung, Design- oder Programmiersprachen und Codierungsrichtlinien **[WP-10-03]**	RQ-10-05 Design	▪ Nachweise der Überlegungen zur Auswahl der Notation und Sprache ▪ Relevante Informationen zu vorhandenen Komponenten ▪ Artefakte für Architektur und Design (z. B. Dokumente, Tabellen, Diagramme, Tools) ▪ Gemeinsame Kriterien für Entwurf, Modellierung und Programmierung ▪ Schnittstellendokumentation ▪ Dokumentation der Umgebungsanforderungen ▪ Richtlinien zu Cybersecurity-Designprinzipien ▪ Richtlinien zur Erstellung von Systemarchitektur, Hardware- und Softwareentwurf

→

Arbeits-produkt	Anforderung	Nachweis
Verifikationsreport für die Cybersecurity-Anforderungen **[WP-10-04]**	RQ-10-08 Design	▪ Nachweise zur Vollständigkeit, Korrektheit und Konsistenz der Cybersecurity-Spezifikation auf oberster Ebene ▪ Dokumentation der verwendeten Verifikationsmethoden
Gefundene Schwachstellen während der Produkt- bzw. Systementwicklung **[WP-10-05]**	RQ-10-07 (RC-10-12, falls anwendbar) Design	▪ Ergebnisse der Analyse des Architekturentwurfs ▪ Dokumentation der identifizierten Schwachstellen ▪ Nachweis, dass Sicherheitslücken des Systems oder der Komponente minimiert sind
Spezifikation zu Integration und Verifikation	RQ-10-10 Integration und Verifikation	▪ Spezifikation der Integrations- und Verifikationsaktivitäten ▪ Definition des Testplans, der Testfälle und der Testdaten etc.
	RQ-10-09 Integration und Verifikation	▪ Verfeinerte Cybersecurity-Spezifikationen ▪ Verifikationsbericht für die verfeinerten Cybersecurity-Spezifikationen kann ggf. eine Begründung enthalten, warum das Risiko eliminiert werden kann.
Integrations- und Verifikationsbericht **[WP-10-07]**	RQ-10-11 (RC-10-12, falls anwendbar) RQ-10-13 Integration und Verifikation	▪ Testbericht ▪ Definition von Testabdeckungsmetriken ▪ Ressourcenverbrauchsbericht (RAM, ROM, CPU-Auslastung etc.) ▪ Codierungsanalysebericht ▪ Dokumentation der Testumgebung ▪ Nachweis, dass Sicherheitslücken des Elements oder der Komponente minimiert sind

Tab. 6.7 *Arbeitsprodukte und geforderte Nachweise für die ISO/SAE 21434:2021 bei Integration und Verifikation*

6.7.5 Der Nutzen von Vorlagen

Die Implementierung und Verifikation von Cybersecurity-Anforderungen gemäß ISO/SAE 21434 erfordern einen gut durchdachten Prozess, der nicht nur die technischen Aspekte, sondern auch die klare Kommunikation von Anforderungen abdeckt. Vorlagen können bei der Umsetzung unterstützen. Hier sind einige nützliche Beispiele:

Vorlage für einen Kommunikationsplan:

Ein Kommunikationsplan definiert die effektive Übermittlung relevanter Informationen an die zuständigen Teams und Abteilungen. Da solche Pläne oft in anderen Bereichen der Organisation existieren, können sie angepasst werden, um Cybersecurity-Aspekte über den gesamten Lebenszyklus des Elements oder der Komponente zu kommunizieren. Die Kommunikationsplan-Vorlage sollte folgende Punkte abdecken:

- **Verantwortliche Personen:** Klare Zuweisung von Verantwortlichkeiten für jede Anforderung
- **Priorität:** Festlegung einer Priorität für jede Anforderung, um die Dringlichkeit zu verdeutlichen.
- **Klare Definition des Cybersecurity-Ziels**, das mit der jeweiligen Anforderung verknüpft ist.
- **Erforderliche Maßnahmen:** Konkrete Schritte, die unternommen werden müssen, um die Anforderung zu erfüllen.
- **Fälligkeitsdatum:** Festlegung eines Termins, bis zu dem die Anforderung erfüllt sein muss.

Vorlage für den Prozess- und Verifikationsplan:

Eine klare Dokumentation der Prozesse, die zur Implementierung und Verifikation von Cybersecurity-Anforderungen zu befolgen sind, ist elementar. Eine entsprechende Vorlage kann dem Team als Leitfaden dienen, um sicherzustellen, dass jeder Schritt im Prozess ordnungsgemäß durchgeführt wird und die Cybersecurity-Anforderungen erfüllt werden:

- **Schritte für die Anforderungskommunikation:** Explizite Anweisungen, wie Anforderungen effektiv kommuniziert werden sollen (Verweis auf Kommunikationsplan).
- **Implementierungsphasen:** Klare Darstellung der Phasen, in denen die Sicherheitsmaßnahmen implementiert werden.
- **Verifikationsmethoden:** Dokumentation der Methoden, die zur Überprüfung der Implementierung verwendet werden.
- **Prüfberichte:** Einbindung von Berichten über die Ergebnisse der Verifikation

Vorlage für die Risikobewertung und den Maßnahmenplan:

Die Identifizierung und die Bewältigung von Risiken sind ein zentraler Aspekt der Cybersecurity-Implementierung. Die Vorlage könnte folgende Aspekte umfassen:

- **Risikobewertung:** Schritte zur Identifizierung von Risiken im Zusammenhang mit den Cybersecurity-Anforderungen
- **Priorisierung von Risiken:** Festlegung einer Priorität für identifizierte Risiken

- **Maßnahmenplan:** Klare Schritte und Maßnahmen zur Minimierung oder Beseitigung der identifizierten Risiken
- **Überwachungsmechanismen:** Methoden zur Überwachung und Bewertung der Wirksamkeit der ergriffenen Maßnahmen

Die Verwendung einer entsprechenden Vorlage hilft dabei, Risiken zu identifizieren, zu bewerten und zu mindern, was zu einer umfassenden Umsetzung von Cybersecurity-Maßnahmen führt.

Die vorgestellten wichtigen Inhalte zu entsprechenden Vorlagen dienen als hilfreiche Anregung, um sicherzustellen, dass alle relevanten Parteien gut informiert sind und dass die Cybersecurity-Ziele effektiv erreicht werden. Durch den Einsatz dieser Vorlagen können Organisationen einen strukturierten und transparenten Ansatz für ihre Cybersecurity-Bemühungen verfolgen.

6.8 Cybersecurity-Validierung

Cybersecurity-Validierung in der Entwicklungsphase – das bedeutet quasi »Sicherheit bis zum Schlusspfiff«. Die Cybersecurity-Validierung stellt sicher, dass Fahrzeuge und ihre Systeme und Komponenten den höchsten Sicherheitsstandards entsprechen. Dieser Prozess erfolgt auf Fahrzeugebene für das gesamte Element und berücksichtigt dabei die Konfigurationen, die für die Produktion vorgesehen sind.

In einer verteilten Entwicklungsumgebung müssen Kunden und Lieferanten in einer Cybersecurity-Schnittstellenvereinbarung folgende Punkte klären:

- **Verantwortliche Partei:** Identifizierung der für diese Aktivität verantwortlichen Partei (z. B. OEM, Tier 1)
- **Arbeitsprodukte für die Validierung:** Klärung der erforderlichen Arbeitsprodukte für die Validierung, wie beispielsweise Ergebnisse aus Testaktivitäten, Bestätigungsprüfungen

Die Hauptziele der Cybersecurity-Validierung sind:

- Validierung von Cybersecurity-Zielen und -Ansprüchen
- Überprüfung, ob die festgelegten Cybersecurity-Ziele und -Ansprüche erreicht wurden
- Sicherstellung, dass die in der Entwicklungsphase definierten Cybersecurity-Ziele während der Umsetzung erfüllt wurden
- Ausschluss unvertretbarer Risiken: Gewährleistung, dass nach Abschluss der Entwicklungsphase keine unvertretbaren Risiken mehr bestehen
- Identifikation und Behebung etwaiger verbleibender Sicherheitsrisiken

Die Cybersecurity-Validierung erfolgt auf der Fahrzeugebene und umfasst die Überprüfung der Cybersecurity-Ziele und -Ansprüche. Dabei wird die Funktionalität des Elements im Fahrzeugbetrieb unter realen Bedingungen bewertet:

- Umfassende Überprüfung der Cybersecurity-Ziele:
  - Bestätigung, dass die festgelegten Cybersecurity-Ziele den Anforderungen entsprechen
  - Überprüfung, ob die entwickelten Sicherheitsmaßnahmen in der Praxis wirksam sind
- Auswertung der Cybersecurity-Ansprüche:
  - Überprüfung der gestellten Cybersecurity-Ansprüche und Sicherstellung ihrer Erfüllung
  - Identifikation und Behebung möglicher Unstimmigkeiten oder Schwächen in den Ansprüchen
- Bewertung des gesamten Sicherheitszustands:
  - Betrachtung des Elements in seinem operativen Umfeld auf Fahrzeugebene
  - Einbeziehung der für die Produktion vorgesehenen Konfigurationen
- Sicherstellung der Kunden-Lieferanten-Abstimmung:
  - Klare Vereinbarungen in der Cybersecurity-Schnittstellenvereinbarung bezüglich der verantwortlichen Partei und der erforderlichen Arbeitsprodukte

Die Cybersecurity-Validierung bildet den Schlussakt in der Entwicklungsphase und gewährleistet, dass Fahrzeuge und ihre Komponenten den höchsten Sicherheitsstandards entsprechen. Durch die Überprüfung von Cybersecurity-Zielen und -Ansprüchen sowie die Sicherstellung eines risikofreien Betriebs schafft die Validierung eine solide Grundlage für die Sicherheit. Die klare Abstimmung zwischen OEM und Lieferanten spielt dabei eine entscheidende Rolle, um eine reibungslose und effektive Validierung sicherzustellen.

6.8.1 Validierungsbericht

Die abschließende Validierung auf Fahrzeugebene stellt sicher, dass alle implementierten Cybersecurity-Maßnahmen im Gesamtkontext des Systems und seiner Betriebsumgebung wirksam sind. Der zugehörige Validierungsbericht dokumentiert, ob die in der Entwicklung definierten Cybersecurity-Ziele und -Spezifikationen auch unter realen Einsatzbedingungen erfüllt werden. Dabei betrachtet man die tatsächliche Produktionskonfiguration, die Betriebsumgebung des Systems (Kommunikationsnetzwerke, externe Schnittstellen, Diagnosesysteme) sowie alle Schnittstellen, die durch verteilte Entwicklungsanteile relevant sind. Die für die Validierung erforderlichen Arbeitsprodukte (z. B. Ergebnisse aus Testaktivitäten, Bestätigungsprüfungen) müssen festgelegt werden.

Die wichtigsten Aspekte der Cybersecurity-Validierung sind:

- Validierung von Cybersecurity-Zielen und -Ansprüchen:
  - Sicherstellen, dass die Cybersecurity-Ziele während der Entwicklung erreicht werden
  - Überprüfen, dass keine unvertretbaren Risiken verbleiben

Die Organisation muss einen Validierungsplan für das System oder die Komponente gemäß seiner Betriebsumgebung definieren. Dieser Plan enthält üblicherweise die folgenden Elemente:

- Verwendete Methoden für die Validierung: Hierzu gehören z. B. Penetrationstests, Simulationen, Auswertung und Analyse von Arbeitsprodukten.
- Überprüfungs- oder Analyse-Checklisten (falls zutreffend)
- Simulations- oder Testszenarien
- Umgebungsbedingungen, Konfigurationen und Annahmen
- Erwartete Ergebnisse, Pass/Fail-Kriterien, Toleranzverhalten usw.
- Maßnahmen im Falle von Anomalien
- Benötigte Ressourcen

Zusätzlich kann der Cybersecurity Assurance Level (CAL) verwendet werden, um die Validierungsstrategie zu bestimmen. Beispielsweise kann für die Validierung von Komponenten/Systemen mit CAL 4 ein Penetrationstest vorgeschrieben sein.

Im Validierungsbericht werden die Ergebnisse systematisch erfasst und mit vorher festgelegten Validierungskriterien abgeglichen. ISO/SAE 21434 fordert dabei nicht nur die technische Prüfung, sondern auch die Argumentation der Wirksamkeit aller sicherheitsrelevanten Maßnahmen im Zusammenhang mit identifizierten Risiken. Er enthält Informationen über die verwendete Validierungsstrategie, die Begründung für die Auswahl einer bestimmten Strategie und ihre Spezifikationen, Annahmen, Umgebung und Konfigurationen des Elements auf Fahrzeugebene sowie die während der Validierung erhaltenen Ergebnisse (z. B. Bestehen/Nichtbestehen von Testfällen, erfüllte Checklisten).

6.8.2 Erforderliche Arbeitsprodukte für ISO/SAE 21434, RQ-11-01 bis RQ-11-02

Tabelle 6.8 enthält die Anforderungen an Arbeitsprodukte im Kontext der Validierung. Im Audit kann die Organisation um die Vorlage einer beliebigen Auswahl dieser dokumentierten Nachweise gebeten werden.

Arbeits-produkt	Anforderung	Nachweis
Validierungs-bericht **[WP-11-01]**	RQ-11-01 RQ-11-02	▪ Validierungsbericht einschließlich Validierungsziele, Details zu Prozessen oder Aktivitäten (wie z. B. Penetrationstest, Fuzzing-Test), Verantwortlichkeiten einer Person oder des Teams, Validierungstestergebnisse, Begründung für die Auswahl von Validierungsaktivitäten ▪ Validierungsstrategie der Organisation ▪ Validierungstestspezifikation ▪ Definition von Rollen zur Durchführung von Validierungsaktivitäten ▪ Nachweis, dass Testfälle definiert sind ▪ Nachweis, dass Testdaten sicher gesammelt und gespeichert werden ▪ Nachweis, dass die operative Umgebung des Elements oder Bauteils berücksichtigt wird ▪ Nachweis der verwendeten Methode zur Validierung der Cybersecurity-Ansprüche ▪ Checkliste der während der Validierungsaktivitäten durchgeführten Prozesse ▪ Testkonfiguration ▪ Kriterien für bestanden/nicht bestanden ▪ Nützliche Referenzen: ISO 26262-4:2018, Abschnitt 8 ▪ Nachweis der Begründung, die zur Auswahl der Validierungsaktivitäten verwendet wurde (z. B. CAL-Klassifizierung) ▪ Nützliche Referenz: ISO/SAE 21434, Anhang E

Tab. 6.8 *Arbeitsprodukte und geforderte Nachweise für ISO/SAE 21434:2021 zur Validierung*

Die relevanten Arbeitsprodukte und geeigneten Nachweise auf Basis der Erfahrungen der Autoren, die zur Erfüllung der Anforderungen der ISO/SAE 21434:2021 verwendet werden können, sind in Tabelle 6.8 aufgeführt.

6.8.3 Projektstory NextGen: Validierung eines Cybersecurity Case am Beispiel des automatisierten Parksystems

Die letzte Phase der Entwicklung des automatisierten Parksystems »ADAS NextGen« ist erreicht – die Cybersecurity-Validierung steht an. Bei der Drivesmart AG und der Safehicle GmbH herrscht gespannte Konzentration. Nach Monaten intensiver Arbeit an Architektur, Sicherheitsmaßnahmen, Tests und Dokumentation soll nun bewiesen werden: Das System ist cybersicher – auch unter realen Bedingungen.

Peter Feinblick, Cybersecurity-Manager bei Drivesmart, und Theo Abwehr, sein Kollege bei Safehicle, sitzen bereits früh am Morgen in einer gemeinsamen Videokonferenz. Sie sprechen die letzten offenen Punkte der Cybersecurity-Schnittstellenvereinbarung durch. Insbesondere muss jetzt eindeutig dokumentiert sein, wer für welche Validierungsaktivitäten verantwortlich ist und welche Arbeitsprodukte verbindlich eingereicht werden.

»Wir benötigen für alle sicherheitsrelevanten Komponenten die vollständige Abdeckung der Cybersecurity-Ziele – und zwar auf Fahrzeugebene«, betont Ulrich Richter, der externe Assessor. Er erinnert das Team an die zentrale Anforderung der ISO/SAE 21434: »Keine unvertretbaren Risiken dürfen am Ende der Entwicklungsphase verbleiben.«

Validierungsplanung und Strategie

Lara Vero, technische Projektleiterin bei Drivesmart, koordiniert die Erstellung des Validierungsplans. In Abstimmung mit den Anforderungsmanagern Peter Weiss (Drivesmart) und Roman Brauch (Safehicle) definiert sie:

- *die Testmethoden (u.a. Penetrationstests, Fuzzing, gezielte Schwachstellentests),*
- *die Testkonfigurationen in der realitätsnahen Produktionsumgebung,*
- *die für jede Aktivität verantwortlichen Rollen und Pass/Fail-Kriterien,*
- *die Annahmebedingungen und zu verwendenden Sicherheitsmaßnahmen sowie*
- *die Dokumentationspflichten für den finalen Validierungsbericht.*

Das System wird dabei mit der für die Serie vorgesehenen Software- und Hardwarekonfiguration getestet. Susi Platine (HW-Leitung bei Drivesmart) und Mandy Kurzschluss (HW-Leitung bei Safehicle) liefern die nötigen Informationen zum ADAS, zu Netzwerkarchitekturen und Diagnosepfaden.

Durchführung der Validierung

Die Durchführung der Tests erfolgt in enger Zusammenarbeit zwischen den Teams. Ulla Wahrlich (Testleitung Drivesmart) und Ernst Probe (Testleitung Safehicle) führen Penetrationstests mit gezielten Szenarien durch: Spoofing der Sensorschnittstellen, Injection-Angriffe auf interne Busse, Fuzzing der OTA-Schnittstelle.

»Die Kalibrierung unserer Logging- und Intrusion-Detection-Mechanismen ist kritisch«, merkt Isy Kaput, Integrator bei Drivesmart, an, als es um Anomalieerkennung in der Fahrzeugdiagnose geht. Die Ergebnisse sind erfreulich: Die wichtigsten Angriffsvektoren werden erfolgreich erkannt, blockiert oder sauber protokolliert.

Im parallelen Simulationslauf analysieren Flora Forscher, Ralf Teacher und Veronika Sammler mithilfe synthetischer Daten das Verhalten des Systems bei ungewöhnlichen Verkehrssituationen. Auch hier kann das System robuste Entscheidungen treffen, ohne Angriffsflächen zu offenbaren.

Bewertung der Ergebnisse und Lessons Learned

In einer abschließenden Sitzung stellt Dave Rugby, Qualitätsmanager der Drivesmart AG, die konsolidierten Ergebnisse vor:

»Alle definierten Cybersecurity-Ziele wurden in den Validierungsläufen nachweislich erfüllt. Keine unvertretbaren Risiken sind verblieben. Der Cybersecurity Case ist vollständig – inklusive Nachweisen zu Penetrationstests, TARA-Abgleich und CAL-basierten Prüfungen.«

Theo Abwehr ergänzt: »Wir hatten bei zwei Subsystemen (dem Steuergerät für Sensorfusion und der OTA-Schnittstelle) zunächst Auffälligkeiten im Logging-Verhalten. Diese wurden jedoch erfolgreich behoben – inklusive vollständiger Testwiederholung.«

Ulrich Richter bestätigt in seiner Abschlussbewertung, dass die getroffenen Maßnahmen geeignet sind, die identifizierten Risiken abzudecken. Besonders hebt er die klare Rollenzuordnung, die Aktualität der Testdaten und die Durchgängigkeit der Argumentationskette im Cybersecurity Case hervor.

Ergebnis und Ausblick

Der Validierungsbericht wird erstellt und enthält:

- *die gewählte Validierungsstrategie und ihre Begründung (inkl. Bezug zu CAL),*
- *eine Übersicht über alle durchgeführten Tests, deren Ergebnisse und Abweichungen,*
- *die Checklisten, Pass/Fail-Kriterien, Testumgebungen und Konfigurationen sowie*
- *eine systematische Argumentation der Wirksamkeit aller sicherheitsrelevanten Maßnahmen.*

Damit endet die Entwicklungsphase von »ADAS NextGen« mit einem validierten, dokumentierten und freigegebenen Cybersecurity Case.

Rainer Fels, FuSi-Manager bei Safehicle, bringt es in der Abschlussrunde auf den Punkt: »Validierung ist mehr als nur Testen. Sie ist ein Reifegradindikator für unsere Cybersecurity-Kultur – und die ist in diesem Projekt gereift.«

Die Projektstory zeigt, wie die Anforderungen der ISO/SAE 21434, Abschnitt 11, in der Praxis umgesetzt werden können – insbesondere im Hinblick auf die Validierung sicherheitsrelevanter Systeme in verteilten Entwicklungsumgebungen.

6.9 Produktionsphase

ISO 21434

ISO/SAE 21434:2021 enthält Anforderungen an die Produktionsphase. **[RQ-13-01 bis RQ-13-04]** enthalten Anforderungen zur Umsetzung von Cybersecurity-Maßnahmen in der Produktion. **[RWP-13-01 und WP-13-02]** enthalten Anforderungen an den Produktionsplan und an die Produktionsfreigabe.

Die Produktionsphase markiert den Übergang von der Entwicklung in die Serienfertigung eines Systems oder einer Komponente. Auch in dieser Phase müssen gemäß ISO/SAE 21434 die definierten Cybersecurity-Anforderungen weiterhin wirksam umgesetzt und sichergestellt werden. Dazu gehören unter anderem die Kontrolle über Fertigungsdaten, die Integrität von Softwareständen sowie der Schutz von sicherheitskritischen Informationen während der Produktion. Ziel ist es, potenzielle Einfallstore für Manipulationen oder Angriffe bereits im Fertigungsprozess zu verhindern und die **Cybersecurity-Integrität** der ausgelieferten Produkte sicherzustellen.

6.9.1 Ziele der Produktionsphase

In der Produktionsphase muss sichergestellt werden, dass die während der Entwicklung festgelegten Cybersecurity-Spezifikationen in einem Produkt oder System auch während der Fertigung erfüllt werden. Die Umsetzung dieser Anforderungen erfolgt durch die Entwicklung eines Produktionskontrollplans, der während der Montage und Fertigung eines Systems oder Produkts erstellt wird. Damit werden auch die Prozesse etabliert, die die Einführung von Cybersecurity-Lücken während der Produktion verhindern. Im Kontext der Produktionsphase nach ISO/SAE 21434 bezeichnet eine Cybersecurity-Lücke ein Defizit, bei dem eine zuvor geplante, spezifizierte oder implementierte Sicherheitsmaßnahme nicht oder nicht vollständig wirksam in der Serienproduktion berücksichtigt wurde.

Der Produktionssteuerungsplan ist somit ein entscheidendes Instrument, um sicherzustellen, dass die definierten Sicherheitsstandards eingehalten werden. Folgende Aspekte sind maßgeblich:

- Der Produktionssteuerungsplan legt fest, wie die Cybersecurity-Spezifikationen, die während der Entwicklung festgelegt wurden, in der Produktion umgesetzt werden sollen. Dies umfasst technische Aspekte und organisatorische Maßnahmen, die sicherstellen, dass die Cybersecurity in allen Phasen der Produktion gewährleistet ist. Dies schließt die Identifizierung von Verantwortlichkeiten, Schulungsmaßnahmen und die Integration von Cybersecurity in die Unternehmenskultur ein.
- Ein zentraler Aspekt des Produktionssteuerungsplans ist die Festlegung von Prozessen, die darauf abzielen, die Einführung von Cybersecurity-Lücken während der Fertigung zu verhindern. Dies kann beispielsweise die Implementierung von Sicherheitschecks, Schulungen für das Produktionspersonal und die Überwachung der Fertigungsprozesse umfassen.

ISO/SAE 21434 legt einen klaren Fokus auf die Gewährleistung der Cybersecurity während der Produktion von Straßenfahrzeugen. Durch die Entwicklung und Umsetzung eines umfassenden Produktionssteuerungsplans können Organisationen sicherstellen, dass ihre Produkte dem Stand der Technik in Bezug auf Cybersecurity entsprechen. Dies trägt nicht nur zum Schutz der Verbraucher bei, sondern stärkt auch das Vertrauen in die Sicherheit von vernetzten Fahrzeugen.

6.9.2 Erforderliche Arbeitsprodukte für ISO/SAE 21434, RQ-12-01 bis RQ-12-02

Tabelle 6.9 listet die Arbeitsprodukte der Produktionsphase auf. Im Audit kann die Organisation um die Vorlage einer beliebigen Auswahl dieser dokumentierten Nachweise gebeten werden. Neben den relevanten Arbeitsprodukten sind auch die geeigneten Nachweise auf Basis der Erfahrungen der Autoren, die zur Erfüllung der Anforderungen der ISO/SAE 21434:2021 verwendet werden können, in Tabelle 6.9 aufgeführt.

Arbeitsprodukt	Anforderung	Nachweis
Produktionskontrollplan **[WP-12-01]**	RQ-12-01 RQ-12-02	■ Vorlage des Produktionssteuerungsplans ■ Gesamtproduktionsplan, falls der Produktionssteuerungsplan nicht Bestandteil davon ist ■ Liste der Cybersecurity-Anforderungen für die Produktion ■ Details zur Erfüllung von Cybersecurity-Anforderungen während des Produktionsprozesses ■ Freigabe für den Nachentwicklungsbericht ■ Bedingungen, um die Nachentwicklungsphase in der Produktion zu starten ■ Kenntnis der Cybersecurity-Richtlinien und -Kultur der Organisation ■ Identifizierung der Produktionsschritte, in denen der Produktionssteuerungsplan angewendet werden muss ■ Kommunikationsplan der Cybersecurity-Anforderungen an die verantwortliche Person oder das verantwortliche Team ■ Festgelegte Prozesse zur Behandlung und Kommunikation von Cybersecurity-relevanten Themen ■ Festgelegte Bedingungen für die Speicherung von Hardware und Software ■ Festgelegte Schutzmaßnahmen zur Kontrolle unbefugten Zugriffs auf Hardware ■ Festgelegte Schutzmaßnahmen zur Kontrolle unbefugten Zugriffs auf Software ■ Dokumentierte Schutzmaßnahmen ■ Methoden zur Überprüfung, ob die Produktion den Cybersecurity-Anforderungen entspricht ■ Im Falle von Änderungen, Methoden zur Kommunikation dieser Änderungen
	RQ-12-02	Nachweis der Umsetzung des Produktionssteuerungsplans

Tab. 6.9 *Arbeitsprodukte und geforderte Nachweise für ISO/SAE 21434:2021 in der Produktionsphase*

6.9.3 Vorlagen für die Fertigungsphase

Produktionssteuerungsplan:

Der Produktionssteuerungsplan definiert die Aktivitäten, die vor der Freigabe eines Straßenfahrzeugs durchgeführt werden. Dabei sollten folgende Punkte beschrieben werden:

- Produktname und -beschreibung
- Name des herzustellenden Systems

- Status des Produktionssteuerungsplans für dieses System
- Genehmigungs- und Freigabedaten
- Informationen zum Lieferanten, der für die Entwicklung und Validierung des zu prüfenden Elements verantwortlich ist (z. B. Lieferantenname/-code, Hauptkontakt)
- Handelt es sich um Software oder Hardware?
- Prozessname und Beschreibung der Operationen
- Maschinen, Geräte oder Werkzeuge, die für die Fertigung verwendet werden (z. B. Informationen über das Montagegerät)
- Definition der Bedingungen, die während der Produktionsphase überprüft werden sollten
- Sicherheits- oder Qualitätsanforderungen, die die Anforderungen in den vorherigen Kategorien klassifizieren (z. B. eine Sicherheitsanforderung kann eine falsche Konfiguration umfassen, die zu Schäden führen könnte, und eine sichere Anforderung ist die Einrichtung eines privaten Schlüssels oder Zertifikats zur Sicherung der Software)
- Verwendete Verifizierungs-/Inspektions-/Konfigurationsmethode
- Visuelle Inspektion
- Testen zur Erfüllung von Anforderungen
- Inspektion des Prozessabschlusses und Berichterstellung
- Validierungsaktivitäten
- Automatisierte oder manuelle Tests zur Validierung der Montagestufen
- Sicherstellung der Funktionalität der Hardware gemäß den Erwartungen und Anforderungen
- Umgang mit Ausnahmen
- Echtzeitfehler
- Liste technischer Probleme
- Funktionalitäts- und Kommunikationsprüfungen
- Verwendete Kontrollmethoden
- Test- und Validierungsbericht
- Systemtest- und Designstrategien
- Softwareinjektionsgeräte und Systemkontrollen
- Verantwortliche Personen

Response-Plan:

Der Response-Plan (oder auch Reaktionsplan) ist ein wesentlicher Bestandteil des Cybersecurity-Managements. Er ist die strukturierte Antwort auf Cybersecurity-Vorfälle, da er zentrale Handlungsanweisungen enthält. Typische Inhalte für die Vorlage sind:

- Ziele des Response-Plans
- Zweck und Anwendungsbereich

- Annahmen
- Rollen und Verantwortlichkeiten/Organisation
- Deeskalationsverfahren/Eskalationsverfahren
- Externe wichtige Kontakte (CERTs, Strafverfolgungsbehörden, betroffene Lieferanten/Partner etc.)
- Kommunikations- und Informationsfluss (welche Teams, Lieferanten wann informiert oder einbezogen werden müssen, Einbeziehung des Änderungsmanagements etc.)
- Schulungsmaßnahmen
- Maßnahmen, die bei Problemen während der Produktionsphase des Systems durchgeführt werden sollen (Erkennen, Analysieren, Eindämmen, Beseitigen, Wiederherstellen des normalen Betriebs, Nachbereiten)
- Werkzeuge und Ressourcen
- Test und Pflege des Response-Plans
- Anhänge, Referenzdokumentationen
- Die Bedeutung von Simulationen und Übungen zur Vorbereitung auf reale Vorfälle
- Berücksichtigung von regulatorischen Anforderungen und Meldepflichten im Fall von Sicherheitsverletzungen
- Schnittstellen zu anderen Notfallplänen der Organisation

Der Response-Plan ist dynamisch, da er regelmäßig geprüft und bei Bedarf angepasst wird. Nur so ist seine Wirksamkeit bei sich stetig verändernden Bedrohungsszenarien gewährleistet. Die Existenz und konsequente Anwendung eines solchen Response-Plans demonstriert das Engagement der Organisation für die Cybersicherheit ihrer Produkte und ihrer Entwicklungsprozesse.

Dabei wird deutlich: Cybersecurity endet nicht mit dem Vorliegen eines Plans oder dem Abschluss einzelner Aktivitäten – vielmehr ist Cybersecurity ein kontinuierlicher Prozess, der über alle Lebenszyklusphasen hinweg wirkt. Cybersecurity ist kein einmaliges Projekt, sondern eine durchgängige Querschnittsaufgabe, die alle Phasen des Produktlebenszyklus durchdringt – von den ersten Architekturüberlegungen bis zum Ende der Betriebszeit. Kapitel 6 hat gezeigt, wie sich diese Aufgabe konkret in Aktivitäten, Verantwortlichkeiten und Arbeitsprodukte gemäß ISO/SAE 21434 übersetzen lässt.

Ein wirksames Cybersecurity-Management erfordert kontinuierliches Monitoring, die strukturierte Bewertung von Vorfällen, eine belastbare Schwachstellenanalyse und ein aktives Schwachstellenmanagement. Gleichzeitig muss gewährleistet sein, dass Konzepte, Entwurfsentscheidungen, Implementierung, Verifikation und Validierung systematisch abgesichert und dokumentiert werden. Nur so können Hersteller und Zulieferer ihre Verantwortung für die Vertraulichkeit, Integrität und Verfügbarkeit sicherheitsrelevanter Systeme über den gesamten Lebenszyklus hinweg wahrnehmen.

Die Erfahrungen aus realen Projekten machen deutlich, dass ein ganzheitliches Cybersecurity-Verständnis nicht nur technische Exzellenz, sondern auch organisatorische Reife und klare Prozesse voraussetzt. Dabei sind Vorlagen, Arbeitsprodukte und wiederverwendbare Bausteine keine Bürokratie, sondern essenzielle Mittel zur Qualitätssicherung und Nachvollziehbarkeit.

Schließlich zeigt sich: Cybersecurity endet nicht mit der Auslieferung eines Produkts – Cybersecurity lebt weiter in der Phase der Überwachung, Pflege und Reaktion im Feld. Nur wer diesen Lebenszyklusgedanken verinnerlicht, kann die ständig wachsenden Cyberrisiken im Automobilsektor beherrschbar machen und das Vertrauen von Kunden, Behörden und Partnern dauerhaft sichern.

7 SOTIF – Safety of the Intended Funtionality

Zu wenig und zu viel Vertrauen sind Nachbarskinder.
(Wilhelm Busch)

Nicht jeder Systemfehler entsteht durch eine klassische Fehlfunktion. Auch fehlerfrei arbeitende Komponenten bzw. Systeme können unsichere Situationen verursachen – z. B. wenn ein Objekt nicht erkannt, eine Verkehrssituation falsch interpretiert oder eine Systemgrenze unerwartet erreicht wird. Genau hier setzt SOTIF (ISO 21448 – *Safety of the intended functionality* [ISO 21448:2022]) an: Sie erweitert den Blick über die ISO 26262 [ISO 26262:2018] hinaus, die sich auf Fehlfunktionen und Fehler konzentriert. SOTIF adressiert dagegen Risiken, die durch Grenzen, Unvollkommenheiten oder vorhersehbaren Missbrauch entstehen.

Smart Cars, ausgestattet mit fortschrittlichen Algorithmen und Sensorik, sind ein Paradebeispiel für die Komplexität moderner Fahrzeuge. Trotz der hohen technikbasierten Sicherheit bleibt die Möglichkeit bestehen, dass inakzeptable Risiken auftreten, wenn unvorhergesehene Szenarien eintreten oder die Sensoren ihre Grenzen erreichen.

In diesem Kapitel stehen Zweck und Ziele von SOTIF (ISO 21448) sowie die dafür notwendigen Aktivitäten im Mittelpunkt. Des Weiteren werden die unterschiedlichen Schwerpunkte von ISO 26262 und ISO 21448 behandelt.

Damit wird deutlich: ISO 21448 ist mehr als eine rein technische Norm. Sie schafft einen Ordnungsrahmen, der die Schnittstelle zwischen Menschen und Maschine absichert, und trägt dazu bei, dass Fahrzeuge auch in einer Welt voller Unvorhersehbarkeiten ein akzeptables Sicherheitsniveau erreichen.

ISO 21448

7.1 Die Rolle von SOTIF im modernen Fahrzeugdesign

Anwendung bei Automatisierungsstufe 1-2

Die ISO 21448 bietet einen klaren Leitfaden zu den erforderlichen Entwurfs-, Verifizierungs- und Validierungsmaßnahmen, die notwendig sind, um die Sicherheit der beabsichtigten Funktionalität zu gewährleisten. Dies ist wichtig für Systeme, bei denen das Situationsbewusstsein von sicherheitskritischer Bedeutung ist. So wird die Norm auf Funktionen angewendet, bei denen das Fahrzeug seine Umwelt mithilfe von Sensoren und Algorithmen erfasst und daraus sicherheitsrelevante Entscheidungen ableitet.

Beispiele für solche Systeme sind Notbremssysteme oder Advanced Driver Assistance Systems (ADAS), die den Stufen 1 und 2 der Norm SAE J3016 [SAE J3016:2021] entsprechen. ADAS-Systeme umfassen unter anderem Spurhalteassistenten, automatische Geschwindigkeitsregelungen und Kollisionswarnsysteme. In diesen Systemen müssen die Sensoren und Algorithmen in der Lage sein, die Umgebung des Fahrzeugs präzise zu erfassen, um rechtzeitig Entscheidungen zu treffen, die Leben retten können.

Anwendung bei höheren Automatisierungsstufen

Die ISO 21448 kann auch für höher automatisierte Fahrzeuge (Automatisierungsstufen 3 bis 5) von großer Bedeutung sein. Je höher der Grad der Automatisierung, desto mehr Verantwortung trägt das System für die sichere Steuerung des Fahrzeugs. Doch mit dieser Verantwortung steigen auch die Herausforderungen. Besonders kritisch wird es, wenn das Fahrzeug selbstständig entscheiden muss, wie es auf unvorhergesehene Ereignisse oder Umweltbedingungen reagiert. Um dieses Ziel zu erreichen, müssen zusätzliche Maßnahmen ergriffen werden.

Die ISO 21448 deckt einen umfassenden Bereich sicherheitsrelevanter Systeme ab, die auf sensorischen Daten und komplexen Algorithmen basieren, um kritische Entscheidungen zu treffen. Im Zentrum der Norm stehen fortschrittliche Fahrerassistenzsysteme (ADAS), die den Fahrer bei der Wahrnehmung und Reaktion auf Umweltbedingungen unterstützen. Dabei berücksichtigt sie sowohl Systeme der unteren Automatisierungsstufen, bei denen der Mensch die letzte Entscheidungsträgerrolle einnimmt, als auch höhere Automatisierungsgrade (SAE-Level 3 bis 5), bei denen das Fahrzeug selbstständig agiert.

Potenziell gefährliches Systemverhalten und vorhersehbarer Missbrauch

Ein zentrales Konzept der ISO 21448 ist die Berücksichtigung von vernünftigerweise vorhersehbarem Missbrauch. Das bedeutet, dass neben der bestimmungsgemäßen Verwendung des Systems auch jene Szenarien in Betracht gezogen werden müssen, in denen ein Fahrer das System auf eine Weise nutzt, die nicht vorgesehen ist – aber dennoch wahrscheinlich. Ein einfaches Beispiel wäre der Fahrer, der sich bei eingeschaltetem Spurhalteassistenten zu stark auf das System verlässt und die Hände dauerhaft vom Lenkrad nimmt, obwohl das System dafür nicht ausgelegt ist.

Dieses Verhalten könnte direkt zu potenziell gefährlichem Systemverhalten führen, insbesondere wenn das System aufgrund eines fehlerhaften Umweltverständnisses eine falsche Entscheidung trifft. Ein solcher Missbrauch muss als ein mögliches Szenario betrachtet werden, das direkt ein SOTIF-bezogenes gefährliches Ereignis auslösen könnte.

7.2 SOTIF-Risiken und gefährliche Ereignisse

Ein zentrales Anliegen der ISO 21448 ist es, potenzielle Risiken und gefährliche Ereignisse zu identifizieren, die durch eine fehlerhafte Wahrnehmung der Umwelt oder durch eingeschränkte Systemleistung entstehen könnten. Diese Risiken resultieren häufig aus den technologischen Grenzen von Sensoren und Algorithmen, die es unmöglich machen, die Umgebung des Fahrzeugs unter allen Umständen fehlerfrei zu interpretieren. SOTIF unterscheidet im Wesentlichen drei Risikokategorien:

- **Begrenzte Sensor- und Systemleistung,** die in bestimmten Umgebungsbedingungen unsichere Entscheidungen begünstigt
- **Unvorhergesehene Szenarien,** die im Designprozess nicht abgedeckt wurden
- **Vernünftigerweise vorhersehbarer Missbrauch,** z.B. die Nutzung eines Systems außerhalb der vorgesehenen Betriebsgrenzen

Solche Risiken können schnell zu gefährlichen Ereignissen führen – deshalb fordert die Norm, diese Risiken bereits in der Entwurfsphase systematisch zu identifizieren und Strategien zur Risikominderung zu entwickeln. SOTIF hilft, die Robustheit von Systemen zu stärken, und trägt dazu bei, dass Systeme nicht nur fehlerfrei, sondern auch unter realen und unvorhersehbaren Bedingungen ein akzeptables Sicherheitsniveau erreichen.

7.2.1 Fehlerhafte Umweltwahrnehmung und ihre Risiken

Eines der Hauptprobleme, das in der SOTIF-Norm adressiert wird, ist die fehlerhafte oder ungenaue Wahrnehmung der Umwelt durch Sensoren wie Kameras, Radare oder Lidarsysteme. Diese Sensoren sind für das Situationsbewusstsein eines Fahrzeugs von entscheidender Bedeutung, da sie die Grundlage für sicherheitsrelevante Entscheidungen wie das Bremsen, Beschleunigen oder Lenken bilden. Wenn diese Sensoren jedoch durch Umwelteinflüsse wie Nebel, Regen, Schnee, Schmutz oder ungewöhnliche Lichtverhältnisse beeinträchtigt werden, kann dies zu falschen Entscheidungen führen, die potenziell gefährliche Situationen verursachen.

7.2.2 Sensorbegrenzungen und algorithmische Schwächen

Nicht nur Umwelteinflüsse, sondern auch technische Begrenzungen der Sensoren selbst oder Schwächen in den Algorithmen, die die sensorischen Daten verarbeiten, können zu potenziellen Gefahren führen. Sensoren haben in der Regel eine begrenzte Reichweite und können durch ungenaues Kalibrieren oder durch Überlastung der Verarbeitungsalgorithmen an ihre Grenzen stoßen. Algorithmen zur Objekterkennung oder Entscheidungsfindung können in unerwarteten Situationen versagen oder falsche Schlussfolgerungen ziehen, insbesondere wenn sie mit Situationen konfrontiert werden, die außerhalb des Trainingsdatensatzes liegen.

7.2.3 Grenzen der Sensorik und das menschliche Verhalten

Eine weitere Herausforderung ist die Interaktion zwischen den technologischen Grenzen und dem menschlichen Verhalten. Fahrerassistenzsysteme und automatisierte Fahrsysteme setzen oft ein hohes Maß an Vertrauen in die Systeme voraus. Wenn jedoch diese Systeme an ihre Grenzen stoßen – sei es durch unscharfe Bilder, schwache Radarsignale oder fehlerhafte Algorithmen –, kann dies zu fatalen Missverständnissen zwischen dem Fahrer und dem System führen.

7.2.4 Unerwartetes Nutzerverhalten

Das Verhalten von Fahrern kann unvorhersehbar sein, was die Sicherheit des Fahrzeugs gefährden könnte, etwa wenn ein Fahrer in einer kritischen Situation unerwartet eingreift oder das System anders bedient, als es die Entwickler vorgesehen haben.

7.2.5 Beispiele für SOTIF-Risiken

7.2.5.1 Verkehrszeichenerkennung

Ein autonomes Fahrzeug nutzt eine Kamera, um Verkehrsschilder zu erkennen. In einer Situation, in der ein Schild durch Schatten, Schmutz oder Reflexionen teilweise verdeckt ist, kann das System das Tempolimit falsch interpretieren. Anstatt 60 km/h zu erkennen, könnte es das Schild als 90 km/h interpretieren, was zu einer riskanten Beschleunigung des Fahrzeugs führt. Obwohl das System technisch einwandfrei funktioniert, entsteht hier ein Risiko durch die falsche Erkennung der Umgebung. Die ISO 21448 verlangt, dass solche Szenarien im Entwicklungsprozess berücksichtigt und mögliche Gegenmaßnahmen wie mehrfache Sensorfusion oder Fehlermeldungen implementiert werden. Die Absicherung gegen Ausfälle oder Fehler einzelner Sensoren und die Erreichung einer höheren Genauigkeit durch Plausibilitätsprüfungen werden dadurch ermöglicht und somit die Sicherheit erhöht.

7.2.5.2 Spurhalte- und Spurwechselassistenten

Schlechte Wetterbedingungen

Ein Spurhalteassistent, der auf Kameras und Sensoren basiert, könnte unter normalen Bedingungen hervorragend funktionieren. Doch auf einer schlecht markierten Straße oder bei starkem Schneefall könnte das System die Straßenmarkierungen nicht klar erkennen und beginnt, fehlerhafte Lenkempfehlungen zu geben. Der Fahrer, der sich zu sehr auf das System verlässt, kann dadurch in eine gefährliche Situation geraten, ohne rechtzeitig einzugreifen. Die ISO 21448 fordert, dass solche Grenzfälle bereits in der Entwicklung berücksichtigt werden, und legt fest, dass Systeme dem Fahrer klar und verständlich ihre Grenzen und Einschränkungen kommunizieren müssen.

Unübersichtliches Verkehrsgeschehen

Ein weiteres SOTIF-Risiko dieser Assistenten zeigt sich, wenn ein autonomes Fahrzeug in ein Gebiet fährt, in dem das Verkehrsgeschehen unübersichtlich ist. Dies könnte etwa in einer Baustelle sein, in der die Fahrbahnmarkierungen nicht klar sind. Der Algorithmus des Fahrzeugs, der die Fahrbahn erkennt, könnte die falsche Spur auswählen oder keine Spur erkennen. Dies könnte dazu führen, dass das Fahrzeug nicht mehr den idealen Pfad verfolgt oder im schlimmsten Fall auf eine gefährliche Route gerät. Die ISO 21448 hilft hier, diese Art von algorithmischen Schwächen zu identifizieren, und verlangt, dass Systeme in der Lage sein müssen, auch in komplizierten oder unvorhergesehenen Situationen sicher zu handeln.

Hindernisse auf Zielspur

In einem Fahrzeug mit einem automatisierten Spurwechselassistenten könnte die ISO 26262 dafür sorgen, dass ein technischer Fehler im Lenksystem erkannt und das Fahrzeug in eine sichere Position gebracht wird. Gleichzeitig würde die ISO 21448 sicherstellen, dass das System keine gefährlichen Entscheidungen trifft, wenn etwa der Assistent eine unerkannte Baustelle auf der Zielspur übersieht. Beide Normen sind in solchen Fällen notwendig, um zu gewährleisten, dass das Fahrzeug nicht nur frei von technischen Fehlern ist, sondern auch unter komplexen Umwelteinflüssen sicher agiert.

Missbrauch des Assistenten zum autonomen Fahren

Ein Fahrer könnte durch einen Spurhalteassistenten dazu verleitet werden, dem System mehr zu vertrauen, als von Entwicklern vorgesehen ist, und während der Fahrt das Lenkrad loszulassen.

7.2.5.3 Notbremsassistent

Ein autonomes Notbremssystem, das auf Kameras und Radarsensoren basiert, muss in der Lage sein, Fußgänger zu erkennen und im Notfall eine Bremsung einzuleiten. In einer normalen Verkehrssituation funktioniert das System möglicherweise einwandfrei. Doch in Situationen wie dichtem Nebel oder starkem Schneefall kann die Leistung der Sensoren eingeschränkt sein, wodurch das System Fußgänger oder andere Hindernisse nicht rechtzeitig oder gar nicht erkennt, obwohl das System technisch fehlerfrei arbeitet. Ein weiteres mögliches Szenario: Das System trifft bei starkem Regen eine falsche Entscheidung, weil die Sensoren überflutet oder durch Wassertröpfchen gestört werden. Die – nur laut Sensorsignal korrekte – Notbremsung könnte ihrerseits ein Risiko darstellen.

Die ISO 21448 adressiert diese Art von Risiko, indem sie fordert, dass solche Szenarien bei der Entwicklung und Validierung des Systems berücksichtigt werden.

Im Vergleich dazu stellt die ISO 26262 die korrekte Funktionalität sicher. Dabei werden Fehlerzustände wie Hardwarefehler, ausbleibende oder inkonsistente Sensorsignale und ähnliche Fehler erkannt. Unter der Annahme, dass alle Sensoren korrekt funktionieren, gewährleistet die Anwendung von ISO 26262, dass die Bremsung erfolgt, wenn die Sensoren dies auslösen.

7.2.5.4 Adaptiver Tempomat

Ein Fahrzeug, das mit einem adaptiven Tempomat ausgestattet ist, muss in der Lage sein, den Abstand zum vorausfahrenden Fahrzeug zu erkennen und anzupassen. In einer Situation, in der plötzlich ein Motorrad zwischen die Fahrzeuge fährt, muss das System schnell und korrekt reagieren, um Kollisionen zu vermeiden. Wenn jedoch das Motorrad aufgrund seiner geringen Seitenfläche nicht korrekt erkannt wird, könnte das System die Geschwindigkeit nicht ausreichend verringern. Diese Art von Fehleinschätzung fällt in den Anwendungsbereich der SOTIF, da sie auf die Grenzen der Sensorik zurückzuführen ist und kein klassischer technischer Fehler vorliegt.

7.2.5.5 Interaktion mehrerer Systeme

Die Interaktion mehrerer Systeme innerhalb des Fahrzeugs birgt zusätzliche Risiken. Ein Kollisionsvermeidungssystem, das visuelle und akustische Warnungen ausgibt, kann beispielsweise fehlerhaft reagieren, wenn es mit einem Spurwechselassistenten kombiniert wird. Interpretiert der Fahrer eine Warnung falsch oder reagiert nicht rechtzeitig, entstehen ggf. Fehlfunktionen, die gefährliche Situationen nach sich ziehen. Auch in solchen Fällen stellt ISO 21448 sicher, dass Risiken aus der Interaktion mehrerer Systeme frühzeitig erkannt und minimiert werden.

7.3 Kooperation von SOTIF mit anderen Normen

Der Standard ISO 21448 steht nicht für sich allein, sondern fügt sich in andere zentrale Normen im Automotive-Bereich ein – allen voran in die ISO 26262. Die beiden Normen ergänzen sich und schaffen so ein ganzheitliches Sicherheitskonzept, das sowohl technische Defekte als auch funktionsbedingte Risiken ohne technische Mängel abdeckt.

Abbildung 7.1 zeigt eine mögliche Interaktion der Entwicklungsaktivitäten zwischen der ISO 26262 und der ISO 21448, um diese Vernetzung zu verdeutlichen.

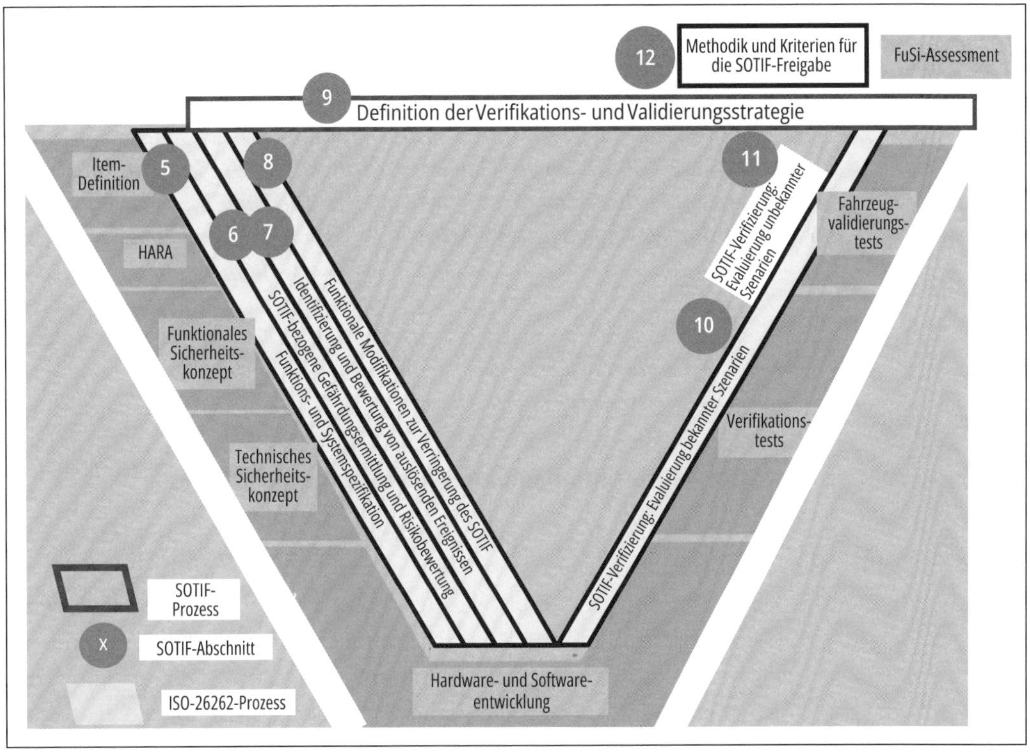

Abb. 7.1 *Interaktionen zwischen ISO 21448 und ISO 26262*

In der Produktentwicklung ist es entscheidend, die Maßnahmen zur Erreichung der SOTIF-Ziele eng mit den Vorgaben der ISO 26262 zur funktionalen Sicherheit zu verbinden. Nur durch diese Verzahnung entsteht ein Fahrzeug, das nicht nur frei von systematischen und zufälligen Fehlern ist, sondern auch in unerwarteten und komplexen Umweltsituationen zuverlässig und sicher reagiert.

7.3.1 Projektstory ADAS NextGen: SOTIF

In der neuen Fahrzeuggeneration der Drivesmart AG, die gemeinsam mit dem Tier-1-Partner Safehicle entsteht, zeigt sich, wie sinnvoll und wichtig es ist, die ISO 26262 und die ISO 21448 Hand in Hand zu implementieren. Die Testleiterin Ulla Wahrlich legt unterschiedlichste Szenarien gemeinsam mit der HMI-Designerin Tina Mensch sowie dem FuSi-Manager Dieter Gewiss fest. Hierbei fährt beispielsweise das hochautomatisierte Fahrzeug in der Testphase durch einen Tunnel. Während dieser Fahrt bricht die GPS-Verbindung ab.

Durch die Beachtung und Umsetzung der Anforderungen aus ISO 26262 und ISO 21448 neben weiteren technischen Standards zeigt sich im Test, dass essenzielle technische Systeme wie das Bremsmodul oder das Lenksystem weiterhin fehlerfrei funktionieren und kein Ausfall auftritt. Das Fahrzeug bleibt in der Lage, notwendige sicherheitsrelevante Funktionen aufrechtzuerhalten. Alles funktioniert weiterhin mechanisch einwandfrei. Die Navigationsentscheidung ohne GPS-Daten erfolgt ebenfalls korrekt, die Ausfahrt wird nicht verfehlt und das Fahrzeug fährt in der richtigen Richtung. Das Fahrzeug wurde in der Entwicklung so designt, dass es basierend auf anderen Umweltdaten, wie Straßenschildern und Kameradaten, eine sichere Alternative gewählt hat. Das Entwicklungsteam sieht anhand der Testergebnisse aus den Testfahrtszenarien, dass das ADAS mit unvorhersehbaren Herausforderungen wie schlechter Sicht oder überlasteten Sensoren souverän umgeht, ohne Sicherheitsrisiken zu verursachen – bei technisch fehlerfreiem Zustand.

7.3.2 Interaktion mit weiteren Standards

Neben der ISO 26262 spielt auch die ISO/SAE 21434 eine wichtige Rolle, da sie die Cybersecurity in automatisierten und vernetzten Fahrzeugen adressiert. In der Entwicklung der neuen Fahrzeuggeneration der Drivesmart AG müssen also nicht nur die physische und algorithmische Sicherheit gewährleistet sein, sondern auch Schutzmaßnahmen getroffen werden, um sowohl physische Gefahren als auch digitale Bedrohungen der Fahrzeugsysteme zu verhindern.

Es existiert eine ganze Reihe von Standards, die ineinandergreifen. Die folgende Tabelle 7.1 gibt einen Überblick darüber, welcher Standard welches gefährliche Ereignis adressiert. Die Gefahrenquelle ist die übergeordnete Kategorie, woher ein Risiko stammt; die typischen Ursachen zeigen die Art von Problemen an und relevante Standards sagen aus, welcher Standard für genau diese Art von Problem herangezogen werden kann.

Gefahren-quelle	Typische Ursachen	Relevante Standards
System	Elektrische/elektronische Systemfehler	ISO 26262
	Funktionelle Insuffizienzen	ISO 21448
	Falsche und unzureichende Gestaltung der Mensch-Maschine-Schnittstelle (HMI) (unangemessenes Situationsbewusstsein des Benutzers, z. B. Verwirrung des Benutzers, Überlastung des Benutzers, Unachtsamkeit des Benutzers)	ISO 21448
	Funktionale Unzulänglichkeiten von auf künstlicher Intelligenz basierenden Algorithmen	ISO 21448
	Systemtechnologien Beispiel: Augenschäden durch den Strahl eines Lidar	Spezifische Standards und ISO 26262
Externe Faktoren	Vernünftigerweise vorhersehbarer Missbrauch durch den Benutzer oder durch andere Verkehrsteilnehmer	ISO 21448 und ISO 26262
	Cyberangriff unter Ausnutzung von Sicherheitsschwachstellen in Fahrzeugen	ISO/SAE 21434
	Auswirkungen von aktiver Infrastruktur und/oder Fahrzeug-Fahrzeug-Kommunikation und externen Systemen	ISO 21448 ISO 20077 ISO 26262 IEC 61508
	Auswirkungen der Fahrzeugumgebung (z. B. andere Nutzer, passive Infrastruktur, Wetter, elektromagnetische Störungen)	ISO 21448 ISO 26262 ISO 7637-2 ISO 7637-3 ISO 11452-2 ISO 11452-2 ISO 10605 und weitere relevante Standards

Tab. 7.1 *Überblick über sicherheitsrelevante Themen, die in verschiedenen Normen bzw. Standards behandelt werden*

Die Übersicht in Tabelle 7.1 zeigt, dass verschiedene Normen unterschiedliche Gefahrenquellen adressieren. Im Folgenden werden die zentralen Begriffe von SOTIF näher erläutert, die ein gemeinsames Verständnis der Risiken und der entsprechenden Sicherheitsmaßnahmen ermöglichen.

7.4 Zentrale Begriffe von SOTIF

Die ISO 21448 führt mehrere Schlüsselbegriffe ein, die notwendig sind, um die Anforderungen der Norm korrekt zu interpretieren und umzusetzen.

7.4.1 Sicherheit der beabsichtigten Funktionalität (SOTIF)

Die Sicherheit der beabsichtigten Funktionalität, kurz SOTIF, bezeichnet die Fähigkeit eines Systems, auch unter bestimmten Umständen sicher zu funktionieren, in denen keine technischen Fehler vorliegen. SOTIF befasst sich mit Risiken, die auftreten können, wenn das System korrekt arbeitet, aber ungewollte oder gefährliche Zustände aufgrund der Grenzen der Sensoren oder der Algorithmen entstehen. Dies ist besonders bei fortschrittlichen Fahrerassistenzsystemen (ADAS) und autonomen Systemen von Bedeutung, da diese stark auf sensorische Daten angewiesen sind, um Entscheidungen zu treffen.

7.4.2 Vernünftigerweise vorhersehbarer Missbrauch

Der Begriff vernünftigerweise vorhersehbarer Missbrauch beschreibt die Nutzung eines Systems in einer Weise, die nicht beabsichtigt ist, aber aufgrund des menschlichen Verhaltens vorhersehbar ist. Die Norm berücksichtigt, dass Fahrer oder Benutzer Systeme nicht immer so nutzen, wie es ursprünglich vorgesehen war. Daher müssen Entwickler auch solche Missbrauchsszenarien in ihre Sicherheitsanalysen einbeziehen.

7.4.3 Gefährliches Verhalten ohne technisches Versagen

SOTIF fordert, dass bereits im Designprozess Situationen, in denen ein System zwar korrekt arbeitet, aber aufgrund von Umweltbedingungen oder Fehleinschätzungen der Sensorik oder Grenzen der Algorithmen potenziell gefährliche Entscheidungen trifft, risikomindernd berücksichtigt werden müssen.

7.4.4 Situationsbewusstsein und seine Grenzen

Dieser Begriff beschreibt die Fähigkeit eines Systems, seine Umgebung wahrzunehmen und angemessene Entscheidungen zu treffen. Bei Fahrerassistenzsystemen oder autonomen Fahrzeugen ist ein solches Situationsbewusstsein unerlässlich.

7.4.5 Beabsichtigte Funktionalität

Ein weiterer relevanter Begriff ist die beabsichtigte Funktionalität eines Systems. Dies beschreibt die spezifischen Aufgaben und Leistungen, die ein System ausführen soll.

7.5 Der SOTIF-Entwicklungsprozess

Die ISO 21448 beschreibt einen umfassenden und detaillierten Entwicklungsprozess, der sicherstellt, dass alle sicherheitsrelevanten Aspekte eines Systems während der verschiedenen Entwicklungsphasen gründlich adressiert werden. Der Entwicklungsprozess, wie er in der ISO 21448 beschrieben ist, bietet Systementwicklern einen strukturierten Rahmen zur Gewährleistung der Sicherheit und Zuverlässigkeit ihrer Systeme. Durch die sorgfältige Analyse, Verifikation und das Implementieren geeigneter Mitigationsmaßnahmen können potenzielle Risiken frühzeitig erkannt und minimiert werden.

Dieser Prozess gliedert sich in Abschnitte, die im Folgenden beschrieben werden.

7.5.1 Anforderungsanalyse und Systementwurf

In der initialen Phase müssen die Systemanforderungen klar definiert werden, insbesondere mit Blick auf die Betriebs- und Umgebungsbedingungen, unter denen das System funktionieren soll. Zu den grundlegenden Aufgaben zählt die Identifikation potenziell unsicherer Szenarien. Dabei sollten unterschiedliche Umgebungen und Fahrbedingungen berücksichtigt werden, um sicherzustellen, dass das ADAS unter allen Umständen zuverlässig arbeitet. Ebenso umfasst die Phase die Analyse von Fahrerverhalten und Umweltfaktoren, die das System beeinflussen könnten. Darauf aufbauend folgt der Systementwurf, in dem Maßnahmen abgeleitet werden, um die zuvor identifizierten Risiken konstruktiv zu berücksichtigen – beispielsweise durch Redundanzen, Sensorfusion oder eine geeignete Gestaltung der Mensch-Maschine-Schnittstelle. In der anschließenden Test- und Validierungsphase werden die entworfenen Maßnahmen überprüft.

7.5.2 Mitigationsmaßnahmen

Werden während der Tests unsichere Szenarien identifiziert, müssen geeignete Mitigationsmaßnahmen ergriffen werden, um diese Risiken zu minimieren. Dazu zählen gezielte Anpassungen oder Erweiterungen des Systems, die potenzielle Gefahrenquellen beseitigen oder deren Auswirkungen verringern.

Beim Notbremssystem kann beispielsweise eine Simulation zeigen, dass es bei starkem Regen Schwierigkeiten hat, Hindernisse zuverlässig zu erkennen. In diesem Fall könnte es erforderlich sein, zusätzliche Sensoren zu integrieren, um die Umgebungswahrnehmung zu verbessern, oder Software-Updates durchzuführen, die die Erkennungsleistung unter widrigen Bedingungen optimieren. Solche Anpassungen können dazu beitragen, dass das System auch bei herausfordernden Wetterbedingungen zuverlässig funktioniert.

7.6 Management von unvorhergesehenen Ereignissen

Durch die sorgfältige Analyse und Planung für extrem seltene, aber kritische Situationen wird sichergestellt, dass das Fahrzeug nicht nur technologisch fortschrittlich ist, sondern auch potenziellen Gefahren angemessen begegnen kann. Daher ist es unerlässlich, Strategien zu entwickeln, die sicherstellen, dass das System angemessen auf solche Herausforderungen reagiert.

Ein zentrales Element ist dabei die Identifikation und Handhabung sogenannter »Triggering Conditions«, also Bedingungen, die potenziell zu unsicheren Szenarien führen können. Diese müssen bereits in frühen Entwicklungsphasen erkannt, bewertet und in die Testszenarien einbezogen werden. Darüber hinaus fordert SOTIF, auch mit »Unknown Unsafe Scenarios« umzugehen – also Ereignissen, die während der Entwicklung nicht vorhersehbar waren, aber im realen Betrieb auftreten können. Dafür sind Prozesse wie kontinuierliches Monitoring im Feld, Feedbackschleifen und regelmäßige Software-Updates notwendig, um die Sicherheit auch nach der Markteinführung zu gewährleisten.

7.6.1 Gefährdungs- und Risikoanalyse

Die Gefährdungs- und Risikoanalyse hilft dabei, potenzielle Risiken frühzeitig zu erkennen und zu bewerten, bevor sie zu realen Bedrohungen werden.

Eine systematische Gefährdungsanalyse ermöglicht es den Ingenieuren, gezielt verschiedene Szenarien zu untersuchen, in denen das System versagen könnte. Dies umfasst unter anderem:

- **Identifikation von Risiken:** Durch die Analyse der Systemarchitektur und der Funktionalitäten können Ingenieure potenzielle Schwachstellen identifizieren, die zu gefährlichen Situationen führen könnten.

- **Bewertung von Gefährdungen:** Sobald Risiken identifiziert sind, erfolgt eine Bewertung ihrer Wahrscheinlichkeit und Schwere. Dies hilft, Prioritäten zu setzen und geeignete Maßnahmen zu ergreifen.
- **Präventive Maßnahmen:** Auf Basis der Analyse können präventive Maßnahmen festgelegt werden, um die identifizierten Risiken zu minimieren. Dazu gehören Änderungen im Systemdesign, zusätzliche Tests oder die Implementierung von Sicherheitsmechanismen.

Beispielszenario

Ein relevantes Szenario für die ADAS-Entwicklung ist die Fahrt eines Fahrzeugs während starker Erschütterungen. Obwohl solche Szenarien statistisch gesehen selten sind, müssen geeignete Sicherheitsmechanismen implementiert werden, um sicherzustellen, dass das Fahrzeug in einer solchen kritischen Situation nicht in einen gefährlichen Zustand übergeht.

Folgende Überlegungen sind relevant:

- **Sensorkalibrierung:** Das System sollte in der Lage sein, plötzliche Bewegungen oder Erschütterungen zu erkennen, die auf ein Erdbeben hindeuten, und die Funktionalität entsprechend anzupassen.
- **Notfallprotokolle:** Das Fahrzeug könnte programmiert werden, um im Falle eines Erdbebens sicher anzuhalten, indem es das Tempo bis auf eine geeignete Geschwindigkeit reduziert und die Umgebung überwacht, um mögliche Gefahren zu identifizieren.
- **Benutzerwarnung:** Zusätzlich könnte das System den Fahrer über die Gefahr informieren und Empfehlungen geben, wie er sich in einer solchen Situation verhalten sollte.

7.6.2 Bewertung der Szenarien und Annahmen

Sämtliche Szenarien aus der Gefährdungs- und Risikoanalyse und sonstige Annahmen, die während des Entwicklungsprozesses getroffen werden, müssen sorgfältig bewertet werden. Diese proaktive Herangehensweise trägt dazu bei, potenzielle Sicherheitsrisiken frühzeitig zu identifizieren und zu mindern, wodurch das Vertrauen in autonome Fahrzeuge gestärkt wird. Die folgenden Schritte dienen als Leitfaden in diesem Prozess:

- **Umfassende Risikobewertung:** Alle denkbaren Situationen, in denen das System operieren könnte, werden bewertet, um potenzielle Risiken und Unsicherheiten zu identifizieren.
- **Anpassung an reale Bedingungen:** Die Analyse hilft dabei, das System so zu gestalten, dass es nicht nur unter idealen Bedingungen, sondern auch in realen, oft unvorhersehbaren Umgebungen sicher funktioniert.

- **Optimierung der Reaktionsstrategien:** Durch die Identifizierung kritischer Szenarien können gezielte Strategien entwickelt werden, um sicherzustellen, dass das Fahrzeug angemessen auf unerwartete Ereignisse reagieren kann.

Beispielszenario

Das Smart Car fährt auf einer ländlichen Straße und trifft unerwartet auf einen langsam fahrenden Traktor, der aufgrund der starken Staubaufwirbelung nur schwer erkennbar ist. In der Szenarioanalyse würde das Entwicklungsteam dieses potenzielle Risiko analysieren und dabei folgende Aspekte betrachten:

- **Erkennung:** Wie schnell kann das Fahrzeug den Traktor identifizieren? Welche Sensoren sind dafür zuständig und wie kann ihre Leistung in solchen Situationen verbessert werden?
- **Reaktionsstrategien:** Welche Manöver muss das Fahrzeug ausführen, um sicher zu reagieren? Sollte es die Geschwindigkeit reduzieren, eine Ausweichbewegung durchführen oder den Fahrer warnen?
- **Verhaltensannahmen:** Welche Annahmen können über das Verhalten des Traktorfahrers getroffen werden? Ist dieser in der Lage, auf das Fahrzeug zu reagieren, oder erkennt er es durch die Staubentwicklung nicht bzw. zu spät?

7.6.3 Die Rolle menschlichen Verhaltens

Menschliche Entscheidungen und Interaktionen mit Fahrerassistenzsystemen können maßgeblich zur Entstehung von Risiken beitragen. Nutzer handeln nicht immer rational und treffen mitunter unvorhersehbare Entscheidungen. Daher müssen vernünftigerweise vorhersehbare Fehlbedienungen und Missbräuche durch den Fahrer berücksichtigt werden. Systeme, die solche Verhaltensweisen antizipieren und angemessen darauf reagieren, erhöhen nicht nur die Sicherheit, sondern auch das Vertrauen in die Technologie. Solchem nicht vorgesehenen Nutzerverhalten kann durch verschiedene Ansätze begegnet werden.

- **Information:** Benutzer bekommen klare Informationen zu den Fähigkeiten und Grenzen des Systems. Schulungsprogramme und leicht verständliche Bedienungsanleitungen unterstützen und helfen, Missverständnisse zu vermeiden.
- **Rückmeldesysteme:** Das ADAS gibt klare Rückmeldungen, die dem Fahrer in Echtzeit Informationen über den aktuellen Betriebszustand des Systems geben. Eindeutige visuelle oder akustische Signale stellen sicher, dass der Fahrer stets informiert ist.
- **Warnmechanismen:** Stellt das System fest, dass der Fahrer zu unsicherem Verhalten neigt oder sich unangemessen auf die Autonomie

des Fahrzeugs verlässt, werden Warnungen ausgelöst. Diese könnten sowohl akustische Signale als auch haptische Feedbacks umfassen, um die Aufmerksamkeit des Fahrers zurückzugewinnen.

Beispiel Spurhalteassistent

Ein Fahrer verlässt sich vollständig auf den Spurhalteassistenten und lässt das Lenkrad los. Die Umsetzung der eben beschriebenen Strategie sieht dann folgendermaßen aus:

- **Handbuch:** Es enthält einen unmissverständlichen Hinweis, dass das System nur zur Unterstützung des Fahrers, nicht jedoch zum autonomen Betrieb vorgesehen ist.
- **Sicherheitsprotokolle:** Erkennt das System wiederholt, dass der Fahrer nicht angemessen reagiert, kann es in einen sichereren Modus wechseln, indem es die Geschwindigkeit reduziert und das Fahrzeug in eine sichere Position bringt. Dies wird unmissverständlich im Display des Fahrzeugs angezeigt.
- **Automatisierte Erinnerungen:** Nach längerer Inaktivität des Fahrers am Lenkrad aktiviert das System Warnungen und Erinnerungen, damit der Fahrer die Kontrolle wieder übernimmt.

7.6.4 Sicherheitsmarge und Unsicherheit

Sicherheitsmargen, also Reserven für ungeplante Situationen, sind eine kritische Größe bei der Entwicklung eines Systems. Selbst bei sorgfältiger Entwicklung und durchgeführten umfangreichen Tests bleiben unvermeidliche Unsicherheiten, insbesondere bei der Umweltwahrnehmung und deren Interpretation. Die ISO 21448 fordert, eine angemessene Sicherheitsmarge einzuplanen, um die potenziellen Auswirkungen dieser Unsicherheiten zu minimieren.

Sicherheitsmargen ermöglichen es dem System, unerwartete Situationen oder fehlerhafte Sensordaten abzufangen und auch unter schwierigen Bedingungen zuverlässig zu arbeiten. Diese Margen können in verschiedenen Formen implementiert werden:

- **Geschwindigkeitsreduktion:** Das System kann in unsicheren Situationen die Geschwindigkeit verringern, und dadurch den Reaktionszeitraum verlängern – das Unfallrisiko wird ggf. gesenkt.
- **Erhöhung des Abstands:** Bei unklaren Straßenverhältnissen kann das Fahrzeug dazu veranlasst werden, einen größeren Sicherheitsabstand zu anderen Fahrzeugen oder Hindernissen einzuhalten.
- **Defensives Fahren:** In unsicheren Umgebungen fährt das Fahrzeug defensiv, begegnet also potenziellen Gefahren mit erhöhter Vorsicht.
- **Aktivierung eines Warnsystems:** Überschreitet die Unsicherheit die Norm, wird der Fahrer durch das Fahrzeug gewarnt und aufge-

fordert, die Kontrolle zu übernehmen, um potenziell riskante Manöver zu vermeiden.

- **Aktivierung von redundanten Sensoren:** In kritischen Phasen könnten zusätzliche Sensoren aktiviert werden, um die Zuverlässigkeit der Daten zu erhöhen und die Unsicherheiten weiter zu reduzieren.

Die Techniken zur Schaffung von Sicherheitsmargen nach SOTIF ähneln stark denen der ISO 26262 zur Erhöhung des ASIL; der prägnante Unterschied liegt in der Analyse, nicht in der technischen Umsetzung.

Beispiel Spurhalteassistent

Beim Spurhalteassistenten können, wie bereits geschildert, Schneefall oder verschmutzte Fahrbahnmarkierungen die optische Erfassung beeinträchtigen. Trotz guter Kalibrierung und Vorbereitung des ADAS auf verschiedene Wetterbedingungen bleiben Unsicherheiten bei der korrekten Erkennung der Fahrspurmarkierungen bestehen. In solchen Szenarien ist es entscheidend, dass das Fahrzeug nicht nur die Sensoren und Algorithmen zur Wahrnehmung nutzt, sondern auch auf mögliche Fehlerquellen eingeht. Eine unfallmindernde Maßnahme hierbei ist typischerweise die Reduktion der Geschwindigkeit, also auf eine defensive Fahrweise zu setzen.

7.7 Verifikation und Validierung

Die ISO 21448 beschreibt detailliert, wie geeignete Testmethoden entwickelt werden können, die sowohl alltägliche als auch seltene, aber potenziell gefährliche Szenarien abdecken. Diese Methodik unterstützt, dass alle Aspekte der Funktionalität des Systems gründlich getestet werden, bevor es auf den Markt kommt.

SOTIF adressiert die Entwicklung auf Konzeptebene und fordert entsprechende umfassende, ganzheitlich abdeckende Tests der Funktionalität. Hier geht SOTIF über klassische Hardware- und Softwarefehler hinaus. Die Tests müssen Szenarien prüfen, die sich aus Wahrnehmungsunsicherheiten und unvorhergesehenem Verhalten ergeben – Aspekte, die in der funktionalen Sicherheit nach ISO 26262 nicht im Vordergrund stehen. Typisch ist der Einsatz von Testfahrten sowie computergestützten Simulationen, um solche Szenarien abzudecken.

Bei Testfahrten werden Fahrzeuge unter kontrollierten Bedingungen auf Teststrecken oder in urbanen Umgebungen eingesetzt. Die Reaktion des Systems auf verschiedene Fahrsituationen wird aufgezeichnet und ausgewertet.

Simulationen modellieren Fahrzeugbewegungen und Umgebungen, um eine Vielzahl von Szenarien zu prüfen. Damit lassen sich auch seltene und zugleich kritische Situationen gezielt abbilden, etwa plötzliche Bremsmanöver anderer Verkehrsteilnehmer oder die Erkennung von Fußgängern bei schlechter Sicht.

Während Testfahrten wertvolle Einblicke in das tatsächliche Verhalten des Fahrzeugs unter realen Bedingungen liefern, ermöglichen Simulationen das Testen von Szenarien, die in der Praxis nur schwer reproduzierbar sind – darunter extreme Wetterlagen, ungewöhnliche Verkehrssituationen oder atypisches Verhalten anderer Verkehrsteilnehmer.

Neben der technischen Abdeckung spielt auch die Wirtschaftlichkeit eine Rolle: Während Testfahrten hohe Kosten und erheblichen Aufwand verursachen, ermöglichen Simulationen eine kosteneffiziente Durchführung einer großen Zahl von Szenarien, die im realen Betrieb kaum praktikabel wären.

7.8 Dokumentation und Rückverfolgbarkeit

Die ISO 21448 betont die immense Bedeutung einer umfassenden Dokumentation aller während der Entwicklung getroffenen Entscheidungen. Sie ist keinesfalls nur reines Formalerfordernis, sondern ein wesentlicher Bestandteil, um die Integrität und Sicherheit des Systems abzusichern – denn alle Sicherheitsmaßnahmen müssen nachvollziehbar und überprüfbar sind.

Eine gründliche Dokumentation ermöglicht es den Entwicklungs- und Testteams sowie Entscheidungsträgern, die rationale Grundlage jeder Entscheidung zu verstehen und nachzuvollziehen. Wesentliche Aspekte der Dokumentation und Rückverfolgbarkeit umfassen:

- **Eindeutige Nachvollziehbarkeit:** Jede Entscheidung, die im Verlauf des Entwicklungsprozesses getroffen wird, muss klar dokumentiert werden, einschließlich der Gründe für die Wahl bestimmter Technologien, Methoden oder Designs.
- **Änderungsmanagement:** Eine gute Dokumentation hilft dabei, alle Änderungen zu verfolgen und zu bewerten, wie sie sich auf das Gesamtprojekt auswirken.
- **Audits und Überprüfungen:** Eine lückenlose Dokumentation bildet die Basis für interne wie externe Audits und Assessments, weil Prüfer Argumente, Maßnahmen und Entscheidungen nachvollziehen können.

7.8.1 Projektstory ADAS NextGen: Sensortechnologie

»Heute müssen wir über die Auswahl von Sensortechnologien und deren Kombination mit weiteren Technologien für eine sichere Abstandserkennung im Parkassistenzsystem sprechen und entscheiden«, eröffnet Lara Vero – die technische Projektleiterin der Drivesmart AG – das Online-Meeting mit dem Entwicklungs- und Testteam. »Es kommt darauf an, eine qualitativ hochwertige, zuverlässige und sichere Abstandserkennung im Parkassistenzsystem zu gewährleisten. Wichtig ist, dass wir jede Entscheidung vollständig dokumentieren – mit Vorteilen, Risiken und Begründungen. Unser heutiges Online-Meeting wird dafür komplett aufgezeichnet und wir übernehmen dann daraus die wichtigsten Inhalte als Dokumentation in unsere Toolchain.«

Das Team hat vorab bereits eine Evaluierung durchgeführt und gibt zu bedenken: »Sofern Ultraschallsensoren als Technologie gesetzt sind, gibt es zwei Varianten: die Standard-Ultraschallsensoren, die zuverlässig und kostengünstig sind, oder die erweiterte Kombination mit Surround-View-Kameraunterstützung. Diese bietet mehr Präzision, ist aber bei schwierigen Lichtverhältnissen potenziell anfällig.« Ein weiterer Vorschlag: »Zur Erhöhung der Sicherheit könnten wir Radarsensoren ergänzen. Radar ist robust gegenüber Witterung und Licht und erkennt auch bewegte Objekte zuverlässig. Allerdings ist die Auflösung im Nahbereich geringer und die Kosten liegen höher.« Eine andere Stimme ergänzt: »Lidar wäre auch eine Option – insbesondere für hochpräzise Abstandserkennung. Lidar bietet eine sehr feine Auflösung, ist aber teuer und empfindlich gegenüber Schmutz.« Die Argumente, Risiken, Kosten sowie die Vor- und Nachteile der Technologien werden ausführlich diskutiert und dokumentiert. Schließlich fällt die Entscheidung auf eine Kombination aus den vorgeschlagenen Möglichkeiten.

Monate später, während einer Erprobungsfahrt, meldet Ulla Wahrlich, Testleiterin bei Drivesmart: »Bei tiefstehender Sonne liefert die Kamera ungenaue Daten. Die Ultraschallsensoren arbeiten, aber die Fusion ist instabil. Die Ultraschallsensoren haben zudem Schwierigkeiten, schmale Poller korrekt zu erfassen. Leider konnte das Radar im extrem nahen Abstand nicht zuverlässig unterscheiden, ob es sich um ein Hindernis oder eine Bodenreflexion handelt. Beim Test hat es stark geregnet.« Lara Vero prüft die Dokumentation und teilt mit: »Diese Einschränkung hatten wir bewertet und einige Vorschläge zur Risikominderung festgehalten. Wir müssen diese Optionen durchgehen und auf Basis des aktuellen Stands unseres Systems neu bewerten, ob diese Maßnahmen noch ausreichend bzw. passend sind.«

7.9 Kontinuierliche Verbesserung

Vernetzte und komplexe Systeme in Smart Cars müssen immer wieder optimiert und angepasst werden. Dies betrifft sowohl sicherheitsrelevante Updates, etwa zur Schließung entdeckter Schwachstellen in Kommunikationsprotokollen, als auch die kontinuierliche Verbesserung von Algorithmen. Grundlage dafür sind Daten aus dem realen Betrieb: Sie helfen, aufgetretene Problemfälle systematisch zu analysieren und zukünftige Risiken abzufangen. Beispielsweise ermöglichen Over-the-Air-Updates, diese Verbesserungen direkt in die Fahrzeuge einzuspielen. Damit entsteht ein Regelkreis aus Betrieb, Analyse und Weiterentwicklung, durch den die Systeme über ihre Lebensdauer hinweg sicher und zuverlässig bleiben.

7.9.1 Monitoring und On-Board-Diagnose

Die ISO 21448 fordert die Überwachung der Systemleistung während des Betriebs, sodass das Fahrzeug kontinuierlich die Funktionsfähigkeit seiner Sensoren und Algorithmen prüft. Durch ein Monitoring-System werden potenzielle Probleme frühzeitig erkannt und Maßnahmen eingeleitet – von einer Fahrerwarnung bis hin zum Übergang in einen sicheren Zustand –, um die Sicherheit aller Insassen bzw. Verkehrsteilnehmer zu gewährleisten.

Monitoring und On-Board-Diagnose fungieren als Frühwarnsysteme, die kontinuierlich Daten analysieren und potenzielle Fehlfunktionen erkennen, bevor sie zu ernsthaften Problemen führen.

Das System muss in der Lage sein, Sensoren und Algorithmen in Echtzeit zu überwachen, um sofort auf Unregelmäßigkeiten reagieren zu können. Dabei sind zwei Aspekte für die Umsetzung zu beachten:

- Zunächst muss ein Fehler oder die gestiegene Wahrscheinlichkeit eines Fehlers detektiert werden. Anschließend ist zu diagnostizieren, ob es sich um einen kritischen oder einen weniger schwerwiegenden Fehler handelt. Entsprechend kann eine Reaktion wie die Warnung des Fahrers, die Aufforderung zur Übernahme der Steuerung oder der Wechsel in einen sicheren Betriebsmodus erfolgen.
- Gleichzeitig müssen alle Daten der Diagnose protokolliert werden. Mit diesen Daten bekommt der Hersteller die Möglichkeit, eine spätere Analyse und Bewertung durchzuführen. Diese Protokolle sind für die kontinuierliche Verbesserung des Systems und für die Einhaltung regulatorischer Anforderungen relevant. Dieser Abschnitt hier ist eng verbunden mit der Rückkopplung aus Betriebsdaten – wie im übernächsten Abschnitt beschrieben.

7.9.2 Bedeutung von Datensätzen und Machine Learning

Üblich ist inzwischen auch der Einsatz von Machine-Learning-Algorithmen in Fahrzeugen. Diese Algorithmen benötigen große und vielfältige Datensätze, um die Systeme effektiv zu validieren und zu verifizieren.

Oft basieren diese Systeme auf Trainingsdaten, die nicht alle möglichen Umweltsituationen vollständig abdecken können, was zu Unsicherheiten in der Systemleistung führt. ISO 21448 fordert, dass diese Unsicherheiten durch geeignete Validierungsverfahren minimiert werden. Dies geschieht durch sorgfältige Evaluierung möglicher Szenarien, um die Sicherheit und Zuverlässigkeit des Systems zu gewährleisten. Die Qualität und Vielfalt der verwendeten Datensätze sind entscheidend für die Leistung von Machine-Learning-Systemen. In der Entwicklung von ADAS muss darauf geachtet werden, dass die Datensätze folgende Aspekte umfassen:

- **Vielfältige Umgebungen:** Die Datensätze umfassen Szenarien aus unterschiedlichen Umgebungen wie städtischen Gebieten, ländlichen Straßen, Tunnelstrecken, Brückenfahrten und Autobahnen. Zudem sind verschiedene Wetterbedingungen, Lichtverhältnisse und Tageszeiten zu berücksichtigen.
- **Seltene Ereignisse:** Auch seltene, aber kritische Ereignisse müssen in den Datensätzen enthalten sein, um das System auf unvorhergesehene Situationen vorzubereiten. Dazu zählen unerwartete Hindernisse, plötzliche Fahrmanöver anderer Verkehrsteilnehmer oder außergewöhnliche Straßenverhältnisse.
- **Feedback von realen Nutzern:** Daten, die aus realen Fahrbedingungen und Nutzerinteraktionen stammen, sind unerlässlich. Diese Informationen helfen, das System kontinuierlich zu verbessern und an reale Bedingungen anzupassen.

7.9.3 Rückkopplung aus realen Daten

Neben der umfassenden Testphase und Verifikation während der Entwicklung eines ADAS betont die ISO 21448 die Notwendigkeit der kontinuierlichen Überwachung des Systems auch nach der Markteinführung. Dabei geht es nicht nur um die Beobachtung des Systems im Betrieb, sondern vor allem um die Sammlung von realen Betriebsdaten, die wertvolle Informationen liefern können, um potenzielle neue Risiken frühzeitig zu erkennen und angemessene Maßnahmen zu ergreifen. Dieser kontinuierliche Prozess ist ein Schlüsselfaktor für die langfristige Sicherheit und Zuverlässigkeit des Systems. Durch kontinuierliche Überwachung und regelmäßige Updates entsteht so ein System, das langfristig sicher und auf dem aktuellen Stand der Technik bleibt.

Bedeutung der Rückkopplung aus realen Daten

Die Daten aus dem realen Betrieb eines Fahrzeugs, das mit ADAS ausgestattet ist, liefern Informationen, die in der kontrollierten Umgebung der Entwicklungs- und Testphase oft nicht abgedeckt werden können. Diese Daten zeigen unerwartete Szenarien auf, die vorher nicht berücksichtigt wurden, und ermöglichen eine Anpassung der Systeme an neue Umstände oder geänderte Umwelteinflüsse. Der Rückkopplungsprozess ist daher nicht nur eine Überprüfung der Systemleistung, sondern auch eine Chance, das System kontinuierlich weiterzuentwickeln und an neue Herausforderungen anzupassen.

Beispiel für reale Datenanalyse

Ein anschauliches Beispiel wäre der Betrieb eines neuen ADAS in urbanen Umgebungen. In stark frequentierten Stadtgebieten mit vielen Radfahrern, Fußgängern und anderen Verkehrsteilnehmern könnte das System an seine Erkennungsgrenzen stoßen. Selbst wenn es in Testsituationen gut funktioniert hat, könnten reale Daten zeigen, dass das System Schwierigkeiten hat, alle potenziellen Gefahren rechtzeitig zu erkennen, insbesondere in dynamischen Situationen wie an Kreuzungen oder bei hohem Verkehrsaufkommen. Durch die Analyse dieser Betriebsdaten kann der Hersteller mögliche Schwächen im System aufdecken und diese durch Software-Updates oder Optimierungen beheben, um die Sicherheit zu erhöhen.

Kontinuierliche Überwachung als Teil des Sicherheitsprozesses

Die kontinuierliche Überwachung des Systems ist nicht nur auf die Erfassung von Fehlern beschränkt, sondern auch auf die Erkennung von sich ändernden Bedingungen oder Verhaltensmustern im Verkehr. Die Sammlung von Daten über die Art und Weise, wie das System in verschiedenen Umgebungen und unter verschiedenen Bedingungen funktioniert, ist entscheidend, um neue Risiken frühzeitig zu erkennen. Dies ist besonders wichtig in einem Bereich wie dem autonomen Fahren, in dem selbst kleinste Abweichungen zu Sicherheitsproblemen führen können.

Proaktive Maßnahmen zur Risikominimierung

Die kontinuierliche Überwachung ermöglicht es den Herstellern, proaktive Maßnahmen zur Risikominderung zu ergreifen, bevor potenzielle Probleme zu echten Gefahren werden. Das System kann durch die Überwachung seiner Sensorleistung, seiner Algorithmen und der Umweltbedingungen, in denen es arbeitet, auf neue oder veränderte Bedingungen reagieren. Ein gut etablierter Überwachungsprozess beinhaltet regelmäßige Datenanalysen und eine schnelle Implementierung von Software-Updates oder Anpassungen, um die Sicherheit auch im laufenden Betrieb zu gewährleisten.

SOTIF hat uns gezeigt, wie Technik unter realen Bedingungen abgesichert wird. Jetzt richten wir im nächsten Kapitel 8, »Unterstützende Prozesse und Querschnittsthemen der ISO 26262«, unseren Blick auf unterstützende Prozesse der ISO 26262 und auf das Zusammenspiel von unterschiedlichen Standards im Kontext sicherheitsgerichteter Entwicklung im autonomen Fahren.

8 Unterstützende Prozesse und Querschnittsthemen der ISO 26262

Ohne Daten und Prozesse sind wir nur eine weitere Person mit einer Meinung.
(Walter A. Shewhart, Begründer der modernen Qualitätskontrolle)

Die Entwicklung sicherheitsrelevanter Systeme im Automobilbereich erfordert nicht nur innovative technische Lösungen, sondern vor allem auch klar strukturierte und normenkonforme Prozesse. Gerade in ADAS-Projekten spielen unterstützende Prozesse der ISO 26262 eine zentrale Rolle, um die funktionale Sicherheit über den gesamten Produktlebenszyklus hinweg sicherzustellen.

Zu diesen Prozessen zählen unter anderem das Management von Schnittstellen in verteilten Entwicklungsumgebungen oder auch die Definition von Development Interface Agreements (DIA), die eine eindeutige Rollen- und Aufgabenverteilung sicherstellen. Ebenso wichtig sind die Spezifikation und Verwaltung von Sicherheitsanforderungen, ein stringentes Konfigurations- und Änderungsmanagement sowie umfassende Verifikations- und Dokumentationsprozesse – eben alles, was Nachvollziehbarkeit und Konsistenz gewährleistet.

Ergänzend ist die Bewertung der Betriebsbewährtheit, die Durchführung sicherheitsorientierter Analysen – wie ASIL-orientierte Bewertungen –, die Untersuchung von abhängigen Fehlern oder die Betrachtung des sicheren Zeitverhaltens entscheidend, um potenzielle Risiken frühzeitig zu erkennen und abzusichern.

Neben den in ISO 26262-8:2018 geforderten Arbeitsprodukten sind auch die in ISO 26262-9:2018 beschriebenen Methoden für Sicherheitsanalysen sowie der Umgang mit »Safety Elements out of Context« (SEooC) zwingend zu beachten und anzuwenden.

Abgerundet wird dieser ganzheitliche Ansatz durch das Zusammenspiel mit angrenzenden Standards wie Automotive SPICE® oder ISO/SAE 21434 – was zeigt, wie eng funktionale Sicherheit, Cybersecurity und Prozessqualität miteinander verzahnt sind.

Dieses Kapitel widmet sich daher all diesen Aspekten im Detail und zeigt auf, wie sie im Rahmen einer ganzheitlichen, sicherheitsorientierten Entwicklungsstrategie miteinander verbunden sind.

8.1 Schnittstellen innerhalb verteilter Entwicklungen

In verteilten Entwicklungsprojekten, an denen mehrere Firmen beteiligt sind, müssen die Anforderungen an die funktionale Sicherheit gemäß ISO 26262:2018 eindeutig abgestimmt, definiert und dokumentiert sein. Genau dazu dient ein Development Interface Agreement (DIA). Es legt fest, welche sicherheitsrelevanten Tätigkeiten, Zuständigkeiten und Schnittstellen bestehen und wie diese zwischen den Partnern organisiert sind. Das DIA schafft damit Transparenz und klare Zuständigkeiten – eine verlässliche Grundlage für die Zusammenarbeit in komplexen Entwicklungsumgebungen.

> Ein Development Interface Agreement (DIA) legt in verteilten Entwicklungsprojekten Rollen, Verantwortlichkeiten und sicherheitsrelevante Schnittstellen verbindlich fest (vgl. [**ISO 26262-8:2018, Abschnitt 5.4.6**]).

Im DIA werden unter anderem die funktionalen Sicherheitsmanager (FuSi-Manager) beider Unternehmen benannt, da sie für die Koordination der sicherheitsrelevanten Aktivitäten verantwortlich sind. Das DIA beschreibt außerdem den gesamten Sicherheitslebenszyklus, einschließlich der Aufteilung der einzelnen Phasen und zugehörigen Aktivitäten. Dazu gehört die Festlegung, welche Organisation welche Aufgaben übernimmt – insbesondere im Bereich Verifikation und Validierung. Für jede sicherheitsrelevante Aktivität sind Rollen oder konkrete Personen festzulegen, um klare Verantwortlichkeiten zu gewährleisten.

Darüber hinaus definiert das DIA den genauen Leistungsumfang: Welche Arbeitsprodukte und Dokumentationen von den beteiligten Unternehmen zu liefern sind und wie sicherheitsrelevante Informationen und Ergebnisse im Projekt ausgetauscht werden. Nur durch die eindeutige Regelung diese Punkte lässt sich die Einhaltung der übergeordneten Sicherheitsziele kontinuierlich nachweisen.

8.1.1 Projektstory ADAS NextGen: Development Interface Agreement

Das Projekt ADAS NextGen wird von vier Firmen gemeinsam umgesetzt: Drivesmart AG, Safehicle GmbH, Custom Chip Limited und Kasaba Hobli Limited. Angesichts der Komplexität und der Vielzahl beteiligter Rollen ist ein Development Interface Agreement (DIA) unerlässlich. Es dient nicht nur als Dokumentation der Schnittstellen, sondern als gemeinsame Spielregel, damit alle Partner über den gesamten Sicherheitslebenszyklus hinweg effizient und transparent zusammenarbeiten können.

Im DIA werden unter anderem folgende Aspekte geregelt:

- ***Verantwortlichkeiten der Unternehmen:*** *Drivesmart als Systemintegrator, Safehicle für die Software- und KI-Entwicklung, Custom Chip für die Hardware/SoC-Entwicklung und Kasaba Hobli als Fertigungspartner – das DIA ordnet diese Verantwortlichkeiten klar zu, damit es keine Überschneidungen oder Lücken gibt.*
- ***Zuordnung von Rollen und Sicherheitsverantwortlichen:*** *Alle FuSi-Manager, Projektleiter und Architekten der beteiligten Firmen sind namentlich aufgeführt. Damit ist jederzeit nachvollziehbar, wer für welche Aktivität im Sicherheitslebenszyklus verantwortlich ist.*
- ***Prozesse und Aktivitäten:*** *Für jede Phase – von der Anforderungsdefinition bis zur Produktion – legt das DIA fest, welches Unternehmen welche Aufgaben übernimmt. Dazu gehört z. B. die Verteilung von Verifikations- und Validierungsmaßnahmen oder die Definition, wer welche Arbeitsprodukte erstellt und weitergibt.*
- ***Arbeitsprodukte und Informationsaustausch:*** *Damit keine sicherheitskritischen Informationen verloren gehen, listet das DIA alle auszutauschenden Dokumente, Datenformate und Arbeitsergebnisse auf. Auch der Einsatz kompatibler Tools und Standards ist darin geregelt.*
- ***Metriken und Sicherheitsziele:*** *Die Weitergabe und Nachverfolgbarkeit der abgeleiteten Zielwerte für SPFM (Single Point Fault Metric) und LFM (Latent Fault Metric) sind im DIA verbindlich geregelt, um die Einhaltung der Sicherheitsziele sicherzustellen.*

Durch diese Struktur macht das DIA die Zusammenarbeit beherrschbar: Jeder weiß, welche Verantwortlichkeiten, Arbeitspakete und Schnittstellen existieren – und vor allem, wie sicherheitskritische Informationen zwischen den Firmen fließen müssen.

Damit wird das Development Interface Agreement zur zentralen Leitplanke des Projekts ADAS NextGen: Es sorgt dafür, dass die vielfältigen Kompetenzen der Partner nicht nebeneinander, sondern miteinander wirken – im Sinne eines durchgängigen und überprüfbaren Sicherheitskonzepts.

Tipp

Bei der Auswahl des Lieferanten müssen vom Fahrzeughersteller die Kriterien für die Lieferantenauswahl befolgt werden. Es muss die Kapazität für eine sicherheitsrelevante Entwicklung des Lieferanten und die Fähigkeit zur Produktion in Bezug auf den gemäß **ISO 26262-8:2018, Abschnitt 5.4.2**, definierten ASIL bewertet werden.

Während das DIA die Rollen und Verantwortlichkeiten in verteilten Entwicklungsprojekten klärt, stellt sich im nächsten Schritt die Frage, wie Sicherheitsanforderungen selbst spezifiziert und über alle Ebenen hinweg konsistent gemanagt werden.

8.1.2 Spezifikation und Management von Sicherheitsanforderungen

Sicherheitsanforderungen werden über verschiedene Hierarchieebenen hinweg spezifiziert und erfordern die Berücksichtigung spezifischer Attribute und Merkmale. Abbildung 8.1 zeigt die in ISO 26262 definierte Struktur für das Management von Anforderungen. Dieses strukturierte Vorgehen verbessert die Rückverfolgbarkeit der Anforderungen und unterstützt die konsistente Umsetzung der Sicherheitsziele. Die relevanten Anforderungen sind in ISO 26262-8, Abschnitt 6.4, beschrieben.

Die Sicherheitsziele (Safety Goals, SGs), wie sie von der Gefährdungs- und Risikoanalyse definiert werden, bilden die Grundlage für die Ableitung der funktionalen Sicherheitsanforderungen (Functional Safety Requirements, FSRs). Auf Basis dieser funktionalen Sicherheitsanforderungen werden die technischen Sicherheitsanforderungen (Technical Safety Requirements, TSRs) entwickelt, die konkrete Maßnahmen und Spezifikationen für Hardware und Software definieren. Für jede technische Sicherheitsanforderung werden schließlich die HW- und SW-spezifischen Sicherheitsanforderungen abgeleitet. Auf diese Weise wird sichergestellt, dass die Sicherheitsziele systematisch in allen Entwicklungsstufen umgesetzt und überprüfbar bleiben.

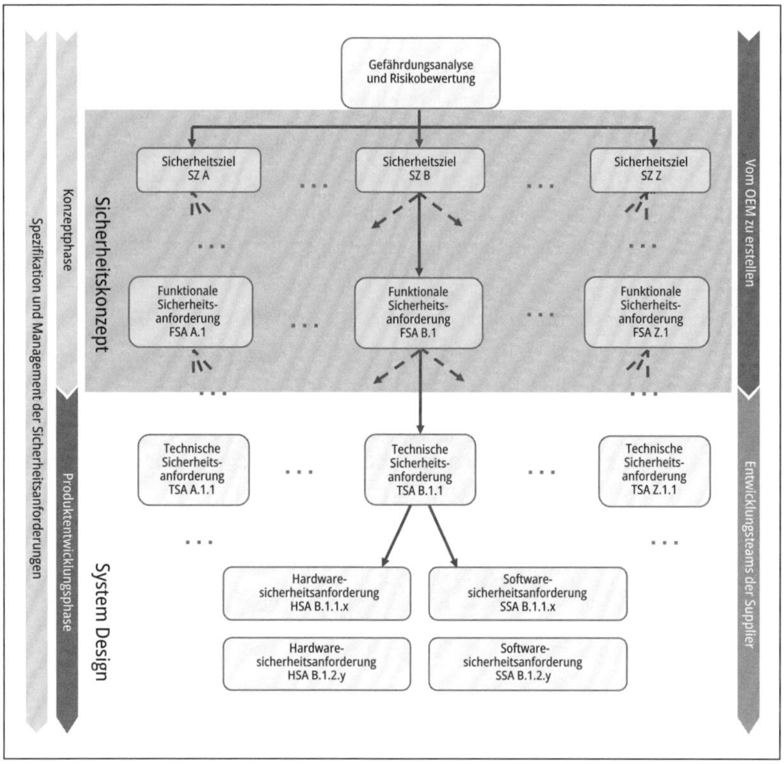

Abb. 8.1 *Struktur der Sicherheitsanforderungen (deutsche Übersetzung in Anlehnung an [ISO 26262-3:2018, Figure 2])*

Die Sicherheitsanforderungen leiten sich direkt aus den Zielen ab und strukturieren deren Umsetzung. Die unterstützenden Prozesse in ISO 26262-8 beschreiben ergänzend die Methoden und Werkzeuge, mit denen diese Umsetzung abgesichert und nachvollziehbar gestaltet wird.

8.2 Unterstützende Prozesse

Die unterstützenden Prozesse nach ISO 26262-8 ergänzen die technischen Entwicklungsaktivitäten und sichern die Qualität sowie die Nachvollziehbarkeit im gesamten Sicherheitslebenszyklus. Sie betreffen nicht ein einzelnes Produkt oder eine einzelne Phase, sondern wirken querschnittlich über alle Ebenen hinweg. Dazu zählen das Konfigurationsmanagement, das Änderungsmanagement, die Verifikationsprozesse, die Dokumentation und die Bewertung der Betriebsbewährtheit. Gemeinsam stellen sie sicher, dass Sicherheitsziele konsistent verfolgt und Ergebnisse dauerhaft nachvollziehbar sind.

8.2.1 Konfigurationsmanagement

Im Umfeld der funktionalen Sicherheit hat das Konfigurationsmanagement die Aufgabe, alle sicherheitsrelevanten Arbeitsprodukte eindeutig zu versionieren und vollständig rückverfolgbar zu machen, damit die Sicherheitsargumentation konsistent bleibt. Dazu gehört, die Arbeitsprodukte mitsamt ihrer Historie und Zusammenhänge zu archivieren und den relevanten Stellen strukturiert bereitzustellen. Nicht dokumentierte Änderungen oder Abweichungen können sonst dazu führen, dass die Erreichung der Sicherheitsziele nicht mehr nachweisbar ist.

Das projektspezifische Vorgehen im Konfigurationsmanagement und zur Versionierung muss zu Beginn des Projekts geplant und festgelegt werden. Der Projektkonfigurations-Managementplan definiert u. a., wo und wie die einzelnen Arbeitsprodukte abgelegt werden und wie sie den jeweiligen Entwicklungsständen zugeordnet sind.

ISO 26262

ISO 26262-8:2018, Abschnitt 7.4

Alle sicherheitsrelevanten Arbeitsprodukte müssen dem Konfigurationsmanagement unterliegen.

Da das Konfigurationsmanagement eine etablierte Praxis in der Automobilindustrie ist, kann es auch aus den anderen Normen wie [IATF 16949:2016], [ISO 10007:2017] und [ISO/IEC 12207:2008] übernommen werden. Typische Dokumentationen aus dem Konfigurationsmanagement sind:

- Konfigurationsmanagementplan
- Änderungsmanagementplan
- Änderungsantrag
- Auswirkungsanalyse und die Planung der Änderungsanträge
- Änderungsberichte

Damit ergibt sich eine enge Verbindung zum Änderungsmanagement: Während das Konfigurationsmanagement Struktur, Versionierung und Nachvollziehbarkeit sicherstellt, regelt das Änderungsmanagement, wie Anpassungen bewertet, dokumentiert und kontrolliert umgesetzt werden. Zusammen gewährleisten beide Disziplinen Transparenz, Konsistenz und Nachvollziehbarkeit im Entwicklungsprozess nach ISO 26262.

8.2.2 Änderungsmanagement

Das Änderungsmanagement ist in der ISO 26262-8:2018 beschrieben. Es legt die Mindestanforderungen fest, um sicherzustellen, dass Änderungen an sicherheitsrelevanten Produkten erst nach einem definierten Analyse- und Bewertungsprozess eingeführt werden können. Ziel des Änderungsmanagements ist es, den Überblick über alle laufenden und geplanten Änderungen zu behalten und den formalen Rahmen für die Entscheidung über die sicherheitsrelevanten Änderungen zu definieren.

Jeder Änderungsantrag (Change Request) muss die folgenden Informationen enthalten:

- Eine eindeutige Kennung, z. B. eine Zahlenfolge
- Das Datum
- Eine genaue Beschreibung der Änderung
- Den Grund für die beantragte Änderung
- Die Produktversion, auf die sich der Änderungsantrag bezieht

Der Änderungsmanagementplan ist nicht begrenzt und erfordert zusätzliche Informationen. Wichtig ist, dass Änderungsanträge nur zur Änderung von Arbeitsprodukten erforderlich sind, die sich nicht mehr in der Entwicklungsphase befinden.

Tipp

In der Softwareentwicklung kann beispielsweise Zwischencode im Quellcode-Verwaltungssystem gespeichert werden, ohne dass ein Änderungsantrag für die weitere Bearbeitung erforderlich ist. Erst wenn die Softwarekomponente die eigentliche Entwicklungsphase verlassen hat und zur Verifikation eingereicht wurde, darf sie nur noch über den Change-Request-Prozess verändert werden.

Vor der Entscheidung, ob ein Änderungsantrag umgesetzt werden kann, muss genau analysiert werden, welche Produktkomponenten von der Änderung betroffen sind. Darüber hinaus müssen mögliche Auswirkungen auf das Sicherheitskonzept oder die Sicherheitsanforderungen untersucht werden. Andernfalls besteht die Gefahr, dass mehrere kleine Änderungen innerhalb jeder Phase dazu führen, dass das Produkt von den Annahmen des Sicherheitskonzepts abweicht. Bei der Analyse jeder Änderung müssen mindestens die folgenden Punkte berücksichtigt werden:

- Die Art der Änderung (z. B. Fehlerbehebung, Anpassung an geänderte Komponenten, Erweiterung)
- Die betroffenen Arbeitsprodukte und im Falle einer verteilten Entwicklung die betroffenen und zu informierenden Parteien
- Die Auswirkungen auf die funktionale Sicherheit
- Ein Zeitplan für die Implementierung und die durchzuführenden Tests

Ein qualifiziertes Gremium – in der Regel das Change Control Board (CCB) – entscheidet über jede vollständig analysierte Änderung. Dem

Gremium sollten mindestens der Projektmanager, der Sicherheitsmanager und der Testmanager angehören, um sicherzustellen, dass alle Auswirkungen auf das Projekt berücksichtigt werden. Wird eine Änderung genehmigt, werden die verantwortlichen Entwickler sowie der Zeitpunkt der Umsetzung festgelegt. Für die Umsetzung werden die betroffenen Arbeitsprodukte in die entsprechende Phase des Lebenszyklus zurückversetzt.

Jede Änderung ist nachvollziehbar zu dokumentieren. Dazu gehören die geänderten Arbeitsprodukte selbst sowie die Verknüpfung im Konfigurationsmanagement, das festhält, dass die Änderung durch den jeweiligen Änderungsantrag eingeführt wurde. Zusätzlich ist zu dokumentieren, wann die Änderung in das Gesamtprodukt eingearbeitet wird. Wird ein Änderungsantrag abgelehnt, ist der Grund für die Entscheidung ebenfalls festzuhalten.

Neben dem klassischen CCB kommen in sicherheitskritischen Projekten auch spezialisierte Gremien zum Einsatz:

- **Safety Change Control Board (SCCB):** Dieses Gremium fokussiert auf funktionale Sicherheit und ist besetzt mit den FuSi-Managern und ggf. externen Sicherheitsassessoren.
- **Cybersecurity Change Control Board:** Seine Zuständigkeit betrifft Änderungen mit Security-Relevanz nach ISO/SAE 21434.
- **Joint Change Boards:** Sie treten in Aktion, wenn Änderungen mehrere Organisationen in verteilten Projekten betreffen.
- **Agile/DevOps-Kontexte:** Statt Gremienfreigaben können hier inkrement- oder releasebasierte Boards eingesetzt werden, teils mit automatisierten Entscheidungsregeln.

Die Beispiele zeigen: Änderungsmanagement ist mehr als ein formaler Genehmigungsprozess. Ob klassisches CCB, spezialisiertes Safety- oder Security-Board oder agile Varianten – wichtig ist, dass die jeweilige Instanz zum Projektkontext passt.

Während das Änderungsmanagement sicherstellt, dass Anpassungen kontrolliert und nachvollziehbar umgesetzt werden, prüfen die allgemeinen Verifikationsprozesse, ob die Ergebnisse den definierten Anforderungen entsprechen und die Sicherheitsziele eingehalten werden.

8.2.3 Allgemeine Verifikationsprozesse

Die Überprüfung wird nach festgelegten Qualitätskriterien und Verfahren durchgeführt. Die Planung der Verifikation stellt sicher, dass die verwendeten Methoden adäquat und der Komplexität des Produkts angemessen sind. Bei der Verifikation müssen für jede Phase des Sicherheitslebenszyklus die folgenden Punkte berücksichtigt werden:

- Vollständige Testfallbeschreibungen, die die erforderlichen Testfälle, Testdaten und Testobjekte aufzeigen.
- Wenn Erfahrungen aus der Verifikation früherer Projekte vorliegen, müssen die verwendeten Technologien und die damit verbundenen Risiken als Eingangsdaten für die Planung offengelegt werden.

Jeder einzelne Testfall muss bestimmte Beschreibungsmerkmale aufweisen:

- Eindeutige Kennung (zur Verfolgung von Testfällen)
- Verweis auf die Version des zugehörigen zu verifizierenden Produkts
- Vorbedingungen und Konfigurationsbeschreibungen
- Umgebungsbedingungen
- Eingangsdaten (Typen) und ihre Datenwerte
- Erwartetes Verhalten (Ausgabedaten, akzeptierter Bereich der Ausgabedaten, Zeitverhalten und Toleranzverhalten). Das Toleranzverhalten beschreibt die Robustheit des betrachteten Systems.

Für jede Testmethode wird die Testumgebung, die logischen und zeitlichen Abhängigkeiten sowie die benötigten Ressourcen beschrieben.

Die Verifikation muss wie geplant durchgeführt werden und die Auswertung der Verifikationsergebnisse muss folgende Informationen enthalten:

- Eindeutige Identifikation des verifizierten Arbeitsprodukts
- Verweis auf den Verifikationsplan und die Verifikationsspezifikation
- Konfiguration der Prüfumgebung und der verwendeten Prüfwerkzeuge
- Grad der Übereinstimmung der Verifikationsergebnisse mit den erwarteten Ergebnissen
- Eine eindeutige Aussage darüber, ob die Verifizierung bestanden oder nicht bestanden wurde, und eine Begründung für das Nichtbestehen

Die Verifikation ist typischerweise in das jeweils angewandte Qualitätsmanagementsystem eingebettet und beeinflusst dadurch die Planung und Durchführung der Prüfungen. Das Qualitätsmanagementsystem unterstützt zugleich die Bewertung der Reproduzierbarkeit von Ergebnissen der für die Verifikation eingesetzten Prüfmittel.

Neben den Verifikationsprozessen verlangt die ISO 26262 eine umfassende Dokumentation, die den gesamten Sicherheitslebenszyklus begleitet. Sie macht Ergebnisse und Entscheidungen nicht nur nachvollziehbar, sondern bildet selbst ein wesentliches Arbeitsprodukt, das in jeder Phase sowohl Eingangsinformation als auch Ergebnis ist.

Dokumentation

Gemäß ISO 26262 umfasst die Dokumentation die technische Beschreibung des Produkts sowie alle aufgezeichneten Informationen, die mit dem sicherheitsrelevanten Projekt über den gesamten Sicherheitslebenszyklus in Zusammenhang stehen. Die Erfüllung der normativen Anforderungen führt zu definierten Arbeitsprodukten und damit zu Schlüsseldokumenten, die speziell für jede Phase im Sicherheitslebenszyklus erforderlich sind. Dokumentationen sind sowohl Inputs (Eingangsinformationen) einer Phase als auch Outputs von Phasenaktivitäten.

Die Norm schreibt nicht vor, dass Ergebnisse zwingend als separate Textdokumente vorliegen müssen. Entscheidend ist die Vollständigkeit der Daten. Informationen zur funktionalen Sicherheit können auch in bestehende Dokumente integriert oder mehrere Arbeitsprodukte in einem Dokument oder Tool zusammengefasst werden – sofern Übersichtlichkeit und Verständlichkeit gewährleistet bleiben.

Empfehlenswert ist ein professionelles Dokumentationsmanagement, da die Dokumentation zentral für die Nachweisführung ist. Dokumente müssen so gestaltet sein, dass sie selbst keine Fehlerquelle darstellen und im Umfang sowie in den Eigenschaften der jeweiligen Projekt- und Produktphase angemessen sind. Es ist zulässig, Informationen zu Fragen der funktionalen Sicherheit in bestehende Dokumente und andere Arbeitsprodukte aufzunehmen. Es ist auch möglich, mehrere Arbeitsprodukte in einem Dokument oder Werkzeug zusammenzufassen oder Verweise aufzuführen, wenn dies der Übersichtlichkeit und dem Verständnis förderlich ist. Grundsätzlich muss die Dokumentation:

- präzise,
- gut strukturiert,
- ausreichend prägnant,
- für den Benutzer leicht verständlich und
- ohne zusätzlichen Aufwand wartbar sein.

ISO 26262

ISO 26262-8:2018, Abschnitt 10.4.5, gibt die erforderlichen Mindestinformationen an, die jedes Arbeitsprodukt oder Dokument enthalten muss.

8.2.4 Betriebsbewährtheit

In Abschnitt 14 der ISO 26262-8:2018 sind die Anforderungen festgelegt, die bei der Sicherheitsentwicklung im Produktlebenszyklus für die Wiederverwendung von Komponenten zu berücksichtigen sind. Gemäß ISO 26262 müssen die Anforderungen an die Wiederverwendung während des gesamten Produktlebenszyklus erfüllt werden – von der Projektplanung bis zum fertigen Produkt. Die meisten Systeme werden nicht von Grund auf neu entwickelt, sondern auf der Grundlage bestehender Komponenten. Solche Komponenten sind mitunter bereits seit Langem ohne Probleme und Fehler im Einsatz, jedoch nicht formal nach ISO 26262 qualifiziert. Für den Hersteller oder Lieferanten eines neuen Items ist es wünschenswert, eine solche bewährte Komponente nicht noch einmal neu entwickeln zu müssen. In diesem Fall kann das Bauteil durch den Nachweis der Betriebsbewährtheit für die Verwendung im neuen Produkt qualifiziert werden. Im Folgenden wird das allgemeine Prinzip dieses Nachweises kurz erläutert.

Um ein bestehendes System oder Subsystem in ein neues sicherheitsrelevantes Produkt zu integrieren, muss das System vollständig beschrieben werden. Dazu gehören die funktionalen und sicherheitstechnischen Anforderungen, die das System bzw. Subsystem erfüllt, sowie deren Betriebsbedingungen. Die Daten entsprechen in etwa den Daten, die auch während der Entwicklung erhoben und gespeichert werden müssen. So wird sichergestellt, dass alle Anforderungen der ISO 26262 bei der Integration in das neue Produkt umgesetzt werden können.

Die sicherheitsgerichtete Entwicklung muss mit einem systematischen Konfigurationsmanagement über den gesamten Lebenszyklus hinweg durchgängig sichergestellt sein. Nur wenn diese Anforderung erfüllt ist, können das System bzw. Subsystem wiederverwendet werden. Nur so kann die Qualität des Produkts exakt gewährleistet werden.

Wenn alle notwendigen Informationen über die Beschaffenheit der Felddatenkomponente vorliegen, ist der Ausgangspunkt für den Nachweis gegeben. Für die Verwendung im neuen Projekt muss auch der Nachweis erbracht werden, dass das System bzw. Subsystem ausreichend fehlerfrei funktioniert. Dazu müssen systematische Daten darüber vorliegen, ob es im Einsatz zu sicherheitsrelevanten Fehlfunktionen gekommen ist. Ein Fehler in diesem Sinne liegt z.B. vor, wenn dem Hersteller eine Fehlfunktion gemeldet wird, die theoretisch ein Sicherheitsziel verletzen könnte. Neben den tatsächlichen Fehlfunktionen im Fahrzeug werden hier auch Systeme mitgezählt, die bei Tests während der Produktion versagt haben.

Es werden nur Daten von exakt identischen Bauteilen in die Analyse einbezogen. Wenn Parameter eingestellt werden können, die einen Einfluss auf die Sicherheitsziele haben, werden nur Proben mit gleicher Konfiguration als identisch betrachtet. Außerdem werden bei der Analyse der Fehler nur Geräte berücksichtigt, die in Fahrzeuge mit mindestens einer durchschnittlichen jährlichen Betriebszeit eingebaut sind. Daher werden nur solche Geräte in die Daten aufgenommen, die über einen aussagekräftigen Zeitraum im Einsatz waren.

Um als betriebsbewährt zu gelten, muss die beobachtete Ausfallrate unter einem vom jeweiligen ASIL abhängigen Wert liegen. Auch hier gilt, dass die Ausfallrate bei höherem ASIL entsprechend niedriger sein muss.

Entscheidend ist, dass bei einer Chi-Quadrat-Verteilung mindestens 70 % aller Geräte unter die geforderte Unfallrate gemäß Tabelle 8.1 fallen. Diese spezielle Verteilung reduziert das Risiko, dass die Messwerte zufällig das gewünschte Ergebnis anzeigen.

ASIL	Beobachtete Unfallrate
D	$< 10^{-9}/h$
C	$< 10^{-8}/h$
B	$< 10^{-8}/h$
A	$< 10^{-7}/h$

Tab. 8.1 *Grenzwerte für die beobachtete und ausgewertete Unfallrate [ISO 26262-8:2018]*

Um die geforderten Werte zu erreichen, müssen die Systeme bzw. Subsysteme natürlich mindestens die der Fehlerrate entsprechende Zeit in Betrieb gewesen sein. Eine Fehlerrate < 10-9/h kann nur eingehalten werden, wenn das System bzw. Subsystem etwa 109 Stunden in Betrieb war. Da in der Regel nicht alle Systeme bzw. Subsysteme mit ausreichender Betriebszeit ausgewertet werden können, wird für die beobachteten Geräte eine längere Betriebszeit ohne Fehler benötigt. Auf diese Weise werden die fehlenden Daten statistisch kompensiert. In Tabelle 8.2 ist für den jeweiligen ASIL die erforderliche Anzahl von Betriebsstunden für eine entsprechende Verteilung aufgeführt. Wenn alle Systeme bzw. Subsysteme diese Zeit fehlerfrei absolviert haben, ist statistisch gesehen die 70-Prozent-Marke für das Gerät erreicht.

ASIL	Mindestbewertungszeitraum ohne beobachtbare gefahrbringende Ereignisse
D	$1{,}2 \times 10^9$ h
C	$1{,}2 \times 10^8$ h
B	$1{,}2 \times 10^8$ h
A	$1{,}2 \times 10^7$ h

Tab. 8.2 *Zielvorgaben für die Mindestbewertungsdauer des Systems bzw. Subsystems [ISO 26262-8:2018]*

Wenn die erforderliche Betriebszeit noch nicht erreicht ist, kann die Betriebssicherheit auch vorläufig ermittelt werden. Die Vorgehensweise ist ähnlich, es gelten jedoch andere Zielwerte für Betriebszeit und Fehlerrate. Diese sind mit der genauen Vorgehensweise in [ISO 26262-8:2018], Abschnitt 14.4.5.2.5, beschrieben. Sobald eine ausreichende Menge an Daten vorliegen, werden die dort beschriebenen Anforderungen für den endgültigen Nachweis verwendet.

ISO 26262-8:2018, Abschnitt 14.4.5.2.5

Die Anwendung des »Proven-in-Use«-Nachweises darf vorläufig antizipiert werden, bevor ein endgültiger »Proven-in-Use«-Status erreicht ist (gemäß 14.4.5.2.5).

In diesem Fall muss der Bewertungszeitraum des Kandidaten nachweisen, dass jedes Sicherheitsziel, das durch den Kandidaten verletzt werden könnte, gemäß Tabelle 8 mit einem einseitigen unteren Konfidenzniveau von 70 % (unter Verwendung einer Chi-Quadrat-Verteilung) erfüllt wird.

ISO 26262

Die beschriebenen Prozesse und Methoden entfalten ihre Wirkung erst durch die dazugehörigen Arbeitsprodukte. ISO 26262-8 benennt sie ausdrücklich und macht damit sichtbar, welche Ergebnisse in den einzelnen Phasen vorliegen müssen. Der folgende Abschnitt gibt dazu einen Überblick.

8.2.5 Erforderliche Arbeitsprodukte für ISO 26262-8

Die relevanten Arbeitsprodukte und geeigneten Nachweise, die auf der Erfahrung der Autoren basieren und zur Erfüllung der Anforderungen der 26262-8:2018 verwendet werden können, sind in Tabelle 8.3 aufgeführt.

Arbeitsprodukt	Anforderung in ISO 26262-8	Nachweise
Schnittstelle innerhalb einer verteilten Entwicklung [ISO 26262-8:2018, Abschnitt 5]	5.4.2.1 bis 5.4.6.4	▪ Bericht zur Lieferantenauswahl ▪ Development Interface Agreement (DIA) ▪ Sicherheitsplan des Lieferanten ▪ Bericht über die funktionale Sicherheitsbewertung des Lieferanten ▪ Bericht über die Lieferantenvereinbarung ▪ Projekt-Angebotsanfrage-Vorlage (Request for Quotation, RFQ) und Methodik

→

Arbeitsprodukt	Anforderung in ISO 26262-8	Nachweise
Konfigurationsmanagement [ISO 26262-8:2018, Abschnitt 7]	7.4.1 bis 7.4.5	▪ Konfigurationsmanagementplan ▪ Nachweise in den Werkzeugen für die Sicherheitsarbeitsprodukte ▪ Leitfaden für die Handhabung des Konfigurationsmanagements erstellt
Änderungsmanagement [ISO 26262-8:2018, Abschnitt 8]	8.4.1 bis 8.4.5	▪ Plan für das Änderungsmanagement ▪ Änderungsantrag (Change Request) ▪ Vorlagen für die Bearbeitung von Änderungsanträgen ▪ Folgenabschätzung für Änderungsanträge ▪ Berichte über Änderungen
Verifikation [ISO 26262-8:2018, Abschnitt 9]	9.4.1.1 bis 9.4.3.4	▪ Verifikationsplan ▪ Spezifikation der Verifikation ▪ Verifikationsbericht
Dokumentenmanagement [ISO 26262-8:2018, Abschnitt 10]	10.4.1 bis 10.4.6	▪ Dokumentationsmanagementplan ▪ Richtlinien für die Dokumentation ▪ Konventionen zur Benennung von Dateien und Dokumente zum QM

Tab. 8.3 *Relevante Arbeitsprodukte und geeignete Nachweise nach [ISO 26262-8:2018]*

8.3 ASIL-orientierte und sicherheitsorientierte Analysen

Diese Analysen bilden die Grundlage für alle sicherheitsrelevanten Entscheidungen im Entwicklungsprozess und legen fest, wie streng die jeweiligen Anforderungen an ein System oder eine Komponente ausfallen müssen. Der ASIL wird dabei auf Basis einer strukturierten HARA festgelegt und beeinflusst maßgeblich die Entwicklungstiefe, die Auswahl technischer Maßnahmen sowie die Nachweisführung im gesamten Sicherheitslebenszyklus. Je nach ASIL-Stufe – von QM bis ASIL D – steigen die Anforderungen an die Vermeidung systematischer Fehler und die Beherrschung zufälliger Hardwareausfälle deutlich an.

Tipp

Unser Kapitel 4, »Item-Definition und Sicherheitsanalysen«, geht detailliert auf die ASIL-orientierten und sicherheitsorientierten Analysen nach ISO 26262:2018 ein sowie auf die Dekomposition.

ISO 26262

ISO 26262-9:2018, Anhang A, bietet eine Übersicht und einen Dokumentenfluss für die Durchführung von ASIL-Zerlegungen und Sicherheitsanalysen.

8.3.1 Dekomposition der Anforderungen im Hinblick auf eine ASIL-Anpassung

Moderne elektrische und mechatronische Systeme in intelligenten Fahrzeugen, wie dem Smart Car, zeichnen sich durch eine hohe Komplexität und einen intensiven Softwareeinsatz aus. Solche Systeme bestehen in der Regel aus logisch und technisch getrennten Komponenten, die jeweils klar definierte Aufgaben und Teilfunktionen übernehmen. In der Systementwicklung ist es üblich, das Gesamtsystem in überschaubare Systemkomponenten zu zerlegen, um die Komplexität beherrschbar zu machen. Die funktionalen und sicherheitstechnischen Anforderungen an das sicherheitsrelevante Gesamtsystem werden letztlich durch das koordinierte Zusammenspiel dieser Einzelkomponenten erfüllt. Eine typische ASIL-Zerlegung ist in Abbildung 8.2 dargestellt.

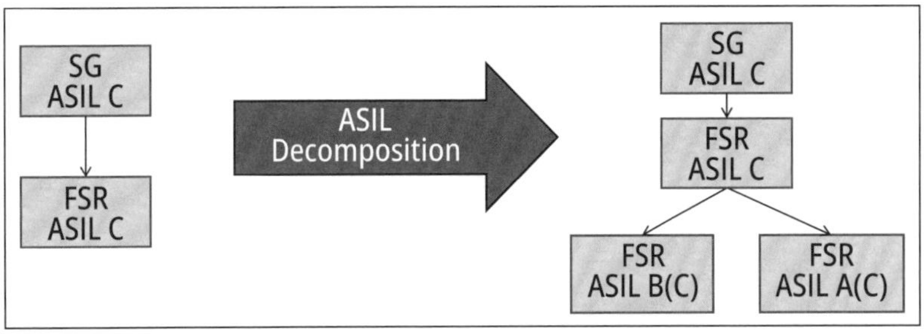

Abb. 8.2 *Beispiel einer ASIL-Dekomposition (SG: Safety Goal; FSA: Funktionale Sicherheitsanforderung)*

Die ISO 26262-9:2018 unterstützt die Aufteilung von Sicherheitsanforderungen in redundante Sicherheitsanforderungen. Dies erfolgt gemäß den in Abschnitt 5.4.9 genannten Regeln und Spezifikationsschemata, sodass eine Anpassung bzw. Zerlegung des ASIL auf der nächsten Detailebene möglich ist.

Kriterien für die Koexistenz von Elementen

In komplexen Systemarchitekturen, wie sie insbesondere im Bereich des automatisierten Fahrens (z. B. bei ADAS-Systemen) anzutreffen sind, ist es üblich, dass funktionale Software- oder Hardwareelemente mit unterschiedlichen Sicherheitsanforderungen auf derselben Plattform oder im selben Subsystem betrieben werden. Die ISO 26262-6:2018 adressiert diese Situation durch spezifische Anforderungen an die Koexistenz von sicherheitsrelevanten Elementen, insbesondere wenn diese entweder keinen ASIL besitzen (QM) oder einem anderen ASIL zugeordnet sind.

Ziel dieser Anforderungen ist es, unzulässige gegenseitige Beeinflussungen zu verhindern, die dazu führen könnten, dass ein Element mit höherem ASIL durch Fehler in einem Element mit niedrigerem oder keinem ASIL beeinträchtigt wird. Dies betrifft insbesondere gemeinsam genutzte Ressourcen (z.B. Speicher, Busse, Prozessorzeit) sowie Seiteneffekte im Rahmen von Softwareausführung oder Kommunikationsprozessen.

Gemäß ISO 26262:2018 darf ein Unterelement (z.B. eine Softwarekomponente) nicht automatisch auf dem höchsten ASIL-Niveau entwickelt werden, nur weil es mit einer hoch sicherheitsrelevanten Komponente koexistiert. Vielmehr müssen konkrete technische Maßnahmen nachgewiesen werden, die sicherstellen, dass Fehler in QM-Komponenten oder in Komponenten mit niedrigerem ASIL keinen Einfluss auf ASIL-D-Komponenten haben. Solche Maßnahmen umfassen z.B.:

- Speicherpartitionierung (z.B. durch MMU-Konfiguration)
- Zeitliche Trennung durch Scheduling-Mechanismen (Time Division)
- Überwachung und Fehlererkennung (Monitoring)
- Sanity Checks und Watchdogs
- Redundanz oder Isolation

Wenn durch diese Koexistenz neue Fehlereintrittswege entstehen oder Sicherheitsbeeinträchtigungen nicht vollständig ausgeschlossen werden können, kann dies eine Neubewertung der Sicherheitsziele und der ASIL-Einstufung für einzelne Elemente erforderlich machen. Die Elemente müssen dann ggf. auf ein höheres ASIL gehoben oder mit zusätzlichen Sicherheitsmaßnahmen versehen werden, um die Einhaltung der Sicherheitsanforderungen zu gewährleisten.

Deshalb ist eine formale Analyse der Koexistenz-Kriterien (z.B. durch Freedom-from-Interference-Betrachtungen oder Sicherheitsanalysen auf Architektur- und Ressourcenebene) ein essenzieller Bestandteil der Sicherheitsplanung und -dokumentation.

Zusammenfassend dient die explizite Definition von Koexistenz-Kriterien dazu, einen ausgewogenen und technisch begründeten Umgang mit gemischt-kritischen Systemen zu ermöglichen, ohne unnötig alle Subsysteme nach dem höchsten ASIL zu behandeln. Dies erlaubt sowohl eine effiziente Entwicklung als auch die Aufrechterhaltung eines nachweisbaren Sicherheitsniveaus im Gesamtsystem.

8.3.2 Analyse von abhängigen Fehlern

Die Analyse von abhängigen Fehlern ist ein zentrales Instrument innerhalb der ISO 26262:2018, um sicherzustellen, dass Sicherheitsanforderungen durch unerwartete Wechselwirkungen oder gemeinsame Ursachenfehler nicht verletzt werden. Insbesondere dann, wenn funktionale Unabhängigkeit zwischen Systemelementen gefordert wird, müssen alle möglichen Abhängigkeiten systematisch identifiziert, bewertet und – falls erforderlich – durch Maßnahmen adressiert werden.

Ziel der Analyse

Die Analyse dient dazu, potenzielle gemeinsame Ursachen (Common Cause Failures, CCF) und Abhängigkeitsfehler (Dependent Failures) zu identifizieren, die durch physikalische, funktionale oder organisatorische Kopplungen entstehen können. Werden solche Fehler nicht erkannt und bewertet, besteht die Gefahr, dass mehrere redundante oder voneinander unabhängige Elemente gleichzeitig versagen – und somit das Sicherheitskonzept unterlaufen. Die Norm verlangt daher Folgendes:

- Dokumentation der Analyse
- Beschreibung der identifizierten potenziellen Abhängigkeiten
- Gegebenenfalls nachgewiesene Wirksamkeit von Maßnahmen zur Fehlervermeidung oder -beherrschung

Typische Ursachen abhängiger Fehler

- **Gemeinsame Ressourcen**

  Beispiel: Zwei redundante Sensorpfade verwenden denselben Spannungsregler. Ein Ausfall des Reglers führt dazu, dass beide Sensorpfade gleichzeitig versagen.
- **Gemeinsame Softwarekomponenten**

  Beispiel: Zwei sicherheitskritische Funktionen greifen auf eine gemeinsame Kommunikationsschnittstelle (z. B. CAN-Treiber) zu. Ein Fehler im Treiber kann beide Funktionen gleichzeitig stören.
- **Fehlende funktionale Trennung**

  Beispiel: Zwei Softwarefunktionen mit unterschiedlichem ASIL-Niveau teilen denselben Speicherbereich. Eine Speicherüberlaufbedingung in der ASIL-B-Funktion kann die ASIL-D-Funktion beeinträchtigen.
- **Umweltfaktoren**

  Beispiel: Hitzeentwicklung auf einem Steuergerät durch einen Hochstromzweig verursacht thermische Ausfälle in benachbarten sicherheitsrelevanten Schaltkreisen.

- **Entwicklungsbedingte Fehlerquellen**
  Beispiel: Zwei voneinander unabhängige Funktionen werden vom selben Entwickler mit einem identischen Designfehler implementiert.

Vorgehensweise bei der Analyse

Die ISO 26262:2018 empfiehlt keine konkrete Methodik, verlangt jedoch eine strukturierte Vorgehensweise. Bewährt haben sich z. B. folgende Methoden:

- **Fault Tree Analysis (FTA)** – zur systematischen Aufdeckung gemeinsamer Fehlerursachen
- **Common Cause Analysis (CCA)** – gezielte Bewertung gemeinsamer Einflussfaktoren
- **Designreview & Walkthroughs** – Identifikation von funktionalen Abhängigkeiten
- **Hardware/Software-Partitionierungsanalysen** – zum Erkennen unerwünschter Kopplungen

Die Ergebnisse sollten tabellarisch dokumentiert und mit entsprechenden Maßnahmen zur Risikobegrenzung ergänzt werden. Dazu gehören:

- Trennung von Ressourcen (z. B. eigene Spannungsversorgung), Redundanz auf physikalisch unabhängigen Wegen
- Schutzmechanismen (z. B. Watchdogs, Speicherschutzmechanismen)
- Monitoring und Fehlererkennung

8.3.3 Projektstory ADAS NextGen: Analyse von abhängigen Fehlern

Unser ADAS-Steuergerät nutzt zwei Kameras zur Erkennung von Fahrbahnmarkierungen, um eine Spurhaltefunktion (ASIL C) umzusetzen. Zur Erhöhung der Verfügbarkeit werden zwei Bildverarbeitungspfade mit unterschiedlicher Software implementiert (Design-Diversität). Beide Systeme greifen jedoch auf einen gemeinsamen Speichercontroller und eine zentrale Spannungsschiene zurück. In der Analyse stellt sich heraus, dass ein Ausfall des Controllers oder eine Überspannung beide Pfade gleichzeitig lahmlegt. Ohne Gegenmaßnahmen wäre die geforderte Fehlerunabhängigkeit nicht gegeben.

Abhilfe

- Implementierung separater Spannungspfade mit Monitoring
- Einfügen von galvanischer Trennung
- Watchdog-Überwachung für Speichercontrollerzugriffe
- Anpassung der Sicherheitsarchitektur

Die Analyse abhängiger Fehler ist ein unverzichtbarer Bestandteil funktionaler Sicherheit, insbesondere bei Systemen mit hoher Komplexität und geforderter Redundanz. Nur durch das Erkennen und Beherrschen von versteckten Abhängigkeiten kann sichergestellt werden, dass Sicherheitsziele selbst im Fehlerfall erfüllt bleiben. Die ISO 26262:2018 fordert nicht nur die Durchführung, sondern auch die Nachvollziehbarkeit dieser Analyse – ein klarer Bestandteil jeder qualitätsgesicherten Sicherheitsentwicklung.

> **ISO 26262-9:2018, Anhang C,** beschreibt den Rahmen für die Dependent Failure Analysis (DFA).

ISO 26262

8.3.4 Sicherheitsanalysen

Das allgemeine Ziel von Sicherheitsanalysen gemäß [ISO 26262-9:2018] ist die Untersuchung und Bewertung der Folgen von Fehlfunktionen und Ausfällen in Bezug auf die Funktionen, das Verhalten und die Auslegung des Systems oder der Subsysteme.

Die Norm fordert eine Dokumentation der Sicherheitsanalysen. Darin werden u. a. die Ursachen und Bedingungen aufgeführt, die zur Verletzung eines Sicherheitsziels, einer Sicherheitsanforderung oder einer Bedingung eines Sicherheitsziels führen. Diese Informationen können zu Ergänzungen in der durchgeführten HARA führen.

Während quantitative Methoden Fehlerraten berechnen, ermitteln qualitative Methoden nur die Fehlermuster. Für beide Ansätze gilt jedoch, dass Kenntnisse über die relevanten Fehlerarten und Fehlermodelle vorausgesetzt werden. Dieses Wissen wird in gemeinsamen Workshops zwischen den Sicherheitsverantwortlichen und den Entwicklungsingenieuren vermittelt.

Die qualitativen Methoden können auf verschiedenen Betrachtungsebenen (System, Software, Hardware) eingesetzt werden.

> In Kapitel 4, »Item-Definition und Sicherheitsanalysen«, behandeln wir ausführlich die HARA, TARA und zugehörige Methoden.

Tipp

8.3.5 Erforderliche Arbeitsprodukte für ISO 26262-9:2018

Die relevanten Arbeitsprodukte und geeigneten Nachweise, die auf der Erfahrung der Autoren basieren und zur Erfüllung der Anforderungen der 26262-9:2018 verwendet werden können, sind in Tabelle 8.4 aufgeführt.

Arbeitsprodukt	Anforderung in ISO 26262-9	Nachweise
ASIL-Zerlegung [ISO 26262-9:2018, Abschnitt 5]	5.4	▪ Leitfaden für die Zerlegung von Anforderungen ▪ Aktualisierung des Entwurfs der Systemarchitektur, wenn die Dekomposition durchgeführt wurde ▪ Rückverfolgbarkeit mit den Anforderungen
Kriterien für die Koexistenz von Elementen [ISO 26262-9:2018, Abschnitt 6]	6.4	▪ Leitfaden für die Behandlung der Koexistenz von Elementen ▪ Aktualisierung der ASIL-Attribute in den entsprechenden Unterelementen
Analyse abhängiger Fehler [ISO 26262-9:2018, Abschnitt 7]	7.4, 7.4.9	▪ Leitfaden für die Durchführung der Dependent Failure Analysis (DFA) ▪ DFA für die Software, Hardware und das System ▪ Verifizierungsbericht für die DFA für die Software, Hardware und das System
Sicherheitsanalysen [ISO 26262-9:2018, Abschnitt 8]	8.4, 8.4.8	▪ Leitlinien für Sicherheitsanalysen zur Durchführung von FMEA, FTA, ETA mit den entsprechenden Kriterien für die Analyse ▪ Sicherheitsanalysen für jede Phase des Systems oder der Software ▪ Verifizierungsberichte für die durchgeführten Sicherheitsanalysen in jeder Phase des Systems, der Hardware oder der Software

Tab. 8.4 *Relevante Arbeitsprodukte und geeignete Nachweise nach [ISO 26262-9:2018]*

8.4 Safety Element out of Context

Safety Element out of Context (SEooC) umfasst Software- und Hardwarekomponenten, die unabhängig vom späteren Anwendungskontext entwickelt werden. Diese Komponenten entstehen also, ohne dass der konkrete Einsatzort im Fahrzeug zum Zeitpunkt der Entwicklung bekannt ist. Typische Beispiele sind Halbleiter, Middleware-Komponenten oder generische Softwaremodule, die in unterschiedlichen Steuergeräten und Projekten wiederverwendet werden.

ISO 26262

Die Empfehlungen für die Entwicklung von Sicherheitselementen als SEooC finden sich in **ISO 26262-10:2018, Abschnitt 9.**

ISO 26262-8:2018, Abschnitt 10.4.5, legt die Mindestinhalte für Arbeitsprodukte und Dokumente fest.

8.4.1 Projektstory ADAS NextGen: Einsatz von SEooC-Komponenten

Die Safehicle GmbH setzt bewusst auf den Einsatz von SEooC, um die Entwicklungszeit zu verkürzen und Risiken gut abzusichern. Der Entwicklungsleiter Josef Byte legt mit dem Team und unter Zustimmung des OEM fest, dass der Radar-Front-End-Chip des Halbleiterherstellers Custom Chip Limited verwendet werden soll. Josef erläutert im Joint-Meeting: »Für uns ist der Nutzen eindeutig: Drivesmart bekommt mit dem Radar-Front-End-Chip ein vorqualifiziertes Bauteil, und wir sparen erheblichen Entwicklungsaufwand. Ein weiterer Vorteil ist, dass Custom Chip Limited diese Komponente bereits in vielen Projekten ausgeliefert hat. Das gibt uns verlässliche Daten zur Qualität, Zuverlässigkeit und Eignung – und genau darauf können wir beim Parkassistenten aufbauen. Aber eines dürfen wir nicht vergessen: Die Annahmen aus der SEooC-Entwicklung müssen wir sorgfältig prüfen und mit den Zielspezifikationen unseres Systems abgleichen. Nur dann haben wir am Ende auch einen konsistenten Sicherheitsnachweis in der Hand.«

Bevor die Komponente in das Item-Design aufgenommen werden darf, prüft das Safehicle-Entwicklungsteam zusammen mit dem FuSi-Manager Rainer Fels die im SEooC-Dossier festgehaltenen Annahmen: Decken sich Einsatzbereich, ASIL-Level und Zielarchitektur mit den Anforderungen des Parkassistenten? Stimmen die Schnittstellen mit der geplanten Systemarchitektur überein? Parallel stimmt sich die Drivesmart AG eng mit Safehicle ab, um sicherzustellen, dass die Integration des SEooC in das Gesamtfahrzeugkonzept konsistent ist.

Bei der Entwicklung eines SEooC sind konstruktive Annahmen (Assumptions of Use) zu den Anforderungen der zentrale Faktor! Dazu zählen etwa:

- Der geplante Anwendungsbereich und Verwendungszweck
- Ein Überblick über die technische Zielarchitektur
- Funktionale und technische Sicherheitsanforderungen
- Der zu erfüllende ASIL des Zielsystems

Auf dieser Basis werden Sicherheitsziele abgeleitet, Anforderungen spezifiziert und die Entwicklung durchgeführt. Im Gegensatz zur klassischen Entwicklung, bei der die HARA die Sicherheitsziele bestimmt, werden beim SEooC die Ziele und der ASIL durch die dokumentierten Annahmen festgelegt.

Vorteile des SEooC-Ansatzes

Diese Art der Entwicklung ist für die Hersteller von Halbleitern nützlich, da dieselben Halbleiter in mehreren Anwendungen eingesetzt werden können. Sobald das SEooC für einen bestimmten Kunden definiert wurde, kann die SEooC-Entwicklung mithilfe des Änderungsmanagementverfahrens in die Item-Entwicklung aufgenommen werden. Die wichtigsten Vorteile der Entwicklung als SEooC sind:

- Vorqualifizierte Elemente für OEMs und Zulieferer
- Effizienzsteigerung der Entwicklung durch Wiederverwendung und geringere Kosten
- Sichere, vereinfachte Systementwicklung zu angemessenen Kosten mit konsistenten Sicherheitsnachweisen

Damit diese Vorteile wirksam werden, müssen die Annahmen beim Einsatz im Zielsystem validiert werden. Nur wenn die systemseitigen Entwurfsannahmen mit der tatsächlichen Architektur und den Sicherheitsanforderungen übereinstimmen, kann das SEooC integriert werden. Die Validierung umfasst insbesondere folgende Punkte:

- Die Sicherheitsanforderungen des Zielsystems stimmen mit den Annahmen überein, die bei der Entwicklung des SEooC berücksichtigt wurden.
- Kompatibilität der Zielarchitektur mit den systemseitigen Entwurfsannahmen
- Einhaltung der geforderten ASIL-Anforderungen im geplanten Einsatzkontext

Nach der Entwicklung stellt das SEooC-Entwicklungsteam alle erforderlichen Arbeitsprodukte bereit, wie z. B. die dokumentierten Annahmen zu den Sicherheitsanforderungen, das Development Interface Agreement (DIA), Berichte zur Sicherheitsanalyse und die Analyse abhängiger Fehler sowie die relevanten Nachweise nach ISO 26262. Diese Informationen unterstützen den OEM und die Zulieferer bei der exakten Integration der SEooCs in das Zielsystem.

Cybersecurity und KI im Kontext SEooC

- **Cybersecurity:** Analog zur funktionalen Sicherheit werden auch im Bereich ISO/SAE 21434 Bausteine oder »Cybersecurity Elements out of Context« diskutiert, beispielsweise Kryptomodule, Secure-Boot-Mechanismen oder Kommunikationsstacks, die in verschiedenen Projekten wiederverwendet werden. Hier gelten ähnliche Anforderungen: Annahmen über Einsatzbedingungen müssen dokumentiert und beim OEM validiert werden.
- **KI-Komponenten:** Ein KI-Modell (z. B. Objekterkennung per neuronales Netz) könnte ebenfalls als SEooC entwickelt werden. Aber: Da KI nicht deterministisch ist, sind Annahmen über Datenqualität, Trainingsbedingungen und Betriebsumgebung besonders kritisch und schwer zu validieren. ISO/PAS 8800 [ISO/PAS 8800:2022] und ISO/IEC TR 5469 [ISO/IEC TR 5469:2024] liefern hier ergänzende Ansätze.

8.5 Normen im Zusammenspiel

Bei der Entwicklung moderner automatisierter und autonomer Fahrzeuge ist es unerlässlich, die Anforderungen aus Automotive SPICE®, der Functional Safety und der Automotive Cybersecurity gemeinsam zu betrachten und konsequent umzusetzen. Jede dieser Normen setzt eigene Schwerpunkte, überschneidet sich jedoch mit den anderen, wie in Abbildung 8.3 dargestellt.

Die Grafik verdeutlicht, dass gerade in den Schnittmengen der Disziplinen die größten Herausforderungen entstehen: Prozesseffizienz, Sicherheitsnachweise und Cyberresilienz müssen hier abgestimmt werden. Nur durch ein integriertes Vorgehen lassen sich widersprüchliche Anforderungen vermeiden und konsistente Lösungen entwickeln.

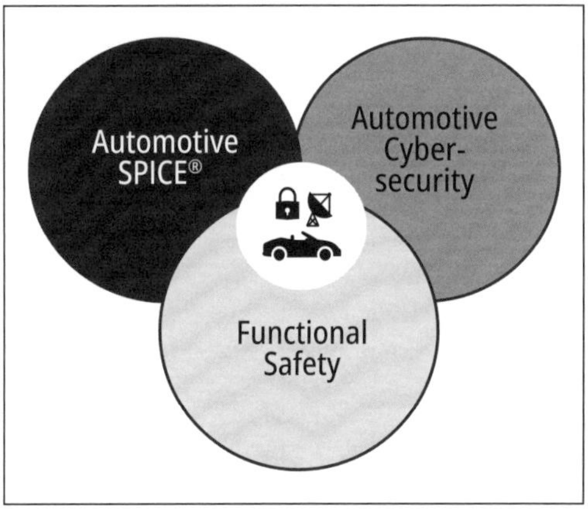

Abb. 8.3 Schnittmengen relevanter Standards im Kontext sicherer Systementwicklung

Automotive SPICE® (ASPICE) dient der Bewertung und Verbesserung von Entwicklungsprozessen in der Automobilindustrie. **Automotive Cybersecurity** umfasst alle Maßnahmen, um Fahrzeuge und deren Schnittstellen vor Angriffen zu schützen und dadurch sowohl die Datensicherheit als auch die Funktionssicherheit sicherzustellen. **Functional Safety** (funktionale Sicherheit) sind zielgerichtete Maßnahmen, die Risiken durch Fehlfunktionen technischer Systeme so minimieren, dass Menschen und Umwelt zuverlässig geschützt werden

Diese Anforderungen greifen teilweise ineinander und ergänzen sich, um umfassende Qualität, Sicherheit, Zuverlässigkeit und Cybersecurity zu gewährleisten.

Vergleicht man die Norm ISO 26262 mit Automotive SPICE® zeigt sich, dass Automotive SPICE® die allgemeinen Aspekte der Entwicklung abdeckt, während ISO 26262 die Anforderungen im Hinblick auf den Sicherheitsaspekt definiert. ISO/SAE 21434 stellt darüber hinaus spezifische

Anforderungen an die Cybersecurity. So wird ein systematischer Ansatz zur Identifikation, Bewertung und Behandlung von Cyberrisiken gefordert sowie die Integration in die Entwicklungsprozesse. Bei Assessments zeigen sich zahlreiche Gemeinsamkeiten: Prozessbereiche wie das Konfigurations- und Änderungsmanagement sowie die Verpflichtung zur bidirektionalen Rückverfolgbarkeit zwischen den Arbeitsprodukten sind nahezu identisch. Tabelle 8.5 veranschaulicht diese Überlappungen.

Funktionale Sicherheit ISO 26262:2018		Automotive SPICE®		Cybersecurity ISO/SAE 21434:2021	
Part		**Process ID**	**Process Area**	**Clause**	**Sub-clause**
2	6. Projektabhängiges Sicherheitsmanagement	MAN.3	Projektmanagement	6	Projektabhängiges Cybersecurity-Management
8	5. Schnittstellen innerhalb verteilter Entwicklungen	ACQ.4	Monitoring von Unterauftragnehmern	7	Verteilte Cybersicherheitsaktivitäten
2	6.4.9 Confirmation Measures	SUP.1	Qualitätssicherung	6	6.4.7 Cybersicherheitsfall
8	9. Verifizierung	SUP.2	Verifizierung	10	6.4.8 Cybersicherheitsbewertung
8	7. Konfigurationsmanagement	SUP.8	Konfigurationsmanagement	5	10.4.2 Integration und Verifizierung
2	5.4.3 Umgang mit Sicherheitsanomalien in Bezug auf die funktionale Sicherheit	SUP.9	Problemlösungsmanagement		5.4.4 Managementsysteme
8	8. Änderungsmanagement	SUP.10	Verwaltung von Änderungsanforderungen		5.4.4 Managementsysteme
	5. Item Definition			9	9.3 Itemdefinition
3	6. Gefahrenanalyse und Risikobewertung	SYS.1	Anforderungsermittlung		9.4 Cybersecurity-Ziele
	7. Konzept der funktionalen Sicherheit				
	6.4.1 Spezifikation der technischen Sicherheitsanforderungen	SYS.2	Analyse der Systemanforderungen		9.5 Cybersicherheitskonzept
4	6.4.2 Sicherheitsmechanismen				
	6.4.3 Systemarchitektur-Design-Spezifikation und technisches Sicherheitskonzept				
	6.4.4 Sicherheitsanalyse und Vermeidung systematischer Ausfälle	SYS.3	Systemarchitekturdesign	10	10.4.1 Design
	6.4.6 Zuweisung zu Hardware und Software				
	6.4.7 Hardware-Software-Schnittstellendefinition				
	7. System- und Itemintegration und -tests	SYS.4	Systemintegration und Integrationstests		10.4.2 Integration und Verifizierung
	8. Sicherheitsvalidierung	SYS.5	Systemqualifikationstests	11	Validierung der Cybersicherheit

→

Funktionale Sicherheit ISO 26262:2018		Automotive SPICE®		Cybersecurity ISO/SAE 21434:2021	
Part		Process ID	Process Area	Clause	Sub-clause
6	6. Spezifikation der Softwaresicherheitsanforderungen	SWE.1	Analyse der Softwareanforderungen	10	
	7. Softwarearchitekturdesign	SWE.2	Softwarearchitekturdesign		10.4.1 Design
	8. Design und Implementierung von Software-Units	SWE.3	Detailliertes Softwaredesign und Moduleinheiten		
	9. Software-Unit-Verifikation	SWE.4	Software-Unit-Verifikation		
	10. Softwareintegration und -verifikation	SWE.5	Softwareintegration und Integrationstests		10.4.2 Integration und Verifikation
	11. Testen der eingebetten Software	SWE.6	Softwarequalifikationsprüfung		11. Validierung der Cybersicherheit

Tab. 8.5 *Überlappende Bereiche zwischen ISO 26262, Automotive SPICE® und ISO/SAE 21434*

Bezug zu Qualitätsstandards und Cybersecurity

Automotive SPICE® deckt den gesamten Bereich der Systementwicklung ab und bietet einen Rahmen für die Festlegung und Bewertung des Prozesses der Systementwicklung (Hardware, Software, Mechanik) in der Automobilindustrie. Die Einführung von Automotive SPICE® führt unmittelbar zu einer Verfeinerung der Prozesse und somit zu einer besseren Softwarequalität.

Automotive SPICE® orientiert sich in der Darstellung am V-Modell, verlangt aber keine Entwicklung nach dem V-Modell. Automotive SPICE® identifiziert Management-, Unterstützungs- und Entwicklungsprozesse. Im Wesentlichen fordert dieses Prozessreifegradmodell die Anwendung gängiger Praktiken, um nachvollziehbare, messbare und qualitativ hochwertige Ergebnisse zu erzielen. Gleichzeitig wird die Bewertung von Zulieferern auf Prozessebene ermöglicht. Das zugrunde liegende Prozessreferenzmodell definiert jeden Prozess in Bezug auf seinen Zweck und die erwarteten Ergebnisse.

Die in ISO 26262 vorgeschriebene funktionale Sicherheit von Straßenfahrzeugen fügt eine weitere Dimension hinzu. Neben der Verbesserung der System- und Softwarequalität kommt auch dem Sicherheitsaspekt eines Automotive-Systems eine wichtige Bedeutung zu. Die ISO 26262 ist eine De-facto-Norm für die funktionale Sicherheit von Kraftfahrzeugen, an die sich alle Straßenfahrzeuge halten müssen.

Tipp

In Abschnitt 5.10, »Das Lebenszyklusmodel der ISO 26262«, gehen wir direkt auf den Bezug zwischen Automotive Spice® und ISO/SAE 21434 ein.

8.6 Sicheres Zeitverhalten

An eingebettete Systeme werden oft zusätzliche Anforderungen für Echtzeitsysteme gestellt. Echtzeitsysteme sind Systeme zur unmittelbaren Steuerung und Ausführung von Prozessen, die festgelegte quantitative Echtzeitanforderungen, d.h. Anforderungen an das Zeitverhalten, erfüllen müssen. Nachfolgend werden die Herausforderungen, Abhängigkeiten und Anforderungen, die die Echtzeit bewirken, im Detail erläutert.

Zwei Arten von Anforderungen an Echtzeitsysteme lassen sich unterscheiden:

Harte und weiche Echtzeitsysteme

- **Harte Echtzeitanforderungen:** Eine Überschreitung der Antwortzeit führt zu einem Ausfall. Die präzise Zeiterfassung der bereitzustellenden Anwendung erfordert Berechnungen gemäß den Prinzipien der Echtzeit-Systemtheorie wie z. B. das Scheduling. Echtzeitsysteme erzielen stets korrekte Ergebnisse innerhalb der festgelegten Zeitgrenzen. Auf diese Eigenschaft kann man sich bei der Verwendung eines harten Echtzeitsystems verlassen. Werden die Zeitgrenzen verletzt, ist die funktionale Sicherheit des Systems gefährdet.
- **Weiche Echtzeitanforderungen:** Solche Systeme verarbeiten in der Regel alle eingehenden Eingaben schnell genug. Die Antwortzeit erreicht z. B. einen akzeptablen Durchschnittswert oder ein anderes statistisches Kriterium. Die Zeitanforderungen dienen hier als Richtlinie. Eine Überschreitung der Zeitanforderung muss nicht zwangsläufig als Ausfall oder Gefährdung der Sicherheitseigenschaften betrachtet werden. Einerseits kann die Zeit häufig überschritten werden, solange sie noch innerhalb eines Toleranzbereichs liegt. Andererseits kann sie nur selten deutlich überschritten werden.

8.7 Wichtige Kenngrößen der Zeit

Das Zeitverhalten eines eingebetteten Systems kann simuliert oder gemessen werden, aber auch unter bestimmten Randbedingungen formal verifiziert werden. Dazu werden geeignete Timing-Parameter herangezogen. Timing-Parameter bezeichnen spezifische Zeitangaben oder -größen, die das zeitliche Verhalten eines Systems, einer Komponente oder eines Prozesses beschreiben. Im Embedded Engineering dienen Timing-Parameter zur Definition der maximalen/minimalen Zeitdauer, die ein System benötigt, um eine bestimmte Aufgabe auszuführen (z. B. Latenzzeit, Reaktionszeit, Jitter, Taktraten). Diese Timing-Parameter werden bei der Systemauslegung und bei der formalen Verifikation herangezogen, damit gewährleistet ist, dass alle zeitlichen Anforderungen unter den definierten Randbedingungen liegen.

Tabelle 8.6 listet die wichtigsten Timing-Parameter auf, die auf die meisten Echtzeitsysteme übertragbar sind.

Timing-Parameter	Beschreibung
CET	Core Execution Time, Nettolaufzeit
DT	Delta Time, Deltazeit
PER	Period, Periode
Offset	Offset
JIT	Jitter
J	Absolute Jitter
RT	Response Time
DL	Deadline
GET	Gross Execution Time
IPT	Initial Pending Time, Initialwartezeit
ST	Slack Time, Restzeit
NST	Netto Slack Time, Nettorestzeit
PRE	Preemption Time, Unterbrechungszeit
NPR	Number of Preemptions, Anzahl der Unterbrechungen
FRT	Fault Reaction Time, Fehlerreaktionszeit
WCET	Worst Case Execution Time = theoretical maximum CET

Tab. 8.6 *Timing-Parameter als Kenngrößen für RTOS Scheduling (nach [Gliwa 2021])*

> Ein RTOS (Real-Time Operating System) ist ein Betriebssystem, das zeitkritische Aufgaben innerhalb definierter Zeitrahmen ausführt, die durch die Scheduling-Strategie bestimmt werden.

Die folgende Definition der Laufzeitsituation (siehe Abbildung 8.4) ordnet ausgewählte Timing-Parameter im Zeitdiagramm aus der Sicht von Task B in ihrem Verhältnis zu Task A und Task C an: Die Timing-Parameter CET, GET, IPT und RT behandeln die zeitlichen Eigenschaften einer Task- oder Interrupt-Instanz. Die Parameter DT, PER, ST und NST hingegen regeln die zeitliche Beziehung zwischen zwei solchen Instanzen. Es ist jedoch zu beachten, dass bei NST auch andere Instanzen von verschiedenen Tasks oder Interrupts eine Rolle spielen können.

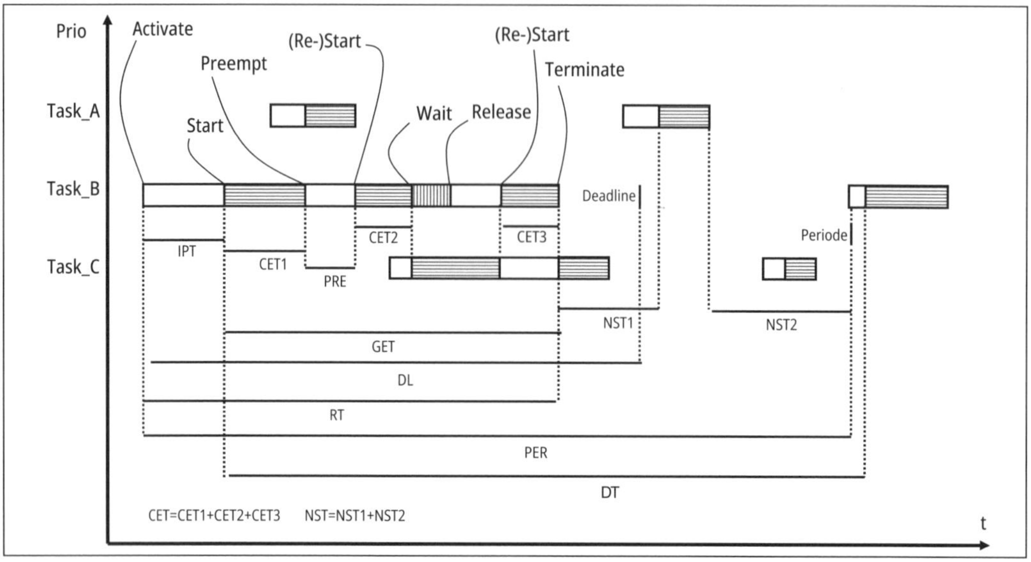

Abb. 8.4 *Timing-Parameter im Zeitdiagramm aus der Sicht von Task B in ihrem Verhältnis zu den Tasks A und C*

Die Fehlerreaktionszeit (FRT) ist die Dauer, die vom Auftreten eines Fehlers bis zur Rückkehr in einen sicheren Zustand benötigt wird.

Die Worst Case Execution Time (WCET), auch maximale Laufzeit oder maximale Ausführungszeit genannt, kennzeichnet die längste Zeitspanne, die ein Computerprogramm oder ein Programmabschnitt auf einer spezifischen Plattform benötigen kann. Diese Zeit wird durch folgende Faktoren beeinflusst:

- Die Struktur des Programms (Kontrollflussgraph)
- Die Eingabedaten (einschließlich der Auswirkungen auf Schleifendurchläufe usw.)
- Die Optimierungsstufe des Compilers
- Die Architektur sowie die Taktfrequenz des Ausführungsrechners (unter Berücksichtigung von Cache- und Pipelining-Effekten)

8.7.1 Die Zeit in der ISO 26262:2018

Die normative Sicht der ISO 26262 auf Timing und Echtzeitsysteme findet sich in keinem eigenen Normenteil. Die Hinweise zum Umgang mit den Zeitanforderungen sind in den verschiedenen Normenteilen einzeln aufgeführt. Bei der systematischen Suche nach Timing ergeben sich 90 Treffer in den Normenteilen 1 bis 12 der ISO 26262, davon die Hälfte im Halbleiterteil ISO 26262-11.

Tabelle 8.7 gibt einen zusammenfassenden Überblick über die system-, hardware- und softwarerelevanten Zeitvorgaben der ISO 26262. Da die Fachsprache im Bereich der Echtzeitsysteme Englisch ist, sind die Einträge in der folgenden Tabelle strikt in englischer Sprache gehalten. Die ISO 26262 bezieht sich hauptsächlich auf einen probabilistischen, testgetriebenen Ansatz zur Verifikation des korrekten Zeitverhaltens. Es werden auch (semi)formale Ansätze genannt, z.B. die Nutzung von Zeitdiagrammen und die Scheduling-Simulation. Als formale Methode ist auch die statische Codeanalyse zur Verifikation der Zeitanforderungen möglich.

Quelle	Anforderung/Methode
ISO 26262-3:2018	▪ Zeitanforderungen auf Fahrzeugebene, beispielsweise die Fehlerreaktionszeit
ISO 26262-4:2018	▪ Fehlerbehandlungszeit der Sicherheitsmechanismen ▪ Performanztest zur Überprüfung des Task Scheduling ▪ Schnittstellentest hinsichtlich Zeitanforderung ▪ Ein Leistungstest kann die Leistung (z.B. Aktuatorschnelligkeit oder -stärke, gesamte Systemreaktionszeiten) der Sicherheitsmechanismen des Systems überprüfen.
ISO 26262-5:2018	▪ Zeit- und Erkennungsfähigkeiten eines Watchdog ▪ Ausführungszeit der Sicherheitsmechanismen ▪ Selbsttest durch Software ▪ Fehlertoleranzzeit der HW ▪ Output Monitoring ▪ Fehlererkennung (Vergleich, Voting) ▪ Program Sequence Monitoring ▪ Logical monitoring of programme sequence
ISO 26262-6:2018	▪ Scheduling-Analyse durchführen ▪ Identifikation von Zeitfehlern: blocking of execution, deadlocks, livelocks, incorrect allocation of execution time, incorrect synchronization between software elements ▪ Identifikation von Zeitinterferenzen mit Check-Point-Techniken ▪ Signalanalyse: signal too late, signal too early, no signal
ISO 26262-8:2018	▪ Semiformale Notationen für Anforderungsspezifikationen: Zeitdiagramme

→

Quelle	Anforderung/Methode
ISO 26262-10:2018	▪ Beschreibung des Safety Case: Fault detection time interval (FDTI), fault tolerant time interval (FTTI), fault reaction time interval (FRTI), emergency operation tolerance time interval (EOTTI) and diagnostic test time interval (DTTI) ▪ Wenn ein System nach dem Erreichen eines anderen sicheren Zustands weiterhin bestimmte Funktionen ohne zeitliche Einschränkungen bereitstellt, wird die ASIL-Fähigkeit der verbleibenden Sicherheitsmaßnahmen bewertet.

Tab. 8.7 *Zusammenfassung der Anforderungen an das Zeitverhalten in der ISO 26262:2018 in ihren Teilbänden*

Tipp

Diese zusammenfassende Tabelle kann als Checkliste zur Überprüfung des Zeitverhaltens des sicherheitsgerichteten eingebetteten Systems herangezogen werden.

8.7.2 Timing-Analysetechniken

Die in Tabelle 8.7 aufgeführten Anforderungen an das Zeitverhalten aus der ISO 26262:2018 können mit Timing-Analysetechniken verifiziert werden. Die Analysetechniken für das Zeitverhalten lassen sich nach ihrem Gültigkeitsbereich und ihrer Betrachtungsebene unterscheiden. Abbildung 8.5 trifft die folgende Einteilung:

- Timing auf der Kommunikationsebene bezieht sich auf Buslaufzeiten, Netzwerke und umfasst Antwortzeiten, Bandbreiten, Auslastungen und Puffergrößen.
- Die Interaktion mit der Außenwelt erfordert die Einhaltung des Timings, z.B. bei der Car2x-Kommunikation, um rechtzeitig Warnungen zu übermitteln.
- »Netzwerk« bezieht sich auf den Verbund von Steuergeräten und Bussen, z.B. in Maschinen oder Fahrzeugen.
- Steuergeräte-Timing-Analyse betrifft Prozessoren und deren Interprozessorkommunikation, z.B. über SPI.
- Die Scheduling-Ebene (RTOS-Ebene) befasst sich mit den zeitbezogenen Effekten der Softwareorganisation durch das Betriebssystem, einschließlich der Antwortzeit von Tasks.
- Die Prozessorebene umfasst das Multicore-Scheduling, bei dem Betriebssysteme CPUs überwachen und Threads zwischen ihnen verschieben können.

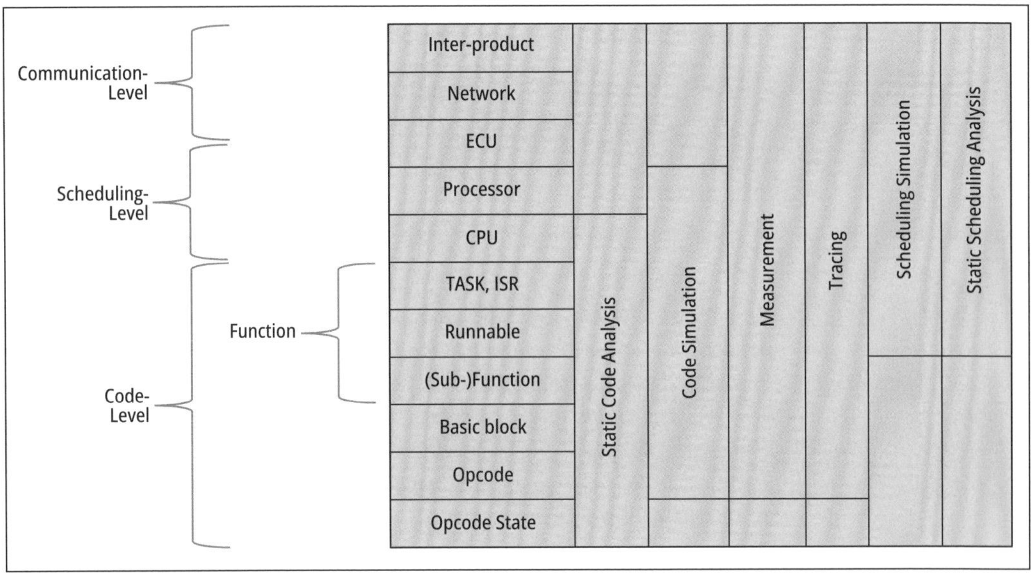

Abb. 8.5 *Übersicht der Timing-Analysetechniken und deren Einsatzbereiche (nach [Gliwa 2021])*

- Höhere Ebenen bleiben außerhalb der Zuständigkeit des Betriebssystems, z. B. das Starten von Tasks auf anderen Prozessoren.
- CPU ist die Ausführungseinheit für Befehlsketten; Singlecore Scheduling findet auf dieser Ebene statt.
- Die Codeebene analysiert die Abarbeitung und Nettolaufzeit von Elementen, einschließlich der Core Execution Time (CET).
- Funktionen umfassen C-Funktionen, Tasks und Interrupt-Service-Routinen; die Hierarchie der Ebenen wird dargestellt.
- Runnable (top-level function) wird von Tasks aufgerufen, die wiederum Funktionen auf oberster Ebene verwenden, um Betriebssystemaufgaben zu erfüllen.

> Eine ausführliche Diskussion der Timing-Analysetechniken findet sich z. B. in [Gliwa 2021].

Tipp

8.7.3 Projektstory ADAS NextGen: Scheduling

Die Drivesmart AG hat sich im Rahmen ihres ADAS-Projekts für den Einsatz von Rate-Monotonic Scheduling (RMS) entschieden.

> Rate-Monotonic Scheduling (RMS) ist ein Algorithmus, bei dem Tasks auf der Grundlage ihrer Perioden (Wiederholungsintervall) priorisiert werden. Tasks mit kürzeren Perioden haben eine höhere Priorität.

Scheduling-Algorithmen können in solche mit statischer Prioritätenvergabe zur Designzeit und solche mit dynamischer Prioritätenvergabe zur Laufzeit unterteilt werden. Präemptives Scheduling erlaubt das Unterbrechen laufender Tasks, um einer höher priorisierten Task die Ausführung zu ermöglichen. Nicht präemptives Scheduling erlaubt keine Unterbrechung laufender Aufgaben und lässt diese ihre Ausführung beenden, bevor eine neue Aufgabe gestartet wird.

Im Timing-Workshop sitzen die Systemarchitektin Anja Bau, die Testleiterin Ulla Wahrlich, der Qualitätsmanager Dave Rugby sowie mehrere Entwickler und Tester zusammen. Das Team diskutiert ein kritisches Problem: Eine sicherheitsrelevante ASIL-D-Task verfehlt wiederholt ihre Deadline von 6 ms. Bei der Analyse zeigt Anja, dass die QM-Tasks i und j durch die Prioritätsvergabe des Rate-Monotonic Scheduling (RMS) vor der ASIL-D-Task liegen und sie dadurch immer wieder verdrängen. Abbildung 8.6 veranschaulicht das Interferenzproblem.

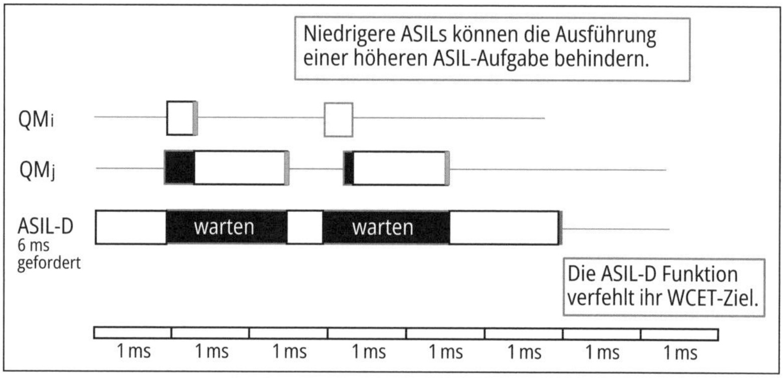

Abb. 8.6 *Interferenzproblem bei ASIL-D-Task mit QM-Tasks in einer Rate-Monotonic-Scheduling-Situation*

Das Team erkennt die Dringlichkeit: Eine verletzte Deadline bei sicherheitsrelevanten Aufgaben kann schwerwiegende Folgen haben. Anja stellt klar, dass die Zeitüberschreitung verhindert werden könnte, wenn die Priorität der Tasks entsprechend ihrer ASIL-Kritikalität festgelegt wird, nicht nur nach Perioden. Alternativ wäre ein angepasster Scheduling-Algorithmus denkbar, der hochkritischen Tasks jederzeit Vorrang einräumt. Beide Ansätze erhöhen die Zuverlässigkeit des Systems und sichern die termingerechte Ausführung der ASIL-D-Funktion.

Tipp

Empfehlenswert ist die Nutzung von Simulationssoftware für das Scheduling, die speziell für Echtzeit-Scheduling-Zwecke entwickelt wurde.

8.7.4 ISO 26262:2018 und SoC (System-on-Chip)

Nach den hier im Kapitel behandelten unterstützenden Prozessen, den Grundlagen zu SEooC, den verknüpften Normen und dem Timing-Verhalten richtet sich der Blick nun auf ein spezielle Anwendungsfeld: die Entwicklung von System-on-Chip (SoC). Aus Sicht der funktionalen Sicherheit stellt ein SoC eine besondere Herausforderung dar: Werden sicherheitskritische und nicht sicherheitskritische Funktionen auf demselben Chip ausgeführt, müssen Isolation, Interaktion und Timing streng kontrolliert werden. Genau an diesem Punkt setzt die ISO 26262 an. Sie liefert den Rahmen, um auch bei hochintegrierten Halbleitern einen konsistenten Sicherheitsnachweis zu erbringen. Wir behandeln im folgenden Kapitel die Frage, wie die Anforderungen der ISO 26262 dabei angewendet werden können, und liefern konkrete Leitlinien.

9 Leitlinien für die Anwendung der ISO 26262 bei der Entwicklung eines SoC

Gibt es jemand, der so weise ist, dass er aus den Erfahrungen anderer lernt?

(Voltaire)

Die Entwicklung hochkomplexer Fahrerassistenzsysteme (ADAS) erfordert zunehmend die Integration von System-on-Chips (SoCs). Ein SoC ist ein hochintegriertes Halbleiterbauelement, das die wesentlichen Komponenten eines Computers oder eines anderen elektronischen Systems auf einem einzigen Chip vereint, einschließlich Prozessorkerne, Speicher, digitaler und analoger Schnittstellen sowie spezieller Funktionsblöcke. Die monolithische Integration dieser vielfältigen Funktionen auf einem Substrat bringt signifikante Vorteile hinsichtlich Miniaturisierung, Performance und Energieeffizienz mit sich, stellt aber zugleich spezifische Anforderungen an die funktionale Sicherheit nach ISO 26262.

Dieses Kapitel zeigt, wie die ISO 26262:2018 in der Praxis auf die Entwicklung eines ADAS-SoC angewendet werden kann. Dazu werden zentrale Aktivitäten und Leitlinien vorgestellt, die Entwicklerinnen und Entwicklern helfen, funktionale Sicherheit systematisch in Architektur, Design und Verifikation eines ADAS-SoC umzusetzen.

9.1 Unterteilung eines SoC

Wie in Abbildung 9.1 dargestellt, kann ein SoC in verschiedene Teile und Unterteile gegliedert werden.

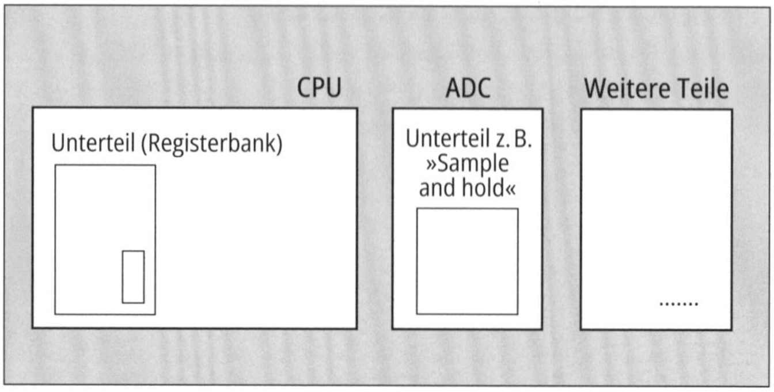

Abb. 9.1 *Unterteilung eines SoC in Teile und Unterteile*

Jede Halbleiterkomponente, die als Teil der Item-Entwicklung gemäß ISO 26262:2018 entwickelt wird, muss nach den Hardware-Sicherheitsanforderungen (abgele itet aus den Sicherheitszielen und dem technischen Sicherheitskonzept) gemäß ISO 26262-5:2018 entwickelt werden. Die Diagnoseabdeckungen für relevante Fehlermodi zur Erfüllung der Hardwarearchitekturmetriken (SPFM, LFM) und Ausfallwahrscheinlichkeit (PMHF) des SoC müssen erreicht werden.

Tipp

Die Berechnung der Hardwarearchitekturmetriken erläutern wir intensiv in Kapitel 5, »Das Lebenszyklusmodell der ISO 26262«.

Um verteilte Entwicklungen einzubeziehen, kann das SoC die von SPFM, LFM und PMHF abgeleiteten Zielwerte auf der Elementebene verwenden.

9.2 Betrachtung von zufälligen Hardwarefehlern und SoC-Ausfallarten

Zufällige Hardwarefehler und Ausfallarten in einem SoC sind wie in Abbildung 9.2 dargestellt miteinander verknüpft. Die Art des Ausfalls kann abstrakt oder auf eine bestimmte Implementierung zugeschnitten sein, z. B. bezogen auf einen Pin eines Bauteils, einer Komponente oder eines Unterteils. Eine weitere Charakterisierung der Ausfallarten ist möglich.

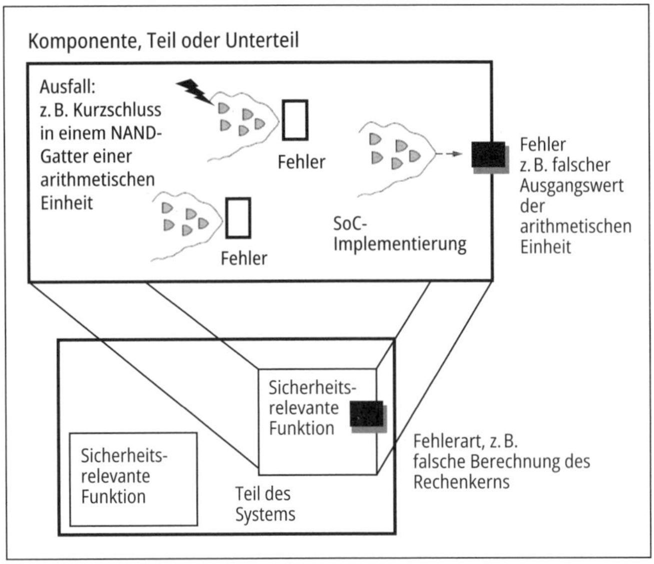

Abb. 9.2 *Verknüpfung von zufälligen Hardwarefehlern und Ausfallarten in einem SoC*

Das Auftreten eines Fehlers ist mit der Fehlerart verbunden oder umgekehrt. In der Phase des Sicherheitskonzepts müssen die Fehlerarten zusammen mit einem Sicherheitsmechanismus detailliert identifiziert werden. Im Falle einer CPU mit einem Hardware-Lock-Step-Sicherheitsmechanismus können die Fehlerarten z.B. durch Betrachtung der CPU-Funktion als Ganzes definiert werden. Die Basisausfallrate wird auf die einzelnen Ausfallarten verteilt. Diese Verteilung erfolgt in Übereinstimmung mit dem jeweiligen Sicherheitsmechanismus. Mithilfe einer Fehlerbaumanalyse (FTA) oder Fehlermöglichkeits- und Einflussanalyse (FMEA) ist es möglich, die detaillierten Fehlerarten zu identifizieren und sie bis zur Komponentenebene zu kombinieren.

Gerade bei hochintegrierten SoCs ist es entscheidend, Fehlerarten nicht isoliert, sondern in ihrer hierarchischen Beziehung zu betrachten. Ein einzelner Defekt auf Elementebene – etwa ein Kurzschluss in der ALU-Logik – kann sich über mehrere Abstraktionsebenen fortpflanzen und schließlich als falscher Aktuator-Output auf Systemebene sichtbar werden (vgl. Tabelle 9.1). Die ISO 26262-5 fordert deshalb, Fehlerarten systematisch zu identifizieren und deren Auswirkungen bis auf Komponenten- und Teilebene nachzuvollziehen. Die strukturierte Zerlegung von oben nach unten oder die Aggregation von unten nach oben ermöglicht es, geeignete Sicherheitsmechanismen gezielt zuzuordnen. Methoden wie FTA oder FMEA unterstützen dabei, diese Zusammenhänge transparent darzustellen und die Zuverlässigkeit des SoC bereits in der Konzeptphase systematisch abzusichern.

Systemebene	Falscher Aktuator-Output
Komponentenebene	Falscher Output des integrierten Schaltkreises
Teilebene	Falsche Daten erzeugt von der CPU
Unterteilebene	Falsche Datenverarbeitung in der ALU
Elementare Teilbereichsebene	Kurzschluss eines Flip-Flops in der ALU-Logik

Tab. 9.1 *Beispiel für einen Bottom-up-Ansatz zur Ableitung der Fehlerarten auf Systemebene (ALU - Arithmetic Logic Unit)*

Neben den zufälligen Hardwarefehlern spielt bei modernen SoCs auch die Wiederverwendung von bestehenden Schaltungsblöcken eine zentrale Rolle. Hier kommt das Konzept der Intellectual Property (IP) ins Spiel.

9.3 Geistiges Eigentum (Intellectual Property, IP)

IP oder ein IP-Block ist eine wiederverwendbare Logik oder ein integriertes Schaltungslayout, das als geistiges Eigentum der Entwicklungsfirma gilt. Solche IP-Kerne können an andere Firmen lizenziert werden oder im Besitz einer Firma bleiben und ausschließlich dort genutzt werden. Der Begriff leitet sich aus der Lizenzierung von Patenten oder dem Urheberrecht am Quellcode ab, das für den jeweiligen Entwurf besteht.

Entwickler von anwendungsspezifischen integrierten Schaltungen (ASIC) oder Systemen mit Feld-programmierbarer Gate-Array-Logik (FPGA) greifen häufig auf IP-Kerne zurück, um ihre Designs schneller und standardisiert aufzubauen. Die Integration von IPs erfolgt in der Regel über eine grafische Benutzeroberfläche, die die Verbindung verschiedener IPs erleichtert. Die Verantwortung für das Zusammenführen der Blöcke – auch aus unterschiedlichen Quellen – trägt der sogenannte IP-Integrator, der die Bausteine zu einem Gesamtdesign mit allen Sicherheitsanforderungen kombiniert. Dabei können verschiedene Ansätze für die Verwendung von IPs zum Einsatz kommen (vgl. Abbildung 9.3).

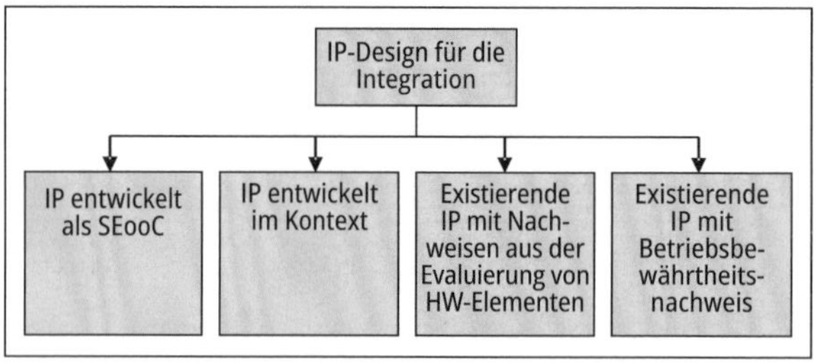

Abb. 9.3 *Möglichen Ansätze für die Verwendung von IPs in sicherheitsrelevanten SoC-Designs*

Die in Abbildung 9.3 dargestellten Möglichkeiten verdeutlichen, dass IP-Blöcke auf unterschiedliche Weise in sicherheitsrelevante SoC-Designs eingebunden werden können. Im nächsten Schritt werden diese Ansätze einzeln betrachtet – beginnend mit der Entwicklung von IP als Safety Element out of Context (SEooC).

9.3.1 IP entwickelt als Safety Element out of Context (SeooC)

Bei der Entwicklung einer SEooC-IP müssen die relevanten Sicherheitsaktivitäten gemäß ISO 26262-2:2018, Abschnitt 6.4.5.7, angepasst umgesetzt werden.

> Entscheidend ist: Auch bei einem SEooC dürfen keine Schritte des Sicherheitslebenszyklus ausgelassen werden. Können einzelne Aktivitäten während der SEooC-Entwicklung noch nicht abgeschlossen werden, müssen sie spätestens während der Systementwicklung nachgeholt werden.

- **Umgang mit ASIL-Diskrepanzen**

  Treten Unterschiede zwischen der ASIL-Fähigkeit des SEooC (siehe ISO 26262-1:2018, Abschnitt 3.2) und den vom IP-Integrator geforderten ASIL-Anforderungen auf, kann der Integrator zusätzliche Sicherheitsmechanismen außerhalb des IP implementieren. Ergänzend sind auch systematische Maßnahmen zur Fehlervermeidung zu berücksichtigen.
- **ASIL-Zerlegung**

  Eine ASIL-Dekomposition nach ISO 26262-9:2018, Abschnitt 5, ist möglich, sofern nachgewiesen werden kann, dass redundante und unabhängige Anforderungen existieren und die Methoden zur systematischen Fehlervermeidung und -kontrolle für die integrierte IP angewendet werden.
- **Annahmen und Verwendungskontext**

  Ein SEooC wird auf der Grundlage von Annahmen über die beabsichtigte Funktionalität und den Verwendungskontext, einschließlich externer Schnittstellen, entwickelt. Diese Annahmen werden bewusst so aufgestellt, dass sie eine Obermenge möglicher Zielsysteme abdecken. Dadurch kann das SEooC in unterschiedlichen Designs wiederverwendet werden. Die Gültigkeit dieser Annahmen ist im konkreten Zielsystem zu überprüfen, in das das SEooC integriert wird.
- **Konfigurierbarkeit und Verifikation**

  Oft ist ein SEooC-IP so konzipiert, dass es für verschiedene Designs konfiguriert werden kann. Die Konfiguration kann vor oder nach der

Synthese erfolgen oder über Fuse, Laser Cut, Flash oder andere Programmiermethoden. Der IP-Lieferant stellt dafür detaillierte Informationen zu den unterstützten Konfigurationen bereit, die durch Test- und Verifikationsaktivitäten abgesichert wurden.

9.3.2 IP im Kontext entwickelt

Bei der Entwicklung von IP im Kontext passt der IP-Lieferant die Sicherheitsaktivitäten an. Bei kontextbezogenen Entwürfen kann der IP-Lieferant die IP mit Kenntnis der Sicherheitsanforderungen entwickeln. Dies ermöglicht eine gezieltere Absicherung der funktionalen Sicherheit und sorgt für eine optimierte Integration in das übergeordnete System.

Die funktionale Sicherheit eines Systems hängt maßgeblich von der Interaktion seiner einzelnen Komponenten ab. Ein IP-Block, der isoliert entwickelt wird, kann zwar generische Sicherheitsmaßnahmen enthalten, jedoch ist die tatsächliche Effektivität dieser Maßnahmen erst im Kontext des Zielsystems bewertbar.

Ein kontextbezogener Entwicklungsansatz bietet mehrere Vorteile:

- **Gezielte Sicherheitsmaßnahmen:** Anstatt generische Sicherheitsmechanismen einzubauen, kann der IP-Lieferant spezifische Maßnahmen implementieren, die genau auf die Systemanforderungen abgestimmt sind.
- **Optimierte Integration:** Da die Sicherheitsanforderungen des Zielsystems bekannt sind, kann die IP so gestaltet werden, dass sie sich nahtlos in das Gesamtsystem einfügt, ohne überflüssige oder unzureichende Mechanismen.
- **Effizientere Verifikation und Validierung:** Die Sicherheitsnachweise können gezielt erbracht werden, da klar ist, welche Anforderungen erfüllt werden müssen.
- **Abstimmung zwischen IP-Lieferant und Systemintegrator:** Bei der Entwicklung im Kontext erfolgt eine frühzeitige Abstimmung zwischen dem IP-Lieferanten und dem Systemintegrator. Dies betrifft insbesondere:
  - **Definition der Sicherheitsziele und -anforderungen:** Der IP-Lieferant erhält Zugriff auf die relevanten Sicherheitsanalysen des Gesamtsystems, um die IP-spezifischen Maßnahmen daraus abzuleiten.
  - **Berücksichtigung von ASIL-Anforderungen:** Falls das Zielsystem der ISO 26262:2018 unterliegt, muss der IP-Lieferant entsprechende Sicherheitsanforderungen berücksichtigen und einhalten.

- **Dokumentation und Nachweisführung:** Eine kontextbezogene Entwicklung erleichtert die Erstellung der für eine Zertifizierung notwendigen Sicherheitsdokumentation, da die Anforderungen von Beginn an berücksichtigt werden.

Die kontextbezogene IP-Entwicklung bringt auch Herausforderungen mit sich:

- **IP-Wiederverwendbarkeit:** Eine zu spezifische Anpassung an einen bestimmten Kontext kann die Wiederverwendbarkeit der IP einschränken. Daher sollten modulare Sicherheitskonzepte bevorzugt werden.
- **Zugänglichkeit sicherheitskritischer Informationen:** Der IP-Lieferant benötigt detaillierte Informationen über das Zielsystem, was aus Datenschutz- oder Wettbewerbsgründen problematisch sein kann. Hier können abgesicherte Kommunikationskanäle und vertragliche Regelungen helfen.
- **Integration in unterschiedliche Sicherheitskonzepte:** Falls eine IP in verschiedenen Systemen genutzt wird, muss sie so gestaltet sein, dass sie unterschiedliche Sicherheitskonzepte unterstützen kann.

Erkenntnis

Die Entwicklung von IP im Kontext funktionaler Sicherheit bietet erhebliche Vorteile hinsichtlich Effizienz, Sicherheit und Zertifizierbarkeit. Durch eine enge Abstimmung mit dem Systemintegrator können gezielt Sicherheitsmaßnahmen implementiert werden, die genau auf die Anforderungen des Zielsystems zugeschnitten sind. Trotz Herausforderungen wie der Balance zwischen Spezialisierung und Wiederverwendbarkeit ermöglicht dieser Ansatz eine optimierte Sicherheitsarchitektur und reduziert den Aufwand für Nachweise und Verifikation.

9.3.3 IP-Nutzung durch Evaluierung des Hardwareelements

In Fällen, in denen keine SEooC- oder kontextbezogenen Sicherheitsinformationen für eine IP verfügbar sind, kann die in ISO 26262-8:2018, Abschnitt 13, beschriebene Evaluierung von Hardwareelementen genutzt werden. Diese Methode ermöglicht es, das Vertrauen in die sicherheitsrelevanten Eigenschaften eines IP-Blocks zu erhöhen, auch wenn keine vollständige Sicherheitsdokumentation vorliegt.

Ein IP-Block ist oft als wiederverwendbare Hardwarekomponente konzipiert und kann in verschiedenen Systemen eingesetzt werden. Falls der IP-Lieferant keine detaillierten Sicherheitsinformationen bereitstellt oder der IP-Block ursprünglich nicht für sicherheitskritische Anwendungen entwickelt wurde, kann die Evaluierung gemäß ISO 26262-8:2018, Abschnitt 13, genutzt werden, um seine Eignung für sicherheitsrelevante Systeme zu bewerten. Diese Evaluierung ist besonders relevant in folgenden Szenarien:

- **IP aus Drittsystemen:** Die IP wurde für eine allgemeine Nutzung entwickelt und enthält keine dedizierten FuSi-Informationen.
- **Legacy-IP:** Ältere oder bereits existierende IP-Blöcke, für die keine formalen Sicherheitsanalysen durchgeführt wurden.
- **Proprietäre oder unvollständig dokumentierte IP:** IP-Blöcke, für die sicherheitsrelevante Informationen aus lizenzrechtlichen oder technischen Gründen nicht vollständig verfügbar sind.

Tipp

Beim Evaluierungsansatz gemäß ISO 26262-8:2018, Abschnitt 13, erfolgt die Evaluierung eines Hardwareelements anhand strukturierter Analysen, die dazu dienen, die Vertrauenswürdigkeit des IP-Blocks für eine sicherheitsrelevante Anwendung zu bewerten.

Die folgenden Hauptaspekte werden betrachtet:

- Technische Analyse der IP:
  - Untersuchung der Architektur und Designprinzipien der IP
  - Identifikation von Mechanismen zur Fehlererkennung und -behebung (z. B. Paritätsprüfungen, ECC-Schutz, Watchdog-Timer)
  - Bewertung der internen Redundanzmechanismen und deren Effektivität in Bezug auf Sicherheitsziele
- Bewertung der Qualität und Zuverlässigkeit:
  - Analyse von Fertigungsdaten und Feldausfallraten, falls verfügbar
  - Untersuchung von bereits dokumentierten Fehlerfällen und deren Auswirkungen
  - Durchführung von Fehleranalysen wie FMEA (Failure Mode and Effects Analysis) oder FMEDA (Failure Modes, Effects and Diagnostic Analysis), falls notwendig
- Fehlermodellierung und Simulation:
  - Injection-Tests zur Validierung des Fehlermanagements innerhalb der IP
  - Analyse potenzieller Common Cause Failures (CCF), falls die IP in redundanten Architekturen genutzt wird
  - Simulation des IP-Verhaltens unter Fehlerbedingungen
- Bewertung der Entwicklungsprozesse:
  - Falls möglich, Überprüfung der Entwicklungsmethodik des IP-Lieferanten
  - Untersuchung, ob bewährte Designrichtlinien für sicherheitskritische Anwendungen eingehalten wurden
  - Vergleich mit Referenz-IP oder etablierten Industriestandards

Praktische Anwendung der Evaluierung für IP

Die Evaluierung von Hardwareelementen kann insbesondere für sicherheitskritische IP-Blöcke angewendet werden, die in Domänen mit hohen ASIL-Anforderungen genutzt werden. Hier einige Anwendungsfälle:

- **Prozessor-IP für Steuergeräte:** Falls keine vollständige Sicherheitsdokumentation vorhanden ist, kann durch eine Evaluierung die Eignung für ASIL-B-Anwendungen geprüft werden.
- **Speicher-IP:** Über Validierung wird bestimmt, ob Fehlererkennungsmechanismen wie ECC (Error Correction Code) ausreichend sind.
- **Kommunikations-IP** (z.B. CAN, Ethernet, PCIe): Analyse der Fehlererkennungsmechanismen auf Übertragungsfehler und mögliche Datenkorruption

Die Evaluierung eines IP-Blocks als Hardwareelement gemäß ISO 26262-8:2018, Abschnitt 13, bietet eine strukturierte Möglichkeit, Sicherheitseigenschaften zu analysieren, selbst wenn keine umfassenden Herstellerinformationen verfügbar sind. Dieser Ansatz ist besonders hilfreich für die Wiederverwendung einer bestehenden IP in sicherheitskritischen Anwendungen und kann dazu beitragen, die funktionale Sicherheit eines Gesamtsystems zu gewährleisten, ohne dass eine vollständige Neukonstruktion der IP erforderlich ist.

9.3.4 IP-Nutzung durch einen Betriebsbewährtheitsnachweis

Wenn der Nachweis der systematischen Fehlervermeidung nicht erbracht werden kann, kann ein Betriebsbewährtheitsnachweis dem IP-Integrator eine Möglichkeit bieten, die Einhaltung der ISO 26262:2018 nachzuweisen. Die Bedingungen für die Gültigkeit eines Betriebsbewährtheitsnachweises können einschränkend sein. Die Sicherstellung eines effektiven Feldüberwachungsprogramms, wie es in ISO 26262-8:2018, Abschnitt 14.4.5.3, beschrieben ist, kann aufgrund des typischerweise begrenzten Feldfeedbacks von Designs, die IPs enthalten, oder aufgrund von Unterschieden in der IP-Konfiguration eine Herausforderung darstellen.

Ein Betriebsbewährtheitsnachweis ist nur dann tragfähig, wenn:

- die IP bereits über viele Betriebsstunden unter vergleichbaren Einsatzbedingungen verwendet wurde,
- die Felddaten systematisch erfasst und dokumentiert sind,
- die Einsatzumgebung und Konfiguration mit dem geplanten Zielsystem übereinstimmen.

Nicht ausreichend ist der Nachweis, wenn:

- nur wenige oder unspezifische Felddaten vorliegen,
- Konfigurationen oder Integrationskontexte abweichen,
- die IP bisher nur in nicht sicherheitskritischen Anwendungen genutzt wurde.

9.4 Arbeitsprodukte für die Entwicklung einer IP

Im Folgenden sind die von der ISO 26262-11:2018 vorgeschlagenen Arbeitsprodukte für die Entwicklung einer IP aufgeführt:

- **Sicherheitsplan:** Für eine IP mit einer oder mehreren zugeordneten Sicherheitsanforderungen wird der Sicherheitsplan auf der Grundlage der Anforderungen in ISO 26262-2:2018, Abschnitt 6.4.6, entwickelt. Es können ein einzelner Plan oder mehrere zusammenhängende Pläne verwendet werden.
- **Dem IP-Design zugeordnete Sicherheitsanforderungen:** Die Hardware-Sicherheitsanforderungen können dem IP-Design gemäß der Definition in ISO 26262-5:2018, Abschnitt 6, zugeordnet werden.
- **Verifizierung des Hardwaredesigns und Überprüfung der Verifizierung des IP-Designs:** Die Kriterien für die Designverifizierung werden für verschiedene Bedingungen definiert, insbesondere für die Umgebungsbedingungen (Vibration, EMI usw.).
- **Der Verifizierungsbericht** enthält die Ergebnisse der zur Verifizierung des IP-Designs durchgeführten Aktivitäten. Für den Verifizierungsprozess kann die ISO 26262-8:2018 herangezogen werden.
- **Sicherheitsanalysebericht:** Die Anforderungen gemäß ISO 26262-9:2018, Abschnitt 8, gelten auch für IP-Designs. Für die qualitative Analyse sollte die Entwicklungsfirma die identifizierten Fehlermodelle der IP bereitstellen, um die Integration zu unterstützen. Bei der quantitativen Analyse sollten die Daten die Bewertung von Hardwarearchitekturmetriken und die Bewertung von Sicherheitszielverletzungen aufgrund zufälliger Hardwarefehler unterstützen (siehe ISO 26262-9:2018, Abschnitt 8.4.10).

Neben diesen Arbeitsprodukten ist im Rahmen der ISO 26262 auch die Analyse von abhängigen Fehlern erforderlich. Sie dient dazu, kaskadierende Ausfälle und gemeinsame Ursachen im SoC zu identifizieren und die Robustheit des Sicherheitskonzepts zu überprüfen.

9.5 Analyse von abhängigen Fehlern (DFA) im SoC

Aufgabe der **D**ependent **F**ailure **A**nalysis (DFA) ist die Identifizierung und Analyse möglicher Ausfälle gemeinsamer Ursachen. Es werden kaskadierende Fehler zwischen bestimmten Elementen innerhalb des SoC betrachtet, die eine Verletzung eines definierten Sicherheitsziels (oder abgeleiteter Sicherheitsanforderungen) mit sich bringen. Die Analyse wird durchgeführt, um potenzielle Schwächen des Sicherheitskonzepts zu bewerten. Darüber hinaus gilt es, den Nachweis zu erbringen, dass die Anforderungen an die Unabhängigkeit, die sich aus der ASIL-Zerlegung (siehe ISO 26262-9:2018, Abschnitt 5) ergeben, oder an die Interferenzfreiheit, die während der Koexistenz-Analyse (siehe ISO 26262-9:2018, Abschnitt 6) ermittelt wurden, erfüllt sind.

Tipp

Die Durchführung der Dependent Failure Analysis (DFA) selbst ist in **ISO 26262-9:2018, Abschnitt 7,** beschrieben. Sie dient dazu, gemeinsame Ursachen für Fehler (Common Cause Failures) sowie Abhängigkeitsfehler zwischen Elementen zu identifizieren.

Die DFA wird im SoC-Kontext insbesondere zwischen Hardwareelementen durchgeführt, die auf demselben Siliziumchip implementiert sind. Betrachtet werden typischerweise diese Hardwareelemente und die ihnen zugeordneten Sicherheitsmechanismen, wie sie im Rahmen der Aktivitäten nach ISO 26262-5:2018 spezifiziert sind.

Der Umfang, die Analysemethode(n) und die erforderlichen Sicherheitsmaßnahmen können von der Art der gegebenen Elemente und der Art der beteiligten Sicherheitsanforderungen (z.B. ausfallsicher) abhängen.

Wie in ISO 26262-1:2018, Abschnitt 3.30, definiert, ist der abhängige Fehlerauslöser (**D**ependent **F**ailure **I**nitiator, DFI) die gemeinsame Ursache, die über Kopplungsfaktoren den gleichzeitigen Ausfall mehrerer Elemente auslösen kann. Ein DFI hilft, Abhängigkeiten zwischen Fehlern sichtbar zu machen und gezielte Gegenmaßnahmen zu entwickeln und zu ergreifen, bevor ein sicherheitskritischer Zustand entsteht. Typische Beispiele für DFIs sind:

- Sensordaten, die eine Fehlfunktion erkennen lassen
- Selbstdiagnosemechanismen in elektronischen Steuergeräten
- Plausibilitätsprüfungen zwischen redundanten Systemen
- Gemeinsame Taktquellen oder Taktdomänen
- Geteilte Stromversorgung oder Reset-Signale
- Speicher- oder Busressourcen, die von mehreren Einheiten gemeinsam genutzt werden
- Externe Störgrößen wie EMV-Ereignisse oder Temperaturspitzen

> **Tipp**
> Die systematische Betrachtung dieser Initiatoren ist in **ISO 26262-9:2018, Abschnitt 7** (Dependent Failure Analysis), beschrieben.

Einige typische Beispiele für Fehlerauslöser, die systematische, umweltbedingte und zufällige Hardwareprobleme berücksichtigen, sind:

- **Systematische Fehlerauslöser** (z. B. Entwicklungs- oder Designfehler)
  - **Fehlerhafte Software-Updates:** Ein **O**ver-**t**he-**A**ir-(OTA-)Update führt aufgrund einer nicht getesteten Konfigurationsänderung zu einer falschen Speicherzuweisung in mehreren Steuergeräten.
  - **Unzureichende Verifikation von Redundanzsystemen:** Zwei redundante Sensoren zur Drehmomentmessung haben denselben systematischen Fehler im Kalibrierungsalgorithmus, wodurch ein sicherheitskritischer Fehler nicht erkannt wird.
  - **Nicht berücksichtigte Interaktion zwischen Softwaremodulen:** Ein Steuergerät verwendet einen globalen Timer für mehrere sicherheitskritische Funktionen, ohne sicherzustellen, dass der Timer korrekt synchronisiert ist.
- **Umweltbedingte Fehlerauslöser** (z. B. äußere Einflüsse wie Temperatur, Feuchtigkeit oder EMV)
  - **Temperaturbedingte Ausfälle:** Durch extreme Hitze im Motorraum wird die interne Widerstandscharakteristik eines Halbleiters verändert, was zu einer fehlerhaften Sensorausgabe führt.
  - **Elektromagnetische Interferenzen (EMI):** Hochfrequente Störungen von einem Hochvoltkabel beeinflussen ein Steuergerät und verursachen zufällige Resets.
  - **Feuchtigkeitseinfluss:** Kondensation innerhalb eines Steckverbinders führt zu Kriechströmen, die eine falsche Spannungsversorgung für mehrere Sensoren verursachen.
- **Zufällige Hardware-Fehlerauslöser** (z. B. Alterung, Materialfehler, Strahlungseinflüsse)
  - **Single Event Upset (SEU) durch kosmische Strahlung:** Ein zufälliger Bit-Flip in einem sicherheitskritischen Speicherregister verändert eine Fahrzeuggeschwindigkeitsberechnung, was zu einer fehlerhaften ABS-Regelung führt.
  - **Elektromigration in Leiterbahnen:** Nach mehreren Jahren im Betrieb brechen feine Leiterbahnen in einem Mikrocontroller, was sporadisch zu unvorhersehbaren Fehlfunktionen in der Bremssteuerung führt.

- **Materialermüdung:** Mechanische Vibrationen führen über die Zeit zu Haarrissen in Lötstellen eines Airbag-Steuergeräts, was eine intermittierende Fehlfunktion verursacht.

Einige zufällige Hardware-DFIs, z.B. gemeinsam genutzte Ressourcen oder interferierende Elemente der betrachteten Elemente, können im Rahmen der Standardsicherheitsanalyse berücksichtigt werden, sobald die Abhängigkeiten identifiziert sind. Diese können entweder als Restfehler, Einfachfehler (SPF) oder Mehrfachfehler (MPF) klassifiziert werden (siehe Anmerkung 1 in ISO 26262-5:2018, Abschnitt 9.4.2.4). Die DFA befasst sich auf qualitative Weise mit den abhängigen Fehlerauslösern, die im Rahmen der Standardsicherheitsanalyse nicht adressiert werden können.

Tipp

Störende Elemente haben die Fähigkeit, Ressourcen anderer Hardwareelemente als Folge eines zufälligen Hardwarefehlers oder eines systematischen Fehlers zu beschädigen: Beispielsweise schreibt ein DMA-Peripheriegerät (Direct Memory Access Peripheral) an eine falsche Adresse und beschädigt sicherheitsrelevante Daten.

Die Liste der DFIs enthält auch einige typische Sicherheitsmaßnahmen, die zur Behebung dieser Probleme eingesetzt werden. Die erforderlichen Sicherheitsmaßnahmen können von der Art der Sicherheitsanforderung abhängen. Eine Anforderung könnte darin bestehen, das Auftreten von abhängigen Fehlern im Feld zu minimieren, eine andere darin, sicherzustellen, dass abhängige Fehler ein Sicherheitsziel nicht verletzen.

Element A und Element B sind Elemente, die aufgrund einer externen Grundursache ausfallen können. Die Grundursache kann ein zufälliger Hardwarefehler oder ein systematischer Fehler sein.

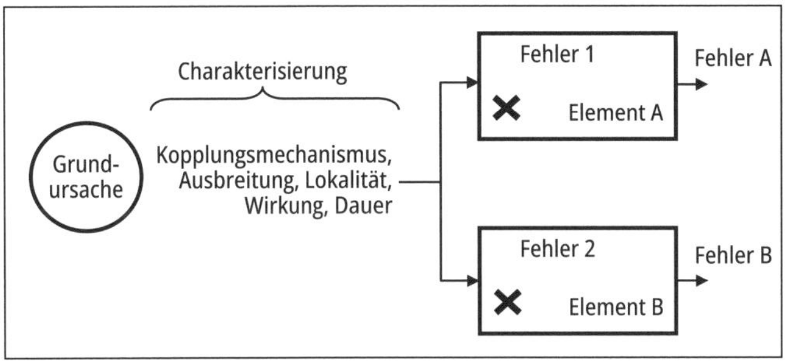

Abb. 9.4 *Schematische Darstellung eines abhängigen Fehlers und seiner DFIs*

Typische Situationen im Zusammenhang mit systematischen Fehlern können Umweltfehler, Entwicklungsfehler usw. sein. Für diese Situationen ist es im Allgemeinen nicht möglich, eine quantitative Analyse durchzuführen. Darüber hinaus kann sich die Ursache innerhalb des betrachteten SoC befinden oder außerhalb, indem sie sich beispielsweise über Signal- oder Stromversorgungsschnittstellen in das SoC ausbreitet.

Abbildung 9.4 zeigt einen Kopplungsmechanismus, der dazu dient, einige beispielhafte Eigenschaften der durch eine bestimmte Ursache erfolgten Störungen zu charakterisieren. Solche Eigenschaften können helfen, die Abhilfemaßnahmen zu spezifizieren und auch die geeigneten Modelle zu definieren, die verwendet werden können, um die Wirksamkeit der Abhilfemaßnahmen zu verifizieren.

Initiatoren und Indikatoren

Ein Initiator ist die gemeinsame Ursache eines Fehlers (z. B. geteilte Stromversorgung), ein *Indikator* ist nur das Symptom, das auf diesen Fehler hinweist (z. B. ein ausgelöster Watchdog).

Neben den eigentlichen Auslösern gemeinsamer Fehler gibt es auch Indikatoren für abhängige Fehler. Darunter versteht man Hinweismerkmale, die auf mögliche Abhängigkeiten hindeuten, aber nicht selbst deren Ursache sind. Beispiele für solche Indikatoren sind:

- Watchdog-Timeouts oder Fehlersignale aus Überwachungsmechanismen
- Auffälligkeiten in Sensordaten, die auf eine gemeinsame Störung schließen lassen
- Nicht bestandene Plausibilitätsprüfungen zwischen redundanten Systemen

Solche Indikatoren zeigen Effekte an, die in einer Dependent Failure Analysis (siehe ISO 26262-9:2018, Abschnitt 7) auf die tatsächlichen Initiatoren zurückgeführt werden müssen.

9.6 ADAS-SoC-Produktion – Anforderungen und Best Practices

Die ISO 26262-7:2018 beschreibt, wie sicherheitskritische Komponenten produziert werden müssen, damit ihre Zuverlässigkeit und Sicherheit über den gesamten Lebenszyklus erhalten bleibt. Für ein ADAS-SoC, das Sensordaten verarbeitet und Fahrfunktionen steuert, gelten dabei besondere Anforderungen. Diese betreffen nicht nur die direkten Hersteller, sondern auch Zulieferer und Subunternehmer, die an der Produktion beteiligt sind. Im nächsten Schritt geht es um die konkrete Planung der Produktion und die Maßnahmen, mit denen sich diese Anforderungen in der Praxis umsetzen lassen.

9.6.1 Planung der Produktion

Die Planung der Produktion sicherheitskritischer Komponenten wie eines ADAS-SoC muss alle relevanten Sicherheitsanforderungen berücksichtigen. Nach ISO 26262-7:2018 sind dafür spezifische Sicherheitsmerkmale festzulegen und ihre Einhaltung während des gesamten Produktionsprozesses sicherzustellen. Diese Merkmale umfassen spezifische Parameter, die die Funktionalität und Integrität sowohl der Hardware- als auch der Softwarekomponenten sicherstellen. Ihre kontinuierliche Überwachung in jeder Phase der Produktion – von der Entwicklung über die Herstellung bis hin zur Auslieferung – ist unerlässlich, um die Sicherheit und Zuverlässigkeit des SoC im späteren Einsatz im ADAS-System zu gewährleisten.

Zu den zentralen Sicherheitsmerkmalen gehören:

- **Elektronische Bauteiltoleranzen:** Beim SoC-Design und in der Fertigung müssen präzise Toleranzen für die einzelnen Halbleiterbauteile festgelegt werden, wie z.B. für Transistoren, Widerstände oder Kondensatoren, die in den verschiedenen Modulen des SoC verwendet werden. Diese Toleranzen beeinflussen direkt die Leistung und die Funktionssicherheit des gesamten Systems.
- **Prozessparameter für die Chipfertigung:** Parameter wie Belichtungszeiten, Temperaturen während des Ätzprozesses oder chemische Eigenschaften bei der Materialbehandlung sind in der Halbleiterfertigung entscheidend. Ihre genaue Überwachung und Validierung sind unerlässlich, um funktionale Mängel zu vermeiden, die die Sicherheit des ADAS-Systems beeinträchtigen könnten.
- **Test- und Kalibrierparameter:** Angesichts der komplexen Integration von Funktionen wie Signalverarbeitung, Datenkommunikation und Schnittstellen im SoC sind exakte Test- und Kalibrierparameter erforderlich. Produktionsbegleitende Tests verifizieren die elektrischen Eigenschaften und die funktionale Integrität, um das ordnungsgemäße Zusammenspiel aller SoC-Module sicherzustellen.
- **Softwareintegration und -verifikation:** Zur Erreichung der sicheren Integration der Software in das SoC muss die Software korrekt auf die Hardware geladen werden und es dürfen keine Codeausführungsfehler auftreten, die zu sicherheitskritischen Fehlfunktionen führen könnten. Insbesondere sind hierbei sichere Boot-Prozesse der Software zu berücksichtigen.
- **Produktionsprozesse und Kontrollmaßnahmen:** Es müssen robuste Produktionsprozesse mit entsprechenden Kontrollmaßnahmen etabliert werden. Dies umfasst insbesondere die korrekte Softwareinstallation, die wesentliche Funktionen im Fahrzeug übernehmen.

- **Kompetenz der Mitarbeiter:** Alle Personen, die an der Produktion beteiligt sind, müssen im Hinblick auf die spezifischen Sicherheitsanforderungen geschult werden. Dazu gehören regelmäßige Schulungen und Qualifikationsmaßnahmen, die sicherstellen, dass jeder Mitarbeiter mit den relevanten Sicherheitsvorgaben vertraut ist und diese anwenden kann.

Produktionsplan

Die Produktion eines ADAS-SoC umfasst mehrere kritische Phasen, darunter die Materialauswahl, die Montage (Assembly), die Softwareprogrammierung sowie eventuell erforderliche Kalibrierung. Diese Phasen müssen gemäß dem festgelegten Produktionsplan durchgeführt werden, der sämtliche sicherheitsrelevanten Anforderungen stringent abdeckt.

9.6.2 Qualitätsmanagement und Integration von IATF 16949:2016

Gemäß ISO 26262-7:2018 können die Anforderungen an den Produktionsprozess auch durch die Integration eines nach IATF 16949:2016 zertifizierten Qualitätsmanagementsystems erfüllt werden. Viele Zulieferer und Subunternehmer verfügen bereits über ein solches System, sodass vorhandene Arbeitsprodukte als Grundlage genutzt werden können. Beispiele hierfür sind:

- **Produktionsplan und Produktionskontrollplan:** Der bestehende Produktionskontrollplan aus dem Qualitätsmanagementsystem kann als Grundlage für den Sicherheitskontrollplan gemäß ISO 26262 verwendet werden. Dieser muss dann ergänzend die sicherheitsrelevanten Aspekte des Produktionsprozesses detailliert beschreiben, einschließlich der verwendeten Prüfmethoden, der eingesetzten Werkzeuge und der Implementierung von Rückverfolgbarkeitsmaßnahmen.
- **Kontrollmaßnahmenbericht:** Der Bericht über Kontrollmaßnahmen, der aus dem Qualitätsmanagementsystem hervorgeht, kann an die spezifischen Anforderungen der ISO 26262 angepasst werden. Der Bericht dokumentiert dann auch die durchgeführten Kontrollen sowie deren Ergebnisse und stellt sicher, dass keine sicherheitskritischen Fehler in der Produktion auftreten.
- Der **Bericht zur Prozessfähigkeit** wird projektspezifisch erstellt, da er unmittelbar die Fähigkeit des Produktionsprozesses im Hinblick auf die sicherheitsrelevanten Anforderungen belegt.

Die Integration von ISO 26262 und IATF 16949 trägt dazu bei, etablierte QM-Arbeitsprodukte effizient weiterzuverwenden und die Produktionsqualität während des gesamten Prozesses zu gewährleisten.

Während sich die Integration von IATF 16949 und ISO 26262 vor allem auf Strukturen, Dokumente und Managementsysteme bezieht, zeigt sich die Wirksamkeit dieser Anforderungen letztlich erst in der täglichen Praxis der Produktion. Dort geht es darum, sicherheitskritische Fehler konkret zu vermeiden und Prozesse so zu überwachen, dass die Anforderungen dauerhaft eingehalten werden.

9.6.3 Sicherheitsanforderungen in der Praxis

Die Planung und Durchführung der Produktion eines ADAS-SoC müssen kontinuierlich überwacht werden, um sicherzustellen, dass keine sicherheitskritischen Fehler auftreten. Wesentliche Maßnahmen umfassen:

- **Fehleranalyse:** Mögliche Produktionsfehler, die die funktionale Sicherheit beeinträchtigen könnten, müssen frühzeitig identifiziert werden. Hierbei wird nicht nur der Produktionsprozess selbst betrachtet, sondern auch die Auswirkungen von Abweichungen auf die Funktionalität des SoC und die Fahrerassistenzsysteme.
- **Verifikation von Software und Hardware:** Eine der wichtigsten Aufgaben besteht darin, sicherzustellen, dass die richtige Version der Software und die entsprechenden Kalibrierdaten korrekt auf die ECUs geladen werden. Dies kann durch den Einsatz von Checksummen oder durch eine Überprüfung der Teilenummern und Kalibrierdaten geschehen, die mit den Fahrzeuganforderungen übereinstimmen.
- **Prozessfähigkeit und Testausstattung:** Es ist notwendig, die Produktionsprozesse sowie die verwendeten Testausstattungen regelmäßig zu überprüfen und zu qualifizieren, um sicherzustellen, dass die Sicherheitsanforderungen dauerhaft eingehalten werden.

Neben den allgemeinen Anforderungen in der Produktion ist insbesondere der Übergang von der Vorserie in die Serienfertigung kritisch, da hier die Prozessstabilität und die dauerhafte Einhaltung der Sicherheitsmerkmale nachgewiesen werden müssen.

9.6.4 Vorproduktion und Serienproduktion

Die Vorproduktionsphase dient dazu, den Serienproduktionsprozess unter realen Bedingungen zu simulieren. Unterschiede zwischen Vorproduktion und der Serienproduktion müssen sorgfältig analysiert und dokumentiert werden, um die Produktionskapazitäten zu validieren und die Produktionsfähigkeit damit abzusichern.

In der Serienproduktion sind kontinuierliche Prozesskontrollen notwendig, um sicherzustellen, dass alle sicherheitsrelevanten Merkmale dauerhaft erfüllt werden. Dazu gehören regelmäßige Audits und die Überprüfung der Prozesse gemäß den festgelegten Qualitätsstandards. Veränderungen im Produktionsprozess während der Serienfertigung müssen dokumentiert, geprüft und bewertet werden, um sicherzustellen, dass sie keine negativen Auswirkungen auf die funktionale Sicherheit haben.

9.6.5 Projektstory ADAS NextGen: Wie man ein ganzes Auto auf einen Chip bekommt

Die Zukunft der Mobilität, das ist allen bei der Drivesmart AG längst klar, wird von intelligenten Fahrerassistenzsystemen (ADAS) geprägt. Bisher basierten diese Systeme auf komplexen Platinen, bestückt mit Mikroprozessoren und zahlreichen ICs. Doch Drivesmart denkt weiter – und vor allem kompakter. Das Ziel: Die gesamte ADAS-Intelligenz soll auf einem einzigen Halbleitersubstrat, einem einzigen Chip, vereint werden.

Diese ambitionierte Mission nennen die Drivesmart-Ingenieure »monolithische Integration«: Sämtliche digitalen und analogen Funktionseinheiten werden zu einem System-on-Chip (SoC) verschmolzen. Das verspricht eine ganze Reihe von Vorteilen: deutliche Kosteneinsparungen, geringeren Stromverbrauch, eine gesteigerte Performance und eine beeindruckende Miniaturisierung.

Doch es geht nicht nur um Effizienz. Die Zusammenführung der bisher verteilten ADAS-Funktionen auf einem Chip bietet auch erhebliche Vorteile für die Ausfall- und funktionale Sicherheit. Durch die enge Integration können vielfältige, ausgeklügelte Fehleraufdeckungsmechanismen direkt im SoC verankert werden, was die Robustheit des Gesamtsystems deutlich erhöht.

Das Besondere daran: Die Drivesmart AG muss das Rad nicht komplett neu erfinden. Sie kann auf bewährte oder zugekaufte Intellectual-Property-(IP-) Kerne zurückgreifen – vorgefertigte Funktionsblöcke, die die Entwicklung beschleunigen und absichern.

Kasaba Hobli Limited – Schlüsselpartner für sichere ADAS-SOCs im Projekt ADAS NextGen

Im Projekt ADAS NextGen der Drivesmart AG ist Kasaba Hobli Limited der unverzichtbare Spezialist, wenn es um die Entwicklung und Produktion moderner System-on-Chip-Lösungen (SoCs) für fortschrittliche Fahrerassistenzsysteme geht. Als IATF-16949- und ISO-26262-7-zertifiziertes Unternehmen steht Kasaba Hobli für höchste Standards in Qualität und funktionaler Sicherheit – eine Grundvoraussetzung bei sicherheitskritischer Elektronik im Fahrzeug.

Hinter dem Erfolg von Kasaba Hobli steckt ein eingespieltes Team, das Präzision, Verantwortung und Innovation lebt.

Allen voran Meiyu Li, die als treibende Kraft der Qualitätssicherung gilt. Mit geschultem Blick und großem Erfahrungsschatz sorgt sie dafür, dass jeder einzelne Fertigungsschritt den strengen Vorgaben der IATF 16949 und ISO 26262-7 entspricht. Für Meiyu ist klar: Ein Fehler im ADAS-SoC kann fatale Folgen haben – für das Fahrzeug und seine Insassen. Deshalb arbeitet sie eng mit den Ingenieurteams zusammen, überwacht die gesamte Produktion und dokumentiert jede Abweichung akribisch. Für sie zählt jedes Detail, denn die Sicherheit des Endprodukts beginnt bei der Sorgfalt im Herstellungsprozess.

An ihrer Seite arbeitet Tzu-Ting Ling, der als Produktionsingenieur die gesamte Fertigungslinie im Blick hat. Tzu-Ting ist bekannt für seine Liebe zum Detail und sein technisches Know-how. Er überwacht alle kritischen Parameter bei der Materialbehandlung und stellt sicher, dass keine Toleranzabweichung unbemerkt bleibt. Für ihn ist klar: Nur wenn jedes Bauteil exakt den Vorgaben entspricht, kann das SoC im ADAS später zuverlässig und sicher funktionieren. Gemeinsam mit Meiyu Li sorgt er dafür, dass Qualitätskontrollen und Fertigung nahtlos ineinandergreifen.

Doch auch die beste Produktion ist nur so gut wie ihre Versorgung. Hier kommt Chung Ping ins Spiel, der als Logistik- und Supply-Chain-Manager den Materialfluss steuert. Mit Adleraugen prüft er jede Lieferung, achtet auf Qualität, Termintreue und die Einhaltung aller ISO-26262-Vorgaben durch die Zulieferer. Für Chung ist klar: Ein fehlendes oder fehlerhaftes Bauteil kann die gesamte Produktion ins Wanken bringen. Deshalb sorgt er dafür, dass die Lieferkette reibungslos funktioniert und keine Störung die Fertigung der sicherheitskritischen SoCs gefährdet.

Sobald ein SoC die Produktionslinie verlässt, übernimmt Will Chang als Testingenieur das Kommando. Er unterzieht jedes einzelne SoC einem strengen Prüfprogramm – von Hardware- bis zu anspruchsvollen Softwaretests. Will verlässt sich auf modernste Testsysteme, prüft die Kalibrierung der Sensoren und stellt sicher, dass die Software perfekt mit der Hardware harmoniert. Für ihn ist jeder Test ein Sicherheitsnetz: Nur fehlerfreie SoCs dürfen das Werk verlassen, denn jeder Fehler könnte das gesamte Sicherheitssystem des Fahrzeugs kompromittieren.

Für den letzten Schliff sorgt Sophie Chen als Prozessingenieurin. Sie hat die Produktionsdaten stets im Blick, analysiert Schwachstellen und entwickelt Lösungen, um die Prozesse kontinuierlich zu verbessern. Sophie arbeitet eng mit Tzu-Ting und Will zusammen, um Produktionsabläufe und Testmethoden immer weiter zu optimieren – mit dem Ziel, Effizienz und Sicherheit auf ein neues Level zu heben.

Die Drivesmart AG als OEM hat mit der Kasaba Hobli Limited einen verlässlichen Partner, der mit Expertise, Teamgeist und kompromissloser Qualitätsorientierung die sichere Produktion der ADAS-SoCs garantiert – und damit einen entscheidenden Beitrag zur Sicherheit der nächsten Fahrzeuggeneration leistet.

Die Projektstory zeigt, wie sich die Anforderungen der ISO 26262 im Produktionsalltag umsetzen lassen. Doch damit endet die Reise nicht: Der wahre Mehrwert entsteht, wenn die Norm nicht nur als Pflicht verstanden wird, sondern als strategischer Rahmen, der Qualität, Sicherheit und technologische Weiterentwicklung dauerhaft miteinander verbindet.

Vom Standard zur Strategie

Warum lohnt es sich, ISO 26262 über die Pflicht hinaus als strategischen Hebel zu sehen?

Durch die strikte Beachtung der Vorgaben aus der ISO 26262-7:2018, die Integration eines Qualitätsmanagementsystems wie IATF 16949:2016 und die kontinuierliche Überwachung der Produktionsprozesse wird sichergestellt, dass diese sicherheitskritischen Systeme mit höchster Qualität und maximal möglicher Zuverlässigkeit in der Serienproduktion hergestellt werden. Entscheidend ist dabei, die Normanforderungen nicht nur formal umzusetzen, sondern sie in den Entwicklungs- und Fertigungsalltag von SoCs zu übersetzen. So entsteht ein Rahmen, in dem funktionale Sicherheit, robuste Prozesse und technologische Weiterentwicklung Hand in Hand gehen – und die ISO 26262 vom regulatorischen Muss zum strategischen Gestaltungsinstrument wird.

10 Spezifische Rollen im Sicherheitslebenszyklus

Die Qualität eines Embedded-Systems hängt nicht nur von der technischen Umsetzung ab, sondern maßgeblich von der Qualität der Zusammenarbeit im Team – insbesondere bei verteilten Strukturen.

(Peter Liggesmeyer)

In jedem Projekt und insbesondere in sicherheitsrelevanten Projekten übernehmen unterschiedliche Rollen spezifische Aufgaben entlang des Sicherheitslebenszyklus – von der Systemarchitektur über die Entwicklung und den Test bis hin zu Qualitätsmanagement und Audits/Assessments. Sowohl die ISO 26262 als auch die ISO/SAE 21434 definieren klare Anforderungen an Verantwortlichkeiten, Qualifikationen und zugehörige Aufgaben im Sicherheitslebenszyklus. Eine präzise Rollendefinition unterstützt nicht nur die Einhaltung dieser Standards, sondern trägt auch zu Transparenz, Effizienz und Qualität im Entwicklungsprozess bei. Dieses Kapitel beschreibt die wichtigsten Rollen, ihre Schnittstellen sowie typische Herausforderungen aus der Praxis.

Die spezifischen Rollen im Sicherheitslebenszyklus und ihre Aktivitäten werden in diesem Kapitel anhand der durchgängigen Beispielstory ADAS NextGen beleuchtet. Zudem bietet es praxisnahe Hilfe für die Erstellung präziser Rollenbeschreibungen. So unterstützt es Verantwortliche dabei, die passenden Kompetenzen gezielt einzusetzen und die Zusammenarbeit im Team optimal zu gestalten.

10.1 Das effektive Team

Die Organisation muss durch das Vorgehen im Projektmanagement sicherstellen, dass die Entwicklung des Items für funktionale Sicherheit und Cybersecurity mit den notwendigen Ressourcen rechtzeitig ausgestattet ist und die Verantwortlichkeiten konkret definiert und bekannt gegeben sind. Jede Rolle ist hinsichtlich Eignung und Schulungsbedarf zu prüfen, damit das Team das Projekt unter den gegebenen Bedingungen, mit den vorhandenen Prozessen, der Infrastruktur und den Verfahren erfolgreich umsetzen kann.

Für den Austausch wichtiger und relevanter Informationen sind effektive Kommunikationskanäle unerlässlich. Das Team für funktionale Sicherheit muss sich eng mit dem Cybersecurity-Team abstimmen – insbesondere dann, wenn Cybersecurity-Probleme potenziell Sicherheitsziele oder -anforderungen beeinträchtigen oder wenn sich Anforderungen aus beiden Bereichen überschneiden. Zudem muss die Organisation sicherstellen, dass alle Personen, die für die Umsetzung, Aufrechterhaltung oder Unterstützung der funktionalen Sicherheit und Cybersecurity verantwortlich sind, über ausreichende Befugnisse verfügen, um ihre Aufgaben effektiv erfüllen zu können.

ISO 26262

ISO 26262-2:2018 Abschnitt 5.4.2.3: Die Organisation muss wirksame Kommunikationskanäle zwischen funktionaler Sicherheit, Cybersecurity und anderen Disziplinen, die mit der Erreichung der funktionalen Sicherheit zusammenhängen, einrichten und bereitstellen.

Abschnitt 5.4.2.2: Die Organisation muss organisationsspezifische Regeln und Prozesse einführen, ausführen und aufrechterhalten, um funktionale Sicherheit zu erreichen und aufrechtzuerhalten.

Abschnitt 5.4.2.5: Die Organisation stellt die Ressourcen zur Verfügung, um die funktionale Sicherheit zu gewährleisten.

ISO 21434

ISO/SAE 21434:2021 [RQ-05-03]: Die Organisation weist die Verantwortlichkeiten und die entsprechende organisatorische Autorität zur Erreichung und Aufrechterhaltung der Cybersecurity zu und kommuniziert sie.

[RQ-05-04]: Die Organisation stellt die Ressourcen zur Verfügung, um die Cybersecurity zu gewährleisten.

[RQ-05-05]: Die Organisation muss Disziplinen identifizieren, die sich auf Cybersecurity beziehen oder mit ihr interagieren, und Kommunikationskanäle zwischen diesen Disziplinen einrichten und pflegen.

10.1.1 Projektstory ADAS NextGen: Ressourcenplanung

Im Projektteam der Safehicle GmbH herrscht geschäftiges Treiben. Tanja Clock, die erfahrene Projektleiterin des Zulieferers, steht vor einer zentralen Aufgabe: Sie muss gemeinsam mit den Partnern der Drivesmart AG, Custom Chip Limited und Kasaba Hobli Limited sicherstellen, dass das neue ADAS-Projekt von Anfang an mit den richtigen Experten besetzt ist – und zwar über alle Phasen des Sicherheitslebenszyklus hinweg.

Mit einem frischen Kaffee in der Hand öffnet Tanja die aktuelle Version der Rollen- und Verantwortlichkeitsmatrix. Sorgfältig trägt sie ein, welche Rollen zu welchem Zeitpunkt im Projekt verfügbar sein müssen. In der Matrix hält sie fest:

- *mitwirkend (M)*
- *verantwortlich (V)*
- *Nutzer von Ergebnissen (N)*

Dabei greift sie auf die Vorgaben aus dem funktionalen Sicherheitsmanagementsystem (FSMS) und dem Cybersecurity-Management-System (CSMS) zurück. Die dort definierten Rollen und Verantwortlichkeiten bieten eine wichtige Orientierung.

Die größte Herausforderung sieht Tanja in der Abstimmung mit den anderen Teams. Drivesmart als OEM bringt eigene Anforderungen aus dem Sicherheitsplan ein und auch die Anforderungen an und von Kasaba Hobli Limited (Chiphersteller) sowie Custom Chip Limited (SoC für das ADAS) spielen eine zentrale Rolle und müssen über alle Lebenszyklusphasen hinweg berücksichtigt werden. Besonders die Schnittstellen in der verteilten Entwicklung fordern Tanja und ihr Team immer wieder heraus.

Ein zentrales Anliegen von Drivesmart ist die klare Benennung eines funktionalen Sicherheitsmanagers und ein funktionierendes Konfigurationsmanagement. Nach einigen Gesprächen übernimmt Rainer Fels, ein erfahrener Projektleiter und Ingenieur, die Rolle des FuSi-Managers. Wichtig ist dabei, dass Rainer Fels in dieser Funktion unabhängig bleibt: Er ist zwar Teil des Projekts, berichtet aber nicht direkt an Tanja Clock, sondern agiert eigenständig, um die Unabhängigkeit der Sicherheitsbewertung zu gewährleisten.

So entsteht Schritt für Schritt ein Team, das nicht nur fachlich, sondern auch organisatorisch optimal aufgestellt ist, um die anspruchsvollen Sicherheitsziele des ADAS-Projekts zu erreichen. Tanja dokumentiert die definierten Rollen in der Rollenmatrix des Projekts (siehe Tabelle 10.1).

In der Rollenmatrix wird dokumentiert, ob die jeweilige Rolle verantwortlich, mitwirkend oder Nutzer ist. Rollenmatrix

Gruppe/Rolle	**FuSi-Mgmt**		**Konzeptphase**		**Systemebene**		**HW-Ebene**		**SW-Ebene**	
	Orga	**Team**	**Orga**	**Team**	**Orga**	**Team**	**Orga**	**Team**	**Orga**	**Team**
Projektmanager	V	M	M	V	N	V	N	N	N	N
Funktionaler Sicherheitsmanager		V		M		M		M		M
Sicherheitskoordinator		M		M		V		M		M
Konfigurationsmanager		N		M		M		M		M

→

Gruppe/Rolle	FuSi-Mgmt		Konzept-phase		Systemebene		HW-Ebene		SW-Ebene	
	Orga	Team	Orga	Team	Orga	Team	Orga	Team	Orga	Team
Qualitätsbe-auftragter		M		N		N		N		N
Testmanager System		N		M		V		N		N
Testmanager HW		N		M		N		V		M
Testmanager SW		N		M		N		M		V
Testleiter Konstruktion		N		M		N		M		N
Teilprojektlei-ter HW		M		M		M		V		N
Teilprojektlei-ter Mechanik		M		M		M		N		N
Teilprojektlei-ter SW		M		M		M		N		V
Externe Partner		N		M		M		M		M
usw.										

Tab. 10.1 *Projektstory ADAS NextGen: Rollenmatrix – Teilauszug aus der gesamten Matrix*

Tanja baut den Projektplan phasenbezogen auf und orientiert sich an den Vorgaben der ISO 26262 sowie der ISO/SAE 21434. Für jede Entwicklungsphase muss Tanja abschätzen, welche Experten wann gebraucht werden – eine Aufgabe, die angesichts der vielen Unbekannten viel Fingerspitzengefühl verlangt. Eine Feinplanung, wann welche Rolle zu welcher Phase verfügbar sein muss, kann zum aktuellen Zeitpunkt nur grob geschätzt werden. Auch die Übergänge der Verantwortlichkeiten liefern heftigen Diskussionsstoff und müssen weiter abgestimmt werden.

Ressourcenbedarf abgleichen

Zusätzlich berücksichtigt Tanja Clock die speziellen Kundenanforderungen aus dem Sicherheitsplan von Drivesmart. Der Auftraggeber verlangt – im Einklang mit den Vorgaben des eigenen funktionalen Sicherheitsmanagements – die Benennung eines FuSi-Managers auf der Tier-1-Seite sowie ein umfassendes, funktionierendes Konfigurationsmanagement.

Zustimmung der Ressource erforderlich

Nach Rücksprache mit Tanja Clock und dem Management übernimmt Rainer Fels, ein erfahrener Projektleiter und Elektronikingenieur, die Rolle des FuSi-Managers.

Um die Unabhängigkeit der Rolle zu gewährleisten, ist der FuSi-Manager in das Projekt integriert, jedoch nicht Tanja Clock unterstellt.

Unabhängigkeit

Bei der Zusammenstellung des Projektteams erkennt Tanja Clock rasch, dass einige Teammitglieder noch Qualifikationsbedarf im Umgang mit den Anforderungen und Methoden der ISO 26262 und ISO/SAE 21434 haben. Um den aktuellen Wissensstand zu erfassen, bewertet jedes Teammitglied seine theoretischen und praktischen Kenntnisse in beiden Normen mithilfe eines Punktesystems. In einer von Tanja moderierten Teamsitzung wird schnell deutlich, in welchen Abschnitten der Normen wesentlicher Lernbedarf besteht und wo das Team vom Erfahrungsaustausch profitieren kann.

Qualifikationsbedarf analysieren

Tipp

Angesichts der langen Projektdauer entscheidet sich die Projektleiterin gegen eine einmalige Kompaktschulung. Stattdessen plant sie mehrere, auf die jeweiligen Entwicklungsphasen abgestimmte Trainings. So können aktuelle Fragestellungen und Herausforderungen direkt mit den Trainern situationsbezogen diskutiert werden – ein Vorteil, den sowohl das FuSi- als auch das Cybersecurity-Team sofort erkennen.

Gemeinsam mit FuSi-Manager Rainer Fels und Cybersecurity-Manager Theo Abwehr legt Tanja die Kriterien für die benötigten Trainings fest. Zum Projektauftakt organisiert sie für alle Teammitglieder ein Tagesseminar zu jedem Thema. Die Seminare werden von erfahrenen Trainern mit fundierter Expertise in ISO 26262 und ISO/SAE 21434 durchgeführt. Ziel ist es, einen einheitlichen Wissensstand zu schaffen und ein gemeinsames Verständnis für die sicherheits- und Cybersecurity-relevanten Aspekte des Projekts zu fördern.

10.2 Qualifikation

Innerhalb des Sicherheitslebenszyklus müssen in allen Phasen Sicherheitsanforderungen erkannt oder umgesetzt werden.

Durch gezieltes Training der Projektbeteiligten (Führungskräfte, Entwickler, Tester, Konstrukteure usw.) und Beachtung der erarbeiteten Leitlinien zur Umsetzung der Kultur sicherheitsbewussten Denkens wird sichergestellt, dass entsprechende Fähigkeiten und das sicherheitsgeprägte Bewusstsein im Sinne der Normen vorhanden sind.

Die beiden Normen legen nicht fest, welche Qualifikationsnachweise erbracht werden müssen, aber dass diese im Bedarfsfall vorgewiesen werden müssen. Indikatoren für eine entsprechende Qualifizierung können sein:

Qualifikationsnachweise

- Angemessene Berufsausbildung bzw. Studium
- Technische Kenntnisse zum Item
- Praxiserfahrung im gleichen Themengebiet
- Spezielle Zusatzqualifikationen für bestimmte Aufgaben oder Aufgabenbereiche
- Ergebnis der Kompetenzbeurteilung nach Checkliste

Je komplexer das Item und je höher der ASIL bzw. CAL, desto wichtiger wird der Anteil an praktischer Erfahrung.

Nachweispflicht

Die Nachweispflicht liegt in der Verantwortung des funktionalen Sicherheitsmanagements bzw. Cybersecurity-Managements – operativ meist durch die Projektleitung ausgeführt. Zu beachten ist, dass im Rahmen der Validierung und der Assessments Anforderungen an die Unabhängigkeit der eingesetzten Personen bestehen, jeweils abhängig vom definierten ASIL und CAL. Im Fall der notwendigen Unabhängigkeit darf beispielsweise ein Projektleiter trotz eventuell vorhandener Kenntnisse die entsprechende Rolle nicht belegen. Die folgenden Tabelle 10.2 und Tabelle 10.3 und Tabelle 10.4 sind ein Beispiel zur strukturierten Erfassung von Aktivitäten, benötigter Qualifikation und Autorität.

Aktivität	**Qualifikation**			**Autorität**
	Technisches Verständnis für das zu entwickelnde System	Wissen zur Funktionalen Sicherheit, zu Sicherheitsstandards, zu Sicherheitsprozessen und zu Safety Engineering	Entsprechende Ausbildung, um die Aufgabe wahrzunehmen (Safety-Prozesse und Safety Engineering)	Einfluss auf die Kommunikation und Entscheidungsfindung
Planung, Durchführung und Dokumentation von Verifikation und Validierung	Vertieftes technisches Verständnis (Detailwissen)	Fachwissen zu Fehlermodellen	Fachwissen zu Analysemethoden	Besprechung der Ergebnisse
Konfigurationsmanagement	Vertieftes technisches Verständnis (Detailwissen)	Fachwissen zu Fehlermodellen	Erfahrung in Planung und Durchführung von Tests, Simulationen, Fahrzeugtests usw.	Sicherstellung eines Konfigurationsmanagementprozesses
Änderungsmanagement	Vertieftes technisches Verständnis (Detailwissen)	Basiswissen	Erfahrung im Änderungsmanagement, Versionsmanagement und Variantenmanagement	Sicherstellung eines Änderungsmanagementprozesses
Confirmation Measures Bestätigungsmaßnahmen	Kann während des Projekts erworben werden	Basiswissen	Erfahrung im Änderungsmanagement, Versionsmanagement und Variantenmanagement	–

→

Aktivität	Qualifikation			Autorität
Vorbereitung auf Produktion und Fertigung	Basiswissen	Expertenwissen über Umfang	Ggf. Assessmenterfahrung	–

Tab. 10.2 Aktivitäten- und Qualifikationsschema für Cybersecurity und funktionale Sicherheit – Teil 1: Versions-, Konfigurations- und Änderungsmanagement

Aktivität	Qualifikation			Autorität
	Technisches Verständnis für das zu entwickelnde System	Wissen zur Funktionalen Sicherheit, zu Sicherheitsstandards, Sicherheitsprozessen und Safety Engineering	Entsprechende Ausbildung, um die Aufgabe wahrzunehmen (Sicherheitsprozesse und Safety Engineering)	Einfluss auf die Kommunikation und Entscheidungsfindung
Sicherheitsanforderungsmanagement	Kann während des Projekts erworben werden	Basiserfahrung	Managementerfahrung	Sicherstellung des Anforderungsmanagementprozesses
Entwicklung abgeleiteter Sicherheitsanforderungen	Vertieftes technisches Verständnis (Detailwissen)	Wissen zu den Sicherheitsanforderungen	Fachwissen zum Anforderungsmanagement	–
Implementierung der Sicherheitsanforderungen	Vertieftes technisches Verständnis (Detailwissen)	Wissen zu den Sicherheitsanforderungen	Wissen über die Anforderungsformulierungen	–
Durchführung der Sicherheitsanalysen	Kann während des Projekts erworben werden	Basisverständnis	Gemäß der Aufgabe	Besprechung der Ergebnisse

Tab. 10.3 Aktivitäten- und Qualifikationsschema – Teil 2: Entwicklung funktionaler Sicherheit

Die folgende Tabelle 10.4 zeigt die Qualifikationsanforderungen mit Blick auf die ISO/SAE 21434 auf:

Aktivität	Qualifikation			Autorität
Verifizierung von Cybersecurity-, Konzeptions- und Designaktivitäten	Vertieftes technisches Verständnis	Wissen zu den Cybersecurity-Anforderungen	Gemäß der Aufgabe	Besprechung der Ergebnisse
Überprüfung der Implementierung und Integration von Komponenten	Vertieftes technisches Verständnis	Vertrauliche Informationen und Wissen, das von einzelnen Teams innerhalb der Entwicklerorganisation ausgetauscht wird und auf Mitglieder der angegebenen Teams beschränkt ist	Gemäß der Aufgabe	Besprechung der Ergebnisse
Cybersecurity-Validierung	Vertieftes technisches Verständnis	Wissen zu den Cybersecurity-Anforderungen	Gemäß der Aufgabe	Besprechung der Ergebnisse
Bewertung der Cybersecurity	Vertieftes technisches Verständnis	Wissen zu den Cybersecurity-Anforderungen	Gemäß der Aufgabe	Besprechung der Ergebnisse
Funktionstests	Kann während des Projekts erworben werden	Basisverständnis	Wissen über die Anforderungsformulierung	Besprechung der Ergebnisse
Schwachstellen-Scanning	Vertieftes technisches Verständnis	Wissen zu den Cybersecurity-Anforderungen	Gemäß der Aufgabe	Besprechung der Ergebnisse
Fuzzing-Tests	Vertieftes technisches Verständnis	Wissen zu den Cybersecurity-Anforderungen	Gemäß der Aufgabe	Besprechung der Ergebnisse
Penetrationstests	Vertieftes technisches Verständnis	Vertraut mit den zugrunde liegenden Algorithmen, Protokollen, Hardware, Strukturen, Sicherheitsverhalten, verwendeten Prinzipien und Konzepten der Sicherheit, Techniken und Werkzeugen zur Definition neuer Angriffe, Kryptografie, klassischen Angriffen für den Produkttyp, Angriffsmethoden usw., die im Produkt- oder Systemtyp implementiert sind	Gemäß der Aufgabe	Besprechung der Ergebnisse

Tab. 10.4 *Aktivitäten- und Qualifikationsschema – Teil 3: Entwicklung Cybersecurity*

10.3 Der Sicherheitsmanager auf Projektebene

Der Sicherheitsmanager (Safety Manager) ist konkret in der ISO 26262:2018 als verantwortliche Rolle mit klar definierten Aufgaben genannt. Die Norm legt fest, dass die Organisation eine Person/Rolle benennen muss, die für die Planung, Koordination und Überwachung aller sicherheitsrelevanten Aktivitäten verantwortlich ist. Diese Rolle wird üblicherweise als »Safety Manager« bezeichnet.

> Die Rolle Sicherheitsmanager ist in der **ISO 26262-2:2018, Abschnitt 5.4** »Sicherheitsmanagement während der Konzeptphase und der Produktentwicklung«, verankert. Die Benennungspflicht regelt **ISO 26262-2:2018, Abschnitt 5.4.8,** und **ISO 26262-2:2018, Tabelle 2** »Sicherheitsmanagement während des Sicherheitslebenszyklus«, listet die Aufgaben und Verantwortlichkeiten dieser Rolle auf.

ISO 26262

Aufgaben und Kompetenzen des Sicherheitsmanagers (Safety Manager)

Die spezifische Ausprägung der Rolle des Sicherheitsmanager muss innerhalb der Organisation eindeutig beschrieben sein. Je nach Organisation können die Aufgaben auf mehrere Personen verteilt werden. Der Sicherheitsmanager kann einzelne Tätigkeiten an Personen delegieren, die über die erforderlichen Fähigkeiten, Kompetenzen und Qualifikationen verfügen. Typische Aufgaben des Sicherheitsmanagers sind:

- Erstellung, Pflege, Überwachung und Koordination des Sicherheitsplans
- Überwachung der Einhaltung des Sicherheitsprozesses
- Koordination zwischen verschiedenen Rollen (Entwicklung, Test, Qualität etc.)
- Eskalation von Abweichungen und Risiken
- Sicherstellung, dass Sicherheitsziele und -anforderungen nachverfolgt und umgesetzt werden
- Planung, Koordinierung und Fortschrittsüberwachung der Sicherheitsaktivitäten
- Terminierung der Bestätigungsmaßnahmen (Confirmation Measures)

Wesentliche Eigenschaften und Entscheidungskompetenzen des Sicherheitsmanager müssen klar benannt werden. Ein Projektleiter kann diese Rolle ganz oder teilweise übernehmen, sofern er die notwendige Qualifikation besitzt und die zusätzliche Aufgabenverteilung auf eine Person praktikabel ist. In der Praxis führt die Kombination beider Rollen jedoch häufig zu Rollenkonflikten, da Zeit und Ressourcen kaum ausreichen. Zwar erlaubt die Norm, dass die Rolle des Sicherheitsmanager auf mehrere Personen verteilt wird, doch erfordert dies eine detaillierte Planung und klare Schnittstellen. Der dabei entstehende Abstimmungsaufwand steht nicht immer im angemessenen Verhältnis zum Nutzen.

Da ein Sicherheitsmanager unmöglich alle Fachthemen des Sicherheitslebenszyklus in Personalunion abdecken kann, benötigt er beratende und ausführende Experten. Er ist auf Zuarbeiten aus den Entwicklungsteams und auf die Ergebnisse der unterstützenden Prozesse angewiesen.

Verteilte Entwicklung

Im Falle einer verteilten Entwicklung (siehe ISO 26262-8:2018, Abschnitt 5) müssen sowohl beim Kunden als auch beim Zulieferer Personen benannt werden, die für die funktionale Sicherheit verantwortlich sind – umgangssprachlich als »Sicherheitsverantwortliche« bezeichnet – und die Entwicklung der zu integrierenden Elemente begleiten.

Abgrenzung

Eine Abgrenzung nach Phasen im Sicherheitslebenszyklus ist je nach Produkt und Entwicklungsvorgehen sinnvoll, besonders wenn das benötigte Wissen über Produktion, Wartung, Außerbetriebnahme zu spezifisch für eine Person ist, die im Entwicklungsprozess Experte ist.

10.4 Rollenbeschreibung Safety Manager im Projekt ADAS NextGen

> Die folgende Tabelle 10.5 am Beispiel der Fa. Safehicle dient als Input und Hilfestellung für die Projektarbeit und sollte nicht als fertige Vorlage einfach übernommen werden.

Rolle und Aktivitäten (funktionaler) Sicherheitsmanager (FSM)	
Verantwortung	Der Sicherheitsmanager ist während der Produktentwicklung von der Konzeption bis zur Produktion für die funktionale Sicherheit des definierten Systems verantwortlich. Er ist für alle Beteiligten der zentrale Ansprechpartner in Fragen zu technischen bzw. organisatorischen Anforderungen aus sicherheitsrelevanten Standards, Richtlinien und spezifischen Vorschriften. Er ist in dieser Verantwortung Schnittstelle nach innen und nach außen, insbesondere auch zu Kunden und Zulieferern. Als Stabsstelle ist er komplett projektunabhängig und nicht Mitglied des Entwicklungsteams.
Die Hauptaufgabe des Sicherheitsmanager gemäß ISO 26262 ist die Beurteilung der funktionalen Sicherheit der Produkte und des Sicherheitsmanagements innerhalb von Sicherheitsprojekten. Dies erfolgt mithilfe von Assessments. Die Beurteilung des Produktentstehungsprozesses liegt in der Verpflichtung des Sicherheitsmanager und funktionalen Sicherheitsmanagements. Er hat sicherzustellen, dass das System (Item) die Erwartungen des Nutzers inklusive Fehlerfreiheit während des Produktlebens erfüllt. Der Sicherheitsmanager sollte keine weitere Rolle im Sicherheitsprojekt einnehmen, um so die notwendige Unabhängigkeit zu gewährleisten. Die ISO 26262 lässt allerdings zu, dass der Projektleiter auch die Rolle des Sicherheitsmanagers übernehmen kann.	

→

Rolle und Aktivitäten (funktionaler) Sicherheitsmanager (FSM)	
Aufgaben	■ Überwachen, dass der Entwicklungsprozess/Produktentstehungsprozess in jeder Prozessphase die Sicherheitsanforderungen angemessen berücksichtigt und die im Prozess vorgeschriebenen Aktivitäten und Werkzeuge korrekt und vollständig durchgeführt und genutzt werden. ■ Die Maßnahmen zur Erreichung und Beurteilung der Sicherheit, insbesondere Assessments, festlegen, planen und mit den Sicherheitsmanagern der beteiligten Firmen sowie ggf. externen Assessoren abstimmen. ■ Der Sicherheitsplan (Safety Plan) wird durch den globalen Sicherheitsmanager bzw. das funktionale Sicherheitsmanagement als Vorlage zur Verfügung gestellt und muss projektspezifisch angepasst werden. Der Sicherheitsmanager kennt die definierten Anpassungsrichtlinien und stellt sie den Projekten zur Verfügung. ■ Die o.g. Maßnahmen und die Planung werden im Sicherheitsplan zusammengefasst. ■ Die Norm fordert den Sicherheitsplan als Arbeitsprodukt. ■ Der Sicherheitsmanager führt Prüfungen an Prozessen und Produkten durch oder veranlasst diese durch entsprechend kompetente Experten. Ziel sind Freigabeempfehlungen, die an den Projektmanager gegeben werden. Insbesondere Freigabe des Systemdesigns und Änderungen daran, sofern es die funktionale Sicherheit betrifft. ■ Er erstellt bzw. veranlasst Berechnungen zur Ausfallwahrscheinlichkeit und prüft dokumentierte Werte bezüglich des gesamten zu entwickelnden Systems inklusive Hard- und Software. ■ Nach durchgeführten Audits oder Assessments legt er die Maßnahmen zur Behebung sicherheitsrelevanter Probleme fest. ■ Der Sicherheitsmanager berichtet dem Projektleiter und relevanten übergeordneten Verantwortlichen über die Ergebnisse der Safety Audits und Safety Assessments und macht auf Risiken aufmerksam. ■ Der Sicherheitsmanager muss die Voraussetzungen zur Erreichung der erforderlichen Kenntnisse zum Thema funktionale Sicherheit innerhalb der Organisation / des Projekts schaffen. Dazu legt er die Kriterien für geplante Trainingsmaßnahmen und deren Umfang fest und bewertet die Wirksamkeit der Trainings.
Profil / erforderliche Skills	■ Um den vielfältigen Anforderungen gerecht zu werden, muss der Sicherheitsmanager praktische Kenntnisse in allen Phasen der Entwicklung haben, ein sehr gutes Systemverständnis besitzen sowie im Prozessmanagement und Qualitätsmanagement Berufserfahrung vorweisen können. ■ Kenntnisse der ISO 26262 und weiterer, für die Produkte relevanter Sicherheitsstandards/Richtlinien müssen nachweislich in Theorie und Praxis vorhanden sein. ■ Praktische Kenntnisse und Trainings in den Bereichen Hazard Analysis, FMEA und FTA müssen vorhanden sein. ■ Kenntnisse im Bereich Reliability Engineering sind nachzuweisen. ■ Führungserfahrung und Erfahrung in der Anleitung von Teams werden vorausgesetzt. ■ Hohe Kommunikationskompetenz und professionelles Auftreten gegenüber Kunden und Zulieferern sind erforderlich. ■ Bereitschaft zur Eskalation und Fähigkeit zur Konfliktbehandlung sind notwendig.

Tab. 10.5 *Rollenbeschreibung (funktionaler) Sicherheitsmanager*

10.4.1 Projektstory ADAS NextGen: Rollenbeschreibung Sicherheitsmanager

Tanja weiß, dass der Erfolg des ADAS-Projekts maßgeblich von der Kompetenz des funktionalen Sicherheitsmanagers (FSM) abhängt. Deshalb greift sie nicht nur auf die bewährte Standardrollenbeschreibung aus dem funktionalen Sicherheitsmanagement zurück, sondern ergänzt diese mit projektspezifischen Anforderungen, die genau auf die Herausforderungen des ADAS zugeschnitten sind. So entsteht ein klares Profil, das den Sicherheitsmanager befähigt, das Team sicher durch alle Phasen des Entwicklungsprozesses zu führen.

In der nächsten Teamsitzung stellt sie dem Team die erweiterten Anforderungen und Aufgaben für die Rolle des funktionalen Sicherheitsmanagers vor:

- *Fachliche Expertise in den eingesetzten Technologien: Lenkungstechnik, Mechanik, Elektronik, Software sowie praktische Kenntnisse der Sicherheitsnorm und der zusätzlich geltenden Standards bzw. Vorschriften, die Auswirkungen auf die funktionale Sicherheit des Produkts haben.*
- *Unterstützung bei der Erstellung der Hazard Analysis bzw. Durchführung von Reviews dazu*
- *Bereitstellung von Vorlagen, sofern nicht durch das FSM gegeben*
- *Mitwirkung bei der Funktions-FMEA inklusive Verfeinerung*
- *Prüfen der Fault Tree Analysis (FTA)*
- *Erfahrung als Trainer im Bereich prozessorientierter Entwicklung, um die Teams in den Entwicklungsphasen anzuleiten*
- *Mitwirkung beim Roll-out von Prozessen, die compliant zur ISO 26262 sind sowie Neuerungen für das Team beinhalten*
- *Der Sicherheitskoordinator im Projekt ADAS NextGen*

Der Sicherheitsmanager Rainer Fels prüft die vorhandenen Ressourcen, insbesondere die Kompetenz der Teammitglieder.

»Tanja, damit alle sicherheitsrelevanten Aktivitäten und das nötige Expertenwissen im Projekt zuverlässig abgedeckt sind, schlage ich vor, Rudolf Blackbelt als Sicherheitskoordinator einzusetzen. Ich habe bereits mit ihm gesprochen – er ist einverstanden und für das Projekt ausreichend verfügbar. Da ich selbst noch weitere Projekte betreue, halte ich diese Maßnahme für wichtig. Außerdem ist Rudolf ein erfahrener Systemingenieur.«

Tanja stimmt zu: »Rainer, das heißt, du bleibst als funktionaler Sicherheitsmanager verantwortlich, während Rudolf als Schnittstelle zwischen dir und dem Team agiert und seine Produktexpertise einbringt?«

»Genau, Tanja! So bleiben die Kommunikationswege kurz und effektiv. Rudolf hält mich mit Zwischenständen und entscheidungsrelevanten Ergebnissen auf dem Laufenden. Gleichzeitig unterstützt er das Team bei Prozessen und Methoden, da er die anzuwendenden Verfahren bestens kennt.«

10.4.2 Rollenbeschreibung Sicherheitskoordinator

ISO 26262 kennt den Begriff Sicherheitskoordinator nicht explizit, er wird in der Praxis oder in Unternehmen oft eingeführt, um den Sicherheitsmanager zu entlasten. Er hat meist keine volle Entscheidungskompetenz, sondern arbeitet dem Sicherheitsmanager operativ, unterstützend und organisatorisch zu. Die folgende Tabelle 10.6 ist ein Beispiel und kann je nach Projektbedarf abgeschwächt oder erweitert werden.

Wie weit die notwendigen Kompetenzen für diese Rolle definiert werden, muss projektspezifisch entschieden werden.

Rolle und Aktivitäten Sicherheitskoordinator im Projekt	
Verantwortung	Sicherheitskoordinatoren, auch Sicherheitsverantwortliche genannt, bilden die Schnittstelle zwischen dem Sicherheitsmanager und dem Entwicklungsteam. Für jede relevante Phase wird ein Sicherheitsverantwortlicher benannt. Dieser übernimmt einen Teil der steuernden und überwachenden Aufgaben des Sicherheitsmanagers, ist in dieser Rolle jedoch direkt in das Projektteam eingebunden.
Der Sicherheitskoordinator ist direkter Ansprechpartner des Projektteams in Fragen der funktionalen Sicherheit und Schnittstelle zwischen dem Projektteam und dem Sicherheitsmanager bzw. funktionalen Sicherheitsmanagement (FSM). Besonders im Bereich Hazard Analysis, FMEA, FTA, Wahrscheinlichkeitsberechnungen und Reviews von Arbeitsprodukten muss der Sicherheitskoordinator das Team unterstützen. Er koordiniert alle sicherheitsbezogenen Aktivitäten und gibt Freigabeempfehlungen an den Sicherheitsmanager.	
Aufgaben	▪ Der Sicherheitskoordinator unterstützt das Projektteam bei der Anpassung des Standardsicherheitsplans und bei dessen Umsetzung. Beispiel: Teilnahme an Reviews als Prüfer und Moderator. ▪ Der Sicherheitskoordinator informiert den Sicherheitsmanager, in welchem Umfang die Maßnahmen des Sicherheitsplans erfolgreich umgesetzt werden. ▪ Er unterstützt das Projektteam bei der Pflege des Sicherheitsplans und der Verfolgung und Bewertung der geplanten sicherheitsrelevanten Aktivitäten. ▪ Er unterstützt bei der Erstellung der Hazard Analysis bzw. Durchführung von Reviews dazu als Prüfer. ▪ Er hilft bei der Entwicklung und Verfeinerung der Funktions-FMEA und wirkt bei der System-FMEA mit. ▪ Er ist an der Fault Tree Analysis (FTA) und deren Prüfung beteiligt. ▪ Er wirkt bei quantitativen Sicherheitsbetrachtungen und Wahrscheinlichkeitsberechnungen mit.

→

Rolle und Aktivitäten Sicherheitskoordinator im Projekt	
Profil / erforderliche Skills	▪ Der Sicherheitskoordinator benötigt Kenntnisse und Fähigkeiten synonym zum Sicherheitsmanager. ▪ Der Schwerpunkt seiner Tätigkeiten ist die praktische Umsetzung der geplanten Maßnahmen auf Projektebene, daher sind besondere technische Kenntnisse in Bezug auf das zu entwickelnde sicherheitsrelevante Item zwingend erforderlich. ▪ Erfahrung in der Erstellung von System- und Funktions-FMEAs sowie FTAs sind vorzuweisen. ▪ Sicherer Umgang mit der Berechnung von Ausfallwahrscheinlichkeiten und Fehlerraten sind erforderlich. ▪ Systemkenntnisse, Hardwarekenntnisse und Softwarekenntnisse sollten angemessen vorhanden sein.

Tab. 10.6 *Rollenbeschreibung Sicherheitskoordinator*

> Grundsätzlich müssen Kompetenzen und Aufgaben für die Praxis produktspezifisch, projektspezifisch und organisationsspezifisch ergänzt und verändert werden.

10.5 Weitere Rollen im Sicherheitslebenszyklus

In sicherheitsgerichteten Entwicklungsprojekten gibt es im gesamten Produktlebenszyklus zahlreiche Rollen, die mitwirken. Nicht alle davon werden in diesem Kapitel ausführlich behandelt – eine vollständige Darstellung würde den Rahmen sprengen. Neben den Kernrollen des ADAS-NextGen-Teams berücksichtigen wir hier auch Rollen, die im Sicherheitslebenszyklus wichtig sind, aber nicht unmittelbar Teil des Entwicklungsteams sind. Für die Praxis gilt: Unter Beachtung der geltenden Prozesse und Standards müssen projektbezogen immer die relevanten Rollen bestimmt und definiert werden.

Typischerweise gehören dazu bekannte Rollen wie z. B. Projektmanager, Entwicklungsteams, Validationsteam, Qualitätssicherung, Versions- und Konfigurationsverantwortliche, Anforderungs- und Änderungsmanagement sowie die Produktionsorganisation. Ergänzend kommen für Cybersecurity spezifische Rollen hinzu: z. B. Cybersecurity-Manager, Cybersecurity-Ingenieure, Threat-Analysten und Penetrationstester.

Mehrere Rollen überschneiden sich zwischen funktionaler Sicherheit und Cybersecurity, etwa Projektmanager, Qualitätsverantwortliche, Anforderungs- und Konfigurationsmanagement oder Änderungsmanagement.

In diesem Kapitel legen wir den Fokus auf diejenigen Rollen, die unmittelbaren Einfluss auf die Aktivitäten im Sicherheitslebenszyklus haben, weil sie direkt an diesem beteiligt sind. Die hier genannten Rollen stellen jedoch keinesfalls eine vollständige Aufzählung dar!

10.5.1 Rolle Vertriebsverantwortlicher und Produktspezialist

Der Vertriebsverantwortliche hat eine beratende Tätigkeit auf Basis allgemeiner Kenntnisse bezüglich der Produkte und Komponenten mit Sicherheitsfunktionen.

Wünschenswert ist das Vorhandensein eines Produktspezialisten mit besonderen technischen Kenntnissen bezüglich der funktionalen Sicherheit, um den Vertriebsmitarbeiter zu unterstützen. Aus dem Vertrieb kommen die ersten Kundenanforderungen an ein Produkt und diese müssen von Experten auf Machbarkeit und Relevanz bezüglich der funktionalen Sicherheit analysiert werden.

10.5.2 Sachbearbeiter in der Angebotsabteilung

Mitarbeiter im Verkauf (auch ausländische Verkaufsgesellschaften) verfügen auf der Basis von Produktbeschreibungen und Produktschulungen über allgemeine Kenntnisse zum Produkt.

Dies sollte auch Produktinformationen bezüglich der funktionalen Sicherheit beinhalten. Diese Fachkräfte bearbeiten Kundenanfragen und erstellen Angebote für Produkte. Die Beratung durch Produktspezialisten wie oben genannt ist zur Vermeidung von fehlerhaften Angeboten unerlässlich. Fehlen solche Fachkräfte und strukturierte Informationen kommt es zu fehlerhaften Angeboten, die wirtschaftliche Schäden für ein Unternehmen bedeuten können.

10.5.3 Verantwortlicher für Auftragsabwicklung

Mit Entstehung des Angebotes ist auch ein Verantwortlicher für die gesamte Auftragsabwicklung benannt.

Sofern Vorgaben in Bezug auf Produkte im Bereich funktionale Sicherheit bestehen, muss er diese anwenden und ggf. ergänzen. Hierzu benötigt er spezielle Fachkenntnisse und die Unterstützung des Produktspezialisten. Existiert kein Standard, muss er Kriterien für die Auftragsgestaltung und Abwicklung bereitstellen.

10.5.4 Produktspezialist ASIL (Mitarbeiter aus dem Produktmanagement)

Der Produktspezialist ASIL bildet eine Schnittstelle zwischen Vertrieb, Fachabteilung und dem Produktmanagement.

Er ist in der Lage, die sicherheitstechnischen Anforderungen vom Außendienst/Vertrieb zu erfassen, und leitet diese an entsprechende Stellen zur verfeinerten Bearbeitung weiter. Die Weiterleitung kann beispielsweise an Entwicklungsingenieure mit entsprechender Expertise erfolgen.

Eine wesentliche Aufgabe besteht darin, sich durch ständige Schulung und Kommunikation mit der Fachabteilung stets über den aktuellen Stand der Produkte/Komponenten mit Sicherheitsfunktionen zu informieren, um auf dem aktuellen Stand zu sein.

Er schult und informiert die Mitarbeiter aus Vertrieb und Verkauf und steht dem Vertriebsverantwortlichen sowie dem Verantwortlichen für die Auftragsabwicklung zur Seite.

10.5.5 Projektmanager

Die Rolle des Projektmanagers findet sich in jedem Projekt, das nach anerkannten Standards methodisch vorgeht und prozessorientiert seine Produkte und Dienstleistungen erbringt.

Es wird angenommen, dass die wesentlichen Aufgaben und der Grad der Verantwortung bekannt und bewusst sind. Grundsätzlich benötigt der Projektmanager technisches Wissen, vereint mit Führungsstärke und ausgeprägten Kommunikationsfähigkeiten. Die Aktivitäten des Projektmanagers sind darauf ausgerichtet, Ressourcen verfügbar zu haben und diese effizient zu nutzen, um qualitativ hochwertig termingerecht liefern zu können. Er muss alle Risiken und Unklarheiten im Projekt frühzeitig erkennen und vermeiden bzw. geeignete Maßnahmen dagegen finden. Die Ausführungen zur Rolle des funktionalen Sicherheitsmanagers haben wir bereits im Abschnitt 10.3 »Der Sicherheitsmanager auf Projektebene« behandelt. Es muss klar sein, dass der Projektmanager für alle Phasen des Projekts verantwortlich ist und sich dies durch den Einsatz der Rolle des funktionalen Sicherheitsmanagers nicht ändert.

10.5.6 Entwicklungspersonal und Validationspersonal

Die geplanten Aufgaben müssen in jeder Entwicklung von Experten durchgeführt werden.

Diese können aus verschiedenen Berufsgruppen kommen, es finden sich Ingenieure, Informatiker, Physiker, Mathematiker, Mechatroniker, Konstrukteure, weitere Spezialisten und Techniker in der Embedded-Entwicklung sowie in den Projekten der funktionalen Sicherheit. Die Aufgaben gliedern sich je nach Fachgebiet in Untergruppen:

- **Systementwickler:** verantwortlich für das definierte Gesamtsystem, Aufgaben im Projekt: System-Anforderungsspezifikation, Systemarchitektur, insbesondere das Design der Schnittstellen zu den verbundenen und zu integrierenden Systemen, Systemintegration, Systemvalidierung und Qualitätssicherung des Gesamtsystems.

- **Elektronikentwickler:** verantwortlich für elektrotechnische Aufgaben im Projekt, z.B.: Anforderungsspezifikation, Schaltplan- und Layout-Erstellung, Verifikation und Validation, insbesondere noch Hardwaretester.
- **Softwareentwickler:** verantwortlich für programmiertechnische Aufgaben im Projekt nach V-Modell, z.B.: Anforderungsspezifikation, Implementierung, Design, Verifikation und Validation auf verschiedenen Entwicklungsstufen.
- **Konstrukteur:** verantwortlich für mechanische Aufgaben im Projekt, z.B.: Anforderungsspezifikation, Konstruktion und Zeichnungserstellung, Verifikation und Validation.
- **Versuchsingenieur/Validierungsverantwortliche:** verantwortlich für Prüfaufgaben im Projekt, z.B.: Testkonzept, Testspezifikation, physische Tests (Typentest) und produktbegleitende Tests.

10.5.7 Montagepersonal

Die Mitarbeiter in der Montage verfügen auf der Basis von Produktbeschreibungen und Produktschulungen über allgemeine Kenntnisse der funktionalen Sicherheit.

Sie montieren Produkte mit Sicherheitsfunktionen gemäß den vorgegebenen, erfassten Auftragsdaten.

10.5.8 Prüfer und Personal zur Inbetriebnahme

Anhand expliziter Produktschulungen und exakter Produktbeschreibungen sowie weiterer Hilfsmittel führen Prüfer Endprüfungen des sicherheitsrelevanten Produkts nach gegebenen Vorgaben durch.

Sie nehmen Produkte mit Sicherheitsfunktionen in Betrieb und sind für die Prüfung der elektrischen Sicherheit zuständig. Sie müssen anhand der Validierungsergebnisse nachweisen, dass die Funktionen vollständig und korrekt umgesetzt sind.

10.5.9 Sachbearbeiter im Service

Im Sicherheitslebenszyklus des Produkts ist es notwendig, Sachbearbeiter im Service mit besonderen Kenntnissen bezüglich funktionaler Sicherheit auszustatten.

Produktbeschreibungen sind oft sehr umfangreich und nur durch gezielte Produktschulungen wird sichergestellt, dass Kundenreklamationen in Bezug zu Sicherheitsfunktionen erkannt und korrekt aufgenommen werden. Die Servicemitarbeiter koordinieren Wartungs- und Instandhaltungsmaßnahmen von Produkten mit Sicherheitsfunktionen und stimmen sich hierzu direkt mit den Kunden und den Servicetechnikern in der Werkstatt ab. Ist das Servicepersonal in der Lage, einen Zusammenhang zwischen der Reklamation und funktionaler Sicherheit herzustellen, kann ein entsprechend geschulter Experte aus der Werkstatt sofort hinzugezogen werden. Dieser wird aufgrund seiner Kenntnisse zum Produkt mit Sicherheitsfunktion die richtigen Maßnahmen ergreifen und damit weitere Gefährdungen abwenden.

10.5.10 Servicetechniker in Werkstatt

Servicetechniker verfügen auf Basis von technischen Produktbeschreibungen und intensiven Produktschulungen über allgemeine und erweiterte Kenntnisse zur funktionalen Sicherheit.

Sie führen Fehlersuche, Reparaturen, Wartungs- und Instandhaltungsmaßnahmen von Produkten mit Sicherheitsfunktionen durch. Nur wenn die Planung der Wartung, Reparatur, Inbetriebnahme und Außerbetriebnahme unter Aspekten der funktionalen Sicherheit durchgeführt wurde, ist das Servicepersonal ausreichend geschult und geschützt, weil die Risiken bekannt und minimiert bzw. durch einzuhaltende Maßnahmen ausgeschaltet sind.

10.5.11 Die Rolle des Konfigurationsmanagers im Bereich der funktionalen Sicherheit und Cybersecurity

Der Konfigurationsmanager im Bereich der funktionalen Sicherheit und Cybersecurity spielt eine zentrale Rolle bei der Sicherstellung, dass alle sicherheitskritischen Systeme und Komponenten in einem strukturierten und nachvollziehbaren Prozess entwickelt, überwacht und gepflegt werden. Dieser Prozess erstreckt sich über den gesamten Lebenszyklus der Systeme – von der ersten Konzeption über die Entwicklung und Implementierung bis hin zur Auslieferung und Wartung. Ein wesentlicher Aspekt seiner Arbeit ist die Verwaltung von Konfigurationselementen, die sowohl Software- als auch Hardwarekomponenten umfassen können, sowie die Festlegung von Baselines, die als Referenz für den Entwicklungsfortschritt dienen.

Der Konfigurationsmanager entwickelt und pflegt einen umfassenden Plan für das Konfigurationsmanagement, der speziell auf die Anforderungen der Normen ISO 26262 (funktionale Sicherheit) und ISO/SAE 21434 (Cybersecurity) zugeschnitten ist. Dazu gehören unter anderem die Auswahl und Implementierung geeigneter Tools, die effiziente Verwaltung von Konfigurationsdaten und die Sicherstellung, dass alle technischen Artefakte in kontrollierten Versionen vorliegen. Wichtig ist hierbei, dass jede Änderung an einem sicherheitskritischen Element dokumentiert und nachverfolgt wird, um sicherzustellen, dass sämtliche Änderungen korrekt und lückenlos nachvollziehbar sind.

Die enge Zusammenarbeit mit dem Änderungsmanager ist entscheidend, da das Änderungsmanagement integraler Bestandteil des Konfigurationsmanagements ist. Der Konfigurationsmanager stellt sicher, dass alle Änderungen im Rahmen eines geregelten Prozesses durchgeführt werden, der Änderungen an sicherheitskritischen Funktionen berücksichtigt und potenzielle Auswirkungen auf die Gesamtsicherheit bewertet. Jede Änderung wird im Konfigurationsmanagementsystem erfasst und versioniert, und es wird überprüft, ob die betroffenen Komponenten die Anforderungen der funktionalen Sicherheit und Cybersecurity weiterhin erfüllen. Hierbei werden Abweichungen identifiziert, Berichte erstellt und Risiken analysiert, die aus der Implementierung von Änderungen resultieren könnten.

Der Konfigurationsmanager arbeitet eng mit dem Systemarchitekten, dem Testmanager und dem Qualitätsmanagement zusammen, um sicherzustellen, dass jede Änderung an sicherheitsrelevanten Systemen mit den geltenden Normen übereinstimmt und dass die Integrität der Systeme auch nach einer Änderung gewährleistet bleibt. Dabei überwacht er nicht nur technische Änderungen, sondern behält auch die organisatorischen und prozessualen Auswirkungen von Änderungen im Blick.

10.5.12 Die Rolle des Änderungsmanagers (Change Manager)

Der Änderungsmanager trägt die Verantwortung für die Koordination, Überwachung und Dokumentation aller Änderungen, die an sicherheitskritischen Systemen vorgenommen werden. Dies betrifft sowohl Änderungen, die aus technischer Notwendigkeit entstehen, als auch solche, die aus regulatorischen oder marktspezifischen Anforderungen resultieren. Der Änderungsmanager stellt sicher, dass jede Änderung, bevor sie implementiert wird, gründlich auf ihre Auswirkungen auf die funktionale Sicherheit und Cybersecurity geprüft wird.

Zu den Hauptaufgaben des Änderungsmanagers gehört es, Änderungsanträge (Change Requests) zu bewerten und zu priorisieren. Jede Änderungsanfrage wird dabei daraufhin geprüft, ob sie sicherheitskritische Funktionen beeinträchtigen könnte. Der Änderungsmanager arbeitet dabei eng mit dem Konfigurationsmanager zusammen, um sicherzustellen, dass jede Änderung korrekt dokumentiert und im Konfigurationsmanagementsystem erfasst wird. Dies ermöglicht eine lückenlose

Nachverfolgung aller durchgeführten Modifikationen und deren Auswirkungen auf das Gesamtsystem.

Der Änderungsmanager steuert den gesamten Änderungsprozess – von der Erfassung und Genehmigung der Änderungsanträge über die Umsetzung bis hin zur abschließenden Validierung und Verifizierung der Änderung. Dabei achtet er darauf, dass alle relevanten Stakeholder, insbesondere im Bereich der funktionalen Sicherheit und Cybersecurity, einbezogen werden. Bei jeder Änderung werden Risikoanalysen durchgeführt, um sicherzustellen, dass die Sicherheit und Integrität des Systems nicht beeinträchtigt wird. Dies ist besonders wichtig, wenn Änderungen an sicherheitskritischen Komponenten wie Brems- oder Lenksystemen vorgenommen werden.

Ein weiterer wesentlicher Aspekt der Arbeit des Änderungsmanagers ist die Koordination der Tests und Validierungen nach der Implementierung einer Änderung. Bevor eine Änderung endgültig freigegeben wird, muss sie umfangreich getestet werden, um sicherzustellen, dass alle sicherheitsrelevanten Funktionen weiterhin einwandfrei arbeiten und die geltenden Normen erfüllt werden. Der Änderungsmanager erstellt Berichte über den Fortschritt der Änderungen und stellt sicher, dass alle Stakeholder über potenzielle Risiken und den Status der Implementierung informiert sind.

Durch die enge Verzahnung von Änderungs- und Konfigurationsmanagement gewährleistet der Änderungsmanager, dass alle Änderungen strukturiert und transparent durchgeführt werden, ohne die funktionale Sicherheit oder Cybersecurity des Fahrzeugs zu gefährden. Beide Rollen arbeiten Hand in Hand, um sicherzustellen, dass das Fahrzeug der neuen Generation der Smartdrive AG und Safehicle GmbH höchsten Sicherheitsanforderungen entspricht und die Systemsicherheit trotz aller Änderungen gewährleistet bleibt.

10.5.13 Unabhängiger Dritter (Audit & Assessment)

Unabhängige Dritte können Audits und Sicherheits- bzw. Cybersecurity-Assessments gemäß ISO 26262 und ISO/SAE 21434 durchführen.

Tipp

Das Sicherheits-Assessment wird in Kapitel 5, »Das Lebenszyklusmodell der ISO 26262«, behandelt.

10.6 Verantwortlichkeiten im Cybersecurity-Prozess

Die ISO/SAE 21434 benennt keinen Gesamtverantwortlichen für die Rolle »Cybersecurity-Manager«. Es müssen lediglich die Zuständigkeiten für die Cybersecurity-Aktivitäten für jedes Projekt zugewiesen und mitgeteilt werden. Bei einer verteilten Entwicklung werden ähnlich wie beim DIA der ISO 26262 die erforderlichen Cybersecurity-Aktivitäten jeder Partei in einer Vereinbarung, dem sogenannten »**C**yber**s**ecurity **I**nterface **A**greement – CSIA«, festgeschrieben. Im CSIA werden die Ansprechpartner zur Cybersecurity der beteiligten Parteien sowie die durchzuführenden Cybersecurity-Aktivitäten festgehalten. Des Weiteren werden die Informationen und Arbeitsprodukte, die gemeinsam genutzt werden sollen, definiert. Das kann z. B. folgende Informationen umfassen:

- Die gemeinsam genutzten Informationen wie Verteilung, Überprüfungen und Mechanismus für Rückmeldungen zu Cybersecurity-Problemen
- Verfahren zum Informationsaustausch über Schwachstellen und andere sicherheitsrelevante Erkenntnisse
- Schnittstellenbezogene Prozesse, Methoden und Werkzeuge zur Gewährleistung der Kompatibilität zwischen den beteiligten Parteien, wie z. B. die ordnungsgemäße Handhabung von Daten und die Sicherung der Kommunikationsnetze, über die diese Daten übertragen werden
- Definition von Rollen
- Methoden zur Kommunikation und Dokumentation von Änderungen des Systems oder der Komponente, einschließlich möglicher Wiederholung von **T**hreat **A**nalysis and **R**isk **A**ssessment – TARA
- Abstimmung der Tools für das Anforderungsmanagement und/oder Ergebnisse von Cybersecurity-Bewertungen
- Meilensteine in Bezug auf die verteilten Cybersecurity-Aktivitäten

ISO/SAE 21434:2021 [RC-07-05]

Die Vereinbarung über das Cybersecurity Interface Agreement – CSIA sollte vor dem Beginn der verteilten Cybersecurity-Aktivitäten zwischen den beteiligten Parteien erfolgen.

ISO 21434

10.6.1 Projektstory ADAS NextGen: Entwicklungsteams

Die Entwicklungsteams der Drivesmart AG, der Safehicle GmbH und Custom Chip Limited haben bereits Rollen im Projekt ADAS einzelnen Mitarbeitenden zugeordnet (siehe Tabelle 10.7 bis Tabelle 10.9).

Name	Rolle	Vertretung
Robert Flink	Leiter der Produktentwicklung	x
Dieter Gewiss	Funktionaler Sicherheitsmanager	x
Peter Feinblick	Cybersecurity-Manager	x
Ulrich Richter	Unabhängiger externer Assessor	x
Peter Weiss	Projektleiter, Anforderungsmanager	x
Lara Vero	Technische Projektleiterin, Änderungsmanagement	x
Anja Bau	Systemarchitektin	x
Ulla Wahrlich	Testleiterin	x
Klaus Boden	Konfigurationsmanager	x
Isy Kaput	Integrator	x
Diverse Mitarbeiter	Entwickler und Tester	x
Dave Rugby	Qualitätsmanager	x
Susi Platine	HW-Teamleiterin	x
Theodor Stanz	Leiter Konstruktion	x
Rudi Band	Produktionsleiter	x
Hape Fertig	Inbetriebnahme	x
Hans Wolke	Domänenexperte	x
Tina Mensch	HMI-Designerin	x
Trudi Issue	KI-Sicherheitsingenieurin	
Vera Trace	Data Gouvernance Lead	
Fernando Haswas	Regulatory Compliance Engineer	x

Tab. 10.7 *Entwicklungsteam der Drivesmart AG*

Name	Rolle	Vertretung
Josef Byte	Entwicklungsleiter	x
Rainer Fels	Funktionaler Sicherheitsmanager	x
Tanja Clock	Projektleiterin	x
Theo Abwehr	Cybersecurity-Manager	x
Nils Hammer	Penetrationsexperte Cybersecurity	
Wolfgang Lagert	Konfigurations- u. Änderungsmanager	x
Rudolf Blackbelt	Sicherheitskoordinator	x
Roman Brauch	Anforderungsmanager	x
Paola Stabil	System- und Softwarearchitektin	x
Dirk Pattern	SW-Designer	x
Ernst Probe	Testleiter	x
Diverse Mitarbeiter	Entwickler und Tester	x
Klara Schauhin	Qualitätsbeauftragte	x
Mandy Kurz-schluss	HW-Teamleiterin	X
Heinrich Kunst	Projektmanager KI-SW-Entwicklung	X
Flora Forscher	Data Scientist	X
Ralf Teacher	Machine Learning Engineer	X
Veronika Sammler	Data Engineer	X
Holger Optima	DevOps Engineer	X
Helga Pettrick	UX/UI-Designerin	X
Xavier Maier	Domänenexperte	X
Sabine Maier	Ethikbeauftragte	

Tab. 10.8 *Entwicklungsteam der Safehicle GmbH*

Das interdisziplinäre SW-Entwicklungsteam der Safehicle GmbH stellt sicher, dass alle Aspekte der Software-KI-Entwicklung – von der Datenaufbereitung über die Modellierung bis hin zur Bereitstellung und Benutzerfreundlichkeit – abgedeckt sind.

Name	Rolle	Vertretung
Shiue Shin Liu	HW-Teamleiter	x
Yi-Chen Tsai	IP-Integrator	x
Pei-Fen Huang	Chipdesigner	x
Chang-Sheng Chiu	Sicherheitskoordinator	x
Ching-Shun Chen	Testleiter	x
Diverse Mitarbeiter	Entwickler und Tester	x
Yu-Han Chen	Qualitätsbeauftragter	x
Chun Fu	Teamleiter	x
Xin Lee	Systemarchitekt	x
Xibo Zhang	Verifikation und Validation	x
Mingdong Xia	Physical Design Engineer	x
Yuanjie Liu	Power Management Engineer	x

Tab. 10.9 *Entwicklungsteam der Custom Chip Limited*

Die Custom Chip Limited deckt die gesamte Bandbreite der notwendigen Fachkenntnisse ab, um ein SoC für ADAS erfolgreich zu entwickeln, von der Konzeption und dem Design bis hin zur Implementierung und Qualitätssicherung.

Name	Rolle	Vertretung
Meiyu Li	Qualitätssicherungsingenieurin	x
Tzu-Ting Ling	Produktionsingenieur	x
Chung Ping	Logistik- und Supply-Chain-Manager	x
Will Chang	Testingenieur	x
Sophie Chen	Prozessingenieurin	x
Harold Lo	Instandhaltungsingenieur	x

Tab. 10.10 *Fertigungsteam der Kasaba Hobli Limited*

Für die Fertigung des ADAS-Chips für sicherheitsrelevante Anwendungen wird ein hochspezialisiertes Team benötigt, das verschiedene Phasen des Fertigungsprozesses abdeckt. Das Team der Fa. Kasaba Hobli Limited stellt sicher, dass alle Aspekte der Chipfertigung, insbesondere im Hinblick auf Qualität, Sicherheit und Konformität mit ISO 26262-7, kompetent abgedeckt sind.

Gesamtverantwortung

Da die Geschäftsführer nicht direkt zu den Entwicklungsteams gehören, sind diese in den Teamtabellen nicht aufgeführt. Im Rahmen der Kultur des sicherheitsbewussten Denkens sowie aus rechtlicher Sicht haben sie die Gesamtverantwortung im Projekt.

Wir sind am Ende unserer Betrachtung des Sicherheitslebenszyklus und der begleitenden Projektstory angekommen. Doch die Reise der ISO 26262 geht weiter: Mit der dritten Edition der ISO 26262 stehen Neuerungen bevor, die den Rahmen der funktionalen Sicherheit künftig prägen werden – und auf die wir im folgenden Kapitel einen Ausblick geben.

11 Geplante Neuerungen zur ISO 26262 Edition 3

Unsere Industrie respektiert Tradition – aber sie belohnt Innovation.
(Satya Nadella, Microsoft)

Angesichts der dynamischen Transformation der Automobilbranche gewinnen technologische Innovationen und die Notwendigkeit, Sicherheitsstandards zu verbessern, zunehmend an Bedeutung. Die ISO 26262, Eckpfeiler für funktionale Sicherheit in der Automobilbranche, erfährt deshalb in ihrer dritten Edition bedeutende Überarbeitungen.

Dieses Kapitel bietet einen strukturierten Überblick über die geplanten Änderungen und Erweiterungen. Dazu zählen neue technische Inhalte – wie Fail-Operational-Architekturen, Predictive Maintenance – sowie die engere Verknüpfung mit angrenzenden Standards wie ISO 21448 (SOTIF), ISO/SAE 21434 und der ISO/PAS 8800. Letztere adressieren insbesondere künstliche Intelligenz, die zwar nicht unmittelbar Teil der ISO 26262 ist, aber für künftige sicherheitsrelevante Systeme von wachsender Bedeutung sein wird.

11.1 Zielrichtung der Neuerungen der ISO 26262 Edition 3

Ziel ist es, mögliche Entwicklungslinien frühzeitig zu verstehen, ihre Auswirkungen auf zukünftige Projekte zu erkennen und konkrete Anwendungsbeispiele – etwa autonomes Bremsen, Fahrerassistenzsysteme oder Predictive Maintenance in E/E-Architekturen – praxisnah einzuordnen. So unterstützt die Edition 3 Entwickler und Ingenieure dabei, Sicherheitsstrategien nicht nur normkonform, sondern auch zukunftsorientiert umzusetzen.

Um dieses Ziel zu erreichen, adressiert Edition 3 auch die Herausforderungen moderner Fahrzeugarchitekturen, darunter redundante Systeme, Hochautomatisierung und vernetzte E/E-Systeme. Ergänzend werden moderne Softwareentwicklungsansätze wie agile Methoden in den Sicherheitslebenszyklus integriert. Auch Themen wie Continuous Integration / Continuous Deployment (CI/CD), automatisierte Teststrategien und die Lebenszyklusbetrachtung von KI-Systemen werden explizit aufgegriffen.

Damit entstehen Leitlinien für die sichere Implementierung innovativer Technologien, einschließlich der Überwachung von KI-Modulen im Feld, der Out-of-Distribution-Erkennung und der Sicherheitsargumentation für lernende Systeme.

Die geplanten Neuerungen bleiben nicht abstrakt, sondern schlagen eine Brücke zu bereits existierenden Normen und Berichten. Edition 3 greift diese auf, ordnet sie ein und erweitert so den Blick über die ISO 26262 hinaus. Im nächsten Schritt schauen wir uns daher an, welche Standards integriert werden – und wie sie die funktionale Sicherheit künftig beeinflussen.

> Da sich die Edition 3 zum Zeitpunkt der Erstellung dieses Buches noch im Entwurfsstadium befindet, sind Änderungen und Anpassungen in einzelnen Punkten möglich. Der aktuelle Stand zeigt jedoch klar, dass die Integration ergänzender Normen ein zentrales Element sein wird.

11.2 Integration von ISO/TR 9968

Anwendung für wiederaufladbare Energiespeichersysteme

Eine der geplanten Ergänzungen in ISO 26262 Edition 3 ist die Integration von Inhalten der ISO/TR 9968 [ISO/TR 9968:2023]. Dieser Technische Report befasst sich mit der sicheren Integration von E/E-Systemen und Komponenten anderer Technologien, insbesondere im Kontext von Batteriesystemen, wie wiederaufladbaren Energiespeichersystemen (RESS) – etwa Lithium-Ionen-Batterien –, wie sie in elektrischen oder hybriden Serienfahrzeugen verbaut werden.

Im Fokus des Technischen Reports stehen interdisziplinäre Wechselwirkungen, etwa zwischen einem Battery Management System (BMS) als E/E-Komponente und elektrochemischen Systemteilen wie Batteriezellen. Damit wird die bestehende HARA-Methodik (Hazard Analysis and Risk Assessment) der ISO 26262 um spezifische Risiken von Energiespeichersystemen erweitert. Dazu zählen insbesondere:

- Mechanische Risiken: z. B. Kurzschluss durch Gehäuseschäden, mechanische Beschädigungen der Zellen durch Crash-Szenarien
- Elektrochemische Risiken: z. B. thermisches Durchgehen, chemische Reaktionen innerhalb der Batteriezellen, Brand- oder Explosionsgefahr

- Elektrische Risiken: z. B. Hochvolt-Fehlerströme, Isolationsfehler, unerwartete Spannungs- oder Stromspitzen

ISO/TR 9968 liefert hierzu konkrete Beispiele, Methodikvorschläge und Anwendungshinweise, die als Orientierung für die Gefahrenanalyse, Risikobewertung und Sicherheitskonzeption dienen. Der Technische Report folgt des Weiteren dem in der ISO 26262 definierten V-Modell-Rahmen und ergänzt ihn durch angepasste funktionale Sicherheitsstrategien sowie Verifizierungs- und Validierungsmethoden, die speziell auf die Besonderheiten von RESS zugeschnitten sind.

Die Integration dieser Inhalte in die Edition 3 der ISO 26262 unterstreicht die Notwendigkeit, die funktionale Sicherheit kontinuierlich an den technologischen Fortschritt elektrischer Antriebe und die damit verbundenen Sicherheitsanforderungen neuer Energiespeicherlösungen anzupassen. Dies betrifft insbesondere die systematische Betrachtung von interdisziplinären Risiken, die Anwendung redundanter Schutzmaßnahmen und die Verfolgung von Sicherheitsargumentationen, die sowohl mechanische, elektrische als auch elektrochemische Aspekte berücksichtigen.

11.3 Integration von ISO/TR 9839 in ISO 26262-5

Vorausschauende Wartung für Hardware

ISO/TR 9839 [ISO/TR 9839:2023] beschreibt, wie degradierende Fehler in Hardwarekomponenten frühzeitig erkannt und im Rahmen eines ISO-26262-konformen Sicherheitskonzepts berücksichtigt werden können. Der Technische Report stellt Methoden vor, mit denen sich vorausschauende Wartung (Predictive Maintenance, PdM) in sicherheitsrelevante Systeme integrieren lässt – z. B. durch Überwachung von Alterungsprozessen, Verschleiß oder Abweichungen im Betriebsverhalten.

Ziel ist es, sicherzustellen, dass potenzielle Ausfälle bereits im Vorfeld erkannt werden und geeignete Maßnahmen ergriffen werden, bevor sicherheitskritische Zustände entstehen. Dazu gehören unter anderem:

- Frühwarnmechanismen: sensorbasierte Überwachung von Temperatur, Spannung, Stromfluss oder mechanischem Verschleiß
- Trend- und Datenanalyse: Nutzung von Algorithmen zur Erkennung abweichender Muster oder prognostizierbarer Fehlerhäufigkeiten
- Integration in Sicherheitskonzepte: Anpassung der HARA-Analyse, Sicherheitsziele und Sicherheitsmaßnahmen entsprechend der vorhersehbaren Hardware-Degradation

Mit der geplanten Integration in ISO 26262-5 erhält die funktionale Sicherheit eine wichtige Erweiterung: Präventive Wartungstechniken werden als Teil des Sicherheitskonzepts anerkannt und können gezielt eingesetzt werden, um die Zuverlässigkeit von Hardwarekomponenten über die Lebensdauer zu erhöhen.

Diese Maßnahme schafft einen robusten Rahmen für die Anwendung vorausschauender Wartungstechniken auf Hardwarekomponenten (Predictive Maintenance, siehe Abbildung 11.1) und ermöglicht es, Sicherheitspraktiken an die sich wandelnden Anforderungen moderner Fahrzeugsysteme anzupassen.

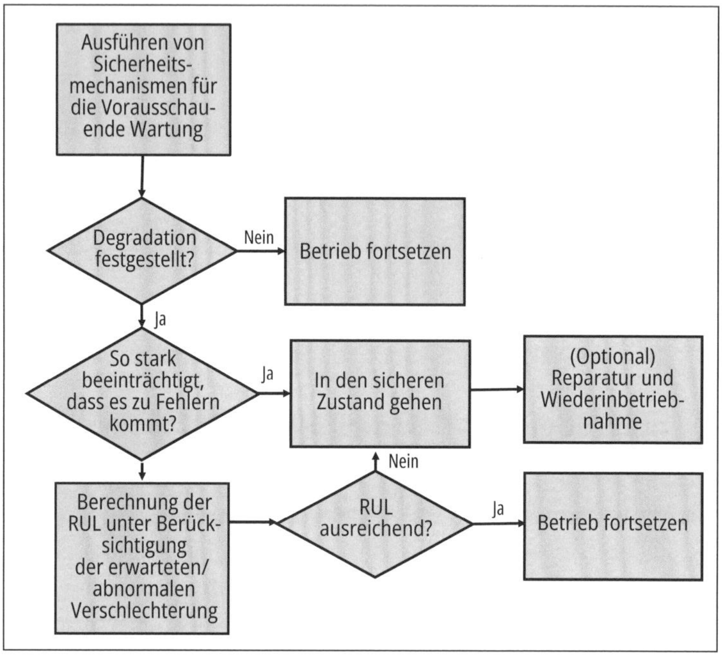

Abb. 11.1 *Flussdiagramm zur Berücksichtigung der vorausschauenden Wartung (Predictive Maintenance; RUL – Remainung Useful Life)*

11.4 Integration von ISO/PAS 8926

Nutzung bestehender Softwarearchitektur-elemente

Die Nutzung vorhandener Softwarearchitekturelemente für die funktionale Sicherheit könnte durch die geplante Integration von ISO/PAS 8926 [ISO/PAS 8926:2024] in ISO 26262 Edition 3 erheblich an Bedeutung gewinnen. Ziel der Integration ist es, den Umgang mit bestehenden, generischen Softwarekomponenten im Kontext funktionaler Sicherheit zu erleichtern und deren Wiederverwendung in neuen Sicherheitsprojekten zu fördern.

Durch die strukturierte Einbindung solcher Softwarearchitekturelemente lassen sich bestehende Lösungen effizient wiederverwenden, ohne die Anforderungen an die funktionale Sicherheit zu vernachlässigen.

Dies trägt zu Konsistenz, Effizienz und normkonformer Flexibilität bei der Entwicklung sicherheitskritischer Software bei.

ISO/PAS 8926 bietet ein Rahmenwerk zur sicherheitstechnischen Bewertung von Software, die ursprünglich nicht nach internationalen Sicherheitsstandards wie ISO 26262 entwickelt wurde. Typische Anwendungsfälle sind beispielsweise:

- Generische Softwarebibliotheken, die in mehreren Projekten genutzt werden
- Integrierte Komponenten in System-on-Chip-(SoC-)Architekturen
- Middleware oder Kommunikationsmodule, die wiederverwendet werden sollen

Der Standard beschreibt Methoden und Maßnahmen, um die Eignung solcher Softwarekomponenten für den Einsatz in sicherheitsrelevanten Systemen nachzuweisen, darunter:

- Kriterien für die architektonische Bewertung im Gesamtsystemkontext
- Anforderungen an Dokumentation und Rückverfolgbarkeit, um Nachvollziehbarkeit zu gewährleisten
- Ergänzungen zum technischen Sicherheitskonzept, etwa durch Sicherheitsmechanismen oder Monitoring
- Maßnahmen zur Absicherung gegen systematische Fehler im Softwareentwicklungsprozess

Weitere Inhalte beziehen sich auf den Softwareentwicklungsprozess, insbesondere auf die Nachweisführung der Robustheit gegenüber systematischen Fehlern. ISO/PAS 8926 stellt ein detailliertes Qualifizierungskonzept bereit, das auf generische, komplexe, bereits existierende Softwareprodukte anwendbar ist.

Das zentrale Ziel ist, die Gleichwertigkeit der Risikoreduktion gegenüber ISO-26262-konformer Software nachzuweisen, basierend auf den Anforderungen aus ISO 26262, Teil 4, Teil 6 und Teil 8. Damit unterstützt die Norm die sichere Integration und Wiederverwendung bestehender Software, ohne die funktionale Sicherheit zu kompromittieren.

11.5 Integration von ISO 8800

Künstliche Intelligenz und funktionale Sicherheit

Künstliche Intelligenz (KI), insbesondere auf Basis von maschinellem Lernen, zeichnet sich durch nicht deterministisches Verhalten aus. Die Systeme können aufgrund von Trainingsdaten, Algorithmenarchitektur oder Umweltveränderungen nicht vollständig verifiziert oder vorhersehbar getestet werden. Aus Sicht der funktionalen Sicherheit, die auf nachweisbare Systemreaktionen abzielt, stellt dies eine Herausforderung dar.

In ISO 26262:2018 existieren derzeit keine etablierten Methoden, um KI-basierte Systeme vollständig zu verifizieren. Dies erfordert die Entwicklung neuer Ansätze und Maßnahmen, die mögliche Risiken von KI im Kontext funktionaler Sicherheit adressieren.

ISO/PAS 8800 [ISO/PAS 8800:2022] verfolgt einen ganzheitlichen Ansatz zur Absicherung von KI-Systemen. Sie berücksichtigt alle relevanten Lebenszyklusphasen und geht über die reine Verifikation hinaus:

- **Entwicklung und Trainingsdatenbewertung:** Sicherstellung von Datenqualität, Repräsentativität und Robustheit gegenüber Bias, Ausreißern oder Distribution Shifts
- **Validierung und Verifikation:** Teststrategien für KI-Komponenten, Nutzung von Simulationen, szenarienbasiertem Testen und Sicherstellung der Erfüllung definierter Sicherheitsanforderungen
- **Überwachung im Betrieb und Feldbeobachtung:** Monitoring-Strategien zur Detektion von abweichendem Verhalten, kontinuierliche Risikoanalyse und Sicherheitsupdates

Besonderes Augenmerk liegt auf Monitoring-Strategien im Feld, da sich das Verhalten von KI-Systemen in realen Szenarien weiterentwickeln oder unter veränderten Bedingungen abweichen kann. Hierzu gehören Mechanismen wie Anomalieerkennung, kontinuierliche Leistungsbewertung, Rückmeldung von Fahrzeugsensorik und aktives Sicherheitsmanagement.

Die geplante Integration von ISO/PAS 8800 in die ISO 26262 Edition 3 ermöglicht erstmals die strukturierte Berücksichtigung von KI in sicherheitsrelevanten Fahrzeugfunktionen. Ziel ist es, ein angemessenes Sicherheitsniveau auch bei eingeschränkter Verifizierbarkeit sicherzustellen.

Obwohl eine hundertprozentige Verifikation von KI-basierten Systemen wahrscheinlich auch künftig nicht erreichbar sein wird, können durch geeignete Maßnahmen in allen Phasen des Lebenszyklus folgende Ziele erreicht werden:

- Reduzierung von Risiken durch fehlerhafte oder abweichende KI-Entscheidungen
- Sicherstellung der Robustheit gegen OOD-(Out-of-Distribution-) Daten
- Transparenz und Nachvollziehbarkeit von KI-Entscheidungen zur Unterstützung der Sicherheitsargumentation
- Integration von Fallback-Mechanismen und Redundanzstrategien, um gefährliche Systemzustände zu vermeiden

Damit stellt ISO/PAS 8800 einen entscheidenden Baustein dar, um KI-Systeme in die funktionale Sicherheitsarchitektur moderner Fahrzeuge einzubinden, ohne die grundlegenden Prinzipien von ISO 26262 zu verletzen.

11.6 Erweiterung agiler Softwareentwicklungsmethoden

Angesichts des Branchenwandels zu agilen Softwareentwicklungsmethoden wird die ISO 26262 Edition 3 eine vertiefte Diskussion über agile Praktiken im Kontext der funktionalen Sicherheit bieten. Die agile Softwareentwicklung zeichnet sich durch inkrementelles Vorgehen, kurze Entwicklungszyklen und hohe Anpassungsfähigkeit an sich ändernde Anforderungen aus und zielt auch darauf ab, die Zusammenarbeit im Entwicklungsteam zu fördern.

> Mehr Informationen dazu finden sich in Abschnitt 5.7.1, »Agile Softwareentwicklung in sicherheitskritischen Systemen«.

Agile Methoden betonen Flexibilität, jedoch muss diese Flexibilität mit den strengen Sicherheitsanforderungen der ISO 26262 in Einklang stehen. Ein ausgewogenes Verständnis dafür, wie agiles Vorgehen mit Sicherheitsaspekten kombiniert werden kann, ist entscheidend. Die ISO 26262 steht hierzu scheinbar im Widerspruch mit ihren strengen Vorgaben, die auf Dokumentation, Nachvollziehbarkeit und systematische Absicherung fokussiert sind.

Agil arbeitende Teams können agile Methoden als kompatibel einsetzen, müssen dabei aber unbedingt sicherstellen, dass alle notwendigen Dokumente erstellt und Aktivitäten klar dokumentiert sind, um den ISO-26262-Anforderungen zu genügen. Das bedeutet, dass sicherheitsrelevante Aktivitäten klar definiert, vollständig dokumentiert und prozesskonform integriert werden. Hierzu gehören:

- Sicherheitsziele und ASILs müssen bereits in frühen Iterationen berücksichtigt werden.
- Agile Artefakte wie User Stories müssen mit sicherheitsrelevanten Anforderungen verknüpft sein.
- Alle sicherheitskritischen Aktivitäten, Reviews und Testergebnisse müssen nachvollziehbar dokumentiert werden – auch in iterativen Entwicklungsmodellen.
- Die Verantwortlichkeiten innerhalb agiler Teams müssen eindeutig geregelt sein, insbesondere im Hinblick auf funktionale Sicherheit.

Insgesamt ist die Integration agiler Methoden in den Rahmen der ISO 26262 möglich, dies erfordert jedoch eine sorgfältige Anpassung, um ein harmonisches Nebeneinander von Flexibilität und Sicherheit zu gewährleisten. Ein bewusster und systematischer Ansatz, der die Anforderungen beider Welten berücksichtigt, ist entscheidend für den Erfolg. Im Kontext der ISO 26262 darf es kein Verzicht auf Sicherheit geben, sondern die möglichst nahtlose Integration agiler Methoden, ohne dabei den strengen Sicherheitsgedanken aus den Augen zu verlieren.

11.7 SOTIF – ISO 21448

Verknüpfung oder Erweiterung mit SOTIF

Um den Sicherheitsanforderungen moderner Fahrzeugsysteme umfassend gerecht zu werden, sieht die dritte Edition der ISO 26262 eine stärkere Verknüpfung mit ISO 21448, auch bekannt als Safety of the Intended Functionality (SOTIF), vor.

Während ISO 26262 sich auf den Umgang mit zufälligen technischen Fehlern konzentriert, befasst sich SOTIF mit Risiken, die trotz fehlerfreier Funktion entstehen können – etwa durch unzureichende Sensorsysteme, fehlerhafte Annahmen im Umfeldmodell oder unerwartete Verkehrssituationen.

Die geplante Verbindung beider Normen zielt auf einen ganzheitlichen Sicherheitsansatz ab, der sowohl die funktionale Sicherheit im klassischen Sinne als auch die Intended Functionality – also das beabsichtigte Verhalten komplexer Systeme – abdeckt.

Gerade bei fortschrittlichen Fahrerassistenzsystemen (ADAS) und automatisierten Fahrfunktionen ist diese Erweiterung entscheidend: Nur wenn sowohl technische Fehler als auch systemimmanente Grenzen berücksichtigt werden, lässt sich das erforderliche Sicherheitsniveau im Betrieb sicherstellen.

Die Verknüpfung von SOTIF und ISO 26262 bildet die Grundlage für einen zukunftsfähigen Sicherheitsrahmen – zugeschnitten auf die Anforderungen automatisierter und sensorbasierter Fahrzeugsysteme.

Tipp

SOTIF (Safety of the Intended Functionality) behandeln wir ausführlich im gleichnamigen Kapitel 7 dieses Buches.

11.8 Ausblick und Chancen

Insgesamt deutet sich ein branchenweiter Konsens an: Sicherheit darf nicht statisch bleiben, sondern muss sich kontinuierlich mit neuen Technologien und Fahrzeugarchitekturen weiterentwickeln. Die Kombination von bewährten Praktiken mit modernen Ansätzen, die Integration von neuen Standards und moderner Entwicklungspraxis eröffnet viele Möglichkeiten, um künftige Mobilität sicher und resilient zu gestalten. Die Chance liegt in der Schaffung und Etablierung einer Sicherheitskultur, die Innovationen nicht hemmt, sondern aktiv begleitet und absichert.

Roadmap der Edition 3

Der Weg dorthin ist klar strukturiert, denn er umfasst die folgenden geplanten Meilensteine: die Veröffentlichung eines Arbeitsentwurfs (Working Draft) im Laufe des Jahres 2025, eines Committee Draft (CD) voraussichtlich Anfang bis Mitte 2026 und eines Draft International Standard (DIS) zur öffentlichen Kommentierung im zweiten Quartal 2026. Die endgültige Veröffentlichung der ISO 26262 Edition 3 wird aktuell für das zweite Quartal 2027 erwartet.

> Diese Informationen lagen uns zum Zeitpunkt der Bucherstellung vor, die Daten können sich bis zum Erscheinen des Fachbuches natürlich noch ändern. Es empfiehlt sich, die offiziellen Veröffentlichungen der ISO und der zuständigen technischen Komitees zu verfolgen.

Besonders prägend wird die wachsende Rolle von KI und kontinuierlichen Software-Updates sowie die zunehmende Bedeutung von Cybersecurity sein. Damit verschieben sich die Anforderungen an Sicherheitsargumentationen grundlegend. Die ISO 26262 Edition 3 schafft hierfür den Rahmen, diese Entwicklungen methodisch einzuordnen und konsistente Nachweise zu ermöglichen.

Gleichzeitig liefert die Norm das Fundament, um Sicherheit und Qualität in der Fahrzeugentwicklung systematisch zu verankern. Doch was Sicherheit konkret bedeutet – und welches Restrisiko akzeptabel ist –, bleibt letztlich eine gesellschaftliche Entscheidung, die nicht durch Normen vorgegeben werden kann.

Wird es der ISO 26262 Edition 3 tatsächlich gelingen, auch für diese hochdynamischen Systeme eine tragfähige und wirtschaftliche Sicherheitsargumentation bereitzustellen? Die Balance zwischen maximaler Sicherheit und wirtschaftlicher Tragfähigkeit bleibt die eigentliche Bewährungsprobe.

Literaturverzeichnis

Das folgende Literaturverzeichnis ist in Themencluster gegliedert. Die genannten Themencluster erlauben einen schnellen kontextbezogenen Zugriff auf Sekundärquellen, die einer Weiterführung und Vertiefung im jeweiligen Thema dienen können. Die aufgeführten Quellen sind soweit möglich zeitaktuelle Publikationen. Die in diesem Buch verwendeten normativen Regulationen finden sich detailliert in einem eigenen Verzeichnis wieder.

Verlässliche Cybersecurity, künstliche Intelligenz und funktionale Sicherheit in autonomen Fahrzeugen

[Botsch & Utschick 2020] Botsch, M., Utschick, W.: *Fahrzeugsicherheit und automatisiertes Fahren: Methoden der Signalverarbeitung und des maschinellen Lernens.* München: Carl Hanser Verlag, 2020.

[Fröschl & Sirch 2023] Fröschl, J., Sirch, O.: *Bordnetze und E/E-Architektur: Eine Einführung in die Zusammenhänge zwischen Elektrik/Elektronik-Architektur und Energiebordnetz im Automobil.* Tübingen: Expert Verlag, 2023.

[Ross 2019] Ross, H.-L.: *Funktionale Sicherheit im Automobil: Die Herausforderung für Elektromobilität und automatisiertes Fahren.* München: Carl Hanser Verlag, 2019.

[Ross 2021] Ross, H.-L.: *Safety for Future Transport and Mobility.* Cham: Springer, 2021.

[Streichert & Traub 2012] Streichert, T., Traub, M.: *Elektrik/Elektronik-Architekturen im Kraftfahrzeug: Modellierung und Bewertung von Echtzeitsystemen.* VDI-Buch. Heidelberg: Springer, 2012.
Systemtechnik, Risikomanagement, Cybernetics-basierte Modelle, Verkehrsteilnehmende, Haftung in automatisierten Verkehrssystemen

Die Operational Design Domain (ODD)

[Mehlhorn et al. 2023] Mehlhorn, A., Richter, Y.A.W., Shardt, R.: *A Survey on Operational Design Domains of Autonomous Driving Systems*. IFAC-PapersOnLine, 2023. *https://www.sciencedirect.com/science/article/pii/S2405896323015318*

[SAE J3259 2021] SAE: *J3259 – Taxonomy & Definitions for Operational Design Domain*. Warrendale: SAE International, 2021. *https://www.sae.org/standards/content/j3259*

[Salvi 2023] Salvi, A.: *Operational Design Domain: Sicherheitsaspekte beim Passieren zwischen ODD*. Fraunhofer SAFE, 2023. *https://safe-intelligence.fraunhofer.de/artikel/sicherheitsaspekte-beim-passieren-zwischen-operational-design-domains*

Interaktion zwischen funktionaler Sicherheit und Cybersecurity

[Avizienis et al. 2004] Avizienis, A., Laprie, J.-C., Randell, B., Landwehr, C.: *Basic Concepts and Taxonomy of Dependable and Secure Computing*. IEEE Transactions on Dependable and Secure Computing, 1(1),11–33, 2004. DOI: 10.1109/TDSC.2004.2.

[Eckert 2023] Eckert, C.: *IT-Sicherheit. Konzepte – Verfahren – Protokolle*. 11. Auflage. München: De Gruyter, 2023.

[Laprie 1992] Laprie, J.-C. (Hrsg.): *Dependability: Basic Concepts and Terminology*. Dependable Computing and Fault-Tolerant Systems, Vol. 5. Wien/New York: Springer-Verlag, 1992.

[Nasser 2024] Nasser, A.M.K.: *Automotive Cybersecurity Engineering Handbook*. Kapitel 6: »Interactions Between Functional Safety and Cybersecurity«. Birmingham: Packt Publishing, 2024.

[Simon et al. 2019] Simon, F., Großmann, J., Graf, G., Mottok, J., Schneider, T.: *Basiswissen Sicherheitstests: Aus- und Weiterbildung zum ISTQB® Advanced Level Specialist – Certified Security Tester*. Heidelberg: dpunkt.verlag, 2019.
Das Buch vermittelt Grundlagen, Methoden und Techniken von Sicherheitstests nach ISTQB®-Standard. Es richtet sich an Softwaretester, Entwickler und Sicherheitsverantwortliche, die sichere Softwareprodukte entwickeln und prüfen wollen.

Taxonomiestufen für intelligente Straßenfahrzeuge

[Betz et al. 2024] Betz, J., Lutwitzi, M., Peters, S.: *A new Taxonomy for Automated Driving: Structuring Applications based on their Operational Design Domain, Level of Automation and Automation Readiness.* arXiv, 2024. *https://doi.org/10.48550/ARXIV.2404.17044*

[Inagaki & Sheridan 2022] Inagaki, T., Sheridan, T.B. (Hrsg.): *Human-Centered Driving Automation.* Cham: Springer International Publishing, 2022.
Dieses Werk diskutiert kritisch das SAE-Level-Modell und betrachtet die Einbettung in menschzentrierte Systeme mit Fokus auf Taxonomie im automatisierten Fahren.

[SAE J3016 2021] SAE: *Automated Driving – Level of Driving Automation (SAE J3016).* Warrendale: SAE International, 2021.
Klassische Automation Levels – Basis-Taxonomie. Diese Standardreferenz definiert die klassischen Taxonomiestufen (Level 0–5) im autonomen Fahren und ist die Grundlage jeder Taxonomie in der Automobilentwicklung.

Gefährdungs- und Risikoanalyse

[Blokdyk 2020] Blokdyk, G.: *ISO 26262: A Complete Guide – 2021 Edition.* Aspley: Emereo Publishing, 2020.
Umfassender Überblick über ISO 26262 und die vollständige Sicherheits-Bewertungsstrecke einschließlich HARA in der Konzeptphase.

[Gebhardt et al. 2012] Gebhardt, R., Rieger, T., Mottok, J., Gießelbach, C.: *Funktionale Sicherheit nach ISO 26262. Grundlagen, Methodik, Beispiele.* Heidelberg: dpunkt.verlag, 2012.

[ISO 26262-3:2018] ISO: *ISO 26262-3:2018 – Concept Phase (HARA).* Standard – Internationale Norm. Genf: International Organization for Standardization (ISO), 2018.
Beinhaltet das verbindliche Vorgehen zur Durchführung von HARA im Rahmen der Konzeptphase gemäß ISO 26262. Enthält Definitionen, Vorgehensweisen zur Identifikation von Gefährdungen und Risikoeinstufung.

Grundlagen der ASIL-Dekomposition und FMEDA

[Debouk 2014] Debouk, R.: *ASIL Decomposition: The Good, the Bad, and the Ugly*. In: Proceedings of the 2014 SAE World Congress & Exhibition. Warrendale: SAE International, 2014. SAE Technical Paper 2014-01-1413.

[Ross 2019] Ross, H.-L.: *Funktionale Sicherheit im Automobil: Die Herausforderung für Elektromobilität und automatisiertes Fahren*. 2. Auflage. München: Carl Hanser Verlag, 2019.

[Tietjen & Decker 2023] Tietjen, T., Decker, A.: *FMEA-Praxis: Einstieg in die Risikoabschätzung von Produkten, Prozessen und Systemen*. München: Carl Hanser Verlag, 2023.

Sicheres Zeitverhalten – Timing

[Gliwa 2021] Gliwa, P.: *Embedded Software Timing: Methodology, Analysis and Practical Tips with a Focus on Automotive*. Cham: Springer, 2021.

Das Lebenszyklusmodell der ISO 26262

[Ross 2014] Ross, H.-L.: *Funktionale Sicherheit im Automobil: ISO 26262, Systemengineering auf Basis eines Sicherheitslebenszyklus und bewährten Managementsystemen*. München: Carl Hanser Verlag, 2014.

[VDA 2025] Quality Management Center (QMC) (Hrsg.): *Automotive SPICE® for Cybersecurity. Part I: Process Reference and Assessment Model for Cybersecurity Engineering. Part II: Rating Guidelines on Process Performance for Cybersecurity Engineering*. 2. Auflage. 2025. *https://webshop.vda.de/QMC/de/automotive-spice-for-cybersecurity-2nd-edit-2025*

Der Standard ISO 21434

[Levin et al. 2024] Levin, A., Stathatou, C., Lehmann, V., Benning, J.A.: *Handbuch Automotive SPICE® 4.0: Grundlagen und Know-how für die Praxis*. Heidelberg: dpunkt.verlag, 2024.

[URL – UNECE] UNECE: *The World Forum for the harmonization of vehicle regulations (WP.29)*. UNECE, 2025. *https://unece.org/transportvehicle-regulations/wp29-presentation*

[Ward & Wooderson 2021] Ward, D., Wooderson, P.: *Automotive Cybersecurity: An Introduction to ISO/SAE 21434, SAE R-495*. Warrendale: SAE International, 2021.

Threat-Analyse und Risiko-Assessment (TARA)

[Ahmad et al. 2025] Ahmad, U., Han, M., Mahmood, S.: *AI-Enhanced Threat Analysis and Risk Assessment for Connected and Autonomous Vehicles*. Software Quality Journal, 33, 26, 2025.

[Della Monica et al. 2025] Della Monica, U., Munjal, K.-A., Tamas, M. P., Boi, B., Esposito, C., Khondoker, R.: *Threat Analysis and Risk Assessment (TARA) of an Autonomous Emergency Braking (AEB) System*. Applied Sciences, 15(3), Article 1400, 2025. *https://doi.org/10.3390/app15031400*
Beispielhafte Anwendung von TARA im AEB-System: Bedrohungen identifizieren, Risiko bewerten, Mitigation einleiten – sehr praxisnah und methodisch strukturiert.

[do Carmo & Schlensog 2024] do Carmo, R., Schlensog, A.: *Automotive Threat Analysis and Risk Assessment in Practice: A Practical Guide to TARA Following the ISO/SAE 21434 Standard for Automotive Embedded and IT/OT Systems*. Berlin/Heidelberg: Springer, 2024.
Umfassendes Praxisbuch mit Fallstudien zur Implementierung von TARA in Fahrzeugarchitekturen, Supply Chain und Fertigung.

[Garg & Kohnfelder 2009] Garg, P., Kohnfelder, L.: *Threat Modeling: A Process for Secure Design*. Redmond: Microsoft Press, 2009.

[SAE J3334] SAE: *Threat Analysis and Risk Assessment (TARA) Guidelines – J3334*. SAE International. In Arbeit.
Standardisierungsvorlage als Ergänzung zum ISO/SAE 21434 – enthält Minimum-Formen, Felder und Methodik-Inhalte für TARA-Dokumentation.

[URL – Echtzeit-Bedrohungserkennung mit KI] *Real-Time Threat Detection Using The Power Of AI*. Cyble. *https://cyble.com/knowledge-hub/real-time-threat-detection-with-ai*

[URL – KI in der Bedrohungsaufklärung] *AI in Threat Intelligence: Use cases, examples, risks*. Silobreaker. *https://www.silobreaker.com/glossary/ai-in-threat-intelligence*

[URL – KI-Risikoanalyse für ML-Ingenieure] *AI Risk Assessment for ML Engineers*. Microsoft Learn. *https://learn.microsoft.com/en-us/security/ai-red-team/ai-risk-assessment*

[URL – KI-Risikomanagement-Rahmenwerk] *AI Risk Management Framework*. National Institute of Standards and Technology (NIST). *https://www.nist.gov/itl/ai-risk-management-framework*

[URL – Rolle von KI in der Bedrohungserkennung] *What Is the Role of AI in Threat Detection?*. Palo Alto Networks. *https://www.paloaltonetworks.com/cyberpedia/ai-in-threat-detection*

[URL – Top 10 KI-Risikoanalyse-Tools] *Top 10 Risk Assessment AI Tools That Are Revolutionizing Business Safety in 2025*. Medium. *https://medium.com/@moneytent/top-10-risk-assessment-ai-tools-that-are-revolutionizing-business-safety-in-2025-00add59781b1*

[URL – Zukunft der Informationssicherheit mit KI] *The Future of Information Security With AI*. CyberSaint. *https://www.cybersaint.io/blog/automated-cybersecurity-assessment-tool*

Cybersecurity-Verifikation und -Validation

[BSI 2003] BSI: *Studie Durchführungskonzept für Penetrationstests*. Bonn: BSI, 2003.

SOTIF – Safety of the Intended Functionality

[Mend.io] Mendio.io: What are the most secure programming languages?. C Security Vulnerabilities – Top CWEs. *https://www.mend.io/most-secure-programming-languages*

[NIST 2008] NIST – National Institute of Standards and Technology: Technical Guide to Information Security Testing and Assessment. NIST Special Publication 800-115. Gaithersburg, MD, 2008. *https://csrc.nist.gov/pubs/sp/800/115/final*
Beschreibt Methoden und Vorgehensweisen zur Durchführung von Sicherheitsüberprüfungen und Penetrationstests in IT-Systemen. Dient als praxisorientierter Leitfaden für strukturierte Sicherheitsanalysen und lässt sich auch auf sicherheitskritische Automotive-Architekturen übertragen.

[SAE International 2019] SAE International: *Safety of the Intended Functionality* (Book 3 – Automated Vehicle Safety Series). Warrendale: SAE International, 2019.
Eine Sammlung von 10 aktuellen SAE-Fachbeiträgen zur Safety of the Intended Functionality, ergänzt durch technische Inhalte. Einleitungen des Herausgebers – relevant als Überblick über die SOTIF-Thematik.

[URL-SOTIF] PTC: ISO 26262 vs. SOTIF (ISO/PAS 21448): Was ist der Unterschied?. PTC Blog. *https://www.ptc.com/de/blogs/alm/iso-26262-vs-sotif-iso-pas-21448-whats-the-difference*

Spezifische Rollen im Sicherheitslebenszyklus

[Gandy 2020] Gandy, S. N.: *Functional Safety for Managers: What Managers Need to Know*. exida Innovation, 2020.

[Gebhardt et al. 2012] Gebhardt, R., Rieger, T., Mottok, J., Gießelbach, C.: *Funktionale Sicherheit nach ISO 26262.* Grundlagen, Methodik, Beispiele. Heidelberg: dpunkt.verlag, 2012.

[Hanssen et al. 2018] Hanssen, G. K., Stålhane, T., Myklebust, T.: *SafeScrum® – Agile Development of Safety-Critical Software*. Cham: Springer, 2018.

Der Einsatz von KI in sicherheitskritischen Systemen

[Röttger et al. 2024] Röttger, T., Runze, F., Dietrich, M.: *Basiswissen KI-Testen: Qualität von und mit KI-basierten Systemen – Aus- und Weiterbildung zum »Certified Tester AI Testing« – Foundation Level Specialist nach ISTQB®-Standard.* Heidelberg: dpunkt.verlag, 2024.

[Wang & Chung 2021] Wang, Y., Chung, S. H.: *Artificial Intelligence in Safety-Critical Systems: A Systematic Review*. Industrial Management & Data Systems, 122(2), 442–470, 2021. *https://doi.org/10.1108/IMDS-07-2021-0419*

[Windholz 2025] Windholz, N.: *The AI Act Handbook: Compliant Usage of Artificial Intelligence in the Private and Public Sectors.* München: Carl Hanser Verlag, 2025.

Agile Entwicklung

Agiles Manifest [Beck et al. 2001] Beck, K., Beedle, M., van Bennekum, A., Cockburn, A., Cunningham, W., Fowler, M., Grenning, J., Highsmith, J., Hunt, A., Jeffries, R., Kern, J., Marick, B., Martin, R. C., Mellor, S., Schwaber, K., Sutherland, J., Thomas, D.: *Manifesto for Agile Software Development*. 2001. *https://agilemanifesto.org*

Scrum [Schwaber & Sutherland 2020] Schwaber, K., Sutherland, J.: *The Scrum Guide – The Definitive Guide to Scrum: The Rules of the Game. https://scrumguides.org*

Normenverzeichnis

[ASAM OpenODD:2024] ASAM: *ASAM OpenODD:2024 – Open operational design domain standard for automated driving*. Stuttgart: ASAM e. V., 2024. *https://www.asam.net*

[CERT-C:2014] Seacord, R. C.: *The CERT® C Coding Standard, Second Edition: 98 Rules for Developing Safe, Reliable, and Secure Systems*. Boston: Addison-Wesley Professional, 2014.

[DIN 66270:2012] DIN: *DIN 66270:2012 – Quality assurance in automotive software*. Berlin: Deutsches Institut für Normung (DIN), 2012. *https://www.din.de*

[DIN SPEC 92005:2023] DIN: *DIN SPEC 92005:2023 – Artificial Intelligence – Uncertainty quantification in machine learning; Text in English*. Berlin: Deutsches Institut für Normung (DIN), 2023. *https://www.din.de*

[EN 50578:2013] CENELEC: *EN 50578:2013 – Railways applications – Direct current signalling relays*. Brussels: European Committee for Electrotechnical Standardization (CENELEC), 2013. *https://standards.cen.eu*

[EN 60443:1997] CENELEC: *EN 60443:1997 – Advice on presentation of reliability data for electronic components and systems*. Brussels: European Committee for Electrotechnical Standardization (CENELEC), 1997. *https://standards.cen.eu*

[IATF 16949:2016] IATF: *IATF 16949:2016 – Quality management system requirements for automotive production and relevant service parts organizations*. Troy, MI: International Automotive Task Force (IATF), 2016. *https://www.iatfglobaloversight.org/standard*

[IEC 61508:2010] IEC: *IEC 61508:2010 – Functional safety of electrical/electronic/programmable electronic safety-related systems*

– *Parts 1–7*. Genf: International Electrotechnical Commission (IEC), 2010.
https://www.iec.ch/global/search?keyword=IEC%2061508#gsc.tab=0&gsc.q=IEC%2061508

[IEC 61709:2017] IEC: *IEC 61709:2017 – Electrical components – Reliability – Reference conditions for failure rates and stress models for conversion*. Genf: International Electrotechnical Commission (IEC), 2017.
https://webstore.iec.ch/en/publication/28554

[IEC 62380:2004] IEC: *IEC 62380:2004 – Reliability data handbook – Universal model for reliability prediction of electronics components, PCBs and equipment*. Genf: International Electrotechnical Commission (IEC), 2004.
https://www.iec.ch/global/search?keyword=IEC%2062380#gsc.tab=0&gsc.q=IEC%2062380

[ISO 10007:2017] ISO: *ISO 10007:2017 – Quality management – Guidelines for configuration management*. Genf: International Organization for Standardization (ISO), 2017.
https://www.iso.org/standard/70400.html

[ISO 21448:2022] ISO: *ISO 21448:2022 – Road vehicles – Safety of the intended functionality (SOTIF)*. Genf: International Organization for Standardization (ISO), 2022.
https://www.iso.org/obp/ui/#iso:std:iso:21448:ed-2:v1:en

[ISO 24089:2023] ISO: *ISO 24089:2023 – Road vehicles – Software update engineering*. Genf: International Organization for Standardization (ISO), 2023.
https://www.iso.org/obp/ui/#iso:std:iso:24089:ed-1:v1:en

[ISO 26262:2018] ISO: *ISO 26262:2018 – Road vehicles – Functional safety*. Genf: International Organization for Standardization (ISO), 2018. *https://www.iso.org/obp/ui/#iso:std:iso:26262:-1:ed-2:v1:en*

[ISO 26262-2:2018] ISO: *ISO 26262-2:2018 – Road vehicles – Functional safety – Part 2: Management of functional safety. Annex C (informative):* »Guidance for the confirmation measures«. Genf: International Organization for Standardization (ISO), 2018 – bzw. DIN-Media: ISO 26262-2:2018-12 – Straßenfahrzeuge – Funktionale Sicherheit – Teil 2: Management der funktionalen Sicherheit. Berlin: DIN-Media, 2018.

[ISO 26262-11:2018] ISO: *ISO 26262-11:2018 – Road vehicles – Functional safety – Part 11: Guidelines on application of ISO 26262 to semiconductors. Annex B (informative).* Genf: International Organization for Standardization (ISO), 2018. *https://www.iso.org/standard/69604.html* –bzw. DIN-Media: ISO 26262-11:2018-12 – Road vehicles – Functional safety – Part 11: Guidelines on application of ISO 26262 to semiconductors. Berlin: DIN-Media, 2018. *https://www.iso.org/standard/69604.html*

[ISO 34503:2023] ISO: *ISO 34503:2023 – Road vehicles – Test scenarios for automated driving systems – Specification for operational design domain.* Genf: International Organization for Standardization (ISO), 2023. *https://www.iso.org/standard/81417.html*

[ISO 8000-61:2016] ISO: *ISO 8000-61:2016 – Data quality – Part 61: Data quality management.* Genf: International Organization for Standardization (ISO), 2016. *https://www.iso.org/standard/63095.html*

[ISO 9001:2015] ISO: *ISO 9001:2015 – Quality management systems – Requirements.* Genf: International Organization for Standardization (ISO), 2015. *https://www.iso.org/standard/62085.html*

[ISO/IEC 15288:2015] ISO: *ISO/IEC 15288:2015 – Systems and software engineering – System life cycle processes.* Genf: International Organization for Standardization (ISO), 2015. *https://www.iso.org/standard/63711.html*

[ISO/IEC 15504:2004] ISO/IEC: *ISO/IEC 15504:2004 – Information technology – Process assessment – Part 1: Concepts and vocabulary.* Genf: International Organization for Standardization (ISO), 2004.

[ISO/IEC 25010:2023] ISO: *ISO/IEC 25010:2023 – Systems and software engineering – Systems and software Quality Requirements and Evaluation (SQuaRE) – Product quality model.* Genf: International Organization for Standardization (ISO), 2023. *https://www.iso.org/obp/ui/#iso:std:iso-iec:25010:ed-2:v1:en*

[ISO/IEC 25012:2008] ISO: *ISO/IEC 25012:2008 – Software engineering – Software product quality – Data quality model.*

Genf: International Organization for Standardization (ISO), 2008. *https://www.iso.org/standard/35716.html*

[ISO/IEC 25024:2015] ISO: *ISO/IEC 25024:2015 – Systems and software engineering – Systems and software Quality Requirements and Evaluation (SQuaRE) – Measurement of data quality*. Genf: International Organization for Standardization (ISO), 2015. *https://www.iso.org/standard/62268.html*

[ISO/IEC 33061:2021] ISO: *ISO/IEC 33061:2021 – Information technology – Process assessment – Process assessment model for software life cycle processes*. Genf: International Organization for Standardization (ISO), 2021. *https://www.iso.org/standard/80362.html*

[ISO/IEC 5259-1:2024] ISO: *ISO/IEC 5259-1:2024 – Artificial intelligence – Data quality for analytics and machine learning – Part 1: Overview, terminology, and examples*. Genf: International Organization for Standardization (ISO), 2024. *https://www.iso.org/standard/81088.html*

[ISO/IEC 5259-2:2024] ISO: *ISO/IEC 5259-2:2024 – Artificial intelligence – Data quality for analytics and machine learning (ML) – Part 2: Data quality measures. (ISO/IEC 5259-2:2024).* Genf: International Organization for Standardization (ISO) 2024. *https://www.iso.org/standard/81860.html*

[ISO/IEC 5259-3:2024] ISO: *ISO/IEC 5259-3:2024 – Artificial intelligence – Data quality for Management Requirements and Guidelines*. Genf: International Organization for Standardization (ISO), 2024. *https://www.iso.org/obp/ui/#iso:std:iso-iec:5259:-3*

[ISO/IEC AWI TS 22440-1] ISO/IEC: *Artificial intelligence – Functional safety and AI systems – Part 1: Requirements. Genf: International Organization for Standardization (ISO) / International Electrotechnical Commission (IEC).* In Arbeit. *https://www.iso.org/standard/89535.html*

[ISO/IEC TR 5469:2024] ISO: *ISO/IEC TR 5469:2024 – Artificial intelligence – Functional safety and AI systems*. Genf: International Organization for Standardization (ISO), 2024. *https://www.iso.org/obp/ui/#iso:std:iso-iec:tr:5469:ed-1:v1:en*

[ISO/IEC/IEEE 12207:2017] ISO: *ISO/IEC 12207:2017 – Systems and software engineering – Software life cycle processes*. Genf:

International Organization for Standardization (ISO), 2017. *https://www.iso.org/standard/63712.html*

[ISO/PAS 8800:2022] ISO: *ISO/PAS 8800:2022 – Road vehicles – Safety and Artificial Intelligence (AI) – Guidelines on the application of ISO 26262 to AI*. Genf: International Organization for Standardization (ISO), 2022. *https://www.iso.org/obp/ui/#iso:std:iso:pas:8800:ed-1:v1:en*

[ISO/PAS 8926:2024] ISO: *ISO/PAS 8926:2024 – Road vehicles – Functional safety – Use of pre-existing software architectural elements*. Genf: International Organization for Standardization (ISO), 2024. *https://www.iso.org/obp/ui/#iso:std:iso-pas:8926*

[ISO/SAE 21434:2021] ISO: *ISO/SAE 21434:2021 – Road vehicles – Cybersecurity engineering*. Genf: International Organization for Standardization (ISO), 2021. *https://www.iso.org/obp/ui/#iso:std:iso:sae:21434:ed-1:v1:en*

[ISO/SAE PAS 22736:2021] ISO: *ISO/SAE PAS 22736:2021 – Road vehicles – Overview on cybersecurity for collaborative intelligent transport systems (C-ITS)*. Genf: International Organization for Standardization (ISO), 2021. *https://www.iso.org/obp/ui/#iso:std:iso-sae:22736:ed-1:v1:en*

[ISO/TR 4804:2020] ISO: *ISO/TR 4804:2020 – Road vehicles – Safety and cybersecurity for automated driving systems – Design, verification and validation*. Genf: International Organization for Standardization (ISO), 2020. *https://www.iso.org/standard/80363.html*

[ISO/TR 9839:2023] ISO: *ISO/TR 9839:2023 – Road vehicles – Application of predictive maintenance to hardware with ISO 26262-5*. Genf: International Organization for Standardization (ISO), 2023. *https://www.iso.org/obp/ui/#iso:std:iso-tr:9839*

[ISO/TR 9968:2023] ISO: *ISO/TR 9968:2023 – Road vehicles – Functional safety application to generic rechargeable energy storage systems for new energy vehicles*. Genf: International Organization for Standardization (ISO), 2023. *https://www.iso.org/obp/ui/#iso:std:iso-tr:9968*

[ISO/TS 5083:2025] ISO: *ISO/TS 5083:2025 – Road vehicles – Safety for automated driving systems – Design, verification and validation*. Genf: International Organization for Standardization (ISO), 2025.

[MISRA C:2025] Motor Industry Software Reliability Association (MISRA): *MISRA-C:2025 – Guidelines for the use of the C language in critical systems*. Current edition, updated in March 2025. Nuneaton: MISRA Consortium Limited, 2025.

[NIST SP 800-160:2022] Ross, R., Winstead, M., McEvilley, M.: *Engineering Trustworthy Secure Systems (NIST SP 800-160 Vol. 1 Rev. 1)*. National Institute of Standards and Technology (NIST), 2022.

[PAS 1883:2020] BSI: *PAS 1883:2020 – Operational design domain (ODD) taxonomy for an automated driving system (ADS) – Specification*. London: British Standards Institution (BSI), 2020. *https://www.bsigroup.com*

[SAE J3016:2021] SAE: *SAE J3016:20210430 – Taxonomy and Definitions for Terms Related to Driving Automation Systems for On-Road Motor Vehicles*. Warrendale: SAE International, 2021. *https://www.sae.org/standards/j3016_202104-taxonomy-definitions-terms-related-driving-automation-systems-road-motor-vehicles*

[UL 4600:2023] UL: *UL 4600:2023 – Standard for Safety for the Evaluation of Autonomous Products* (3rd edition). Northbrook: Underwriters Laboratories, 2023. *https://ulstandards.ul.com/standard/?id=4600*

[VDA 2023] VDA QMC Working Group 13 / Automotive Special Interest Group: Automotive SPICE® Process Assessment Model, Version 4.0. Berlin: Verband der Automobilindustrie (VDA), 2023.

[VDA 2025] Quality Management Center (QMC) (Hrsg.): Automotive SPICE® for Cybersecurity. Part I: Process Reference and Assessment Model for Cybersecurity Engineering. Part II: Rating Guidelines on Process Performance for Cybersecurity Engineering. 2. Auflage. 2025. *https://webshop.vda.de/QMC/de/automotive-spice-for-cybersecurity-2nd-edit-2025*

[VDE-AR-E 2842-61-1:2021] VDE-Verlag (Hrsg.): VDE-AR-E 2842-61-1 – Entwicklung und Vertrauenswürdigkeit von autonom/kognitiven Systemen – Teil 1: Terminologie und Grundkonzepte. Berlin: VDE-Verlag GmbH, 2021. *https://www.vde-verlag.de/standards/0800738/vde-ar-e-2842-61-1-anwendungsregel-2021-07.html*

Glossar

Das Glossar dient als begleitendes Nachschlagewerk zu den im Buch verwendeten Begriffen, Namen und Konzepten. Es soll Leserinnen und Lesern dabei helfen, sich besser in der Thematik zurechtzufinden, Fachausdrücke zu verstehen und den Überblick über zentrale Inhalte zu behalten. Die Begriffe sind jeweils kurz und präzise erklärt. Ob zur schnellen Orientierung oder zum vertiefenden Nachlesen – dieses Glossar unterstützt Sie dabei, das Buch in seiner ganzen Tiefe zu erfassen.

Abgrenzung
: Die klare Definition des Umfangs, der Zuständigkeiten oder der Inhalte eines Systems, Projekts oder Prozesses, um Überschneidungen und Missverständnisse zu vermeiden.

Adaptive Fahrzeugarchitektur
: Adaptive Fahrzeugarchitektur bezeichnet ein flexibles und anpassungsfähiges technisches Gesamtkonzept im Fahrzeug, das sich dynamisch an neue Anforderungen, Softwarefunktionen oder Hardwarekomponenten anpassen lässt. Sie ermöglicht z. B. Over-the-Air-Updates, modulare Erweiterungen und die Integration neuer Assistenzsysteme oder Dienste. Ziel ist eine zukunftssichere, skalierbare und effizient wartbare Fahrzeugplattform – besonders relevant für vernetzte und automatisierte Fahrzeuge.

Adaptiver Tempomat
: Ein Fahrerassistenzsystem, das die Geschwindigkeit des Fahrzeugs automatisch an den Verkehrsfluss anpasst, indem es den Abstand zum vorausfahrenden Fahrzeug misst und hält.

Advanced Driver Assisstance Systems (ADAS)
: ADAS steht für »Advanced Driver Assistance Systems« und bezeichnet fortschrittliche Fahrerassistenzsysteme, die die Sicherheit und den Komfort im Straßenverkehr erhöhen sollen. Dazu gehören unter ande-

rem Spurhalteassistenten, Notbremsassistenten, adaptive Tempomaten, Einparkhilfen und Verkehrszeichenerkennung. ADAS-Systeme greifen mithilfe von Sensoren, Kameras und Software aktiv in das Fahrgeschehen ein oder unterstützen den Fahrer durch Warnungen und automatische Reaktionen. Sie gelten als wichtige Vorstufe zum autonomen Fahren.

Änderungsmanagement
Ein strukturierter Prozess, mit dem Änderungen an Produkten, Prozessen oder Systemen geplant, geprüft, genehmigt und umgesetzt werden. Ziel ist es, sicherzustellen, dass Änderungen kontrolliert ablaufen, keine Fehler entstehen und die Qualität erhalten bleibt.

Agile Methoden
Flexible Arbeitsweisen im Projektmanagement, die auf iterative Entwicklung, schnelle Anpassung und enge Zusammenarbeit setzen.

Angriffspfadanalyse
Eine systematische Untersuchung potenzieller Wege, über die ein Angreifer in ein System eindringen und Schaden verursachen könnte. Ziel ist es, Schwachstellen zu erkennen, die ein Angriff miteinander verknüpfen könnte, um gezielt Schutzmaßnahmen zu planen und umzusetzen.

Application-Specific Integrated Circuit (ASIC)
Ein speziell für eine bestimmte Anwendung oder Funktion entwickelter und hergestellter integrierter Schaltkreis (Chip). Im Gegensatz zu allgemeinen Chips ist ein ASIC auf eine festgelegte Aufgabe optimiert und kann höhere Leistung oder Effizienz bieten.

ASAM OpenODD
ASAM OpenODD ist ein Standard der ASAM (Association for Standardisation of Automation and Measuring Systems), der eine modellbasierte und maschinenlesbare Beschreibung der Operational Design Domain (ODD) ermöglicht. Er definiert eine technologieunabhängige Datenstruktur (z.B. mittels UML), um ODDs konsistent und interoperabel darzustellen. Der Standard erleichtert den Austausch, Vergleich und die Wiederverwendung von ODD-Definitionen – etwa zwischen Fahrzeugherstellern, Zulassungsbehörden, Testverfahren und Simulationsumgebungen. Damit unterstützt er Arbeitsbereiche wie ADAS-, DCAS- oder ADS-Entwicklung, Simulation, Validierung, Sicherheitsanalyse und regulatorische Dokumentation.

ASIL-Dekomposition

Die ASIL-Dekomposition ist ein Konzept aus der Norm ISO 26262, bei dem ein Sicherheitsziel mit hohem Automotive Safety Integrity Level (ASIL) durch den Einsatz von zwei oder mehr unabhängigen Sicherheitsmaßnahmen mit jeweils niedrigeren ASIL-Stufen erfüllt werden kann. Zum Beispiel kann ein einzelnes ASIL-D-Ziel durch zwei voneinander unabhängige Maßnahmen auf ASIL-B-Niveau realisiert werden. Voraussetzung ist, dass die Maßnahmen funktional unabhängig und ausreichend wirksam sind. Die Dekomposition ermöglicht eine flexiblere und oft kosteneffizientere Systementwicklung bei gleichbleibendem Sicherheitsniveau.

Assembly

Der Prozess des Zusammenbaus von Einzelteilen zu einem fertigen Produkt, beispielsweise das Montieren von elektronischen Bauteilen auf einer Leiterplatte.

Attack Feasibility Rating (AFR)

Eine Bewertungsmethode zur Einschätzung, wie realistisch bzw. wahrscheinlich ein erfolgreicher Angriff auf ein System ist. Dabei werden verschiedene Faktoren wie benötigtes Fachwissen, Zeitaufwand, Zugriffsmöglichkeiten und verwendete Tools berücksichtigt. AFR hilft, Sicherheitsrisiken zu priorisieren.

Ausfallanalyse

Die systematische Untersuchung der Ursachen eines Fehlers oder Defekts, um dessen Entstehung zu verstehen und künftige Ausfälle zu vermeiden.

Ausfallarten

Verschiedene Arten von Fehlern oder Störungen, die in einem System auftreten können, wie z.B. Hardwareausfall, Softwarefehler, Bedienfehler oder Umwelteinflüsse. Die genaue Einteilung hilft, geeignete Maßnahmen zur Fehlererkennung und -behebung zu planen.

Automotive Cybersecurity Management System (ACSMS)

Ein systematischer Ansatz und Rahmenwerk, mit dem Automobilhersteller und Zulieferer die Cybersecurity ihrer Fahrzeuge und Systeme planen, steuern und überwachen. Ziel ist es, Cyberbedrohungen frühzeitig zu erkennen, zu bewerten und geeignete Schutzmaßnahmen umzusetzen.

Automotive Safety Integrity Level (ASIL)

ASIL steht für Automotive Safety Integrity Level und ist eine Risikoklassifizierung in der Norm ISO 26262 für die funktionale Sicherheit von Fahrzeugsystemen. Es gibt vier Stufen: A (niedrigstes Risiko) bis D (höchstes Risiko). Je höher der ASIL, desto strenger sind die Anforderungen an Entwicklung, Test und Absicherung eines Systems.

Automotive SPICE® (ASPICE)

Automotive SPICE® (ASPICE) ist ein internationaler Standard für die Bewertung und Verbesserung von Software- und Systementwicklungsprozessen in der Automobilindustrie. SPICE steht dabei für »Systems Process Improvement and Capability dEtermination«. ASPICE hilft Unternehmen, die Qualität ihrer Entwicklungsarbeit systematisch zu steigern und sicherheitsrelevante Anforderungen zu erfüllen.

Batteriesystem

Eine Anordnung von Batteriezellen und zugehörigen Komponenten, die zusammen Energie speichern und sie für den Betrieb elektrischer Systeme bereitstellen.

Battery Management System (BMS)

Eine elektronische Steuerungseinheit, die den Betrieb, die Sicherheit und die Lebensdauer von Batteriesystemen überwacht und regelt.

Beabsichtigte Funktionalität

Die Funktionen und Verhaltensweisen, die ein System gemäß seiner Spezifikation und dem vorgesehenen Gebrauch erfüllen soll.

Bedrohungsanalyse/Threat Analysis and Risk Assessment (TARA)

Die Bedrohungsanalyse (TARA) ist ein strukturierter Prozess zur Identifikation, Bewertung und Priorisierung von Cyberbedrohungen und Schwachstellen eines Systems. Ziel ist es, Sicherheitsrisiken frühzeitig zu erkennen und geeignete Schutzmaßnahmen zu entwickeln. TARA wird insbesondere im Rahmen des Cybersecurity-Managements (z.B. gemäß ISO/SAE 21434) eingesetzt, etwa bei vernetzten Fahrzeugen oder Steuergeräten.

Benutzerhandbuch

Ein Benutzerhandbuch ist eine schriftliche Anleitung, die Nutzern eines Produkts oder Systems die Bedienung, Funktionen und Wartung erklärt. Es enthält wichtige Informationen zur sicheren und effektiven Verwendung und unterstützt dabei, Fehler und Missverständnisse zu vermeiden.

Bestätigungsmaßnahmen/Confirmation Measures

Bestätigungsmaßnahmen sind unabhängige Prüfaktivitäten, die sicherstellen, dass sicherheitsrelevante Entwicklungsprozesse gemäß ISO

26262 korrekt umgesetzt wurden. Sie umfassen z.B. technische Reviews, Sicherheitsbewertungen und Audits. Der Umfang und die Unabhängigkeit der Maßnahmen hängen vom ASIL-Level ab – je höher der ASIL, desto strenger die Anforderungen.

Betriebsbewährtheitsnachweis
Der Nachweis, dass ein Bauteil oder System im praktischen Einsatz über einen längeren Zeitraum zuverlässig und fehlerfrei funktioniert hat.

Bill of Materials (BOM)
Die BOM ist eine vollständige und strukturierte Liste aller Bauteile, Materialien und Komponenten, die für die Herstellung eines Produkts benötigt werden. Sie enthält Angaben zu Mengen, Teilenummern, Lieferanten und weiteren Spezifikationen. Die BOM ist entscheidend für Planung, Einkauf, Fertigung und Qualitätsmanagement.

Checksummen
Kleine Datenwerte, die aus einer Datenmenge berechnet werden, um Fehler bei der Datenübertragung oder -speicherung zu erkennen.

Common Cause Failure (CCF)
Ein Ausfall mehrerer Systemkomponenten, die durch eine gemeinsame Ursache verursacht wird. Dabei führt ein einzelnes Problem dazu, dass mehrere Teile gleichzeitig oder nacheinander versagen, was die Systemsicherheit beeinträchtigen kann.

Controller Area Network (CAN)
Ein serielles Bussystem für die Kommunikation zwischen Mikrocontrollern und Geräten, vor allem in der Fahrzeugtechnik.

Cybersecurity Assurance Level (CAL)
Ein Einstufungssystem, das angibt, wie hoch der erforderliche Schutzbedarf eines Systems gegenüber Cyberangriffen ist. Der CAL basiert auf einer Risikoanalyse und hilft dabei, geeignete Sicherheitsmaßnahmen entsprechend der Bedrohungslage festzulegen.

Cybersecurity-Audit
Eine systematische Überprüfung und Bewertung der IT-Sicherheitsmaßnahmen, -prozesse und -richtlinien in einer Organisation. Ziel ist es, Schwachstellen aufzudecken und die Einhaltung von Sicherheitsanforderungen sicherzustellen.

Cybersecurity Case
Eine strukturierte Sammlung von Nachweisen, Dokumenten und Analysen, die belegen, dass ein System oder Produkt bestimmte Cyber-

security-Anforderungen erfüllt. Er dient dazu, die Einhaltung von Sicherheitszielen gegenüber Prüfern, Kunden oder Behörden nachvollziehbar darzustellen.

Cybersecurity Governance
Der übergeordnete Rahmen zur Steuerung und Überwachung aller Aktivitäten im Bereich der Cybersecurity innerhalb einer Organisation. Er legt Verantwortlichkeiten, Strategien, Richtlinien und Entscheidungsprozesse fest, um sicherzustellen, dass Sicherheitsziele erreicht und Risiken wirksam gemanagt werden.

Cybersecurity Interface Agreement (CSIA)
Ein Cybersecurity Interface Agreement (CSIA) ist eine vertragliche oder organisatorische Vereinbarung zwischen verschiedenen Parteien, die die Cybersecurity-Schnittstellen, Verantwortlichkeiten und Anforderungen bei der Zusammenarbeit an einem vernetzten System regelt. Das CSIA legt fest, wie Sicherheitsinformationen ausgetauscht, Bedrohungen bewertet und Schutzmaßnahmen koordiniert werden, um die Gesamtsicherheit zu gewährleisten. Er ist besonders wichtig in komplexen Entwicklungsprojekten mit mehreren Beteiligten.

Cybersecurity-Kontrollen
Maßnahmen, Verfahren oder Technologien, die eingesetzt werden, um die Sicherheit von IT-Systemen und Daten zu schützen. Sie helfen dabei, Risiken zu reduzieren, Angriffe zu verhindern oder zu erkennen und die Vertraulichkeit, Integrität und Verfügbarkeit von Informationen zu gewährleisten.

Cybersecurity-Management-System (CSMS)
Ein Cybersecurity-Management-System (CSMS) ist ein organisatorischer Rahmen, der Prozesse und Maßnahmen zur Gewährleistung der IT- und Informationssicherheit in Fahrzeugen und Systemen definiert und steuert. Ziel ist es, Cyberangriffe zu verhindern, Sicherheitslücken zu schließen und den Schutz vernetzter Systeme während ihres gesamten Lebenszyklus sicherzustellen. CSMS ist besonders wichtig im Kontext vernetzter und autonomer Fahrzeuge.

Datenkorruption
Die unbeabsichtigte Veränderung oder Beschädigung von Daten, die zu fehlerhaften oder unbrauchbaren Informationen führt.

Datenqualitäts-Governance
Die organisatorischen Rahmenbedingungen, Richtlinien und Verantwortlichkeiten, die sicherstellen, dass Datenqualitätsanforderungen unternehmensweit definiert, umgesetzt und überwacht werden.

Datenqualitätsmanagement

Ein systematischer Ansatz zur Sicherstellung, dass Daten vollständig, korrekt, konsistent und zuverlässig für ihre Nutzung sind.

Degradierende Fehler

Fehler, die die Leistung oder Funktion eines Systems schrittweise verschlechtern, ohne sofort zu einem kompletten Ausfall zu führen.

Dependent Failure Analysis (DFA)

Die Dependent Failure Analysis (DFA) ist eine Methode der funktionalen Sicherheit (z.B. nach ISO 26262), mit der analysiert wird, ob mehrere Fehler gemeinsam auftreten oder sich gegenseitig beeinflussen können. Ziel ist es, Abhängigkeiten zwischen Fehlern zu erkennen, die z.B. durch gemeinsame Ursachen, Ressourcen oder Schnittstellen entstehen, und geeignete Maßnahmen zur Risikominimierung abzuleiten.

Design for Inspectability (DFI)

Ein Konstruktionsprinzip, das darauf abzielt, Produkte oder Systeme so zu gestalten, dass sie leichter überprüfbar und testbar sind.

Development Interface Agreement (DIA)

Ein Development Interface Agreement (DIA) ist eine vertragliche oder organisatorische Vereinbarung zwischen verschiedenen Entwicklungsteams oder Lieferanten, die die Schnittstellen und Verantwortlichkeiten bei der gemeinsamen Entwicklung eines Systems regelt. Das DIA definiert u.a. Anforderungen an Datenaustausch, Kommunikationsprotokolle, Liefergegenstände und Termine. Es ist besonders wichtig, um eine reibungslose Zusammenarbeit und klare Zuständigkeiten in komplexen Entwicklungsprojekten sicherzustellen.

Diagnoseabdeckung/Diagnostic Coverage (DC)

Der Prozentsatz aller möglichen Fehler in einem System, die durch Diagnoseverfahren erkannt werden können. Eine hohe Diagnoseabdeckung hilft dabei, Probleme frühzeitig zu erkennen und die Systemsicherheit zu erhöhen.

Dokumentation

Alle schriftlichen oder digitalen Unterlagen, die wichtige Informationen über ein Produkt, ein System oder einen Prozess festhalten. Sie hilft dabei, das Verständnis, die Nutzung und die Wartung zu erleichtern.

Einfachfehler/Single Point Fault (SPF)

Ein Fehler, der direkt zu einem Systemausfall führt, da keine weitere Schutzmaßnahme oder Redundanz vorhanden ist.

Elektromagnetische Verträglichkeit (EMV)
EMV bezeichnet die Fähigkeit eines elektrischen oder elektronischen Systems, in seiner elektromagnetischen Umgebung störungsfrei zu funktionieren, ohne selbst andere Systeme zu beeinträchtigen. Ziel ist es, Störungen zu vermeiden und die Funktionalität aller beteiligten Geräte sicherzustellen.

Elektromigration in Leiterbahnen
Der schrittweise Materialtransport in metallischen Leiterbahnen durch den Fluss von elektrischem Strom, der zu Ausfällen oder Unterbrechungen führen kann.

Electrostatic Discharge (ESD)
ESD bezeichnet die plötzliche Entladung von elektrostatischer Energie zwischen zwei Objekten. Solche Entladungen können elektronische Bauteile beschädigen oder Fehlfunktionen verursachen. Deshalb sind ESD-Schutzmaßnahmen in der Elektronikentwicklung und Produktion besonders wichtig.

Energiespeichersystem/Rechargeable Energy Storage System (RESS)
Ein System aus wiederaufladbaren Energiespeichern, wie Batterien oder Superkondensatoren, das elektrische Energie speichert und bei Bedarf abgibt.

Error Correction Code (ECC)
Ein Verfahren zur Erkennung und Korrektur von Fehlern in digitalen Daten, z.B. in Speicherbausteinen oder Datenübertragungen. ECC-Schutz erkennt nicht nur einzelne Bitfehler, sondern kann viele davon auch automatisch korrigieren, wodurch die Zuverlässigkeit und Datensicherheit deutlich erhöht werden.

Ethernet
Ein weitverbreitetes, standardisiertes Protokoll für kabelgebundene Netzwerke (LAN), das die Übertragung von Datenpaketen zwischen Geräten ermöglicht. Es basiert auf der Schicht-2-Technologie (Data Link Layer) des OSI-Modells und verwendet physikalische Medien wie Twisted-Pair-Kabel oder Glasfaser. Ethernet unterstützt unterschiedliche Übertragungsgeschwindigkeiten, von 10 Mbit/s über 100 Mbit/s (Fast Ethernet) bis hin zu mehreren Gbit/s (Gigabit und 10 Gigabit Ethernet). Es ist die Grundlage für lokale Netzwerke in Unternehmen und privaten Haushalten.

Fail-Safe

Ein Sicherheitsprinzip, bei dem ein System im Fehlerfall automatisch in einen sicheren Zustand übergeht, um Schäden oder Gefährdungen zu vermeiden.

Failure in Time (FIT)

FIT ist eine Maßeinheit für die Ausfallrate elektronischer Bauteile und bedeutet ein Ausfall pro 109 Betriebsstunden. Sie wird verwendet, um die Zuverlässigkeit von Komponenten quantitativ zu beschreiben. Eine niedrigere FIT-Zahl steht für eine höhere Zuverlässigkeit.

Failure Mode and Effects Analysis (FMEA)

Eine systematische Methode zur Identifikation und Bewertung möglicher Fehlerarten und ihrer Auswirkungen, um Schwachstellen in Systemen oder Prozessen frühzeitig zu erkennen und zu beheben.

Failure Modes, Effects and Diagnostic Analysis (FMEDA)

FMEDA ist eine strukturierte Methode zur Bewertung der Zuverlässigkeit und Sicherheitsdiagnosefähigkeit elektronischer Komponenten. Sie erweitert die klassische FMEA um quantitative Daten wie Ausfallraten und Diagnoseabdeckung und wird vor allem im Kontext der ISO 26262 eingesetzt. Ziel ist es, Sicherheitskennzahlen wie SPFM, LFM und DC (Diagnoseabdeckung) abzuleiten und die Wirksamkeit von Diagnosemechanismen zu bewerten.

Fault-Tolerant

Ein Systemmerkmal, das sicherstellt, dass der Betrieb auch bei Auftreten eines oder mehrerer Fehler ohne Unterbrechung fortgeführt werden kann.

Fault Tolerant Time Interval (FTTI)

Das Fault Tolerant Time Interval bezeichnet den Zeitraum, in dem ein sicherheitskritisches System nach dem Auftreten eines Fehlers weiterhin sicher funktioniert, bevor eine Schutzmaßnahme oder ein Systemausfall erfolgt. Innerhalb dieses Intervalls muss der Fehler erkannt und behandelt werden, um Risiken zu vermeiden. FTTI ist eine wichtige Größe in der funktionalen Sicherheit.

Fehleranalyse

Die systematische Untersuchung von Fehlern, um deren Ursache zu identifizieren und zukünftige Ausfälle zu vermeiden.

Fehlerbaumanalyse/Fault Tree Analysis (FTA)

Eine systematische Methode zur Analyse von Fehlern in einem System, bei der mögliche Ursachen für einen unerwünschten Ereignisbaum grafisch dargestellt und untersucht werden. Ziel ist es, Fehlerquellen zu identifizieren und Maßnahmen zur Vermeidung oder Abschwächung zu entwickeln.

Fehlerreaktionszeit/Fault Reaction Time (FRT)

Die Zeitspanne zwischen dem Auftreten eines Fehlers und dem Beginn einer Gegenmaßnahme oder Reaktion des Systems. Sie ist entscheidend dafür, wie schnell ein System auf Probleme reagieren kann, um Schäden oder Ausfälle zu vermeiden.

Fehlersicherheit

Die Eigenschaft eines Systems, auch bei Fehlern sicher zu funktionieren oder so zu reagieren, dass keine gefährlichen Zustände entstehen. Ziel ist es, Risiken aufgrund von Fehlern zu minimieren und Schaden zu verhindern.

Fernsteuerung und Fernlenkung

Fernsteuerung und Fernlenkung bezeichnen die Kontrolle eines Fahrzeugs oder Systems aus der Distanz, typischerweise über Funk oder digitale Netzwerke. Während bei der Fernsteuerung alle Fahrbefehle (z.B. Gas, Bremse, Lenkung) aktiv von einer Person außerhalb des Fahrzeugs ausgeführt werden, bedeutet Fernlenkung, dass nur bestimmte Steuerfunktionen (meist die Lenkung) aus der Ferne übernommen werden – oft unterstützend zu automatisierten Fahrfunktionen. Beide Konzepte spielen eine Rolle bei der Entwicklung automatisierter und teleoperierter Fahrzeuge.

Flash

Ein programmierbarer nichtflüchtiger Speicher, der es ermöglicht, Schaltungen und Konfigurationen nach der Fertigung elektronisch und mehrfach zu ändern. Im Gegensatz zu Fuses oder Laser Cuts, bei denen ein Bauteil physisch durchtrennt oder zerstört wird und nur einmalig angepasst werden kann, erlaubt Flash eine flexible, wiederholbare Programmierung ohne mechanische Eingriffe.

Functional Safety Management System (FSMS)

Ein Functional Safety Management System (FSMS) ist ein organisatorischer Rahmen, der sicherstellt, dass funktionale Sicherheit während des gesamten Lebenszyklus eines sicherheitsrelevanten Systems systematisch geplant, umgesetzt und überwacht wird. Es definiert Prozesse, Verantwortlichkeiten und Maßnahmen gemäß Normen wie ISO 26262. Ziel ist es, Risiken aufgrund von Systemfehlern zu minimieren und die Sicherheit von Funktionen in Fahrzeugen dauerhaft zu gewährleisten.

Funktionales Sicherheitskonzept

Das funktionale Sicherheitskonzept beschreibt die Sicherheitsziele und die darauf basierenden Sicherheitsfunktionen eines Systems. Es legt fest, wie Gefahren erkannt, kontrolliert und Risiken reduziert werden sollen. Das Konzept bildet die Grundlage für die technische Umsetzung und ist ein zentraler Bestandteil der ISO 26262.

Fuse

Ein kleiner, absichtlich schwacher Schaltkreis oder ein Bauteil in einem Halbleiterchip, der bei Überstrom durchbrennt (»Durchbrennfuse«) und so eine Verbindung dauerhaft unterbricht. Fuses werden genutzt, um z.B. Schaltungen nach der Fertigung zu konfigurieren oder Fehler zu isolieren.

Gefährdungs- und Risikoanalyse/Hazard Analysis and Risk Assessment (HARA)

Die HARA ist ein strukturierter Prozess zur Identifikation und Bewertung von Gefährdungen (Hazards) und Risiken in einem System. Im Rahmen der funktionalen Sicherheit (z.B. ISO 26262) dient HARA dazu, potenzielle Gefahren systematisch zu erkennen, deren Risiken einzuschätzen und geeignete Sicherheitsmaßnahmen abzuleiten, um Unfälle oder Schäden zu verhindern.

Halbleiterkomponente

Ein elektronisches Bauteil aus Halbleitermaterialien (wie Silizium), das in Schaltungen zur Steuerung, Verstärkung oder Umwandlung von elektrischen Signalen verwendet wird.

Hardware-Lock-Step-Sicherheitsmechanismus

Ein Sicherheitsverfahren, bei dem zwei oder mehrere identische Hardwarekomponenten gleichzeitig dieselben Befehle ausführen und ihre Ergebnisse laufend verglichen werden. Bei Abweichungen erkennt das System Fehler sofort und kann entsprechende Maßnahmen einleiten, um Fehlfunktionen zu verhindern.

Hardware-Software-Schnittstelle/Hardware-Software-Interface (HSI)

Die Hardware-Software-Schnittstelle bezeichnet die Verbindung und den Austausch von Daten sowie Steuerbefehlen zwischen Hardwarekomponenten und der darauf laufenden Software. Sie definiert, wie Hardwareressourcen genutzt und von der Software angesprochen werden, und ist entscheidend für die Integration und das Zusammenspiel von Hard- und Software in sicherheitskritischen Systemen.

Harte Echtzeitanforderungen

Anforderungen an ein System, bei denen zeitliche Vorgaben unbedingt und ohne Ausnahme eingehalten werden müssen. Wird die festgelegte Frist überschritten, führt das zu einem Systemversagen oder schwerwiegenden Fehlern.

Impact-Analyse

Die Untersuchung und Bewertung der möglichen Folgen oder Auswirkungen einer geplanten Änderung oder eines Ereignisses auf ein Produkt, System oder Projekt. Ziel ist es, Risiken zu erkennen und besser entscheiden zu können, wie mit der Änderung umgegangen wird.

Incident-Response-Aktivitäten

Geplante und koordinierte Maßnahmen, die ergriffen werden, um auf Cybersecurity-Vorfälle zu reagieren. Ziel ist es, den Vorfall schnell zu erkennen, einzudämmen, zu analysieren, zu beheben und zukünftige Schäden zu verhindern.

Incident-Response-Plan

Ein dokumentierter Notfallplan, der beschreibt, wie eine Organisation auf Cybersecurity-Vorfälle reagieren soll. Er legt Rollen, Verantwortlichkeiten, Abläufe und Kommunikationswege fest, um Schäden zu begrenzen und den normalen Betrieb schnellstmöglich wiederherzustellen.

Inertialmesseinheiten/Inertial Measurement Units (IMUs)

Inertialmesseinheiten (IMUs) sind Sensoren, die Bewegungen und Lageveränderungen eines Objekts messen – etwa Beschleunigung, Drehrate und manchmal auch Orientierung. Sie bestehen typischerweise aus Beschleunigungssensoren (Accelerometern) und Gyroskopen. IMUs werden in Fahrzeugen, Drohnen oder Smartphones eingesetzt, um Position und Bewegung auch ohne GPS präzise zu erfassen. In automatisierten Fahrzeugen liefern sie wichtige Daten für die Navigation und Fahrzeugstabilität.

Informationssicherheits-Managementsystem (ISMS)

Ein systematischer Ansatz, mit dem Unternehmen und Organisationen die Sicherheit ihrer Informationen planen, umsetzen, überwachen und kontinuierlich verbessern. Das Ziel ist, vertrauliche Daten zu schützen, Risiken zu minimieren und die Verfügbarkeit, Integrität sowie Vertraulichkeit von Informationen sicherzustellen.

Injection-Tests
Gezielte Tests, bei denen Fehler oder Störungen absichtlich in ein System eingebracht werden, um dessen Verhalten und Fehlertoleranz zu prüfen.

Intellectual Property (IP)
IPs sind fertige, wiederverwendbare Bausteine oder Designs für elektronische Schaltungen oder Software, die in größeren Systemen eingesetzt werden. Sie sparen Entwicklungszeit, da bewährte Funktionen nicht neu entwickelt werden müssen.

IP-Block
Ein vorgefertigter, wiederverwendbarer Baustein (Intellectual Property) für elektronische Schaltungen, der bestimmte Funktionen oder Module im Design eines Chips oder Systems übernimmt.

IP-Integrator
Eine Person, die verschiedene vorgefertigte Komponenten, Module oder Softwarebausteine (Intellectual Properties) in ein Gesamtsystem integriert. Diese Rolle umfasst die Auswahl, Anpassung und Zusammenführung der Bausteine, um ein funktionierendes Produkt zu schaffen.

IP-Lieferanten
Unternehmen oder Personen, die vorgefertigte Designbausteine (Intellectual Properties, IPs) für elektronische Systeme anbieten. Diese Bausteine können von anderen Entwicklern in eigene Produkte integriert werden, um Entwicklungszeit zu sparen und bewährte Technologien zu nutzen.

Item-Definition
Die Item-Definition beschreibt in der funktionalen Sicherheit (z.B. nach ISO 26262) das zu betrachtende (Teil-)System oder Funktionselement, das analysiert und abgesichert werden soll. Sie legt den Umfang, die Funktionen und die Grenzen des »Items« fest, um systematisch Risiken zu identifizieren und Sicherheitsmaßnahmen zu planen.

Kalibrierdaten
Messwerte und Einstellparameter, die verwendet werden, um ein Gerät oder System genau und zuverlässig zu justieren.

KI-Technologien
KI-Technologien umfassen Methoden und Systeme, die Maschinen dazu befähigen, menschenähnliche Aufgaben zu übernehmen – etwa Lernen, Entscheiden, Erkennen oder Problemlösen. Dazu zählen u.a. maschinelles Lernen, neuronale Netze, Sprachverarbeitung und Bilder-

kennung. In Smart Cars kommen KI-Technologien z. B. bei der Objekterkennung, Routenplanung oder in Fahrerassistenzsystemen zum Einsatz.

Koexistenz
Das gleichzeitige Bestehen oder Funktionieren von mehreren Systemen, Produkten oder Prozessen in derselben Umgebung, ohne sich gegenseitig zu stören oder negativ zu beeinflussen.

Kommunikations-IP
Eine lizenzierbare Designkomponente, die Kommunikationsschnittstellen und Protokolle in integrierte Schaltkreise integriert.

Kommunikationsplan
Ein dokumentiertes Konzept, das festlegt, wer, was, wann, wie und an wen kommuniziert – insbesondere in Projekten, bei Sicherheitsvorfällen oder in Krisensituationen. Ziel ist es, klare Informationsflüsse sicherzustellen und Missverständnisse zu vermeiden.

Kompetenzmatrix
Eine Kompetenzmatrix ist eine Tabelle, die die Fähigkeiten und Qualifikationen von Mitarbeitenden gegenüber den Anforderungen verschiedener Aufgaben oder Rollen abbildet. Sie unterstützt die Planung und Steuerung von Schulungen, die Besetzung von Projekten und die Sicherstellung, dass notwendige Kompetenzen vorhanden sind.

Konfigurationsmanagement
Ein systematischer Prozess zur Identifikation, Steuerung und Dokumentation von Änderungen an Produkten, Systemen oder Software, um deren Konsistenz, Nachvollziehbarkeit und Integrität während des gesamten Lebenszyklus sicherzustellen.

Konsistenzprüfungen
Automatisierte oder manuelle Verfahren zur Überprüfung von Daten, Prozessen oder Systemzuständen auf Widerspruchsfreiheit und Übereinstimmung mit definierten Regeln oder Standards. Ziel ist es, Inkonsistenzen zu erkennen und zu vermeiden, um die Zuverlässigkeit und Qualität der Informationen oder Abläufe sicherzustellen.

Kontinuierliche Verbesserung
Ein fortlaufender Prozess, bei dem Abläufe, Produkte oder Dienstleistungen ständig überprüft und optimiert werden, um Qualität, Effizienz und Sicherheit zu erhöhen.

Kontrollmaßnahmenbericht
Ein Dokument, das die durchgeführten Prüfungen, Kontrollen und deren Ergebnisse während eines Produktions- oder Qualitätsprozesses zusammenfasst.

Kryptografische Signaturprüfung
Die kryptografische Signaturprüfung ist ein Verfahren zur Überprüfung der Echtheit und Unverfälschtheit digitaler Daten. Dabei wird geprüft, ob eine Nachricht, Datei oder ein Software-Update tatsächlich vom angegebenen Absender stammt und unterwegs nicht verändert wurde. In vernetzten Fahrzeugen wird diese Technik z.B. genutzt, um sichere Software-Updates oder Kommunikation zwischen Fahrzeugen und Infrastruktur zu gewährleisten.

künstliche Intelligenz (KI)
Ein Bereich der Informatik, der sich mit der Entwicklung von Systemen beschäftigt, die menschenähnliche Intelligenzleistungen wie Lernen, Problemlösen und Entscheidungsfindung erbringen.

Laser Cut
Ein Verfahren, bei dem mit einem Laser gezielt dünne Leiterbahnen oder Verbindungen auf einem Halbleiterchip oder einer Leiterplatte durchtrennt werden. Dies dient häufig dazu, bestimmte Schaltkreise zu deaktivieren, Konfigurationen anzupassen oder Fehler zu isolieren.

Latent Fault Metric (LFM)
Die Latent Fault Metric ist eine Kennzahl gemäß ISO 26262, die bewertet, wie gut ein System gegen latente Fehler abgesichert ist. Latente Fehler sind solche, die nicht sofort erkannt werden, z.B. weil sie in redundanten Sicherheitsmechanismen verborgen bleiben. Die LFM gibt an, wie groß der Anteil der sicherheitsrelevanten Funktionen ist, bei denen solche Fehler rechtzeitig erkannt oder ausgeschlossen werden können.

Legacy-IPs
Vorhandene, ältere IP-Blöcke (Intellectual Property), die in neuen Designs weiterverwendet werden. Sie basieren oft auf älteren Technologien und können Kompatibilitäts- oder Wartungsherausforderungen mit sich bringen, bieten aber den Vorteil erprobter Funktionalität.

Maschinelles Lernen
Maschinelles Lernen ist ein Teilgebiet der künstlichen Intelligenz (KI), bei dem Computerprogramme aus Daten lernen, ohne explizit programmiert zu werden. Anhand von Beispielen erkennt das System Muster und verbessert seine Entscheidungen oder Vorhersagen mit der Zeit. Maschinelles Lernen wird z.B. in Fahrerassistenzsystemen, Sprachassis-

tenten oder bei der Objekterkennung in automatisierten Fahrzeugen eingesetzt.

Mehrfachfehler/Multiple Point Fault (MPF)
Fehler, die gleichzeitig an mehreren Stellen im System auftreten und zusammen zu einem Ausfall führen können.

Menschliche Remote-Operatoren
Menschliche Remote-Operatoren sind Personen, die ein Fahrzeug oder System aus der Ferne überwachen und bei Bedarf eingreifen. Sie kommen insbesondere bei automatisierten oder teilautonomen Fahrzeugen zum Einsatz, wenn das System an seine Grenzen stößt oder außerhalb seiner definierten Betriebsbedingungen (Operational Design Domain, ODD) agieren muss. Remote-Operatoren können per Fernzugriff Fahrbefehle geben, Entscheidungen treffen oder den Betrieb koordinieren – beispielsweise bei Störungen, unklaren Verkehrssituationen oder in komplexen Umgebungen.

Missbrauchsszenarien
Beschreibungen von Situationen, in denen ein System absichtlich oder unabsichtlich auf eine Weise genutzt wird, die Schaden verursacht oder Sicherheitsrisiken hervorruft.

Mitigationsmaßnahmen
Geplante Schritte oder Maßnahmen, die ergriffen werden, um Risiken, Schwachstellen oder Schäden zu verringern oder zu verhindern.

Monitoring
Die kontinuierliche Überwachung von Systemen oder Prozessen, um deren Zustand zu erfassen und bei Abweichungen frühzeitig reagieren zu können.

Neuronale Netze
Neuronale Netze sind rechnergestützte Modelle, die vom Aufbau des menschlichen Gehirns inspiriert sind. Sie bestehen aus vielen miteinander verbundenen »Neuronen«, die Informationen verarbeiten und weiterleiten. Neuronale Netze werden vor allem im Bereich des maschinellen Lernens eingesetzt, etwa zur Bilderkennung, Sprachverarbeitung oder Entscheidungsfindung. In modernen Fahrzeugen helfen sie z.B. bei der Erkennung von Verkehrsschildern, Fußgängern oder Fahrspuren.

Notbremssystem
Ein Fahrerassistenzsystem, das selbstständig eine Notbremsung einleitet, um Kollisionen mit anderen Fahrzeugen, Fußgängern oder Hindernissen zu vermeiden oder deren Schwere zu verringern.

Off-the-Shelf Component
Eine vorgefertigte, standardisierte Software- oder Hardwarekomponente, die ohne Anpassung direkt verwendet werden kann. Solche Komponenten sparen Entwicklungszeit und -kosten, müssen aber auf Kompatibilität und Sicherheit geprüft werden.

Operational Design Domain (ODD)
Die Operational Design Domain (ODD) beschreibt die spezifischen Bedingungen und Umgebungen, unter denen ein automatisiertes Fahrsystem sicher betrieben werden kann. Dazu zählen unter anderem geografische Gebiete, Straßentypen, Wetterbedingungen, Tageszeiten, Verkehrsarten und Geschwindigkeitsspannen. Ein System darf nur innerhalb seiner definierten ODD aktiv sein. Außerhalb dieser Grenzen muss der Fahrer übernehmen oder das System deaktiviert werden. Die ODD ist ein zentrales Konzept in der Entwicklung und Zulassung autonomer Fahrfunktionen.

Paritätsprüfungen
Ein einfaches Verfahren zur Fehlererkennung in digitalen Daten, bei dem ein zusätzliches Bit (Paritätsbit) verwendet wird, um die Anzahl der gesetzten Bits (1en) in einem Datenwort auf gerade oder ungerade Parität zu überprüfen. Wird bei der Übertragung oder Speicherung ein Bitfehler verursacht, kann dieser durch eine fehlerhafte Parität erkannt werden.

Peripheral Component Interconnect Express (PCIe)
Eine Hochgeschwindigkeits-Schnittstelle zur Verbindung von Peripheriegeräten mit dem Hauptprozessor in Computern.

Phasenorientiertes Vorgehensmodell
Ein phasenorientiertes Vorgehensmodell beschreibt die strukturierte Entwicklung eines Systems oder Projekts in klar definierten, aufeinanderfolgenden Phasen – z. B. Anforderungsanalyse, Konzeption, Design, Implementierung, Test und Betrieb. Jede Phase baut auf den Ergebnissen der vorherigen auf. Dieses Modell wird häufig in sicherheitskritischen Bereichen wie der Fahrzeugentwicklung eingesetzt, um nachvollziehbare Prozesse, systematische Risikoanalysen und die Einhaltung von Normen (z. B. ISO 26262 oder ISO/SAE 21434) zu gewährleisten.

Post-Development-Release
Die Phase nach der Entwicklung eines Produkts, in der es veröffentlicht, verteilt und betreut wird. Dabei werden Updates, Fehlerbehe-

bungen und Support durchgeführt, um sicherzustellen, dass das Produkt während der Nutzung gut funktioniert und sicher ist.

Probabilistic Metric for random Hardware Failure (PMHF)
Die PMHF ist eine Kennzahl aus der ISO 26262, die die wahrscheinliche Ausfallrate zufälliger Hardwarefehler in sicherheitsrelevanten Systemen angibt. Sie beschreibt die Anzahl der Ausfälle pro Betriebsstunde und dient als Maß zur Bewertung der Zuverlässigkeit und Sicherheit der Hardware. Ein niedriger PMHF-Wert steht für eine hohe Zuverlässigkeit.

Produktionskontrollplan
Ein dokumentierter Plan, der beschreibt, welche Kontrollen und Prüfungen während der Produktion durchgeführt werden, um die Produktqualität sicherzustellen.

Produktionsplan
Ein Produktionsplan beschreibt die zeitliche und organisatorische Planung der Herstellung eines Produkts. Er umfasst Ressourcen, Kapazitäten, Fertigungsschritte, Termine und Qualitätsanforderungen, um eine effiziente und termingerechte Produktion sicherzustellen. In sicherheitskritischen Branchen unterstützt der Produktionsplan auch die Einhaltung relevanter Standards und Normen.

Produktionsprozess
Die Abfolge von Arbeitsschritten und Verfahren, die zur Herstellung eines Produkts erforderlich sind.

Produktionsqualität
Das Maß, in dem hergestellte Produkte die festgelegten Anforderungen und Spezifikationen erfüllen.

Produktionssteuerungsplan – Produktionskontrollplan
siehe auch die Verbindung zum Produktionskontrollplan – der Produktionssteuerungsplan legt fest, wie die Fertigung operativ durchgeführt wird, inkl. der Reihenfolge der sicherheitsrelevanten Produktionsschritte.
Der Produktionskontrollplan definiert die sicherheits- und sicherheitsrelevanten Prüfmerkmale (Qualität & Parameter) – was muss eingehalten und geprüft werden? Das Ergebnis zielt auf die Konformität der Produkte.

Proven in Use
Proven in Use bezeichnet den Nachweis, dass ein Bauteil oder System bereits in vergleichbaren Anwendungen zuverlässig und fehlerfrei im

praktischen Einsatz war. In der funktionalen Sicherheit (z. B. nach ISO 26262) kann dieser Nachweis genutzt werden, um die Eignung bestehender Komponenten ohne vollständige Neuentwicklung zu belegen – etwa durch Felddaten, Ausfallraten und Nutzungshistorie. Voraussetzung ist, dass die Einsatzbedingungen mit dem geplanten Kontext vergleichbar sind.

Prozessfähigkeit
Das Maß, wie gut ein Produktionsprozess innerhalb vorgegebener Toleranzen stabile und fehlerfreie Produkte liefert.

Prozess-FMEA
Die Prozess-FMEA (Fehlermöglichkeits- und Einflussanalyse) ist eine systematische Methode zur Identifikation und Bewertung potenzieller Fehlerquellen in Produktions- oder Entwicklungsprozessen. Ziel ist es, Risiken frühzeitig zu erkennen, deren Auswirkungen zu bewerten und geeignete Maßnahmen zur Fehlervermeidung oder -minderung festzulegen. Die Prozess-FMEA trägt somit zur Qualitätssicherung und Risikominimierung bei.

Prozessor-IP
Eine lizenzierbare Prozessorkern-Designkomponente, die in integrierte Schaltkreise eingebettet wird, um Rechenfunktionen bereitzustellen.

Prozessparameter für die Chipfertigung
Kontrollierte Größen wie Temperatur, Druck, Belichtungszeit oder Gaszusammensetzung, die während der Herstellung von Halbleiterchips präzise eingestellt werden, um Qualität und Funktionalität sicherzustellen.

Qualitätskriterien
Merkmale oder Anforderungen, anhand derer die Qualität eines Produkts, einer Dienstleistung oder eines Prozesses bewertet wird. Sie helfen dabei, festzulegen, wann etwas als gut oder akzeptabel gilt.

Qualitätsmanagementsystem (QMS)
Ein strukturierter Satz von Prozessen, Verfahren und Verantwortlichkeiten, mit dem eine Organisation die Qualität ihrer Produkte oder Dienstleistungen plant, steuert, sicherstellt und kontinuierlich verbessert.

Rate-Monotonic Scheduling (RMS)
Ein Echtzeit-Planungsverfahren, bei dem Aufgaben mit kürzeren Wiederholungszeiten (höherer Frequenz) eine höhere Priorität erhalten.

RMS wird eingesetzt, um sicherzustellen, dass zeitkritische Aufgaben rechtzeitig ausgeführt werden.

Real-Time Operating System (RTOS)
Ein spezielles Betriebssystem, das so entwickelt ist, dass es zeitkritische Aufgaben zuverlässig und mit vorhersehbaren Reaktionszeiten ausführt. RTOS werden oft in Systemen eingesetzt, die harte oder weiche Echtzeitanforderungen erfüllen müssen.

Redundanzmechanismen
Techniken oder Komponenten, die mehrfach vorhanden sind, um bei Ausfall eines Teilsystems die Funktion aufrechtzuerhalten; häufig eingesetzt zur Erhöhung der Zuverlässigkeit und Ausfallsicherheit in sicherheitskritischen Systemen.

Referenz-IP
Eine standardisierte, wiederverwendbare Designkomponente oder Schaltung, die als Vorlage oder Benchmark in der Chipentwicklung dient.

Reliability (Zuverlässigkeit)
Zuverlässigkeit beschreibt die Fähigkeit eines Systems oder einer Komponente, über einen definierten Zeitraum unter festgelegten Bedingungen fehlerfrei zu funktionieren. In sicherheitskritischen Bereichen ist hohe Zuverlässigkeit entscheidend, um Ausfälle zu minimieren und das Vertrauen in das System zu gewährleisten. Sie wird oft durch statistische Kennzahlen wie MTTF (Mean Time to Failure) oder Ausfallraten beschrieben.

Response-Plan/Reaktionsplan
Ein vorbereiteter Maßnahmenplan, der beschreibt, wie eine Organisation auf bestimmte Ereignisse oder Vorfälle – z. B. Sicherheitsverletzungen, Systemausfälle oder Notfälle – schnell und koordiniert reagieren soll. Ziel ist es, Schäden zu minimieren und den Normalbetrieb schnell wiederherzustellen.

Restfehlerrate/Residual Fault Rate
Die Restfehlerrate beschreibt die verbleibende Ausfallwahrscheinlichkeit eines Systems oder einer Komponente, nachdem alle Sicherheitsmaßnahmen angewendet wurden. Sie gibt an, wie viele sicherheitsrelevante Fehler trotz Diagnose und Schutzmechanismen nicht erkannt oder beherrscht werden. Die Restfehlerrate ist eine wichtige Größe in der funktionalen Sicherheit, z. B. gemäß ISO 26262, zur Bewertung des Gesamtrisikos eines Systems.

Robustheit
Die Fähigkeit eines Systems, auch unter ungünstigen oder unerwarteten Bedingungen zuverlässig und fehlerfrei zu funktionieren.

Rückverfolgbarkeit/Traceability
Rückverfolgbarkeit bezeichnet die Fähigkeit, die Herkunft, Entwicklung und Änderungen von Anforderungen, Komponenten oder Arbeitsergebnissen durch alle Entwicklungsphasen hinweg nachvollziehbar zu dokumentieren. Sie ist essenziell für Qualität, Sicherheit, Auditierbarkeit und normkonformes Arbeiten, z.B. nach ISO 26262 oder ISO/SAE 21434.

Safety Elements out of Context (SEooC)
Sicherheitsrelevante Bausteine oder Komponenten, die unabhängig vom konkreten Einsatzsystem entwickelt und geprüft wurden. Sie können in verschiedenen Systemen verwendet werden, müssen aber im jeweiligen Anwendungszusammenhang (Kontext) noch einmal bewertet und angepasst werden, um die Sicherheit zu gewährleisten.

Safety of the Intended Functionality (SOTIF)
SOTIF bezeichnet die Sicherheit eines Systems ohne technische Fehler, bei dem jedoch die beabsichtigte Funktion in bestimmten Situationen unsicher sein kann – etwa durch Sensorgrenzen oder unerwartete Umgebungen. Anders als die klassische funktionale Sicherheit betrachtet SOTIF Risiken, die trotz fehlerfreier Technik auftreten. Die Grundlage dafür bildet die Norm ISO/SAE 21448.

Schutzziele
Grundlegende Ziele, die den Schutz von Systemen, Daten oder Funktionen sicherstellen sollen – typischerweise Verfügbarkeit, Integrität und Vertraulichkeit.

Schwachstellen
Schwachstellen sind Schwachpunkte oder Fehler in Systemen, Prozessen oder Produkten, die von Angreifern ausgenutzt werden können, um unbefugten Zugriff, Fehlfunktionen oder Schäden zu verursachen. In der IT- und Fahrzeugsicherheit betreffen Schwachstellen oft Software, Hardware oder Kommunikation und müssen erkannt und behoben werden, um die Sicherheit zu gewährleisten.

Sicherheitsanalysen
Systematische Untersuchungen, die Risiken und Gefahren in einem System oder Prozess erkennen, bewerten und Maßnahmen zur Vermeidung oder Minimierung von Sicherheitsproblemen empfehlen.

Sicherheitsanforderungen

Vorgaben und Bedingungen, die festlegen, wie ein System, Produkt oder Prozess gestaltet und betrieben werden muss, um Schutz vor Gefahren, Risiken oder unerlaubtem Zugriff zu gewährleisten und die Sicherheit von Personen, Daten und Anlagen zu sichern.

Sicherheitsanomalien

Ungewöhnliche oder unerwartete Ereignisse oder Verhaltensweisen in einem System, die auf mögliche Sicherheitsprobleme oder Angriffe hinweisen können. Sie erfordern eine Untersuchung, um Risiken zu erkennen und zu beheben.

Sicherheitskonzept

Ein dokumentierter Plan, der alle Maßnahmen, Methoden und Anforderungen beschreibt, um die Sicherheit eines Systems während seines gesamten Lebenszyklus zu gewährleisten.

Sicherheitskultur

Die Sicherheitskultur beschreibt die gemeinsamen Werte, Einstellungen und Verhaltensweisen innerhalb einer Organisation im Umgang mit Sicherheit – sei es funktionale Sicherheit, Cybersecurity, SOTIF oder KI. Eine starke Sicherheitskultur bedeutet, dass Sicherheit aktiv gelebt, ernst genommen und in alle Prozesse integriert wird. Sie ist entscheidend für die nachhaltige Umsetzung von Sicherheitsanforderungen und die Vermeidung von Risiken.

Sicherheitsmanager

Eine verantwortliche Person, die Sicherheitsanforderungen definiert, umsetzt und überwacht, insbesondere in Bezug auf funktionale Sicherheit oder Cybersecurity von Systemen und Produkten.

Sicherheitsplan/Safety Plan (SP)

Ein Sicherheitsplan ist ein dokumentierter Leitfaden, der die Organisation, Methoden und Maßnahmen zur Erreichung der funktionalen Sicherheit im Entwicklungsprozess beschreibt. Er legt fest, welche Aktivitäten, Verantwortlichkeiten, Ressourcen und Zeitpläne für die Umsetzung der Anforderungen aus Normen wie ISO 26262 notwendig sind. Ziel ist eine systematische und nachvollziehbare Realisierung von Sicherheitszielen.

Sicherheitsziel/Safety Goal (SG)

Ein Sicherheitsziel definiert eine klare Anforderung oder Vorgabe, die ein System erfüllen muss, um Gefahren zu vermeiden oder Risiken zu minimieren. Es bildet die Grundlage für die Entwicklung sicherheitsrelevanter Funktionen und Maßnahmen, beispielsweise gemäß ISO 26262 in der Fahrzeugentwicklung.

Single Event Upset (SEU)
Eine vorübergehende Änderung eines Bits in einem elektronischen Bauteil durch energiereiche Teilchen, die zu Datenfehlern führen kann.

Single Point Fault Metric (SPFM)
Die Single Point Fault Metric ist eine Kennzahl aus der ISO 26262, die angibt, wie gut ein System gegen Einzelfehler abgesichert ist. Sie misst den Anteil der sicherheitsrelevanten Hardwarefunktionen, bei denen ein einzelner Fehler entweder ausgeschlossen, erkannt oder beherrscht wird. Ein hoher SPFM-Wert zeigt eine hohe Fehlertoleranz gegenüber Einzelfehlern.

Smart-Car-Referenzmodell
Das Smart-Car-Referenzmodell ist ein strukturiertes Konzept, das die Architektur und die zentralen Komponenten intelligenter Fahrzeuge beschreibt. Es umfasst typischerweise Bereiche wie Sensorik, Kommunikation, Datenverarbeitung, Steuerungssysteme und Benutzerschnittstellen. Das Modell dient als Grundlage für Entwicklung, Integration und Analyse moderner vernetzter und autonomer Fahrzeuge.

Smart Cars
Fahrzeuge, die mit modernen digitalen Technologien ausgestattet sind, um das Fahren sicherer, effizienter und komfortabler zu machen. Dazu gehören Systeme wie Fahrerassistenz, Navigation in Echtzeit, Internetzugang, Kommunikation mit anderen Fahrzeugen und teilweise oder vollautomatisierte Fahrfunktionen.

Softwarearchitekturentwurf
Der Prozess der Planung und Gestaltung der grundlegenden Struktur eines Softwaresystems. Dabei werden die wichtigsten Komponenten, deren Beziehungen sowie Prinzipien und Muster festgelegt, um Anforderungen wie Funktionalität, Performance, Sicherheit und Wartbarkeit zu erfüllen.

Softwareintegration
Der Prozess des Zusammenführens einzelner Softwarekomponenten oder -module zu einem Gesamtsystem. Ziel ist es, die Zusammenarbeit der Komponenten zu gewährleisten und sicherzustellen, dass das integrierte System die gewünschten Funktionen korrekt erfüllt.

Softwaresicherheit

Softwaresicherheit bezeichnet Maßnahmen und Konzepte, die darauf abzielen, Software vor unautorisierten Zugriffen, Manipulationen und Fehlfunktionen zu schützen. Im Kontext sicherheitskritischer Systeme umfasst sie auch die Vermeidung von Softwarefehlern, die zu gefährlichen Zuständen führen können, und stellt sicher, dass die Software zuverlässig und vorhersehbar funktioniert.

Software-Unit-Test

Eine Testmethode, bei der einzelne, kleinste funktionale Einheiten (Units) einer Software isoliert geprüft werden, um sicherzustellen, dass sie wie erwartet funktionieren. Unit-Tests helfen, Fehler frühzeitig zu erkennen und die Qualität des Codes zu verbessern.

Software Update Management System (SUMS)

Ein Software Update Management System (SUMS) steuert und überwacht die Verteilung, Installation und Verifikation von Software-Updates in Fahrzeugen oder technischen Systemen. Es stellt sicher, dass Updates sicher, zuverlässig und ohne Beeinträchtigung der Funktionalität durchgeführt werden, um Systeme aktuell und sicher zu halten.

Speicher-IP

Eine lizenzierbare Speicherbaustein-Designkomponente, die in integrierte Schaltkreise eingebettet wird, um Daten zu speichern und bereitzustellen.

Spurhalteassistent

Ein Fahrerassistenzsystem, das die Fahrzeugposition innerhalb der Fahrspur überwacht und den Fahrer bei unabsichtlichem Verlassen der Spur durch Warnungen oder Lenkmitwirkung unterstützt, um Unfälle zu vermeiden.

System Design Walkthrough

Ein System Design Walkthrough ist eine strukturierte, teaminterne Überprüfung der Systemarchitektur und -gestaltung. Dabei wird das Design Schritt für Schritt vorgestellt und gemeinsam diskutiert, um Fehler, Inkonsistenzen oder Verbesserungspotenziale frühzeitig zu erkennen. Walkthroughs fördern das gemeinsame Verständnis und unterstützen die Qualitätssicherung im Entwicklungsprozess.

Systementwurf

Der Systementwurf ist die Phase im Entwicklungsprozess, in der die Architektur und Struktur eines Systems definiert werden. Dabei werden Funktionen, Komponenten und deren Schnittstellen geplant, um die Anforderungen und Sicherheitsziele zu erfüllen. Der Systementwurf bildet die Grundlage für die anschließende detaillierte Implementierung und Integration.

Systemgrenzen
Die klare Abgrenzung, welche Teile und Funktionen eines Systems in die Sicherheitsbetrachtung der beabsichtigten Funktionalität einbezogen werden. Innerhalb dieser Grenzen werden mögliche Gefährdungen analysiert, die durch das normale Verhalten des Systems entstehen können, ohne dass Fehler vorliegen.

Systemintegration
Die Systemintegration bezeichnet den Prozess, bei dem einzelne Komponenten oder Subsysteme zu einem vollständigen und funktionierenden Gesamtsystem zusammengeführt werden. Ziel ist es, die korrekte Zusammenarbeit aller Teile sicherzustellen und Schnittstellenprobleme frühzeitig zu erkennen und zu beheben.

Systemintegrator
Ein Unternehmen oder eine Person, die verschiedene Komponenten, Software und Hardware zu einem funktionierenden Gesamtsystem zusammenfügt, testet und in Betrieb nimmt.

Systemintelligenz
Systemintelligenz beschreibt die Fähigkeit technischer Systeme, Informationen aus ihrer Umgebung selbstständig zu erfassen, zu verarbeiten und darauf angemessen zu reagieren. Sie basiert oft auf Algorithmen der künstlichen Intelligenz (KI) und ermöglicht es Systemen, aus Daten zu lernen, Entscheidungen zu treffen und komplexe Aufgaben eigenständig zu bewältigen – etwa in automatisierten Fahrzeugen, Robotern oder smarten Assistenzsystemen.

System-on-Chip (SoC)
Ein System-on-Chip (SoC) ist ein integrierter Schaltkreis, der alle wesentlichen Komponenten eines Computers oder elektronischen Systems auf einem einzigen Chip vereint. Dazu gehören typischerweise der Prozessor (CPU), Grafikprozessor (GPU), Speichercontroller, Ein-/Ausgabe-Schnittstellen sowie oft auch Funkmodule (z. B. für WLAN, Bluetooth oder Mobilfunk). SoCs kommen vor allem in Smartphones, Tablets, eingebetteten Systemen und zunehmend auch in Fahrzeugen oder IoT-Geräten zum Einsatz. Sie zeichnen sich durch kompakte Bauweise, Energieeffizienz und hohe Leistungsdichte aus.

Taxonomiestufen
Taxonomiestufen bezeichnen systematische Klassifikationen, mit denen komplexe Sachverhalte in hierarchische Stufen unterteilt werden.

Im Bereich des automatisierten Fahrens werden damit beispielsweise die SAE-Stufen 0 bis 5 beschrieben – von keinem bis zum vollen autonomen Fahren. Allgemein helfen Taxonomiestufen dabei, Begriffe, Systeme oder Prozesse nachvollziehbar zu ordnen und zu vergleichen.

Technical Safety Review
Das Technical Safety Review ist eine unabhängige Überprüfung der technischen Aspekte eines sicherheitsrelevanten Systems oder Projekts. Ziel ist es, die Einhaltung der sicherheitsbezogenen Anforderungen, die Qualität der Umsetzung und die Vollständigkeit der Sicherheitsmaßnahmen sicherzustellen. Das Review erfolgt meist durch Experten außerhalb des Entwicklungsteams und ist ein wichtiger Bestandteil der funktionalen Sicherheit.

Technisches Sicherheitskonzept
Das technische Sicherheitskonzept konkretisiert das funktionale Sicherheitskonzept, indem es beschreibt, wie die Sicherheitsfunktionen technisch umgesetzt werden. Es definiert Maßnahmen, Architekturen, Mechanismen und Anforderungen, um die Sicherheitsziele zu erfüllen. Das Konzept ist ein wesentlicher Bestandteil der ISO 26262 und bildet die Grundlage für Design, Implementierung und Verifikation.

Testspezifikation
Ein Dokument oder eine Beschreibung, die die Testziele, Testfälle, Vorgehensweisen und erwarteten Ergebnisse für die Prüfung einer Software oder eines Systems festlegt. Sie dient als Grundlage für die strukturierte und nachvollziehbare Durchführung von Tests.

Test- und Kalibrierparameter
Einstellungen und Messwerte, die verwendet werden, um elektronische Systeme oder Bauteile während der Produktion zu prüfen und deren Genauigkeit anzupassen.

Timing
Timing beschreibt die zeitlichen Eigenschaften und Anforderungen eines Systems, wie z.B. Antwortzeiten, Verzögerungen oder Synchronisationen. In sicherheitskritischen Systemen ist korrektes Timing entscheidend, um Funktionen rechtzeitig auszuführen und sicherheitsrelevante Ereignisse zu erkennen oder zu verhindern.

Triage-Aktivitäten
Maßnahmen zur schnellen Bewertung und Priorisierung von Sicherheitsvorfällen oder Schwachstellen, um zu entscheiden, welche zuerst untersucht und behoben werden müssen. Ziel ist es, Ressourcen effizient einzusetzen und auf die kritischsten Bedrohungen zeitnah zu reagieren.

Unerwartetes Nutzverhalten
Situationen, in denen Anwender ein System anders verwenden als vorgesehen oder erwartet. Dieses Verhalten kann dazu führen, dass das System nicht wie geplant funktioniert oder sogar Sicherheitsrisiken entstehen.

Validierungsplan
Ein Validierungsplan beschreibt die Vorgehensweise, Methoden und Kriterien, mit denen überprüft wird, ob ein System oder Produkt die festgelegten Anforderungen und Sicherheitsziele im realen Einsatz erfüllt. Er umfasst Teststrategien, Prüfverfahren, Verantwortlichkeiten und Zeitpläne. Der Validierungsplan ist ein wichtiger Bestandteil des Entwicklungsprozesses.

Verifikation
Die Überprüfung, ob ein Produkt oder System so gebaut wurde, wie es geplant und beschrieben wurde. Dabei wird kontrolliert, ob alle Vorgaben und Anforderungen richtig umgesetzt sind.

Verkehrszeichenerkennung
Ein Fahrerassistenzsystem, das mithilfe von Kameras und Bildverarbeitung Verkehrszeichen erkennt und deren Informationen (z.B. Tempolimits, Verbote) an den Fahrer oder das Fahrzeug übermittelt, um die Verkehrssicherheit zu erhöhen.

Verlässlichkeit
Das Maß dafür, wie dauerhaft und fehlerfrei ein System, Bauteil oder Prozess unter definierten Bedingungen funktioniert.

Vorausschauende Wartung/Predictive Maintenance (PdM)
Eine Wartungsstrategie, bei der der Zustand von Anlagen kontinuierlich überwacht wird, um Ausfälle frühzeitig vorherzusagen und Wartungen gezielt durchzuführen.

Vorproduktionsphase
Die Planungs- und Testphase vor der Serienfertigung, in der Produkte validiert und Herstellungsprozesse optimiert werden.

Watchdog-Timer (WDT)
Ein Überwachungs-Timer in Hard- oder Software, der einen System-Reset auslöst, wenn das System nicht innerhalb einer bestimmten Zeit korrekt reagiert; häufig in sicherheitskritischen oder eingebetteten Systemen eingesetzt.

Weiche Echtzeitanforderungen
Anforderungen an ein System, bei denen zeitliche Vorgaben möglichst eingehalten werden sollen, aber gelegentliche Überschreitungen tole-

rierbar sind, ohne dass das System komplett ausfällt oder schwerwiegende Fehler entstehen.

Worst Case Execution Time (WCET)

Die längste Zeitspanne, die ein Programm oder eine Aufgabe im schlimmsten Fall zur Ausführung benötigt. Diese Kennzahl ist besonders wichtig für Echtzeitsysteme, um sicherzustellen, dass zeitliche Anforderungen immer eingehalten werden.

Zeitverhalten

Die Art und Weise, wie schnell und zuverlässig ein System oder eine Software auf Eingaben oder Ereignisse reagiert. Es beschreibt, wie gut zeitliche Anforderungen eingehalten werden.

Index

L

M

N

O

P

Q

R

S